Manson
SO VENTURA CAL
47623
22 APR 1968

CRIME SCENE®
DARKSIDE

HELTER SKELTER

Diretor Editorial
Christiano Menezes

Diretor de Novos Negócios
Chico de Assis

Diretor de Planejamento
Marcel Souto Maior

Diretor Comercial
Gilberto Capelo

Gerente de Marca
Arthur Moraes

Editora e Diretora de Estratégia Editorial
Raquel Moritz

Editora Assistente
Jéssica Reinaldo

Capa e Projeto Gráfico
Retina 78

Coordenador de Diagramação
Sergio Chaves

Preparação
Francylene Silva

Revisão
Isabelle Simões
Isadora Torres
Retina Conteúdo

Finalização
Sandro Tagliamento

Marketing Estratégico
Ag. Mandíbula

Impressão e Acabamento
Braspor

DADOS INTERNACIONAIS DE CATALOGAÇÃO NA PUBLICAÇÃO (CIP)
Jéssica de Oliveira Molinari - CRB-8/9852

Bugliosi, Vincent
Helter Skelter / Vincent Bugliosi, Curt Gentry ; tradução de Eduardo Alves.
— Rio de Janeiro: DarkSide Books, 2025.
752 p.

ISBN: 978-65-5598-498-9
Título original: Helter Skelter: The True Story of The Manson Murders

1. Crimes e criminosos - Estados Unidos 2. Assassinato - Califórnia - Estudo de casos 3. Manson, Charles, 1934-2017
I. Título II. Gentry, Curt III. Alves, Eduardo

24-4906 CDD 364.152

Índice para catálogo sistemático:
1. Crimes e criminosos - Estados Unidos

[2025]

DarkSide® Entretenimento LTDA.
Rua General Roca, 935/504 — Tijuca
20521-071 — Rio de Janeiro — RJ — Brasil
www.darksidebooks.com

VINCENT BUGLIOSI
CURT GENTRY

Helter Skelter

A História Real de

CHARLES MANSON

Tradução **Eduardo Alves**

DARKSIDE

SUMÁRIO

Dramatis personae *.10*

PARTE 1 **Os assassinatos**
De 9 de agosto a 14 de outubro de 1969 *.18*

PARTE 2 **Os assassinos**
De 15 de outubro a 17 de novembro de 1969 *.110*

PARTE 3 **A investigação: Segunda Fase**
De 18 de novembro a 31 de dezembro de 1969 *.162*

PARTE 4 **A busca pelo motivo: a Bíblia, os Beatles e Helter Skelter** De janeiro a fevereiro de 1970 *.284*

PARTE 5 **"Não sabem quem estão crucificando?"**
De março a 14 de junho de 1970 *.344*

PARTE 6 **O julgamento**
De 15 de junho a 19 de novembro de 1970 *.404*

PARTE 7 **Assassinatos iminentes**
De 19 de novembro de 1970 a 25 de janeiro de 1971 *.510*

PARTE 8 **Incêndios em suas cidades**
De 26 de janeiro a 19 de abril de 1971 *.548*

Epílogo: *Loucura compartilhada* *.606*

Posfácio por Vincent Bugliosi *.646*

Índice Remissivo *.684*
Galeria de Imagens *.698*
Sobre os Autores *.749*

Helter Skelter

DRAMATIS PERSONAE

DEPARTAMENTO DE POLÍCIA DE LOS ANGELES (LAPD)

Detetives do Caso Tate:

Helder, Robert J., tenente, supervisor de investigação. Chefiou a investigação do caso Tate.

Buckles, Jess, sargento.

Calkins, Robert, sargento.

McGann, Michael J., sargento.

Ajudaram na Investigação do Caso Tate:

Boen, Jerrome, Departamento de Impressões Latentes, SID.

Burbridge, Robert, policial.

Burdick, A. H., tenente. Examinador de polígrafo, SID.

Clements, Wendell, especialista civil em impressões digitais.

Deemer, Earl, tenente.

DeRosa, Jerry Joe, policial.

Dorman, D. E., policial.

Galindo, Danny, sargento. Também auxiliou na investigação do caso LaBianca.

Girt, D. L. Departamento de Impressões Digitais Latentes, SID.

Granado, Joe. Químico forense, SID. Também auxiliou na investigação do caso LaBianca.

Henderson, Ed, sargento.

Kamadoi, Gene, sargento.

Lee, William, sargento. Especialista balístico, SID.

Madlock, Robert C., tenente.

Varney, Dudley, sargento.

Whisenhunt, William T., policial.

Wolfer, DeWayne. Criminalista, SID.

Detetives do caso LaBianca:

LePage, Paul, tenente. Chefiou a investigação do caso LaBianca.

Broda, Gary, sargento.

Gutierrez, Manuel "Chick", sargento.

Nielsen, Michael, sargento.

Patchett, Frank, sargento.

Sartuchi, Philip, sargento.

Ajudou na investigação do caso LaBianca:

Claborn, J., sargento. Departamento de Impressões Digitais Latentes, SID.

Cline, Edward L., sargento.

Dolan, Harold, sargento, Departamento de Impressões Digitais Latentes, SID.

Rodriguez, W. C., policial.

Toney, J. C., policial.

DELEGACIA DO CONDADO DE LOS ANGELES (LASO)

Encarregados da investigação do caso Hinman:

Guenther, Charles, sargento.

Whiteley, Paul, sargento.

PROMOTORIA DO CONDADO DE LOS ANGELES

Bugliosi, Vincent T., promotor público. Processou os assassinos do caso Tate-LaBianca.

Kay, Stephen e Musich, Donald, promotores públicos. Convocados para auxiliar Bugliosi após Stovitz ter sido retirado do caso.

Stovitz, Aaron, chefe da Divisão de Julgamentos. Copromotor contra Manson e as três rés até ser retirado do caso logo após o início do julgamento.

PROMOTORIA DO CONDADO DE INYO

Fowles, Frank, promotor do condado de Inyo.

Gardiner, Jack, investigador.

Gibbens, Buck, promotor público.

ADVOGADOS DE DEFESA

Ball, Joseph. Entrevistou Charles Manson e o considerou competente para representar a si mesmo.

Barnett, Donald. Primeiro advogado de Leslie Van Houten, foi substituído por Marvin Part.

Boyd, Bill. Advogado de Charles Watson no Texas.

Bubrick, Sam. Juntamente a Maxwell Keith, defendeu Charles "Tex" Watson.

Caballero, Richard. Advogado de Susan Atkins de novembro de 1969 a março de 1970.

Fitzgerald, Paul. Primeiro advogado de Charles Manson, mais tarde deixou a defensoria pública para representar Patricia Krenwinkel.

Fleischman, Gary. Advogado de Linda Kasabian.

Hollopeter, Charles. Advogado de Charles Manson por um breve período.

Hughes, Ronald. O "advogado hippie" de Charles Manson, mais tarde defendeu Leslie Van Houten, até ser assassinado pela Família.

Kanarek, Irving. Substituiu Ronald Hughes como advogado de Charles Manson.

Keith, Maxwell. Designado pelo Tribunal para representar Leslie Van Houten depois do desaparecimento de Ronald Hughes; além disso, juntamente a Sam Bubrick, defendeu Charles "Tex" Watson.

Part, Marvin. Advogado de Leslie Van Houten por um breve período; foi substituído por Ira Reiner.

Reiner, Ira. Substituiu Marvin Part como advogado de Leslie Van Houten; foi substituído por Ronald Hughes.

Salter, Leon. Advogado de Robert "Bobby" Beausoleil.

Shinn, Daye. Substituiu Richard Caballero como advogado de Susan Atkins.

Manson, Charles Milles, também conhecido como Jesus Cristo, Deus, Alma, Diabo, Charles Willis Manson. Líder da Família e assassino em massa.

Alonzo, Maria, também conhecida como Crystal. Solta depois do assassinato de Lauren Willett, posteriormente foi detida pelo envolvimento em um suposto plano para sequestrar um diplomata estrangeiro.

Atkins, Susan Denise, também conhecida como Sadie Mae Glutz, Sexy Sadie, Sharon King, Donna Kay Powell. Envolvida nos homicídios de Hinman, das vítimas nas residências de Tate e dos LaBianca.

Bailey, Edward Arthur. Associado à Família. Pode ter visto Manson matar um homem no Vale da Morte.

Bailey, Ella Jo, também conhecida como Yellerstone. Abandonou a Família após ficar sabendo do assassinato de Hinman.

Bailey, Lawrence Edward, também conhecido como Larry Jones. Esteve presente quando os assassinos do caso Tate partiram do rancho Spahn; teve envolvimento no tiroteio na Hawthorne Blvd.

Baldwin, Linda. Pseudônimo usado pela integrante da Família chamada Madaline Joan Cottage.

Bartell, Susan Phyllis, também conhecida como Country Sue. Esteve presente quando Zero supostamente "cometeu suicídio enquanto brincava de roleta-russa".

Beausoleil, Robert Kenneth "Bobby", também conhecido como Cupid, Jasper, Cherub, Robert Lee Hardy, Jason Lee Daniels. Teve envolvimento no assassinato de Hinman.

Big Patty. Pseudônimo usado por Patricia Krenwinkel, integrante da Família.

Brown, Kenneth Richard, também conhecido como Scott Bell Davis. Associado à Família; amigo de Zero.

Brunner, Mary Theresa, também conhecida como Marioche, Och, Mother Mary, Mary Manson, Linda Dee Moser, Christine Marie Euchts. Primeira mulher a se juntar à Família Manson; teve um filho com Manson; teve envolvimento no assassinato de Hinman e no tiroteio na Hawthorne Blvd.

Capistrano. Pseudônimo usado pela integrante da Família chamada Catherine Gillies.

Clem. Pseudônimo usado pelo integrante da Família chamado Steve Grogan.

Como, Kenneth, também conhecido como Jesse James. Escapou impune; associado à Família Manson; teve envolvimento no tiroteio na Hawthorne Blvd.

Cooper, Priscilla. Declarou-se culpada de ser cúmplice no assassinato de Lauren Willett.

Cooper, Sherry Ann, também conhecida como Simi Valley Sherri. Fugiu do rancho Barker com Barbara Hoyt.

Cottage, Madaline Joan, também conhecida como Little Patty, Linda Baldwin. Esteve presente quando Zero morreu.

Country Sue. Pseudônimo usado pela integrante da Família chamada Susan Bartell.

Craig, James. Fugitivo da prisão estadual; associado à Família Manson; declarou-se culpado de ser cúmplice nos assassinatos de James e Lauren Willett.

Cravens, Larry. Membro da Família.

Crystal. Pseudônimo usado pela integrante da Família chamada Maria Alonzo.

Cupid. Pseudônimo usado pelo integrante da Família chamado Robert "Bobby" Beausoleil.

Davis, Bruce McGregor, também conhecido como Bruce McMillan. Teve envolvimento nos assassinatos de Hinman e Shea; esteve presente quando Zero morreu; suspeito de três outras mortes.

DeCarlo, Daniel Thomas, também conhecido como Donkey Dan, Daniel Romeo, Richard Allen Smith. Integrante da gangue de motociclistas Straight Satans; associado à Família; mais tarde se tornou uma testemunha importante, ainda que relutante, da promotoria.

Donkey Dan. Apelido dado a Daniel DeCarlo pelas garotas da Família Manson.

Flynn, John Leo "Juan". Funcionário do rancho Spahn; associado à Família; depôs sobre uma confissão extremamente incriminadora feita por Manson.

Fromme, Lynette Alice, também conhecida como Squeaky, Elizabeth Elaine Williamson. Uma das primeiras integrantes da Família Manson; tornou-se líder ex officio da Família após a prisão de Manson.

Gillies, Catherine Irene, também conhecida como Capistrano, Cappy, Catherine Myers, Patricia Anne Burke, Patti Sue Jardin. Integrante da Família; neta do proprietário do rancho Myers; queria ir junto na noite dos assassinatos dos LaBianca, mas não era necessária; esteve presente quando Zero morreu.

Glutz, Sadie Mae. Pseudônimo usado por Susan Atkins, integrante da Família.

Good, Sandra Collins, também conhecida como Sandy. Nome de casada sra. Joel Pugh. Membro da Família.

Goucher, William. Associado à Família Manson; teve envolvimento no assassinato de James Willett.

Grogan, Steven Dennis, também conhecido como Clem Tufts. Teve envolvimento nos assassinatos de Hinman e Shea; esteve com os assassinos na noite em que os LaBianca foram mortos; teve envolvimento na tentativa de homicídio de uma testemunha da promotoria chamada Barbara Hoyt.

Gypsy. Pseudônimo usado por Catherine Share, integrante da Família.

Haught, John Philip, também conhecido como Zero, Christopher Jesus. Oficialmente "cometeu suicídio enquanto brincava de roleta-russa"; é provável que tenha sido assassinado.

Hinman, Gary. Tornou-se amigo da Família Manson; foi assassinado por eles.

Hoyt, Barbara, também conhecida como Barbara Rosenburg. Fugiu da Família antes da batida no rancho Barker; tornou-se testemunha da promotoria; a Família tentou matá-la com um hambúrguer batizado com LSD.

Jones, Larry. Pseudônimo usado por Lawrence Bailey, integrante da Família.

Kasabian, Linda Drouin. Acompanhou os assassinos nas noites dos assassinatos nas residências de Tate e dos LaBianca; principal testemunha da promotoria.

Katie. Pseudônimo usado por Patricia Krenwinkel, integrante da Família.

Knoll, George, também conhecido como 86 George. Presidente da gangue de motociclistas Straight Satans. Deu a Manson a espada do clube, que mais tarde foi usada no assassinato de Hinman e levada na noite em que os LaBianca foram mortos.

Krenwinkel, Patricia Dianne, também conhecida como Katie, Marnie Reeves, Big Patty, Mary Ann Scott. Teve envolvimento nos assassinatos nas residências de Tate e dos LaBianca.

Lake, Dianne Elizabeth, também conhecida como Snake, Dianne Bluestein. Juntou-se a Manson aos 13 anos; tornou-se testemunha da promotoria.

Lane, Robert, também conhecido como Soupspoon. Detido durante a batida no rancho Barker.

Little Patty. Pseudônimo usado por Madaline Joan Cottage, integrante da Família.

Lovett, Charles Allen. Integrante da Família envolvido no tiroteio na Hawthorne Blvd.

Lutesinger, Kitty. Namorada de Robert "Bobby" Beausoleil; fugiu da Família e depois retornou.

McCann, Brenda. Pseudônimo usado por Nancy Laura Pitman, integrante da Família.

Marioche. Pseudônimo usado por Mary Brunner, integrante da Família.

Minette, Manon. Pseudônimo usado por Catherine Share, integrante da Família.

Monfort, Michael. Fugitivo da prisão estadual; associado à Família Manson; teve envolvimento nos assassinatos de James e Lauren Willett.

Montgomery, Charles. Pseudônimo usado por Charles "Tex" Watson, integrante da Família.

Moorehouse, Dean. Pai da integrante da Família chamada Ruth Ann Moorehouse; seguidor de Manson em determinado momento.

Moorehouse, Ruth Ann, também conhecida como Ouisch, Rachel Susan Morse. Teve envolvimento na tentativa de assassinato de uma testemunha da promotoria, Barbara Hoyt.

Ouisch. Pseudônimo usado por Ruth Ann Moorehouse, integrante da Família.

Pitman, Nancy Laura, também conhecida como Brenda McCann, Brindle, Cydette Perell. Declarou-se culpada de ser cúmplice do assassinato de Lauren Willett.

Poston, Brooks. Ex-integrante da Família; forneceu à promotoria evidências importantes a respeito dos motivos bizarros que levaram Manson a cometer os assassinatos.

Pugh, Joel. Marido da integrante da Família chamada Sandra Good. Embora tenha sido listado oficialmente como suicídio, ele está entre as "possíveis" vítimas de homicídio da Família Manson.

Rice, Dennis. Teve envolvimento na tentativa de assassinato de Barbara Hoyt, testemunha da promotoria; também teve envolvimento no tiroteio na Hawthorne Blvd.

Ross, Mark. Associado à Família; a morte de Zero aconteceu em seu apartamento enquanto ele estava fora.

Sadie. Pseudônimo usado por Susan Atkins, integrante da Família.

Sankston, Leslie. Pseudônimo usado por Leslie Van Houten, integrante da Família.

Schram, Stephanie. Fugiu do rancho Barker com Kitty Lutesinger; testemunhou pela promotoria que Manson não estava com ela nas noites dos assassinatos nas residências de Tate e dos LaBianca.

Scott, Suzanne, também conhecida como Stephanie Rowe. Integrante da Família.

Share, Catherine, também conhecida como Gypsy, Manon Minette. Participou da "limpeza" após o assassinato de Shea; teve envolvimento no tiroteio na Hawthorne Blvd.

Simi Valley Sherri. Pseudônimo usado por Sherry Ann Cooper, integrante da Família.

Sinclair, Collie, também conhecida como Beth Tracy. Integrante da Família detida durante a batida no rancho Barker.

Smith, Claudia Leigh, também conhecida como Sherry Andrews. Integrante da Família detida durante a batida no rancho Barker.

Snake. Pseudônimo usado por Dianne Lake, integrante da Família.

Springer, Alan LeRoy. Integrante da gangue de motociclistas Straight Satans; Manson confessou o assassinato na residência de Tate para ele, mas seu testemunho não pôde ser usado como prova.

Squeaky. Pseudônimo usado por Lynette Fromme, integrante da Família.

T. J. the Terrible. Pseudônimo usado por Thomas Walleman, ex-integrante da Família.

Todd, Hugh Rocky, também conhecido como Randy Morglea. Integrante da Família detido durante a batida no rancho Barker.

True, Harold. Morava na Waverly Drive, número 3267, a casa ao lado da residência dos LaBianca; Manson e outros membros da Família o visitaram quatro ou cinco vezes.

Tufts, Clem. Pseudônimo usado por Steve Grogan, integrante da Família.

Vance, William Joseph "Bill". Pseudônimo do ex-presidiário David Lee Hamic; associado à Família Manson.

Van Houten, Leslie Sue, também conhecida como LuLu, Leslie Marie Sankston, Louella Alexandria, Leslie Owens. Teve envolvimento nos assassinatos dos LaBianca.

Walleman, Thomas, também conhecido como T. J. the Terrible. Ex-integrante da Família; esteve presente quando Manson atirou em Bernard Crowe.

Walts, Mark. Frequentava o rancho Spahn; seu irmão acusou Manson de sua morte.

Watkins, Paul Alan. Segundo em comando de Manson e principal alcoviteiro de jovens garotas; forneceu a Bugliosi o elo que faltava no motivo bizarro que levou Manson a cometer os assassinatos.

Watson, Charles Denton, também conhecido como Tex, Charles Montgomery, Texas Charlie. Teve envolvimento nos assassinatos nas residências de Tate e dos LaBianca.

Wildebush, Joan, também conhecida como Juanita. Esteve com o grupo de reconhecimento de Manson no rancho Barker; abandonou a Família e fugiu com Bob Berry, sócio de Paul Crockett.

Willett, Lauren. Associada à Família; morta no dia 10 ou 11 de novembro de 1972, poucos dias após a descoberta do corpo de seu marido; inúmeros integrantes da Família Manson foram relacionados à sua morte.

Willett, James. Assassinado em algum momento antes do dia 8 de novembro de 1972; três associados da Família Manson foram acusados de sua morte.

Zero. Pseudônimo usado por John Philip Haught, integrante da Família.

Polanski On Record
Valley Times
FINAL
San Fernando Valley's Own Daily Newspaper
SIX INDICTED IN TATE CASE
PRESS
Volume 7, #5 (Issue 289)
$6.00 PER YEAR
EXCLUSIVE !
MANSON
First interview with
MICHAEL HANNON
Blue Chips Skid, Stocks Off 12
Story in Cols. 7-8
WAR ON POVERTY: LBJ LOOKS BACK
Story Page A-6
LOS ANGELES EVENING AND SUNDAY
HERALD EXAMINER
United Press International • Associated Press • Dow Jones
8 STAR
LATEST SPORTS
TODAY'S COMPLETE NEW YORK AND AMERICAN STOCKS
CATCH MANSON PAL IN SPECTACULAR ESCAPE
Prisoner
Dodgers Get
JURORS OUT IN SALAZAR INQUEST
Story in Cols. 6-7
MANSON
JUDGE, H
WEDNESDAY
PREVIEW
EDITION
Los Angeles Times
COMPLETE STOCKS
LATE SPORTS
WEDNESDAY MORNING, DECEMBER 3, 1969
150 PAGES
Hypnotic Stare
NEW TATE DETA
Girl Talks
Describes
NEWS SUMMARY
THE WORLD
THE NATION
Tate Slaying Tria
Story in Cols. 1-3
For 'Conscientious Objectors' A Victory
Story in Cols. 6-7
HERALD EXA
United Press International
WORLD SPACE R
Russ Cos
Near Th
Soyuz 9
May Orbit
21 Days

to Temple
military paper
Calley May Learn Fate Today
TUESDAY
FINAL
Los Angeles Times
RACING ENTRIES
TUESDAY MORNING, MARCH 30, 1971
Jurors Tell Feelings
MANSON, 3 GIRLS SENTENCED TO DIE
8 STAR
LATEST SPORTS
TODAY'S
COMPLETE NEW YORK AND AMERICAN STOCKS
AT
18 Vote in All Elections
Story in Cols. 7
HERALD EXAMINER
United Press International
Associated Press
Dow Jones
SUNSET
RACE RESULTS
COMPLETE STOCKS
DEATH
TUESDAY
PREVIEW
COMPLETE STOCKS
Los Angeles Times
TUESDAY MORNING, AUGUST 4, 1970
MANSON
NIXON
Rams Game Saturday
TUESDAY
PREVIEW
EDITION
EXTRA
Los Angeles Times
LATE SPORTS
TUESDAY MORNING, JANUARY 26, 1971
MANSON VERDICT
ALL GUILTY!
NEWS SUMMARY

PARTE 1

OS ASSASSINATOS

De 9 de agosto
a 14 de outubro de 1969

"How does it feel
To be
One of the
Beautiful People?"*
"Baby You're a Rich Man", The Beatles
Álbum *Magical Mystery Tour* (1967)

* "Qual é a sensação de ser uma das pessoas bonitas?" [As notas de tradução serão identificadas com NT]

Helter Skelter

Sábado, 9 de agosto de 1969

"Estava tão quieto", diria um dos assassinos mais tarde, "que era quase possível ouvir o barulho do gelo retinindo nas coqueteleiras nas casas no vale mais abaixo."

Os vales acima de Hollywood e de Beverly Hills pregam peças com os sons. Um ruído claramente audível a um quilômetro pode ser indistinguível a poucos metros de distância.

Estava quente naquela noite, mas não tanto quanto na noite anterior, quando a temperatura não ficou abaixo dos 33°C. A onda de calor, que durara três dias, começou a se dissipar algumas horas antes, por volta das 22h de sexta-feira — para o alívio, tanto psicológico quanto físico, dos angelenos que se lembravam que, em uma noite como aquela, há apenas quatro anos, o bairro Watts irrompera em violência. Embora a névoa litorânea estivesse avançando do oceano Pacífico, Los Angeles continuava quente e abafada, transpirando suas próprias emissões. Ali, no entanto, bem acima de grande parte da cidade, e às vezes até mesmo do smog, estava pelo menos dez graus mais fresco. Ainda assim, continuava quente o bastante para que muitos residentes da região dormissem com as janelas abertas, na esperança de que uma brisa errante entrasse por elas.

Levando tudo isso em consideração, é surpreendente que mais pessoas não tenham ouvido nada.

Mas era tarde, passava pouco da meia-noite, e o número 10050 da Cielo Drive ficava em uma área isolada.

Por ficar em uma área isolada, era uma casa vulnerável.

A Cielo Drive é uma rua estreita que sobe serpenteando em curvas fechadas a partir da Benedict Canyon Road. Uma de suas ruas sem saída, fácil de passar despercebida mas diretamente oposta à Bella Drive, termina no portão alto do número 10050. Ao olhar através do portão, não era possível ver nem a residência principal nem a casa de hóspedes além dela, mas era visível, mais para o fim do estacionamento pavimentado, um canto da garagem e, um pouco mais adiante, uma cerca de madeira que, apesar de ainda ser agosto, estava decorada com luzinhas de Natal.

As luzinhas, que podiam ser vistas de muitos trechos da Sunset Strip, tinham sido colocadas pela atriz Candice Bergen enquanto morava com o inquilino anterior do número 10050 da Cielo Drive, o produtor musical e televisivo Terry Melcher. Quando Melcher, filho de Doris Day, se mudou para a casa de praia da mãe em Malibu, os novos inquilinos deixaram as luzes onde estavam. Elas estavam acesas naquela noite, como costumavam estar todas as noites, dando um toque festivo ao bairro Benedict Canyon durante todo o ano.

Era uma distância de trinta metros da porta da frente da casa principal até o portão. Do portão até o vizinho mais próximo na Cielo, o número 10070, a distância era de quase 92 metros.

No número 10070 da Cielo, o sr. e a sra. Seymour Kott já tinham ido dormir após os convidados do jantar se despedirem por volta da meia-noite. Foi então que a sra. Kott ouviu, em rápida sucessão, o que soou como três ou quatro tiros, que pareciam ter vindo da direção do portão do número 10050. Ela não viu que horas eram, mas mais tarde estimou que fossem entre 00h30 e 1h. Como não ouviu mais nada, a sra. Kott voltou a dormir.

Por volta de 1,2 quilômetro diretamente ao sul e abaixo do número 10050 da Cielo Drive, Tim Ireland era um dos cinco monitores que supervisionavam um acampamento com cerca de 35 crianças na Westlake School for Girls. Os outros monitores tinham ido dormir, mas Ireland tinha se oferecido para ficar acordado durante a noite. Por volta de 00h40, ele ouviu, vinda de uma distância considerável ao norte ou nordeste, uma voz masculina gritando: "*Ah, Deus, não, por favor, não faça isso! Ah, Deus, não, não faça isso, não, não...*".

O grito durou de dez a quinze segundos, então parou, o silêncio abrupto quase tão arrepiante quanto o berro em si. Ireland fez uma verificação rápida ao redor do acampamento, mas todas as crianças estavam dormindo. Ele acordou seu supervisor, Rich Sparks, que tinha ido dormir dentro da escola, e, depois de lhe contar o que tinha ouvido, recebeu permissão para dar uma volta de carro pela região, para verificar se alguém precisava de ajuda. Ireland seguiu um caminho tortuoso a partir da North Faring Road, onde ficava localizada a escola, foi para o sul pela Benedict Canyon Road até a Sunset Boulevard, para o oeste até a Beverly Glen e para o norte de volta à escola. Não notou nada incomum, embora tenha ouvido muitos cachorros latindo.

Houve outros barulhos nas horas que antecederam o amanhecer daquele sábado.

Emmett Steele, do número 9951 da Beverly Grove Drive, foi despertado pelos latidos de seus dois cães de caça. A dupla costumava ignorar sons comuns, mas ficava descontrolada quando ouvia tiros. Steele foi dar uma olhada no lado de fora, mas, depois de não encontrar nada fora do comum, voltou para a cama. Ele estimou que fossem entre 2h e 3h.

Robert Bullington, funcionário da Bel Air Patrol, uma empresa de segurança privada contratada por muitos proprietários daquela região abastada, estava estacionado diante do número 2175 da Summit Ridge Drive, com a janela aberta, quando ouviu o que pareceram ser três disparos, com poucos segundos de intervalo entre eles. Bullington informou a central; Eric Karlson, que estava trabalhando na recepção na sede da empresa, registrou a ligação às 4h11. Karlson, por sua vez, telefonou para a Divisão de Los Angeles do Departamento de Polícia de Los Angeles (LAPD, Los Angeles Police Department) e repassou a informação. O policial que recebeu a ligação comentou: "Espero que não seja um homicídio; acabamos de receber um telefonema de uma mulher aos berros naquela região".

O entregador do jornal *Los Angeles Times*, Steve Shannon, não ouviu nada incomum enquanto pedalava sua bicicleta pela Cielo Drive, entre as 4h30 e as 4h45. No entanto, ao colocar o jornal na caixa de correio do número 10050, avistou o que parecia ser um fio telefônico pendurado em cima do portão. Também notou, através do portão e um pouco mais adiante, que a luz amarela anti-insetos na lateral da garagem ainda estava acesa.

Seymour Kott também notou a luz e o fio caído quando saiu para pegar seu jornal por volta das 7h30.

Por volta das 8h, Winifred Chapman desceu do ônibus no cruzamento da Santa Monica com a Canyon Drive. Uma mulher negra de pele clara, na casa dos 50 anos, a sra. Chapman era governanta no número 10050 da Cielo e estava chateada porque, graças ao terrível transporte público de LA, iria se atrasar para o trabalho. Contudo, ela parecia estar com sorte; bem quando estava prestes a procurar um táxi, viu um homem com quem tinha trabalhado antes, e ele lhe deu uma carona quase até o portão.

Ela notou o fio de imediato, e isso a preocupou.

Na frente e à esquerda do portão, não escondido mas também não tão evidente, havia um poste de metal no topo do qual ficava o mecanismo do controle do portão. Quando o botão era apertado, o portão se abria. Havia um mecanismo parecido no interior da propriedade, ambos posicionados para que o motorista pudesse alcançar o botão sem ter que sair do carro.

Por conta do fio, a sra. Chapman pensou que a casa estivesse sem eletricidade, mas quando apertou o botão, o portão se abriu. Depois de pegar o *Times* na caixa de correio, ela entrou depressa na propriedade, observando um automóvel desconhecido no acesso à garagem, um Rambler branco, estacionado em um ângulo estranho. Mas ela passou por ele, e por muitos outros carros mais próximos da garagem, sem dar a isso muita importância. Não era incomum que alguns convidados pernoitassem na casa. Alguém tinha deixado a luz externa acesa a noite toda, então ela foi até o interruptor no canto da garagem e a apagou.

No fim do estacionamento pavimentado, havia um caminho de pedras que fazia um meio-círculo até a porta da frente da casa principal. Ela dobrou à direita antes de chegar a ele, seguindo para a entrada de serviço na varanda nos fundos da residência. A chave estava escondida em uma viga acima da porta. Depois de pegá-la, destrancou a porta e entrou, seguindo direto para a cozinha, onde tirou o telefone do gancho. Estava mudo.

Acreditando que devia alertar alguém de que o telefone não estava funcionando, ela atravessou a sala de jantar em direção à sala de estar. Então, parou de repente, seu avanço impedido por dois grandes baús de viagem azuis, que não estavam lá quando ela foi embora na tarde anterior — e pelo cenário que viu.

Parecia haver sangue nos baús, no chão ao lado deles e em duas toalhas na entrada. Ela não conseguia ter uma visão de toda a sala de estar — um sofá comprido bloqueava o espaço diante da lareira —, mas viu borrifos vermelhos em todos os lugares que conseguia enxergar. A porta da frente estava entreaberta. Ao olhar para fora, viu inúmeras poças de sangue na varanda de lajotas. E, mais além, no gramado, ela viu um corpo.

Gritando, ela se virou e atravessou a casa em disparada, saindo pelo mesmo caminho por onde tinha entrado, mas, ao correr pelo acesso à garagem, mudou o curso para poder alcançar o botão que controlava o portão. Ao fazer isso, passou pelo outro lado do Rambler branco, vendo pela primeira vez que também havia um corpo dentro do carro.

Assim que atravessou o portão, correu colina abaixo até a primeira casa, a de número 10070, tocando a campainha e esmurrando a porta. Quando os Kott não atenderam, ela correu até a casa seguinte, o número 10090, batendo na porta e gritando: "*Assassinato, morte, corpos, sangue!*".

Jim Asin, de 15 anos, estava do lado de fora da casa, esquentando o carro da família. Era sábado e, como membro da Unidade de Segurança 800 da organização de escoteiros Boy Scouts of America, ele aguardava seu pai, Ray Asin, para levá-lo à Divisão Oeste de Los Angeles do LAPD, onde estava agendado para trabalhar na recepção. Quando chegou na varanda, seus pais já tinham aberto a porta. Enquanto eles tentavam acalmar a inconsolável sra. Chapman, Jim discou o número da emergência. Treinado pelos escoteiros para ser preciso, ele anotou a hora: 8h33.

Enquanto aguardavam a polícia, pai e filho caminharam até o portão. O Rambler branco estava a cerca de nove metros de onde estavam, longe demais para que pudessem enxergar qualquer coisa em seu interior. Contudo, notaram que não apenas um, mas diversos fios estavam caídos. Pareciam ter sido cortados.

Ao retornarem à casa, Jim fez uma segunda ligação para a polícia e, alguns minutos depois, uma terceira.

Existe uma certa confusão a respeito do que exatamente aconteceu com os telefonemas. Um relatório oficial da polícia declara apenas: "Às 09h14, as Unidades do Oeste de Los Angeles 8L5 e 8L62 receberam um chamado pelo rádio, 'Código 2, possível homicídio, Cielo Drive, 10050'".

As unidades eram de viaturas tripuladas por apenas um oficial. O policial Jerry Joe DeRosa, dirigindo a 8L5, chegou primeiro, as luzes piscando e a sirene trovejando.[1] DeRosa começou interrogando a sra. Chapman, mas teve dificuldade em executar a tarefa. Ela não estava apenas histérica, como também foi vaga a respeito do que tinha visto — "sangue, corpos por toda parte" —, e era difícil compreender os nomes e as relações entre eles. Polanski. Altobelli. Frykowski.

Ray Asin, que conhecia os residentes do número 10050 da Cielo, interveio. A casa era de propriedade de Rudi Altobelli, que estava na Europa, mas havia contratado um caseiro, um jovem chamado William Garretson, para cuidar do lugar. Garretson morava na casa de hóspedes nos fundos da propriedade. Altobelli tinha alugado a residência principal para Roman Polanski, o cineasta, e sua esposa. Os Polanski tinham ido para a Europa, mas, em março, enquanto estavam viajando, dois

1 A confusão tem relação com os horários de chegada das unidades. O policial DeRosa mais tarde viria a dizer em seu depoimento que chegou por volta das 9h05, antes de supostamente ter recebido o Código 2. O policial Whisenhunt, que chegou em seguida, estabeleceu a hora de sua chegada entre 9h15 e 9h25, ao passo que o policial Burbridge, que chegou *depois* dos outros dois, depôs que tinha chegado às 8h40. [As notas são dos autores, exceto quando sinalizadas]

amigos, Abigail Folger e Voytek Frykowski, haviam se mudado para lá. A sra. Polanski tinha retornado menos de um mês antes, e Frykowski e Folger estavam ficando com ela até seu marido voltar. A sra. Polanski era uma atriz de cinema. Seu nome era Sharon Tate.

Questionada por DeRosa, a sra. Chapman foi incapaz de dizer quais, se é que alguma, dessas pessoas eram os dois corpos que tinha visto. Ela acrescentou ainda outro nome à lista, o de Jay Sebring, um famoso cabeleireiro e amigo da sra. Polanski. Ela o mencionou porque se lembrou de ter visto seu Porsche preto junto aos outros automóveis estacionados ao lado da garagem.

Depois de pegar um rifle na viatura, DeRosa pediu à sra. Chapman que lhe mostrasse como abrir o portão. Subindo o acesso à garagem com cautela até o Rambler, ele olhou pela janela aberta. *Havia* um corpo ali dentro, no banco do motorista, mas tombado para o lado do passageiro. Homem, caucasiano, cabelos avermelhados, camisa xadrez, jeans azuis, tanto a camisa quanto as calças encharcadas de sangue. Parecia ser jovem, provavelmente um adolescente.

Mais ou menos nesse momento, a unidade 8L62, conduzida pelo policial William T. Whisenhunt, estacionou do lado de fora do portão. DeRosa voltou e lhe disse que tinham nas mãos um possível homicídio. Após lhe mostrar como abrir o portão, os dois policiais subiram o acesso à garagem, com DeRosa ainda carregando seu rifle e Whisenhunt, uma espingarda. Quando passou pelo Rambler, Whisenhunt olhou para o interior do veículo, notando que a janela no lado do motorista estava aberta e os dois faróis e a ignição estavam desligados. Em seguida, os dois verificaram os outros automóveis e, após encontrá-los vazios, fizeram buscas na garagem e no cômodo acima dela. Ainda ninguém.

Um terceiro policial, Robert Burbridge, os alcançou. Conforme chegavam ao fim do estacionamento, os três viram não uma, mas duas formas inertes no gramado. De longe se pareciam com manequins que tinham sido mergulhados em tinta vermelha, depois jogados de qualquer jeito na grama.

Pareciam grotescamente deslocados no gramado bem-cuidado, com seus arbustos, flores e árvores podados. À direita, ficava a residência propriamente dita, comprida e espaçosa, parecendo mais confortável do que ostentosa; a arandela do lado de fora da porta principal emitia um brilho intenso. Mais adiante, depois do canto sul da casa, eles conseguiram ver um pedaço da piscina, de um verde azulado cintilando à luz matinal. Ao lado dela, havia um rústico poço dos desejos. À esquerda, havia uma cerca de madeira, entrelaçada com luzinhas de Natal, ainda acesas. E além da cerca, uma ampla vista panorâmica se estendia desde o centro de Los Angeles até a praia. Lá, a vida seguia em frente. Ali, ela havia sido interrompida.

O primeiro corpo estava a uma distância de cinco a seis metros da porta da frente da residência. Quanto mais perto chegavam, pior parecia. Homem, caucasiano, provavelmente na casa dos 30 anos, por volta de 1,77 metro de altura, usando botas de cano baixo, calças boca de sino coloridas, camisa roxa e um colete casual. Estava deitado de lado, a cabeça repousando sobre o braço direito, a mão esquerda agarrando a grama. A cabeça e o rosto estavam horrivelmente contundidos, o tronco e os membros haviam sido perfurados por dezenas de ferimentos. Parecia inconcebível que tanta selvageria pudesse ser infligida a um ser humano.

O segundo corpo foi encontrado a cerca de oito metros do primeiro. Mulher, caucasiana, cabelos longos e escuros, provavelmente no final da casa dos 20 anos. Estava deitada de costas, os braços abertos. Descalça, estava usando uma camisola comprida, que, antes das inúmeras facadas, tinha provavelmente sido branca.

Então, a quietude começou a incomodar os policiais. Tudo estava calmo, calmo demais. A serenidade em si se tornou ameaçadora. Aquelas janelas ao longo da fachada da casa: atrás de qualquer uma delas poderia haver um assassino esperando, observando.

Deixando DeRosa no gramado, Whisenhunt e Burbridge voltaram para o lado norte da residência, procurando por outra maneira de entrar. Eles seriam alvos fáceis se entrassem pela porta da frente. Notaram que uma tela tinha sido retirada de uma das janelas da frente e estava encostada na lateral da construção. Whisenhunt também observou um corte horizontal ao longo da parte de baixo da tela. Suspeitando que devia ter sido por ali que o assassino ou os assassinos entraram, saíram então à procura de outra entrada. Encontraram uma janela aberta na lateral. Ao olharem para dentro, viram o que parecia ser um cômodo recém-pintado, desprovido de móveis. Escalaram e entraram.

DeRosa aguardou até vê-los dentro da casa, então se aproximou da porta da frente. Havia uma mancha de sangue no caminho, entre as cercas vivas; muitas outras no canto direito da varanda, além de marcas no lado de fora, à esquerda da porta e no próprio batente. Ele não viu, ou mais tarde não se lembrava de ter visto, nenhuma pegada, embora houvesse muitas. Visto que a porta estava aberta por dentro, DeRosa já estava na varanda quando notou que algo havia sido rabiscado na parte de baixo.

Escritas com o que parecia ser sangue havia três letras: PIG [porco].

Whisenhunt e Burbridge tinham acabado de verificar a cozinha e a sala de jantar quando DeRosa entrou no corredor. Ao se virar para a esquerda e entrar na sala de estar, descobriu que o caminho estava parcialmente bloqueado pelos dois baús de viagem. Parecia que tinham sido postos de pé, depois derrubados, visto que um deles estava inclinado contra o outro. DeRosa também observou, no chão, ao lado dos baús, um par de óculos de armação de chifre. Burbridge, que o seguiu até o cômodo, notou outra coisa: no tapete, à esquerda da entrada, havia dois pedacinhos de madeira. Pareciam ser pedaços de uma empunhadura de arma quebrada.

Eles tinham chegado esperando encontrar dois corpos, mas se depararam com três. Agora, em vez de buscar por mais mortes, estavam atrás de alguma explicação. Um suspeito. Pistas.

O cômodo era iluminado e arejado. Mesa, cadeira, piano. Então, algo estranho. No centro da sala, diante da lareira, havia um sofá comprido. Pendurada sobre as costas do sofá, estava uma enorme bandeira dos Estados Unidos.

Foi apenas quando se aproximaram do sofá que viram o que havia do outro lado.

Ela era jovem, loira, estava em um estado avançado de gravidez. Encontrava-se deitada de lado, diretamente diante do sofá, as pernas dobradas junto à barriga, em posição fetal. Usava um sutiã florido e a parte de baixo de um biquíni combinando, mas o estampado era quase indistinguível por conta do sangue, que parecia ter sido espalhado por todo o corpo. Uma corda branca de náilon tinha sido enrolada duas vezes ao redor de seu pescoço, uma ponta estava esticada por cima de uma viga no teto, a outra se estendia pelo chão até outro corpo, este de um homem, a uma distância de cerca de 1,5 metro.

A corda também tinha sido enrolada duas vezes em volta do pescoço do homem, a ponta solta passava por baixo do corpo, então se estendia muitos metros além. Uma toalha ensanguentada cobria seu rosto, ocultando suas feições. Ele era baixo, por volta de 1,67 metro de altura, e estava deitado sobre o lado direito, as mãos unidas perto da cabeça como se ainda estivessem afastando um ataque. Suas roupas — camisa azul, calças brancas com listras verticais pretas, cinto largo da moda, botas pretas — estavam ensopadas de sangue.

Nenhum dos policiais pensou em verificar se algum dos corpos ainda tinha pulso. Assim como o corpo no carro e a dupla no gramado, era obviamente desnecessário.

Embora DeRosa, Whisenhunt e Burbridge fossem patrulheiros, não detetives de homicídios, cada um deles, em algum momento ao longo de suas carreiras, tinha se deparado com mortes. Mas nada como aquilo. O número 10050 da Cielo Drive era um abatedouro humano.

Abalados, os policiais se dispersaram para realizar uma busca pelo restante da casa. Havia uma galeria acima da sala de estar. DeRosa subiu a escada de madeira e, nervoso, espiou por cima do topo, mas não viu ninguém. Um corredor ligava a sala de estar ao lado sul da residência. Havia sangue em dois lugares do corredor. À esquerda, pouco depois de uma das manchas, havia um quarto, cuja porta estava aberta. Os cobertores e travesseiros estavam amarrotados e havia roupas espalhadas, como se alguém — possivelmente a mulher de camisola no gramado — já tivesse se despido e ido para a cama antes que o assassino ou os assassinos aparecessem. Sentado em cima da cabeceira da cama, as pernas pendendo para baixo, havia um coelho de pelúcia, as orelhas inclinadas de modo questionador como se estivesse inspecionando a cena. Não havia sangue naquele cômodo, tampouco alguma evidência de luta.

Do outro lado do corredor, ficava o quarto principal. Essa porta também estava aberta, assim como as portas venezianas no outro lado do cômodo, através das quais se podia ver a piscina.

Essa cama era maior e mais arrumada, a colcha branca dobrada para revelar um lençol com uma alegre estampa florida, além de um lençol de baixo com estampas geométricas. No meio da cama, em vez de estarem posicionados na horizontal na parte superior, havia dois travesseiros, dividindo o lado que tinha sido ocupado do lado que não. Na outra ponta do quarto, de frente para a cama, havia uma televisão, ladeada por lindos armários. Em cima de um deles, havia um berço branco.

Com cuidado, portas adjacentes foram abertas: quarto de vestir, closet, banheiro, closet. Mais uma vez, nenhum sinal de luta. O telefone sobre a mesinha de cabeceira ao lado da cama estava no gancho. Não havia nada virado ou remexido.

Entretanto, havia sangue na parte interna do lado esquerdo das portas venezianas, sugerindo que alguém, possivelmente a mulher no gramado, tivesse saído correndo por ali, tentando fugir.

Ao saírem, os policiais foram momentaneamente cegados pelo brilho da piscina. Asin tinha mencionado uma casa de hóspedes atrás da residência principal. Eles a viram agora, ou melhor, um canto dela, cerca de dezoito metros a sudeste, através dos arbustos.

Ao se aproximarem em silêncio, ouviram os primeiros sons desde que tinham chegado no local: os latidos de um cão e uma voz masculina dizendo: "Psiu, fique quieto".

Whisenhunt foi para a direita, dando a volta pelos fundos da casa. DeRosa dobrou à esquerda, avançando pela frente, enquanto Burbridge o seguia para dar cobertura. Ao subir na varanda telada, DeRosa pôde ver, na sala de estar, no sofá diante da porta da frente, um jovem de cerca de 18 anos. Ele usava calças, mas estava sem camisa. Embora não parecesse estar armado, isso não significava — como DeRosa explicaria mais tarde — que não houvesse uma arma por perto.

Gritando, "*Parado!*", DeRosa abriu a porta da frente com um chute.

Surpreso, o rapaz olhou para cima e viu uma arma. Instantes depois, três armas estavam apontadas diretamente para ele. Christopher, o enorme Weimaraner de Altobelli, atacou Whisenhunt, abocanhando a ponta de sua espingarda. Whisenhunt bateu a porta da varanda contra a cabeça do cachorro e o manteve preso ali até que o jovem o chamasse de volta.

Em relação ao que aconteceu a seguir, existem versões contraditórias.

O jovem, que se identificou como William Garretson, o caseiro, viria a declarar depois que os policiais o derrubaram, o algemaram, o puxaram para que ficasse de pé, o arrastaram até o gramado, então o derrubaram outra vez.

Mais tarde, DeRosa viria a ser questionado a respeito de Garretson:

P: "Ele tropeçou ou caiu no chão em algum momento?"

R: "Talvez, sim; não me lembro se ele caiu ou não."

P: "Você o instruiu a se deitar no chão do lado de fora?"

R: "Eu o instruí, sim, a se deitar no chão, sim."

P: "Você o ajudou a se deitar no chão?"

R: "Não, ele se deitou sozinho."

Garretson ficou perguntando: "Qual é o problema? Qual é o problema?". Um dos policiais respondeu: "Vamos te mostrar!". Puxando-o para que ficasse de pé, DeRosa e Burbridge o escoltaram ao longo do caminho de volta à casa principal.

Whisenhunt ficou para trás, procurando por armas e roupas manchadas de sangue. Embora não tenha encontrado nada, ele observou alguns pequenos detalhes no local. Um deles parecia tão insignificante no momento, que ele se esqueceu até que questionamentos posteriores o fizeram se lembrar. Havia um aparelho de som ao lado do sofá, que estava desligado quando eles entraram na sala. Ao verificar as configurações, Whisenhunt notou que o controle do volume estava entre quatro e cinco.

Garretson, enquanto isso, tinha sido levado até os dois corpos no gramado. Um indício das horríveis condições do primeiro cadáver, o da jovem moça, foi o fato de ele o ter identificado de maneira errônea como sendo o da sra. Chapman, a empregada negra. Quanto ao homem, ele o identificou como "o jovem Polanski". Se, como Chapman e Asin tinham declarado, Polanski estava na Europa, isso não fazia sentido. O que os policiais não poderiam saber era que Garretson acreditava que Voytek Frykowski era o irmão mais novo de Roman Polanski. Garretson não conseguiu de jeito nenhum identificar o jovem no Rambler.[2]

Em algum momento, ninguém se lembra exatamente quando, Garretson foi informado sobre seus direitos e avisado que estava sendo preso por homicídio. Questionado a respeito de suas atividades na noite anterior, ele disse que, embora tenha ficado acordado a noite toda, escrevendo cartas e ouvindo discos, não tinha ouvido nem visto nada. Seu álibi bastante improvável, suas respostas "vagas e duvidosas" e a confusão ao identificar os corpos levaram os policiais que o prenderam a concluir que o suspeito estava mentindo.

Cinco homicídios — quatro deles provavelmente tendo ocorrido a menos de trinta metros — e ele não tinha ouvido nada?

Depois de escoltar Garretson pelo acesso à garagem, DeRosa localizou o mecanismo de controle do portão, que ficava no poste na parte interna, e notou que havia sangue no botão.

A conclusão lógica era que alguém, possivelmente o assassino, havia pressionado o botão para sair, e ao fazer isso, era muito provável que tivesse deixado uma impressão digital.

O próprio policial DeRosa, que ficou encarregado de isolar e proteger a cena do crime até que os investigadores chegassem, apertou o botão naquele momento, conseguindo assim abrir o portão, mas também criando uma sobreposição que obliterou quaisquer impressões digitais que pudessem ter existido ali.

Mais tarde, DeRosa foi questionado sobre isso:

2 O motivo pelo qual ele não conseguiu identificar o jovem, que conhecia, é desconhecido. Um bom palpite é que Garretson estava em choque. Além disso, para piorar sua confusão, foi mais ou menos nesse momento que, ao olhar na direção do portão, ele viu Winifred Chapman, que ele supunha estar morta, viva e conversando com um policial.

P: "Houve algum motivo para você ter colocado o dedo no botão ensanguentado que controlava o portão?"

R: "Para que eu pudesse passar pelo portão."

P: "E isso foi feito intencionalmente?"

R: "Eu tinha que sair de lá."

Eram 9h40. DeRosa telefonou para a central, reportando cinco mortes e um suspeito sob custódia. Enquanto Burbridge permaneceu na residência, aguardando a chegada dos investigadores, DeRosa e Whisenhunt levaram Garretson para a delegacia na zona oeste de Los Angeles para ser interrogado. Outro policial também levou a sra. Chapman para lá, mas ela estava tão descontrolada que teve que ser levada ao centro médico da UCLA para ser sedada.

Em resposta à ligação de DeRosa, quatro detetives da zona oeste de Los Angeles foram enviados ao local. O tenente R. C. Madlock, o tenente J. J. Gregoire, o sargento F. Gravante e o sargento T. L. Rogers chegariam ao longo da hora seguinte. Quando o último deles estacionou o carro, os primeiros repórteres já estavam do lado de fora do portão.

Ao monitorarem as frequências de rádio da polícia, eles captaram o relato das cinco mortes. Estava quente e seco em Los Angeles, e incêndios eram uma preocupação constante, em especial nas colinas, onde em questão de segundos vidas e propriedades podiam desaparecer em uma conflagração. Ao que parece, alguém supôs que as cinco pessoas tinham morrido em um incêndio. O nome de Jay Sebring deve ter sido mencionado em uma das ligações da polícia, pois um repórter telefonou para a residência dele e perguntou ao mordomo, Amos Russell, se ele sabia algo sobre as "mortes no incêndio". Russell então ligou para John Madden, presidente da Sebring International, e contou sobre o telefonema. Madden ficou preocupado: nem ele nem a secretária de Sebring tinham tido notícias do cabeleireiro desde a tarde do dia anterior. Madden telefonou para a mãe de Sharon Tate, em San Francisco. O pai de Sharon, um coronel da Inteligência do Exército, estava postado próximo dali, em Fort Baker, e a sra. Tate o visitava. Não, ela não tivera notícias de Sharon. Nem de Jay, que deveria chegar a San Francisco a qualquer momento naquele mesmo dia.

Antes de se casar com Roman Polanski, Sharon Tate havia morado com Jay Sebring. Embora tenha sido trocado pelo cineasta polonês, Sebring permaneceu amigo dos pais de Sharon, assim como dela e de Roman. Quando estava em San Francisco, ele costumava telefonar para o coronel Tate.

Quando Madden desligou o telefone, a sra. Tate ligou para o número de Sharon. O telefone tocou e tocou, mas ninguém atendeu.

◆ ◆ ◆

Estava quieto dentro da casa. Ainda que todos que telefonavam ouvissem a chamada completando, os telefones ainda estavam desconectados. O policial Joe Granado, um químico forense do SID (Special Investigations Department), o Departamento de Investigação Científica do LAPD, já estava trabalhando, tendo chegado por volta das 10h. Era seu trabalho obter amostras de onde quer que parecesse haver sangue. Geralmente, em um caso de homicídio, Granado levava uma ou duas horas para concluir o serviço. Mas não naquele dia. Não no número 10050 da Cielo Drive.

A sra. Tate ligou para Sandy Tennant, amiga íntima de Sharon e esposa de William Tennant, gerente comercial de Roman Polanski. Não, nem ela nem Bill tinham falado com Sharon desde o entardecer do dia anterior. Naquela ocasião, Sharon tinha dito que ela, Gibby (Abigail Folger) e Voytek (Frykowski) ficariam em casa naquela noite. Jay tinha dito que passaria por lá mais tarde, e ela convidou Sandy para se juntar a eles. Não havia nenhuma festa planejada, apenas uma noite tranquila em casa. Sandy, que tinha acabado de se recuperar de catapora, recusou o convite. Assim como a sra. Tate, ela tentara telefonar para Sharon naquela manhã, mas ninguém tinha atendido.

Sandy garantiu à sra. Tate que era provável que não houvesse nenhuma ligação entre a notícia do incêndio e o número 10050 da Cielo Drive. Entretanto, assim que a sra. Tate desligou o telefone, Sandy fez uma ligação para o clube de tênis do marido e pediu para que lhe enviassem um bipe. Era importante, ela disse.

Em algum momento entre 10h e 11h, Raymond Kilgrow, um representante da empresa telefônica, subiu no poste do lado de fora do número 10050 da Cielo Drive e descobriu que quatro fios telefônicos haviam sido cortados. Os cortes foram feitos perto das conexões, indicando que era provável que a pessoa responsável por aquilo também tivesse escalado o poste. Kilgrow consertou dois dos fios, deixando os outros para que os detetives os examinassem.

Viaturas da polícia chegavam em intervalos de poucos minutos. E à medida que mais policiais visitavam o local, a cena do crime mudava.

Os óculos de armação de chifre, vistos primeiro por DeRosa, Whisenhunt e Burbridge perto dos dois baús, tinham, de alguma maneira, sido transferidos para um lugar a dois metros de distância, para cima da mesa.

Dois pedaços de uma empunhadura de arma, vistos a princípio perto da entrada, acabaram parando embaixo de uma poltrona na sala de estar. Como declarado no relatório oficial do LAPD: "Eles aparentemente foram chutados para baixo da poltrona por um dos primeiros policiais no local; no entanto, ninguém quer assumir o erro".[3]

Um terceiro pedaço de empunhadura, menor que os outros, foi encontrado mais tarde na varanda da frente.

E um ou mais policiais levaram sangue de dentro da residência para a varanda da frente e para o caminho de pedra, acrescentando muitas outras pegadas ensanguentadas às que já estavam lá. Em uma tentativa de identificar e eliminar as adições posteriores, foi necessário questionar toda a equipe que tinha visitado a cena do crime, perguntando a cada um se estava usando botas, sapatos com solas lisas ou desenhadas, e assim por diante.

Granado ainda estava coletando amostras de sangue. Mais tarde, no laboratório pericial, ele viria a submetê-las ao teste de Ouchterlony, a fim de determinar se o sangue era animal ou humano. Se fosse humano, outros testes iriam ser realizados para determinar o tipo sanguíneo — A, B, AB ou O — e o subgrupo. Existem cerca de trinta subgrupos sanguíneos; entretanto, se o sangue já está seco quando a amostra é coletada, é possível determinar apenas se ele faz parte de três subgrupos — M, N ou MN. Tinha sido uma noite quente, que já se transformava em outro dia quente. Quando Granado se pôs a trabalhar, grande parte do sangue, exceto as poças perto dos corpos no interior da casa, já tinha secado.

Ao longo dos dias seguintes, Granado viria a obter do Instituto Médico Legal uma amostra de sangue de cada uma das vítimas e tentaria encontrar correspondências com as amostras já coletadas. Em um caso de homicídio comum, a presença de dois tipos sanguíneos na cena do crime pode indicar que o assassino, assim como a vítima, tinha sido ferido, o que poderia ser uma pista importante para a identificação dele.

Mas não se tratava de um homicídio comum. Em vez de um corpo, havia cinco.

Havia tanto sangue, na verdade, que Granado deixou passar alguns pontos. No lado direito da varanda da frente, do ponto de vista de quem se aproxima pelo caminho, havia diversas poças grandes de sangue. Granado coletou uma amostra de apenas um dos pontos, supondo — como contou mais tarde — que todos fossem iguais. Logo à direita da varanda,

3 Visto que Granado, que chegou depois de DeRosa, Whisenhunt e Burbridge, também os viu perto da entrada, parece que os primeiros policiais no local não foram os responsáveis.

os arbustos pareciam danificados, como se alguém tivesse caído entre eles. Respingos de sangue no local pareciam confirmar essa hipótese. Granado deixou esses passarem. Ele também não coletou amostras das poças de sangue próximas aos dois corpos na sala de estar, nem das que estavam perto dos corpos no gramado, presumindo, como testemunhou mais tarde, que pertencessem às vítimas mais próximas, e, de qualquer modo, ele iria receber amostras do legista.

Ao todo, Granado coletou 45 amostras de sangue. No entanto, por alguma razão que nunca foi elucidada, ele não submeteu 21 delas a testes para obter seus subgrupos. Se isso não for feito em uma semana ou duas após a coleta, os componentes do sangue se decompõem.

Mais tarde, quando foi feita uma tentativa de recriar os homicídios, essas omissões causariam muitos problemas.

Pouco antes do meio-dia, William Tennant chegou, ainda vestindo as roupas que tinha usado para praticar tênis, e foi escoltado para dentro da propriedade pela polícia. Foi como ser guiado por um pesadelo, à medida que ele era levado de corpo em corpo. Ele não reconheceu o jovem dentro do automóvel. Mas identificou o homem no gramado como Voytek Frykowski, a mulher como Abigail Folger e os dois corpos na sala de estar como Sharon Tate Polanski e, com hesitação, Jay Sebring. Quando os policiais levantaram a toalha ensanguentada, o rosto do homem estava tão contundido que Tennant não teve certeza. Então ele saiu da casa e vomitou.

Quando o fotógrafo da polícia concluiu seu trabalho, outro policial pegou lençóis no armário de roupa de cama e cobriu os corpos.

Do outro lado do portão, havia dezenas de repórteres e fotógrafos, com muitos outros chegando a cada minuto. Viaturas e veículos da imprensa congestionaram a Cielo Drive a tal ponto que diversos policiais foram designados para tentar desemaranhá-los. Enquanto Tennant abria caminho pela multidão, apertando a barriga e chorando, os repórteres o bombardearam com perguntas: "Sharon está morta?", "Eles foram assassinados?", "Alguém já informou Roman Polanski?". Ele os ignorou, mas as respostas podiam ser lidas em seu rosto.

Nem todos que visitaram a cena do crime estavam tão relutantes em falar. "Lá dentro parece um campo de batalha", o sargento Stanley Klorman contou aos repórteres, a expressão grave devido ao choque causado pelo que tinha visto. Outro policial, não identificado, disse: "Parecia ritualístico". Esse único comentário serviu de base para uma incrível quantidade de especulações bizarras.

◆ ◆ ◆

Assim como ondas sísmicas de um terremoto, as notícias sobre os homicídios se espalharam.

"CINCO MORTOS EM BEL AIR", dizia a manchete da primeira reportagem transmitida pela agência de notícias Associated Press. Embora tenha sido enviada antes que as identidades das vítimas fossem confirmadas, a reportagem informava corretamente a localização dos corpos; que as linhas telefônicas tinham sido cortadas; e a prisão de um suspeito não identificado. Havia erros: um deles, que viria a ser bastante repetido, era que "uma vítima tinha um capuz sobre a cabeça...".

O LAPD notificou os Tate, John Madden, que por sua vez informou os pais de Sebring, e Peter Folger, pai de Abigail. Os pais socialmente proeminentes de Abigail eram divorciados. Seu pai, presidente da diretoria da J. A. Folger Coffee Company, morava em Woodside, sua mãe, Inez Mijia Folger, em San Francisco. No entanto, a sra. Folger não estava em casa, mas em Connecticut, visitando amigos após um cruzeiro pelo Mediterrâneo, e o sr. Folger entrou em contato com ela lá. Ela não conseguia acreditar; tinha conversado com Abigail por volta das 22h da noite anterior. Tanto a mãe quanto a filha tinham planejado viajar para San Francisco naquele dia, para um reencontro, com Abigail tendo feito reserva para um voo da United Airlines às 10h.

Ao chegar em casa, William Tennant fez o telefonema que, para ele, foi o mais difícil. Ele não era apenas o gerente comercial de Polanski, mas também um amigo íntimo. Tennant verificou as horas, somando de modo automático nove horas para determinar o horário em Londres. Ainda que fosse tarde da noite, supôs que Polanski ainda poderia estar trabalhando, tentando finalizar seus diversos projetos cinematográficos antes de voltar para casa na quinta-feira seguinte. Ele tentou o telefone da casa de Polanski na cidade. Seu palpite estava certo. Polanski e diversos colegas estavam estudando uma cena no roteiro de *O Dia do Golfinho* quando o telefone tocou.

Polanski viria a se lembrar da conversa da seguinte maneira:

"Roman, houve um desastre em uma casa."

"Que casa?"

"A sua casa." Então, aos borbotões: "Sharon está morta, e Voytek e Gibby e Jay".

"*Não, não, não, não!*" Com certeza isso era um engano. Com os dois homens agora chorando, Tennant reiterou que era verdade; ele mesmo tinha ido até a casa.

"Como?", perguntou Polanski. Ele estava pensando, contou mais tarde, não em um incêndio, mas em um desmoronamento, algo não muito raro nas colinas de Los Angeles, em especial após chuvas fortes; às vezes casas inteiras eram soterradas, o que significava que talvez eles ainda pudessem estar vivos. Só então Tennant lhe contou que tinham sido assassinados.

Voytek Frykowski, o LAPD descobriu, tinha um filho na Polônia, mas nenhum parente nos Estados Unidos. O jovem no Rambler permaneceu sem identificação, mas não mais sem nome; ele foi chamado de John Doe 85.

As notícias se espalharam depressa — e, com elas, os boatos. Rudi Altobelli, dono da propriedade na Cielo e gerente comercial de inúmeras celebridades do entretenimento, estava em Roma. Um de seus clientes, uma jovem atriz, lhe telefonou e contou que Sharon e outras quatro pessoas haviam sido mortas em sua casa e que Garretson, o caseiro que ele contratara, tinha confessado.

Garretson não tinha feito tal coisa, mas Altobelli só viria a saber disso depois de voltar aos Estados Unidos.

Os especialistas tinham começado a chegar por volta do meio-dia.

Os policiais Jerrome A. Boen e D. L. Girt, Departamento de Impressões Digitais Latentes, Departamento de Investigação Científica, LAPD, borrifaram pó à procura de impressões digitais na residência principal e na casa de hóspedes.

Depois de polvilhar pó sobre uma impressão digital ("revelar uma impressão digital"), uma fita adesiva transparente era colocada sobre ela; a fita, com a digital à vista, era então "levantada" e colocada em um cartão com um fundo contrastante. Local, data, hora e as iniciais do policial eram anotados na parte de trás.

Um desses cartões, preparado por Boen, dizia: "9-8-69/10050Cielo/1400/JAB/Batente interno da porta francesa esquerda/do quarto principal para a área da piscina/lado da maçaneta".

Outro, coletado quase no mesmo instante, era da "Parte externa da porta da frente/lado da maçaneta/acima da maçaneta".

Demoraram seis horas para percorrer ambas as casas. Mais tarde naquele mesmo dia, a dupla se reuniu ao policial D. E. Dorman e a Wendell Clements, este último um especialista civil em impressões digitais, que se concentrou nos quatro veículos.

Ao contrária da crença popular, uma digital legível é mais rara do que comum. Muitas superfícies, tais como roupas e tecidos, não as retêm. Mesmo quando a superfície consegue reter uma digital, a pessoa costuma tocá-la apenas com uma parte do dedo, deixando uma papila fragmentada, que é inútil para comparações. Se o dedo é movido, o resultado é um borrão ilegível. Além disso, como o policial DeRosa demonstrou com o botão do portão, uma digital deixada sobre outra cria uma sobreposição, também inútil para fins de identificação. Logo, em qualquer cena de crime, a quantidade de impressões digitais nítidas e legíveis, com pontos suficientes para comparação, costuma ser surpreendentemente pequena.

Sem contar as digitais posteriormente eliminadas como pertencentes à equipe do LAPD que esteve no local, um total de cinquenta impressões foram coletados da residência, da casa de hóspedes e dos veículos no número 10050 da Cielo Drive. Dessas, sete foram eliminadas por pertencerem a William Garretson (todas vieram da casa de hóspedes; nenhuma digital de Garretson foi encontrada na casa principal ou nos veículos); outras quinze foram eliminadas por pertencerem às vítimas; e três não estavam nítidas o suficiente para que fossem feitas comparações. Isso deixou um total de 25 impressões digitais latentes sem correspondência, das quais qualquer uma poderia — ou não — pertencer ao assassino ou aos assassinos.

Eram 13h30 quando os primeiros detetives de homicídio chegaram. Depois de se certificar de que as mortes não tinham sido acidentais ou autoinfligidas, o tenente Madlock solicitou que a investigação fosse transferida para a Divisão de Roubos e Homicídios. O tenente Robert J. Helder, supervisor de investigações, foi colocado no comando. Ele, por sua vez, designou os sargentos Michael J. McGann e Jess Buckles para o caso. (O parceiro de costume de McGann, o sargento Robert Calkins, estava de férias e iria substituir Buckles quando retornasse.) Três outros policiais, os sargentos E. Henderson, Dudley Varney e Danny Galindo, iriam auxiliá-los.

Após ser notificado a respeito dos homicídios, o médico-legista chefe do condado de Los Angeles, Thomas Noguchi, pediu que os policiais não tocassem nos corpos até que um representante de seu gabinete os tivesse examinado. O legista John Finken chegou por volta das 13h45, com o próprio Noguchi juntando-se a ele mais tarde. Finken fez a declaração oficial das mortes; mediu a temperatura dos fígados e do ambiente (às 14h faziam 34°C no gramado, 28°C no interior da casa); e cortou a corda que prendia Tate a Sebring, pedaços da qual foram entregues aos detetives para que pudessem tentar determinar onde tinha sido fabricada e vendida. Era branca, de náilon de três fios, com um comprimento total de 13,2 metros. Granado coletou amostras de sangue da corda, mas não realizou testes para determinar os subgrupos, outra vez fazendo suposições. Finken também removeu os itens pessoais dos corpos das vítimas. Sharon Tate Polanski: aliança de casamento e brincos de ouro. Jay Sebring: relógio Cartier, cujo valor mais tarde foi determinado em mais de 1.500 dólares. John Doe 85: relógio Lucerne, carteira com diversos papéis, mas nenhum documento. Abigail Folger e Voytek Frykowski: nenhum item pessoal com os indivíduos. Depois que sacos plásticos foram colocados nas mãos das vítimas, para preservar quaisquer fios de cabelo ou resíduos de pele que pudessem ter ficado alojados sob as unhas durante uma possível luta, Finken ajudou a cobrir e a colocar os corpos em macas, para serem levados até as ambulâncias e transportados para o Instituto Médico Legal, Palácio da Justiça, no centro de Los Angeles.

Cercado por repórteres no portão, o dr. Noguchi anunciou que não faria nenhum comentário até que divulgasse os resultados das necropsias ao meio-dia do dia seguinte.

Tanto Noguchi quando Finken, contudo, já tinham informado os detetives em conversas particulares a respeito de suas conclusões iniciais.

Não havia nenhum indício de ataques sexuais ou mutilações genitais.

Três das vítimas — John Doe, Sebring e Frykowski — tinham sido baleadas. Exceto por um corte na mão esquerda enquanto tentava se defender, que tinha rompido a pulseira de seu relógio, John Doe não tinha sido esfaqueado. Mas as outras quatro vítimas, sim — muitas e muitas vezes. Além disso, Sebring havia sido atingido no rosto pelo menos uma vez e Frykowski fora golpeado na cabeça repetidas vezes com um objeto contundente.

Ainda que tivessem que aguardar as necropsias para poderem tirar conclusões exatas, os legistas determinaram, a partir do tamanho dos buracos de bala, que provavelmente a arma usada era de calibre .22. A polícia já havia suspeitado disso. Enquanto revistava o Rambler, o sargento Varney tinha encontrado quatro fragmentos de bala entre o estofamento e o exterior de metal da porta do passageiro. Além de ter encontrado, no estofado do banco traseiro, o pedaço de um projétil. Ainda que todos fossem pequenos demais para propósitos de comparação, elas pareciam ser de uma arma de calibre .22.

Quanto às facadas, alguém sugeriu que o padrão dos ferimentos era parecido com o causado por uma baioneta. Em seu relatório oficial, os detetives foram ainda mais além, concluindo: "É provável que a faca que infligiu os ferimentos tenha sido uma baioneta". Isso não só eliminava muitas outras possibilidades, como também presumia que apenas uma faca tinha sido usada.

A profundidade dos ferimentos (muitos deles mais fundos do que doze centímetros), a largura (entre 2,5 e 3,8 centímetros) e a espessura (de 0,3 a 0,6 centímetro) excluíam tanto uma faca de cozinha quanto um canivete comum.

Por coincidência, as únicas duas facas encontradas na casa *foram* uma faca de cozinha e um canivete.

Uma faca para carne tinha sido encontrada na pia da cozinha. Granado obteve uma reação positiva para benzidina, indicando a presença de sangue, mas o teste de Ouchterlony deu negativo, indicando que era animal, não humano. Boen a polvilhou com pó à procura de digitais, mas conseguiu apenas papilas fragmentadas. A sra. Chapman mais tarde a identificou como sendo uma faca para carne de um conjunto que pertencia aos Polanski e encontrou todas as outras em uma gaveta. Mas mesmo antes disso, os policiais já haviam descartado a faca por conta de suas dimensões, em particular sua finura. As facadas foram tão violentas que uma lâmina como aquela teria se quebrado.

Granado encontrou a segunda faca na sala de estar, a menos de noventa centímetros do corpo de Sharon Tate. Estava presa atrás da almofada de uma das poltronas, com a lâmina projetada para fora. Um canivete dobrável da marca Buck, a lâmina tinha 1,9 centímetro de diâmetro e 9,6 centímetros de comprimento, o que fazia com que fosse pequena demais para que pudesse ter causado a maioria dos ferimentos. Depois de observar uma mancha na lateral da lâmina, Granado realizou um teste para descobrir se era sangue: negativo. Girt a polvilhou com pó à procura de digitais: um borrão ilegível.

A sra. Chapman não conseguia se lembrar de já ter visto aquela faca em particular. Isso, além do local estranho onde foi encontrada, indicava que poderia ter sido deixada pelo(s) assassino(s).

Na literatura, uma cena de homicídio costuma ser comparada a um quebra-cabeças. Se a pessoa for paciente e continuar tentando, em algum momento todas as peças irão se encaixar.

Policiais veteranos sabem que as coisas não são bem assim. Uma analogia muito melhor seria a de dois quebra-cabeças, ou três, ou mais, sendo que nenhum deles, por si só, está completo. Mesmo depois que surge uma solução — se é que alguma surge —, sempre sobram peças, evidências que simplesmente não se encaixam. E sempre haverá peças faltantes.

Havia a bandeira dos Estados Unidos, sua presença acrescentando mais um toque bizarro a uma cena que já era terrivelmente macabra. As possibilidades que o objeto sugeria iam de uma ponta do espectro político à outra — até Winifred Chapman contar à polícia que ela estivera na residência há muitas semanas.

Poucas evidências foram descartadas com tanta facilidade. Havia a inscrição sangrenta na porta da frente. Nos últimos anos, a palavra "porco" tinha assumido um novo sentido — bastante familiar para a polícia. Mas qual era seu significado ali?

Havia a corda. A sra. Chapman afirmou com veemência que nunca tinha visto tal corda em nenhum lugar na propriedade. O(s) assassino(s) a tinha(m) levado? Se sim, por quê?

Qual era a importância do fato de que as duas vítimas unidas pela corda, Sharon Tate e Jay Sebring, costumavam ser amantes? Ou será que "costumavam" era a palavra correta? O que Sebring estava fazendo ali quando Polanski estava viajando? Essa era uma pergunta que muitos jornais também viriam a fazer.

Os óculos de armação de chifre — negativo tanto para impressões digitais quanto para sangue — pertenciam a uma vítima, a um assassino ou a alguém sem nenhuma ligação com o crime? Ou tinham sido deixados no local como uma pista falsa? A cada pergunta as possibilidades se multiplicavam.

Os dois baús na entrada. A empregada disse que não estavam lá quando ela foi embora às 16h30 do dia anterior. Quem os entregou, e quando, e será que essa pessoa tinha visto alguma coisa?

Por que o(s) assassino(s) se daria(m) ao trabalho de cortar e retirar uma das telas quando outras janelas, aquelas do cômodo recém-pintado que iria ser o quarto do bebê ainda por nascer dos Polanski, estavam abertas e sem telas?

John Doe 85, o jovem no Rambler. Chapman, Garretson e Tennant não tinham sido capazes de identificá-lo. Quem ele era e o que estava fazendo no número 10050 da Cielo Drive? Teria ele testemunhado os assassinatos? Ou tinha sido morto antes de serem cometidos? Se antes, os outros não teriam ouvido os disparos? No banco ao seu lado havia um rádio-relógio Sony AM-FM Digimatic. A hora na qual tinha parado era 00h15. Uma coincidência ou algo importante?

Quanto à hora dos assassinatos, os relatos de disparos e outros barulhos variavam entre um pouco depois da meia-noite e 4h10.

Nem todas as evidências eram assim tão inconclusivas. Algumas das peças se encaixavam. Nenhum estojo foi encontrado na propriedade, indicando que provavelmente a arma era um revólver, que não ejeta os estojos usados, ao contrário de uma pistola automática, que os ejeta.

Reunidos, os três pedaços de madeira escura formavam o lado direito de uma empunhadura de arma. Logo, os policiais souberam que a arma que estavam procurando provavelmente era um revólver calibre .22 sem a empunhadura direita. A partir dos fragmentos, era possível determinar tanto a marca quanto o modelo. Embora houvesse sangue humano em todos os três fragmentos, apenas um tinha o suficiente para análise. O resultado do teste foi O-MN. Das cinco vítimas, apenas Sebring tinha esse tipo de sangue, indicando que a coronha do revólver poderia ter sido o objeto contundente usado para golpeá-lo no rosto.

O resultado do teste da inscrição sangrenta na porta foi O-M. Mais uma vez, apenas uma das vítimas tinha esse tipo e subgrupo sanguíneo. A palavra PORCO fora escrita com o sangue de Sharon Tate.

Havia quatro veículos no acesso à garagem, mas um que deveria estar lá não estava — a Ferrari vermelha de Sharon Tate. Era possível que o(s) assassino(s) tivesse(m) usado o carro esportivo para fugir; um alerta de "procurado" foi emitido.

Muito tempo depois de os corpos terem sido retirados, os detetives permaneceram no local, procurando padrões expressivos.

Encontraram muitos que pareciam significativos.

Não havia indícios de saque ou roubo. McGann encontrou a carteira de Sebring em sua jaqueta, que estava pendurada no encosto de uma poltrona na sala de estar. Ela continha 80 dólares. John Doe tinha 9 dólares na carteira, Frykowski, 2,44 dólares na carteira e no bolso das calças, Folger, 9,64 dólares na bolsa. Na mesinha de cabeceira ao lado da cama de Sharon Tate, em plena vista, havia uma nota de 10 dólares, uma de 5 e três de 1. Itens obviamente caros — um videocassete, aparelhos de TV, um aparelho de som, o relógio de Sebring, seu Porsche — não tinham sido levados. Alguns dias depois, a polícia levou Winifred Chapman de volta ao número 10050 da Cielo para verificar se ela poderia determinar a falta de algo. O único objeto que ela não conseguiu encontrar foi um tripé para câmeras, que ficava guardado no armário do hall de entrada. Esses cinco assassinatos extremamente violentos, obviamente, não haviam sido cometidos por um tripé. Era bastante provável que tivesse sido emprestado para alguém ou perdido.

Ainda que não eliminasse por completo a possibilidade de que os assassinatos tivessem ocorrido durante uma invasão domiciliar — as vítimas tendo surpreendido o(s) assaltante(s) com a mão na massa —, ela certamente tinha sido colocada no fim da lista.

Outras descobertas levaram a uma direção muito mais provável.

Uma grama de cocaína foi encontrada no Porsche de Sebring, além de 6,3 gramas de maconha e uma "bagana", gíria para um cigarro de maconha parcialmente fumado, de cinco centímetros.

Havia 6,9 gramas de maconha em um saco plástico em um armário na sala de estar da residência principal. Na mesinha de cabeceira no quarto usado por Frykowski e Folger, encontraram trinta gramas de haxixe, além de dez pílulas que, após análises posteriores, descobriu-se serem de uma droga relativamente nova conhecida como MDA. Também havia resíduos de maconha no cinzeiro na mesinha de cabeceira ao lado da cama de Sharon Tate, um cigarro de maconha na mesa perto da porta de entrada[4] e mais dois na casa de hóspedes.

Tratava-se de uma festa regada a drogas em andamento, na qual um dos participantes tinha "surtado" e matado todos ali? A polícia colocou isso no topo da lista de possíveis motivos para os homicídios, ainda que estivesse bastante ciente de que essa teoria tinha inúmeras falhas, a principal sendo a suposição de que havia um único assassino, brandindo uma arma em uma das mãos, uma baioneta na outra e, ao mesmo tempo, carregando treze metros de corda — tudo isso que ele, convenientemente, calhou de ter levado para a festa. Além do mais, havia os fios. Se tivessem sido cortados *antes* dos homicídios, isso indicaria premeditação, não um ataque espontâneo. Se foram cortados *depois*, por quê?

Ou será que os homicídios foram resultado de uma venda de drogas que deu errado, o(s) assassino(s) tendo chegado para fazer uma entrega ou para comprar, uma discussão causada por dinheiro ou drogas de má qualidade tendo acabado em violência? Essa foi a segunda, e de muitas maneiras, a mais provável, das cinco teorias que os detetives viriam a listar no relatório sobre a investigação.

A terceira teoria era uma variante da segunda, o(s) assassino(s) tendo decidido ficar tanto com o dinheiro quanto com as drogas.

A quarta era a teoria da invasão domiciliar.

A quinta, que foram "mortes por encomenda", o(s) assassino(s) tendo sido enviado(s) à casa para eliminar uma ou mais vítimas, então, para evitar sua identificação, teria sido necessário matar todas elas. Mas será que um assassino de aluguel teria escolhido como uma de suas armas

4 Aparentemente negligenciado pelo LAPD, o cigarro foi encontrado por Roman Polanski quando ele visitou a residência no dia 17 de agosto.

algo tão grande, conspícuo e desajeitado como uma baioneta? E teria ele continuado a esfaquear e esfaquear e esfaquear em um furor enlouquecido, como tão claramente tinha sido o caso?

As teorias das drogas pareciam fazer mais sentido. Na investigação que se seguiu, à medida que a polícia interrogava os conhecidos das vítimas, seus hábitos e estilos de vida tornavam-se mais nítidos. A possibilidade de que drogas, de algum modo, estivessem ligadas ao motivo tornou-se uma certeza tão grande na opinião de algumas pessoas que, quando uma pista que poderia ter solucionado o caso surgiu, elas sequer quiseram levá-la em consideração.

Os policiais não foram os únicos a pensar em drogas.

Ao ficar sabendo das mortes, o ator Steve McQueen, amigo de longa data de Jay Sebring, sugeriu que os narcóticos fossem retirados da casa do cabeleireiro para proteger sua família e seu negócio. Embora o próprio McQueen não tenha participado da "limpeza", quando chegou a hora do LAPD fazer uma busca na residência de Sebring, qualquer coisa embaraçosa já tinha sido removida.

Outros desenvolveram uma paranoia instantânea. Ninguém sabia ao certo quem a polícia iria interrogar, nem quando. Uma personalidade do cinema não identificada contou a um repórter da revista *Life*: "Descargas estão sendo acionadas por toda Beverly Hills; todo o sistema de esgoto de Los Angeles está chapado".

ESTRELA DO CINEMA, MAIS 4
MORTOS EM ORGIA SANGUINÁRIA
Sharon Tate Vítima
De Homicídios "Ritualísticos"

As manchetes dominaram as primeiras páginas dos jornais vespertinos, transformando-se na principal notícia no rádio e na TV. A natureza bizarra do crime, a quantidade de vítimas e sua proeminência — uma bela estrela de cinema, uma herdeira da indústria do café, seu amante playboy que levava uma vida de luxo, um cabeleireiro de fama internacional — viriam a transformar o caso de homicídio no mais difundido da história, salvo, talvez, o assassinato do presidente John F. Kennedy. Até mesmo o sisudo *New York Times*, que raramente publica reportagens criminais em sua primeira página, assim o fez no dia seguinte, e em muitos outros dali em diante.

Os relatos sobre aquele dia e o seguinte foram notáveis devido à quantidade incomum de detalhes. Tantas informações foram reveladas, na verdade, que os detetives viriam a ter dificuldade em encontrar "indicadores para os testes de polígrafo" ao interrogar suspeitos.

Em qualquer homicídio, é uma prática padrão reter certas informações sobre as quais supostamente apenas a polícia e o(s) assassino(s) têm conhecimento. Se um suspeito confessa ou concorda em passar por um teste de polígrafo, esses indicadores podem então ser usados para determinar se ele está dizendo a verdade.

Devido aos vazamentos, os detetives encarregados do "caso Tate" — como a imprensa já chamava os assassinatos — conseguiram pensar em apenas cinco: (1) que a faca usada provavelmente foi uma baioneta; (2) que a arma provavelmente era um revólver calibre .22; (3) as dimensões exatas da corda, e seu modo de amarração; (4 e 5) que um par de óculos de armação de chifre e um canivete Buck tinham sido encontrados.

A quantidade de informações divulgadas extraoficialmente incomodou tanto o alto escalão do LAPD que muitas restrições foram impostas sobre revelações futuras. Isso não agradou os repórteres; além disso, por falta de notícias importantes, muitos apelaram para conjecturas e especulações. Nos dias seguintes, uma quantidade monumental de informações falsas foi publicada. Foi amplamente divulgado, por exemplo, que o filho não nascido de Sharon Tate tinha sido arrancado de seu útero; que um ou ambos os seios tinham sido retalhados; que diversas vítimas tinham sofrido mutilações genitais. A toalha sobre o rosto de Sebring se transformou em um capuz branco (Ku Klux Klan?) ou um capuz preto (satanistas?), dependendo de qual jornal ou revista você estivesse lendo.

Em se tratando do homem acusado dos homicídios, contudo, havia uma escassez de informações. A princípio, houve a suposição de que a polícia estava mantendo silêncio para proteger os direitos de Garretson. Além disso, muitos acreditavam que o LAPD tinha um caso sólido contra ele, caso contrário não o teria prendido.

Um jornal de Pasadena, reunindo diversas informações, tentou preencher as lacunas. O veículo afirmou que, quando os policiais encontraram Garretson, o jovem perguntou: "Quando os detetives irão falar comigo?". A implicação era óbvia: Garretson sabia o que tinha acontecido. Ele realmente fez essa pergunta, mas foi quando estava sendo levado para fora da propriedade, muito depois de sua prisão, e a pergunta foi uma resposta a um comentário anterior feito por DeRosa. Citando policiais não identificados, o jornal também observou: "Eles disseram que o jovem franzino tinha um rasgo em um dos joelhos das calças e que suas acomodações na casa de hóspedes apresentavam sinais de luta". Evidências condenatórias, a menos que a pessoa estivesse ciente de que tudo isso tinha acontecido *durante* a prisão de Garretson, e não antes.

Ao longo dos primeiros dias, um total de 43 policiais visitaram a cena do crime, procurando por armas e outras evidências. Ao fazer uma busca na galeria acima da sala de estar, o sargento Mike McGann encontrou uma lata de filme contendo um rolo de fita de vídeo. O sargento Ed Henderson a levou para a Academia de Polícia, que contava com instalações de projeção. O filme mostrava Sharon e Roman Polanski fazendo amor. Com uma certa sensibilidade, a fita não foi registrada como evidência, sendo devolvida ao local onde tinha sido encontrada na galeria.[5]

Além de fazerem buscas pela propriedade, os detetives questionaram os vizinhos e perguntaram se tinham visto pessoas estranhas na região.

Ray Asin se lembrou de que dois ou três meses antes houvera uma grande festa no número 10050 da Cielo Drive, com convidados vestidos com "indumentárias hippies". Ele teve a impressão, contudo, que não eram hippies de verdade, visto que a maioria chegou em Rolls-Royces e Cadillacs.

Emmett Steele, acordado pelos latidos de seus cães de caça na noite anterior, se lembrou que, nas últimas semanas, alguém estivera subindo e descendo a colina em um bugue em alta velocidade durante a noite, mas ele não conseguiu dar uma boa olhada no motorista e nos passageiros.

A maioria das pessoas interrogadas, porém, afirmou que não tinha visto nem ouvido nada fora do comum.

Os detetives acabaram com muito mais perguntas do que respostas. No entanto, estavam esperançosos de que uma pessoa poderia montar o quebra-cabeças para eles: William Garretson.

◆ ◆ ◆

5 Mais tarde, um jornalista viria a afirmar que a polícia encontrou uma vasta coleção de pornografia na residência, incluindo inúmeros filmes e imagens de famosas estrelas de Hollywood envolvidas em diversos atos sexuais. Exceto pelo filme citado acima, e diversos rolos de vídeo não revelados, as únicas fotografias encontradas na propriedade foram um conjunto de fotos de casamento e uma grande quantidade de fotos publicitárias de Sharon Tate. O mesmo jornalista também afirmou que alguns capuzes pretos foram encontrados na galeria. Ao que parece, ele os criou a partir do mesmo material que suas fotos, pois nada que sequer se parecesse com um capuz foi encontrado.

Os detetives na delegacia estavam menos otimistas. Após a prisão, o jovem de 19 anos tinha sido levado para a cadeia na zona oeste de Los Angeles e interrogado. Os policiais consideraram suas repostas "confusas e apáticas", e eram da opinião de que ele estava sob os efeitos residuais de alguma droga. Também era possível, como o próprio Garretson afirmou, que ele tivesse dormido pouco na noite anterior, apenas algumas horas pela manhã, e que estivesse exausto, além de muito assustado.

Pouco depois disso, Garretson contratou os serviços do advogado Barry Tarlow. Um segundo interrogatório, com a presença de Tarlow, foi realizado no Parker Center, sede do Departamento de Polícia de Los Angeles. Na opinião da polícia, outro interrogatório improdutivo. Garretson alegou que, embora morasse na propriedade, tinha pouco contato com as pessoas na casa principal. Afirmou ter recebido uma visita na noite anterior, de um rapaz chamado Steve Parent, que apareceu por volta das 23h45 e foi embora meia hora depois. Ao ser questionado sobre Parent, Garretson contou que não o conhecia muito bem. Tinha pegado uma carona com ele até o portão no topo do vale em determinada noite, algumas semanas antes. Enquanto saía do carro, tinha dito a Steve para dar uma passadinha por lá quando estivesse na vizinhança. Garretson, que morava sozinho na casa dos fundos, a não ser pelos cachorros, afirmou ter feito o mesmo convite para outras pessoas. Quando Steve apareceu, ele ficou surpreso, pois mais ninguém tinha feito isso antes. Contudo, Steve não ficou muito tempo, indo embora depois de constatar que Garretson não estava interessado em comprar um rádio-relógio que ele estava tentando vender.

Naquele momento, a polícia não conectou o convidado de Garretson com o jovem no Rambler, talvez porque, anteriormente, Garretson não tivesse conseguido identificá-lo.

Depois de consultar Tarlow, Garretson concordou em fazer um teste de polígrafo, agendado para a tarde seguinte.

Doze horas haviam passado desde a descoberta dos corpos. Joe Doe 85 permanecia sem identificação.

O tenente da polícia Robert Madlock, que estivera no comando durante muitas horas antes que o departamento de homicídios fosse encarregado da investigação, viria a declarar mais tarde: "No momento em que encontramos o carro [da vítima] no local, estávamos seguindo catorze direções diferentes ao mesmo tempo. Tantas coisas tinham que ser feitas, acho que simplesmente não tivemos tempo de verificar a documentação do veículo".

Durante todo aquele dia, Wilfred e Juanita Parent tinham esperado e se preocupado. O filho de 18 anos, Steven, não tinha voltado para casa na noite anterior. "Ele não telefonou, não deu notícias. Ele nunca tinha feito nada assim antes", contou Juanita Parent.

Por volta das 20h, ciente de que a esposa estava aflita demais para fazer o jantar, Wilfred Parent a levou junto de seus três outros filhos para um restaurante. "Talvez quando voltarmos", disse à esposa, "Steve esteja lá."

Do lado de fora do portão do número 10050 da Cielo era possível enxergar a placa do Rambler branco: ZLR 694. Um repórter a anotou, fez a própria verificação por meio do Departamento de Veículos Motorizados e descobriu que o proprietário registrado era "Wilfred E. ou Juanita D. Parent, Bryant Drive, 11214, El Monte, Califórnia".

Quando chegou em El Monte, subúrbio de Los Angeles, a cerca de quarenta quilômetros da Cielo Drive, ele não encontrou ninguém em casa. Depois de conversar com alguns vizinhos, descobriu que a família tinha de fato um filho no final da adolescência; também soube o nome do padre da família, Robert Byrne, da Church of the Nativity, e decidiu visitá-lo. Byrne conhecia bem o jovem e sua família. Embora estivesse certo de que Steve não conhecia nenhuma estrela de cinema e que tudo era algum engano, o padre concordou em acompanhar o repórter até o necrotério do condado. No caminho, falou sobre Steve, dizendo que ele era "louco" por aparelhos de som, e sabia tudo sobre toca-discos e rádios. O padre Byrne tinha grandes esperanças para o futuro dele.

Nesse meio-tempo, o LAPD descobriu a identidade do jovem por meio de uma digital e a verificação de sua habilitação. Pouco depois que os Parent voltaram para casa, um policial de El Monte apareceu à sua porta, entregou a Wilfred Parent um cartão com um telefone e lhe pediu que ligasse para aquele número. Ele foi embora sem dizer mais nada.

Parent discou o número.

"Instituto Médico Legal", respondeu um homem ao atender.

Confuso, Parent se identificou e contou sobre o policial e o cartão. A ligação foi transferida para um legista, que lhe disse: "Ao que parece, seu filho se envolveu em um tiroteio".

"Ele está morto?", perguntou Parent, atordoado. Sua esposa, ao ouvir a pergunta, ficou histérica.

"Temos um corpo aqui", respondeu o legista, "e acreditamos que seja do seu filho." Ele então passou a descrever as características físicas. Elas batiam.

Parent desligou o telefone e começou a chorar. Mais tarde, compreensivelmente amargurado, ele comentou: "Tudo o que posso dizer é que esse foi um jeito terrível de contar a alguém que seu filho estava morto".

Por volta desse mesmo horário, o padre Byrne examinou o corpo e o identificou. John Doe 85 virou Steven Earl Parent, um entusiasta de aparelhos de som de alta fidelidade de 18 anos, de El Monte.

Os Parent só foram dormir depois das 5h. "Minha esposa e eu, por fim, colocamos as crianças na cama conosco e nós cinco apenas ficamos abraçados uns aos outros e choramos até pegarmos no sono."

Por volta das 21h daquele mesmo sábado, 9 de agosto de 1969, Leno e Rosemary LaBianca e Suzanne Struthers, filha de 21 anos de Rosemary de um casamento anterior, partiram do lago Isabella para fazerem a longa viagem de carro de volta a Los Angeles. O lago, uma popular região de resorts, ficava a cerca de 240 quilômetros de LA.

O irmão de Suzanne, Frank Struthers Jr, de 15 anos, estivera passando férias no lago com um amigo, Jim Saffie, cuja família tinha um chalé no local. Rosemary e Leno tinham viajado até lá na terça-feira anterior, para deixar a lancha para que os meninos a usassem, depois voltaram na manhã de sábado para buscar Frank e o barco. No entanto, os garotos estavam se divertindo tanto que os LaBianca concordaram em deixar que Frank ficasse mais um dia, e agora estavam voltando, sem ele, em seu Thunderbird verde 1968, rebocando a lancha em uma carreta.

Leno, presidente de uma rede de supermercados de Los Angeles, tinha 44 anos, era italiano e, com cem quilos, estava um pouco acima do peso. Rosemary, uma morena atraente e esbelta de 38 anos, era uma ex-garçonete de restaurantes drive-in que, depois de uma série de empregos como garçonete e um casamento ruim, tinha aberto a própria loja de roupas femininas, a Boutique Carriage, na North Figueroa, em Los Angeles, e obtido muito sucesso com o negócio. Ela e Leno estavam casados desde 1959.

Por conta do barco, eles não podiam dirigir na velocidade que Leno preferia e, na noite de sábado, ficaram para trás no tráfego da rodovia que seguia depressa em direção a Los Angeles e arredores. Como muitos outros naquela noite, estavam com o rádio ligado e ouviram as notícias sobre os assassinatos na residência de Tate. De acordo com Suzanne, as notícias pareceram incomodar Rosemary em particular, que, algumas semanas antes, contara a uma amiga íntima: "Alguém anda entrando em nossa casa quando saímos. Coisas foram remexidas e encontramos os cachorros do lado de fora quando deveriam estar dentro da casa".

Domingo, 10 de agosto de 1969

Por volta da 1h, os LaBianca deixaram Suzanne no apartamento dela em Greenwood Place, no bairro Los Feliz, Los Angeles. Leno e Rosemary moravam na mesma vizinhança, na Waverly Drive, 3301, próximo ao Griffith Park.

Os LaBianca não voltaram direto para casa, primeiro foram até a esquina da Hillhurst com a Franklin.

John Fokianos, que tinha uma banca de jornal naquela esquina, reconheceu o Thunderbird verde com o barco a reboque quando ele entrou no posto de combustíveis Standard do outro lado da rua. Enquanto o carro fazia o retorno que o levaria para o lado da rua onde ficava sua banca, Fokianos estendeu o braço e pegou uma cópia do *Herald Examiner* de Los Angeles, edição de domingo, e um folheto sobre as corridas de cavalo. Leno era um cliente regular.

Para Fokianos, os LaBianca pareciam cansados da longa viagem. O movimento estava fraco e eles conversaram durante alguns minutos, "sobre Tate, o evento do dia, essa era a grande notícia". Ele se lembraria que a sra. LaBianca parecia abalada pelas mortes. Ele tinha alguns cadernos com reportagens tapa-buracos da edição de domingo do *Los Angeles Times* sobrando, as quais tratavam dos homicídios, e lhes deu um deles de graça.

Ele os observou enquanto se afastavam. Não prestou atenção à hora exata, a não ser que era algo entre 1h e 2h, provavelmente mais próximo da última, visto que pouco depois de terem ido embora, os bares fecharam e houve um aumento no movimento.

Até onde se sabe, John Fokianos foi a última pessoa — excluindo o(s) assassino(s) — a ver Rosemary e Leno LaBianca com vida.

Ao meio-dia de domingo, o saguão do lado de fora da sala de necropsias, no primeiro andar do Palácio da Justiça, estava abarrotado de repórteres e cinegrafistas, todos aguardando o pronunciamento do médico-legista.

Eles teriam uma longa espera pela frente. Embora as necropsias tivessem começado às 9h50 e uma grande quantidade de legistas tivesse sido convocada, a última necropsia viria a ser concluída às 15h.

O dr. R. C. Henry realizou as necropsias de Folger e Sebring. O dr. Gaston Herrera realizou as de Frykowski e Parent. O dr. Noguchi supervisionou e orientou todas as quatro; além disso, ele mesmo realizou a outra necropsia, que começou às 11h20.

Sharon Marie Polanski, Cielo Drive, 10050, mulher caucasiana, 26 anos, 1,60 m, 61 kg, cabelos loiros, olhos amendoados. Profissão da vítima, atriz...

Relatórios de necropsias são documentos bruscos. Frios e factuais, podem indicar como as vítimas morreram e apresentar pistas a respeito de suas últimas horas, mas em nenhum momento os indivíduos aparecem, nem mesmo por um instante, como pessoas. Cada relatório é, a seu modo, a soma total de uma vida, mas apresentam poucos vislumbres quanto à maneira como tal vida foi vivida. Nada de preferências, aversões, amores, ódios, medos, aspirações ou quaisquer outras emoções humanas; apenas um último resumo clínico: "O corpo é desenvolvido normalmente ... O pâncreas é bastante comum... O coração pesa 340 gramas e é simétrico...".

Ainda assim, as vítimas viveram, cada uma delas teve um passado.

Grande parte da história de Sharon Tate soava como um comunicado de imprensa divulgado por um estúdio. Ao que parece, ela sempre quisera ser atriz. Aos 6 meses de idade, fora eleita Miss Tiny Tot de Dallas; aos 16, Miss Richland, Washington; em seguida, Miss Autorama. Quando o pai, um militar de carreira, foi transferido para San Pedro, ela costumava pegar carona até Los Angeles, onde vagava pelos estúdios.

Além da ambição, ela possuía pelo menos mais uma coisa a seu favor: era uma garota muito bonita. Contratou um agente que conseguiu alguns comerciais para ela, e, em 1963, um teste para o seriado de TV *Petticoat Junction*. O produtor Martin Ransohoff viu a beldade de 20 anos no set e, de acordo com a assessoria de imprensa, disse a ela: "Querida, vou transformar você em uma estrela".

A estrela demorou bastante para ascender. Aulas de canto, dança e interpretação se intercalavam com pequenos papéis, com frequência usando uma peruca preta, em *A Família Buscapé* (*The Beverly Hillbillies*), *Petticoat Junction* e dois filmes de Ransohoff, *Não Podes Comprar Meu Amor* (*The Americanization of Emily*, 1964) e *Adeus às Ilusões* (*The Sandpiper*, 1965). Enquanto este último, estrelando Elizabeth Taylor e Richard Burton, estava sendo filmado em Big Sur, Sharon se apaixonou pela magnífica paisagem litorânea. Sempre que queria escapar do corre-corre de Hollywood, ela fugia para lá. Desprovida de maquiagem, se registrava na rústica pousada Deetjen's Big Sur Inn, frequentemente sozinha, às vezes com amigas, e caminhava pelas trilhas, tomava sol na praia e se misturava aos clientes do bar Nepenthe. Muitos não sabiam, até a sua morte, que ela era uma atriz.

Nas palavras de amigos íntimos, embora se parecesse com uma estrela, Sharon Tate não agia nem um pouco de acordo com essa imagem. Não era promíscua. Seus relacionamentos eram poucos, e raramente casuais, pelo menos de sua parte. Parecia ser atraída por homens dominantes. Enquanto esteve em Hollywood, teve um longo relacionamento com um ator francês. Dado aos ensandecidos ataques de raiva, certa vez ele a agrediu com tanta violência que ela teve que ser levada ao centro médico da UCLA para receber tratamento.[6] Pouco depois disso, em 1963, Jay Sebring avistou Sharon em uma pré-estreia, convenceu um amigo a apresentar os dois e, após um romance breve, mas muito divulgado, eles se tornaram amantes, um relacionamento que durou até ela conhecer Roman Polanski.

Foi apenas em 1965 que Ransohoff decidiu que sua protegida estava pronta para seu primeiro papel de destaque, em *O Olho do Diabo* (*Eye of the Devil*), estrelado por Deborah Kerr e David Niven. Listada em sétimo lugar nos créditos, Sharon Tate interpretou uma garota do interior com poderes mágicos. Ela possuía apenas uma dezena de falas; sua principal função era parecer bonita, o que ela fez. Esse viria a ser o caso em quase todos os seus filmes.

No filme, Niven se torna vítima de um culto de encapuzados que pratica sacrifícios ritualísticos.

Embora ambientado na França, o filme foi filmado em Londres, e foi lá, no verão de 1966, que Tate conheceu Roman Polanski.

Polanski na época estava com 33 anos e já era aclamado como um dos principais diretores europeus. Nascido em Paris, era filho de um russo judeu e uma polonesa de descendência russa. Quando Roman tinha 3 anos, a família se mudou para Cracóvia. Eles ainda estavam na cidade quando os alemães chegaram e isolaram os guetos em 1940. Com a ajuda do pai, Roman conseguiu fugir e morou com amigos da família até o fim da guerra. Seus pais, contudo, foram enviados a campos de concentração, a mãe vindo a morrer em Auschwitz.

Após a guerra, ele passou cinco anos na Polish National Film Academy em Lódź. Em seu trabalho de conclusão de curso, escreveu e dirigiu *Dois Homens e um Armário* (*Dwaj ludzie z szafą*, 1958), um curta surrealista bastante aclamado. Além de dirigir diversos outros curtas-metragens,

6 O LAPD tomou conhecimento dele por meio dos pais de Sharon. Também descobriu, de uma das ex-namoradas de Sebring, que ele tivera uma discussão com o cabeleireiro algumas noites antes do assassinato, em uma das discotecas de Hollywood. Depois de verificarem o álibi do homem, os policiais o inocentaram de qualquer envolvimento nos homicídios. A discussão em si foi pequena: ele tinha interrompido Sebring enquanto este paquerava uma garota.

entre eles *Mamíferos* (*Ssaki*, 1962), no qual um amigo polonês, Voytek Frykowski, interpreta um ladrão. Depois de uma extensa viagem a Paris, Polanski voltou à Polônia para dirigir *A Faca na Água* (*Nóż w wodzie*, 1962), sua primeira tentativa como diretor de um longa-metragem. O filme venceu o prêmio Critics Choice no Festival de Cinema de Veneza, foi indicado ao Oscar e estabeleceu Polanski, então com apenas 27 anos, como um dos cineastas mais promissores da Europa.

Em 1965, Polanski dirigiu seu primeiro filme em inglês, *Repulsa ao Sexo* (*Repulsion*), estrelado por Catherine Deneuve. *Armadilha do Destino* (*Cul-de-sac*, 1966) foi o seguinte, vencendo prêmios em Berlim, Veneza, Edimburgo e Roma. Nas reportagens que se seguiram aos homicídios do caso Tate, os repórteres não perderam tempo ao observarem que, em *Repulsa ao Sexo*, a srta. Deneuve enlouquece e mata dois homens, enquanto em *Armadilha do Destino* cada um dos habitantes de um castelo isolado sofre mortes bizarras, até sobrar apenas um homem vivo. Também foi notada a "propensão à violência" de Polanski, sem que mencionassem que, na maioria das vezes em seus filmes, a violência é mais subentendida do que explícita.

A vida pessoal de Roman Polanski era tão polêmica quanto seus filmes. Após seu casamento com a estrela de cinema polonesa Barbara Lass acabar em divórcio em 1962, Polanski passou a ser conhecido como o diretor playboy. Mais tarde, um amigo viria a se recordar dele folheando sua agenda, dizendo: "Quem eu devo satisfazer hoje à noite?". Outro amigo comentou que o enorme talento de Polanski só se equiparava ao seu ego. Aqueles que não eram seus amigos — um bom número de pessoas — tinham comentários mais duros a fazer. Um deles, referindo-se ao fato de que Polanski tinha pouco mais de 1,5 metro de altura, o chamou de "um tripé de 1,5 metro que ninguém quer por perto". Quer a pessoa ficasse encantada por seu charme juvenil ou fosse repelida por sua arrogância, ele parecia incitar fortes emoções em quase todos que conhecia.

As coisas não foram assim com Sharon Tate, pelo menos não a princípio. Quando Ransohoff apresentou Roman a Sharon em uma grande festa, nenhum dos dois ficou particularmente impressionado. A apresentação não foi nenhuma coincidência. Ao descobrir que Polanski estava pensando em fazer uma paródia de filmes de terror, Ransohoff se ofereceu para produzi-lo e queria Sharon no papel principal. Polanski deixou que ela fizesse um teste e a considerou aceitável para o papel.

Escrito, dirigido e estrelado por Polanski, o filme foi lançado sob o título *A Dança dos Vampiros* (*The Fearless Vampire Killers*, 1967). Para grande descontentamento do diretor polonês, que repudiou a versão final, Ransohoff ficou a cargo da edição. Embora o filme seja mais exagerado do que artístico, Polanski revelou outra faceta de seus muitos talentos em sua interpretação cômica do desajeitado jovem assistente de um acadêmico caçador de vampiros. Sharon, mais uma vez, esteve linda e teve menos de uma dezena de falas. Vítima do vampiro logo no começo do filme, na última cena, ela morde seu amante, Polanski, criando outro monstro.

Antes do fim das filmagens, e depois do que para Polanski foi um longo flerte, Sharon e Roman se tornaram amantes na vida real também. Quando Sebring viajou para Londres, Sharon lhe deu a notícia. Se ele ficou magoado, tomou muito cuidado para não demonstrar, estabelecendo-se bem depressa no papel de amigo da família. Houve indícios, comentários feitos por alguns conhecidos, que Sebring esperava que, com o tempo, Sharon fosse se cansar de Roman, ou vice-versa; a suposição era de que ele pretendia estar por perto quando isso acontecesse. Aqueles que afirmavam que Sebring ainda era apaixonado por Sharon estavam conjeturando. Embora conhecesse centenas de pessoas, ele, ao que parece, tinha poucos amigos próximos e mantinha seus sentimentos mais íntimos para si. No entanto, era seguro supor que, embora a natureza desse amor tivesse mudado, algum apego profundo permanecera. Depois da separação, Sebring se envolveu com muitas mulheres, mas, como revelado nas transcrições dos interrogatórios do LAPD, esses relacionamentos foram, em grande parte, mais sexuais do que emocionais, a maioria sendo "aventuras de uma noite só".

A Paramount pediu que Polanski fizesse a adaptação para o cinema do romance de Ira Levin, *O Bebê de Rosemary* (*Rosemary's Baby*). O filme, no qual Mia Farrow interpreta uma jovem gestando um filho de Satanás, foi concluído no final de 1967. No dia 20 de janeiro de 1968, para a surpresa de muitos amigos a quem Polanski tinha jurado que nunca mais iria se casar, ele e Sharon celebraram a união em um uma cerimônia moderna em Londres.

O Bebê de Rosemary estreou em junho daquele ano. No mesmo mês, os Polanski alugaram a casa da atriz Patty Duke no número 1600 da Ridge Drive em Los Angeles. Foi enquanto estavam morando nesse endereço que a sra. Chapman começou a trabalhar para eles. No começo de 1969, ficaram sabendo que o número 10050 da Cielo Drive poderia estar disponível. Apesar de nunca terem se conhecido pessoalmente, Sharon conversou com Terry Melcher por telefone diversas vezes, cuidando das preparações para que assumissem o aluguel, que ainda estava vigente. Os Polanski assinaram um contrato de aluguel no valor de 1.200 dólares por mês no dia 12 de fevereiro de 1969 e se mudaram três dias depois.

Embora *O Bebê de Rosemary* tenha sido um enorme sucesso, a carreira da própria Sharon nunca chegou a decolar. Ela tinha aparecido seminua na edição de março de 1967 da *Playboy* (o próprio Polanski tirou as fotos no set de *A Dança dos Vampiros*), com uma reportagem que dizia: "Este é o ano em que Sharon Tate irá brilhar...". Contudo, a previsão nunca se realizou, não naquele ano. Ainda que inúmeros críticos tenham comentado sobre sua beleza marcante, nem esse e nem os outros dois filmes nos quais atuou — *Não Faça Onda* (*Don't Make Waves*, 1967), com Tony Curtis, e *Arma Secreta contra Matt Helm* (*The Wrecking Crew*, 1968), com Dean Martin — a levaram mais perto do estrelato. Seu papel de maior destaque foi no filme *O Vale das Bonecas* (*Valley of the Dolls*), de 1967, onde interpretou Jennifer, uma atriz que, ao descobrir que tem câncer de mama, toma uma overdose de soníferos. Pouco antes de sua morte, Jennifer comenta: "Não tenho nenhum talento. Tudo o que tenho é um corpo".

Houve críticos que acreditavam que isso resumia de forma adequada a atuação de Sharon Tate. Para ser justo, até aquele momento ela não tinha recebido um único papel que lhe desse uma chance de exibir quaisquer habilidades de atuação que pudesse ter tido.

Ela não era uma estrela, ainda não. Sua carreira parecia vacilar à beira do sucesso, mas poderia muito bem ter permanecido estagnada ou seguido em uma direção contrária.

No entanto, pela primeira vez, a ambição de Sharon tinha sido relegada a segundo plano. Seu casamento e gravidez tinham tomado conta de sua vida. De acordo com pessoas próximas, ela parecia indiferente a todo o resto.

Havia boatos de problemas no casamento. Muitas de suas amigas contaram aos policiais do LAPD que ela havia esperado para contar a Roman que estava grávida até que fosse tarde demais para fazer um aborto. Se estava preocupada que mesmo depois do casamento Polanski fosse continuar a ser um playboy, ela escondia esse sentimento. A própria Sharon costumava contar uma história que circulava no meio cinematográfico na época, de como Roman estava dirigindo por Beverly Hills quando, ao ver uma garota bonita andando à sua frente, gritou: "Senhorita, você tem uma bunda ma-ra-vi-lho-sa". Foi apenas quando a garota se virou que ele reconheceu a esposa. Ainda assim, era óbvio que ela esperava que o bebê fosse aproximar o casal.

Hollywood é uma cidade cruel. Ao conversar com os conhecidos das vítimas, os policiais do LAPD viriam a se deparar com uma quantidade incrível de veneno. Curiosamente, nas dezenas de transcrições dos depoimentos, ninguém que de fato conhecia Sharon Tate disse algo ruim a seu respeito. Muito gentil, um pouco ingênua — essas foram as palavras usadas com mais frequência.

Naquele domingo, um repórter do *Los Angeles Times*, que tinha conhecido Sharon, descreveu a atriz como "uma mulher de uma beleza impressionante, com um físico escultural e um rosto de grande delicadeza".

Mas ele não a viu como o médico-legista Noguchi viu.

Causa da morte: Múltiplos ferimentos à faca no peito e nas costas, os quais perfuraram coração, pulmões e fígado, causando imensa hemorragia. A vítima sofreu dezesseis punhaladas, cinco das quais, por si só, fatais.

Jay Sebring, Easton Drive, 9860, Benedict Canyon, Los Angeles, homem caucasiano, 35 anos, 1,67 m, 55 kg, cabelos pretos, olhos castanhos. A vítima era cabeleireiro e tinha uma empresa conhecida como Sebring International...

Nascido Thomas John Kummer, em Detroit, Michigan, mudou o nome para Jay Sebring logo depois de chegar em Hollywood, após um período de quatro anos como barbeiro da Marinha, pegando emprestado o sobrenome da famosa corrida de carros esportivos na Flórida, pois gostava da imagem que projetava.

Em sua vida pessoal, assim como na profissional, as aparências eram de suma importância. Ele dirigia um carro esportivo caro, frequentava as boates da moda e até tinha uma jaqueta Levi's feita sob medida. Empregava um mordomo, dava festas extravagantes e morava em uma mansão "amaldiçoada" na Easton Drive, número 9860, Benedict Canyon. Antigo ninho de amor da atriz Jean Harlow e do produtor Paul Bern, foi ali, no quarto de Harlow, que Bern cometera suicídio, dois meses depois de terem se casado. De acordo com conhecidos, Sebring tinha comprado a casa por conta de sua reputação "excêntrica".

Foi amplamente comentado que um estúdio cinematográfico tinha levado Sebring para Londres apenas para cortar os cabelos de George Peppard, a um custo de 25 mil dólares. Embora esse relato fosse provavelmente tão factual quanto um outro que estava circulando na mesma época — de que ele era faixa preta em karatê (ele tinha feito algumas aulas com Bruce Lee) —, não havia dúvidas de que Sebring era o principal cabeleireiro de cortes masculinos dos Estados Unidos e, mais do que qualquer outra pessoa, foi responsável pela revolução nos cuidados

dos cabelos masculinos. Além de Peppard, seus clientes incluíam Frank Sinatra, Paul Newman, Steve McQueen, Peter Lawford e muitos outros astros de cinema, todos os quais tinham prometido investir em sua nova empresa, a Sebring International. Ainda que tenha mantido seu salão original na North Fairfax, número 725, em Los Angeles, ele planejava abrir uma rede de salões franquiados e vender uma linha de artigos de toalete para homens ostentando seu nome. O primeiro salão tinha sido aberto em San Francisco em maio de 1969, com Abigail Folger, o coronel Paul Tate e sua esposa entre os presentes na grande inauguração.

No dia 9 de abril de 1968, Sebring tinha assinado uma solicitação para uma apólice de proteção executiva no valor de 500 mil dólares junto à Occidental Life Insurance Company of California. Uma verificação de antecedentes, realizada pela Retail Credit Company, estimou seu valor líquido em 100 mil dólares, dos quais 80 mil eram o valor avaliado de sua residência. A Sebring, Inc., seu negócio original, tinha bens de 150 mil dólares, com passivos de 115 mil.

Os investigadores também examinaram a vida pessoal de Sebring. Ele tinha se casado uma vez, em outubro de 1960, com Cami, uma modelo, tendo se separado em agosto de 1963 e finalizado o divórcio em março de 1965, sem que o casal tivesse filhos. O relatório também afirmava que Sebring nunca teve "o hábito de usar drogas". Os policiais do LAPD sabiam que a história não era bem essa.

Eles também sabiam de outra coisa que os investigadores da empresa de crédito não tinham descoberto. Havia um lado sombrio da natureza de Jay Sebring que emergiu durante inúmeros depoimentos conduzidos pela polícia. Conforme observado no relatório oficial: "Ele era considerado um mulherengo e levava inúmeras mulheres para sua residência em Hollywood Hills. Ele amarrava as mulheres com barbante e, se elas concordassem, as chicoteava e, em seguida, tinham relações sexuais".

Boatos a esse respeito tinham circulado por muito tempo em Hollywood. Agora descobertos pela imprensa, tornaram-se base de diversas teorias, a principal delas sendo que algum tipo de orgia sadomasoquista estivera em andamento no número 10050 da Cielo Drive na noite de 9 de agosto de 1969.

Os policiais do LAPD nunca consideraram com seriedade os distintos hábitos sexuais de Sebring como um possível motivo para os homicídios. Nenhuma das garotas interrogadas — e o número foi grande; Sebring frequentemente saía com cinco ou seis garotas diferentes por semana — afirmou que ele as tinha machucado de fato, embora muitas vezes pedisse que fingissem estar sentindo dor. Tampouco, até onde se pôde determinar, Sebring esteve envolvido com um grupo sexual; ele tinha muito medo de que suas peculiaridades íntimas o submetessem ao ridículo. A verdade mundana parecia ser que, por trás da imagem pública cultivada com tanto cuidado, havia um homem solitário e perturbado, tão inseguro quanto ao seu papel que, até mesmo em sua vida sexual, tinha que recorrer à fantasia.

Causa da morte: Exsanguinação — a vítima literalmente sangrou até a morte. Fora esfaqueada sete vezes e baleada uma, pelo menos três dos ferimentos à faca, assim como o ferimento à bala, foram, por si só, fatais.

Abigail Anne Folger, mulher caucasiana, 25 anos, 1,64 m, 54 kg, cabelos castanhos, olhos amendoados, residência desde o dia 1º de abril na Cielo Drive, 10050. Antes disso morou em Woodstock Road, 2774. Profissão, herdeira da indústria do café Folger...

A festa de debutante de Abigail "Gibby" Folger fora realizada no St. Francis Hotel em San Francisco, no dia 21 de dezembro de 1961. A festa italianizada foi um dos destaques da temporada de eventos sociais, e a debutante usou um vestido Dior amarelo-claro que tinha comprado em Paris no verão anterior.

Depois disso, ela frequentou a faculdade Radcliffe, tendo se formado com honras; trabalhou durante algum tempo como diretora publicitária para o University of California Art Museum em Berkeley; pediu demissão para trabalhar em uma livraria em Nova York; então se envolveu com trabalhos sociais nos guetos. Foi em Nova York, no início de 1968, que o romancista polonês Jerzy Kosiński a apresentou a Voytek Frykowski. Eles deixaram Nova York juntos em agosto daquele ano, viajando de carro até Los Angeles, onde alugaram a casa no número 2774 da Woodstock Road, travessa com a Mulholland Drive, em Hollywood Hills. Por meio de Frykowski, ela conheceu os Polanski, Sebring e outros de seu círculo de amigos. Era uma das investidoras na Sebring International.

Pouco depois de chegar ao sul da Califórnia, ela se registrou como assistente social voluntária no Departamento de Assistência Social do condado de Los Angeles, e costumava acordar de madrugada todos os dias para realizar serviços em Watts, Pacoima e em outros guetos. Continuou nesse emprego até o dia anterior à sua mudança com Frykowski para o número 10050 da Cielo Drive.

Algo mudou depois disso. É provável que tenha sido uma combinação de fatores. Ela ficou deprimida com o quão pouco tal trabalho de fato realizava, e como os problemas continuavam grandes. "Muitos assistentes sociais chegam em casa à noite, tomam um banho e deixam os problemas escorreram de seus corpos", contou a uma velha amiga de San Francisco. "Eu não consigo fazer isso. O sofrimento penetra a pele." Em maio, Thomas Bradley, um vereador negro, concorreu contra o então prefeito Samuel Yorty para a prefeitura de Los Angeles. A derrota de Bradley, depois de uma campanha repleta de difamações raciais, deixou Abigail desiludida e amargurada. Ela não retomou seu trabalho como assistente social. Também estava preocupada com o direcionamento de sua relação com Frykowski e com o consumo de drogas dos dois, que tinha passado do ponto de experimentação.

Ela falava sobre todas essas coisas com seu psiquiatra, o dr. Marvin Flicker, com quem se consultava cinco dias por semana, de segunda a sexta, às 16h30.

Ela estivera presente em sua consulta naquela sexta-feira.

Flicker contou à polícia que achava que Abigail estava quase pronta para terminar com Frykowski, que ela estava juntando coragem para seguir sozinha com sua vida.

Os policiais não foram capazes de determinar o momento exato em que Folger e Frykowski passaram a consumir drogas em excesso, com mais regularidade. Descobriu-se que em sua viagem pelo país, eles tinham parado em Irving, Texas, onde ficaram hospedados por diversos dias com um grande traficante de maconha bastante conhecido dos policiais locais e de Dallas. Traficantes estavam entre os convidados de costume tanto na casa em Woodstock quanto após mudarem para a Cielo Drive. William Tennant contou à polícia que, quando os visitava nesta última, Abigail "sempre parecia estar em um estupor causado por narcóticos". Quando conversou com ela pela última vez, por volta das 22h da sexta-feira, sua mãe disse que Gibby tinha soado lúcida, mas "um pouco alta". A sra. Folger, que não sabia dos problemas da filha, tinha doado bastante dinheiro e tempo para a Haight-Ashbury Free Medical Clinic, para ajudar em seu trabalho pioneiro no tratamento para abuso de drogas.

Os legistas encontraram 2,4 mg de metilenodioximetanfetamina (MDA) no organismo de Abigail Folger, enquanto Voytek Frykowski apresentava 0,6 mg. A quantidade maior encontrada no corpo de Abigail não indicava necessariamente que ela havia consumido mais da droga, mas poderia sugerir que ela a ingeriu algum tempo depois.

Os efeitos da droga variam, dependendo do indivíduo e da dosagem, mas uma coisa era certa: naquela noite, ela estava completamente ciente do que estava acontecendo.

A vítima tinha sido esfaqueada 28 vezes.

Wojciech "Voytek" Frykowski, homem caucasiano, 32 anos, 1,77 m, 75 kg, cabelos loiros, olhos azuis. Frykowski estivera morando com Abigail Folger em regime de união estável...

"Voytek", Roman Polanski viria a contar aos repórteres mais tarde, "era um homem de pouco talento, mas de um charme imenso." Os dois tinham sido amigos na Polônia, o pai de Frykowski supostamente teria ajudado a financiar um dos primeiros filmes do cineasta. Até mesmo na Polônia, Frykowski tinha sido conhecido como um playboy. De acordo com colegas imigrantes, ele certa vez tinha enfrentado, e incapacitado, dois integrantes da polícia secreta, o que pode ter tido alguma relação com sua saída da Polônia em 1967. Casou-se duas vezes e teve um filho, que ficara para trás quando ele se mudou para Paris. Tanto lá quanto, mais tarde, em Nova York, Polanski tinha lhe emprestado dinheiro e o encorajado, com esperanças — mas por conhecer bem Voytek, sem muito otimismo — de que um de seus planos grandiosos viesse a dar certo. Nenhum deles chegou a vingar. Dizia às pessoas que era escritor, mas ninguém se lembrava de ter lido algo que ele escrevera.

Amigos de Abigail Folger contaram à polícia que Frykowski a tinha apresentado às drogas para que pudesse mantê-la sob seu domínio. Amigos de Voytek Frykowski relataram o contrário — que Folger tinha fornecido as drogas para não o perder.

De acordo com o relatório policial: "Ele não tinha meios de se sustentar e vivia da fortuna de Folger... Usava cocaína, mescalina, LSD, maconha, haxixe, em grandes quantidades... Era extrovertido e convidava quase todos que conhecia para visitá-lo em sua residência. Festas regadas a narcóticos eram a ordem do dia".

Ele tinha lutado com afinco pela vida. A vítima foi baleada duas vezes, golpeada na cabeça treze vezes com um objeto contundente e esfaqueada 51 vezes.

Steven Earl Parent, homem caucasiano, 18 anos,
1,83 m, 79 kg, cabelos ruivos, olhos castanhos...

Ele tinha se formado na Arroyo High School em junho; namorou diversas garotas, mas nenhuma em particular; tinha um emprego de tempo integral como entregador de uma empresa de encanamentos, além de um trabalho de meio-período, ao entardecer, como vendedor em uma loja de aparelhos de som; mantinha dois empregos para economizar com o objetivo de estudar em uma escola técnica em setembro.

A vítima sofrera um corte enquanto tentava se defender e tinha sido baleada quatro vezes.

Durante o exame de fluoroscopia, que antecedeu a necropsia, o dr. Noguchi encontrou uma bala alojada entre as costas e a camisa de Sebring. Mais três balas foram encontradas durante as necropsias: uma no corpo de Frykowski e duas no de Parent. Essas — mais o projétil e os fragmentos encontrados no automóvel de Parent — foram entregues ao sargento William Lee, Unidade de Armas de Fogo e Explosivos, SID, para análise. Lee concluiu que era provável que todas as balas tivessem sido disparadas da mesma arma de calibre .22.

Enquanto as necropsias estavam em andamento, os sargentos Paul Whiteley e Charles Guenther, dois detetives de homicídios da Delegacia de Los Angeles, abordaram o sargento Jess Buckles, um dos detetives do Departamento de Polícia de Los Angeles encarregado dos homicídios do caso Tate, e lhe contaram algo muito curioso.

No dia 31 de julho, eles tinham ido ao número 964 da Topanga Road, em Malibu, para investigar uma denúncia de um possível homicídio. Eles encontraram o corpo de Gary Hinman, um professor de música de 34 anos, que tinha sido esfaqueado até a morte.

O fato curioso: assim como nos homicídios do caso Tate, uma mensagem tinha sido deixada no local. Na parede da sala de estar, perto do corpo de Hinman, havia as palavras POLITICAL PIGGY, "porquinho político", escritas com o sangue da própria vítima.

Whiteley também contou a Buckles que tinham prendido um suspeito ligado ao assassinato: um certo Robert "Bobby" Beausoleil, um jovem músico hippie. Ele estivera dirigindo um carro que pertencia a Hinman, havia sangue em sua camisa e em sua calça, e uma faca fora encontrada escondida na parte interna do para-lama do veículo. A prisão tinha acontecido no dia 6 de agosto; portanto, ele estivera sob custódio no momento dos homicídios do caso Tate. No entanto, era possível que ele não tivesse sido o único envolvido no assassinato de Hinman. Beausoleil estava morando no rancho Spahn, um antigo rancho que costumava ser usado como set de filmagens, perto de um subúrbio de Los Angeles chamado Chatsworth, com outros hippies. Era um grupo estranho, cujo líder, um sujeito chamado Charlie, aparentemente os convencera de que era Jesus Cristo.

Buckles, Whiteley viria a recordar mais tarde, perdeu o interesse quando ele mencionou os hippies. "Não", respondeu ele, "sabemos o que está por trás desses homicídios. Eles fazem parte de uma grande transação de drogas."

Whiteley voltou a enfatizar as estranhas semelhanças: a causa da morte; a mensagem deixada nos dois casos. Ambas escritas à mão, ambas com o sangue das vítimas. E em ambas a palavra PORCO aparecia. Qualquer uma dessas coisas seria bastante incomum, mas *todas* juntas... As chances de serem coincidência deviam ser astronômicas.

O sargento Buckles, do LAPD, disse aos sargentos Whiteley e Guenther, da LASO (Delegacia do Condado de Los Angeles): "Se não receberem notícias nossas em mais ou menos uma semana, significa que estamos investigando outra pista".

Pouco mais de 24 horas depois da descoberta das vítimas na residência de Tate, o Departamento de Polícia de Los Angeles recebeu uma pista da Delegacia de Los Angeles que, se tivesse sido investigada, talvez pudesse ter desvendado o caso.

Buckles não chegou a telefonar, tampouco considerou que as informações eram importantes o suficiente para que o fizesse atravessar a sala de necropsia e mencionar a conversa ao seu superior, o tenente Robert Helder, que estava encarregado da investigação.

Seguindo a sugestão do tenente Helder, o dr. Noguchi reteve informações específicas quando se encontrou com a imprensa. Ele não mencionou o número de ferimentos, tampouco citou o fato de que duas das vítimas tinham ingerido drogas. Ele negou, mais uma vez, os relatos já muito repetidos de que houvera abuso sexual e/ou mutilação genital. Nada disso era verdade, enfatizou.

Questionado a respeito do filho de Sharon, ele respondeu que a sra. Polanski estivera no oitavo mês de gestação; que a criança era um menino perfeitamente desenvolvido. Caso tivesse sido retirado através de uma cesariana *post-mortem* nos primeiros vinte minutos após a morte da mãe, é provável que sua vida pudesse ter sido salva. "Mas quando os corpos foram encontrados, já era tarde demais."

O tenente Helder também conversou com a imprensa naquele dia. Sim, Garretson ainda estava sob custódia. Não, ele não podia fazer comentários sobre as evidências contra ele, a não ser para dizer que a polícia estava agora investigando seus conhecidos.

Ao ser pressionado, Helder admitiu: "Não existe nenhuma informação sólida que nos limite a um único suspeito. Pode ter sido um homem. Podem ter sido dois. Podem ter sido três.

"Mas", acrescentou, "não acredito que tenhamos um maníaco à solta."

O tenente A. H. Burdick iniciou o teste de polígrafo de William Garretson às 16h25 daquele dia, no Parker Center.

Burdick não conectou os sensores a Garretson de imediato. Conforme o procedimento padrão, a primeira parte do teste consiste apenas em uma conversa, com o examinador tentando deixar o suspeito à vontade enquanto extrai o máximo possível de informações sobre seu histórico.

Ainda que estivesse obviamente assustado, Garretson relaxou um pouco enquanto falava. Ele contou a Burdick que tinha 19 anos, era de Ohio e tinha sido contratado por Rudi Altobelli em março, pouco antes de viajar para a Europa. Seu trabalho era simples: cuidar da casa de hóspedes e dos três cães de Altobelli. Em troca, tinha recebido um lugar para ficar, 35 dólares por semana e a promessa de uma passagem aérea de volta a Ohio quando Altobelli retornasse.

Afirmou ter pouco contato com as pessoas que moravam na casa principal. E muitas de suas respostas pareciam corroborar isso. Ele ainda se referia a Frykowski, por exemplo, como "o jovem Polanski", enquanto parecia não conhecer Sebring, nem pelo nome nem pela aparência, embora tivesse visto o Porsche preto no acesso à garagem em diversas ocasiões.

Quando solicitado a relatar suas atividades antes dos homicídios, Garretson disse que na noite de quinta-feira um conhecido o visitara, acompanhado pela namorada. Eles tinham levado um engradado com seis cervejas e um pouco de maconha. Garretson tinha certeza de que tinha sido na noite de quinta-feira, porque o homem era casado "e ele a tinha levado até lá outra vezes, sabe, às quintas, quando a mulher dele deixa ele sair".

P: "Eles usaram seu quarto?"

R: "Sim, usaram, e eu bebi um pouco de cerveja enquanto eles davam uns amassos."

Garretson se lembrava de ter bebido quatro cervejas, fumado dois baseados, tomado uma dextroanfetamina e passado mal durante toda a sexta feira.

Por volta das 20h30 ou 21h da sexta-feira, Garretson disse, ele foi até a Sunset Strip para comprar um maço de cigarros e comida congelada. Achava que tinha voltado por volta das 22h, mas não tinha certeza, visto que não estava de relógio. Quando passou pela casa principal, percebeu que as luzes estavam acesas, mas não viu ninguém. Também não tinha percebido nada fora do comum.

Então "lá pela 00h15 ou algo assim, Steve [Parent] apareceu e, sabe, ele estava com um rádio. Estava com um rádio, um rádio-relógio; e eu não estava esperando ele nem nada, e ele me perguntou como eu estava e tal...". Parent ligou o rádio, para mostrar como funcionava, mas Garretson não estava interessado.

Então "eu dei uma cerveja para ele... e ele bebeu e depois telefonou para alguém — alguém na Santa Monica com a Doheny — e disse que estava indo para lá, e aí foi embora, e, sabe, foi quando... Essa foi a última vez que eu o vi".

Quando foi encontrado no carro de Parent, o rádio-relógio estava parado à 00h15, a hora aproximada da morte. Embora isso pudesse ser uma coincidência extraordinária, a suposição lógica era que Parent o tinha ligado enquanto o mostrava a Garretson e, em seguida, o desconectou antes de ir embora. Isso coincidia com a estimativa de Garretson em relação ao horário.

De acordo com Garretson, depois que Parent foi embora, ele escreveu algumas cartas e ouviu um pouco de música, indo dormir apenas pouco antes do amanhecer. Apesar de afirmar que não tinha ouvido nada fora do comum durante a noite, ele admitiu que estivera "assustado".

Por quê?, perguntou Burdick. Bem, respondeu Garretson, pouco depois de Steve ter ido embora, ele percebeu que a maçaneta da porta estava virada para baixo, como se alguém tivesse tentado abri-la. E quando tentou usar o telefone, para saber as horas, descobriu que estava mudo.

Assim como outros policiais, Burdick achou difícil acreditar que Garretson, embora tivesse confessado ter ficado acordado a noite toda, não tivesse escutado nada, enquanto vizinhos ainda mais distantes relataram ter ouvido tiros ou gritos. O jovem insistiu, porém, que não tinha ouvido nem visto nada. Ele estava menos seguro a respeito de outro ponto: se tinha ido até o quintal dos fundos quando deixou os cães de Altobelli saírem. Para Burdick, ele pareceu evasivo quanto a isso. Do quintal, contudo, Garretson não conseguia ver a casa principal, embora pudesse ter ouvido alguma coisa.

Na opinião dos policiais do LAPD, a hora da verdade estava chegando. Burdick começou a configurar o polígrafo, ao mesmo tempo em que lia para Garretson uma lista de perguntas que pretendia lhe fazer.

Esse também era um procedimento operacional padrão, e uma estratégia psicológica. Saber que uma determinada pergunta seria feita, mas não quando, aumentava a tensão, acentuando a resposta. Ele então iniciou o teste.

P: "Seu sobrenome verdadeiro é Garretson?"

R: "Sim."

Nenhuma reação significativa.

P: "A respeito de Steve, você causou a morte dele?"

R: "Não."

Olhando para frente, Garretson não conseguia ver o rosto de Burdick. O policial manteve a voz neutra enquanto passava para a pergunta seguinte, sem indicar que as agulhas de aço tinham dado um pulo ao longo do gráfico.

P: "Você entendeu a pergunta?"

R: "Sim."

P: "Você se sente responsável pela morte de Steve?"

R: "Por ele me conhecer, sim."

P: "Hein?"

R: "Por ele me conhecer. Quer dizer, ele não teria ido até lá naquela noite, em outras palavras, então nada teria acontecido com ele."

Burdick soltou o medidor de pressão no braço de Garretson, pedindo-lhe para relaxar, e conversou com ele de maneira informal durante algum tempo. Depois, retornou com o medidor e as perguntas, dessa vez, apenas um pouco diferentes.

P: "Seu sobrenome verdadeiro é Garretson?"

R: "Sim."

P: "Você atirou em Steve?"

R: "Não."

Nenhuma reação significativa.

Mais perguntas para teste, seguidas de: "Você sabe quem causou a morte da sra. Polanski?".

R: "Não."

P: "Você causou a morte da sra. Polanski?"

R: "Não."

Ainda sem nenhuma reação significativa.

Burdick então aceitou a explicação de Garretson, que ele se sentia responsável pela morte de Parent, mas que não teve participação nas causas nem nos outros homicídios. O teste continuou por mais ou menos meia hora, durante a qual Burdick eliminou diversas outras possíveis abordagens de investigação. Garretson não era gay; não tinha transado com nenhuma das vítimas; nunca tinha vendido drogas.

Não havia indícios de que Garretson estivesse mentindo, mas ele permaneceu nervoso ao longo de todo o teste. Burdick lhe perguntou o motivo, e Garretson explicou que, quando estava sendo levado para a cela, um policial havia apontado para ele, dizendo: "Lá vai aquele cara que matou todas aquelas pessoas".

P: "Imagino que isso o deixaria abalado. Mas não quer dizer que você está mentindo?"

R: "Não, só estou confuso."

P: "Por que você está confuso?"

R: "Para começo de conversa, por que eu não fui morto?"

R: "Não sei."

Embora fosse legalmente inadmissível como evidência, os policiais acreditaram no teste do polígrafo.[7] Apesar de não ter sido informado disso no momento, Garretson tinha passado. "Na conclusão do teste", o capitão Don Martin, comandante, SID, escreveu em seu relatório oficial, "a opinião do examinador foi de que o sr. Garretson foi honesto e não teve nenhum envolvimento criminoso nos homicídios na residência dos Polanski."

Extraoficialmente, ainda que tenha acreditado que Garretson era inocente de qualquer participação, Burdick achava que ele tinha sido um pouco vago em relação ao que sabia. Era possível que houvesse ouvido alguma coisa, e então, temeroso, tivesse se escondido até o amanhecer. Contudo, isso era apenas conjectura.

Para todos os efeitos, com o teste do polígrafo, William Eston Garretson deixou de ser um "bom suspeito". Ainda assim, a incômoda questão permanecia: cada uma das pessoas no número 10050 da Cielo Drive tinha sido massacrada, exceto uma; por quê?

Visto que não havia nenhuma resposta imediata, e com certeza em parte porque, por ter sido a única pessoa viva no local, ele tinha parecido ser um suspeito tão plausível, Garretson permaneceu detido por mais um dia.

Naquele mesmo domingo, Jerrold D. Friedman, um aluno da UCLA, entrou em contato com a polícia e informou que o telefonema que Steven Parent fez por volta das 23h45 na noite de sexta-feira tinha sido

7 Em 1972, um juiz do Tribunal Superior de Los Angeles rompeu com os precedentes e permitiu que os resultados de um teste de polígrafo fossem recebidos como provas em um caso envolvendo maconha.

para ele. Parent iria montar uma aparelhagem de som para Friedman, e ele queria discutir os detalhes. Friedman tentou se esquivar, dizendo que estava tarde, mas, por fim, cedeu e disse a Parent que ele poderia ficar por alguns minutos. Parent tinha lhe perguntado a hora, e, ao receber a resposta, disse que chegaria por volta de 00h30.[8] De acordo com Friedman: "Ele nem apareceu".

Naquele domingo, os policiais do LAPD não tinham apenas perdido seu melhor suspeito até então, como também viram uma pista promissora se extinguir. A Ferrari vermelha de Sharon, a qual a polícia tinha achado que poderia ter sido usada como carro de fuga, foi encontrada em uma oficina em Beverly Hills, aonde Sharon a tinha levado na semana anterior para passar por reparos.

Roman Polanski voltou de Londres naquela noite. Os repórteres que o viram no aeroporto o descreveram como "terrivelmente devastado" e "abalado pela tragédia". Embora tenha se recusado a conversar com a imprensa, um porta-voz negou que houvesse alguma verdade em relação aos boatos de um rompimento no casamento. Polanski tinha permanecido em Londres, disse, porque ainda não tinha concluído seu trabalho por lá. Sharon tinha voltado para casa mais cedo, de navio, por conta das restrições impostas pela companhia aérea relativas a viagens durante os últimos dois meses de gestação.

Polanski foi levado a um apartamento dentro dos estúdios da Paramount, onde permaneceu em isolamento sob cuidados médicos. A polícia teve uma breve conversa com ele naquela noite, mas ele foi, naquele momento, incapaz de sugerir alguém com um motivo para ter cometido os assassinatos.

Frank Struthers também voltou a Los Angeles na noite daquele domingo. Por volta das 20h30, os Saffie o deixaram no fim do longo acesso que levava à residência dos LaBianca. Arrastando sua mala e seu equipamento de camping pelo acesso à garagem, o garoto de 15 anos notou que a lancha ainda estava na carreta atrás do Thunderbird de Leno. Isso era estranho; seu padrasto não gostava de deixar o barco ao ar livre durante a noite. Depois de guardar o equipamento na garagem, ele foi até a porta dos fundos da casa.

8 Quando Parent perguntou a hora, é possível que ele também tenha configurado o rádio relógio.

Foi só então que percebeu que todas as persianas tinham sido fechadas. Ele não conseguia se lembrar de alguma vez as ter visto assim, e aquilo o deixou um pouco assustado. A luz da cozinha estava acesa e ele bateu à porta. Ninguém atendeu. Ele chamou. Outra vez, não houve resposta.

Bastante preocupado, andou até o telefone público mais próximo, que ficava em uma lanchonete na Hyperion com a Rowena. Discou o número de casa, depois, visto que ninguém atendeu, tentou entrar em contato com a irmã no restaurante onde ela trabalhava. Suzanne não estava trabalhando naquela noite, mas o gerente se ofereceu para tentar ligar para seu apartamento. Frank lhe passou o número do telefone público.

Ela telefonou um pouco depois das 21h. Não tinha visto nem falado com a mãe e o padrasto deles desde que a tinham deixado em seu apartamento na noite anterior. Depois de pedir a Frank que ficasse onde estava, ela ligou para o namorado, Joe Dorgan, e lhe disse que seu irmão achava que havia alguma coisa errada na casa. Por volta das 21h30, Joe e Suzanne pegaram Frank na lanchonete e os três foram direto para o número 3301 da Waverly Drive.

Rosemary costumava deixar um molho de chaves da casa no próprio carro. Eles o encontraram e abriram a porta dos fundos.[9] Dorgan sugeriu que Suzanne ficasse na cozinha enquanto ele e Frank verificavam o resto da casa. Eles passaram pela sala de jantar. Quando chegaram na sala de estar, viram Leno.

Ele estava esparramado de costas entre o sofá e uma poltrona. Havia uma almofada sobre sua cabeça, algum tipo de fio em volta do pescoço e a camisa de seu pijama estava rasgada, deixando a barriga à mostra. Algo se projetava dela.

Estava tão imóvel que eles souberam que o homem estava morto.

Com medo de que Suzanne os seguisse e visse o que tinham encontrado, eles voltaram para a cozinha. Joe pegou o telefone da cozinha para chamar a polícia, mas, preocupado em estragar alguma evidência, decidiu colocá-lo de volta no gancho e disse a Suzanne: "Está tudo bem; vamos dar o fora daqui". Mas ela sabia que não era verdade. Na porta da geladeira, alguém tinha escrito algo no que parecia ser tinta vermelha.

Depois de voltarem correndo pelo acesso à garagem, eles pararam em uma casa geminada do outro lado da rua e Dorgan tocou a campainha do número 3308 da Waverly Drive. O olho mágico foi aberto.

9 Visto que ninguém tentou abrir a porta antes de usar a chave, não se sabe se ela estava trancada.

Dorgan contou que houvera um esfaqueamento e que precisava chamar a polícia. A pessoa dentro da casa não quis abrir a porta, dizendo: "Nós vamos chamar a polícia para você".

A central telefônica do LAPD registrou a ligação às 22h26, a pessoa que telefonou tendo reclamado de alguns jovens causando distúrbios.

Sem saber ao certo se a pessoa tinha de fato feito a ligação, Dorgan já tinha tocado a campainha da outra casa, a de número 3306. O dr. Merry J. Brigham e sua esposa deixaram os três jovens entrarem. No entanto, eles estavam tão transtornados que a sra. Brigham teve que completar a ligação. Às 22h35, a Unidade 6A39, uma viatura tripulada pelos policiais W. C. Rodriguez e J. C. Toney, foi despachada para o endereço, vindo a chegar bem depressa, cerca de cinco a sete minutos depois.

Enquanto Suzanne e Frank permaneciam com o médico e sua esposa, Dorgan acompanhou os dois policiais da divisão de Hollywood até a residência dos LaBianca. Toney ficou de cobertura na porta dos fundos enquanto Rodriguez dava a volta pela casa. A porta da frente estava fechada, mas não trancada. Depois de dar uma olhada no interior da casa, ele correu de volta à viatura e pediu reforços, um supervisor e uma ambulância.

Rodriguez estava na força há apenas catorze meses; nunca tinha encontrado um cadáver antes.

Em poucos minutos, a unidade de ambulância G-1 chegou, e Leno LaBianca foi declarado morto no local. Além da almofada que Frank e Joe tinham visto, havia uma fronha ensanguentada sobre sua cabeça. O fio ao redor de seu pescoço estava preso a um enorme abajur, tinha um nó tão apertado que parecia que Leno tinha sido estrangulado com ele. Suas mãos estavam amarradas às costas com uma tira de couro. O objeto que se projetava de sua barriga era um garfo de trinchar de dois dentes com cabo de marfim. Além de inúmeros ferimentos à faca no abdômen, alguém tinha entalhado as letras WAR — GUERRA — em sua pele nua.

A unidade de reforço 6L40, tripulada pelo sargento Edward L. Cline, chegou pouco depois da ambulância. Um veterano com dezesseis anos de experiência, Cline assumiu o comando, obtendo um formulário rosa de declaração de que a vítima morrera no local com os dois paramédicos antes de irem embora.

Os dois já estavam voltando pelo acesso à garagem quando Rodriguez os chamou de volta. Cline tinha encontrado outro corpo, no quarto principal.

◆ ◆ ◆

Rosemary LaBianca estava deitada de bruços no chão do quarto, paralela à cama e à cômoda, em uma grande poça de sangue. Usava uma camisola cor-de-rosa curta e, por cima, um vestido caro, azul com listras brancas horizontais, o qual Suzanne mais tarde viria a identificar como um dos favoritos da mãe. Tanto a camisola quanto o vestido estavam amontoados em cima de sua cabeça, assim, suas costas, nádegas e pernas estavam à mostra. Cline sequer tentou contar os ferimentos à faca, de tantos que havia. As mãos não estavam amarradas, mas, assim como Leno, tinha uma fronha por cima da cabeça e um fio de abajur enrolado em volta do pescoço. O fio estava ligado a um abajur que fazia par com outro, ambos tombados. O retesamento do fio somado a uma segunda poça de sangue a cerca de sessenta centímetros do corpo indicavam que talvez ela tivesse tentado rastejar, levando consigo os abajures enquanto o fazia.

Um segundo formulário rosa de declaração de que a vítima estava morta no local foi preenchido, em nome da sra. Rosemary LaBianca. Joe Dorgan teve que informar Suzanne e Frank.

Havia inscrições, no que parecia ser sangue, em três lugares da residência. Em um ponto alto na parede norte da sala de estar, acima de diversos quadros, estavam escritas as palavras DEATH TO PIGS — MORTE AOS PORCOS. Na parede sul, à esquerda da porta de entrada, em um ponto ainda mais alto, havia uma única palavra: RISE — REBELEM-SE. Na porta da geladeira, na cozinha, estavam duas palavras, sendo que a primeira apresentava um erro de grafia. Elas diziam: HEALTER SKELTER.

Segunda-feira, 11 de agosto de 1969

À meia-noite e quinze, o caso foi transferido para a Divisão de Roubos e Homicídios. O sargento Danny Galindo, que passara a noite anterior de sentinela na residência de Tate, foi o primeiro detetive a chegar, por volta da 1h. O inspetor K. J. McCauley e diversos outros detetives se juntaram a ele pouco depois, enquanto uma unidade adicional, requerida por Cline, isolava a propriedade. Assim como nos homicídios do caso Tate, contudo, os repórteres, que já tinham começado a chegar, aparentemente tiveram pouca dificuldade em obter informações confidenciais.

Galindo fez uma busca detalhada por toda a casa térrea. A não ser pelos abajures tombados, não havia sinais de luta. Tampouco havia alguma evidência de que roubo tinha sido a motivação do crime. Entre os itens que Galindo viria a registrar no relatório do Administrador Público do Condado havia: um anel de ouro masculino, a pedra principal sendo um diamante de um quilate, e as demais pedras, também diamantes, apenas um pouco menores; dois anéis femininos, ambos caros, ambos em plena vista sobre a cômoda no quarto; colares; braceletes; equipamento fotográfico; pistolas, espingardas e rifles; uma coleção de moedas; uma sacola com moedas de 5 centavos não circuladas, encontrada no porta-malas do Thunderbird de Leno, valendo consideravelmente mais do que os 400 dólares de seu valor nominal; a carteira de Leno LaBianca, com cartões de crédito e dinheiro, no porta-luvas do carro; diversos relógios, um deles um cronômetro caro do tipo usado para cronometrar cavalos de corrida; além de inúmeros outros itens bastante fáceis de serem passados para frente.

Alguns dias depois, Frank Struthers voltou à residência acompanhado da polícia. Os únicos itens que estavam faltando, até onde ele foi capaz de determinar, eram a carteira e o relógio de pulso de Rosemary.

Galindo foi incapaz de encontrar indícios de entrada forçada. No entanto, ao testar a porta dos fundos, descobriu que ela podia ser arrombada com bastante facilidade. Ele conseguiu abri-la usando apenas uma tira de celuloide.

Os detetives fizeram algumas outras descobertas. O garfo de trinchar com cabo de marfim que estava preso na barriga de Leno fazia parte de um conjunto encontrado em uma gaveta da cozinha. Havia algumas cascas de melancia na pia, além de respingos de sangue, tanto ali quanto no banheiro dos fundos. Um pedaço de papel encharcado de sangue foi encontrado no piso da sala de jantar, suas bordas irregulares sugerindo que talvez tivesse sido o instrumento usado para fazer as inscrições.

Em muitos aspectos, as ações no número 3301 da Waverly Drive naquela noite foram uma repetição das que ocorreram no número 10050 da Cielo Drive menos de 48 horas antes. Inclusive, em alguns casos, com os mesmos envolvidos, visto que o sargento Joe Granado chegou por volta das 3h para coletar amostras de sangue.

A amostra da pia da cozinha não foi suficiente para determinar se o sangue era animal ou humano, mas todas as outras amostras deram positivo no teste de Ouchterlony, indicando que era sangue humano. O sangue no banheiro dos fundos, assim como o que estava ao redor do corpo de Rosemary LaBianca, era do tipo A — o tipo sanguíneo dela. Todas as outras amostras, incluindo aquela coletada do papel amassado e das diversas inscrições, eram do tipo B — o tipo sanguíneo de Leno LaBianca.

Dessa vez, Granado não obteve *nenhum* subgrupo.

Os técnicos de impressões digitais do SID, os sargentos Harold Dolan e J. Claborn, fizeram o levantamento de um total de 25 impressões digitais latentes, das quais todas, exceto seis, viriam a ser identificadas mais tarde como sendo de Leno, Rosemary ou Frank. Ficou evidente para Dolan, ao examinar as áreas onde deveriam estar impressões digitais, mas não estavam, que houve uma tentativa de apagá-las. Por exemplo, não havia sequer um borrão no cabo de marfim do garfo de trinchar, na maçaneta cromada da porta da geladeira, nem no acabamento esmaltado da porta — superfícies propensas a reter muitas impressões digitais latentes. Ao examinarem a porta da geladeira com mais atenção, encontraram marcas de esfregadas.

Depois que o fotógrafo da polícia concluiu seu serviço, um legista supervisionou a remoção dos corpos. As fronhas foram deixadas sobre as cabeças das vítimas; os fios dos abajures foram cortados perto das bases, para que os nós continuassem intactos para análise. Um representante do Departamento de Regulamentação Animal levou os três cães encontrados dentro da casa quando os primeiros policiais chegaram.

Havia as peças do quebra-cabeças que tinham sido deixadas para trás. Mas dessa vez pelo menos um padrão parcial era discernível, nas semelhanças: Los Angeles, Califórnia; noites consecutivas; múltiplos homicídios; as vítimas eram caucasianas abastadas; múltiplos ferimentos à faca; selvageria inacreditável; ausência de um motivo convencional; nenhuma evidência de pilhagem ou roubo; cordas em volta de duas vítimas do caso Tate, assim como em volta dos pescoços do casal LaBianca. E as inscrições sangrentas.

Ainda assim, em um intervalo de 24 horas, a polícia viria a decidir que não havia nenhuma ligação entre os dois casos de homicídios.

SEGUNDO CASO DE MORTES RITUALÍSTICAS AQUI

Casal de Los Feliz Assassinado;
Conexão com Outros Cinco Homicídios Constatada

As manchetes gritavam nas primeiras páginas na manhã de segunda-feira; programas de TV foram interrompidos para transmissões de atualizações; para os milhões de angelenos indo para o trabalho pelas rodovias, os rádios de seus carros não pareciam transmitir nada além disso.[10]

Foi então que o medo tomou conta.

Quando a notícia dos homicídios do caso Tate foi anunciada, até mesmo aqueles que conheciam as vítimas ficaram mais chocados do que temerosos, pois, quase simultaneamente, veio o anúncio de que um suspeito tinha sido detido e acusado dos homicídios. Garretson, contudo, estivera sob custódia quando os novos assassinatos foram cometidos. Com sua soltura naquela segunda-feira — ainda parecendo tão confuso e assustado quanto quando a polícia o "capturou" —, o pânico começou. E se espalhou.

Se Garretson não era culpado, isso queria dizer que quem quer que fosse ainda estava à solta. Se algo assim podia acontecer em lugares tão distantes quanto Los Feliz e Bel Air, com pessoas tão díspares quanto um grupo de celebridades do cinema e o dono de um mercado e sua esposa, isso significava que podia ocorrer em qualquer lugar, com qualquer pessoa.

Às vezes, o medo pode ser mensurado. Entre os indicadores: em dois dias, uma das lojas de equipamentos esportivos em Beverly Hills vendeu duzentas armas de fogo; antes dos homicídios, eles vendiam em média três ou quatro por dia. Algumas das empresas de segurança privada duplicaram, então triplicaram, suas equipes. Cães de guarda, outrora avaliados em 200 dólares, agora eram vendidos por 1.500 dólares; aqueles que os forneciam logo ficaram sem estoque. Chaveiros mencionaram um atraso de duas semanas na entrega de pedidos. Disparos acidentais, denúncias de pessoas suspeitas — tudo aumentou de repente.

Notícias de que houvera 28 homicídios em Los Angeles naquele fim de semana (a média sendo de um por dia) não ajudaram a diminuir a apreensão.

10 Alguns detalhes eram confusos. Foi relatado, por exemplo, que as fronhas eram capuzes brancos; que a frase "Morte aos porcos" tinha sido escrita com sangue na porta da geladeira, quando ela na verdade aparecia na parede da sala de estar. Mas uma quantidade suficiente de informações tinha vazado para que os detetives outra vez tivessem dificuldade em encontrar indicadores para o teste de polígrafo.

Foi noticiado que Frank Sinatra estava escondido; que Mia Farrow não quis estar presente no funeral de sua amiga Sharon porque, explicou um parente, "Mia está com medo de ser a próxima"; que Tony Bennett tinha se mudado de seu bangalô nos terrenos do Beverly Hills Hotel para uma suíte no interior do prédio "para ter mais segurança"; que Steve McQueen agora guardava uma arma sob o banco dianteiro de seu carro esportivo; que Jerry Lewis tinha instalado um sistema de alarme em sua casa, que contava com um circuito fechado de TV; Connie Stevens mais tarde confessou que tinha transformado sua casa em Beverly Hills em uma fortaleza. "Principalmente por causa do assassinato de Sharon Tate. Isso deixou todo mundo morrendo de medo."

Amizades terminaram, romances chegaram ao fim, pessoas foram removidas das listas de convidados de modo abrupto, festas foram canceladas — pois, com o medo, veio a desconfiança. O assassino ou os assassinos podiam ser quase qualquer um.

Uma nuvem de medo mais densa que o habitual smog pairava sobre o sul da Califórnia. Ela demoraria meses para se dissipar. Mesmo no distante mês de março, William Kloman viria a escrever na revista *Esquire*: "Nas grandes casas de Bel Air, o pânico faz com que as pessoas saiam correndo até seus telefones quando o galho de uma árvore cai no lado de fora".

PORCO POLÍTICO — Hinman.
PORCO — Tate.
MORTE AOS PORCOS — LaBianca.

Em cada caso, escrito com o sangue de uma das vítimas.

O sargento Buckles ainda não achava isso importante o suficiente para investigar mais a fundo.

O patologista forense David Katsuyama realizou as necropsias dos LaBianca. Antes de começar, ele retirou as fronhas das cabeças das vítimas. Só então descobriram que, além do garfo de trinchar inserido em seu abdômen, uma faca tinha sido enfiada na garganta de Leno LaBianca.

Visto que nenhum membro da equipe no local tinha notado a faca, isso se tornou um dos indicadores do teste de polígrafo no caso LaBianca. Havia outros dois. Por alguma razão, embora a frase MORTE AOS PORCOS tivesse vazado para a imprensa, nem REBELEM-SE nem HEALTER SKELTER tinham.

Leno A. LaBianca, Waverly Drive, 3301, homem caucasiano, 44 anos, 1,83 m, 99 kg, olhos castanhos, cabelos castanhos...

Nascido em Los Angeles, Leno era filho do fundador da State Wholesale Grocery Company. Após estudar na University of Southern California, passou a trabalhar nos negócios da família e, algum tempo depois, tornou-se presidente da Gateway Markets, uma rede de supermercados no sul da Califórnia.

Até onde a polícia pôde determinar, Leno não tinha inimigos. Ainda assim, logo descobriram que ele também levava uma vida secreta. Amigos e parentes, que o descreviam como tranquilo e conservador, ficaram surpresos ao descobrir, após sua morte, que ele tinha nove cavalos de corrida puro-sangue, o mais notável deles sendo Kildare Lady. Além disso, era um apostador crônico, frequentando as pistas quase todos os dias em que havia corrida, muitas vezes apostando 500 dólares por vez. Tampouco sabiam que, no momento de sua morte, ele tinha uma dívida de cerca de 230 mil dólares.

Nas semanas seguintes, os detetives do caso LaBianca fizeram um trabalho excepcional em encontrar um caminho através do tortuoso labirinto da complexa situação financeira de Leno LaBianca. A possibilidade de que Leno pudesse ter sido vítima de agiotas, contudo, desmoronou ao descobrirem que a própria Rosemary LaBianca era bastante abastada, tendo bens mais do que suficientes para quitar as dívidas de Leno.

Um dos ex-sócios de Leno, também italiano e que tinha conhecimento de seu vício em apostas, disse à polícia que acreditava que os assassinatos poderiam ter sido cometidos pela máfia. Admitiu que não tinha nenhuma evidência para corroborar o fato; contudo, os detetives chegaram a descobrir que, durante um breve período, Leno fora membro da diretoria de um banco em Hollywood que as unidades de inteligência do LAPD e da LASO acreditavam ser financiado por "dinheiro de mafiosos". Eles foram incapazes de provar isso, embora muitos outros membros da diretoria tivessem sido indiciados e condenados por fraude de cheques. A possibilidade de uma ligação com a máfia tornou-se uma das muitas pistas que precisariam ser investigadas.

Leno não tinha antecedentes criminais; Rosemary tinha uma multa de trânsito que datava de 1957.

Leno deixou 100 mil dólares em seguro de vida, os quais, visto que teriam que ser divididos em partes iguais entre Suzanne, Frank e os outros três filhos de seu casamento anterior, pareciam eliminar isso como motivo.

Leno LaBianca morreu na mesma casa na qual tinha nascido; ele e Rosemary se mudaram para a residência da família, a qual Leno tinha comprado de sua mãe, em novembro de 1968.

Causa da morte: Múltiplos ferimentos à faca. A vítima tinha doze ferimentos à faca, mais catorze por punção causados por um garfo de dois dentes, totalizando 26 ferimentos separados, dos quais seis poderiam, por si só, ter sido fatais.

Rosemary LaBianca, Waverly Drive, 3301, mulher caucasiana, 38 anos, 1,64 m, 56 kg, cabelos castanhos, olhos castanhos...

Era provável que nem mesmo Rosemary soubesse muita coisa sobre sua infância. Acreditava-se que ela havia nascido no México, de pais estadunidenses, então se tornado órfã ou sido abandonada no Arizona, onde permaneceu em um orfanato até os 12 anos, quando foi adotada por uma família chamada Harmon, que a levou para a Califórnia. Conhecera o primeiro marido enquanto trabalhava como garçonete de patins no Brown Derby Drive-In, em Los Feliz, no final da década de 1940, ainda adolescente. Eles se divorciaram em 1958, e, pouco depois, enquanto trabalhava como garçonete no Los Feliz Inn, conheceu e acabou se casando com Leno LaBianca.

Seu ex-marido foi submetido ao teste de polígrafo e inocentado de qualquer envolvimento no crime. Antigos funcionários, ex-namorados, atuais sócios foram interrogados; nenhum deles conseguiu se lembrar de alguém que não gostasse dela.

De acordo com Ruth Sivick, sua sócia na Boutique Carriage, Rosemary tinha uma boa cabeça para os negócios; não só a loja era bem-sucedida, como ela também investia em ações e commodities, obtendo bons resultados. A verdadeira extensão de seu sucesso nas finanças só foi revelada quando seus bens foram homologados e foi descoberto que ela havia deixado 2,6 milhões dólares. Abigail Folger, a herdeira assassinada na casa da Cielo, tinha deixado menos de um quinto disso.

A sra. Sivick tinha visto Rosemary pela última vez na sexta-feira, quando saíram para fazer compras para a loja. Rosemary telefonou na manhã de sábado para dizer que planejavam dirigir até o lago Isabella e perguntou se ela poderia passar na sua casa naquela tarde para alimentar os cães. Os LaBianca tinham três cachorros, que latiram alto quando ela se aproximou da casa por volta das 18h. Depois de lhes dar comida — retirando a ração da geladeira —, a sra. Sivick verificou as portas — todas trancadas — e foi embora.

O testemunho da sra. Sivick confirmou que quem quer que tivesse limpado as digitais da maçaneta da geladeira o fez em algum momento depois de sua visita à casa.

Rosemary LaBianca — de garçonete à milionária à vítima de assassinato.

Causa da morte: Múltiplos ferimentos à faca. A vítima foi esfaqueada um total de 41 vezes, das quais seis poderiam, por si só, ter sido fatais.

Todos os ferimentos de Leno LaBianca, exceto um, encontravam-se na parte frontal de seu corpo; 36 dos 41 infligidos em Rosemary LaBianca estavam nas costas e nas nádegas. Leno não apresentava ferimentos defensivos, o que indica que suas mãos podem ter sido amarradas antes de ele ser esfaqueado. Rosemary tinha um corte defensivo no maxilar esquerdo. Esse ferimento, mais a faca na garganta de Leno, indicavam que o ato de colocar as fronhas sobre as cabeças das vítimas foi uma ação posterior, possivelmente tendo ocorrido após suas mortes.

As fronhas foram identificadas como pertencentes aos LaBianca, retiradas dos dois travesseiros na cama do casal.

A faca encontrada na garganta de Leno também pertencia a eles; apesar de fazer parte de um conjunto diferente daquele do garfo, ela correspondia a outras encontradas em uma gaveta na cozinha. As dimensões da lâmina eram: 23,3 centímetros de comprimento; pouco menos de 0,15 centímetro de espessura; 2,06 centímetros de largura no ponto mais largo; 0,95 centímetro de largura no ponto mais estreito.

Os detetives do caso LaBianca observaram mais tarde em seu relatório: "A faca recuperada de sua garganta parece ser a arma usada em ambos os homicídios".

Isso era uma suposição, e mais nada, visto que, por alguma razão, o dr. Katsuyama, ao contrário de seu superior, o dr. Noguchi, que cuidou das necropsias dos homicídios do caso Tate, não mediu as dimensões dos ferimentos. Os detetives encarregados do caso LaBianca tampouco requisitaram essas estatísticas.

As consequências dessa única suposição foram imensas. Uma única arma indicava que era provável que houvesse um único assassino. O fato de que a arma usada pertencia à residência significava que o assassino provavelmente chegou desarmado, sua decisão de matar o casal vindo a acontecer em algum momento depois de ter entrado na propriedade. Isso por sua vez sugeria: (1) que o assassino havia chegado para cometer uma invasão domiciliar ou algum outro crime, sendo surpreendido pela chegada dos LaBianca; ou (2) que as vítimas conheciam o assassino, confiando nele o suficiente para deixá-lo entrar às 2h ou em algum momento depois disso.

Uma pequena suposição, mas que viria a causar muitos, muitos problemas mais tarde.

Assim como a estimativa da hora da morte.

Quando os detetives pediram que Katsuyama determinasse a hora da morte, sua resposta foi 15h do domingo. No entanto, com o surgimento de outras evidências que contradiziam isso, os detetives voltaram a procurar Katsuyama para que ele recalculasse. Ele então estimou que Leno LaBianca havia morrido em algum momento entre 00h30 e 20h30 do domingo, enquanto Rosemary teria morrido uma hora antes. Katsuyama advertiu, entretanto, que a hora da morte poderia ser afetada pela temperatura ambiente e outras variáveis.

Tudo isso foi tão inconclusivo que os detetives simplesmente ignoraram essas informações. Com base no depoimento de Frank Struthers, eles sabiam que Leno era uma criatura de hábitos. Ele comprava o jornal todas as noites e costumava lê-lo antes de ir para a cama, sempre começando pela seção de esportes. Essa seção estava aberta sobre a mesinha de centro, ao lado dos óculos de leitura de Leno. Com base nessa e em outras evidências — Leno estava usando pijama, a cama ainda não tinha sido usada e assim por diante —, os detetives concluíram que os assassinatos provavelmente ocorreram cerca de uma hora após os LaBianca deixarem a banca de jornal de Fokianos, ou em algum momento entre 2h e 3h do domingo.

Já na segunda-feira, os policiais estavam minimizando as semelhanças entre os dois crimes. O inspetor K. J. McCauley contou aos repórteres: "Não vejo nenhuma ligação entre esse homicídio e os outros. Eles aconteceram em locais muito distantes um do outro. Simplesmente não vejo nenhuma ligação". O sargento Bryce Houchin comentou: "Existe uma semelhança, mas se é o mesmo suspeito ou um imitador, nós não sabemos".

Havia muitas razões para que eles desconsiderassem as semelhanças. Uma delas era a ausência de qualquer conexão aparente entre as vítimas; outra era a distância entre os crimes. Ainda outra, e a mais importante na formulação de um motivo, era o fato de que drogas tinham sido encontradas no número 10050 da Cielo Drive, enquanto não havia nenhuma no número 3301 da Waverly Drive.

Havia mais uma razão, talvez a mais crucial. Mesmo antes de Garretson ter sido liberado, os detetives do caso Tate tinham não apenas um, mas inúmeros novos suspeitos promissores.

De 12 a 15 de agosto de 1969

Ao questionar William Tennant, gerente comercial de Roman Polanski, os policiais do LAPD descobriram que em meados de março os Polanski tinham dado uma festa com serviço de bufê na casa da Cielo para mais de mil convidados. Como em qualquer grande evento em Hollywood, houve penetras, entre eles +Herb Wilson, +Larry Madigan e +Jeffrey Pickett, apelidado de "Pic".[11] Supunha-se que os três, todos na casa dos 20 anos, eram traficantes. Durante a festa, ao que parece, Wilson pisou no pé de Tennant. Uma discussão se seguiu, com Madigan e Pickett tomando o partido de Wilson. Irritado, Roman Polanski mandou que os três fossem expulsos.

Foi um incidente sem importância. Por si só, dificilmente seria algo que justificaria cinco assassinatos violentos, contudo, Tennant ficara sabendo de algo mais: "Pic" certa vez tinha ameaçado matar Frykowski. Essa informação tinha chegado a ele por meio de um amigo de Voytek, Witold Kaczanowski, um artista conhecido profissionalmente como Witold K.

Conscientes da semelhança entre "Pic" e a palavra PIG — PORCO — escrita em sangue na porta da frente da residência de Tate, os detetives inquiriram Witold K. Com base no que o artista contou, descobriram que, depois que os Polanski viajaram para a Europa, Wilson, Pickett, Madigan e um quarto homem, +Gerold Jones, passaram a visitar a residência na Cielo com frequência. De acordo com Witold, com Wilson e Madigan, forneceram a Voytek e Gibby a maioria de suas drogas, incluindo a MDA que tinham tomado antes de morrerem. Quanto a Jeffrey Pickett, quando Gibby e Voytek se mudaram para a Cielo, ele se instalou na casa deles, na Woodstock, onde Witold também estava se hospedando. Certa vez, durante uma discussão, Pickett tentou estrangulá-lo. Quando Voytek ficou sabendo disso, mandou-o embora. Enfurecido, Pic jurou: "Vou matar todos eles, e Voytek vai ser o primeiro".

Muitos outros também acreditavam que um ou mais deles poderiam estar envolvidos e compartilharam suas suspeitas com a polícia. John e Michelle Phillips, ex-integrantes do The Mamas & The Papas e amigos de quatro das cinco vítimas do caso Tate, disseram que certa vez Wilson

11 Tudo neste livro é baseado em fatos. Em alguns casos, os nomes de pessoas com pequeno envolvimento foram mudados por questões legais, o símbolo da cruz (+) indicando a substituição do nome verdadeiro por um pseudônimo. No entanto, as pessoas foram e são reais, e os incidentes retratados aqui são totalmente factuais.

apontou uma arma para Voytek. Diversos frequentadores regulares da Sunset Strip afirmaram que Wilson costumava se gabar de ser um assassino de aluguel; que Jones era um especialista em facas, tendo sempre uma consigo com o propósito de arremessá-la; e que Madigan era o "doceiro com toda aquela cocaína" de Sebring.

Mais convencidos do que nunca de que os homicídios do caso Tate foram resultado de uma venda de drogas que deu errado ou de um surto causado pelas drogas, os policiais do LAPD começaram a procurar por Wilson, Madigan, Pickett e Jones.

Durante dez anos, Sharon Tate buscara o estrelato. Agora ela o tinha conquistado, em apenas três dias. Na terça-feira, 12 de agosto, seu nome passou das manchetes para as marquises dos cinemas. *O Vale das Bonecas* foi relançado por todo o país, passando em mais de uma dúzia de cinemas apenas em Los Angeles. Logo foi seguido por *A Dança dos Vampiros* e outros filmes nos quais a atriz tinha atuado, a única diferença sendo que agora ela estava recebendo o status de estrela.

Naquele mesmo dia, a polícia informou aos repórteres que havia descartado oficialmente quaisquer ligações entre os homicídios dos casos Tate e LaBianca. De acordo com o jornal *Los Angeles Times*: "Diversos policiais deram a entender que estavam inclinados a acreditar que o segundo caso de assassinatos fora obra de um imitador".

Desde o início, as duas investigações seguiram caminhos separados, com detetives diferentes encarregados de cada uma delas. E continuariam dessa maneira, com cada equipe prosseguindo conforme suas próprias pistas.

As equipes tinham uma coisa em comum, embora essa semelhança ampliasse a distância entre elas. Ambas estavam trabalhando a partir de um pressuposto básico: em quase 90% de todos os homicídios, a vítima conhecia o assassino. Em ambas as investigações, o foco principal repousava sobre os conhecidos das vítimas.

Enquanto investigavam os boatos a respeito da máfia, os detetives do caso LaBianca ouviram cada um dos parceiros de negócios de Leno dos quais tinham conhecimento. Todos duvidavam que os assassinatos tivessem sido encomendados pela máfia. Um homem disse aos detetives que se a máfia tivesse sido responsável, ele "provavelmente teria ficado sabendo". Foi uma investigação meticulosa, na qual os detetives até chegaram a verificar se a empresa em San Diego onde Leno tinha comprado sua lancha durante suas férias, em 1968, tinha ligação com a máfia; não tinha, embora diversas outras empresas na região de Mission Bay supostamente fossem financiadas por "dinheiro da máfia judia".

Questionaram até mesmo a mãe de Leno, que afirmou: "Ele era um bom rapaz. Nunca fez parte da associação".

A eliminação de uma possível ligação com a máfia, contudo, não deixou os detetives do caso LaBianca sem um suspeito. Ao questionar os vizinhos do casal, descobriram que a casa à leste, o número 3267 da Waverly Drive, estava desocupada, e o estivera há muitos meses. Antes disso, fora um local de reunião de hippies. Os hippies não eram de seu interesse, mas outro antigo inquilino, +Fred Gardner, sim — e muito.

Com base em seu atestado de antecedentes criminais e em depoimentos, eles descobriram que Gardner, um jovem advogado, "teve problemas de saúde mental no passado e afirma que perde a consciência durante certos períodos de tempo, durante os quais não é responsável por seus atos...". Em uma discussão com o pai, ele "pegou uma faca de cima da mesa da cozinha e perseguiu o pai, declarando que iria matá-lo...". Em setembro de 1968, depois de estar casado por apenas duas semanas, "sem nenhum motivo aparente, [ele] deu uma surra brutal na esposa, depois pegou uma faca em uma gaveta da cozinha e tentou matá-la. Ela se esquivou dos golpes e conseguiu fugir e chamar a polícia." Depois de ser fichado por tentativa de homicídio, Gardner foi examinado por um psiquiatra designado pelo tribunal, que declarou que ele tinha "ataques agressivos descontrolados de proporções maníacas". Apesar disso, a acusação fora reduzida para simples agressão. Ele foi liberado sob liberdade condicional e voltou a praticar advocacia.

Desde então, Gardner tinha sido preso algumas vezes, acusado de estar sob influência de álcool ou narcóticos. Após sua última prisão, por falsificar uma receita médica, ele foi solto depois de pagar uma fiança de 900 dólares e logo fugiu. Um mandado de prisão tinha sido emitido no dia 1º de agosto, nove dias antes dos assassinatos dos LaBianca. Acreditava-se que ele estava em Nova York.

Quando os policiais questionaram a ex-esposa de Gardner, ela contou que conseguia se lembrar de sete ocasiões diferentes em que Gardner visitou os LaBianca, a cada vez retornando com dinheiro ou uísque. Quando o questionara a esse respeito, ele supostamente havia respondido: "Está tudo bem. Conheço eles e é melhor eles me darem o que peço, senão...".

Será que Gardner tinha, com sua predileção por facas de cozinha, tentado extorquir dinheiro dos LaBianca de novo, só que daquela vez o casal tinha dito não? Os policiais entraram em contato com um agente do FBI em Nova York para ver se ele podia determinar o atual paradeiro de Gardner.

Amada Esposa de Roman
Sharon Tate Polanski
1943–1969
Paul Richard Polanski
Seu Bebê

A quarta-feira foi um dia de funerais. Mais de 150 pessoas estiveram presentes nos últimos ritos de Sharon Tate no Holy Cross Cemetery. Entre os presentes estavam Kirk Douglas, Warren Beatty, Steve McQueen, James Coburn, Lee Marvin, Yul Brynner, Peter Sellers, John e Michelle Phillips. Roman Polanski, de óculos escuros e acompanhado de seu médico, desmoronou diversas vezes durante a cerimônia, assim como os pais e as duas irmãs mais novas de Sharon, Patricia e Debra.

Muitas deles, inclusive Polanski, mais tarde estiveram presentes no velório de Jay Sebring na Wee Kirk o' the Heather, no parque Forest Lawn. Outras celebridades incluíam Paul Newman, Henry e Peter Fonda, Alex Cord e George Hamilton, todos antigos clientes de Sebring.

Havia menos pessoas e menos flashes enquanto, do outro lado da cidade, seis amigos de escola carregavam o corpo de Steven Parent para fora da igrejinha em El Monte, onde seu velório foi realizado.

Abigail Folger foi enterrada na península de San Francisco, no norte da Califórnia, perto de onde crescera, após uma missa de réquiem na Our Lady of the Wayside Church, igreja que tinha sido construída por seus avós.

O corpo de Voytek Frykowski permaneceria em Los Angeles até que parentes na Polônia providenciassem o transporte de volta ao país para que ele fosse enterrado.

Enquanto as vítimas do caso Tate eram enterradas, os policiais tentavam recriar suas vidas, em especial seu último dia.

Sexta-feira, 8 de agosto.

Por volta das 8h, a sra. Chapman chegou na Cielo. Ela lavou a louça que havia, então começou a cuidar das costumeiras tarefas domésticas.

Por volta das 8h30, Frank Guerrero chegou para pintar o quarto no lado norte da residência: o quarto do bebê. Antes de começar, ele retirou as telas das janelas.

Às 11h, Roman Polanski telefonou de Londres. A sra. Chapman ouviu a parte de Sharon da conversa, onde parecia preocupada com a possibilidade de Roman não voltar a tempo de comemorar seu aniversário no dia 18 de agosto. Ele, ao que parece, assegurou que estaria de volta no dia 12 de agosto, assim como planejado, visto que Sharon mais tarde contou isso para a sra. Chapman. Sharon informou Roman que o tinha matriculado em um curso para futuros pais.

Sharon recebeu diversos outros telefonemas, um deles de um vizinho sobre seu gatinho que tinha se perdido na propriedade dela; Sharon o estivera alimentando com um conta-gotas. Quando se mudara, Terry Melcher tinha deixado para trás alguns gatos, e Sharon tinha prometido cuidar deles. Desde então, eles se multiplicaram, e Sharon estava cuidando de todos os 26 gatos, mais dois cães, o dela e o de Abigail.

Durante grande parte do dia, Sharon usou apenas a parte de baixo de um biquíni e um sutiã. Essa, de acordo com a sra. Chapman, era a roupa que ela costumava usar em casa quando fazia calor.

Pouco antes do meio-dia, a sra. Chapman, ao perceber que havia marcas de patas e respingos de saliva dos cães na porta da frente, lavou todo o exterior com vinagre e água. Um pequeno detalhe que mais tarde viria a se tornar bastante importante.

Steven Parent almoçou em sua casa, em El Monte. Antes de voltar ao trabalho na empresa de suprimentos de encanamento, perguntou à mãe se ela poderia separar roupas limpas para que ele pudesse se trocar depressa antes de seguir para seu segundo emprego, na loja de aparelhos de som, mais tarde naquele dia.

Por volta das 12h30, duas amigas de Sharon, Joanna Pettet (esposa de Alex Cord)[12] e Barbara Lewis, chegaram na Cielo para almoçar. A sra. Chapman as serviu. Elas conversaram, as mulheres recordariam mais tarde, principalmente sobre o bebê que estava por vir. Sharon mostrou o quarto do bebê para elas e as apresentou a Guerrero.

Por volta das 13h, Sandy Tennant ligou para Sharon. Como observado anteriormente, Sharon disse não ter planejado uma festa naquela noite, mas a convidou para passar lá, um convite que Sandy recusou.

(Se fôssemos acreditar em todos os boatos subsequentes, metade de Hollywood foi convidada para uma festa naquela noite no número

12 Esta seria a segunda vez que a atriz Joanna Pettet escapava de uma morte violenta. Ela também tinha sido amiga de Janice Wylie, que, juntamente a sua colega de quarto, Emily Hoffert, tinha sido assassinada na cidade de Nova York no verão de 1963. O crime ficou conhecido como "Career Girls Murders" [Assassinatos das Garotas Profissionais].

10050 da Cielo Drive e, na última hora, mudou de ideia. De acordo com Winifred Chapman, Sandy Tennant, Debra Tate e outras pessoas próximas de Sharon, não houve festa naquela noite, tampouco uma foi planejada. Mas é provável que o LAPD tenha gastado cem horas de trabalho tentando localizar pessoas que supostamente estiveram presentes no hipotético evento.)

Após terminar a primeira demão de tinta, Guerrero foi embora por volta das 13h30. Ele não colocou as telas de volta em seus lugares, visto que pretendia voltar na segunda-feira para terminar o serviço. Mais tarde a polícia concluiu que o(s) assassino(s) não tinha(m) notado que elas não estavam no lugar ou tinha(m) temido entrar em um quarto recém-pintado.

Por volta das 14h, Abigail comprou uma bicicleta em uma loja na Santa Monica Boulevard, providenciando para que a compra fosse entregue mais tarde naquele mesmo dia. Por volta do mesmo horário, David Martinez, um dos dois jardineiros de Altobelli, chegou no número 10050 da Cielo Drive e se pôs a trabalhar. Voytek e Abigail chegaram pouco depois disso, juntando-se a Sharon e suas convidadas para um almoço tardio.

Por volta das 15h, o segundo jardineiro, Tom Vargas, chegou. Enquanto ele passava pelo portão, Abigail saiu com seu Camaro. Cinco minutos mais tarde, Voytek também saiu, dirigindo o Firebird.

Joanna Pettet e Barbara Lewis foram embora em torno de 15h30.

Por volta desse mesmo horário, o mordomo de Sebring, Amos Russell, levou café na cama para Jay e sua atual companheira.[13] Aproximadamente às 15h45, Jay telefonou para Sharon, ao que parece para informar que chegaria mais cedo do que o esperado. Ele, em seguida, ligou para sua secretária para pegar as mensagens e telefonou para John Madden, a fim de discutir sua visita ao salão em San Francisco no dia seguinte. Não disse nada a nenhum dos dois a respeito de seus planos para aquela noite, mas contou a Madden que tinha passado o dia trabalhando duro em um emblema para os novos salões franquiados.

Logo depois do telefonema de Sebring, a sra. Chapman informou a Sharon que tinha concluído suas tarefas e que estava dando o dia como encerrado. Como fazia muito calor na cidade, Sharon lhe perguntou se ela gostaria de passar a noite lá. A sra. Chapman recusou. Essa sem dúvida foi a decisão mais importante de sua vida.

13 Os policiais do LAPD encontraram a garota algum tempo depois e determinaram que ela não tinha acompanhado Sebring à residência de Tate naquela noite.

David Martinez estava de saída e deu uma carona para a sra. Chapman até o ponto de ônibus. Vargas permaneceu na propriedade, concluindo seu trabalho. Enquanto cuidava do jardim perto da casa, ele notou que Sharon estava dormindo em seu quarto. Quando o entregador da Air Dispatch Company chegou com os dois baús azuis, Vargas, sem querer incomodar a sra. Polanski, assinou o recebimento. A hora, 16h30, foi anotada no recibo. Os baús continham as roupas de Sharon, que Roman enviara de Londres.

Abigail foi à sua consulta com o dr. Flicker às 16h30.

Antes de ir embora, por volta das 16h45, Vargas foi até a casa de hóspedes e perguntou se Garretson poderia regar um pouco as plantas durante o fim de semana, pois o tempo estava bastante quente e seco.

Do outro lado da cidade, em El Monte, Steven Parent correu até sua casa, trocou de roupa, acenou para a mãe e seguiu para seu segundo emprego.

Entre 17h30 e 18h, a sra. Terry Kay estava saindo de ré do acesso à sua garagem no número 9845 da Easton Drive quando avistou Jay Sebring descendo a rua em seu Porsche, aparentemente com pressa. Talvez, devido ao carro dela estar impedindo seu avanço, ele não acenou com sua costumeira cordialidade.

Em algum momento entre 18h e 18h30, a irmã de 16 anos de Sharon, Debra, telefonou perguntando se poderia passar por lá com alguns amigos naquela noite. Sharon, que se cansava com facilidade por conta da gravidez avançada, sugeriu que deixassem para outro dia.

Entre 19h30 e 20h, Dennis Hurst chegou na Cielo para entregar a bicicleta que Abigail tinha comprado na loja de seu pai mais cedo naquele dia. Sebring (Hurst o identificou mais tarde a partir de fotografias) atendeu à campainha. O entregador não viu mais ninguém e não observou nada suspeito.

Entre 21h45 e 22h, John Del Gaudio, gerente do El Coyote Restaurant, na Beverly Boulevard, notou o nome de Jay Sebring na lista de espera para o jantar: grupo de quatro pessoas. Del Gaudio não chegou a ver Sebring ou os outros, e é provável que tivesse se enganado em relação ao horário, visto que a garçonete, Kathy Palmer, que serviu os quatro, se lembrava de que eles esperaram no bar entre quinze e vinte minutos antes que uma mesa ficasse disponível. Então, depois de terminarem o jantar, foram embora por volta das 21h45 ou 22h. Quando lhe mostraram fotografias, ela foi incapaz de identificar com certeza Sebring, Tate, Frykowski ou Folger.

Se Abigail os acompanhou, eles devem ter deixado o restaurante antes das 22h, pois foi por volta dessa hora que a sra. Folger telefonou para a casa na Cielo e conversou com ela, confirmando que planejava pegar o voo das

10h da United para San Francisco na manhã seguinte. A sra. Folger contou à polícia que "Abigail não expressou nenhuma preocupação ou ansiedade quanto à sua segurança pessoal ou à situação na casa dos Polanski".

Algumas pessoas relataram ter visto Sharon e/ou Jay na Candy Store, na The Factory, na The Daisy ou em diversas outras casas noturnas naquela noite. Nenhum dos relatos foi confirmado. Várias pessoas afirmaram ter conversado por telefone com uma ou outra vítima entre 22h e meia-noite. Quando questionadas, mudaram suas histórias ou as contaram de tal maneira que a polícia concluiu que estavam confusas ou mentindo.

Por volta das 23h, Steve Parent fez uma parada no Dales Market, em El Monte, e perguntou ao seu amigo John LeFebure se ele queria dar uma volta. Parent estava namorando Jean, a irmã mais nova de John. John sugeriu que deixassem para outra noite.

Cerca de 45 minutos depois, Steve Parent chegou à casa da Cielo, com esperanças de vender um rádio-relógio para William Garretson. Parent deixou a casa de hóspedes por volta de 00h15. Só conseguiu chegar até seu Rambler.

A polícia também interrogou algumas garotas que, de acordo com boatos, estiveram com Sebring na noite de 8 de agosto.

"A ex-namorada de Sebring supostamente esteve com ele no dia 8 de agosto de 1969 — não foi bem assim — dormiu com ele pela última vez no dia 5 de julho de 1969. Cooperativa, sabia que ele usava 'coca' — ela não..."

"...namorou firme com ele por três meses... não sabia de nada a respeito de suas atividades peculiares entre quatro paredes..."

"...ia a uma festa na Cielo naquela noite, mas em vez disso foi ao cinema..."

Não foi uma tarefa nada fácil, considerando a quantidade de garotas com quem o cabeleireiro tinha saído; ainda assim, não se ouviu nenhum dos detetives reclamando. Não era todo dia que tinham a oportunidade de conversar com jovens estrelas de cinema, modelos, uma garota da página principal da revista *Playboy*, até mesmo uma dançarina do espetáculo *Lido de Paris* do Stardust Hotel, em Las Vegas.

Houve outro indicador do nível do medo: a dificuldade que a polícia teve em localizar as pessoas. Ter se mudado de repente alguns dias após um crime ter ocorrido seria, em circunstâncias normais, considerado suspeito. Mas não nesse caso. De um relato nem um pouco atípico: "Quando questionada sobre o motivo de ter se mudado logo depois dos assassinatos, ela respondeu que não sabia ao certo o porquê, que, como todo mundo em Hollywood, só estava com medo...".

De 16 a 30 de agosto de 1969

Embora a polícia tenha dito à imprensa que "não houvera nenhum progresso", houve alguns que não foram relatados. Depois de os examinar à procura de sangue, o sargento Joe Granado entregou os três pedaços da empunhadura de arma para o sargento William Lee da Unidade de Armas de Fogo e Explosivos do SID. Lee sequer teve que consultar seus manuais; apenas uma olhada neles e soube que a empunhadura era de uma arma Hi Standard. Ele ligou para Ed Lomax, gerente de produtos da firma proprietária da Hi Standard, e combinou de encontrá-lo na Academia de Polícia. Lomax também fez uma breve verificação. "Só uma arma tem uma empunhadura assim", contou a Lee, "o revólver Longhorn Hi Standard calibre .22." Conhecida popularmente como "Buntline Special" — baseada em um par de revólveres que o autor de faroestes Ned Buntline criara para o xerife Wyatt Earp —, a arma tinha as seguintes especificações: capacidade para nove disparos, cano de 24,13 centímetros, comprimento total de 38 centímetros, empunhaduras de nogueira, acabamento azul, pesava 992 gramas, preço de varejo sugerido de 69,95 dólares. Era, disse Lomax, "um revólver bastante singular"; lançado em abril de 1967, apenas 2.700 tinham sido fabricados com aquele tipo de empunhadura.

Lee obteve de Lomax uma lista de lojas onde a arma era vendida, além de uma fotografia do modelo, e os policiais do LAPD começaram a preparar um folheto que planejavam enviar para todas as delegacias nos Estados Unidos e no Canadá.

Alguns dias depois da reunião de Lee com Lomax, um criminalista do SID, DeWayne Wolfer, foi ao número 10050 da Cielo para realizar testes de som que poderiam confirmar, ou refutar, a alegação de Garretson de que ele não ouvira nem gritos nem tiros.

Usando um medidor de nível de ruído e um revólver calibre .22, Wolfer e um assistente recriaram as condições da noite dos assassinatos e provaram que (1) se Garretson esteve dentro da casa de hóspedes como afirmava, não teria sido possível que tivesse ouvido os disparos que mataram Steven Parent; e que (2) com o aparelho de som ligado, com o volume entre quatro e cinco, ele não teria conseguido ouvir os gritos nem os disparos vindos da frente ou do interior da residência principal.[14] Os testes confirmaram a versão de Garretson de que ele não escutou nenhum tiro naquela noite.

14 Quando fez uma busca pela casa de hóspedes após a prisão de Garretson, o policial Whisenhunt observou que o controle do volume estava configurado entre quatro e cinco.

Ainda assim, apesar das conclusões científicas de Wolfer, havia aqueles no LAPD que ainda acreditavam que Garretson devia ter ouvido alguma coisa. Era quase como se ele fosse um suspeito tão bom que eles estavam relutantes em admitir que ele não tinha nenhuma culpa. Em um relatório resumindo o caso, redigido no final de agosto, os detetives do caso Tate comentaram: "Na opinião dos investigadores, e com base nas pesquisas científicas realizadas pelo SID, é bastante improvável que Garretson não estivesse ciente dos gritos, disparos e outras agitações que resultariam de um homicídio múltiplo como o que ocorreu tão próximo a ele. Essas descobertas, contudo, não excluem por completo o fato de que Garretson não tenha ouvido nem visto nenhum dos eventos ligados aos homicídios".

Na noite de sábado, 16 de agosto, Roman Polanski prestou depoimento durante muitas horas aos policiais do LAPD. No dia seguinte, ele voltou ao número 10050 da Cielo Drive pela primeira vez desde os assassinatos. Estava acompanhado de um repórter e um fotógrafo da revista *Life*, além de Peter Hurkos, um famoso médium que fora contratado por amigos de Jay Sebring para fazer uma "leitura" do local.

Depois de se identificar e passar de carro pelo portão, visto que a propriedade ainda estava sendo protegida pelo LAPD, Polanski, amargurado, comentou com Thomas Thompson, repórter da *Life* e seu conhecido de longa data: "Esta deve ser a mundialmente famosa casa das orgias". Thompson lhe perguntou há quanto tempo Gibby e Voytek estiveram se hospedando ali. "Há tempo demais, acho", respondeu ele.

O lençol azul que antes tinha coberto o corpo de Abigail Folger ainda estava no gramado. A inscrição sangrenta na porta tinha desbotado, mas as três letras ainda eram legíveis. A devastação no interior da casa pareceu pegá-lo de surpresa por um instante, assim como as manchas escuras na entrada e, uma vez na sala de estar, aquelas ainda maiores diante do sofá. Polanski subiu a escada até a galeria, encontrou a fita de vídeo que o LAPD tinha devolvido e a colocou no bolso, de acordo com um dos policiais presentes. Depois de voltar a descer, ele foi de cômodo em cômodo, aqui e ali, tocando as coisas como se pudesse conjurar o passado. Os travesseiros ainda estavam amarrotados no meio da cama, no mesmo lugar onde estiveram naquela manhã. Eles sempre ficavam daquele jeito quando ele não estava, contou a Thompson, acrescentando apenas: "Ela os abraça no meu lugar". Ele se demorou bastante diante do armário onde, em antecipação, Sharon tinha guardado as coisas do bebê.

O fotógrafo da *Life* tirou algumas polaroides primeiro para verificar a iluminação, o posicionamento e os ângulos. Geralmente, essas fotos são descartadas depois que as fotos normais são tiradas, mas Hurkos perguntou se poderia ficar com algumas delas, para ajudar em suas "impressões", e elas foram dadas a ele, um gesto do qual o fotógrafo e a revista *Life* logo viriam a se arrepender.

Enquanto olhava para objetos que costumavam ser familiares, mas que agora haviam se tornado grotescos, Polanski perguntava: "Por quê?". Ele parou do lado de fora da porta de entrada, parecendo tão perdido e confuso como se tivesse entrado em um de seus sets de filmagem e encontrado tudo modificado de maneira excessiva e imutável.

Mais tarde, Hurkos contou à imprensa: "Três homens mataram Sharon Tate e as outras quatro pessoas — e eu sei quem são. Passei as identidades dos assassinos para os policiais e lhes disse que esses homens devem ser impedidos depressa. Caso contrário, irão matar de novo". Os assassinos, acrescentou, eram amigos de Sharon Tate, transformados em "maníacos homicidas desvairados" pelo uso de uma enorme quantidade de LSD. Ainda de acordo com ele, os assassinatos aconteceram durante um ritual de magia conhecido como "goona goona", cuja imprevisibilidade pegou as vítimas de surpresa.

Se Hurkos de fato tinha passado as identidades dos três homens aos policiais do LAPD, ninguém se deu ao trabalho de reportá-las. A despeito de toda a publicidade que diz o contrário, os membros da força policial têm um procedimento padrão para lidar com tais "informações": ouvir com educação e depois esquecê-las. Por serem inadmissíveis como evidências, elas se tornam inúteis.

Roman Polanski também se mostrou cético quanto às explicações de Hurkos. Ele voltou à casa diversas vezes nos próximos dias, como se estivesse procurando a resposta que mais ninguém conseguira lhe dar.

Houve uma interessante justaposição de reportagens na página B, ou nas principais notícias locais, do *Los Angeles Times* daquele domingo.

A história principal, sobre o caso Tate, dominava a parte superior, com a manchete: "Anatomia de um homicídio em massa em Hollywood".

Abaixo dela havia uma reportagem menor, a manchete do artigo de uma única coluna dizendo: "Casal LaBianca: vítimas de assassinato recebem os últimos ritos".

À esquerda da reportagem sobre o caso Tate, e logo acima de uma ilustração da propriedade de Tate, havia um artigo muito mais curto, aparentemente desvinculado, escolhido, ao que parecia, por ser pequeno o suficiente para ser encaixado no espaço. A manchete dizia: "Polícia realiza operação em rancho: 26 suspeitos presos por roubo de automóveis".

A reportagem começava: "Vinte e seis indivíduos que estavam morando em um set de filmes de faroeste abandonado, em um rancho isolado em Chatsworth, foram presos durante uma batida realizada por oficiais de polícia na manhã de sábado, acusados de fazerem parte de uma grande gangue de roubo de automóveis".

De acordo com os policiais, os membros do grupo roubavam Fuscas e os convertiam em bugues. A reportagem, que não continha os nomes de nenhum dos indivíduos detidos, mas que chegou a mencionar que um arsenal de tamanho considerável fora confiscado, concluía: "O rancho é de propriedade de George Spahn, um senhor parcialmente inválido e cego de 80 anos. Fica localizado na Santa Susana Pass Road, número 12000, Simi Hills. Os policiais disseram que Spahn, que mora sozinho em uma casa no rancho, aparentemente sabia que havia pessoas morando no set de filmagens, mas não estava ciente de suas atividades. Eles afirmaram que o homem não conseguia se locomover e tinha medo deles".

Era um artigo secundário, e sequer mereceu uma continuidade quando, alguns dias depois, todos os suspeitos foram liberados, após a descoberta de que tinham sido detidos perante o uso de um mandado com a data incorreta.

Após uma denúncia de que Wilson, Madigan, Pickett e Jones estavam morando no Canadá, os policiais do LAPD enviaram à Real Polícia Montada Canadense (RCMP, Royal Canadian Mounted Police) um alerta de "procura-se" contra os quatro homens; a RCMP o transmitiu; repórteres em alerta o interceptaram; e em um intervalo de poucas horas, os veículos de comunicação dos Estados Unidos estavam alardeando "um furo no caso Tate".

Embora o LAPD tenha negado que os quatro homens eram suspeitos, dizendo que estavam sendo procurados apenas para prestarem depoimento, a impressão que permaneceu foi que havia prisões prestes a acontecer. Houve telefonemas, entre eles um de Madigan e outro de Jones.

Jones estava na Jamaica e disse que viajaria de volta por vontade própria se os policiais quisessem falar com ele. Eles reconheceram que queriam. Madigan apareceu no Parker Center com um advogado. Bastante disposto a cooperar, ele concordou em responder a quaisquer perguntas, exceto aquelas que pudessem vir a implicá-lo no uso ou venda de narcóticos. Ele admitiu que tinha visitado Frykowski na residência na

Cielo duas vezes na semana anterior aos homicídios, então era possível que suas digitais estivessem na casa. Na noite dos assassinatos, contou Madigan, ele estivera presente em uma festa organizada por uma comissária de bordo que morava no apartamento abaixo do seu. Ele tinha ido embora por volta das 2h ou 3h. Isso foi confirmado mais tarde pelo LAPD, que também comparou suas digitais com as impressões digitais latentes não identificadas encontradas no endereço da Cielo, sem sucesso.

Madigan foi submetido a um teste de polígrafo e passou, assim como Jones, quando voltou da Jamaica. Jones contou que ele e Wilson estiveram na Jamaica de 12 de julho a 17 de agosto, dia em que ele viajou para Los Angeles e Wilson rumou para Toronto. Quando questionado a respeito do motivo de terem ido à Jamaica, ele disse que estavam "fazendo um filme sobre maconha". O álibi de Jones precisaria ser averiguado, mas, após o teste de polígrafo e um resultado negativo na verificação de suas digitais, ele deixou de ser um bom suspeito.

Assim, sobraram Herb Wilson e Jeffrey Pickett, apelidado de Pic. A essa altura, os policiais do LAPD sabiam onde os dois homens estavam.

A publicidade tinha sido ruim. Não havia como negar isso. Como Steven Roberts, chefe do escritório em Los Angeles do *New York Times*, viria a dizer mais tarde: "Todas as reportagens seguiam a mesma linha — que de alguma maneira as vítimas tinham provocado as próprias mortes... Essa atitude foi resumida no epigrama: 'Vida bizarra, morte bizarra'".

Considerando: a afinidade de Roman Polanski pelo macabro; os boatos sobre as peculiaridades sexuais de Sebring; a presença tanto da srta. Tate quanto de seu antigo amante no local das mortes enquanto seu marido estava viajando; a imagem de "vale tudo" da alta sociedade hollywoodiana; as drogas; e a súbita escassez dos vazamentos vindos da polícia, quase qualquer tipo de trama podia ser criado — e foi. Sharon Tate foi chamada de tudo, desde "rainha das cenas de orgia de Hollywood" a "adoradora das artes satânicas". O próprio Polanski não foi poupado. No mesmo jornal, um leitor podia encontrar um colunista dizendo que o diretor estava tão abalado pelo luto que não conseguia falar, enquanto um segundo o descrevia em noitadas com um bando de comissárias de bordo. Se não foi pessoalmente responsável pelos assassinatos, mais de um jornal insinuou que ele devia saber quem os cometeu.

De uma revista semanal nacional: "O corpo de Sharon foi encontrado nu, não trajando a parte de baixo de um biquíni e um sutiã, como tinha sido relatado a princípio... Sebring estava usando apenas retalhos rasgados de uma samba-canção... As calças de Frykowski estavam abaixadas até os tornozelos... Tanto Sebring quanto Tate tinham a letra x gravadas nos corpos... Um dos seios da srta. Tate tinha sido removido, ao que parece como resultado de um corte aleatório... Sebring tinha sofrido mutilação genital...". O resto era igualmente preciso: "Nenhuma impressão digital foi encontrada em lugar nenhum... nenhum resquício de drogas foi encontrado em nenhum dos cinco corpos...". E assim por diante.

Apesar do tom se parecer com algo saído da antiga revista de fofocas *Confidential*, a reportagem foi publicada na revista *Time*, e o autor, ao que parece, precisou dar muitas explicações quando seus editores ficaram sabendo das invenções que escrevera.

Aborrecido pela "montanha de calúnias", Roman Polanski convocou uma coletiva de imprensa no dia 19 de agosto, onde repreendeu os jornalistas que "por motivos egoístas" escreveram "coisas horríveis sobre minha esposa". Não houvera nenhum problema em seu casamento, reiterou; nada de drogas; nada de orgias. Sua esposa tinha sido "linda" e "uma boa pessoa", e "os últimos anos que passei com ela foram o único período de verdadeira felicidade em minha vida...".

Alguns repórteres não demonstraram muita solidariedade em relação às reclamações de Polanski, pois tinham acabado de descobrir que ele permitira que a revista *Life* tirasse fotos exclusivas da cena do crime.

Não tão "exclusivas". Antes que a revista chegasse às bancas, diversas polaroides apareceram no *Citizen News* de Hollywood. A *Life* tinha sido passada para trás, por suas próprias fotografias.

Havia algumas coisas que Polanski não contou à imprensa, nem mesmo a seus amigos mais íntimos. Uma delas foi que havia concordado em fazer um teste de polígrafo conduzido pelo Departamento de Polícia de Los Angeles.

O teste de polígrafo de Polanski foi conduzido pelo tenente Earl Deemer no Parker Center.

P: "Se importa se eu te chamar de Roman? Meu nome é Earl."

R: "Sem problema... Vou mentir uma ou duas vezes durante o teste, e vou te contar depois, ok?"

P: "Bem... está certo..."

Deemer perguntou como Roman conheceu a esposa.

Polanski suspirou, então começou a falar devagar. "Conheci Sharon quatro anos atrás em uma festa que Martin Ransohoff — um péssimo produtor de Hollywood — organizou. O sujeito que faz *A Família*

Buscapé e porcarias do tipo. Mas ele me convenceu com sua conversa sobre arte e eu o contratei para fazer um filme, uma paródia de filmes de vampiros, sabe.

"E conheci Sharon nessa festa. Ela estava fazendo outro filme com ele em Londres na época. Estava sozinha em Londres. Ransohoff disse: 'Espere só até ver nossa atriz principal, Sharon Tate!'.

"Achei que ela era muito bonita. Mas não fiquei muito impressionado na época. Mas então a vi de novo. Eu a levei para sair. Nós conversamos bastante, sabe. Na época, eu era um verdadeiro despudorado. Só estava interessado em comer uma garota e passar para a próxima. Tive um casamento muito ruim, sabe. Anos atrás. Não ruim, foi lindo, mas minha esposa me deixou, então eu estava me sentindo ótimo, porque era um sucesso com as mulheres e só gostava de pegar todas. Eu era um mulherengo, hein?

"Então me encontrei com ela algumas outras vezes. Eu sabia que ela estava com Jay. Então [Ransohoff] quis que eu a usasse no filme. E fiz alguns testes com ela.

"Certa vez, eu quis levá-la para sair, mas ela estava dando uma de difícil, querendo sair, não querendo sair. Então, eu disse: 'Vai se ferrar'. E desliguei o telefone. Esse provavelmente foi o começo de tudo, sabe."

P: "Você usou sua lábia nela."

R: "Isso. Ela ficou intrigada por mim. E eu fiquei na minha, e namorei por muito tempo antes... E então comecei a perceber que ela gostava de mim.

"Lembro que passei uma noite... eu perdi as chaves... e passei uma noite na casa dela, na mesma cama, sabe. E sabia que fazer amor com ela estava fora de cogitação. Ela era esse tipo de garota.

"Quero dizer, isso raramente acontece comigo!

"E então fomos filmar em locação... Isso aconteceu uns dois ou três meses depois. Quando estávamos em locação filmando o filme, eu perguntei a ela, 'Você gostaria de fazer amor comigo?', e ela respondeu, de um jeito muito doce, 'Sim'. E então, pela primeira vez, fiquei emocionado, sabe. E começamos a dormir juntos com regularidade. E ela era tão doce e tão amável que não acreditei, sabe. Tive experiências ruins e não acreditava que pessoas como ela existiam, e esperei por um longo tempo que ela fosse revelar sua verdadeira identidade, certo?

"Mas ela era *linda*, sem nenhuma falsidade. Ela era fantástica. Ela me amava. Eu estava morando em uma casa diferente. Não queria que ela fosse à minha casa. E ela dizia, 'Não quero te sufocar.

Só quero ficar com você' etc. E eu disse, 'Você sabe como eu sou; eu saio com outras mulheres'. E ela disse, 'Não quero mudar você'. Ela estava pronta para fazer de tudo, só para ficar comigo. Ela era *um anjo*, porra. Era uma pessoa única, que eu não vou encontrar de novo na vida."

Deemer perguntou sobre o primeiro encontro dele com Sebring. Aconteceu em um restaurante em Londres, contou Polanski, descrevendo como estava nervoso e como Jay quebrou o gelo ao dizer: "Eu curto você, cara. Eu curto você". O mais importante era: "Ele parecia feliz em ver Sharon feliz". Roman disse ter continuado a se sentir um pouco desconfortável nas ocasiões seguintes em que se encontraram. "Mas quando vim para Los Angeles, comecei a morar aqui, ele vinha às nossas festas etc. E comecei a gostar muito de Jay. Ele era uma pessoa muito gentil. Ah, eu sabia de suas manias. Ele gostava de amarrar garotas. Sharon me contou sobre isso. Ele a amarrou à cama uma vez, e ela me contou sobre isso. E estava fazendo piada dele... Para ela isso foi engraçado, mas triste...

"E ele passou a ser um hóspede em nossa casa com cada vez mais frequência. Ele só ficava, ficava, e às vezes a Sharon se ressentia dele por ficar tempo demais, porque ele era sempre o último a ir embora, sabe.

"Tenho certeza de que no começo de nosso relacionamento ainda havia amor por Sharon da parte dele, mas acredito que em grande parte esse sentimento desapareceu. Tenho bastante certeza."

P: "Então não houve nenhum indício de que Sharon voltou para Sebring em algum momento?"

R: "*Sem chances!* Eu sou o vilão. Eu sempre saio com outras mulheres. Essa era a grande preocupação de Sharon, sabe. Mas Sharon não tinha absolutamente nenhum interesse em Jay."

P: "Ela demonstrava interesse em outros homens?"

R: "Não! Homem nenhum tinha alguma chance de se aproximar de Sharon."

P: "Ok, sei que você precisa ir embora. É melhor começarmos agora. Vou te explicar como isso funciona, Roman." Deemer explicou a mecânica do polígrafo, acrescentando: "É importante que você fique imóvel. Sei que conversa muito com as mãos. Você é emotivo. É do tipo ator, então vai ser um pouco difícil para você... Mas quando eu começar a pressioná-lo, quero que fique quieto. Quando eu aliviar a pressão, você pode falar e até mesmo agitar os braços. Dentro do razoável."

Depois de instruir Polanski a restringir suas respostas a "sim" ou "não" e a guardar quaisquer explicações para depois, Deemer começou o interrogatório.

P: "Você tem uma carteira de motorista válida na Califórnia?"

R: "Sim."

P: "Você já almoçou hoje?"

R: "Não."

P: "Você sabe quem tirou as vidas de Voytek e dos outros?"

R: "Não."

P: "Você fuma cigarros?"

R: "Sim." Houve uma longa pausa, então Polanski começou a rir.

P: "Sabe o que vai acontecer com toda essa palhaçada? Vou ter que começar tudo de novo!"

R: "Desculpe."

P: "Olhe o aumento de sua pressão sanguínea quando você começou a mentir sobre os cigarros. Bum, bum, bum, como uma escadaria. Ok, vamos recomeçar...

"Você está em Los Angeles agora?"

R: "Sim."

P: "Teve algum envolvimento nos assassinatos de Voytek e dos outros?"

R: "Não."

P: "Já almoçou hoje?"

R: "Não."

P: "Você se sente responsável pelas mortes de Voytek e dos outros?"

R: "Sim. Eu me sinto responsável por não ter estado lá, só isso."

P: "Depois de repassar tudo isso em sua cabeça, repetidas vezes, como sei que deve ter feito, qual sua conclusão sobre quem era o alvo? Não acho que chegou a passar por sua cabeça que Sharon pudesse ter sido o alvo, que alguém tivesse esse nível de ressentimento por ela. Na sua opinião, algum dos outros no local poderia ter sido o alvo desse tipo de atividade?"

R: "Pensei em um monte de coisas. Pensei que o alvo poderia ter sido eu mesmo."

P: "Por quê?"

R: "Quero dizer, poderia ter sido ciúmes ou uma conspiração ou algo assim. Não pode ter sido Sharon diretamente. Se Sharon era o alvo, isso significa que eu era o alvo. Pode ser que Jay tenha sido o alvo. Pode ser que tenha sido Voytek. Também poderia ter sido apenas uma estupidez, alguém que simplesmente decidiu cometer um crime."

P: "O que Sebring poderia estar fazendo, por exemplo, que o tivesse transformado em um alvo?"

R: "Alguma coisa relacionada a dinheiro, talvez. Também ouvi muitas coisas sobre esse negócio das drogas, entregas de drogas. É difícil acreditar..." Polanski sempre tinha acreditado que Sebring era "um homem bastante próspero", mas, recentemente, tinha ouvido dizer que ele estava afundado em dívidas. "A possibilidade, na minha opinião, é que ele deve ter tido sérios problemas financeiros, apesar da aparência que projetava."

P: "Esse é um jeito dos diabos de cobrar uma dívida. Não é qualquer cobrador que sai por aí e mata cinco pessoas."

R: "Não, não. O que estou dizendo é que, por essa razão, ele pode ter mexido com algumas coisas perigosas para ganhar dinheiro, entende? Desesperado, ele pode ter se envolvido com criminosos, sabe?"

P: "Tirando Sharon e a criança, dos outros três, você acha que Sebring era o alvo mais lógico, hein?"

R: "O crime todo parece tão sem sentindo.

"Se estivesse procurando por um motivo, buscaria algo que não se encaixasse nos padrões de costume, com os quais você costuma trabalhar como policial — alguma coisa muito mais extravagante..."

Deemer perguntou se Polanski tinha recebido alguma carta de ódio depois de *O Bebê de Rosemary*. Ele admitiu que sim, supondo: "Poderia ser algum tipo de bruxaria, sabe. Um maníaco ou algo assim. Essa execução, essa tragédia, me parece que pode ter sido algum maluco, sabe.

"Eu não ficaria surpreso se o alvo fosse eu. Apesar de todo esse negócio com as drogas, os narcóticos. Acho que a polícia gosta de ir com muita sede ao pote com esse tipo de pista, sabe. Porque esse é o tipo de pista que costumam ter. Que eu saiba, a única ligação que Voytek tinha com qualquer tipo de narcótico era que ele fumava maconha. Assim como Jay. E cocaína. Eu sabia que ele estava cheirando. No começo, achei que era só uma barato ocasional. Quando falei sobre isso com Sharon, ela disse: 'Você está brincando? Ele vem fazendo isso há dois anos, com regularidade'."

P: "A Sharon chegou a se meter com narcóticos, além de maconha?"

R: "Não. Ela chegou a usar LSD antes de nos conhecermos. Muitas vezes. E quando nos conhecemos, conversamos sobre isso... Eu usei três vezes. Quando era legal", acrescentou, rindo. Então, voltando a ficar sério, Polanski recordou a única vez em que tomaram a droga juntos. Foi mais para o final de 1965. Foi sua terceira viagem, e a 15ª ou 16ª de Sharon. Tinha começado de modo bastante agradável, com eles vindo a conversar a noite inteira. Mas então, "pela manhã, ela começou a surtar e gritar e eu fiquei morrendo de medo. E depois disso, ela disse: 'Eu te falei que não podia tomar, essa foi a última vez'. E essa foi a última vez, para mim e para ela.

"Mas posso te dizer o seguinte, sem sombra de dúvidas. Ela não usava nenhuma droga, além de maconha, e nada em excesso. E durante a gravidez isso estava fora de cogitação, ela estava tão apaixonada pela gravidez que não tocava em nada. Eu servia uma taça de vinho e ela nem encostava nela."

Deemer mais uma vez o conduziu pelo teste e, então, o encerrou, convencido de que Roman Polanski não teve nenhum envolvimento com — ou nenhum conhecimento secreto sobre — os assassinatos de sua esposa e das outras vítimas.

Antes de ir embora, Roman lhe disse: "Estou dedicado a isso agora". Ele pretendia questionar até mesmo seus amigos. "Mas vou fazer isso devagar, para que não desconfiem. Ninguém sabe que estou aqui. Não quero que saibam que, de alguma forma, estou tentando ajudar a polícia, sabe? Espero que assim eles sejam mais sinceros."

P: "Você precisa seguir vivendo."

Polanski o agradeceu, acendeu um cigarro e foi embora.

P: "Ei, pensei que você não fumasse!"

Mas Polanski já tinha partido.

No dia 20 de agosto, três dias depois de Peter Hurkos ter acompanhado Roman Polanski até a residência na Cielo, uma foto dele apareceu no *Citizen News*. A legenda dizia:

"MÉDIUM FAMOSO — Peter Hurkos, conhecido por suas consultorias em casos de homicídio (incluindo o recente massacre do caso Sharon Tate), fará sua estreia na noite de sexta-feira no Huntington Hartford, onde se apresentará até o dia 30 de agosto."

Madigan e Jones tinham sido descartados como suspeitos. Sobraram Wilson e Pickett.

Por conta de sua familiaridade com o caso, ficou decidido que o tenente Deemer seria enviado ao leste para interrogar os dois.

Jeffrey "Pic" Pickett tinha sido contatado por meio de um parente, e uma reunião foi marcada para acontecer em um quarto de hotel em Washington, D.C. Filho de um eminente oficial do Departamento de Estado, na opinião de Deemer, Pickett parecia estar "sob a influência de algum narcótico, provavelmente um estimulante". Também estava com uma mão enfaixada. Quando Deemer se mostrou curioso a esse respeito, Pickett deu uma resposta vaga sobre ter se cortado com uma faca de cozinha. Apesar de ter concordado em fazer um teste de polígrafo, Deemer concluiu que ele não conseguia permanecer imóvel nem seguir instruções, portanto, conduziu um interrogatório informal. Pickett alegou que, no dia dos homicídios, estivera trabalhando em uma empresa automotiva em Sheffield, Massachusetts. Quando questionado se era dono de alguma arma, confessou que tinha uma faca Buck, adquirida, contou, em Marlboro, Massachusetts, com o cartão de crédito de um amigo.

Mais tarde, Pickett entregou a faca a Deemer. Era parecida com aquela encontrada na Cielo. Também entregou um rolo de fita de vídeo que afirmou mostrar Abigail Folger e Voytek Frykowski usando drogas em uma festa na residência de Tate. Pickett não contou como tinha obtido o filme ou o que tinha pretendido fazer com ele.

Acompanhado pelo sargento McGann, Deemer foi para Massachusetts. Uma verificação dos cartões de ponto da empresa automotiva em Sheffield revelou que o último dia de trabalho de Pickett tinha sido em 1º de agosto, oito dias antes dos homicídios. Além disso, ainda que duas lojas em Marlboro vendessem facas Buck, nenhuma delas tivera em estoque aquele modelo em particular.

A condição de Pickett como suspeito aumentou consideravelmente, até que os detetives inquiriram o amigo que ele havia mencionado. Depois de checar os recibos do cartão de crédito, ele encontrou o da faca Buck. Ela havia sido adquirida em Sudbury, Massachusetts, no dia 21 de agosto, muito depois dos assassinatos. O amigo e sua esposa também se lembraram de algo que Pickett, ao que parece, tinha esquecido. Ele tinha ido à praia com eles no final de semana dos dias 8 a 10 de agosto. Pickett, em seguida, passou pelo teste de polígrafo, duas vezes. Em ambas as ocasiões ficou decidido que ele estava dizendo a verdade e que não teve nenhum envolvimento no crime. Pickett foi descartado.

Depois de viajar para Toronto, Deemer entrevistou Herb Wilson. Embora a princípio tenha se sentido relutante em ser submetido a um teste de polígrafo, Wilson consentiu quando Deemer concordou em não fazer nenhuma pergunta que pudesse sujeitá-lo a uma acusação por porte de narcóticos no Canadá. Ele passou. Wilson foi descartado.

As digitais tanto de Pickett quanto de Wilson foram comparadas com as impressões digitais latentes encontradas na residência de Tate, sem que nenhuma correspondência fosse encontrada.

Embora o primeiro relatório investigativo do caso Tate — cobrindo o período de 9 a 31 de agosto — tivesse determinado que "no momento deste relatório, Wilson, Madigan, Pickett e Jones foram descartados como suspeitos", Deemer e McGann viajaram no começo de setembro para Ocho Rios, Jamaica, para verificar os álibis de Wilson e Jones. Os dois alegaram que estiveram lá do dia 8 de julho ao dia 17 de agosto, "fazendo um filme sobre maconha".

Depoimentos de corretores imobiliários, empregados e agentes de viagem corroboraram em parte com a história: eles estiveram na Jamaica na época dos assassinatos. E era bem possível que houvesse algum envolvimento com maconha. Seu único convidado regular, tirando algumas amigas, era um piloto que, algumas semanas antes, tinha, sem explicação nenhuma, pedido demissão de seu emprego bem-remunerado em uma companhia aérea para fazer voos solo não programados entre a Jamaica e os Estados Unidos.

Quanto às filmagens do filme, contudo, os detetives demonstraram um certo ceticismo, a empregada tendo lhes dito que a única câmera que chegou a ver na casa foi uma pequena Kodak.

A fita de vídeo que Pickett entregou a Deemer foi assistida em um laboratório do SID. Era com certeza diferente daquela encontrada anteriormente na galeria.

Aparentemente filmada durante o período em que os Polanski estiveram viajando, ela mostrava Abigail Folger, Voytek Frykowski, Witold K e uma moça não identificada jantando diante da lareira da residência de Tate. A filmadora tinha simplesmente sido ligada e deixada rodando, os presentes parecendo ter se esquecido dela depois de algum tempo.

Abigail tinha o cabelo preso na nuca em um coque um tanto severo. Ela parecia mais velha e mais cansada do que nas outras fotos em que aparecia; Voytek tinha um ar disperso. Ainda que parecessem estar fumando maconha, Voytek aparentava mais bêbado do que chapado.

A princípio, Abigail o tratava com o afeto exasperado que alguém dedicaria a uma criança mimada. Contudo, o clima foi mudando aos poucos. Em uma tentativa óbvia de excluir Abigail, Voytek começou a falar em polonês. Ela, por sua vez, estava se fazendo de grande dama, respondendo aos seus gracejos grosseiros com réplicas espirituosas. Voytek começou a chamá-la de "Lady Folger", então, à medida que ficava mais embriagado, de "Lady F". Abigail falava sobre ele na terceira pessoa, como se ele não estivesse presente, fazendo, com uma certa repulsa, comentários sobre seu hábito de se recuperar de suas viagens induzidas pelas drogas embebedando-se.

Para aqueles que estavam assistindo à fita, isso não deve ter passado de uma crônica de uma discussão doméstica entediante ao extremo e longa em demasia. Exceto por dois incidentes, os quais, levando em consideração o que viria a acontecer a dois dos presentes, naquela mesma casa, proporcionaram uma aura de mistério tão assustadora quanto qualquer coisa em *O Bebê de Rosemary*.

Enquanto servia o jantar, Abigail se lembrou de uma vez em que Voytek, chapado, olhou dentro da lareira e viu uma forma estranha. Ele tinha corrido para pegar uma câmera, esperando capturar a imagem: uma cabeça de porco flamejante.

O segundo incidente foi, a seu próprio modo, ainda mais perturbador. O microfone tinha sido deixado sobre a mesa, perto da carne assada. Enquanto a carne estava sendo fatiada, o microfone capturou, espantosamente alto, de novo e de novo e de novo, o som da faca raspando contra o osso.

Hurkos não foi o único "especialista" a apresentar uma solução para os homicídios do caso Tate. No dia 27 de agosto, Truman Capote apareceu no programa *Tonight Show*, de Johnny Carson, para falar sobre o crime.

Uma pessoa, agindo sozinha, tinha cometido os assassinatos, disse o autor de *A Sangue Frio*, cheio de autoridade. Ele então passou a contar como e por quê.

O assassino, um homem, estivera na casa mais cedo. Algo tinha acontecido "para desencadear uma espécie de paranoia instantânea". O sujeito então deixou a propriedade, voltou para casa para pegar uma faca e uma arma, e retornou para assassinar de maneira sistemática todos os presentes. De acordo com as deduções de Capote, Steven Parent foi o último a morrer.

Com base no conhecimento adquirido durante centenas de entrevistas com homicidas condenados, Capote revelou que o assassino era "um jovem paranoico enfurecido". Enquanto cometia os assassinatos, é provável que tenha experimentado alívio sexual, então, exausto, voltado para casa e dormido por dois dias.

Embora Capote tenha aderido à teoria de um único suspeito, àquela altura os detetives do caso Tate já a tinham abandonado. Seu único motivo para tê-la adotado em primeiro lugar — Garretson — já não era mais um fator. Devido à quantidade de vítimas, a localização dos corpos e do uso de duas ou mais armas, eles agora estavam convencidos de que "pelo menos dois suspeitos" estiveram envolvidos.

Assassinos. No plural. Quanto às suas identidades, contudo, os detetives não faziam a menor ideia.

◆ ◆ ◆

Um resumo preliminar foi realizado no final de agosto, tanto pelos detetives do caso Tate quanto do caso LaBianca.

O "Primeiro Relatório de Progresso de Investigação de Homicídio — Tate" se estendia por 33 páginas. Nele, não havia nenhuma menção aos assassinatos dos LaBianca.

O "Primeiro Relatório de Progresso de Investigação de Homicídio — LaBianca" tinha dezessete páginas. Apesar das muitas semelhanças entre os dois crimes, ele não continha qualquer referência aos homicídios do caso Tate.

Seguiram sendo duas investigações completamente independentes.

Ainda que o tenente Bob Helder tivesse mais de uma dúzia de detetives trabalhando em tempo integral no caso Tate, os sargentos Michael McGann, Robert Calkins e Jess Buckles eram os investigadores principais. Todos eram veteranos de longa data na força policial, tendo alcançado a posição de detetive do jeito mais difícil, subindo de patente em patente. Eles se lembravam de quando não havia uma Academia de Polícia e de quando o tempo de serviço era mais importante do que a educação e as avaliações de mérito. Eram experientes e inclinados à inflexibilidade.

A equipe do caso LaBianca, sob o comando do tenente Paul LePage, teve, em diversos momentos, de seis a dez detetives, sendo os sargentos Frank Patchett, Manuel Gutierrez, Michael Nielsen, Philip Sartuchi e Gary Broda os principais investigadores. De maneira geral, os detetives do caso LaBianca eram mais novos, mais instruídos e bem menos experientes. Em sua maioria formados na Academia de Polícia, tinham uma maior inclinação para o uso de técnicas modernas de investigação. Por exemplo, coletaram impressões digitais de quase todos que interrogaram; conduziram mais testes de polígrafos; fizeram verificações de modus operandi (MO) e de impressões digitais no CII (California State Bureau of Criminal Investigation and Identification, o Departamento de Investigação e Identificação Criminais do Estado da Califórnia); investigaram mais a fundo os históricos das vítimas, chegando até a verificar as ligações feitas por Leno LaBianca de um motel durante suas férias, sete anos antes.

Da mesma forma, também eram mais inclinados a considerar teorias mais "exageradas". Por exemplo, enquanto o relatório do caso Tate não tentava esclarecer aquela palavra sangrenta na porta da frente, o relatório do caso LaBianca fazia especulações sobre o significado das inscrições no interior da residência na Waverly Drive. Até chegava a sugerir uma conexão tão remota que sequer podia ser chamada de palpite arriscado. O relatório observava: "A investigação revelou que o álbum mais recente do grupo musical The Beatles, SWBO 101, tem canções intituladas 'Helter Skelter', 'Piggies' e 'Blackbird'. A letra da canção 'Blackbird' diz com frequência 'arise, arise' (Revoltem-se), que pode ter o mesmo significado de 'Rise' (Rebelem-se) escrita perto da porta frente".

A ideia foi meio que lançada — mais tarde ninguém conseguiria se lembrar de quem a sugeriu — e esquecida com a mesma rapidez.

Entretanto, as duas equipes de detetives tinham uma coisa em comum. Embora, até aquele momento, a equipe do caso LaBianca tivesse entrevistado por volta de 150 pessoas e os investigadores do caso Tate ouviram mais que o dobro disso, nenhuma delas estava mais perto de "solucionar" o caso do que no momento em que os corpos foram encontrados.

O relatório do caso Tate listava cinco suspeitos — Garretson, Wilson, Madigan, Pickett e Jones —, todos os quais, àquela altura, já tinham sido descartados.

O relatório do caso LaBianca listava quinze — mas incluía Frank e Suzanne Struthers, Joe Dorgan e muitos outros que nunca tinham sido considerados suspeitos de fato. Dos quinze, apenas Gardner continuava sendo um possível suspeito. Embora faltasse uma impressão da palma de sua mão para que fosse descartado por definitivo — uma tinha sido encontrada em um recibo de depósito bancário sobre a mesa de Leno —, suas impressões digitais já tinham sido comparadas com as encontradas no interior da residência, sem que fosse constatada qualquer correspondência.

Os relatórios de progresso eram estritamente interdepartamentais; a imprensa nunca viria a vê-los.

No entanto, alguns repórteres já estavam começando a desconfiar de que o verdadeiro motivo para o silêncio oficial era a escassez de algo a relatar.

Setembro de 1969

Por volta do meio-dia da segunda-feira, 1º de setembro de 1969, Steven Weiss, de 10 anos, estava consertando um sprinkler na colina atrás de sua casa quando encontrou uma arma.

Steven e os pais moravam no número 3627 da Longview Valley Road em Sherman Oaks. Correndo em paralelo à Longview, no topo da colina, ficava a Beverly Glen Blvd.

A arma jazia ao lado do sprinkler, embaixo de um arbusto, a cerca de 22 metros — ou metade do caminho — colina escarpada acima. Steven tinha assistido ao seriado *Dragnet* na TV; ele sabia como armas deviam ser manuseadas. Depois de pegá-la com muito cuidado pela ponta do cano, para não apagar nenhuma digital, o garoto levou a arma para casa e a mostrou para o pai, Bernard Weiss. O sr. Weiss deu uma olhada nela e chamou o LAPD.

O policial Michael Watson, de patrulha na região, respondeu ao chamado via rádio. Mais de um ano depois, Steven viria a ser requisitado a descrever o incidente no banco das testemunhas:

P: "Você mostrou a arma para ele [Watson]?"

R: "Sim."

P: "Ele tocou na arma?"

R: "Sim."

P: "Como ele tocou nela?"

R: "Com as duas mãos, na arma toda."

Tudo que ele aprendeu com o seriado *Dragnet* foi por água abaixo.

O policial Watson retirou os cartuchos do tambor; eram nove — sete estojos vazios e dois projéteis carregados. A arma em si era um revólver Longhorn Hi Standard calibre .22. Havia terra nele, além de ferrugem. O guarda-mato estava quebrado, o cano solto e um pouco torto, como se tivesse sido usado para martelar alguma coisa. A arma também estava sem a empunhadura direita.

O policial Watson levou o revólver e os estojos para a Divisão de Serviços do Vale do LAPD, localizada em Van Nuys, e depois de os registrar como "Evidência Encontrada", entregou-os para a Seção de Propriedade, onde foram etiquetados, colocados em envelopes de papel manilha e arquivados.

Entre os dias 3 e 5 de setembro, o LAPD distribuiu o primeiro lote de "panfletos" confidenciais sobre a arma do caso Tate que estavam procurando. Além de uma fotografia do revólver Longhorn Hi Standard calibre .22 e uma lista de lojas que vendiam armas produzidas pela Hi Standard fornecida por Lomax, o subchefe de polícia Robert Houghton enviou uma carta de apresentação na qual pediu que os policiais entrevistassem qualquer pessoa que tivesse comprado tal arma e que "verificassem a arma visualmente para ver se as empunhaduras originais estavam intactas". Para evitar que algo vazasse para a imprensa, ele sugeriu a seguinte história de fachada: tal arma tinha sido recuperada junto a outros itens roubados e a polícia gostaria de encontrar o proprietário.

O LAPD distribuiu cerca de trezentos panfletos, para diversos departamentos de polícia na Califórnia, em outras regiões dos Estados Unidos e no Canadá.

Alguém deixou de enviar um deles à Divisão de Serviços do Vale do Departamento de Polícia de Los Angeles em Van Nuys.

No dia 10 de setembro — um mês depois dos homicídios do caso Tate —, um grande anúncio apareceu nos jornais da região de Los Angeles:

RECOMPENSA DE *25 MIL DÓLARES*

Roman Polanski e amigos da família Polanski oferecem pagar uma recompensa de 25 mil dólares para a pessoa ou pessoas que fornecerem informações que levem à prisão e condenação do assassino ou assassinos de Sharon Tate, de seu filho não nascido e das outras quatro vítimas.

Informações devem ser enviadas para
Caixa Postal 60048,
Terminal Annex,
Los Angeles, Califórnia 90069.

As pessoas que quiserem se manter anônimas devem providenciar meios suficientes que posteriormente possam ser usados para identificá-las, como, por exemplo, cortar esta página de jornal ao meio, enviar uma metade com as informações requeridas e guardar a outra para que possam ser comparadas depois. Caso mais de uma pessoa tenha direito à recompensa, ela será dividida igualmente entre elas.

Ao anunciar a recompensa, Peter Sellers, que tinha contribuído com uma parte do dinheiro, junto a Warren Beatty, Yul Brynner e outros, disse: "Alguém deve ter conhecimento ou suspeitas que esteja retendo, ou que tenha medo de revelar. Alguém deve ter visto as roupas ensanguentadas, a faca, a arma, o carro usado na fuga. Alguém deve poder ajudar".

Apesar de não ter sido divulgado pela imprensa, outras pessoas já tinham começado suas próprias investigações não oficiais. O pai de Sharon, o coronel Paul Tate, tinha se aposentado do Exército em agosto. Depois de cultivar uma barba e deixar o cabelo crescer, o antigo oficial da inteligência começou a frequentar a Sunset Strip, morada dos hippies, e os lugares onde drogas eram vendidas, em busca de alguma pista que o levasse até o(s) assassino(s) de sua filha e das outras vítimas.

A polícia temia que a investigação particular do coronel Tate pudesse se transformar em uma guerra particular, visto que havia relatos de que ele não saía em suas incursões desarmado.

A polícia tampouco ficou feliz com a história da recompensa. Além da implicação de que o LAPD não era capaz de resolver o caso por conta própria, tal anúncio costuma resultar apenas em ligações de malucos — e essas, eles já tinham em excesso.

A maioria dos telefonemas tinha sido feita após a liberação de Garretson, com pessoas colocando a culpa dos homicídios em todo mundo, desde o movimento Black Power até a Polícia Secreta polonesa. Suas fontes eram imaginação, boatos e até mesmo a própria Sharon, que "havia retornado" durante uma sessão espírita. Uma esposa ligou para a polícia para acusar o marido: "Ele foi evasivo quanto ao seu paradeiro naquela noite".

Vigaristas, cabelereiros, atores, atrizes, médiuns, psicóticos... todos entraram no jogo. Os telefonemas revelaram o lado sombrio não apenas de Hollywood, mas também da natureza humana. As vítimas foram acusadas de aberrações sexuais tão estranhas quanto as mentes das pessoas que fizeram as ligações. Para complicar a tarefa do LAPD, houve um grande número de pessoas — com frequência não anônimas e, em alguns casos, bastante conhecidas — que pareciam ansiosas em incriminar seus "amigos". Se não os conectando diretamente aos assassinatos, pelo menos os envolvendo com o mundo das drogas.

Houve defensores de todas as teorias possíveis: foi a máfia; não pode ter sido a máfia porque os assassinatos foram cometidos de maneira muito amadora; os assassinatos foram cometidos de maneira amadora *de propósito* para que não suspeitassem da máfia.

Uma das pessoas que telefonou com mais persistência foi Steve Brandt, um antigo colunista de fofocas. Por ter sido amigo de quatro das cinco vítimas do caso Tate — ele tinha sido testemunha no casamento de Sharon e Roman —, a polícia a princípio o levou a sério, e Brandt forneceu uma quantidade considerável de informações sobre Wilson, Pickett e seus parceiros. Contudo, os telefonemas se tornaram cada vez mais frequentes, os nomes cada vez mais proeminentes, o que deixou claro que Brandt estava obcecado pelos homicídios. Certo de que havia uma lista com os nomes das pessoas que iriam ser assassinadas, e que ele era o próximo, Brandt tentou cometer suicídio. Na primeira vez, em Los Angeles, um amigo chegou a tempo de impedi-lo. Na segunda, em Nova York, ele foi embora de um show dos Rolling Stones e voltou para o hotel. Quando a atriz Ultra Violet telefonou para se certificar de que ele estava bem, Brandt lhe contou que tinha tomado soníferos. Ela de imediato ligou para o recepcionista do hotel, mas quando ele chegou no quarto, Brandt já estava morto.

Para um crime tão divulgado, houve uma quantidade surpreendentemente baixa de "confissões". Era como se os homicídios tivessem sido tão horríveis que nem mesmo os confessores crônicos quiseram se envolver. Um criminoso recém-condenado, ansioso para "fazer um acordo", chegou a afirmar que outro homem tinha se gabado de ter participado dos assassinatos, mas, depois de uma investigação, a história se revelou falsa.

Uma depois da outra, as pistas foram verificadas, então descartadas, deixando a polícia tão distante de uma solução quanto quando os homicídios foram descobertos.

Apesar de ter sido esquecido por um tempo, em meados de setembro, o par de óculos encontrado perto dos baús na sala de estar da residência de Tate, pelo simples processo de eliminação, tornou-se uma das pistas remanescentes mais importantes.

No início daquele mês, os detetives mostraram os óculos a representantes de diversos fabricantes. O que descobriram foi, em parte, desanimador. A armação era um modelo popular, o estilo "Manhattan", encontrada com facilidade, enquanto as lentes de grau eram itens de estoque, o que significava que não precisaram ser encomendadas. No entanto, pelo lado positivo, houve várias descobertas a respeito da pessoa que os havia usado.

Era provável que o dono fosse um homem. Ele tinha uma cabeça pequena, quase que no formato de uma bola de vôlei. Seus olhos eram separados. A orelha esquerda era cerca de 0,63 a 1,27 centímetro mais alta do que a direita. E era bastante míope — se não tivesse um par de reserva, era provável que tivesse que o substituir em breve.

Uma descrição parcial de um dos assassinos do caso Tate? Talvez. Também era possível que os óculos pertencessem a alguém sem nenhuma ligação com o crime, ou que tivessem sido deixados no local como uma pista falsa.

Pelo menos era algo para se investigar. Outro panfleto, com as exatas especificações do grau das lentes, foi enviado a todos os membros da American Optometric Association, da California Optometric Association, da Los Angeles County Optometric Association e dos Ophthalmologists of Southern California, na esperança de que o item pudesse render mais resultados do que o panfleto sobre a arma.

Dos 131 revólveres Longhorn Hi Standard vendidos na Califórnia, as delegacias de polícia tinham conseguido localizar e descartar 105 deles, uma porcentagem surpreendentemente alta, visto que muitos donos tinham se mudado para outras jurisdições. As buscas continuaram, mas até aquele momento não tinham resultado, nem um único possível suspeito. Uma segunda carta sobre o revólver foi enviada a treze lojas de armas diferentes nos Estados Unidos, as quais, nos últimos meses, tinham encomendado empunhaduras de reposição para o modelo Longhorn. Ainda que as respostas só fossem chegar muito mais tarde, essa segunda carta também não deu em nada.

Os detetives do caso LaBianca também não estavam tendo muita sorte. Até aquele momento, tinham realizado onze testes de polígrafo: todos negativos. Como resultado de uma busca pelo MO no computador do CII, as impressões digitais de 140 suspeitos foram verificadas; a impressão de uma palma encontrada em um recibo de depósito bancário foi comparada às impressões de 2.150 suspeitos; e uma digital encontrada no armário de bebidas foi comparada com as de 41.034 suspeitos. Todas voltaram com o mesmo resultado: negativo.

No final de setembro, nem os detetives do caso Tate nem os do caso LaBianca se deram ao trabalho de redigir um relatório de progresso.

Outubro de 1969

Dia 10 de outubro. Dois meses tinham se passado desde os homicídios do caso Tate. "O que está acontecendo nos bastidores da investigação da polícia de Los Angeles (se é que tal coisa existe) do assassinato bizarro de Sharon Tate e das outras quatro vítimas?", questionou o *Citizen News* de Hollywood em um editorial na primeira página.

Oficialmente, o LAPD permaneceu em silêncio, como vinha fazendo desde a última coletiva de imprensa sobre o caso, no dia 3 de setembro. Na ocasião, o subchefe Houghton, embora tivesse admitido que ainda não sabiam quem tinha cometido os assassinatos, afirmou que os detetives haviam realizado um "tremendo progresso".

"Que progresso, exatamente?", perguntaram os repórteres. A pressão estava aumentando; o medo permanecia, e, se possível, até piorava devido à sugestão, insinuada de modo pouco sutil por um popular comentarista televisivo, de que talvez a polícia estivesse acobertando uma ou mais pessoas "eminentes na indústria do entretenimento".

Enquanto isso, os vazamentos continuavam. A imprensa anunciou que alguns narcóticos tinham sido encontrados em diversos lugares na residência de Tate e que algumas das vítimas estavam drogadas quando foram mortas. Em outubro, também já estava sendo divulgado por toda parte que a arma procurada era uma de calibre .22 (embora tenha sido identificada como uma pistola, em vez de um revólver). Houve até uma reportagem na TV — que a polícia, após quebrar o silêncio, se apressou para desmentir — anunciando que pedaços da empunhadura da arma tinham sido encontrados na cena do crime. O canal de TV ateve-se a essas informações, apesar do comunicado oficial tê-las negado.

Uma arma calibre .22 com uma empunhadura quebrada. Muitas vezes Bernard Weiss se perguntou a respeito daquela arma que seu filho Steven tinha encontrado. Poderia ser a arma usada nos homicídios do caso Tate?

No entanto, aquilo parecia ridículo. Afinal, os próprios policiais estavam com o revólver e, caso essa fosse a arma, àquela altura certamente teriam retornado para fazer mais perguntas e realizar uma busca pela encosta da colina. Desde que entregara a arma a eles no dia 1º de setembro, Weiss não havia recebido nenhuma notícia. Quando não obteve retorno a esse respeito, Steven tomou para si a responsabilidade de fazer uma busca pela área. Não encontrou nada. Ainda assim, a Beverly Glen não ficava tão longe assim da Cielo Drive, apenas alguns quilômetros.

Contudo, Bernard Weiss tinha coisas melhores a fazer do que bancar o detetive. Isso era responsabilidade do LAPD.

No dia 17 de outubro, o tenente Helder e o subchefe Houghton contaram aos repórteres que tinham evidências que, se pudessem ser rastreadas, poderiam levar "aos assassinos" — no plural — de Sharon Tate e das outras quatro vítimas. Eles se recusaram a ser mais específicos.

A coletiva de imprensa tinha sido convocada em uma tentativa de aliviar um pouco a pressão sobre o LAPD. Nenhuma informação substancial foi compartilhada, mas alguns boatos correntes foram negados.

Menos de uma semana depois, no dia 23 de outubro, os oficiais do LAPD convocaram às pressas outra coletiva de imprensa, para anunciar que tinham uma pista que poderia identificar "o assassino" — no singular — das cinco vítimas do caso Tate: um par de óculos de grau que fora encontrado na cena do crime.

O anúncio foi feito apenas porque inúmeros jornais, naquele mesmo dia, já haviam publicado o panfleto de "procura-se" sobre os óculos.

Cerca de 18 mil oftalmologistas tinham recebido o panfleto das diversas associações das quais eram membros; além disso, ele tinha sido publicado palavra por palavra nos periódicos *Optometric Weekly* e *Eye, Ear, Nose and Throat Monthly*, que, combinados, tinham uma circulação nacional de mais de 29 mil exemplares. A surpresa não foi a história ter vazado, mas que isso tivesse demorado tanto para acontecer.

Famintos por notícias substanciais, a imprensa alardeou "uma grande novidade no caso", ignorando o óbvio fato de que a polícia estivera de posse dos óculos desde o dia em que as vítimas do caso Tate foram encontradas.

O tenente Helderv se recusou a comentar quando um repórter, que certamente contava com excelentes conexões dentro do departamento, perguntou se era verdade que, até o momento, o panfleto sobre os óculos tinha resultado em apenas sete suspeitos, todos já descartados.

Um indicativo do desespero dos detetives do caso Tate foi o fato de que o segundo, e último, relatório de progresso do caso, preparado no dia anterior à coletiva de imprensa, declarava: "Até o momento, Garretson não foi descartado por definitivo".

O relatório do caso Tate, cobrindo o período de 1º de setembro a 22 de outubro de 1969, se estendia por 26 páginas, a maioria das quais era dedicada a encerrar os casos contra Wilson, Pickett e os demais.

O relatório do caso LaBianca, concluído no dia 15 de outubro, era um pouco mais curto, 22 páginas, mas muito mais interessante.

Em uma parte do relatório, os detetives mencionaram o uso que fizeram do computador do CII: "Uma verificação de modus operandi de todos os crimes nos quais as vítimas foram amarradas está em progresso no momento. Futuras verificações se concentrarão nas peculiaridades dos roubos, como luvas descartadas, uso de óculos ou telefone desconectado".

Roubos. No plural. *Uso de óculos*, *telefone desconectado*. O telefone na residência dos LaBianca não foi desconectado, tampouco havia evidências de que o agressor dos LaBianca usava óculos. Essas referências, portanto, eram ao caso *Tate*.

A conclusão era inevitável: os detetives do caso LaBianca tinham decidido — por conta própria e sem consultar os detetives do caso Tate — ver se conseguiam resolver o caso Tate, além do LaBianca.

O segundo relatório do caso LaBianca era interessante por mais um outro motivo: ele listava onze suspeitos, sendo o último um certo: "MANSON, CHARLES".

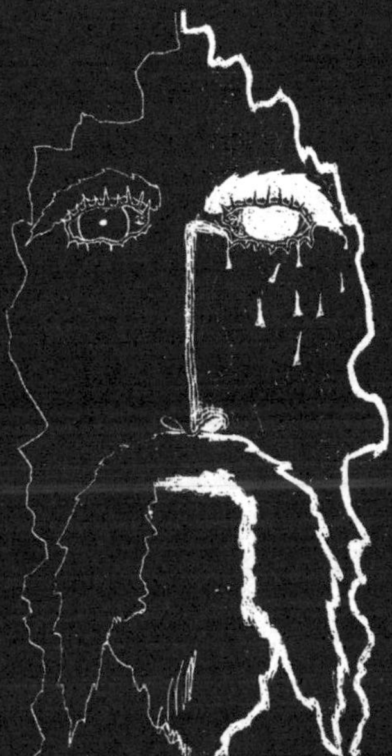

PARTE 2

OS ASSASSINOS

De 15 de outubro a 17 de novembro de 1969

"Eles eram um grupo de pessoas muito agradáveis."
Leslie Van Houten, descrevendo a Família Manson
para o sargento Michael McGann

"At twelve o'clock a meeting round the table
For a seance in the dark
With voices out of nowhere
Put on especially by the children for a lark."*
"Cry Baby Cry", The Beatles
Álbum Branco (1968)

"É preciso sentir um amor verdadeiro em seu coração
para fazer isso pelas pessoas."
Susan Atkins, contando a Virginia Graham o motivo de
ter esfaqueado Sharon Tate.

* "À meia-noite uma reunião ao redor da mesa/para uma sessão espírita no escuro/com vozes vindas de lugar nenhum/organizada de brincadeira pelas crianças. [NT]

De 15 a 31 de outubro de 1969

A distância entre o Parker Center, a sede do Departamento de Polícia de Los Angeles, e o Palácio da Justiça, que abriga a Delegacia do Condado de Los Angeles, é de quatro quarteirões. Essa distância pode ser percorrida no tempo em que se leva para fazer um telefonema.

Mas nem sempre é assim tão simples. Embora o LAPD e a LASO cooperem em investigações que envolvem ambas as jurisdições, existe um pouco de ciúme entre eles.

Um dos detetives do caso LaBianca viria a admitir mais tarde que ele e seus colegas *deveriam* ter verificado com os detetives de homicídios da LASO, em meados de agosto, se eles tinham em mãos algum assassinato parecido. Mas foi apenas no dia 15 de outubro, depois que grande parte de suas outras pistas tinha evaporado, que decidiram fazer isso.

Quando o fizeram, descobriram o assassinato de Hinman. E, ao contrário do sargento Buckles da equipe do caso Tate, consideraram as semelhanças marcantes o suficiente para que merecessem ser investigadas mais a fundo.

Houvera algum progresso recente no caso Hinman, os sargentos Whiteley e Guenther lhes contaram. Menos de uma semana antes, policiais do condado de Inyo tinham feito uma batida no rancho Barker, localizado em uma região bastante escarpada e quase inacessível ao sul do monumento do Parque Nacional do Vale da Morte. A batida, baseada em acusações que iam de roubo de automóveis a incêndios criminosos, deteve 24 membros de um culto hippie conhecido como "Família Manson". Muitas dessas mesmas pessoas — incluindo seu líder, Charles Manson, um ex-condenado de 34 anos com uma lista de antecedentes criminais extensa e duvidosa — também tinham sido detidas em uma operação anterior conduzida pela LASO, realizada no dia 16 de agosto, no rancho cinematográfico Spahn, em Chatsworth.

Durante o cerco policial no rancho Barker, que se estendeu por três dias, duas jovens mulheres saíram dos arbustos perto de uma estrada, a alguns quilômetros do rancho, pedindo proteção aos policiais. Elas alegaram estar tentando fugir da "Família" e temerem por suas vidas. Uma se chamava Stephanie Schram, e a outra, Kitty Lutesinger.

Whiteley e Guenther procuravam por Kitty Lutesinger desde que descobriram que ela era namorada de Bobby Beausoleil, suspeito do homicídio de Hinman. Depois de serem informados de sua prisão, dirigiram 362 quilômetros até Independence, sede do condado de Inyo, para interrogá-la.

Kitty, uma garota de 17 anos sardenta e assustada, estava grávida de cinco meses do filho de Beausoleil. Embora tivesse vivido com a Família, não parecia confiar neles. Quando Beausoleil desapareceu do rancho Spahn no início de agosto, ninguém quis lhe contar para onde ele tinha ido. Só depois de muitas semanas ela descobriu que ele havia sido preso e, muito mais tarde, que tinha sido acusado do homicídio de Gary Hinman.

Questionada a respeito do homicídio, Kitty contou que ouvira que Manson tinha enviado Beausoleil e uma garota chamada Susan Atkins até a casa de Hinman, para extorquir dinheiro dele. Uma briga tinha irrompido e Hinman havia sido morto. Kitty não conseguia se lembrar de quem contou isso a ela, apenas que só se falava nisso no rancho. Ela se recordava, contudo, de outra conversa na qual Susan Atkins contou a ela e a algumas outras garotas que tinha se envolvido em uma briga com um homem. Durante o confronto, ele puxou seu cabelo, e ela reagiu esfaqueando-o nas pernas três ou quatro vezes.

Susan Atkins, que fora detida durante a batida no rancho Barker e fichada sob o nome "Sadie Mae Glutz", ainda estava sob custódia. No dia 13 de outubro, o dia seguinte à conversa com Kitty, os sargentos Whiteley e Guenther a interrogaram.

Susan contou a eles que ela e Bobby Beausoleil foram enviados até a casa de Gary Hinman para pegar uma bolada que ele supostamente tinha herdado. Quando ele se recusou a lhes entregar o dinheiro, Beausoleil sacou uma faca e cortou o rosto de Hinman. Durante dois dias e duas noites, a dupla se revezou para dormir, para que Hinman não pudesse fugir. Então, em sua última noite na casa, enquanto estava na cozinha, ouvira Gary exclamar: "Não, Bobby!". Em seguida, Hinman entrou cambaleando na cozinha, sangrando de um ferimento no peito.

Mesmo depois disso, Hinman não morreu. Após apagarem as impressões digitais no interior da casa (de forma pouco eficaz, visto que a impressão de uma palma e uma digital que pertenciam a Beausoleil foram encontradas), estavam saindo pela porta da frente quando ouviram Hinman gemer. Beausoleil voltou para dentro, e ela ouviu Gary gritar: "Ah, não, Bobby, por favor, não!". Ela também escutou "um barulho de gorgolejo como quando uma pessoa está morrendo".

Em seguida, Beausoleil fez uma ligação direta na Kombi 1965 de Hinman e eles voltaram para o rancho Spahn.

Whiteley e Guenther perguntaram se Susan estaria disposta a repetir sua declaração enquanto era gravada. Após se recusar, ela foi transferida para a delegacia de San Dimas, onde foi fichada por suspeita de homicídio.

A declaração de Susan Atkins — diferente da de Kitty Lutesinger — não implicava Manson no assassinato de Hinman. Tampouco, ao contrário do que Kitty relatara, Susan confessou ter esfaqueado alguém. Whiteley e Guenther tinham uma forte suspeita de que ela estava contando apenas o que achava que eles já sabiam.

Nem mesmo os dois detetives do caso LaBianca ficaram muito impressionados. Hinman tinha sido íntimo da Família Manson; muitos de seus membros — incluindo Beausoleil, Atkins e até mesmo o próprio Manson — tinham morado com ele em diversas ocasiões no passado. Resumindo, havia uma ligação. No entanto, não constava nenhuma evidência de que Manson ou qualquer um de seus seguidores conheciam os LaBianca ou as pessoas no número 10050 da Cielo Drive.

Mesmo assim, era uma pista, e eles trataram de investigá-la. Kitty foi deixada aos cuidados dos pais, que moravam na cidade, e lá ela foi interrogada. A partir de informações compartilhadas pela LASO, pelos policiais do condado de Inyo, pelo oficial de condicional de Manson, entre outros, eles começaram a reunir nomes, descrições e impressões digitais de indivíduos conhecidos por pertencerem ou serem associados à Família. Kitty havia comentado que, enquanto a Família ainda morava no rancho Spahn, Manson tentou contratar uma gangue de motociclistas, os Straight Satans, como guarda-costas. Com a exceção de um motociclista chamado Danny, o grupo tinha rido de Manson. Danny permaneceu por lá durante alguns meses.

Depois de descobrirem que a gangue de motociclistas se reunia em Venice, Califórnia, os detetives do caso LaBianca perguntaram ao Departamento de Polícia de Venice se poderiam encontrar um membro dos Straight Satans chamado Danny.

◆ ◆ ◆

Algo na declaração de Kitty Lutesinger deixou Whiteley e Guenther intrigados. A princípio, pensaram que fosse apenas uma discrepância. Mas então começaram a se questionar. De acordo com Kitty, Susan Atkins confessou ter esfaqueado um homem três ou quatro vezes nas pernas.

Gary Hinman não tinha sido esfaqueado nas pernas.

Mas Voytek Frykowski sim.

Apesar de terem sido rejeitados antes, no dia 20 de outubro, os policiais da delegacia entraram em contato com os detetives do caso Tate no LAPD e informaram sobre a descoberta.

É possível medir o interesse dos detetives do caso Tate com certa exatidão: foi apenas no dia 31 de outubro, onze dias depois, que eles interrogaram Kitty Lutesinger.

De 1º a 12 de novembro de 1969

Novembro foi um mês de confissões. Nas quais, a princípio, ninguém acreditou.

Depois de ser fichada pelo homicídio de Hinman, Susan Denise Atkins, também conhecida como Sadie Mae Glutz, foi transferida para o Sybil Brand Institute, a casa de detenção feminina em Los Angeles. No dia 1º de novembro, após concluir a orientação, ela foi designada ao Dormitório 8000, onde recebeu um beliche diante de uma certa Ronnie Howard. A srta. Howard, uma ex-prostituta robusta que, ao longo de seus 30 e poucos anos, tinha sido conhecida por dezenas de pseudônimos, estava aguardando julgamento por uma acusação de falsificação de receita médica.

No mesmo dia em que Susan se mudou para o Dormitório 8000, uma certa Virginia Graham também foi levada para lá. A srta. Graham, também ex-prostituta e com uma quantidade considerável de pseudônimos, fora detida por violar a condicional. Embora não se vissem há cinco anos, Ronnie e Virginia não tinham sido apenas amigas e parceiras de negócio no passado, tendo feito programas juntas, como Ronnie também havia se casado com o ex-marido de Virginia.

Como trabalho obrigatório, Susan Atkins e Virginia Graham receberam postos de mensageiras, levando recados para as autoridades penitenciárias. Nos períodos de baixa demanda, quando não havia muito trabalho, elas se sentavam em banquinhos na "sala de controle", o centro de mensagens, e conversavam.

À noite, depois que as luzes eram apagadas, Ronnie Howard e Susan também conversavam.

Susan adorava falar, e Ronnie e Virginia se mostraram ávidas ouvintes.

No dia 2 de novembro de 1969, um homem chamado Steve Zabriske apareceu no Departamento de Polícia de Portland, Oregon, e contou ao sargento detetive Ritchard que um tal de "Charlie" e um tal de "Clem" haviam cometido os homicídios dos casos LaBianca e Tate.

Ele ouviu isso, disse Zabriske, de 19 anos, de Ed Bailey e Vern Plumlee, dois hippies da Califórnia que ele tinha conhecido em Portland. Zabriske também contou a Ritchard que Charlie e Clem estavam, no momento, sob custódia em Los Angeles por outra acusação: roubo de automóvel.

Bailey lhe contara mais uma coisa: Zabriske disse que ele tinha visto pessoalmente Charlie balear um homem na cabeça com uma pistola automática calibre .45. O caso ocorrera no Vale da Morte.

O sargento Ritchard perguntou a Zabriske se ele podia provar alguma dessas acusações. O rapaz admitiu que não. Entretanto, seu cunhado, Michael Lloyd Carter, também estivera presente durante as conversas e poderia confirmar o que ele dissera, caso o sargento Ritchard quisesse falar com ele.

O sargento Ritchard não quis. Visto que Zabriske "não tinha sobrenomes nem alguma coisa concreta que provasse que estava dizendo a verdade", de acordo com o relatório oficial, ele "não deu muito crédito a essa entrevista e não notificou o Departamento de Polícia de Los Angeles...".

As garotas no Dormitório 8000 se referiam a Sadie Mae Glutz — como Susan Atkins insistia em ser chamada — como "Crazy Sadie" [Sadie Louca]. Não era apenas por conta daquele nome ridículo. Ela era feliz demais, levando em consideração o lugar onde estava. Ela ria e cantava em momentos inapropriados. Sem aviso, parava o que quer que estivesse fazendo e começava a fazer movimentos de dança eróticos. Fazia exercícios sem roupas íntimas. Gabava-se de que tinha feito tudo que podia ser feito no âmbito sexual, e, em mais de uma ocasião, se ofereceu para outras presidiárias.

Virginia Graham achava que ela era uma espécie de "garotinha perdida", fazendo uma grande encenação para que ninguém percebesse o quanto de fato estava assustada.

Em um determinado dia, enquanto estavam sentadas no centro de mensagens, Virginia lhe perguntou: "Por que você está aqui?".

"Homicídio qualificado", respondeu Susan de maneira direta.

Virginia não conseguiu acreditar; Susan parecia tão jovem.

Nessa conversa em particular, que ao que parece ocorreu no dia 3 de novembro, Susan não contou muita coisa sobre o homicídio em si, apenas que achava que um corréu, um rapaz que estava sendo mantido na prisão do condado, a tinha dedurado. Quando interrogaram Susan, Whiteley e Guenther não tinham lhe contado que quem a tinha denunciado fora Kitty Lutesinger, e ela supôs que o dedo-duro fosse Bobby Beausoleil.

No dia seguinte, Susan contou a Virginia que o homem que estava sendo acusada de ter matado se chamava Gary Hinman. Disse que ela, Bobby e outra garota estiveram envolvidos no crime. A outra garota não tinha sido acusada do homicídio, disse, apesar de ter estado no Sybil Brand Institute pouco tempo antes por outra acusação; agora ela estava em liberdade condicional e tinha ido a Wisconsin para ter o bebê.[1]

Virginia quis saber: "Então, você é culpada?".

Susan olhou para ela, sorriu e respondeu: "Claro". Simples assim.

Só que a polícia estava errada, disse. Eles achavam que ela havia segurado o homem enquanto o rapaz o esfaqueava, o que é uma bobagem, pois ela não conseguiria segurar um homem grande daqueles. Aconteceu o contrário; o rapaz o segurou e ela o esfaqueou, quatro ou cinco vezes.

O que chocou Virginia, ela viria a contar mais tarde, foi que Susan descreveu o crime "como se fosse uma coisa perfeitamente normal, que se faz todos os dias da semana".

As conversas de Susan não se limitavam ao homicídio. Os assuntos iam de fenômenos psíquicos a suas experiências como dançarina topless em San Francisco. Foi enquanto esteve lá, contou a Virginia, que ela conheceu "um homem, esse tal de Charlie". Ele era o homem mais forte do mundo; estivera na prisão, mas não tinha sido abalado. Susan contou que seguia suas ordens sem questionamento — todos eles o faziam, todas os garotos que viviam com ele. Ele era seu pai, seu líder, seu amor.

Foi Charlie, disse, quem lhe dera o nome Sadie Mae Glutz.

Virginia comentou que não achava isso um grande favor.

Charlie os iria guiar até o deserto, contou Susan. Havia um buraco no Vale da Morte, apenas ele sabia onde, mas bem lá no fundo, no centro da terra, havia toda uma civilização. E Charlie iria pegar a "família", os poucos escolhidos, os levaria até esse buraco sem fundo e lá viveriam.

Charlie, confidenciou Susan a Virginia, era Jesus Cristo.

Susan, Virginia decidiu, era pirada.

Na noite de quarta-feira, 5 de novembro, um rapaz que poderia ter sido capaz de fornecer uma solução para os homicídios dos casos LaBianca e Tate encontrou seu fim.

Às 19h35, policiais do Departamento de Polícia de Venice, atendendo a uma chamada telefônica, chegaram no número 28 da Clubhouse Avenue, uma casa perto da praia, alugada por um homem chamado Mark Ross.

1 Ela estava se referindo a Mary Brunner, primeira integrante da Família, que tivera um filho com Manson. Nessa época, a polícia não estava ciente de seu envolvimento no homicídio de Hinman.

Eles encontraram um rapaz — idade aproximada 22 anos, apelido "Zero", nome verdadeiro desconhecido — deitado em um colchão no chão do quarto. O falecido ainda estava quente ao toque. Havia sangue no travesseiro e o que parecia ser um ferimento de entrada na têmpora direita. Ao lado do corpo, havia um estojo de couro para armas e um revólver de oito disparos Iver & Johnson calibre .22. De acordo com os outros presentes, um homem e três garotas, Zero havia se matado enquanto brincava de roleta-russa.

As histórias das testemunhas — que se identificaram como Bruce Davis, Linda Baldwin, Sue Bartell e Catherine Gillies, e que disseram que estavam se hospedando na casa enquanto Ross estava viajando — coincidiam de maneira perfeita. Linda Baldwin afirmou que estivera deitada no lado direito do colchão, Zero no esquerdo, quando ele notou o estojo de couro em uma estante ao lado da cama e observou: "Ah, aqui tem uma arma". Ele então retirou a arma do estojo, contou a srta. Baldwin, comentando: "Só tem uma bala nela". Segurando a arma na mão direita, ele girou o tambor, encostou o cano na têmpora direita e puxou o gatilho.

Os outros, que estavam em diversas partes da casa, disseram ter ouvido o que soou como o estouro de um fogo de artifício. Quando entraram no quarto, a srta. Baldwin lhes contou: "Zero tinha atirado nele mesmo, como nos filmes". Bruce Davis admitiu que pegou a arma. Eles então tinham chamado a polícia.

Os policiais não estavam cientes de que todos os presentes eram membros da Família Manson, que moravam na residência em Venice desde que tinham sido liberados após a batida no rancho Barker. Como todos, em essência, contaram a mesma história quando foram questionados separadamente, a polícia aceitou a explicação da roleta-russa e registrou a causa da morte como suicídio.

Apesar de haver inúmeros bons motivos para suspeitar dessa explicação, ninguém o fez.

Mais tarde, quando o policial Jerrome Boen polvilhou pó na arma à procura de impressões digitais latentes, não encontrou nada. Tampouco havia digitais no estojo de couro para armas.

Quando examinaram o revólver, descobriram que Zero tinha de fato brincado com a sorte. A arma continha sete projéteis carregados e um estojo vazio. Ela estivera carregada, sem nenhuma câmara vazia.

◆ ◆ ◆

Alguns membros da Família, incluindo o próprio Manson, ainda estavam na cadeia em Independence. No dia 6 de novembro, os detetives do caso LaBianca, Patchett e Sartuchi, acompanhados do tenente Burdick do SID, foram até lá para interrogá-los.

Patchett perguntou a Manson se ele sabia algo a respeito dos homicídios dos casos Tate e LaBianca. Manson respondeu, "Não", e ficou por isso mesmo.

Patchett considerou Manson tão pouco digno de nota que sequer se deu ao trabalho de escrever um relatório sobre o interrogatório. Dos nove membros da Família com os quais os detetives conversaram, apenas um mereceu um memorando. Por volta das 13h30 daquele dia, o tenente Burdick interrogou uma garota que tinha sido fichada sob o nome Leslie Sankston. "Durante essa conversa", observou Burdick, "eu perguntei à srta. Sankston se ela estava ciente de que Sadie [Susan Atkins] supostamente esteve envolvida no homicídio de Gary Hinman. Ela respondeu que sim. Perguntei se estava ciente dos homicídios dos casos Tate e LaBianca. Ela deu indícios de que estava ciente dos homicídios do caso Tate, mas pareceu não estar familiarizada com o caso LaBianca. Perguntei se ela sabia de algum indivíduo de seu grupo que talvez pudesse ter se envolvido nos homicídios dos casos Tate ou LaBianca. Ela deu indícios de que havia algumas 'coisas' que faziam com que acreditasse que alguém de seu grupo poderia ter se envolvido nos homicídios do caso Tate. Pedi que elaborasse sobre essas 'coisas', [mas] ela se recusou a revelar o que quis dizer e alegou que queria pensar a respeito durante a noite, e que estava confusa e não sabia o que fazer. Ela deu indícios de que poderia me contar no dia seguinte."

No entanto, quando Burdick voltou a interrogá-la na manhã seguinte, "ela declarou que tinha decidido que não queria falar mais nada a respeito do assunto e a conversa foi encerrada".

Embora os interrogatórios não tivessem levado a nenhum resultado, os detetives do caso LaBianca obtiveram uma possível pista. Antes de ir embora de Independence, Patchett pediu para ver os pertences de Manson. Ao examinar as roupas usadas por ele no momento da prisão, Patchett notou o uso de tiras de couro tanto como cadarços dos mocassins quanto nas costuras de suas calças. Patchett levou uma amostra de cada tira para Los Angeles, a fim de compará-las com a tira utilizada para amarrar as mãos de Leno LaBianca.

Uma tira de couro é uma tira de couro, disse o SID, em resumo; apesar de parecidas, não havia como afirmar se as tiras tinham vindo do mesmo pedaço de couro.

O LAPD e a LASO não têm nenhum monopólio sobre o ciúme. Até certo ponto, ele existe entre quase todas as forças policiais, e até mesmo dentro de algumas delas.

A Divisão de Homicídios do Departamento de Polícia de Los Angeles situa-se em uma única sala, 318, no terceiro andar do Parker Center. Ainda que seja uma sala grande, de formato retangular, não existem partições, apenas duas mesas longas, com todos os detetives trabalhando em uma ou na outra. A distância entre os detetives do caso Tate e do LaBianca era de apenas alguns poucos metros.

Contudo, existem distâncias psicológicas assim como físicas e, como observado, enquanto os detetives do caso Tate em grande parte eram da "velha guarda", os do caso LaBianca eram em sua maioria "jovens pretenciosos". Além disso, parecia haver alguma amargura residual derivada do fato de que muitos desses últimos, em vez dos primeiros, ficaram encarregados do último caso de grande destaque em Los Angeles, o assassinato do senador Robert F. Kennedy cometido por Sirhan Sirhan. Em suma, havia uma certa quantidade de ciúme envolvida. E uma certa falta de comunicação.

Como resultado, nenhum dos detetives do caso LaBianca cruzou aqueles poucos metros para contar aos detetives do caso Tate que eles estavam investigando uma pista que poderia conectar os dois homicídios. Ninguém informou ao tenente Helder, que estava no comando da investigação do caso Tate, que eles tinham ido a Independence e interrogado um certo Charles Manson, que se supunha estar envolvido em um homicídio bastante parecido, ou que enquanto estiveram por lá, um de seus seguidores, uma garota que atendia pelo nome de Leslie Sankston, admitira que alguém de seu grupo poderia ter se envolvido nos homicídios do caso *Tate*.

Os detetives do caso LaBianca continuaram seguindo por conta própria.

Se Leslie Sankston — nome verdadeiro: Leslie Van Houten — tivesse cedido àquele impulso de falar, ela poderia ter contado aos detetives muitas coisas a respeito dos homicídios do caso Tate, e sobre o assassinato dos LaBianca.

No entanto, àquela altura, Susan Atkins estava falando o bastante pelas duas.

◆ ◆ ◆

Na quinta-feira, 6 de novembro, por volta das 16h45, Susan tinha ido até a cama de Virginia Graham e se sentado. Elas tinham dado o dia de trabalho por encerrado, e Susan/Sadie estava com disposição para conversar. Ela começou a tagarelar sobre as viagens de LSD que tinha experimentado, carma, vibrações boas e ruins... e o assassinato de Hinman. Virginia a aconselhou a não falar tanto; ela conheceu um homem que tinha sido condenado só com base no que contou a um colega de cela.

Susan respondeu: "Ah, eu sei. Não falei sobre isso com mais ninguém. Sabe, quando olho para você, vejo algo a seu respeito; sei que posso te contar coisas". Além disso, ela não estava preocupada com a polícia — eles não eram tão bons assim. "Sabe, tem um caso agora, eles estão seguindo por um caminho tão errado que nem sabem o que está acontecendo."

Virginia perguntou: "Do que você está falando?".

"Aquele do bairro Benedict Canyon."

"Benedict Canyon? Você está falando de Sharon Tate?"

"Sim." Susan pareceu ficar bastante empolgada com isso. As palavras saíram em um rompante. "Você sabe quem fez aquilo, não sabe?"

"Não."

"Bom, você está olhando para ela."

Virginia arquejou: "Você só pode estar de brincadeira!".

Susan apenas sorriu e disse: "Uhum".[2]

Mais tarde, Virginia Graham não seria capaz de se lembrar da duração exata da conversa — ela viria a estimar que tinha sido algo entre 35 minutos e uma hora, talvez mais. Também admitiria estar confusa quanto a se alguns detalhes foram discutidos naquela tarde ou em conversas subsequentes, além da ordem na qual alguns assuntos surgiram.

No entanto, ela se lembrava do conteúdo. Disso, viria a dizer mais tarde, ela nunca se esqueceria enquanto vivesse.

Ela fez a pergunta principal primeiro: Por quê? Sadie, por quê? Susan respondeu: porque nós "queríamos cometer um crime que fosse chocar o mundo, que fizesse o mundo se levantar e prestar atenção". Mas por que a casa de Tate? A resposta de Susan foi assustadora em sua simplicidade: "Era isolada". O lugar tinha sido escolhido de maneira aleatória. Eles tinham

2 As conversas entre Atkins, Graham e Howard foram obtidas a partir das entrevistas gravadas pelo LAPD com Virginia Graham e Ronnie Howard; das minhas entrevistas com as duas; de seus depoimentos durante o julgamento; e de minha entrevista com Susan Atkins. Existem, claro, pequenas variações na formulação de algumas frases. Discrepâncias importantes serão indicadas.

conhecido o proprietário, Terry Melcher,[3] filho de Doris Day, cerca de um ano antes, mas não sabiam quem estaria lá, e isso não importava; uma pessoa ou dez, eles tinham ido até lá preparados para matar todo mundo.

"Em outras palavras", perguntou Virginia, "você não conhecia Jay Sebring nem nenhuma das outras pessoas?"

"Não", respondeu Susan.

"Você se importa se eu fizer algumas perguntas? Quero dizer, estou curiosa." Susan não se importava. Ela disse a Virginia que ela possuía olhos castanhos bondosos e que se você olha através dos olhos de uma pessoa, consegue ver sua alma.

Virginia disse a Susan que queria saber exatamente como a coisa toda tinha acontecido. "Estou morrendo de curiosidade", acrescentou.

Susan consentiu. Antes de deixarem o rancho, Charlie lhes dera algumas instruções. Eles tinham usado roupas pretas e levado mudas de roupas que deixaram no carro. Dirigiram até o portão, depois voltaram até o pé da colina, estacionaram o carro e subiram a pé.

Virginia interrompeu: "Então não foi só você?".

"Ah, não", respondeu Susan. "Tinha quatro de nós." Além dela própria, havia duas outras garotas e um homem.

Quando chegaram ao portão, Susan continuou, "ele" cortou os fios telefônicos. Virginia voltou a interromper para perguntar se ele não estava preocupado em cortar os fios de eletricidade, apagando as luzes e alertando as pessoas de que havia algo errado. Susan respondeu: "Ah, não, ele sabia exatamente o que tinha que fazer". Virginia teve a impressão, mais pelo modo como Susan disse aquilo do que por palavras em si, de que o homem estivera lá antes.

Susan não mencionou como eles tinham passado pelo portão. Ela contou que tinham matado o rapaz primeiro. Quando Virginia perguntou o motivo, ela explicou que ele os tinha visto. "E ele teve que atirar no rapaz. Foi baleado quatro vezes."

Nesse ponto, Virginia ficou um pouco confusa. Mais tarde, ela viria a declarar: "Acho que ela me contou — não tenho certeza —, acho que ela disse que esse tal de Charlie atirou no rapaz". Antes, Virginia tinha ficado com a impressão de que, embora ele os tivesse instruído sobre o que deveriam fazer, não os tinha acompanhado. Mas agora parecia que tinha.

3 Virginia Graham tinha visto o proprietário da casa, Rudi Altobelli, ser entrevistado na TV, e apesar de não conseguir se lembrar de seu nome, ela soube que não era Terry Melcher. Esse foi um dos motivos pelos quais, a princípio, ela esteve inclinada a não acreditar na história de Susan Atkins. Susan, contudo, insistiu que Melcher era o proprietário, ao que parece acreditando que era.

O que Virginia não sabia era que havia dois homens chamados Charles na Família: Charles Manson e Charles "Tex" Watson. As complicações que esse simples mal-entendido viria a causar mais tarde seriam imensas.

Uma vez dentro da casa — Susan não contou como entraram —, eles viram um homem no sofá da sala de estar e uma garota, que Susan identificou como "Ann Folger", sentada em uma poltrona lendo um livro. Ela não tirou os olhos do que estava lendo.

Virginia perguntou como ela sabia seus nomes. "Não sabíamos", respondeu Susan, "só descobrimos no dia seguinte."

Em determinado momento, ao que parece, o grupo se dividiu, Susan avançando até o quarto, enquanto os outros permaneceram na sala de estar.

"Sharon estava sentada na cama. Jay estava sentado na beira da cama conversando com Sharon."

"Ah, é mesmo?", indagou Virginia. "O que ela estava vestindo?"

"Ela estava vestindo a parte de cima de um biquíni e calcinha."

"Você está brincando. E ela estava grávida?"

"É. E eles olharam para cima e ficaram surpresos!"

"Uau! Não teve nenhum quebra-pau?"

"Não, eles ficaram surpresos demais e sabiam que a gente não estava para brincadeira."

Susan pulou adiante. Era como se estivesse "viajando", avançando de maneira abrupta de um assunto para outro. De repente, eles estavam na sala de estar e Sharon e Jay estavam presos com laços em volta dos pescoços para que sufocassem se tentassem se mexer. Virginia perguntou por que tinham colocado um capuz sobre a cabeça de Sebring. "Não colocamos capuz nenhum sobre a cabeça dele", corrigiu Susan. "Foi isso o que os jornais disseram, Sadie." "Bom, não tinha capuz nenhum", reiterou Susan, insistindo bastante nesse ponto.

Então o outro homem [Frykowski] se desvencilhou e correu para a porta. "Ele estava coberto de sangue", disse Susan, e ela o esfaqueou três ou quatro vezes. "Ele estava sangrando e correu até a parte da frente", passou pela porta e saiu para o gramado, "e dá para acreditar que ele estava lá fora berrando, 'Socorro, socorro, alguém me ajuda', e ninguém veio?"

De modo direto, sem elaboração: "Então a gente acabou com ele".

A essa altura, Virginia não estava mais fazendo nenhuma pergunta. O que tinha começado como o conto de fadas de uma garotinha tinha se transformado em um pesadelo repleto de horrores.

Não houve nenhuma menção ao que tinha acontecido com Abigail Folger ou Jay Sebring, só que "Sharon foi a última a morrer". Ao dizer isso, Susan riu.

Susan contou que tinha segurado os braços de Sharon às suas costas, e que ela a olhou, chorando e implorando: "Por favor, não me mate. Por favor, não me mate. Não quero morrer. Quero viver. Quero ter meu bebê. Quero ter meu bebê".

Susan contou que olhou Sharon direto nos olhos e disse: "Olha, vadia, não estou nem aí para você. Não estou nem aí se você vai ter um bebê. É melhor se preparar. Você vai morrer e não estou nem aí para isso".

Então Susan disse: "Em poucos minutos eu a matei e ela estava morta".

Depois de matar Sharon, Susan percebeu que havia sangue em sua mão. Ela o experimentou. "Uau, que viagem!", contou a Virginia. "Eu pensei: 'Ter um gostinho da morte, e ainda dar vida'." Ela já tinha sentido o gosto de sangue?, quis saber Virginia. "É quente, viscoso e gostoso."

Virginia conseguiu fazer uma pergunta: Ela não tinha se sentido incomodada por ter matado Sharon Tate, com ela estando grávida?

Susan lançou um olhar confuso para Virginia e disse: "Bom, achei que você tinha entendido. Eu a amava, e para que eu pudesse matar ela, estava matando uma parte de mim mesma quando a matei".

Virginia respondeu: "Ah, é, eu entendo, sim".

Ela quisera arrancar o bebê fora, contou Susan, mas não tivera tempo. Eles queriam arrancar fora os olhos das pessoas e arremessá-los contra as paredes, além de cortar fora seus dedos. "A gente ia mutilar eles, mas não tivemos chance de fazer isso."

Virginia questionou como ela se sentiu depois dos assassinatos. Susan respondeu: "Eu me senti tão exultante; cansada, mas em paz comigo mesma. Eu sabia que esse era apenas o começo do *helter skelter*.[4] Agora o mundo iria prestar atenção".

Virginia não entendeu o que ela quis dizer com "helter skelter", e Susan tentou explicar. No entanto, falava tão depressa e com uma empolgação tão óbvia que Virginia teve dificuldade em acompanhar. Pelo que entendeu, havia um grupo de pessoas escolhidas que Charlie reunira, e elas foram eleitas, essa nova sociedade, para se espalhar por todo

4 "Helter Skelter", na Grã-Bretanha, pode se referir a um brinquedo de parque de diversões parecido com um tobogã, que escorrega do alto de uma torre. A expressão pode também ter o sentido de "confusão", "tumulto", "desordem" etc. [NT]

o país e pelo mundo, escolhendo pessoas aleatórias para executar, a fim de libertá-las desta terra. "É preciso sentir um amor verdadeiro em seu coração para fazer isso pelas pessoas", explicou Susan.

Em quatro ou cinco ocasiões enquanto Susan falava, Virginia teve que adverti-la a manter a voz baixa, que alguém poderia ouvi-la. Susan sorriu e admitiu não estar preocupada com isso. Ela era muito boa em bancar a louca.

Depois de terem ido embora da residência de Tate, Susan prosseguiu, ela descobriu que tinha perdido sua faca. Achou que talvez o cachorro a tivesse pegado. "Você sabe como os cachorros são às vezes." Eles pensaram em voltar para procurar, mas tinham decido não fazer isso. Ela também tinha deixado a impressão da palma de uma mão sobre uma mesa. "Eu me dei conta disso depois", disse Susan, "mas meu espírito era tão forte que obviamente ela nem apareceu, ou a essa altura eles já teriam me pegado."

Pelo que Virginia entendeu, depois de deixarem a residência de Tate, eles tinham trocado de roupa no carro. Em seguida, percorreram uma certa distância e pararam em uma casa onde havia uma fonte ou água no lado de fora, para lavar as mãos. Susan disse que um homem saiu e exigiu saber o que estavam fazendo. Ele começou a gritar com eles. "E", pediu Susan, "adivinha quem era?"

"Não sei", respondeu Virginia.

"Era o xerife de Beverly Hills!"

Virginia disse que não achava que Beverly Hills tivesse um xerife.

"Bom", falou Susan com petulância, "o xerife, o prefeito ou algo assim."

O homem tinha esticado o braço para dentro do carro para apanhar a chave, e "Charlie deu a partida. Minha nossa, conseguimos. Rimos durante todo o caminho", contou Susan, acrescentando: "Se ele soubesse!".

Durante alguns instantes, Susan permaneceu em silêncio. Então, com seu sorriso de garotinha, perguntou: "Sabe dos outros dois na noite seguinte?".

Virginia se lembrou do dono do mercado e sua esposa, os LaBianca. "Sim", respondeu, "foi você?"

Susan deu uma piscadela e disse: "O que você acha?".

"Mas isso faz parte do plano", continuou. "E tem mais..."

Mas Virginia já tinha ouvido o suficiente por um dia. Ela se despediu e foi tomar banho.

◆ ◆ ◆

Mais tarde, Virginia recordou de ter pensado: Ela deve estar de brincadeira! Inventou tudo isso. É maluquice demais, fantasioso demais!

Mas então se lembrou do motivo de Susan estar presa — homicídio qualificado.

Virginia decidiu não contar nada a ninguém. Era tão inacreditável. Também decidiu, se possível, evitar Susan.

No dia seguinte, contudo, Virginia foi até a cama de Ronnie Howard para lhe contar algo. Susan, que estava deitada na própria cama, a interrompeu: "Virginia, Virginia, lembra daquele cara lindo de quem eu estava falando? Quero que se ligue no nome dele. Agora, presta atenção: o nome dele é Manson — *Man's Son!*".[5] Ela repetiu várias vezes para se certificar de que Virginia tinha entendido. Ela o disse em um tom de fascínio infantil.

Ela não conseguiu guardar aquilo para si mesma por muito mais tempo. Era importante demais. Na primeira vez em que ela e Ronnie Howard ficaram sozinhas, Virginia Graham contou a ela o que Susan Atkins dissera. "Ei, o que você faria?", perguntou a Ronnie. "Se isso for verdade... Meu Deus, isso é terrível. Gostaria que ela não tivesse me contado."

Ronnie achou que Sadie tinha "inventado tudo. Ela pode ter tirado tudo isso dos jornais."

A única maneira de saber com certeza, decidiram, seria se Virginia a questionasse mais a fundo, para tentar descobrir algo que apenas um dos assassinos pudesse saber.

Virginia teve uma ideia de como poderia fazer isso sem despertar as suspeitas de Susan. Apesar de não ter mencionado nada a Susan Atkins, Virginia Graham tinha um interesse mais do que passageiro pelos homicídios do caso Tate. Ela conhecera Jay Sebring. Uma amiga que trabalhava como manicure para Sebring os tinha apresentado em um luau, alguns anos antes, pouco depois de ele ter aberto seu salão em Fairfax. Foi algo casual — ele não era nem um cliente nem um amigo, apenas alguém para quem você acenava com a cabeça e dizia "Oi" em uma festa ou em um restaurante. Foi uma coincidência estranha Susan ter se aberto com ela. Mas havia outra coincidência ainda mais estranha: Virginia estivera no número 10050 da Cielo Drive. Em 1962, ela, seu então marido e outra garota estiveram procurando por um lugar tranquilo e isolado, e souberam que o número 10050 da Cielo Drive estava disponível para aluguel.

5 A pronúncia de "Manson" pode soar parecida com "man's son", literalmente "filho do homem". [NT]

Não havia ninguém por lá para mostrar a propriedade, então eles apenas olharam pelas janelas da casa principal. Virginia não se lembrava de muita coisa sobre o lugar, só que se parecia com um celeiro vermelho. Durante o almoço do dia seguinte, ela contou a Susan sobre ter estado lá e perguntou se a decoração do interior ainda era em branco e dourado. Foi apenas um palpite. Susan respondeu, "Uhum", mas não entrou em detalhes. Virginia então lhe contou sobre ter conhecido Sebring, mas Susan não parecia muito interessada. Naquele dia, ela não estava muito falante, mas Virginia insistiu, conseguindo obter algumas informações aqui e ali.

Eles tinham conhecido Terry Melcher por meio de Dennis Wilson, um dos integrantes da banda Beach Boys. Eles — Charlie, Susan e os outros — haviam morado com Dennis por algum tempo. Virginia teve a impressão de que havia uma certa hostilidade em relação a Melcher, por acharem que ele só pensava em dinheiro. Ela também descobriu que os homicídios do caso Tate tinham acontecido entre meia-noite e 1h; que "Charlie é amor, puro amor"; e que, quando você esfaqueia alguém, "a sensação é boa quando a faca entra".

Além disso, Virginia descobriu que, além dos homicídios de Hinman e dos casos Tate e LaBianca, "tem mais — e teve mais antes... Também tem três pessoas no deserto...".

Algumas informações aqui e ali. Susan não dissera nada que confirmasse se estava ou não dizendo a verdade.

Naquela tarde, Susan foi até a cama de Virginia e se sentou. Virginia estava folheando uma revista sobre cinema. Ao ver a revista, Susan começou a falar. A história que Susan contou, Virginia viria a dizer muito mais tarde, foi ainda mais bizarra do que a que tinha contado antes. Era tão inacreditável que Virginia sequer a mencionou para Ronnie Howard. Ninguém acreditaria naquilo, decidiu. Para Susan Atkins, em um jorro contínuo, ela deu uma "lista com os nomes das pessoas que seriam as próximas a morrer". Eram todas celebridades. Então, de acordo com Virginia, ela descreveu em detalhes abomináveis exatamente como Elizabeth Taylor, Richard Burton, Tom Jones, Steve McQueen e Frank Sinatra morreriam.

Na segunda-feira, 10 de novembro, Susan Atkins recebeu uma visita no Sybil Brand. Era Sue Bartell, que a informou sobre a morte de Zero. Depois que Sue foi embora, Susan contou a Ronnie Howard. Não se sabe se ela exagerou a história ou não. De acordo com Susan, uma das garotas estivera segurando a mão de Zero quando ele morreu. Quando a arma disparou, "ele gozou em cima dele todo".

Susan não pareceu ficar abalada ao saber da morte de Zero. Pelo contrário, isso a deixou empolgada. "Imagine como deve ter sido lindo estar lá quando aconteceu!", disse a Ronnie.

Na quarta-feira, 12 de novembro, Susan Atkins foi levada ao tribunal para uma audiência preliminar a respeito do homicídio de Hinman. Enquanto esteve lá, ela ouviu o sargento Whiteley esclarecer, durante seu depoimento, que tinha sido Kitty Lutesinger — e não Bobby Beausoleil — quem a havia denunciado. Depois de ser levada de volta à prisão, Susan contou a Virginia que a promotoria apresentou uma testemunha surpresa, mas ela não estava preocupada com seu testemunho: "A vida dela não vale nada".

Naquele mesmo dia, Virginia Graham recebeu más notícias: ela seria transferida para a penitenciária feminina de Corona, para cumprir o resto de sua pena. Partiria naquela tarde. Enquanto fazia as malas, Ronnie a abordou e perguntou: "O que você acha?".

"Não sei", respondeu Virginia. "Ronnie, se você quiser assumir a coisa daqui em diante..."

"Venho falando com aquela garota todas as noites", afirmou Ronnie. "Nossa, ela é muito esquisita. Ela pode ter feito aquilo, sabe."

Virginia tinha se esquecido de perguntar a Susan sobre a palavra "porco", que os jornais disseram ter sido escrita com sangue na porta da residência de Tate. Ela sugeriu que Ronnie a questionasse a respeito disso, e sobre qualquer outra coisa que achasse que pudesse indicar que ela estava dizendo a verdade.

Enquanto isso, decidiram não mencionar o assunto a ninguém.

Naquele mesmo dia, os detetives do caso LaBianca receberam um telefonema do Departamento de Polícia de Venice. Ainda estavam interessados em conversar com um dos integrantes do Straight Satans? Se sim, eles estavam interrogando um deles, um sujeito chamado Al Springer, por outra acusação.

Os detetives do caso LaBianca pediram que Springer fosse levado até o Parker Center, onde gravaram seu interrogatório. O que ele relatou foi tão inesperado que eles tiveram dificuldade em acreditar. Springer disse que no dia 11 ou 12 de agosto — dois ou três dias depois dos homicídios do caso Tate — Charlie Manson tinha se gabado com ele sobre ter matado algumas pessoas, acrescentando: "Apagamos cinco deles faz poucas noites".

De 12 a 16 de novembro de 1969

Nielsen, Gutierrez e Patchett, detetives do caso LaBianca, gravaram a entrevista de Springer em um dos cubículos de interrogatório da Divisão de Homicídios do LAPD. Springer tinha 26 anos, 1,74 metro de altura, pesava 59 quilos e, exceto por seu colete de motociclista empoeirado e esfarrapado, estava surpreendentemente bem-vestido para um integrante de um bando de motociclistas "fora da lei".

Springer, ao que parecia, se orgulhava de sua higiene. Um dos motivos pelos quais não quisera ter nenhum envolvimento pessoal com Manson e suas garotas, explicou. Mas Danny DeCarlo, o tesoureiro do Straight Satans, tinha se envolvido com eles e deixado de frequentar as reuniões, então, por volta do dia 11 ou 12 de agosto, ele, Springer, tinha ido ao rancho Spahn para convencer Danny a voltar. "...e tinha moscas por toda parte e eles viviam como animais naquele lugar, não consegui acreditar, sabe. Olha só, eu sou bem limpo, na verdade. Alguns dos outros caras ficam bem nojentos, mas eu, eu gosto de manter as coisas limpas.

"Bom, aí chegou aquele tal de Charlie... Ele queria Danny por lá porque Danny usava seu colete, e todos aqueles bêbados, eles vão até lá e começam a assediar as garotas e a mexer com os caras, e Danny chega com seu colete dos Straight Satans e ninguém mexe com Charlie, entende.

"Então tentei convencer Danny a voltar, e Charlie estava ali em pé, e Charlie disse, ele disse: 'Bom, espera um pouco, talvez eu possa te dar algo melhor do que você já tem'. Eu disse: 'O quê?'. Ele disse: 'Se mude para cá, você pode ter todas as garotas que quiser, todas as garotas', disse, 'são suas, à sua disposição, qualquer coisa'. E ele é do tipo que faz lavagem cerebral. Então eu disse: 'Bom, como você sobrevive, como você sustenta a droga dessas vinte, trinta minas, cara?'. E ele disse: 'Mando que saiam para dançar peladas'. Ele disse: 'Eu saio à noite e faço meu lance'. 'Bom', eu disse, 'qual é o seu lance, cara; me conta aí.' Ele achou que por ser um motociclista e tal, eu aceitaria qualquer coisa, inclusive assassinato.

"Então ele começou a encher meu ouvido e disse que ia morar com os ricos, e chamou os policiais de 'porcos' e tal, ele bate nas portas, as pessoas abrem, e ele simplesmente parte para cima com o sabre dele e começa a cortar todos eles, entende."

P: "Foi isso que ele te contou?"

R: "Foi isso que ele me contou verbalmente, bem na minha cara."

P: “Você está brincando, foi isso mesmo que você ouviu?”

R: “É. Eu disse: ‘Quando foi a última vez que você fez isso?’. Ele disse: ‘Bom, apagamos cinco deles’, ele disse, ‘faz poucas noites’.”

P: “Então ele te contou isso — Charlie afirmou que apagou cinco pessoas?”

R: “Exato. Charlie e Tex.”

Springer não se lembrava da palavra exata usada por Manson: não foi “pessoas”; pode ter sido “porcos” ou “porcos ricos”.

Os detetives do caso LaBianca ficaram tão perplexos que pediram que Springer recontasse sua história uma segunda vez, então uma terceira.

R: “Acho que esse é o cara que vocês estão procurando, acho mesmo.”

P: “Tenho certeza de que sim, mas, nos dias de hoje, em que temos que respeitar os direitos das pessoas, se quisermos construir um caso decente, não podemos fazer isso com base na declaração dele.”

Quando exatamente Manson havia contado isso? Bem, na primeira vez em que Springer foi até o rancho Spahn, no dia 11 ou 12 de agosto — ele não se lembrava direito. Mas, com certeza, ele se lembrava da cena. “Nunca vi nada como aquilo na minha vida. Nunca estive em uma colônia de nudismo, nem nunca tinha visto verdadeiros idiotas à solta...” Para onde quer que olhasse, havia garotas nuas. Talvez umas dezoito eram maiores de idade, com 18 anos ou mais, mas mais ou menos essa mesma quantidade não era. As mais jovens se escondiam nos arbustos. Charlie dissera que ele poderia escolher qualquer uma. Também se ofereceu para comprar um bugue e uma moto nova, caso ele ficasse.

Foi uma reviravolta e tanto. Charlie Manson, também conhecido como Jesus Cristo, buscando tentar um integrante de um clube de motociclistas que tinha “Satã” no nome.

O fato de Springer ter resistido à tentação pode ter se dado, em parte, por ele saber que outros integrantes de sua gangue tinham estado ali em ocasiões anteriores: “Todo mundo estava cansado de pegar gonorreia... o rancho estava fora de controle...”.

Durante a primeira visita de Springer, Manson tinha demonstrado sua proeza com facas, em especial com uma espada longa. Springer vira Charlie arremessá-la a uma distância de talvez quinze metros, cravando-a, digamos, oito a dez vezes. Essa era a espada, Springer disse, que Charlie usava quando “picotava” pessoas.

“Vocês já encontraram um cadáver com a orelha cortada?”, Springer perguntou de repente. Ao que parece, um dos detetives assentiu, visto que ele prosseguiu: “É, esse é o cara que estão procurando”. Charlie contara sobre ter cortado fora a orelha de um sujeito. Se Danny fosse até lá, ele poderia relatar sobre isso. O único problema era: "Danny tem medo daqueles esquisitões, eles já tentaram matar ele".

Springer também tinha mencionado um certo Tex e um certo Clem. Os detetives pediram que os descrevesse.

Clem era um idiota de marca maior, contou Springer: era um fugitivo de Camarillo, um hospital psiquiátrico estadual. Tudo que Charlie falava, Clem repetia. Até onde Springer sabia, "Charlie e Tex são os únicos com alguma inteligência por lá". Ao contrário de Clem, Tex não falava muito; "ficava de bico fechado, bem fechado. Ele se arrumava bem. O cabelo dele estava um pouco comprido, mas ele... se parecia com um universitário." Tex parecia passar grande parte do tempo trabalhando nos bugues.

Charlie se interessava bastante por bugues. Queria incrementá-los com um interruptor no painel que apagasse as lanternas traseiras. Então, quando a CHP (California Highway Patrol, a Polícia Rodoviária da Califórnia) mandasse que encostassem para multá-los, haveria dois sujeitos armados com espingardas na traseira. Quando os policiais se aproximassem pela lateral: "Bum, iam acabar com eles".

P: "Ele disse por que queria fazer isso?"

R: "Ah, ele quer construir um negócio onde possa ser o líder do mundo. Ele é louco."

P: "Ele tem um nome para seu grupo?"

R: "A Família."

De volta à espada, Springer poderia descrevê-la? Sim, era um sabre, uma verdadeira espada de pirata. Até alguns meses antes, disse Springer, ela havia pertencido ao ex-presidente do Straight Satans, mas então tinha desaparecido, e ele supunha que um dos integrantes a tinha dado a Charlie.

Ele ficara sabendo, de Danny, que a espada teria sido usada quando eles mataram um sujeito "chamado Henland, acredito que esse era o nome". Esse era o sujeito que teve a orelha cortada.

O que ele sabia sobre o assassinato de "Henland"?, perguntaram. De acordo com Danny, um cara chamado "Bausley" e mais um ou dois outros sujeitos o tinham matado, contou Springer. Danny tinha lhe revelado que "quase sem sombra de dúvidas ele poderia provar que Bousley ou Bausley, ou qualquer que seja o nome dele, matou esse cara e, com certeza, Charlie estava envolvido de alguma forma. Bom, de qualquer maneira, alguém cortou fora a orelha dele." Clem também revelara a Springer "como eles tinham cortado fora a orelha da porra de um idiota e deixado inscrições na parede e colocado a mão ou pata dos Panteras Negras nela para colocar a culpa nos Panteras. Tudo que faziam, eles colocavam a culpa nos crioulos, entende. Eles odeiam os crioulos, porque tinham matado um crioulo antes disso."

Cinco. Mais "Henland" (Hinman). Mais "um crioulo". Total até então: sete. Os detetives estavam tomando notas.

Ele tinha visto outras armas enquanto esteve no rancho Spahn? Sim, na primeira vez que esteve lá, Charlie lhe mostrara uma estante cheia de armas — espingardas, rifles para caçar cervos, pistolas calibre .45 — "e ouvi boatos e Danny me contou que eles tinham um revólver Buntline de cano longo calibre .22 de nove tiros. Isso veio de Danny, e ele sabe tudo sobre armas. E essa foi a arma que supostamente matou aquele lá, o Pantera Negra."

Charlie havia lhe contado isso. De acordo com o que Al se lembrava, Tex tinha passado a perna nesse homem negro na venda de um monte de maconha. Quando Charlie se recusou a devolver o dinheiro do sujeito, ele tinha ameaçado levar todos seus irmãos Panteras Negras até o rancho Spahn e acabar com o lugar. "Então Charlie sacou uma arma, outra pessoa ia fazer isso, mas Charlie sacou uma arma e a apontou para o sujeito, e ele fez clique, clique, clique e a arma não disparou, quatro ou cinco vezes, e o cara ficou ali parado e disse, 'Rá, você vem até aqui e me aponta uma arma descarregada', e Charlie fez clique, bum, mais ou menos na região do coração, e ele me contou isso pessoalmente, bem na minha cara, e foi para isso que o Buntline foi usado, no serviço do cano longo."

Depois do assassinato que tinha sido cometido em Hollywood, os camaradas do Pantera "supostamente levaram a carcaça até algum parque, Griffith Park ou algum outro... Tudo isso é boato, mas é um boato contado pelo próprio Charlie".

R: "Bom, tinha alguma coisa escrita na geladeira de alguém?"

Houve um súbito silêncio, então um dos detetives do caso LaBianca perguntou: "Por que você está mencionando isso?".

R: "Porque ele me contou um negócio sobre escrever alguma coisa na geladeira."

P: "Quem disse que ele escreveu algo na geladeira?"

R: "Foi o Charlie. Charlie disse que eles escreveram alguma coisa com sangue na droga da geladeira."

P: "O que ele disse que escreveu?"

R: "Alguma coisa sobre porcos ou crioulos, ou algo assim."

Se Springer estava dizendo a verdade, e *se* Manson não estava só se gabando para impressioná-lo, então isso significava que era provável que Manson também tivesse algum envolvimento nos assassinatos dos LaBianca. Elevando o total até então a nove.

No entanto, os detetives do caso LaBianca tinham bons motivos para duvidar dessa declaração, pois, ao contrário do que tinha sido relatado pela imprensa, MORTE AOS PORCOS não tinha sido escrito em sangue na porta da geladeira. A frase, na verdade, estava escrita na parede da sala de estar, assim como REBELEM-SE. O que estava escrito na porta da geladeira era HEALTER SKELTER.

Enquanto Springer estava sendo interrogado, um dos detetives do caso LaBianca saiu da sala. Quando voltou alguns minutos depois, estava acompanhado de outro homem.

P: "Este é Mike McGann, nosso parceiro. Me deixa empurrar essa mesa para lá. Ele acabou de chegar, então é melhor você o deixar a par do que estivemos conversando."

McGann era um dos detetives do caso Tate. Os detetives do caso LaBianca cruzaram aqueles poucos metros e compartilharam o que tinham descoberto. Àquela altura, a tentação de dizer "Ei, olha só o que *nós* descobrimos" deve ter sido irresistível.

Pediram que Springer recontasse sua história. McGann ouviu, sem muito interesse. Springer então mencionou outro assassinato, o de um cowboy chamado "Shorty", que ele tinha conhecido em sua primeira visita ao rancho. Um dos detetives questionou como e o que ele ficou sabendo sobre a morte de Shorty. "Ouvi isso do Danny." Danny ouviu, das garotas, que Shorty "ficou sabendo de muita coisa e ouviu muita coisa e se preocupava com muita coisa" e "então eles simplesmente cortaram fora seus braços e suas pernas e sua cabeça...". Danny se sentira mal por isso, porque gostava de Shorty.

Dez. *Talvez*.

P: (para McGann) "Tem alguma coisa que você queira perguntar?"

P: "Sim, quero perguntar por que eles mataram esse sujeito negro — o suposto Pantera Negra. Quando isso aconteceu, você sabe?"

Springer não tinha certeza, mas achava que tinha sido cerca de uma semana antes de ele ter ido ao rancho. Era provável que Danny pudesse contar mais sobre isso.

P: "Você conectou as cinco pessoas que Charlie disse que matou no começo de agosto com algum crime em particular?"

R: "Isso, o crime na casa de Tate."

P: "Você chegou a essa conclusão?"

R: "Exato."

Estavam se aproximando do ponto crítico. Havia mais alguém presente quando Charlie supostamente confessou aqueles cinco assassinatos para você? Não. Tate em especial foi mencionada em algum momento? Não. Você viu alguém no rancho que usava óculos? Não. Alguma vez viu Manson com uma arma? Não, só uma faca: "ele é louco por facas". O sabre e as outras facas que viu estavam afiadas em ambos os lados? Ele achava que sim, mas não tinha certeza; Danny tinha mencionado que Charlie as enviara para algum lugar para serem afiadas. Já viu alguma corda por lá? Sim, eles usavam um monte de tipos de cordas. Você sabe que está sendo oferecida uma recompensa de 25 mil dólares pelos assassinos do caso Tate? Sim, e "eles viriam a calhar".

Springer estivera no rancho Spahn três vezes, a segunda visita tendo ocorrido no dia seguinte à primeira. Ele havia perdido o chapéu enquanto estava indo embora e voltou para procurá-lo, mas então sua moto tinha pifado e ele decidiu passar a noite lá para consertá-la. Charlie, Tex e Clem tentaram novamente convencê-lo a se juntar a eles. Sua terceira e última visita aconteceu na noite de sexta-feira, 15 de agosto. Os detetives conseguiram determinar a data porque isso aconteceu na noite anterior à batida no rancho Spahn, conduzida pelos oficiais da Delegacia de Los Angeles. Além disso, os Straight Satans realizavam as reuniões do clube às sextas-feiras e tinham conversado sobre afastar Danny de Charlie. "Muitos caras do clube queriam ir até lá para dar uma surra nele, para ensinar que ele não pode fazer lavagem cerebral em nossos membros..." Oito ou nove deles chegaram a ir até o rancho Spahn naquela noite, "mas não foi assim que as coisas aconteceram".

Charlie havia conseguido enrolar alguns deles. As garotas tinham atraído outros para dentro dos arbustos. Quando começaram a quebrar coisas, Charlie lhes informou que havia armas nos telhados apontadas para eles. Springer pediu que um de seus irmãos verificasse a estante de armas que Charlie lhe mostrara em sua primeira visita. Alguns rifles estavam faltando. Eles foram embora algum tempo depois, em uma nuvem de fumaça de escapamento e ameaças, deixando um dos integrantes mais sóbrios, Robert Reinhard, para levar Danny de volta no dia seguinte. Mas na manhã posterior, "a polícia estava por toda parte", vindo a prender não apenas Charlie e os outros, como também DeCarlo e Reinhard.

Todos foram liberados alguns dias depois e, de acordo com Danny, Shorty tinha sido morto pouco depois disso.

Com medo de ser o próximo, Danny pegou sua picape e fugiu para Venice. Certo dia, tarde da noite, Clem e Bruce Davis — outro dos rapazes de Charlie — se aproximaram de fininho da picape. Tinham conseguido abrir a porta à força quando Danny os ouviu e apanhou sua pistola calibre .45, com a certeza, como Springer contou, de que eles estavam ali "para dar cabo dele". Danny não estava apenas assustado por si próprio, mas também por seu filhinho, que estava morando com ele. Springer acreditava que Danny estava temeroso o suficiente para conversar com eles. Falar com os detetives de Venice não seria um problema, visto que "ele os conhece há bastante tempo", mas convencê-lo a ir até o Parker Center seria outra história. Mesmo assim, Springer prometeu tentar persuadir Danny a ir por vontade própria, se possível no dia seguinte.

Springer não tinha telefone. Os detetives perguntaram se havia algum lugar para onde poderiam telefonar "sem causar problemas para você? Tem alguma garota que você vê com bastante frequência?".

R: "Só minha esposa e filhos."

O limpo, asseado e monogâmico Springer não se encaixava no estereótipo de motociclista. Como um dos detetives comentou: "Você vai dar ao mundo uma nova imagem sobre a gangue de motociclistas".

Embora Al Springer parecesse estar dizendo a verdade, os detetives não ficaram muito impressionados com sua história. Ele era alguém de fora, não um membro da Família, e, ainda assim, na primeira vez que foi ao rancho Spahn, Manson confessou para ele que cometeu pelo menos nove assassinatos. Simplesmente não fazia sentido. Parecia mais provável que Springer estivesse apenas regurgitando o que Danny DeCarlo, que tinha sido íntimo de Manson, havia lhe contado. Também era possível que Manson, para impressionar os motociclistas, tivesse se gabado de ter cometido assassinatos nos quais sequer esteve envolvido.

McGann, da equipe do caso Tate, ficou tão desinteressado que, mais tarde, sequer conseguia se lembrar de ter ouvido falar de Springer, e muito menos de ter conversado com ele.

Apesar de a entrevista ter sido gravada, os detetives do caso LaBianca solicitaram que apenas uma parte fosse transcrita. Não se tratava da parte referente ao seu caso, mas o trecho de pelo menos uma página contendo a suposta confissão de Manson: "Apagamos cinco deles faz poucas noites". Os detetives do caso LaBianca então arquivaram a fita e essa única página nos arquivos de casos. Com o surgimento de novos acontecimentos, eles, ao que parece, se esqueceram delas.

Ainda assim, a entrevista de Springer no dia 12 de novembro de 1969, de certa maneira, foi um importante ponto de virada. Três meses depois dos homicídios dos casos Tate e LaBianca, o LAPD enfim passou a considerar com seriedade a possibilidade de que os dois crimes não estavam — como acreditaram por tanto tempo — desvinculados. E a investigação, do caso LaBianca pelo menos, estava focada agora em um único grupo de suspeitos: Charlie Manson e sua Família. Parece quase certo que, se tivessem continuado a investigar a pista Lutesinger-Springer-DeCarlo, os detetives do caso LaBianca, com o tempo, teriam — mesmo que não tivessem ciência das confissões de Susan Atkins — encontrado os assassinos de Steven Parent, Abigail Folger, Voytek Frykowski, Jay Sebring, Sharon Tate e Rosemary e Leno LaBianca.

Enquanto isso, duas pessoas — uma no Sybil Brand, a outra em Corona — estavam, uma independente da outra, tentando contar a alguém o que sabiam a respeito dos assassinatos. Sem nenhuma sorte.

Existe uma certa confusão quanto ao momento exato em que Susan Atkins conversou pela primeira vez sobre os homicídios dos casos Tate e LaBianca com Ronnie Howard. Qualquer que tenha sido a data, há uma semelhança no modo como isso aconteceu: Susan, a princípio, confessou sua participação no assassinato de Hinman, e, então, com seu jeito de "menininha", tentou surpreender Ronnie com outras revelações mais espantosas.

De acordo com Ronnie, em determinada noite, Susan se aproximou, sentou-se em sua cama e começou a tagarelar sobre suas experiências. Ela revelou que tinha "pingado ácido" (tomado LSD) muitas vezes, que na verdade tinha feito de tudo; não restava mais nada; chegara a um ponto em que nada mais a chocava.

Ronnie retrucou que também não havia muita coisa capaz de chocá-la. Desde os 17 anos, quando fora mandada para uma penitenciária por dois anos por extorsão, Ronnie tinha visto muita coisa.

"Aposto que posso te contar uma coisa que vai fazer você pirar", comentou Susan.

"Acho que não", respondeu Ronnie.

"Você se lembra do lance com a Tate?"

"Sim."

"Eu estava lá. Fomos nós."

"Na boa, qualquer um pode dizer isso."

"Não, vou te contar." E foi o que Susan Atkins fez.

Susan passava de um pensamento para outro com espantosa velocidade, fazendo com que Ronnie ficasse confusa em diversos momentos. Além disso, as recordações de Ronnie sobre os detalhes — em especial, nomes, datas, lugares — não eram tão boas quanto as de Virginia. Mais tarde, ela se mostraria incerta, por exemplo, quanto a exatamente quantos indivíduos estiveram envolvidos: em determinado momento achava que Susan dissera cinco — ela, duas outras garotas, Charlie e um sujeito que ficou no carro; em outro, tinham sido quatro, sem menção a um homem no carro. Ela sabia que uma garota chamada Katie esteve envolvida em um homicídio, mas qual deles — Hinman, Tate ou LaBianca —, Ronnie não sabia ao certo. No entanto, ela também se lembrava de detalhes que Susan ou não tinha contado a Virginia ou que Virginia tinha esquecido. Charlie tinha uma arma; todas as garotas tinham facas. Charlie tinha cortado os fios telefônicos, atirado no rapaz no carro, então acordado o homem no sofá (Frykowski), que olhou para cima e viu uma arma apontada para seu rosto.

O apelo de Sharon Tate e a resposta cruel de Susan foram quase idênticos nos relatos tanto de Ronnie quanto de Virginia. Contudo, a descrição de como Sharon morreu foi um pouco diferente. Do modo como Ronnie entendeu, duas outras pessoas seguraram Sharon enquanto, citando Susan, "eu avancei para a esfaquear".

"A sensação que tive quando a esfaqueei pela primeira vez foi tão boa, e quando ela gritou comigo alguma coisa aconteceu, fez uma onda percorrer meu corpo, e eu a esfaqueei de novo."

Ronnie perguntou onde. Susan respondeu no peito, não na barriga.

"Quantas vezes?"

"Não lembro. Só fiquei esfaqueando até ela parar de gritar."

Ronnie conhecia um pouco do assunto, tendo certa vez esfaqueado o ex-marido. "Foi meio parecido com esfaquear um travesseiro?"

"Sim", respondeu Susan, feliz por Ronnie compreender. "Foi como ir para o céu, para o nada." Mas o assassinato em si foi outra história. "É como alívio sexual", contou Susan. "Especialmente quando você vê o sangue esguichando. É melhor que um orgasmo."

Ao se lembrar da pergunta de Virginia, Ronnie questionou Susan a respeito da palavra "porco". Susan explicou que escreveu a palavra na porta, depois de ter molhado uma toalha no sangue de Sharon Tate.

Em um determinado momento da conversa, Susan perguntou: "Você não se lembra daquele cara que foi encontrado com um garfo na barriga? Nós escrevemos 'rebelem-se' e 'morte aos porcos' e 'helter skelter' com sangue".

"Foi você e os mesmos amigos?", quis saber Ronnie.

"Não, foram só três dessa vez."

"Todas garotas?"

"Não, duas garotas e Charlie. Linda não fez parte desse."

Susan tagarelou sobre uma variedade de assuntos: Manson (ele era tanto Jesus Cristo quanto o Diabo); helter skelter (Ronnie admitiu que não entendeu essa parte, mas achava que significava "você precisa ser morto para viver"); sexo ("o mundo todo é como um grande intercurso — tudo entra e sai — fumar, comer, esfaquear"); como ela se fazia de louca para enganar os psiquiatras ("Tudo o que você precisa fazer é agir normalmente", aconselhou Ronnie); filhos (Charlie a tinha ajudado a dar à luz seu filho, que nomeara de Zezozose Zadfrack Glutz; poucos meses após seu nascimento, ela havia começado a fazer sexo oral nele); motociclistas (com a gangue de motociclistas ao lado deles, "iriam espalhar bastante medo pelo mundo"); e assassinato. Susan adorava falar sobre assassinato. "Quanto mais você faz, mais você gosta." Apenas a menção a isso parecia deixá-la excitada. Enquanto ria, contou a Ronnie sobre um homem cuja cabeça "nós cortamos fora" no deserto ou em uma das ravinas.

Ela também revelou a Ronnie: "Tem onze assassinatos que eles nunca vão solucionar". E haveria outros, muitos outros. Ainda que Charlie estivesse preso "em Indio", a maioria da Família ainda estava em liberdade.

Enquanto Susan falava, Ronnie Howard percebeu que ainda havia algumas coisas capazes de chocá-la. Uma delas era que aquela garotinha, que tinha 21 anos, mas que com frequência parecia ser muito mais jovem, provavelmente *tinha* cometido todos aqueles assassinatos. Outra foi a declaração de Susan de que aquele era apenas o começo, que mais assassinatos estavam por vir.

Ronnie Howard viria a declarar mais tarde: "Eu nunca tinha denunciado ninguém antes, mas não consegui consentir com uma coisa dessas. Ficava pensando que se não dissesse nada, aquelas pessoas provavelmente seriam soltas. Elas iriam escolher outras casas, de modo aleatório. Eu simplesmente não poderia ver todas aquelas pessoas serem mortas. Poderia ter sido a minha casa da próxima vez, ou a sua, ou a de qualquer outra pessoa".

Ronnie decidiu que "tinha que contar à polícia".

◆ ◆ ◆

Imagina-se que, se alguém está na cadeia, falar com um policial seria relativamente fácil. Ronnie Howard descobriu que as coisas não são bem assim.

As datas, mais uma vez, são vagas, mas, de acordo com Ronnie, ela contou à +sargento Broom,[6] uma das policiais femininas do Sybil Brand, que sabia quem tinha cometido os homicídios dos casos Tate e LaBianca; que a pessoa que lhe tinha contado estivera envolvida e que agora estava sob custódia; mas que os outros assassinos estavam à solta e, a não ser que fossem detidos, em breve haveria mais assassinatos. Ronnie queria permissão para ligar para o LAPD.

A sargento Broom disse que repassaria o pedido para sua superior, a +tenente Johns.

Depois de esperar três dias e não receber nenhuma notícia, Ronnie perguntou para a sargento Broom o que tinha acontecido com o seu pedido. A tenente Johns não acha que essa história seja verdadeira, a sargento lhe contou. Àquela altura, era provável que a tenente já tivesse se esquecido dela, disse a sargento, acrescentando: "Por que você não faz o mesmo, Ronnie?".

Àquela altura, de acordo com Ronnie, ela estava literalmente implorando. Pessoas iriam morrer, a não ser que ela alertasse a polícia a tempo. Será que você poderia telefonar *por* mim?, perguntou Ronnie. *Por favor!*

Era contra a lei uma agente penitenciária fazer uma ligação em nome de uma presidiária, informou a sargento Broom.

Na quinta-feira, 13 de novembro, o motociclista Danny DeCarlo foi até o Parker Center, onde foi ouvido pelos detetives do caso LaBianca. Não foi uma conversa longa e tampouco foi gravada. Apesar de DeCarlo ter muitas informações a respeito das atividades de Manson e seu grupo, tendo vivido com eles por mais de cinco meses, em nenhum momento Charlie tinha confessado para ele que esteve envolvido nos homicídios dos casos Tate e LaBianca.

Isso fez com que os policiais se sentissem ainda mais céticos em relação à história de Springer, e é provável que tenha sido nesse ponto que decidiram descartá-lo como fonte confiável. Quando Springer voltou na semana seguinte, pediram que identificasse algumas fotos, mas lhe fizeram poucas perguntas.

6 Visto que a tenente e sua subordinada não puderam ser entrevistadas, sendo assim impossível apresentar suas versões dos incidentes, pseudônimos foram usados para ambas.

Arranjos foram feitos para que fosse gravada uma entrevista minuciosa com DeCarlo na segunda-feira, 17 de novembro. Ele deveria chegar por volta das 8h30.

Ronnie Howard continuou a insistir com a sargento Broom, que finalmente mencionou o assunto à tenente Johns uma segunda vez. A tenente sugeriu que ela pedisse alguns detalhes para Ronnie.

A sargento Broom assim o fez, e Ronnie — ainda sem identificar as pessoas envolvidas — relatou uma pequena parte do que tinha descoberto. Os assassinos conheciam Terry Melcher. Tinham atirado no rapaz, Steven Parent, primeiro, quatro vezes, porque ele os tinha visto. Sharon Tate tinha sido a última a morrer. A palavra "porco" havia sido escrita com o sangue dela. Eles iam arrancar fora o bebê de Sharon, mas não o fizeram. Ela voltou a enfatizar que mais mortes tinham sido planejadas.

Ao que parece, a sargento Broom entendeu errado o que Ronnie disse, porque contou à tenente Johns que eles *tinham* tirado o bebê fora. E a tenente Johns sabia que isso não era verdade.

A sargento Broom disse a Ronnie que a informante dela estava mentindo, e explicou o motivo.

Ronnie, agora quase surtando, disse para a sargento que ela havia entendido errado o que ela contara. Será que ela mesma poderia conversar com a tenente Johns?

Entretanto, a sargento Broom concluiu que ela já tinha incomodado a tenente o suficiente. Até onde sabia, informou a Ronnie, o assunto estava encerrado.

Havia uma ironia aqui, embora Ronnie Howard não estivesse ciente disso, e não a teria apreciado caso tivesse estado: a sargento Broom namorava um dos detetives do caso Tate. Mas, ao que parece, eles tinham outras coisas mais importante sobre as quais conversar.

Virginia Graham estava tendo seus próprios problemas com a burocracia. Ainda que, ao contrário de Ronnie Howard, ela não estivesse completamente convencida de que Susan Atkins estava dizendo a verdade, a possibilidade de haver mais assassinatos também a preocupava. No dia 14 de novembro, dois dias após ser transferida para Corona, ela decidiu que tinha que contar a alguém o que descobrira. Havia uma pessoa na prisão que ela conhecia e confiava: a dra. Vera Dreiser, uma psicóloga do presídio.

Para que uma presidiária possa conversar com um membro da equipe em Corona, é necessário preencher um "formulário azul", ou formulário de solicitação. Virginia preencheu um, escrevendo nele: "Dra. Dreiser, é muito importante que eu fale com você".

O formulário foi devolvido com uma anotação declarando que a srta. Graham devia preencher outro formulário azul, para ver o dr. Owens, administrador da unidade à qual ela havia sido designada. No entanto, Virginia não queria falar com o dr. Owens. Ela voltou a requisitar uma entrevista pessoal com a dra. Dreiser.

O pedido foi concedido. Mas apenas em dezembro. E àquela altura o mundo todo já sabia o que Virginia Graham quisera contar à dra. Dreiser.

17 de novembro de 1969

Danny DeCarlo estava marcado para chegar na Divisão de Homicídios do LAPD às 8h30 de segunda-feira. Ele não apareceu. Os detetives ligaram primeiro para sua casa, mas ninguém atendeu, então telefonaram para sua mãe. Não, ela não tinha visto Danny e estava um pouco preocupada. Ele deveria ter deixado o filho lá, para que ela pudesse ficar de babá enquanto ele ia até o LAPD, mas sequer havia telefonado.

Era possível que DeCarlo tivesse dado no pé. Ele estivera muito assustado quando os detetives conversaram com ele na quinta-feira anterior.

Havia outra possibilidade, uma que eles não queriam considerar.

Naquele mesmo dia, Ronnie Howard teve que se apresentar no tribunal em Santa Monica, pela acusação de falsificação. Quando presidiárias do Sybil Brand precisam se apresentar no tribunal, elas primeiro são transportadas para o presídio masculino na Bouchet Street, onde um ônibus as pega e as leva para os departamentos aos quais foram designadas. Antes da chegada do ônibus, costuma haver alguns minutos durante os quais cada garota tem a permissão de fazer uma ligação de um telefone público.

Ronnie viu sua chance e entrou na fila. Entretanto, o tempo estava acabando e ainda havia duas garotas à sua frente. Ela pagou 50 centavos a cada uma para que a deixassem telefonar primeiro.

Ronnie ligou para o Departamento de Polícia de Beverly Hills e pediu para falar com um detetive de homicídios. Quando um deles atendeu o telefone, ela lhe passou seu número e o número de sua ficha, informando que sabia quem havia cometido os homicídios dos casos Tate e LaBianca. O policial disse que esses casos estavam sendo investigados pela Divisão de Hollywood do LAPD e sugeriu que ela ligasse para lá.

Ronnie então telefonou para o Departamento de Polícia de Hollywood, passando a mesma informação para um policial de homicídios. Ele quis enviar alguém até lá de imediato, mas ela lhe disse que passaria o resto do dia no tribunal.

Ela desligou, contudo, antes que o policial pudesse perguntar em qual tribunal ela estaria.

◆ ◆ ◆

Durante todo aquele dia no tribunal, Ronnie teve a sensação de que estava sendo observada. Tinha certeza de que dois homens, sentados nos fundos do tribunal, eram detetives de homicídios, e supunha que, a qualquer momento, iriam providenciar para que pudessem conversar com ela. Mas não fizeram isso. Quando as sessões foram suspensas, ela foi levada de ônibus de volta ao Sybil Brand, para o Dormitório 8000, e para Susan Atkins.

Pouco antes das 17h, Danny DeCarlo chegou à Divisão de Homicídios do LAPD. Ele estava a caminho do centro da cidade mais cedo, quando percebeu que estava ficando sem gasolina e decidiu parar em um posto. Ao sair, fez um retorno proibido, sendo visto por uma viatura. Depois que os policiais fizeram uma verificação e descobriram que ele tinha algumas multas pendentes, foi detido. Levou o dia todo para conseguir ser liberado.

Ao contrário de Al Springer, Danny DeCarlo se parecia, falava e agia como um motociclista. Era baixo, tinha 1,62 metro de altura, pesava 59 quilos, tinha um bigode *handlebar*, tatuagens nos dois braços e cicatrizes de queimaduras em um braço e nas duas pernas, causadas por acidentes de moto. Um sujeito desconfiado, com frequência olhando por cima do ombro, como se esperasse encontrar alguém ali. Falava em um jargão exuberante que os policiais que o interrogaram — Nielsen, Gutierrez e McGann — adotaram de maneira inconsciente. Então com 25 anos, havia nascido em Toronto e recebido cidadania estadunidense após servir quatro anos na Guarda Costeira, seu trabalho: especialista em armas. No momento, trabalhava com o pai, vendendo armas de fogo. Quando o assunto era as armas no rancho Spahn, os detetives não poderiam encontrar uma fonte melhor. Quando não estava se embebedando e correndo atrás de garotas — o que ocupava grande parte de seu tempo, como o próprio admitiu —, ele cuidava das armas. Não só as limpava e consertava, como dormia na sala onde eram guardadas. Quando uma arma era retirada, Danny ficava sabendo.

Ele também sabia de muitas coisas a respeito do rancho cinematográfico Spahn, localizado em Chatsworth, a não mais que 32 quilômetros do centro de Beverly Hills, mas que parecia estar a um mundo de distância. Outrora, William S. Hart, Tom Mix, Johnny Mack Brown e Wallace Beery haviam feito filmes lá. Dizia-se que Howard Hughes fora ao Spahn para supervisionar pessoalmente as filmagens de trechos de *O Proscrito* (*The Outlaw*), e as colinas ondulantes atrás das construções principais serviram de cenário para *Duelo ao Sol* (*Duel in the Sun*). Agora, exceto por um ocasional comercial da Marlboro ou um episódio de *Bonanza*, o principal negócio do rancho era o aluguel de cavalos para cavaleiros de fim de semana. Os sets de filmagem — o Longhorn Saloon, o Rock City Café, a Funerária, a Cadeia — que davam para a Santa Susana Pass Road agora estavam velhos, dilapidados, assim como George Spahn, o proprietário do rancho quase cego de 81 anos. Durante alguns anos, Ruby Pearl, uma antiga artista circense que montava cavalos sem cela e que tinha virado tratadora de cavalos, administrou a parte dos negócios de George que englobava os estábulos: coletando feno, contratando e demitindo caubóis, certificando-se de que cuidassem dos cavalos e do estábulo e que mantivessem as mãos longe das garotas jovens demais que iam até lá para fazerem aulas de equitação. Quase cego, George dependia de Ruby, mas, ao final do dia, ela voltava para o marido e para uma outra vida em casa.

Ao longo dos anos, George tinha gerado dez filhos, cada um dos quais ele havia batizado em homenagem a um de seus cavalos favoritos. Ele podia se lembrar em detalhes dos homônimos, mas não tinha uma lembrança muito nítida dos filhos. Todos moravam em outro lugar e apenas uns poucos o visitavam com alguma regularidade. Quando a Família Manson chegou, em agosto de 1968, George estava morando sozinho em um trailer imundo, sentindo-se velho, sozinho e negligenciado.

Isso foi muito antes de Danny DeCarlo se envolver com a Família, mas ele já tinha ouvido muitas vezes a história ser contada por aqueles que estiveram lá.

Manson — que a princípio pediu a permissão de Spahn para ficar por alguns dias, mas deixou de mencionar o fato de que havia de 25 a trinta pessoas com ele — designou Squeaky para cuidar de George.

Na época, Squeaky — nome verdadeiro: Lynette Fromme — já estava com Manson há mais de um ano, tendo sido uma das primeiras garotas a se juntar a ele. Ela era magra, ruiva, sardenta. Apesar de ter 19 anos, parecia ser muito mais jovem. DeCarlo contou aos detetives: "Ela tinha o George comendo na palma da mão. Limpava para ele, cozinhava para ele, cuidava do saldo de seu talão de cheques, fazia amor com ele".

P: *(incrédulo)* "Ela fazia?! Aquele velho filho da mãe!"

R: "É... A tramoia de Charlie era fazer com que George tivesse tanta fé em Squeaky que, quando chegasse a hora de George partir dessa para a melhor, ele deixasse o rancho para Squeaky. Esse era o lance entre eles. Charlie sempre dizia a ela o que devia falar para George... e ela informava Charlie sobre tudo que os outros diziam para ele."

Squeaky insistia em dizer que era os olhos de George. De acordo com DeCarlo, eles viam só o que Charlie Manson queria que vissem.

Talvez porque ele suspeitasse, talvez porque seus próprios filhos, quando o visitavam, demonstrassem ser contra a ideia, George nunca chegou a fazer um testamento deixando a propriedade para Squeaky. Motivo pelo qual, os detetives supunham, ele ainda estava vivo no rancho Spahn.

George Spahn havia frustrado os planos de Charlie. Danny DeCarlo cooperou com outro e então havia falhado: o esquema de Manson para convencer as gangues de motociclistas a se juntarem a eles em seu plano de "aterrorizar a sociedade", como descreveu DeCarlo. Danny tinha conhecido Manson em março de 1969, pouco depois de ter se separado da esposa. Tinha ido até o rancho Spahn para consertar algumas motos e acabou ficando. "Eu me diverti pra caramba", admitiu mais tarde. As garotas de Manson foram ensinadas que ter filhos e cuidar dos homens era seu único propósito na vida. DeCarlo gostava que cuidassem dele, e as garotas, pelo menos no começo, pareciam demonstrar carinho por "Donkey Dan"[7] — em tradução livre, "Dan Burro" —, apelido que elas lhe deram por conta de certos atributos físicos.

Havia problemas. Charlie era contra bebidas, enquanto, para Danny, não havia nada melhor do que beber cerveja e deitar-se ao sol. Em um depoimento posterior, ele declarou que, enquanto esteve no rancho Spahn, ficou embriagado "provavelmente noventa por cento do tempo". E, com exceção de duas "belezinhas especiais", com o tempo DeCarlo se cansou da maioria das garotas: "Elas sempre ficavam pregando para mim. Era sempre a mesma merda que Charlie pregava para elas".

Com a visita dos Straight Satans no dia 15 de agosto, Manson deve ter se dado conta de que nunca conseguiria convencer os motociclistas a se juntarem a ele. Depois disso, Danny foi ignorado, deixado de fora das reuniões da Família, enquanto as garotas passaram a lhe negar favores. Apesar de ter acompanhado o grupo até o rancho Barker, ele ficou apenas três dias. Ele deu no pé, contou DeCarlo, porque começou a acreditar em todo aquele "papo de assassinatos" que ouviu e tinha fortes suspeitas de que, caso não fosse embora, seria o próximo. "Depois disso", disse ele, "comecei a tomar cuidado."

7 Manson disse a DeCarlo que, como ele próprio era menos bem-dotado, precisava de DeCarlo para impedir que as garotas fugissem. Isso parecia ser uma enrolação de Manson, apesar de DeCarlo insistir ser verdade.

Quando os detetives do caso LaBianca conversaram com DeCarlo na quinta-feira anterior, ele tinha prometido que tentaria encontrar a espada de Manson. Ele a entregou ao sargento Gutierrez, que a registrou como objeto pessoal de "Manson, Charles M.", provável crime "Código Penal 187" — homicídio.

A espada havia acumulado uma história. Algumas semanas depois de Danny ter se mudado para o rancho Spahn, o presidente dos Straight Satans, George Knoll, também conhecido como "86 George", o havia visitado. Manson tinha admirado a espada de George e o tapeado para ficar com ela, prometendo pagar uma multa de trânsito que ele havia recebido no valor de 20 dólares. De acordo com Danny, a espada se tornou uma das armas favoritas de Charlie; ele mandou fazer uma bainha de metal para ela e a colocou ao lado do volante de seu bugue pessoal. Quando foram até lá para buscar Danny, na noite de 15 de agosto, os Straight Satans avistaram a espada e a reivindicaram. Ao descobrirem que estava "suja", ou seja, que tinha sido usada em um crime, quebraram-na ao meio. Estava em dois pedaços quando DeCarlo a entregou a Gutierrez.

Comprimento total, cinquenta centímetros; comprimento da lâmina, 38 centímetros. A largura da lâmina aguçada, a ponta da qual tinha sido afiada em ambos os lados, era de 2,5 centímetros.

Essa era a espada, de acordo com DeCarlo, que Manson tinha usado para cortar a orelha de Gary Hinman.

Com base no que DeCarlo revelou, os detetives agora sabiam que, além de Bobby Beausoleil e Susan Atkins, outros três estiveram envolvidos no assassinato de Hinman: Manson, Mary Brunner e Bruce Davis. A principal fonte de DeCarlo era Beausoleil, que, ao voltar para o rancho Spahn após o assassinato, se gabara do que havia feito. Ou, como Danny afirmou: "Ele voltou todo convencido no dia seguinte, sabe, como se tivesse comido uma virgem".

A história que Beausoleil havia contado a ele, de acordo com DeCarlo, se desenrolou da seguinte maneira: Mary Brunner, Susan Atkins e Bobby Beausoleil tinham aparecido na casa de Hinman, "jogando conversa fora sobre os velhos tempos e coisas assim". Bobby então pediu que Gary lhes entregasse todo o seu dinheiro, dizendo que precisavam dele. Quando Gary negou ter qualquer dinheiro, Bobby sacou uma arma — uma pistola automática Radom .9 feita na Polônia — e começou a bater nele com ela. Durante a briga, a arma disparou, sem que a bala atingisse ninguém, mas ricocheteando pela cozinha. (A LASO encontrou uma bala .9 alojada embaixo da pia da cozinha.)

Beausoleil então telefonou para Manson no rancho Spahn e o informou: "É melhor você vir até aqui, Charlie. Gary não está cooperando".[8] Pouco depois, Manson e Bruce Davis chegaram na casa de Hinman. Confuso e ferido, Gary implorou a Charlie, pedindo que ele pegasse os outros e fosse embora; ele não queria nenhuma confusão; não conseguia entender por que estavam fazendo aquilo com ele; sempre foram amigos. De acordo com DeCarlo: "Charlie não disse nada. Ele simplesmente o golpeou com a espada. *Whack*. Cortou fora um pedaço ou toda a orelha dele. [A orelha esquerda de Hinman tinha sido cortada ao meio.]

"Então Gary caiu e estava tendo um troço por ter perdido a orelha..." Manson deu a ele uma escolha: passar para ele tudo o que tinha ou morrer. Então, Manson e Davis foram embora.

Embora Beausoleil tivesse obtido os "formulários cor-de-rosa" (certificados de posse de veículo da Califórnia) de dois automóveis de Hinman, Gary seguiu insistindo que não tinha dinheiro. Quando mais golpes de pistola não conseguiram convencê-lo, Bobby voltou a ligar para Manson no rancho Spahn: "Não vamos conseguir tirar nada dele. Ele não vai dar nada. E não podemos simplesmente ir embora. A orelha dele foi cortada e ele vai atrás da polícia". Manson respondeu: "Bom, você sabe o que fazer". E Beausoleil o fez.

"Bobby disse que foi para cima de Gary de novo. Pegou a faca e o esfaqueou com ela. Disse que teve que fazer isso três ou quatro vezes... [Hinman] estava sangrando muito, e arfando, e Bobby contou que se ajoelhou ao lado dele e disse: 'Gary, sabe de uma coisa? Você não tem mais motivo nenhum para viver. Você é um porco e a sociedade não precisa de você, então esse é o melhor jeito para você morrer, e você devia me agradecer por acabar com sua dor'. Então [Hinman] emitiu alguns ruídos vindos da garganta, seus últimos suspiros, e uau, ele já era".

P: "Então Bobby disse que ele era um 'porco'?"

R: "Exato. Veja, a luta contra a sociedade era o elemento número um nessa..."

P: *(em um tom cético)* "Ok. Vamos tratar da filosofia dele e de toda essa baboseira depois..."

Mas não chegaram a falar sobre isso.

8 Visto que a residência de Hinman em Malibu e o rancho cinematográfico Spahn em Chatsworth ficavam no mesmo código de área, essa não foi uma ligação interurbana, por isso a empresa telefônica não manteve nenhum registro do telefonema.

DeCarlo prosseguiu. Antes de deixarem a casa, eles escreveram na parede "'white piggy' (porquinho branco) ou 'whitey' (branquelo) ou 'kill the piggies' (mate os porquinhos), algo nessa linha". Beausoleil também mergulhou a mão no sangue de Hinman e, usando a palma, deixou a impressão de uma pata na parede; o plano era "colocar a culpa nos Panteras Negras", cujo símbolo era a impressão de uma pata. Fizeram ligação direta na Kombi e na perua Fiat de Hinman e levaram os dois veículos para o rancho Spahn, onde Beausoleil se gabou de suas proezas para DeCarlo.

Mais tarde, aparentemente temeroso de que a impressão da palma de sua mão pudesse ser identificável, Beausoleil voltou à residência de Hinman e tentou, sem sucesso, apagá-la da parede. Isso aconteceu muitos dias após a morte de Hinman, e Beausoleil mais tarde contou a DeCarlo que ele "pôde ouvir os vermes comendo o Gary".[9]

Como assassinos, eles com certeza agiram de modo amador. Não só a impressão da palma da mão era identificável, como também a impressão digital latente que Beausoleil havia deixado na cozinha. Eles guardaram a Kombi e a perua Fiat de Hinman no rancho durante muitos dias, onde diversas pessoas as viram.[10] Hinman tocava gaita de fole, um instrumento musical bastante incomum. Beausoleil e as garotas levaram a gaita de fole dele para o rancho Spahn, onde durante um tempo permaneceu em uma prateleira na cozinha; DeCarlo, pelo menos, a tinha tentado tocar. E Beausoleil não se livrou da faca, mas continuou a levá-la consigo; estava na parte interna do para-lama quando ele foi preso no dia 6 de agosto, dirigindo a perua Fiat de Hinman.

DeCarlo fez um desenho da faca que Beausoleil alegou ter usado para esfaquear Hinman. Era uma faca Bowie pequena, da finura de um

9 Beausoleil, Brunner e Atkins foram até a residência de Hinman na sexta-feira, 25 de julho de 1969. Manson cortou a orelha de Hinman em algum momento mais tarde naquela noite. Hinman só foi morto, contudo, no sábado, 27 de julho, e foi apenas na quinta-feira seguinte, 31 de julho, que seu corpo foi encontrado pela LASO, após receberem uma notificação de um amigo que estivera tentando entrar em contado com Hinman há vários dias.

10 Ironicamente, no dia 28 de julho, dois policiais da LASO — Olmstead e Grap — visitaram o rancho Spahn por outro motivo. Enquanto estiveram por lá, viram a perua Fiat, verificaram a placa e descobriram que pertencia a Gary Hinman. Grap conhecia Hinman; sabia que ele era amigo do pessoal do rancho Spahn e, portanto, não achou suspeito que o veículo estivesse lá. Até então, embora Hinman estivesse morto, seu corpo ainda não havia sido encontrado. Depois da descoberta do corpo no dia 31 de julho, a LASO emitiu um alerta de "procura-se" para os veículos de Hinman. Grap só ficou sabendo disso, e da morte de Hinman, muito mais tarde. Se soubesse antes, claro, poderia ter direcionado a investigação para o rancho Spahn e para a Família Manson meses antes de Kitty Lutesinger ter acusado Atkins e os demais.

lápis, com uma águia no cabo e uma inscrição mexicana. Correspondia perfeitamente à faca encontrada na perua Fiat. DeCarlo também fez um desenho da Radom .9, que ainda não havia sido encontrada.

Os detetives lhe perguntaram quais outras pistolas ele tinha visto no rancho Spahn.

R: "Bom, tinha um revólver Buntline calibre .22. Quando eles acabaram com aquele Pantera Negra, eu não quis tocar nele. Não quis limpar o revólver. Não queria ficar perto dele."

DeCarlo alegou que não sabia a quem a arma pertencia, mas disse: "Charlie sempre costumava levar ela em um coldre na frente do corpo. Estava meio que sempre com ele".

Em algum momento "por volta de julho, talvez junho", a arma "simplesmente apareceu". Quando foi a última vez que a viu? "Sei que não a vi durante pelo menos uma semana antes da batida."

A batida no rancho Spahn tinha acontecido no dia 16 de agosto. Uma semana antes seria 9 de agosto, a data dos homicídios do caso Tate.

P: "Você chegou a perguntar ao Charlie: 'Onde está sua arma?'."

R: "Ele disse: 'Eu me livrei dela'. Ele gostava dela, então achei que talvez estivesse escondida."

Os detetives pediram que DeCarlo desenhasse o Buntline. O desenho era quase idêntico à fotografia do modelo Longhorn Hi Standard no panfleto distribuído pelo LAPD. Mais tarde, eles mostraram o panfleto a DeCarlo e perguntaram: "Essa se parece com a arma que você mencionou?".

R: "Com certeza."

P: "Qual é a diferença entre essa arma e a arma que você viu?"

R: "Diferença nenhuma. Só a alça de mira era diferente. Não tinha nenhuma."

Os detetives pediram que DeCarlo resumisse o que sabia sobre o assassinato do Pantera Negra. Springer fora o primeiro a mencionar esse crime quando o interrogaram. Nesse ínterim, algumas verificações foram realizadas, e eles se depararam com um pequeno problema: nenhum homicídio assim fora reportado.

De acordo com DeCarlo, depois que Tex passou a perna no sujeito em uma venda de maconha no valor de 2.500 dólares, o Pantera havia telefonado para Charlie no rancho Spahn, com a ameaça de que se ele não resolvesse as coisas, ele e seus irmãos iriam detonar todo o rancho. Naquela mesma noite, Charlie e um sujeito chamado T. J. foram até a casa do Pantera, em North Hollywood. Charlie tinha um plano.

Ele colocou o Buntline calibre .22 no cinto às suas costas. A seu sinal, T. J. deveria puxar a arma, sair de trás de Charlie e apagar o Pantera ali mesmo. Só que T. J. tinha amarelado, e o próprio Manson teve que atirar. Amigos do homem negro, presentes quando o tiroteio aconteceu, abandonaram o corpo dele no Griffith Park mais tarde, contou Danny.

Danny tinha visto os 2.500 dólares e estivera presente na manhã seguinte quando Manson criticou T. J. por ter dado para trás. DeCarlo descreveu T. J. como "um cara muito legal; seu lance era tentar ser um dos rapazes do Charlie, mas ele não tinha o necessário para isso". T. J. tinha concordado com Manson em tudo até aquele ponto, mas ele lhe disse: "Não quero ter nada a ver com esse negócio de dar cabo de pessoas". Um ou dois dias depois, ele "pôs sebo nas canelas".

P: "Quem mais foi morto por lá? E o Shorty? Você sabe alguma coisa sobre isso?"

Houve uma longa pausa, então: "Esse era meu trunfo".

P: "Por quê?"

R: "Eu ia deixar isso por último."

P: "Bom, você pode muito bem esclarecer essa história agora. O Charlie tem alguma coisa que ele possa usar contra você que..."

R: "Não, de jeito nenhum. Nada."

Entretanto, havia uma coisa que preocupava DeCarlo. Em 1966, ele fora condenado por um delito grave: contrabando de maconha pela fronteira mexicana, um crime federal. Naquela época, ele estava recorrendo da sentença. Além disso, enfrentava outras duas acusações: junto a Al Springer e diversos outros membros dos Straight Satans, havia sido acusado de vender um motor de moto roubado, o que era um crime local, e de fornecer informações falsas enquanto comprava uma arma de fogo — por ter usado um pseudônimo e não ter revelado que tinha uma condenação anterior por um delito grave —, outro crime federal. Manson tinha sido solto de uma penitenciária federal sob liberdade condicional. "Então, e se eles me mandarem para o mesmo lugar? Não quero sentir uma faca nas costas e encontrar aquele filho da puta atrás de mim."

P: "Deixe-me explicar uma coisa, Danny, para que você entenda sua situação. Estamos lidando com um sujeito que temos quase certeza ter sido responsável por uns treze assassinatos. Alguns dos quais você não tem conhecimento."

O número treze foi apenas um palpite, mas DeCarlo os surpreendeu ao dizer: "Eu sei a respeito deles — tenho quase certeza de que ele matou as pessoas do caso Tate".

P: "Ok, falamos sobre o Pantera, falamos sobre Gary Hinman, íamos falar sobre Shorty, e você acha que ele matou as pessoas na casa de Tate, então são oito. Bom, temos mais cinco. Certo? Bom, a opinião que temos de Charlie é que ele tem um pequeno problema mental.

"Mas de jeito nenhum vamos colocar você ou qualquer outra pessoa em risco, não queremos outro assassinato. Nosso trabalho é impedir assassinatos. E nesse trabalho não faz sentido resolver treze assassinatos se mais alguém for morto. Isso só vai resultar em catorze mortes."

R: "Sou um motociclista nojento."

P: "O que você é como pessoa não me interessa."

R: "A opinião geral que a polícia tem de mim é que eu sou um nada."

P: "Essa não é minha opinião."

R: "Não sou um cidadão excepcional..."

P: "Como te disse outro dia, Danny, seja honesto conosco, até o fim, o tempo todo, sem sacanagem — não vou te sacanear, você não vai me sacanear —, vamos ser honestos um com o outro e eu vou te apoiar cem por cento. E estou falando sério. Para que você não tenha que ir para o xadrez."

P: *(outro detetive)* "Já lidamos com motociclistas antes, e com todos os tipos de pessoas. Arriscamos nossos pescoços para os ajudar porque eles nos ajudaram. Vamos dar o nosso melhor para nos certificar de que ninguém seja morto, seja ele um motociclista ou o melhor cidadão do mundo...

"Agora nos conte o que sabe sobre Shorty."

Mais cedo naquela mesma noite, 17 de novembro de 1969, dois policiais de homicídios do LAPD, os sargentos Mossman e Brown, apareceram no Sybil Brand Institute e pediram para ver uma certa Ronnie Howard.

A entrevista foi breve. Eles ouviram o suficiente, contudo, para se darem conta de que tinham algo grande nas mãos. O suficiente, também, para decidirem que não seria uma boa ideia deixar Ronnie Howard no mesmo dormitório que Susan Atkins. Antes de irem embora do Sybil Brand, providenciaram para que ela fosse transferida para uma unidade de isolamento. Então voltaram para o Parker Center, ansiosos para contar aos outros detetives que tinham "solucionado o caso".

◆ ◆ ◆

Nielsen, Gutierrez e McGann ainda estavam entrevistando DeCarlo sobre o assassinato de Shorty. Eles já sabiam algumas coisas sobre isso, mesmo antes de conversarem com Springer e DeCarlo, pois os sargentos Whiteley e Guenther haviam começado sua própria investigação sobre esse "possível homicídio" depois de terem conversado com Kitty Lutesinger.

Eles sabiam que "Shorty" era Donald Jerome Shea, um homem caucasiano de 36 anos que havia trabalhado como tratador de cavalos de maneira intermitente no rancho Spahn durante cerca de quinze anos. Assim como a maioria dos outros caubóis que entraram e saíram do rancho cinematográfico Spahn, Shorty estava apenas aguardando o dia em que algum produtor descobrisse que ele tinha todo o potencial para ser um novo John Wayne ou Clint Eastwood. Sempre que a possibilidade de um novo trabalho como ator surgia, Shorty pedia demissão e saía em busca daquele estrelato sempre elusivo. O que explicava o porquê de, quando ele sumiu do rancho Spahn no final de agosto, ninguém ter dado muita importância. A princípio.

Kitty também dissera aos policiais da LASO que Manson, Clem, Bruce e possivelmente Tex estiveram envolvidos no assassinato, e que algumas das garotas da Família tinham ajudado a apagar todos os sinais do crime. Uma coisa que não sabiam, e que agora perguntaram a Danny, era: "Por que fizeram isso?".

R: "Porque Shorty ia até o velho Spahn e dedurava eles. E Charlie não gosta de dedos-duros."

P: "Só sobre as bobagens insignificantes no rancho?"

R: "Isso mesmo. Shorty ficava falando para o velho Spahn que deveria colocar ele no comando e que ele ia fazer uma limpeza no lugar."

Shorty havia dito que, em pouco tempo, iria expulsar Manson e sua Família. Ele, contudo, cometeu um erro fatal: esqueceu-se de que a pequena Squeaky não era apenas os olhos de George; ela também era os ouvidos de Charlie.

Houve outros motivos, e Danny os listou. Shorty tinha se casado com uma dançarina de topless negra; Charlie "tinha um lance" sobre casamentos inter-raciais e os negros. ("Charlie tinha dois inimigos", contou DeCarlo, "a polícia e os crioulos, nessa ordem.") Charlie também suspeitava que Shorty tinha ajudado a organizar a batida no rancho Spahn no dia 16 de agosto — o homem tinha sido "apagado" cerca de dez dias depois.[11] E havia a possibilidade, ainda que fosse apenas conjectura por parte de DeCarlo, de que Shorty tivesse entreouvido alguma coisa sobre os outros homicídios.

11 A data exata da morte de Shea ainda permanece desconhecida. Acredita-se que tenha ocorrido na noite de segunda-feira, 25 de agosto, ou na terça-feira, 26 de agosto de 1969.

Bruce Davis foi quem lhe contou sobre a morte de Shorty, afirmou DeCarlo. Muitas das garotas também a tinham mencionado, assim como Clem e Manson. Danny não tinha certeza quanto a alguns dos detalhes — como e onde tinham conseguido pegar Shorty desprevenido —, mas quanto ao modo como o mataram, ele foi bastante gráfico. "Como se estivessem indo matar César", eles foram até a sala de armas e pegaram uma espada e quatro baionetas alemãs, estas últimas adquiridas em uma loja de excedentes militares por 1 dólar cada e afiadas até virarem navalhas. Então, depois de pegarem Shorty sozinho, "o esfaquearam como se estivessem fatiando um peru de Natal. [...] Bruce disse que o cortaram em nove pedaços. Cortaram fora sua cabeça. Depois também cortaram os braços, para que não houvesse a possibilidade de o identificarem. Eles estavam rindo da situação."

Depois de matá-lo, cobriram o corpo com folhas (DeCarlo supôs, mas não tinha certeza, que isso tenha acontecido em um dos cânions atrás das construções do rancho); algumas das garotas ajudaram a descartar as roupas ensanguentadas, assim como o automóvel e as outras posses de Shorty; então "Clem voltou no dia seguinte ou naquela noite e o enterrou de uma vez por todas".

P: *(voz não identificada)* "Será que podemos fazer uma pausa de uns quinze minutos, talvez mandar o Danny lá para cima para tomar um café? Houve um acidente e eles querem conversar com vocês."

P: "Claro."

P: "Vou mandar o Danny para o oitavo andar. Quero ele de volta aqui em quinze minutos."

R: "Vou esperar aqui mesmo." Danny estava preocupado em ser visto perambulando pelos corredores do LAPD.

P: "Não vai demorar mais de quinze minutos. Vamos fechar a porta para que ninguém saiba que você está aqui."

Não houvera nenhum acidente. Mossman e Brown tinham voltado do Sybil Brand. Enquanto relatavam o que tinham descoberto, os quinze minutos se transformaram em 45. Ainda que as conversas entre Atkins e Howard tivessem deixado muitas perguntas sem respostas, os detetives estavam convencidos de que os casos Tate e LaBianca haviam sido "resolvidos".[12] Susan Atkins tinha compartilhado detalhes com Ronnie Howard — as palavras escritas na residência dos LaBianca e a faca perdida na residência de

12 Como em breve ficará bastante aparente, chamar o caso de "resolvido" foi uma declaração errônea como nenhuma outra.

Tate, informações não divulgadas — que apenas um dos assassinos poderia saber. Os tenentes Helder (Tate) e LePage (LaBianca) foram notificados.

Quando retornaram à sala de interrogatório, os detetives estavam se sentindo mais leves.

P: "Bom, quando deixamos o Shorty, ele estava em nove pedaços e sua cabeça e braços tinham sido decepados..."

DeCarlo não foi informado sobre o que tinha sido descoberto. Mas ele deve ter sentido uma mudança no interrogatório. A conversa sobre Shorty logo foi encerrada. O tópico agora era o caso Tate. Por que exatamente Danny achava que Manson esteve envolvido?

Bem, houve dois incidentes. Ou talvez tenha sido o mesmo; Danny não tinha certeza. De qualquer maneira, "eles saíram para aprontar alguma coisa e voltaram com 75 paus. Tex esteve envolvido, e ele ferrou o pé enquanto arrancava o dinheiro de alguém. Não sei se chegou a apagar a pessoa, mas ele conseguiu 75 paus."

Não havia calendários no rancho Spahn, DeCarlo havia informado mais cedo; ninguém prestava muita atenção a que dia era. A única data que todos no rancho se lembravam, contudo, era 16 de agosto, o dia da batida. Isso aconteceu antes.

P: "Antes quando?"

R: "Ah, umas duas semanas."

Se a estimativa de DeCarlo estivesse correta, isso também teria acontecido antes dos homicídios do caso Tate. Qual era o outro incidente?

R: "Eles saíram uma certa noite, todo mundo menos o Bruce."

P: "Quem foi?"

R: "Charlie, Tex e Clem. Os três. Ok, na manhã seguinte..."

Um dos detetives o interrompeu. Ele de fato os tinha visto sair? Não, só na manhã seguinte. Outra interrupção: Alguma das garotas saiu naquela noite?

R: "Não, acho... Não, tenho quase certeza de que só os três saíram."

P: "Bem, você se lembra se as outras garotas estavam lá naquela noite?"

R: "Olha, as garotas estavam espalhadas por todo o lugar, e não tinha como eu me manter informado sobre quem estava lá e quem não estava..."

Então era possível que as garotas tivessem saído sem que DeCarlo ficasse sabendo. Agora, e a data?

Dessa Danny se lembrava, mais ou menos, porque estava reconstruindo o motor de sua moto e teve que ir à cidade para comprar um rolamento. Isso foi "por volta do dia 9, 10 ou 11" de agosto. "E eles se separaram naquela noite e voltaram na manhã seguinte."

Clem estava parado em frente à cozinha, contou DeCarlo. Danny se aproximou dele e perguntou: "O que vocês fizeram ontem à noite?". Clem, de acordo com Danny, abriu "aquele sorriso idiota dele". Danny olhou por cima do ombro e viu que Charlie estava parado atrás dele. Teve a impressão de que Clem estava prestes a responder, mas que Charlie lhe dera um sinal para que ficasse quieto. Clem disse algo como: "Não se preocupe com isso, nós nos saímos bem". Nesse momento, Charlie se afastou. Antes de ir atrás dele, Clem colocou a mão no braço de Danny e disse: "Pegamos cinco porquinhos". Havia um grande sorriso em seu rosto.

Clem contou a DeCarlo: "Pegamos cinco porquinhos". Manson disse a Springer: "Apagamos cinco deles faz poucas noites". Atkins confessou a Howard que tinha esfaqueado Sharon Tate e Voytek Frykowski. Beausoleil confessou a DeCarlo que tinha esfaqueado Hinman. Atkins contou a Howard que tinha sido *ela* quem o tinha esfaqueado. De repente, os detetives tinham uma abundância de confessores. Tantos que ficaram completamente confusos quanto a quem esteve envolvido em qual homicídio.

Deixando Hinman de lado, que, afinal de contas, era um caso da Delegacia de Los Angeles, e se concentrando no caso Tate, eles tinham duas versões:

(1) DeCarlo acreditava que Charlie, Clem e Tex — sem a ajuda de nenhuma das garotas — tinham matado Sharon e os outros.

(2) Ronnie Howard entendeu que Susan Atkins havia dito que ela, duas outras garotas (os nomes "Linda" e "Katie" tinham sido mencionados, mas não estava claro se elas estiveram envolvidas nesse homicídio em particular), além de "Charles" e possivelmente outro homem, tinham ido ao número 10050 da Cielo Crive.

Quanto aos assassinatos dos LaBianca, tudo o que sabiam era que havia "duas garotas e Charlie", que "Linda não esteve nesse crime" e que Susan Atkins, de algum modo, esteve envolvida naquele "nós" coletivo.

Os detetives decidiram tentar uma outra abordagem — por meio das outras garotas do rancho. Contudo, antes queriam amarrar algumas pontas soltas. O que os três homens estiveram usando? Roupas escuras, respondeu DeCarlo. Charlie estava usando um suéter preto, calças Levi's, mocassins; Tex estava vestido de modo parecido, achava, embora pudesse estar usando botas, não tinha certeza; Clem também estava usando calças Levi's e mocassins, além de uma jaqueta militar verde-oliva. Ele havia notado se tinha sangue em suas roupas quando os viu na manhã seguinte? Não, mas não estivera prestando atenção nisso. Ele fazia ideia de qual veículo tinham usado? Claro, o Ford 1959 de Johnny Swartz; era o único carro que estava funcionando naquela época. Alguma ideia de onde o veículo estava agora? Tinha sido apreendido durante a batida no dia 16 de agosto e, até onde Danny sabia, era provável que ainda estivesse no pátio de recolhimento de veículos apreendidos em Canoga Park. Swartz era um dos faz-tudo do rancho Spahn, não um membro da Família, mas ele deixava que pegassem seu carro emprestado. Alguma ideia de qual era o nome verdadeiro de Tex? "Charles" era o primeiro nome, disse Danny; ele tinha visto o sobrenome uma vez, em um formulário cor-de-rosa, mas não conseguia se lembrar. Será que era "Charles Montgomery"?, perguntaram os detetives, usando um nome que Kitty Lutesinger tinha fornecido. Não, isso não parecia familiar. E Clem — o nome "Tufts" soava conhecido? Não, nunca tinha ouvido Clem ser chamado assim, mas "aquele rapaz que foi encontrado baleado em Topanga Canyon, o garoto de 16 anos, o nome dele não era Tufts?". Um dos detetives respondeu: "Não sei. Esse caso é da Delegacia de Los Angeles. Temos tantos homicídios agora".

Ok, agora as garotas. "Você conhecia bem as garotas de lá?"

R: "Muito bem, cara." *(risos)*

Os detetives começaram a repassar os nomes que as garotas haviam usado quando foram detidas durante as batidas nos ranchos Spahn e Barker. E logo de cara encontraram problemas. Elas não só tinham usado pseudônimos quando foram fichadas, como também os usavam no rancho. E não apenas um único pseudônimo, mas inúmeros, aparentemente mudando-os assim como mudavam de roupas, sempre que sentiam vontade. Para complicar ainda mais as coisas, elas até chegavam a trocar pseudônimos entre si.

Como se não houvesse problemas suficientes, Danny proporcionou outro. Ele estava bastante relutante em admitir que alguma das garotas seria capaz de cometer um homicídio.

Os rapazes já eram outra história. Bobby, Tex, Bruce, Clem, qualquer um deles seria capaz de matar, acreditava DeCarlo, se Charlie mandasse. (Todos, como vieram a descobrir, tinham matado.)

Ella Jo Bailey foi descartada; ela tinha deixado o rancho Spahn antes dos homicídios. Mary Brunner e Sandra Good também estavam fora; estiveram presas em ambas as noites.

E quanto a Ruth Ann Smack, também conhecida como Ruth Ann Huebelhurst? (Esses foram nomes usados quando ela foi fichada. Seu nome verdadeiro era Ruth Ann Moorehouse e era conhecida na Família como "Ouisch". Danny sabia disso, mas por motivos pessoais não seu deu ao trabalho de informar os detetives.)

P: "O que você sabe sobre ela?"

R: "Ela costumava ser uma das minhas brotinhos preferidas."

P: "Você acha que ela teria coragem de matar alguém a sangue frio?"

Danny hesitou por um longo momento antes de responder.

R: "Sabe, aquela garotinha era tão doce. O que me deixou bastante enojado foi quando ela veio até mim em uma determinada noite, quando eu estava lá no deserto, e disse: 'Mal posso esperar para pegar meu primeiro porco'.

"Uma garotinha de 17 anos! Eu a via como uma filha, simplesmente a coisinha mais doce que você já viu na vida. Ela era tão bonita e gentil. E Charlie ferrou tanto com as ideias dela que faz meu estômago revirar."

Determinaram que ela dissera isso a DeCarlo por volta do dia 1º de setembro. Se ela não tinha matado até o momento, não poderia ter se envolvido nos homicídios dos casos Tate e LaBianca. Descartar Ruth Ann.

Chegou a conhecer alguma Katie? Sim, mas ele não sabia qual era seu nome verdadeiro. "Nunca conheci ninguém pelo nome verdadeiro", afirmou DeCarlo. Katie era uma moça mais velha, não uma fugitiva. Era da região de Venice. A descrição que fez dela foi vaga, a não ser pelo fato de que tinha tanto pelo no corpo que nenhum dos rapazes queria transar com ela.

E uma tal de Linda? Ela era uma moça baixinha, disse Danny. Mas não ficou muito tempo, talvez apenas um mês, mais ou menos, e ele não sabia muita coisa sobre ela. Já tinha ido embora quando a batida no rancho Spahn foi realizada.

Quando Sadie saía em suas missões "furtivas", ela levava alguma arma?, perguntou um dos detetives.

R: "Ela levava uma faquinha. [...] Eles tinham um monte de faquinhas de caça, facas de caça Buck."

P: "Facas Buck?"

R: "Facas Buck, exato..."

Eles então começaram a bombardear DeCarlo com perguntas específicas. Já viu algum cartão de crédito com um nome italiano? Alguém já falou sobre uma pessoa que tinha um barco? Já ouviu alguém usar o nome "LaBianca"? Danny respondeu "não" a todas essas perguntas.

E óculos, alguém no rancho Spahn usava óculos? "Nenhum deles usava óculos, porque Charlie não deixava que usassem óculos." Mary Brunner tivera diversos pares; Charlie tinha quebrado todos eles.

Mostraram a DeCarlo um pedaço de corda de náilon de trança dupla. Já viu alguma corda como essa no rancho Spahn? Não, mas já tinha visto uma de trança tripla. Charlie tinha comprado cerca de sessenta metros de corda na loja de excedentes militares Jack Frost, em Santa Monica, em junho ou julho.

Ele estava certo disso? Claro que estava; ele estivera junto quando Charlie a comprou. Depois ele a enrolou para que não desfiasse. Era o mesmo tipo de corda usada pela Guarda Costeira, em barcos PT; ele a usara centenas de vezes.

Embora DeCarlo não estivesse ciente disso, a corda usada para amarrar Tate e Sebring também era de trança tripla.

Provavelmente de acordo prévio, os detetives começaram a pressionar DeCarlo, adotando um tom mais rigoroso.

P: "Você alguma vez se envolveu em suas tramoias?"

R: "Nem ferrando. De jeito nenhum. Pergunte a qualquer uma das garotas."

P: "Você teve algum envolvimento na morte de Shorty?"

DeCarlo negou, com veemência. Shorty tinha sido seu amigo; além do mais: "Não tenho colhões para apagar ninguém". No entanto, houve uma pequena hesitação em sua resposta, o suficiente para indicar que estava escondendo algo. Pressionado, DeCarlo contou a respeito das armas de Shorty: um par de revólveres Colt calibre .45 idênticos. Ele vivia penhorando as pistolas, para depois recuperá-las. No final de agosto ou início de setembro — depois do desaparecimento de Shorty, mas supostamente antes de DeCarlo saber o que havia acontecido a ele —, Bruce Davis lhe deu o recibo da penhora das armas de Shorty, como pagamento de uma dívida que ele tinha com DeCarlo. Danny então recuperou as pistolas. Mais tarde, ao saber que Shorty havia sido morto, vendeu as armas para uma loja em Culver City por 75 dólares.

P: "Isso te coloca em uma posição bastante ruim, você sabe disso, certo?"

Danny sabia. E se enrolou ainda mais quando um dos detetives questionou se ele sabia alguma coisa sobre cal. Quando foi detida, Mary Brunner tinha consigo uma lista de compras escrita por Manson. "Cal" era um dos itens na lista. Alguma ideia do motivo pelo qual Charlie iria querer cal?

Danny se lembrava de que certa vez Charlie perguntou a ele o que usar "para decompor um corpo". Ele havia respondido que cal funcionava melhor, pois uma vez tinha usado cal para se livrar de um gato que tinha morrido embaixo de uma casa.

P: "Por que você lhe contou isso?"
R: "Nenhuma razão em particular, ele só me perguntou."
P: "O que ele te perguntou?"
R: "Ah, o melhor jeito de ah, ah, sabe, de se livrar de um corpo bem depressa."
P: "Você chegou a pensar em perguntar: 'Olha, por que diabos você me faria uma pergunta dessas, Charlie?'."
R: "Não, porque ele era maluco."
P: "Quando essa conversa aconteceu?"
R: "Por volta, ah, por volta da época em que Shorty desapareceu."

As coisas não pareciam boas, e os detetives decidiram deixar por isso mesmo. Embora estivessem inclinados a aceitar a história de DeCarlo, suspeitando, contudo, que, apesar de provavelmente não ter se envolvido no assassinato, ele ainda assim soubesse de mais coisas do que estava revelando, isso lhes dava uma alavancagem adicional para tentar conseguir o que queriam.

Eles queriam duas coisas.

P: "Sobrou alguém que conhece você lá no rancho Spahn?"
R: "Não que eu saiba. Não sei quem está lá. E não quero ir até lá para descobrir. Não quero ter nada a ver com aquele lugar."
P: "Quero dar uma olhada por lá. Mas preciso de um guia."

Danny não se ofereceu.

Eles fizeram o pedido sem rodeios.

P: "Você estaria disposto a testemunhar?"
R: *"Não, senhor!"*

Havia duas acusações contra ele pendendo, eles o lembraram. Sobre o motor de motocicleta roubado: "Talvez consigamos diminuir para uma acusação menor. Quem sabe até consigamos retirar a acusação. Quanto ao lance federal, não sei como podemos influenciar nesse caso. Mas podemos tentar".

R: "Se vocês tentarem por mim, tudo bem. Isso é tudo que posso pedir."

Quando o assunto era ser testemunha ou ir para a cadeia...

DeCarlo hesitou. "Então, quando *ele* sair da cadeia..."

P: "Ele não vai sair da cadeia depois de uma condenação de homicídio qualificado quando se tem mais de cinco vítimas envolvidas. Se Manson for o cara que esteve envolvido nos homicídios do caso Tate. Ainda não sabemos disso com certeza. Temos muitas informações quc indicam isso."

R: "Também tem uma recompensa envolvida nisso tudo."

P: "Tem, sim. Uma tremenda de uma recompensa: 25 mil. Não dá para dizer que só uma pessoa vai ficar com ela, mas mesmo dividindo vai dar uma bela de uma grana."

R: "Eu poderia mandar meu filho para a escola militar com isso."

P: "Então, o que acha: você estaria disposto a testemunhar contra esse grupo de pessoas?"

R: "Ele vai ficar lá sentado olhando para mim, o Manson, não vai?"

P: "Se você for ao tribunal e testemunhar, sim. No momento, está sentindo muito medo de Manson?"

R: "Estou morrendo de medo. Ele me deixa petrificado. Ele não hesitaria nem por um segundo. Nem que demorasse dez anos, ele encontraria meu filho e o faria em pedacinhos."

P: "Você dá a esse desgraçado mais crédito do que ele merece. Se acha que Manson é algum tipo de deus que vai fugir da prisão e voltar para matar todo mundo que testemunhou contra ele..."

Mas estava claro que DeCarlo acredita que Manson era plenamente capaz disso.

Mesmo que ele permanecesse na cadeia, ainda havia os outros.

R: "E o Clem? Vocês já o prenderam?"

P: "Sim. Clem está sentado no xadrez lá em Independence, com Charlie."

R: "E o Tex e o Bruce?"

P: "Os dois estão em liberdade. Bruce Davis, de acordo com a última notícia que tivemos dele, no começo desse mês, estava em Venice."

R: "Bruce está lá em Venice, hein? Vou ter que me cuidar. [...] Um dos meus irmãos do clube disse que viu duas das garotas lá em Venice também."

Os detetives não contaram a DeCarlo que a última vez em que Davis fora visto, no dia 5 de novembro, foi em relação a outra morte: o "suicídio" de Zero. Àquela altura, os policiais do LAPD já haviam descoberto que Zero — também conhecido como Christopher Jesus, nome verdadeiro: John Philip Haught — fora detido durante a batida no rancho Barker. Mais cedo, enquanto analisava algumas fotografias, DeCarlo havia identificado "Scotty" e "Zero" como dois rapazes de Ohio que tinham ficado com a Família durante um curto período, mas que "não tinham se encaixado". Um dos detetives comentou: "O Zero não está mais entre nós".

R: "Como assim, ele 'não está mais entre nós'?"

P: "Ele está entre os mortos."

R: *"Ah, merda, é mesmo?"*

P: "É, ele ficou um pouco chapado demais um dia desses e estava brincando de roleta-russa. Meteu uma bala na cabeça."

Ainda que os detetives aparentemente tivessem acreditado na história da morte de Zero, do modo como tinha sido contada por Bruce Davis e os outros, Danny não acreditou nela, nem por um minuto.

Não, Danny não queria testemunhar.

Os detetives deixaram por isso mesmo. Ainda havia tempo para que ele mudasse de ideia. Afinal de contas, agora tinham Ronnie Howard. Eles liberaram Danny, depois de tomarem providências para que ele voltasse no dia seguinte.

Após Danny ir embora, mas enquanto a fita ainda estava rodando, um dos detetives comentou: "Estou sentindo que tivemos um dia bem cheio".

O interrogatório de DeCarlo tinha durado mais de sete horas. Já passava da meia-noite de terça-feira, 18 de novembro de 1969. Eu já estava dormindo, sem saber que, em poucas horas, como resultado de uma reunião entre o promotor e sua equipe naquela manhã, ficaria encarregado de processar os assassinos dos casos Tate e LaBianca.

PARTE 3

A INVESTIGAÇÃO: SEGUNDA FASE

De 18 de novembro a 31 de dezembro de 1969

"Nenhum sentido faz sentido."
Charles Manson

18 de novembro de 1969

A essa altura, o leitor tem mais informações sobre os assassinatos de Tate-LaBianca do que eu no dia em que fui encarregado do caso. Na verdade, visto que grande parte da história anterior não veio a público antes deste livro, o leitor é um observador atento, ciente dos acontecimentos em um sentido bastante incomum em um caso de homicídio. E, de certa maneira, eu sou um recém-chegado, um intruso. A súbita mudança de um narrador invisível ao fundo para um relato bastante pessoal está fadada a ser uma surpresa. A melhor maneira de suavizá-la, acredito, seria me apresentando; a seguir, quando tivermos tirado isso do caminho, retomaremos a narrativa juntos. Essa digressão, ainda que infelizmente necessária, será a mais breve possível.

Um resumo biográfico convencional antes do julgamento de Manson provavelmente diria algo mais ou menos assim: Vincent T. Bugliosi, 35 anos de idade, promotor de justiça adjunto, Los Angeles, Califórnia. Nascido em Hibbing, Minnesota. Formado na Hollywood High School. Frequentou a University of Miami com uma bolsa de estudos para jogar tênis, e obteve diplomas de bacharelado em artes e bacharelado em administração. Ao se decidir por praticar direito, frequentou a UCLA, onde obteve diploma de bacharelado em direito, sendo presidente da turma de 1964. Passou a fazer parte da Promotoria do Condado de Los Angeles no mesmo ano. Participou de julgamentos de inúmeros casos de homicídio bastante divulgados — Floyd-Milton, Perveler-Cromwell etc. —, vindo a obter condenações em todos eles. Participou de 104 julgamentos com júri popular de delitos graves, perdendo apenas um. Além de suas obrigações como promotor, Bugliosi é professor de Direito Criminal na Beverly School of Law, Los Angeles. Atuou como consultor técnico e editou roteiros de dois episódios pilotos para o seriado de Jack Webb, *The D.A.*. A estrela do seriado, Robert Conrad, baseou seu personagem no jovem promotor. Casado. Dois filhos.

É provável que dissesse isso, mas ainda assim não diz nada sobre como me sinto em relação à minha profissão, o que é ainda mais importante.

"O principal dever de um advogado comprometido com a procuradoria-geral não é condenar, mas garantir que a justiça seja feita..."

Essas palavras foram tiradas do Cânone de Ética da Ordem dos Advogados dos Estados Unidos. Pensei nelas com frequência durante os cinco anos em que fui promotor. Em um sentido bastante verdadeiro, elas haviam se transformado na minha crença pessoal. Se, em determinado caso, uma condenação significa justiça, então que seja. Mas, caso contrário, não quero ter nenhum envolvimento nele.

Por muitos anos, a imagem estereotipada do promotor vem sendo aquela do tipo apoiador da lei e da ordem de extrema-direita determinado a obter condenações a qualquer custo, ou a de um atrapalhado e estabanado Hamilton Burger, sempre processando pessoas inocentes, que, felizmente, são salvas no último segundo pelas manobras astutas de um Perry Mason.

Nunca fui da opinião de que o advogado de defesa tem um monopólio sobre a preocupação com a inocência, a legitimidade e a justiça. Depois de me juntar à promotoria, processei quase mil casos. Em muitos deles busquei e obtive condenações, pois acreditava que as evidências as justificavam. Em muitos outros, nos quais acreditei que as evidências eram insuficientes, me levantei no tribunal e requisitei que as acusações fossem descartadas, ou solicitei uma redução da condenação ou da sentença.

Esses últimos casos quase nunca ganham as manchetes. Apenas em raras ocasiões o público tem conhecimento deles. Desse modo, o estereótipo permanece. Muito mais importante, contudo, é a percepção de que a legitimidade e a justiça prevaleceram.

Além de nunca sentir o menor remorso em não me enquadrar nesse estereótipo, também me rebelei contra outro. Por tradição, o papel do promotor é dividido em duas partes: lidar com os aspectos legais do caso; e apresentar no tribunal as evidências reunidas pelos agentes da lei. Eu nunca aceitei essas limitações. Em casos passados, sempre fiz parte das investigações — saindo às ruas e entrevistando eu mesmo as testemunhas, rastreando e verificando novas pistas, com frequência encontrando evidências que de outra maneira teriam passado despercebidas. Em alguns casos, isso levou à soltura de um suspeito. Em outros, a uma condenação que do contrário não poderia ter sido obtida.

Para um advogado, fazer menos do que o seu melhor é, estou convencido, uma traição ao cliente. Ainda que em julgamentos criminais a pessoa se sinta inclinada a se concentrar no advogado de defesa e em seu cliente, o réu, o promotor também é um advogado, e ele também tem um cliente: o Povo. E o Povo também tem o direito a uma oportunidade no tribunal, a um julgamento justo e imparcial, e à justiça.

O caso Tate-LaBianca era a última coisa na minha mente na tarde de 18 de novembro de 1969. Eu tinha acabado de concluir um longo julgamento e estava voltando para meu escritório no Palácio da Justiça quando Aaron Stovitz, chefe da Divisão de Julgamentos da procuradoria-geral e um dos principais advogados criminalistas em um escritório com 450 promotores, segurou meu braço e, sem uma palavra sequer de explicação, me guiou depressa pelo corredor até o escritório de J. Miller Leavy, diretor da Central de Operações.

Leavy estava conversando com dois tenentes do LAPD com quem eu tinha trabalhado em casos anteriores, Bob Helder e Paul LePage. Depois de ouvir por um minuto, escutei a palavra "Tate". Ao me virar para Aaron, perguntei: "*Nós* vamos cuidar desse caso?".

Ele acenou de modo afirmativo com a cabeça. Meu único comentário foi um assobio baixo.

Helder e LePage nos apresentaram um breve resumo do que Ronnie Howard havia contado. Para dar continuidade à visita que Mossman e Brown lhe fizeram na noite anterior, dois outros policiais tinham ido até o Sybil Brand naquela manhã e conversado com Ronnie por algumas horas. Eles obtiveram muitos outros detalhes, mas ainda havia lacunas enormes na história.

Àquela altura, dizer que os casos Tate e LaBianca haviam sido "resolvidos" seria um tremendo exagero. É claro que em qualquer caso de homicídio encontrar o assassino é extremamente importante. Mas esse é apenas o primeiro passo. Nem a descoberta, nem a prisão, tampouco o indiciamento de um réu têm valor determinante como evidência, e nenhum deles é prova de culpa. Uma vez que o assassino é identificado, ainda permanece o problema difícil (e às vezes insuperável) de conectá-lo ao crime por meio de evidências sólidas e admissíveis, e, então, provar sua culpa acima de qualquer dúvida, seja diante de um juiz ou de um júri.

E, até aquele momento, nós sequer tínhamos dado o primeiro passo, muito menos o segundo. Ao conversar com Ronnie Howard, Susan Atkins havia implicado a si mesma e "Charles", supostamente se referindo a Charles Manson. Contudo, ela também dissera que outros estiveram envolvidos, e não tínhamos suas verdadeiras identidades. Isso em relação ao caso Tate. A respeito do caso LaBianca, não havia praticamente nenhuma informação.

Uma das primeiras coisas que eu quis fazer, depois de rever as declarações de Howard e DeCarlo, foi ir ao rancho Spahn. Providências foram tomadas para minha visita lá na manhã seguinte com diversos detetives. Perguntei a Aaron se queria nos acompanhar, mas ele não estaria disponível.[1]

Quando voltei para casa no final daquela tarde e contei à minha esposa, Gail, que Aaron e eu tínhamos sido encarregados do caso Tate, ela compartilhou do meu entusiasmo. Mas com reservas. Ela estava esperando que pudéssemos tirar férias. Fazia meses que eu não tirava um dia inteiro de folga. Mesmo quando eu estava em casa à noite, me dedicava a ler transcrições, pesquisar leis ou preparar argumentos. Embora me certificasse de passar algum tempo com nossos dois filhos, Vince Jr., de 3 anos, e Wendy, de 5, todos os dias, quando estava envolvido em um caso importante, mergulhava por completo nele. Prometi a Gail que tentaria tirar alguns dias de folga, mas, honestamente, tive que admitir que poderia demorar algum tempo até que conseguisse fazer isso.

Na época, felizmente, não estávamos cientes de que eu viria a conviver com os casos Tate e LaBianca durante quase dois anos, trabalhando em média cem horas por semana, conseguindo, quando muito, ir para a cama antes das 2h em raras ocasiões, sete dias por semana. E os poucos momentos que Gail, as crianças e eu tínhamos para ficarmos juntos seriam desprovidos de privacidade, nossa casa sendo transformada em uma fortaleza, um guarda-costas não só morando conosco, mas também me acompanhando a todos os lugares que eu ia, após uma ameaça feita por Charles Manson de que ele iria "matar Bugliosi".

1 Embora Aaron fosse meu superior no escritório, nós tínhamos sido encarregados do caso como copromotores, com opiniões iguais em relação aos procedimentos. Ainda que casos criminais importantes, com proeminência nacional, de magnitude e complexidade menores do que os homicídios dos casos Tate e LaBianca, com frequência contem com três, e às vezes quatro, promotores trabalhando no caso em tempo integral, por alguma razão, apenas Aaron e eu ficamos encarregados desse. Embora nem Aaron nem eu pudéssemos ter previsto que, meses depois, ele seria afastado do caso, me deixando sozinho para dar continuidade, eu percebi desde o início que, devido às suas outras obrigações como chefe da Divisão de Julgamentos, sua participação, pelo menos antes do julgamento, seria limitada.

De 19 a 21 de novembro de 1969

Escolhemos um péssimo dia para realizar uma busca. O vento estava inacreditável. Quando chegamos em Chatsworth, estava quase nos empurrando para fora da estrada.

Não foi uma viagem de carro muito longa, demorou pouco menos de uma hora. Do Palácio da Justiça, no centro de Los Angeles, a distância até Chatsworth é de quase cinquenta quilômetros. Depois de seguirmos para o norte pela Topanga Canyon Blvd., três quilômetros depois da Devonshire St., fizemos uma curva fechada à esquerda na Santa Susana Pass Road. Outrora percorrida por um tráfego pesado, mas, em anos recentes, substituída por uma rodovia de rodagem mais rápida, a estrada de duas faixas sobe serpenteando por dois ou três quilômetros. Então, de repente, depois de uma curva e à esquerda, ali está, o rancho cinematográfico Spahn.

Sua rua principal em ruínas ficava a menos de dezoito metros da rodovia, em plena vista. Automóveis arruinados e carrocerias de picapes entulhavam o local. Não havia nenhum sinal de vida.

Havia um toque de irrealidade no lugar, acentuado pelo rugido do vento e pela aparência de total abandono, mas ainda mais pelo conhecimento, se a história de Atkins e Howard fosse verdadeira, do que tinha começado e terminado ali. Um set de filmagens dilapidado, no meio do nada, de onde assassinos com roupas escuras se aventuravam noite afora, para aterrorizar e matar, então voltavam antes do amanhecer e desapareciam em meio aos arredores. Poderia ter sido o enredo de um filme de terror, exceto pelo fato de Sharon Tate e pelo menos outros oito seres humanos de verdade estarem mortos.

Saímos da rodovia e entramos na estrada de terra, vindo a parar diante do Long Branch Saloon. Além de mim, estavam o tenente Helder e o sargento Calkins da equipe do caso Tate; o sargento Lee do SID; os sargentos Guenther, Whiteley e William Gleason da LASO; e nosso guia, Danny DeCarlo. Danny tinha por fim concordado em nos acompanhar, mas apenas com uma condição: que nós o algemássemos. Dessa maneira, se algum membro da Família ainda estivesse por lá, não pensaria que ele "estava falando com os tiras" por vontade própria.

Embora os policiais da Delegacia de Los Angeles tivessem estado no rancho antes, precisávamos de DeCarlo para um propósito específico: indicar as áreas onde Manson e a Família praticavam tiro ao alvo. O objetivo de nossa busca: quaisquer projéteis e/ou estojos calibre .22.

Contudo, antes eu queria obter a permissão de George Spahn para fazer uma busca pelo rancho. Guenther nos mostrou seu barracão, que ficava à direita e um pouco afastado do set de filmes de faroeste. Batemos à porta e uma voz, a de uma moça, disse: "Pode entrar".

Era como se todas as moscas da região tivessem buscado abrigo ali durante uma tempestade. George Spahn, de 81 anos, estava sentado em uma poltrona desgastada, usando um chapéu Stetson e óculos escuros. Em seu colo, havia um chihuahua; aos seus pés, um Cocker Spaniel. Uma garota hippie, de cerca de 18 anos, estava preparando o almoço dele, enquanto um rádio transistor, sintonizado em uma estação de música country, estrondeava "Young Love", de Sonny James.

Isso pareceu tão encenado quanto o próprio ambiente: de acordo com DeCarlo, Manson chamava suas garotas de "young loves" — jovens amores.

Por conta da cegueira quase total de Spahn, Calkins lhe entregou seu distintivo para que ele pudesse tateá-lo. Assim que nos identificamos, Spahn pareceu relaxar. Quando pedimos sua permissão para conduzir a busca, ele respondeu com magnanimidade: "Este é meu rancho e vocês podem ficar à vontade para fazerem buscas sempre que quiserem, dia ou noite, com a frequência que quiserem". Expliquei a ele seus direitos. De acordo com a lei, nenhum mandado de busca era necessário, apenas sua permissão. Se ele a concedesse, contudo, poderia ser necessário que em alguma data futura precisasse testemunhar quanto a isso no tribunal. Spahn ainda assim concordou.

Não foi feita nenhuma menção a Manson ou à sua Família. Mas Spahn deve ter desconfiado que eles, de alguma maneira, eram o motivo da nossa presença ali. Ainda que no futuro eu viesse a conduzir extensas entrevistas com George, nossa conversa naquele dia foi breve e se limitou à busca.

Assim que voltamos para fora, pessoas começaram a surgir de quase todas as construções. Dez a quinze indivíduos, a maioria jovens, a maioria em roupas hippies, ainda que alguns parecessem ser funcionários do rancho. Quantos deles eram de fato membros da Família, se é que algum deles era, nós não sabíamos. Enquanto olhava ao redor, ouvi sons estranhos vindos de um canil. Ao me inclinar e olhar para dentro, vi dois cachorros e, agachada no canto, uma idosa banguela de cabelos brancos na casa dos 80 anos. Verifiquei mais tarde com um dos funcionários do rancho se ela precisava de ajuda, mas ele afirmou que ela estava feliz onde estava.

Era um lugar muito estranho.

Cerca de noventa metros atrás do aglomerado de construções principais havia um declive que descia até um riacho. Além dele, as colinas se erguiam, tornando-se parte da cordilheira Santa Susana. Rochosa e coberta de arbustos, a região parecia muito mais acidentada do que de fato era. Eu me perguntei quantas vezes tinha visto aquela cena em filmes B de faroeste quando criança. De acordo com Lutesinger e DeCarlo, era ali, nos cânions e vales atrás do rancho, e do outro lado da estrada, no Devil's Canyon, que a Família se escondia da polícia. Ali, também, em algum lugar daquela região, se os diversos relatos estivessem corretos, estavam os restos mortais de Donald "Shorty" Shea.

O local de prática de tiro favorito de Charlie, contou DeCarlo, era no leito do riacho, bem fora de vista da estrada. Como alvos, ele usava postes de cerca e uma lata de lixo. Sob a orientação do sargento Lee, começamos as buscas. Embora nenhum estojo tenha sido encontrado no número 10050 da Cielo Drive — o Buntline sendo um revólver, que não os ejeta automaticamente —, nós queríamos coletar tanto projéteis quanto estojos, caso a arma ou evidências adicionais fossem encontradas.

Enquanto vasculhávamos o leito do riacho, eu ficava pensando em George Spahn, sozinho e quase indefeso devido à cegueira. Perguntei: "Alguém trouxe um gravador?". Calkins tinha um; estava no banco traseiro de seu carro. "Vamos voltar e gravar o consentimento de Spahn", orientei. "Entre agora e a hora em que formos a julgamento não quero nenhum filho da mãe levando uma faca à garganta de Spahn, obrigando o homem a dizer que não nos tinha dado permissão." Voltamos e gravamos o consentimento de Spahn. Foi para a proteção dele, além da nossa própria; saber que a fita existia poderia ser um fator dissuasivo.

DeCarlo nos mostrou outra área, a cerca de quatrocentos metros subindo a encosta de um dos cânions, onde Charlie e os homens às vezes praticavam tiro ao alvo. Encontramos muitos projéteis e estojos ali. Por conta do vento e da poeira, a busca foi menos minuciosa do que eu tinha esperado; entretanto, o sargento Lee prometeu voltar em uma data futura e ver o que conseguiria encontrar.

Naquele dia, encontramos um total aproximado de 68 projéteis calibre .22 (aproximado porque alguns eram fragmentos em vez de balas inteiras) e 22 estojos do mesmo calibre. Lee os colocou em envelopes, anotando onde e quando foram encontrados, e os levou para o laboratório pericial.

Enquanto olhava ao redor da área do curral, avistei um pedaço de corda de náilon branca, mas era de trança dupla, não tripla.

◆ ◆ ◆

Guenther e Whiteley haviam feito sua própria descoberta, em Danny DeCarlo. Naquela tarde, eles o interrogaram a respeito do assassinato de Hinman e da confissão de Beausoleil. O único problema era que o julgamento de Beausoleil estava em andamento há uma semana, e tanto a promotoria quanto a defesa haviam encerrado seus argumentos.

Contra as objeções do advogado de Beausoleil, foi concedido um adiamento até a segunda-feira seguinte, período durante o qual a promotoria esperava conseguir reabrir o caso e incluir a confissão.

Ficou acordado que, caso DeCarlo testemunhasse no julgamento de Beausoleil, a LASO suspenderia a acusação contra ele pelo roubo do motor de motocicleta.

Após retornar ao Palácio da Justiça, fui a uma reunião no escritório do então promotor-assistente, Joseph Busch. Além de Busch, Stovitz e eu da procuradoria-geral, estavam presentes o tenente Paul LePage (LaBianca) e o sargento Mike McGann (Tate) representando o LAPD.

A polícia queria encerrar o caso, o tenente LePage nos informou. O LAPD estava sob uma pressão popular inacreditável para resolver aqueles homicídios. Todas as vezes em que o delegado Edward M. Davis encontrava um repórter, era questionado: "O que está acontecendo, se é que tem alguma coisa acontecendo, com o caso Tate?".

O LAPD queria oferecer imunidade a Susan Atkins, em troca das informações que ela possuía a respeito dos assassinatos.

Eu estava em total desacordo. "Se o que ela contou a Ronnie Howard é verdade, a própria Atkins esfaqueou até a morte Sharon Tate, Gary Hinman e sabe-se lá quantos outros! *Não vamos dar nada àquela garota!*"

O delegado Davis queria apressar o caso para levá-lo a um grande júri, disse LePage. Mas antes disso, ele desejava anunciar em uma grande coletiva de imprensa que tínhamos capturado os assassinos.

"Nós sequer *temos* um caso para levar a um grande júri", eu disse a LePage. "Sequer temos certeza de quem são os assassinos, ou se estão em liberdade ou sob custódia. Tudo o que temos é uma boa pista, mas estamos chegando lá. Vamos ver se, por conta própria, nós conseguimos encontrar evidências suficientes para apanhar todos eles. Se não conseguirmos, então, em último caso — em último, último caso — podemos apelar para Atkins."

Eu podia me compadecer do LAPD; a imprensa criticava o departamento quase todos os dias. Por outro lado, isso não seria nada se comparado com a resposta do público caso deixássemos Susan Atkins sair impune. Eu não conseguia esquecer de como Susan descreveu a sensação de provar o sangue de Sharon Tate: "Uau, que viagem!".

LePage foi firme; o LAPD queria fazer um acordo. Eu debati a questão com Busch e Stovitz; eles foram bem menos intransigentes do que eu. Contra minhas objeções muito veementes, Busch disse a LePage que a procuradoria-geral estaria disposta a aceitar uma declaração de homicídio doloso por parte de Atkins.

Susan Atkins receberia uma oferta de acordo. Os termos precisos, ou se ela sequer os aceitaria, permaneciam desconhecidos.

Às 20h daquela noite, com os cidadãos de Los Angeles ainda pensando que os assassinos dos casos Tate e LaBianca eram completos desconhecidos, dois carros dispararam para fora de Los Angeles, com destino ao último lar da Família Manson: o Vale da Morte.

Parecia uma grande ironia que, após os homicídios, Manson tivesse escolhido um lugar com um nome tão apropriado para seu refúgio.

Os sargentos Nielsen, Sartuchi e Granado estavam em um carro; os sargentos McGann, Gene Kamadoi e eu estávamos no outro. Desrespeitamos alguns limites de velocidade ao longo do caminho, vindo a chegar em Independence, Califórnia, à 1h30.

Independence, sede do condado de Inyo, não é uma cidade grande. O condado em si, apesar de ser o segundo maior do estado, tem menos de 16 mil habitantes, pouco mais de um por quilômetro quadrado. Se alguém estivesse procurando por um esconderijo, não teria encontrado um melhor.

Nós nos registramos no Winnedumah Hotel para o equivalente a um longo cochilo. Quando me levantei às 5h30, a temperatura havia caído abaixo de zero. Vesti minhas roupas por cima do pijama e ainda assim continuei com frio.

Antes de deixar Los Angeles, eu tinha telefonado para Frank Fowles, o promotor do condado de Inyo, e tínhamos combinado de nos encontrar em uma cafeteria próxima às 6h. Fowles, seu assistente, Buck Gibbens, e seu investigador, Jack Gardiner, já estavam lá. Os três homens eram, eu descobriria em breve, muito meticulosos; a ajuda que viriam a nos prestar durante os próximos meses seria considerável. No momento, também estavam muito empolgados. De modo inesperado, estavam no meio de um dos casos de homicídio mais divulgados da história moderna: o caso Tate. Assim, com olhares confusos, eles fixariam os olhos através da mesa para o promotor da cidade grande, com o pijama despontando nos punhos das mangas.

Fowles me contou que, apesar de terem apreendido alguns dos pertences de Manson durante a batida no rancho Barker em outubro, uma grande quantidade de coisas ainda permanecia lá, incluindo um velho ônibus escolar, que estava abarrotado de roupas e outros objetos. Sugeri que, antes de partirmos de Independence, obtivéssemos um mandado de busca para o racho que mencionasse o ônibus em particular.

Isso pegou Fowles de surpresa. Expliquei que se chegássemos a encontrar alguma evidência e desejássemos usá-la em um julgamento, não iríamos querer que fosse suprimida porque alguém de repente apareceu com um formulário cor-de-rosa dizendo: "Eu sou o verdadeiro dono do ônibus. Só o emprestei para o Charlie e vocês não pediram minha permissão".

Fowles compreendia isso. Era só que, explicou ele de maneira enigmática, eles não faziam as coisas daquele jeito no condado de Inyo. Voltamos para o escritório dele e, depois de esperar que o datilógrafo chegasse, eu ditei o mandado.

Era necessário declarar exatamente o que estávamos procurando. Entre os objetos que enumerei, havia: um revólver calibre .22; facas e outras armas; corda; alicates de corte; carteira, habilitação e cartões de crédito que pertenciam a Rosemary LaBianca; placas de qualquer veículo; quaisquer roupas masculinas e/ou femininas, incluindo calçados.

Também foi necessário que eu citasse o crime — Código Penal 187, homicídio — e os perpetradores suspeitos — "acredita-se com hesitação que sejam Charles Manson, Clem Tufts, Charles Montgomery, Sadie Glutz e uma ou mais mulheres". Essas informações eram baseadas nos testemunhos de dois "informantes cujas colaborações não foram corroboradas pela polícia", cujos nomes não citei, mas que eram Ronnie Howard e Danny DeCarlo.

Quando datilografado, o mandado se estendia por dezesseis páginas. Era um documento impressionante; as evidências citadas eram mais do que suficientes para obter um mandado de busca. Eu era o único que estava ciente do quão fraco nosso caso realmente era.

Acompanhado por mim e McGann, Fowles levou o mandado para o escritório do juiz John P. McMurray. O jurista de cabelos brancos estava, acredito, na casa dos 70 anos; ele nos contou que estava para se aposentar.

Um mandado de busca! O juiz McMurray olhou para o documento com divertimento. Aquele era o primeiro que via em dezoito anos, nos contou. Em Inyo, explicou, homens são homens. Se você bate na porta e as pessoas lá dentro não querem deixar você entrar, você supõe que elas estão escondendo alguma coisa e arromba a porta. Um mandado de busca, de fato! Mas ele o leu e assinou.[2]

A viagem ao rancho Barker levaria três horas, o que nos deixaria com pouco mais de uma hora para fazermos as buscas antes do pôr do sol. Durante a viagem, Fowles me informou sobre algumas descobertas a respeito da Família Manson.[3] Os primeiros membros — na verdade, um grupo de batedores — haviam aparecido na região no outono de 1968. Visto que você tem que ser um pouco diferente para querer viver nos limites do Vale da Morte, os habitantes da região tinham desenvolvido uma certa tolerância às pessoas que em outros lugares seriam consideradas peculiares. Os hippies não eram mais estranhos do que as outras pessoas que passavam por lá — garimpeiros, ratos do deserto, caçadores de lendárias minas perdidas. Houve apenas alguns problemas insignificantes com as autoridades — as garotas foram aconselhadas a parar de mendigar em Shoshone, e uma delas cometeu o erro de dar um cigarro de maconha para uma garota de 15 anos, que, por acaso, era sobrinha do delegado — até o dia 9 de setembro de 1969, quando os guardas-florestais do National Park descobriram que alguém havia tentado incendiar uma retroescavadeira Michigan, estacionada na área da pista de corrida perto do monumento do Parque Nacional do Vale da Morte. Pareceu um ato de vandalismo sem sentido. Ficou determinado que as marcas de pneus que se afastavam da área pertenciam a um Toyota. Diversas pessoas se lembravam de ter visto os hippies dirigindo um Toyota vermelho e um bugue.

No dia 21 de setembro, o guarda-florestal Dick Powell avistou um Toyota 1969 vermelho na região de Hail and Hall. As quatro mulheres e o homem que estavam no veículo foram interrogados, mas não detidos.

2 Em 1971, o governador da Califórnia, Ronald Reagan, tomou providências para trazer o juiz McMurray de volta da aposentadoria para julgar o caso de Angela Davis. A defesa apresentou uma objeção para que isso não acontecesse.

3 As datas exatas, os detalhes, as citações dos policiais responsáveis pela investigação, entre outras coisas, eu obtive no dia seguinte, ao examinar os relatórios de diversas forças policiais. Quando foram fichados, quase todos os membros da Família usaram pseudônimos. Em muitos casos, seus nomes verdadeiros só foram estabelecidos muito mais tarde. Para evitar que o leitor fique tão confuso quanto eu fiquei na época, os nomes verdadeiros e os pseudônimos mais usados foram colocados entre colchetes.

Powell, mais tarde, fez uma verificação da documentação e descobriu que as placas no Toyota pertenciam a outro veículo. No dia 24 de setembro, Powell voltou a procurar o grupo, mas eles haviam partido. Cinco dias depois, Powell, acompanhado do policial rodoviário James Pursell, decidiu dar uma olhada no rancho Barker. Eles encontraram duas moças no local, mas nenhum veículo. Como tinham descoberto ser o padrão em seus contatos com aquele grupo, as garotas deram respostas vagas e reservadas às suas perguntas. Enquanto se afastavam da região, os policiais se depararam com uma picape dirigida por Paul Crockett, de 46 anos, um mineiro local. Com ele estava Brooks Poston, de 18 anos, ex-membro do bando de hippies, mas que agora trabalhava para Crockett. Ao descobrirem que havia duas garotas no rancho, Crockett e Poston pareceram apreensivos e, quando questionados, por fim confessaram que temiam por suas vidas.

Powell e Pursell decidiram acompanhá-los de volta ao rancho Barker. As duas garotas haviam desaparecido, mas os policiais presumiram que ainda estavam por perto, provavelmente os observando. Eles começaram a interrogar Crockett e Poston.

Os policiais foram até lá à procura de suspeitos de um incêndio criminoso e um possível veículo roubado, mas acabaram encontrando algo completamente inesperado. Retirado do relatório de Pursell: "A entrevista resultou em algumas das informações mais inacreditáveis e exorbitantes que já ouvimos: histórias sobre uso de drogas, orgias sexuais, uma verdadeira tentativa de recriar os dias de Rommel e da Unidade do Deserto, ao saírem em disparada pelo interior à noite em inúmeros bugues, de espalharem telefones de campanha pela região para agilizar a comunicação, da opinião do líder de que ele é Jesus Cristo e que parecia estar tentando formar algum tipo de culto...".

As surpresas não haviam acabado. Antes de irem embora do rancho Barker, Powell e Pursell decidiram verificar algumas ravinas atrás do rancho. Citando Powell: "Ao fazer isso, nos deparamos com um grupo de sete mulheres, todas parcial ou completamente nuas, se escondendo atrás de inúmeros arbustos de sálvia". Eles avistaram um homem, que fugiu logo quando se aproximaram. Ao questionar as garotas, não conseguiram nenhuma informação útil. Enquanto faziam uma busca pela área, encontraram o Toyota vermelho e um bugue, camuflados com muito cuidado sob lonas.

Os policiais tinham um problema. Devido à cordilheira Panamint, não podiam usar o rádio da polícia. Decidiram ir embora e voltar mais tarde com reforços. Antes de partirem, removeram diversas peças do motor do Toyota, inutilizando-o; como o bugue não tinha motor, não se preocuparam com ele.

Mais tarde, viriam a descobrir que "assim que fomos embora, os suspeitos tiraram um motor completo de um Fusca debaixo de uma pilha de vegetação rasteira, o colocaram no bugue desativado e partiram nele duas horas depois".

Uma verificação dos dois veículos revelou que havia "alertas de procura-se" para ambos. O Toyota havia sido alugado em uma agência Hertz em Encino, uma cidadezinha perto de Los Angeles, com um cartão de crédito roubado durante uma invasão domiciliar. O bugue foi roubado de uma concessionária de carros usados três dias antes de Powell e Pursell o virem.

Na noite de 9 de outubro, oficiais da Polícia Rodoviária da Califórnia, da Delegacia do Condado de Inyo e guardas-florestais do National Park se reuniram perto do rancho Barker para realizar uma extensa batida no local, agendada para começar na manhã seguinte.

Por volta das 4h, enquanto desciam por uma ravina a alguma distância do rancho, diversos policiais avistaram dois homens adormecidos no chão. Entre eles estava uma espingarda de cano serrado. Os dois, Clem Tufts [nome verdadeiro: Steve Grogan] e Randy Morglea [nome verdadeiro: Hugh Rocky Todd], foram detidos. Embora os policiais ainda não soubessem, a dupla estivera perseguindo presas humanas: Stephanie Schram e Kitty Lutesinger, duas garotas de 17 anos que tinham fugido do rancho no dia anterior.

Outro homem, Robert Ivan Lane [também conhecido como Soupspoon], foi detido em uma colina que dava para o rancho. Lane estivera agindo como sentinela, mas tinha caído no sono. Havia outro posto de sentinela, uma casamata muito bem disfarçada, com o teto de latão escondido por vegetação rasteira e terra, em uma colina ao sul do rancho. Os policiais quase não o perceberam até que viram uma mulher sair de baixo da vegetação rasteira, se agachar e urinar, voltando, em seguida, a desaparecer em meio aos arbustos. Enquanto dois policiais se posicionavam com rifles diante da entrada para dar cobertura, outro escalou até um ponto acima da casamata e largou uma pedra grande sobre o teto de latão. As ocupantes saíram correndo. Foram detidas: Louella Maxwell Alexandria [nome verdadeiro: Leslie Van Houten. Também conhecida como Leslie Sankston]; Marnie Kay Reeves [nome verdadeiro: Patricia Krenwinkel]; e Manon Minette [nome verdadeiro: Catherine Share. Também conhecida como Gypsy].

Aquelas que estavam no interior da casa do rancho foram pegas de surpresa e não ofereceram resistência. Eram: Donna Kay Powell [nome verdadeiro: Susan Denise Atkins. Também conhecida como Sadie Mae

Glutz]; Elizabeth Elaine Williamson [nome verdadeiro: Lynette Fromme. Também conhecida como Squeaky]; e Linda Baldwin [nome verdadeiro: Madaline Cottage. Também conhecida como Little Patty].

Outros oficiais que faziam parte do grupo de buscas cercaram o rancho Myers ali perto, onde o grupo também estivera se hospedando, vindo a prender: Sandra Collins Pugh [esse era seu nome de casada; seu nome de solteira era Sandra Good, também conhecida como Sandy]; Rachel Susan Morse [nome verdadeiro: Ruth Ann Moorehouse. Também conhecida como Ouisch]; Mary Ann Schwarm [nome verdadeiro: Diane Von Ahn]; e Cydette Perell [nome verdadeiro: Nancy Pitman. Também conhecida como Brenda McCann].

No total, dez mulheres e três homens foram detidos durante a primeira varredura nos arredores do rancho Barker. Suas idades variavam entre 16 e 26 anos, com uma média de 19 ou 20 anos. Dois bebês também foram encontrados: Zezozose Zadfrack Glutz, de 1 ano, cuja mãe era Susan Atkins; e Sunstone Hawk, de um mês de vida, cuja mãe era Sandra Good. Ambos apresentavam graves queimaduras de sol. A sra. Powell, esposa do guarda-florestal Dick Powell, que tinha sido levada como enfermeira, cuidou deles.

Uma busca pela região revelou uma grande quantidade de veículos escondidos, em grande parte bugues, a maioria roubada. Também foram encontrados uma bolsa de carteiro com uma pistola Ruger calibre .22 de tiro único, igualmente roubada, algumas facas, além de depósitos de comida, gasolina e outros suprimentos. Mais sacos de dormir do que pessoas foram achados, indicando que poderia haver outros ainda espalhados pela região.

Os policiais decidiram levar os prisioneiros para Independence e fichá-los, então fazer uma batida surpresa em uma data futura, caso os outros retornassem.

A estratégia funcionou. A segunda batida aconteceu no dia 12 de outubro, dois dias depois da primeira. O policial rodoviário Pursell e dois guardas-florestais, que chegaram na região antes dos reforços, estavam escondidos na vegetação rasteira, esperando pelos outros, quando viram quatro homens caminharem de um dos leitos secos até a casa do rancho e entrarem. Pursell avistou o policial Don Ward da unidade de reforço se aproximando ao longe. Já passavam das 18h, o crepúsculo se transformava rapidamente em escuridão. Sem querer arriscar um tiroteio à noite, Pursell decidiu agir. Enquanto Powell dava cobertura diante da construção, ele sacou a arma e, citando um trecho de seu relatório: "Eu avancei depressa até a porta dos fundos, a escancarei, e, fazendo o melhor uso possível da parede à esquerda da porta, mandei que todos os ocupantes permanecessem imóveis e levassem as mãos às cabeças".

Os integrantes do grupo, a maior parte sentados ao redor da mesa da cozinha, receberam ordens para saírem, sendo, em seguida, enfileirados e revistados. Havia três mulheres: Dianne Bluestein [nome verdadeiro: Dianne Lake. Também conhecida como Snake]; Beth Tracy [nome verdadeiro: Collie Sinclair]; e Sherry Andrews [nome verdadeiro: Claudia Leigh Smith]. Mais quatro homens: Bruce McGregor Davis [também conhecido como Bruce McMillan]; Christopher Jesus [nome verdadeiro: John Philip Haught. Também conhecido como Zero, que, em menos de um mês, seria morto com um tiro enquanto supostamente brincava de roleta-russa]; Kenneth Richard Brown [também conhecido como Scott Bell Davis, parceiro de Zero de Ohio]; e um certo Lawrence Bailey [também conhecido como Larry Jones].

Não havia nenhum sinal do líder do grupo, Charles Manson. Pursell decidiu fazer outra busca pela casa. Àquela altura, a escuridão já era total. No entanto, uma vela caseira queimava em uma xícara de vidro sobre a mesa e, ao pegá-la, passou a revistar os cômodos. Ao entrar no banheiro, "fui obrigado a mover bastante a vela de um lado a outro, pois a luz que emitia era bem fraca. Abaixei a vela em direção à pia e de um pequeno armário embaixo dela, e vi cabelos longos pendendo da parte de cima do armário, que estava parcialmente aberto". Parecia impossível que uma pessoa pudesse entrar em um espaço tão pequeno, mas, sem que Pursell precisasse dizer qualquer coisa, "uma figura começou a emergir do armário minúsculo. Depois de me recuperar do choque inicial, aconselhei o indivíduo a continuar a sair e não fazer nenhum movimento súbito. Enquanto saía, ele fez um comentário, com uma veia um tanto humorística, sobre estar feliz em sair daquele espaço apertado.

"O indivíduo estava vestido com pele animal da cabeça aos pés, muito diferente de todos os outros que tínhamos encontrado... Perguntei ao indivíduo quem ele era. Ele respondeu de imediato: 'Charlie Manson'. Ele foi levado até a porta dos fundos e entregue aos policiais no lado de fora da casa."

Ao voltar para dentro da casa, Pursell encontrou outro homem, que, naquele exato momento, estava saindo de um quarto. Era David Lee Hamic [também conhecido como Bill Vance, um ex-presidiário com mais pseudônimos do que Manson]. Pursell anotou a hora: 18h40.

Nenhum dos suspeitos estava armado, ainda que diversas facas com bainha tivessem sido encontradas sobre a mesa da cozinha.

Os prisioneiros foram algemados e, com as mãos nas cabeças, caminharam em fila única na direção da nascente Sourdough Springs, onde os policiais haviam estacionado as duas picapes. Ao longo do caminho, encontraram mais duas mulheres dirigindo um carro carregado de mantimentos. Também foram detidas: Patti Sue Jardin [nome verdadeiro: Catherine Gillies] e Sue Bartell [também conhecida como Country Sue]. Todos os suspeitos foram colocados na traseira de uma das picapes, com a segunda seguindo logo atrás para proporcionar iluminação. À medida que se aproximavam da área de uma mina abandonada chamada Lotus Mine, a cerca de cinco quilômetros do rancho Barker, Manson disse aos policiais que havia deixado sua mochila ali, perto do acostamento. Pursell: "Ele pediu que parássemos e a pegássemos, o que concordamos em fazer; entretanto, não conseguimos encontrá-la seguindo suas instruções e nos recusamos a atender seu pedido para que o libertássemos, para que ele mesmo a procurasse".

No caminho para Independence, Manson contou a Pursell e Ward que os negros iriam assumir o controle do país e que ele e seu grupo só queriam encontrar um lugar tranquilo e pacífico, longe do conflito. Porém, o sistema, como representado pela polícia, não os deixava em paz. Manson disse ainda que, por serem policiais e brancos, eles estavam em uma tremenda encrenca e deveriam fugir para o deserto ou qualquer outro lugar enquanto ainda tinham chance.

Também durante a viagem, outra vez de acordo com Pursell, "duas coisas aconteceram que comprovaram a liderança que o indivíduo Manson exercia sobre o grupo. Pelo menos duas vezes, Charlie fez declarações que fizeram com que os outros dissessem 'amém' duas ou três vezes, em uníssono. Além disso, quando os outros às vezes se envolviam em conversas sussurradas e risonhas, Charlie apenas lhes lançava um olhar, e eles, de imediato, ficavam em silêncio.

"O espantoso a respeito do olhar", observou Pursell, "era como os resultados eram óbvios sem que uma palavra sequer fosse pronunciada."

Ao chegarem em Independence, os suspeitos foram acusados de roubo de veículos, incêndio criminoso e diversos outros delitos. O líder da Família teve suas impressões digitais e fotografia tiradas, sendo fichado como "MANSON, CHARLES M., também conhecido como JESUS CRISTO, DEUS".

◆ ◆ ◆

Segundo Frank Fowles, embora todos, exceto três, dos onze veículos recuperados tivessem sido roubados, não havia provas suficientes para ligar a maioria dos membros do grupo aos roubos. Alguns dias depois, mais da metade deles foi liberada. Ainda que a maioria tivesse deixado a região, duas das garotas, Squeaky e Sandy, haviam alugado um quarto de motel e permaneciam em Independence, para que pudessem cuidar de algumas tarefas para Manson e os outros que ainda estavam sob custódia.

Perguntei a Fowles se ele sabia o motivo pelo qual o grupo havia ido até aquela região para começo de conversa. Ele me contou que uma das garotas, Cathy Gillies, era neta da proprietária do rancho Myers. Ao que parece, a Família acampou lá primeiro, depois se mudou para o rancho Barker, que ficava nas proximidades. Após a batida, um policial entrevistou a sra. Arlene Barker, que morava no rancho Indian, em Panamint Valley. Ela lhe contou que, por volta de um ano antes, Manson a tinha visitado e pedido permissão para acampar no rancho. Assim como George Spahn, a sra. Berker presumiu que fossem poucas pessoas e que pretendiam ficar apenas alguns dias. Durante essa visita, Manson lhe deu um disco de ouro que tinha sido concedido aos Beach Boys em comemoração a 1 milhão de dólares em vendas de seu disco *The Beach Boys Today*. Ele lhe disse que era o compositor ou arranjador da banda. Manson entrou em contato com ela de novo, duas ou três semanas antes da batida de outubro, querendo comprar o rancho Barker. Ela lhe disse que queria dinheiro vivo; Manson respondeu que voltaria a visitá-la quando tivesse a quantia.

Ao que parece, Manson acreditava que se de fato fosse dono da propriedade, teria menos problemas com as forças policiais locais.

Foi apenas muito mais tarde que tive conhecimento de que Manson supostamente tinha um plano alternativo: assumir o controle do rancho Myers, o que exigia que a avó de Cathy fosse morta.[4] Esse plano, no entanto, foi frustrado por algo bastante simples e corriqueiro: enquanto estavam a caminho de sua casa, o carro com os três assassinos escolhidos teve um pneu furado.

Questionei Fowles a respeito das evidências encontradas nas batidas e buscas subsequentes. Havia alguma faca da marca Buck? Sim, muitas. Alguma corda? Não. E alicates de corte? Sim, havia um, grande e vermelho, encontrado na traseira do que mais tarde descobriram ser o bugue

4 Eu não tinha nenhuma evidência de que Cathy Gilles teve algum envolvimento na trama.

pessoal, ou de comando, de Manson. Além da Ruger calibre .22 e da espingarda de Clem, havia outras armas de fogo? Nenhuma, respondeu Fowles. Em nenhuma das buscas os policiais encontraram as metralhadoras, espingardas, rifles, pistolas e grandes estoques de munição que Crockett, Poston e outros disseram que a Família tinha.

Durante os julgamentos que se seguiram, continuaríamos bastante cientes de que aqueles membros da Família que ainda estavam à solta provavelmente tinham acesso a um estoque de armas e munições de tamanho considerável.

O rancho Barker ficava localizado em Golar Wash, um dos sete leitos secos na cordilheira Panamint, aproximadamente 35 quilômetros a sudoeste de Ballarat. Fowles me contou que já havia estado em todo o país, e aqueles leitos secos compreendiam o terreno mais acidentado que já tinha visto. Teríamos que caminhar ao longo de grande parte dele, informou ele, caso contrário, nossas cabeças iriam atravessar o teto do jipe 4x4 que Fowles havia escolhido para a viagem.

"Ah, para com isso, Frank", disse a ele, "não pode ser assim tão acidentado."

Mas era. Os leitos secos eram bastante estreitos e cobertos de pedras. Ao subir por eles, nós com frequência avançávamos trinta centímetros, então, com um guincho estridente de borracha, deslizávamos sessenta centímetros para trás. Dava para sentir o cheiro dos pneus queimando. Enfim, Fowles e eu descemos do veículo e caminhamos à sua frente, retirando rochas enquanto McGann avançava, metro a metro. Demoramos duas horas para percorrer oito quilômetros.

Pedi a Fowles que solicitasse que fotos dos leitos secos fossem tiradas. Queria mostrar ao júri como a região que os assassinos tinham escolhido como esconderijo era isolada e remota. Evidências circunstanciais, apenas um punhadinho, mas são com tais punhados, um após o outro, que casos sólidos são construídos.

Ninguém escolheria morar no rancho Barker ou no Myers, que ficavam a uma distância aproximada de quatrocentos metros um do outro, a não ser por uma coisa: lá havia água. Havia até uma piscina no rancho Barker, ainda que, assim como a casa de pedra e os barracões ao redor, estivesse em mau estado. A casa era pequena — sala de estar, quarto, cozinha, banheiro. Também solicitei fotos do armário embaixo da pia, dentro do qual Manson havia se escondido. Ele media 90x45x45 centímetros. Pude ver por que Pursell ficou tão surpreso.

Quando vi o grande ônibus escolar, não consegui acreditar que Manson o tivesse levado até lá passando por um dos leitos secos. Ele não tinha, Fowles me contou; ele o havia conduzido pela estrada que levava a Las Vegas. Até mesmo isso tinha sido um suplício, e as condições do ônibus eram prova disso. Era um veículo surrado verde e branco. Na lateral, constava um adesivo da bandeira estadunidense com o slogan ESTADOS UNIDOS — AME-O OU DEIXE-O. Enquanto Sartuchi e os outros revistavam a casa, eu fui trabalhar no ônibus abandonado.

Precisei refletir um pouco sobre o local onde eu deixaria o mandado. Ele tinha que ficar à vista. Entretanto, se ficasse, qualquer um poderia retirá-lo de lá. Não queria que um advogado de defesa argumentasse que não tínhamos cumprido com os requisitos da busca. Assim, coloquei em um dos suportes logo abaixo do teto do ônibus. *Dava* para vê-lo, se você olhasse para cima.

Havia uma pilha de roupas de pelo menos trinta centímetros no chão. Descobri mais tarde que, onde quer que a Família ficasse, mantinha uma pilha de roupas comunitárias. Quando precisavam de algum item, eles vasculhavam a pilha até o encontrarem. Fiquei de joelhos e também comecei a vasculhar. Estava procurando duas coisas em particular: roupas com manchas de sangue e botas. A pegada sangrenta de um salto de bota fora encontrada na varanda da frente da residência de Tate. Havia uma marquinha, uma pequena impressão, no salto para a qual eu esperava que pudéssemos encontrar uma correspondência. Embora tenha encontrado diversas botas, nenhuma delas tinha tal marca. E quando Joe Granado aplicou o teste de benzidina nas roupas, os resultados foram todos negativos. Pedi que todas as roupas fossem levadas para Los Angeles mesmo assim, torcendo para que o SID pudesse detectar alguma coisa no laboratório.

Havia de oito a dez revistas no ônibus, metade das quais eram edições da *National Geographic*. Ao folheá-las, observei algo curioso: todas datavam de 1939 a 1945, e todas tinham reportagens sobre Hitler. Uma delas com fotografias de Rommel e de sua Unidade do Deserto.

Contudo, isso foi praticamente tudo que encontramos. Nossa busca parecia ter rendido poucas coisas, se é que havia algo que tivesse valor como evidência. Mesmo assim, eu estava ansioso para analisar os itens apreendidos durante as batidas.

No caminho de volta a Independence, nós paramos em Lone Pine. Enquanto eu bebericava uma cerveja com os policiais, Sartuchi comentou que ele e Patchett haviam interrogado Manson em Independence, algumas semanas antes, fazendo-lhe perguntas sobre os homicídios tanto do caso Tate quanto do LaBianca. No dia seguinte, quando telefonei para o tenente Helder, mencionei isso, achando provável que ele tivesse um relatório do interrogatório. Helder ficou surpreso; ele não fazia ideia de que alguém do LAPD tivesse alguma vez conversado com Manson. Esse foi o primeiro indício que tive de que os detetives dos casos Tate e LaBianca não estavam exatamente trabalhando lado a lado.

Helder, na verdade, tinha algumas novidades. Não eram boas. O sargento Lee havia feito uma comparação balística das balas calibre .22 que tínhamos encontrado no rancho Spahn: nenhuma delas correspondia àquelas recuperadas no número 10050 da Cielo Drive.

Eu não iria desistir tão fácil. Ainda queria uma busca muito mais minuciosa no rancho Spahn.

Voltamos a nos hospedar no Winnedumah naquela noite. Depois de acordar cedo na manhã seguinte, fui a pé até o fórum. Tinha me esquecido do cheiro do ar fresco. Que árvores, gramados, tinham aromas. Em Los Angeles, não havia aromas, apenas smog. A dois quarteirões do fórum, vi duas jovens, uma delas com um bebê nos braços. Foi apenas um palpite, mas perguntei: "Vocês são Sandy e Squeaky?". Elas confirmaram. Eu me identifiquei e disse que gostaria de conversar com elas no escritório da promotoria, às 13h. Elas afirmaram que estariam lá se eu lhes comprasse alguns doces. Respondi que faria isso.

No escritório da promotoria, Fowles abriu seus arquivos e me entregou tudo que tinha sobre a Família Manson. Sartuchi se pôs a trabalhar na fotocopiadora.

Enquanto analisava os documentos, notei uma referência a Crockett e Poston: "O policial Don Ward, do condado de Inyo, conversou com os dois mineiros em Shoshone e gravou toda a conversa". Desejava interrogar a dupla, mas me pouparia tempo se ouvisse a fita primeiro. Assim, pedi a McGann que entrasse em contato com Ward e a pegasse para mim.

Havia também um relatório da Polícia Rodoviária da Califórnia de 2 de outubro de 1969, que declarava: "O agente Dennis Cox possui uma ficha de relatório de interrogatório de campo sobre o suspeito Charles Montgomery, 23 anos de idade (data de nascimento 02/12/45)". Relatórios de interrogatório de campo são fichas de 7,5 centímetros por 12,5 centímetros preenchidas sempre que uma pessoa é parada e interrogada. Eu queria ver essa ficha. Naquele momento, sabíamos ainda muito pouco sobre Tex, que não havia sido detido em nenhuma das batidas nos ranchos Spahn e Barker.

Depois de analisar a grande pilha de documentos, comecei a trabalhar nas evidências apreendidas realizadas entre os dias 10 e 12 de outubro. Pedi que Granado examinasse as facas à procura de sangue: negativo. O alicate de corte era grande e pesado. Seria difícil escalar um poste telefônico com ele; ainda assim, talvez tivesse sido o único disponível. Eu o entreguei aos policiais para que o SID pudesse compará-lo com os cortes nos fios telefônicos da residência de Tate. Botas, mas nenhuma marca discernível nos saltos; eu as separei para o SID. Verifiquei as etiquetas de todas as roupas, observando que uma grande quantidade das vestimentas femininas, apesar de estarem imundas, vinham de lojas caras. Pedi que fossem levadas para Los Angeles a fim de serem analisadas. Também queria que Winifred Chapman e Suzanne Struthers as examinassem, para verificar se alguns dos itens poderiam ter pertencido a Sharon Tate, Abigail Folger ou Rosemary LaBianca.

Squeaky e Sandy se apresentaram na hora marcada. Eu havia feito algumas pesquisas antes de nossa conversa, e, embora as informações fossem duvidosas, descobri que ambas tinham nascido no sul da Califórnia e vinham de famílias bastante abastadas. Os pais de Squeaky moravam em Santa Monica; seu pai era engenheiro aeronáutico. Os pais de Sandy tinham se divorciado e se casado com outras pessoas; seu pai era corretor de ações em San Diego. De acordo com DeCarlo, quando ela se juntou à Família, em algum momento em 1968, Sandy tinha em torno de 6 mil dólares em ações, as quais vendeu, entregando o dinheiro a Manson. Ela e o bebê estavam vivendo com auxílio do governo. As duas garotas iniciaram cursos universitários, desistindo em seguida: Squeaky na El Camino Junior College, em Torrance, e Sandy na University of Oregon e na San Francisco State. Squeaky fora uma das primeiras integrantes da Família, como descobri mais tarde, tendo se associado a Manson poucos meses depois de ele ter saído da cadeia, em 1967.

Elas foram as primeiras integrantes da Família com quem conversei, além de DeCarlo, que era um membro secundário, no máximo, e, de imediato, fiquei impressionado com suas expressões. Elas pareciam irradiar um contentamento interior. Eu já havia visto outras pessoas assim — verdadeiros crentes, fanáticos religiosos —, mas mesmo assim fiquei chocado e impressionado. Nada parecia perturbá-las. Sorriam quase o tempo todo, independentemente do que eu dissesse. Para elas, todas as perguntas haviam sido respondidas. Não havia necessidade de continuar procurando, porque tinham encontrado a verdade. E sua verdade era que "Charlie é amor".

Pedi a elas que falassem sobre esse amor. Vocês querem dizer no sentido homem e mulher? Sim, isso também, responderam elas, mas isso era apenas uma parte. Em um sentido mais amplo? Sim, mas "Amor é amor; não dá para defini-lo".

O Charlie ensinou isso a vocês?, perguntei, com uma curiosidade genuína. Charlie não precisou ensinar, responderam. Ele apenas as virou para que pudessem olhar para si mesmas e ver o amor em seu interior. Acreditavam que Charlie era Jesus Cristo? Elas apenas abriram sorrisos enigmáticos, como se compartilhassem um segredo que mais ninguém era capaz de compreender.

Embora Squeaky tivesse 21 anos e Sandy 25, elas tinham uma aura infantil, como se não tivessem amadurecido, mas estivessem presas a um determinado estágio da infância. Garotinhas, fazendo brincadeiras de garotinhas. Incluindo assassinato?, pensei.

Seu amor por Charlie é diferente, digamos, de seu amor por George Spahn?, perguntei a Squeaky. Não, amor é amor, respondeu ela; é tudo igual. Mas ela hesitara um pouco antes de responder, passando a impressão de que, embora aquelas fossem as palavras que devia dizer, elas eram heréticas, pois negavam que Charlie fosse especial. Talvez para superar isso, ela me contou sobre seu relacionamento com George Spahn. Estava apaixonada por George, afirmou Squeaky; se ele lhe pedisse em casamento, ela aceitaria, pois George era uma pessoa linda por dentro. Ele também era, acrescentou, em uma óbvia tentativa de me deixar chocado, muito bom na cama. Ela foi bastante explícita.

"Não estou interessado em sua vida sexual, Squeaky", disse a ela. "Mas estou muito, muito interessado no que você sabe a respeito dos assassinatos de Tate, dos LaBianca, de Hinman e dos outros."

Suas expressões não mudaram nem um pouco. Os sorrisos permaneceram. Não sabiam nada sobre crime nenhum. Tudo o que conheciam era amor.

Conversei com elas por bastante tempo, fazendo perguntas específicas, mas ainda obtendo repostas banais. Ao perguntar onde estiveram em determinada data, por exemplo, elas respondiam: "O tempo não existe". As respostas eram ao mesmo tempo indiferentes e uma maneira de se protegerem. Eu queria atravessar aquela proteção para descobrir o que sentiam de verdade. Não consegui.

Também cheguei a outra conclusão. Cada uma era, à sua própria maneira, uma garota bonita. Contudo, havia uma aura de similaridade ao redor delas que era mais forte do que sua individualidade. Notei isso outra vez, mais tarde, naquele mesmo dia, ao conversar com outras integrantes da Família. As mesmas expressões, as mesmas respostas padronizadas, o mesmo tom de voz, a mesma falta de uma personalidade distinta. Essa percepção veio acompanhada de uma surpresa: elas me lembravam mais bonecas Barbie do que seres humanos.

Ao olhar para o sorriso quase beatífico de Sandy, me lembrei de algo que Frank Fowles havia me revelado. Um arrepio percorreu minha espinha.

Enquanto ainda estava presa em Independence, alguém tinha entreouvido Sandy conversando com uma das outras garotas da Família. Sandy havia lhe dito: "Finalmente cheguei ao ponto em que posso matar meus pais".

Leslie, Ouisch, Snake, Brenda, Gypsy — Frank Fowles providenciou para que fossem trazidas da prisão, onde ainda estavam sendo mantidas sob acusações derivadas da batida no rancho Barker. Assim como Squeaky e Sandy, elas aceitaram meu "suborno", doces e chicletes, e não me contaram nada de importante. Era como se suas respostas fossem ensaiadas; com frequência davam respostas idênticas.

Se quiséssemos fazê-las falar, eu sabia, teríamos que separá-las. Havia uma coesão, um tipo de cimento, que as mantinha unidas. Parte disso, sem dúvida, se dava ao seu estranho — e, para mim, ainda misterioso — relacionamento com Charles Manson. Outra parte era por suas experiências compartilhadas, o mundo conhecido como a Família. Mas não pude deixar de me perguntar se um dos ingredientes não era o medo: medo do que os outros poderiam dizer se falassem, medo do que os outros poderiam fazer.

A única maneira de descobrirmos seria mantê-las separadas, e devido ao tamanho diminuto da cadeia, isso não poderia ser feito em Independence.

Além de Manson, havia apenas um membro da Família ainda sob custódia: Clem Tufts, nome verdadeiro Steve Grogan. Jack Gardiner, o investigador de Fowles, me entregou a ficha criminal de Grogan, de 18 anos:

23/03/66, posse de drogas perigosas, 6 meses de liberdade condicional; 27/04/66, furto em loja, continua em liberdade condicional; 23/06/66, perturbação da ordem pública, continua em liberdade condicional; 27/09/66, liberdade condicional suspensa; 05/06/67, posse de maconha, aconselhado e liberado; 12/08/67; furto em loja, perda do depósito de fiança; 22/01/68, vadiagem, encerrado após investigação;

05/04/69, apropriação indébita de dinheiro e vadiagem, liberado por falta de evidências; 20/05/69, roubo de automóvel, liberado por falta de evidências; 11/06/69, abuso sexual de menor e exposição indecente...

Grogan fora visto se expondo para diversas crianças, com idades entre 4 e 5 anos. "As crianças pediram para eu fazer isso", explicou aos policiais que o prenderam em flagrante. "Eu violei a lei, a coisa caiu das minhas calças e os pais ficaram agitados", disse ele mais tarde para um psiquiatra designado pelo tribunal. Depois de questionar Grogan, o profissional decretou ser *contra* interná-lo no Camarillo State Hospital, pois "o menor é agressivo demais para ser mantido em um ambiente que não oferece instalações de contenção".

O tribunal determinou o contrário, enviando Grogan ao Camarillo para um período de observação de noventa dias. Ele ficou no hospital por um grande total de dois dias, depois foi embora, auxiliado, como descobri mais tarde, por uma das garotas da Família.

Sua fuga aconteceu no dia 19 de julho de 1969. Ele havia voltado ao rancho Spahn a tempo de cometer os homicídios de Hinman, Tate e LaBianca. Foi preso no dia 16 de agosto durante a batida no rancho Spahn, mas liberado dois dias depois, a tempo de decapitar Shorty Shea.

Naquela época, como resultado da batida no rancho Barker, ele estava sendo acusado de roubo de automóvel e posse de uma arma ilegal, isto é, da espingarda de cano serrado. Perguntei a Fowles qual era o status atual do caso.

Ele informou que, por incentivo de seu advogado, Grogan havia sido examinado por dois psiquiatras, que tinham decidido que ele "no momento estava insano".

Eu disse a Fowles que esperava que ele fosse solicitar um julgamento com júri popular e confrontasse a alegação de insanidade. Se levasse Clem a julgamento em Los Angeles, acusado de participar dos homicídios do caso Tate, eu não queria que a defesa apresentasse evidências de que um tribunal no condado de Inyo já o havia declarado insano. Frank concordou com esse plano de ação.

No momento, nosso caso contra Grogan era tão fraco a ponto de ser quase inexistente. Sequer havia provas de que Donald "Shorty" Shea estava morto; até então, o corpo não havia sido encontrado. Quanto aos homicídios do caso Tate, tudo o que tínhamos era a declaração de DeCarlo de que Clem havia lhe dito: "Pegamos cinco porquinhos".

Não poderíamos usar essa declaração no tribunal se houvesse um julgamento conjunto. Em 1965, a Suprema Corte da Califórnia decretou, no caso *Povo vs. Aranda*, que a promotoria não poderia apresentar como evidência uma declaração feita por um réu que implique um corréu.

Visto que o caso *Aranda* teria relevância em todos os casos envolvendo os membros da Família Manson, é necessário apresentar uma explicação simplificada. Por exemplo, se houvesse um julgamento conjunto, com mais de um réu, não poderíamos usar a declaração, "Fomos nós", que Susan Atkins fez a Ronnie Howard, sendo o plural inadmissível, uma vez que implica os corréus. Poderíamos, contudo, usar sua outra declaração, "Eu esfaqueei Sharon Tate". É possível "limpar" algumas declarações para que não violem o decreto do caso *Aranda*. A confissão que Susan Atkins fez a Whiteley e Guenther, "Eu fui até a casa do Gary com Bobby Beausoleil", poderia ser editada para, "Eu fui até a casa do Gary", embora um bom advogado de defesa possa contestar e — dependendo do promotor e do juiz — às vezes conseguir que até mesmo isso seja excluído. Mas em relação ao pronome "nós", não havia como contornarmos isso.

Assim, a declaração que Manson fez a Springer, "Apagamos cinco deles faz poucas noites", era inútil. Assim como o comentário que Clem fez para DeCarlo: "Pegamos cinco porquinhos".

Manson e Grogan poderiam ter feito tais confissões em rede nacional e, caso houvesse um julgamento conjunto, não poderíamos usar seus comentários contra eles.

Portanto, não tínhamos praticamente nada contra Clem.

Enquanto examinava o arquivo de Grogan, notei que um de seus irmãos tinha se candidatado à Polícia Rodoviária da Califórnia; anotei isso, pensando que talvez ele pudesse influenciar Clem a cooperar conosco. DeCarlo havia usado três palavras para descrever Grogan: "Ele é maluco". Na fotografia tirada pela polícia — sorriso grande e largo, dente da frente lascado, olhar estúpido —, ele se parecia com um idiota. Pedi a Fowles cópias de relatórios psiquiátricos recentes.

Quando lhe perguntaram: "Por que você odeia seu pai?", Grogan respondeu: "Eu sou meu pai e não me odeio". Ele disse não usar drogas. "Tenho minha própria benzedrina, adrenalina. Se chama medo." Afirmou que "amor é tudo", mas, de acordo com um psiquiatra, "ele também revelou que não podia aceitar a filosofia da irmandade inter-racial. Citações supostamente bíblicas com correlação sexual foram apresentadas como defesa dessa atitude."

Outras citações de Clem: "Estou morrendo um pouco todos os dias. Meu ego está morrendo e sabe que está morrendo e luta com afinco.

Quando você se liberta do ego, você se liberta de tudo. [...] O que quer que você diga está certo para você. [...] Quem quer que você acha que eu sou, esse é quem eu sou".

A filosofia de Clem? Ou de Charles Manson? Eu havia escutado as mesmas ideias, em diversos casos, até mesmo com palavras idênticas, das garotas.

Se os psiquiatras haviam examinado um dos seguidores de Manson e, com base em tais respostas, o tinham declarado insano, o que diriam de seu líder?

Vi Charles Manson pela primeira vez naquele dia. Ele estava sendo levado da cadeia para o tribunal, acompanhado de cinco policiais da LASO, para a audiência pela acusação do incêndio criminoso da retroescavadeira Michigan.

Não tinha me dado conta de como ele era baixo: só tinha 1,57 metro de altura. Era magro, de compleição frágil, um tanto corcunda, possuía cabelos castanhos muito compridos, quase até os ombros, e o começo de uma barba a crescer — percebi ao comparar as fotos de fichamento da LASO e do condado de Inyo — depois de sua prisão durante a batida no rancho Spahn. Usava roupas de pele com franjas, que não eram baratas. Embora estivesse algemado, seu caminhar era casual, não rígido, como se estivesse bastante à vontade.

Não consegui acreditar que aquele sujeitinho havia sido o responsável por todas as coisas que diziam. Ele se parecia com qualquer coisa menos um peso-pesado. Ainda assim, soube que subestimá-lo seria o maior erro que eu poderia cometer. Pois, se as histórias de Atkins e DeCarlo fossem verdadeiras, ele próprio não era apenas capaz de cometer assassinato, mas também possuía o incrível poder de mandar que outros matassem por ele.

As garotas de Manson comentaram bastante sobre o conceito indiano do carma. Era como um bumerangue, disseram. O que quer que fosse lançado, com o tempo, acabava voltando para você. Eu me perguntei se o próprio Manson de fato acreditava nisso e se sentia que, quase três meses e meio depois daqueles assassinatos hediondos, seu próprio carma estava por fim retornando. Deve ter sentido. Você não encarrega cinco policiais da escolta de um suspeito de incêndio criminoso. Se não sabia naquele momento, em breve iria saber, quando a rede de fofocas da prisão repetisse algumas das perguntas que estivéramos fazendo.

Antes de ir embora de Independence, entreguei a Frank Fowles o número de telefone tanto da minha casa quanto do escritório. Se houvesse alguma novidade, eu queria ser avisado, qualquer que fosse a hora. Manson tinha se declarado inocente da acusação de incêndio criminoso e sua fiança havia sido estipulada em 25 mil dólares. Se alguém tentasse arcar com ela, eu queria saber na hora, para que pudéssemos entrar logo com as acusações de homicídio. Isso significaria revelar nosso caso antes que estivéssemos prontos, mas a alternativa era pior. Ciente de que era suspeito de assassinato, uma vez que estivesse em liberdade, Manson provavelmente iria fugir. E com Manson à solta, seria bastante difícil fazer com que alguém falasse.

De 22 a 23 de novembro de 1969

Naquele fim de semana, eu examinei os arquivos do LAPD sobre os casos Tate e LaBianca; os arquivos do condado de Inyo; os relatórios da LASO sobre a batida no rancho Spahn e outros contatos com a Família; além de inúmeras fichas criminais. O LAPD havia conduzido mais de 450 entrevistas apenas sobre o caso Tate; embora tivessem pescado menos do que uma rede furada, eu tinha que me familiarizar com o que tinha e o que não tinha sido feito. Estava especialmente interessado em ver se conseguia encontrar alguma conexão entre as vítimas dos casos Tate e LaBianca e o clã de Manson. Além disso, estava procurando por alguma pista que explicasse o motivo por trás das mortes.

De tempos em tempos, escritores fazem referência a "crimes sem motivo". Nunca encontrei tal espécime e estou convencido de que não existem. Pode ser um motivo incomum; talvez seja aparente apenas para o assassino ou para os assassinos; pode até mesmo ser em grande parte inconsciente — mas todos os crimes são cometidos por um motivo. O problema era, nesse caso em especial, encontrá-lo.

Depois de ouvir as sete horas de gravação da entrevista com Daniel DeCarlo, comecei a estudar os antecedentes criminais de um certo Manson, Charles M.

Eu queria conhecer o homem que iria enfrentar.

Charles Manson nasceu "sem nome Maddox" no dia 12 de novembro de 1934 em Cincinnati, Ohio, filho ilegítimo de uma moça de 16 anos chamada Kathleen Maddox.[5]

Embora o próprio Manson mais tarde viesse a afirmar que a mãe foi uma prostituta adolescente, outros parentes dizem que ela era apenas "fácil". Um deles comentou: "Ela vivia perambulando para cima e para baixo, ficava bêbada, se metia em confusão". Qualquer que seja o caso, ela morou com uma série de homens. Um deles, um homem muito mais velho chamado William Manson, com quem ela acabou se casando, ficou por perto tempo suficiente apenas para dar um sobrenome ao menino.

5 Como quase todos os relatos a respeito da infância de Manson, até mesmo sua data de nascimento costuma estar errada, ainda que por um motivo compreensível. Incapaz de se lembrar do dia exato em que Manson nasceu, a mãe o mudou para 11 de novembro, Dia do Armistício e uma data mais fácil de ser lembrada.

A identidade do pai de Charles Manson era um mistério. Em 1936, Kathleen entrou com um processo de ilegitimidade no condado de Boyd, Kentucky, contra um certo "coronel Scott",[6] residente de Ashland, Kentucky. No dia 19 de abril de 1937, o tribunal determinou que ela receberia 25 dólares, mais 5 dólares por mês, para o sustento de "Charles Milles Manson". Apesar de ter sido uma "decisão acordada", ao que parece o coronel Scott não a honrou, pois, no final de 1940, Kathleen estava tentando entrar com uma ordem de confisco de seus salários. A maioria dos relatos afirma que o coronel Scott morreu em 1954. Embora isso nunca tenha sido verificado oficialmente, ao que parece, o próprio Manson acreditou na história. Ele também afirmou em diversas ocasiões que não chegou a conhecer o pai.

De acordo com os próprios parentes, Kathleen deixava a criança com vizinhos obsequiosos por uma hora, então desaparecia por dias ou semanas. Com frequência, a avó ou a tia por parte de mãe tinham que reivindicá-lo. Muitos anos de sua infância foram passados com uma ou outra, em West Virginia, Kentucky ou Ohio.

Em 1939, Kathleen e o irmão, Luther, roubaram um posto de combustível em Charleston, West Virginia, nocauteando o atendente com garrafas de Coca-Cola. Foram condenados a cinco anos de prisão na penitenciária estadual por assalto à mão armada. Enquanto a mãe esteve na cadeia, Manson morou com os tios em McMechen, West Virginia. Mais tarde, ele viria a contar ao seu conselheiro na instituição correcional National Training School for Boys que os tios tiveram "algumas dificuldades conjugais até se interessarem por religião e se tornarem bastante radicais".

Uma tia bastante rigorosa, que acreditava que todos os prazeres eram pecados, mas que lhe deu amor. Uma mãe promíscua, que o deixava fazer o que quisesse, contanto que não a incomodasse. O jovem acabou em um cabo de guerra entre as duas.

Solta sob liberdade condicional em 1942, Kathleen reivindicou Charles, então com 8 anos. Os anos seguintes foram um borrão de quartos de hotéis deteriorados e "tios" recém-apresentados, a maioria dos quais, assim como a mãe, bebia em demasia. Em 1947, ela tentou mandá-lo para um lar adotivo, mas, sem que houvesse algum disponível, o tribunal o enviou para a Gibault School for Boys, uma instituição de cuidados em Terre Haute, Indiana. Ele tinha 12 anos.

6 Seu primeiro nome permanece desconhecido. Até mesmo os registros oficiais se referem a ele como "coronel Scott"

Segundo os registros escolares, ele "não se adaptou bem à instituição" e "sua atitude em relação à educação era moderada, no melhor dos casos". Ainda que "Charles parecesse ser um rapaz simpático durante os curtos períodos em que era agradável e se sentia feliz", ele "tinha uma inclinação ao mau humor e à mania de perseguição...". Ele ficou na Gibault por dez meses, então fugiu, voltando para a mãe.

Ela não o queria, e Manson voltou a fugir. Ao invadir uma mercearia, roubou dinheiro suficiente para alugar um quarto. Ele então invadiu muitas outras lojas, vindo a roubar, entre outras coisas, uma bicicleta. Pego durante uma invasão, foi enviado a um centro de detenção juvenil em Indianapolis. Fugiu no dia seguinte. Quando foi detido, o tribunal — após receber a informação errônea de que ele era católico — tomou providências com um padre local para que ele fosse aceito na organização Father Flanagan's Boys Town.

Ele não entrou para a lista de ex-alunos distintos. Quatro dias depois de sua chegada, ele e outro garoto, Blackie Nielson, roubaram um carro e fugiram para a casa do tio de Blackie em Peoria, Illinois. No caminho, cometeram dois assaltos à mão armada — um em uma mercearia, o outro em um cassino. Entre os criminosos, assim como na própria lei, existe uma distinção entre crimes não violentos e violentos. Manson tinha "se formado", cometendo seu primeiro assalto à mão armada aos 13 anos.

O tio ficou feliz em vê-los. Os dois meninos eram pequenos o suficiente para conseguirem passar por claraboias. Uma semana depois de chegarem em Peoria, a dupla invadiu uma mercearia e roubou 1.500 dólares. Por seus esforços, o tio lhes deu 150 dólares. Duas semanas depois, tentaram repetir a proeza, mas dessa vez foram pegos. Os dois abriram o bico, implicando o tio. Ainda com apenas 13 anos, Charles Manson foi enviado à Indiana School for Boys, em Plainfield.

Lá, ficou por três anos, tendo fugido um total de dezoito vezes. De acordo com os professores, "ele declarava não confiar em ninguém" e "fazia um bom trabalho apenas para aqueles de quem acreditava que poderia conseguir alguma coisa".

Em fevereiro de 1951, Charles Manson e dois outros rapazes de 16 anos fugiram e seguiram para a Califórnia. Para chegarem lá, roubavam carros. Para seu sustento, arrombavam postos de combustível — Manson, mais tarde, estimaria que haviam assaltado quinze ou vinte deles — até que, pouco depois de Beaver, Utah, um bloqueio na estrada montado para pegar um suspeito de assalto acabou, em vez disso, capturando-os.

Ao atravessarem uma fronteira estadual em um veículo roubado, os jovens tinham violado uma lei federal, a lei Dyer. Esse foi o começo de um padrão seguido por Charles Manson de cometer crimes federais, que resultam em sentenças mais severas do que delitos locais ou estaduais.

No dia 9 de março de 1951, Manson foi condenado a ficar confinado na National Training School for Boys, em Washington, D.C., até alcançar à maioridade.

Foram mantidos registros detalhados sobre Charles Manson durante o tempo em que permaneceu lá.[7] Ao chegar, recebeu uma bateria de testes de aptidão e de inteligência. O QI de Manson era de 109. Embora tivesse completado quatro anos de escola, ele continuava sendo um analfabeto. Inteligência, aptidão mecânica, destreza manual: todas medianas. Matéria que mais gostava: música. Seu primeiro assistente social observou, com uma sutileza considerável: "Charles é um garoto de 16 anos que teve uma vida familiar desfavorável, se é que se pode chamar o que teve de vida familiar". Ele era, o assistente social concluiu, um antissocial agressivo.

Um mês após sua chegada: "Esse garoto tenta passar a impressão de que está tentando se ajustar com afinco, embora, na verdade, não esteja se esforçando nem um pouco nesse sentido... Acredito que com o tempo irá tentar passar despercebido".

Três meses depois: "Manson se tornou uma espécie de 'político da instituição'. Ele faz apenas o suficiente para se safar. [...] Inquieto e temperamental na maior parte do tempo, o garoto preferiria passar as horas de aulas entretendo os amigos". O relatório termina: "Parece que esse garoto é um jovem muito transtornado emocionalmente que, certamente, precisa de orientação psiquiátrica".

Manson estava ansioso para ser transferido para a Natural Bridge Honor Camp, uma instituição de segurança mínima. Devido ao seu histórico de fugas, as autoridades da escola acreditavam que era necessário fazer o contrário — ou seja, transferi-lo para uma instituição no estilo reformatório —, mas decidiram suspender a decisão até que o garoto tivesse sido avaliado por um psiquiatra.

No dia 29 de junho de 1951, Charles Manson foi examinado por um certo dr. Block. O psiquiatra observou "um distinto nível de rejeição, instabilidade e trauma psiquiátrico" no histórico de Manson. Sua

7 Eu só viria a obter essas informações muito mais tarde; contudo, alguns trechos são citados aqui.

sensação de inferioridade em relação à mãe era tão pronunciada, constatou Block, que ele constantemente sentia necessidade "de suprimir quaisquer pensamentos sobre ela". Devido à sua estatura diminuta, sua ilegitimidade e falta de amor parental, "ele está constantemente buscando status perante os outros garotos". Para conseguir isso, Manson havia "desenvolvido algumas técnicas simples para lidar com as pessoas. Essas, em grande parte, consistiam em um bom senso de humor" e uma "habilidade de agradar as pessoas. [...] Isso poderia resultar em um jovem institucionalizado 'malandro', mas ficamos com a sensação de que, por trás de tudo isso, existe um garoto sensível, que ainda não desistiu de encontrar algum tipo de amor e afeto neste mundo."

Ainda que tenha observado que Manson era "bastante incapaz de aceitar qualquer tipo de orientação autoritária", o médico concluiu que ele "aceitou com entusiasmo a oferta de consultas psiquiátricas".

Se considerou isso suspeito, o médico não deu indícios dessa opinião em seu relatório. Durante os três meses seguintes, ele tratou Manson com sessões de psicoterapia. Pode-se supor que Charles Manson também manipulou o médico, pois em seu relatório do dia 1º de outubro, o dr. Block estava convencido de que o que ele mais precisava era de experiências que aumentassem sua autoconfiança. Resumindo, precisava que confiassem nele. O médico recomendou a transferência.

Parecia que Charles Manson havia enganado seu primeiro psiquiatra. Embora o considerassem um "risco calculado", na melhor das hipóteses, as autoridades escolares aceitaram a recomendação do médico. Assim, no dia 24 de outubro de 1951, ele foi transferido para a Natural Bridge Camp.

Em novembro daquele ano, Manson completou 17 anos. Pouco depois de seu aniversário, ele recebeu a visita da tia, que disse às autoridades que lhe proporcionaria um lar e um emprego caso ele fosse solto. Havia uma audiência de liberdade condicional marcada para fevereiro de 1952 e, com a oferta da tia, as chances de Manson pareciam boas. Em vez disso, menos de um mês antes da audiência, ele pegou uma lâmina de barbear e a segurou contra a garganta de outro garoto enquanto o sodomizava.

Como resultado desse delito, ele perdeu 97 dias de bom comportamento e, no dia 18 de janeiro de 1952, foi transferido para o Reformatório Federal de Petersburg, Virginia. Ele era considerado "perigoso", com um oficial vindo a observar: "Ninguém deve confiar nele, nem se estiver do outro lado da rua". Até agosto, ele tinha cometido oito infrações disciplinares graves, três envolvendo atos homossexuais. Seu relatório de progresso, se é que podemos chamá-lo assim, afirmava:

"Manson certamente tem tendências homossexuais e agressivas". Foi classificado como "seguro apenas sob supervisão". Para sua própria proteção, assim como a de terceiros, as autoridades decidiram transferi-lo para uma instituição mais segura, o Reformatório Federal em Chillicothe, Ohio, para onde foi enviado no dia 22 de setembro de 1952.

Dos arquivos de Chillicothe: "Envolve-se com encrenqueiros. [...] parece ser o tipo de detento imprevisível que vai precisar de supervisão tanto no trabalho quanto nos alojamentos. [...] Apesar da idade, ele é um criminoso sofisticado. [...] considerado como extremamente inadequado para detenção em um reformatório do tipo aberto como Chillicothe". São trechos de um relatório escrito menos de um mês após sua transferência para o local.

Então, de repete, Manson mudou. Durante o restante do ano não houve infrações disciplinares graves. A não ser por pequenas violações das regras e uma persistente "atitude ruim em relação às autoridades", sua boa conduta continuou até 1953. Um relatório de progresso naquele mês de outubro observou: "Manson vem demonstrando uma melhora significativa em sua atitude como um todo e em sua cooperação com os guardas, e está demonstrando ativo interesse no programa educacional. [...] Ele sente um orgulho especial do fato de ter elevado seu [nível educacional da quarta para a sétima série] e de que agora pode ler grande parte do material e usar aritmética básica".

Graças aos avanços educacionais e aos bons hábitos no trabalho na unidade de transporte, onde consertava e cuidava da manutenção dos veículos que pertenciam à instituição, no dia 1º de janeiro de 1954, Charles Manson recebeu um prêmio de Serviços Meritórios. Muito mais importante para ele, porém, foi o fato de que, no dia 8 de maio de 1954, seu pedido de liberdade condicional foi concedido. Ele estava com 19 anos.

Uma das condições para sua condicional era que ele morasse com os tios em McMechen. Ele assim o fez, por um tempo, então, quando a mãe se mudou para uma cidade próxima, Wheeling, Manson decidiu ir morar com ela. Eles pareciam atraídos um para o outro, mas mesmo assim eram incapazes de se suportar por muito tempo.

Desde os 14 anos, as únicas relações sexuais de Charles Manson foram homossexuais. Pouco tempo depois de ser solto, ele conheceu uma garota de 17 anos de McMechen, Rosalie Jean Willis, garçonete em um hospital local. Eles se casaram em janeiro de 1955. Para sustentá-los, Manson trabalhou como ajudante de garçom, auxiliar em um posto de combustível e atendente de estacionamento. Além disso, roubava carros.

Mais tarde, viria a confessar ter roubado seis veículos. Não parecia ter aprendido nada; atravessou fronteiras estaduais com pelo menos dois deles. Um, roubado em Wheeling, West Virginia, foi abandonado em Fort Lauderdale, Flórida. O segundo, um Mercury 1951, ele dirigiu de Bridgeport, Ohio, até Los Angeles em julho de 1955, acompanhado da esposa, que na época estava grávida. Manson enfim havia conseguido chegar ao Estado Dourado. Foi preso menos de três meses depois e confessou ter violado a lei Dyer em duas ocasiões. Levado ao tribunal federal, declarou ser culpado do roubo do Mercury e solicitou ajuda psiquiátrica, alegando: "Fui solto de Chillicothe em 1954 e, tendo permanecido confinado por nove anos, precisava muito de tratamento psiquiátrico. Estava mentalmente confuso e roubei um carro como uma maneira de aliviar o estado de confusão mental em que estava".

O juiz solicitou um relatório psiquiátrico. Manson foi examinado no dia 26 de agosto de 1955 pelo dr. Edwin McNiel. Ele apresentou ao psiquiatra uma versão muito abreviada de seu passado, afirmando que foi enviado para uma instituição pela primeira vez "por ser perverso com minha mãe". Sobre a esposa, Manson disse: "Ela é a melhor esposa que um sujeito poderia querer. Só percebi isso quando vim para cá. Bato nela às vezes. Ela sempre me manda cartas. Ela vai ter um bebê".

Ele também afirmou a McNiel que "passou tanto tempo em instituições que nunca aprendeu de fato como 'era a vida real do outro lado dos muros'. Disse que agora que tinha uma esposa e estava prestes a ser pai, era muito importante que tentasse ficar do outro lado dos muros com ela. Assegurou que ela é a única pessoa com quem já se importou em toda sua vida."

O dr. McNiel observou: "É evidente que ele tem uma personalidade instável e que as influências nos ambientes nos quais viveu durante grande parte da vida não foram boas. [...] Em minha opinião, colocar esse garoto em liberdade condicional seria um risco considerável; por outro lado, ele passou nove anos em instituições com, ao que parece, poucos benefícios exceto tirá-lo de circulação. Com o incentivo de uma esposa e provável paternidade, é possível que ele seja capaz de entrar na linha. Sendo assim, eu respeitosamente recomendo que o tribunal lhe conceda liberdade condicional sob uma cuidadosa supervisão". Ao aceitar essa sugestão, no dia 7 de novembro de 1955, o tribunal concedeu a Manson cinco anos de liberdade condicional.

Restava a acusação da Flórida. Mesmo com altas chances de outorgarem a liberdade condicional, Manson fugiu antes da audiência. Um mandado de prisão foi emitido, e ele foi detido em Indianópolis no dia 14 de março de 1956, sendo então transferido de volta a Los Angeles. Sua liberdade condicional foi revogada e ele recebeu a condenação de três anos em regime fechado na penitenciária de Terminal Island, em San Pedro, Califórnia. Quando Charles Manson Jr. nasceu, seu pai já havia voltado à prisão.

"Este prisioneiro, sem dúvidas, logo terá sérios problemas", escreveu o orientador. "É jovem, pequeno, tem rosto de criança e é incapaz de se controlar..."

Depois de ser submetido a outra bateria de testes, Manson recebeu notas medianas em todas as categorias exceto "vocabulário", na qual tirou uma nota alta. Seu QI agora era de 121. Com alguma percepção, quando chegou a hora da designação de seu trabalho, Manson solicitou "um destacamento pequeno sem muitos homens. Ele afirma que tende a fazer palhaçadas e a se comportar mal quando está em um grupo...".

Rosalie foi morar com a mãe de Manson, que agora vivia em Los Angeles. Durante seu primeiro ano em Terminal Island, ela o visitava toda semana, e sua mãe o fazia com uma frequência um pouco menor. "Os hábitos e atitudes de Manson no trabalho variam de bons a fracos", observava seu relatório de progresso de março de 1957. "No entanto, à medida que o dia de sua audiência de liberdade condicional se aproxima, seu desempenho no trabalho saltou de bom para excelente, demonstrando que ele é capaz de se ajustar se quiser."

A audiência de liberdade condicional estava agendada para o dia 22 de abril. Em março, a esposa de Manson parou de visitá-lo. A mãe dele lhe contou que Rosalie estava morando com outro homem. No início de abril, ele foi transferido para a unidade da Guarda Costeira, sob mínima supervisão. No dia 10 de abril, foi encontrado no estacionamento da Guarda Costeira, vestido como civil, fazendo ligação direta em um carro. Indiciado em seguida por tentativa de fuga, Manson se declarou culpado. Como resultado, mais cinco anos de liberdade condicional foram anexados ao fim de sua sentença atual. No dia 22 de abril, seu pedido de liberdade condicional foi negado.

Rosalie entrou com um pedido de divórcio pouco depois disso, sendo ele finalizado em 1958. Ela permaneceu com a guarda de Charles Jr., voltou a se casar e não teve mais nenhum contato com Manson ou com a mãe dele.

Abril de 1958 — avalição anual: seu desempenho no trabalho era "esporádico", seu comportamento continuava a ser "errático e temperamental". Quase sem exceções, ele desapontava qualquer um que lhe desse apoio, observava o relatório. "Por exemplo, ele foi selecionado para frequentar o atual curso profissionalizante oferecido pela Dale Carnegie, passando à frente de muitos outros candidatos, pois acreditava-se que esse curso poderia ser benéfico em seu caso e ele insistiu em ser matriculado. Depois de frequentar algumas aulas e aparentemente fazer excelente progresso, desistiu em um ataque de petulância e, desde então, não se envolveu em nenhuma outra atividade educacional."

Manson foi chamado de "um exemplo clássico do detento de uma instituição correcional. [...] Ele é um caso muito difícil e é impossível prever sua adaptação futura com algum nível de precisão."

Ele foi solto no dia 30 de setembro de 1958, com ainda cinco anos de liberdade condicional a cumprir.

Em novembro, Manson já tinha encontrado uma nova ocupação: proxenetismo. Seu professor foi +Frank Peters, um bartender de Malibu e famoso cafetão, com quem estava morando.

Sem que soubesse, Manson estava sendo vigiado pelo FBI, e o estivera desde que fora solto da prisão. Os agentes federais, que estavam em busca de um fugitivo que outrora morara com Peters, relataram ao oficial de condicional de Manson que sua "equipe" consistia em uma garota de 16 anos chamada Judy, que ele tinha "iniciado" pessoalmente; como apoio adicional, ele recebia dinheiro de "Fat Flo" — "Flo Gorda" —, uma garota nada atraente de Pasadena, filha de pais abastados.

Seu oficial de condicional o convocou para uma conversa. Manson negou estar agindo como cafetão; disse que não estava mais morando com Peters; prometeu não voltar a ver Judy; mas afirmou que gostaria de continuar seu relacionamento com Flo, "para obter dinheiro e sexo". Afinal de contas, disse, "tinha ficado confinado por muito tempo". Depois da entrevista, o oficial de condicional escreveu: "Certamente é um réu em liberdade condicional bastante instável e parece ser apenas uma questão de tempo até arrumar mais problemas".

No dia 1º de maio de 1959, Manson foi detido enquanto tentava descontar um cheque falsificado do Ministério das Finanças no valor de 37,50 dólares no Ralph's, um supermercado de Los Angeles. Segundo os policiais que o prenderam, Manson confessou ter roubado o cheque de uma caixa de correio. Mais dois delitos federais.

O LAPD entregou Manson aos agentes do Serviço Secreto para que fosse interrogado. O que aconteceu a seguir foi um tanto embaraçoso. "Infelizmente para eles", dizia um relatório sobre o incidente, "o cheque desapareceu; eles têm certeza de que o indivíduo o pegou de cima da mesa e o engoliu quando eles lhe deram as costas por um instante." Entretanto, as acusações foram mantidas.

Em meados de junho, uma garota atraente de 19 anos chamada Leona fez uma visita ao oficial de condicional de Manson e lhe disse que estava grávida de Charlie. O oficial se mostrou cético e pediu para ver um exame médico. Ele também passou a verificar seu histórico.

Com o auxílio de um advogado, Manson conseguiu um acordo: se ele se declarasse culpado de ter forjado o cheque, a acusação de roubo de correspondência seria descartada. O juiz solicitou uma avaliação psiquiátrica e o dr. McNiel examinou Manson uma segunda vez.

Quando Manson se apresentou no tribunal no dia 28 de setembro de 1959, o dr. McNiel, a procuradoria-geral e o departamento de condicionais *se opuseram* ao seu pedido de liberdade condicional. Leona também compareceu e fez um apelo choroso em nome de Manson. Eles estavam muito apaixonados, ela afirmou ao juiz, e se casariam caso Charlie fosse solto. Embora tenha sido provado que Leona havia mentido sobre estar grávida e que possuía um histórico de prisões por prostituição sob o nome Candy Stevens, o juiz, evidentemente emocionado pelo apelo dela e pela promessa de Manson de se comportar, decretou uma sentença de dez anos ao réu, mas a suspendeu e o colocou sob liberdade condicional.

Manson voltou a agir como cafetão e a infringir leis federais.

Em dezembro, ele já havia sido preso duas vezes pelo LAPD: por roubo de automóvel e uso de cartões de crédito roubados. As duas acusações foram descartadas por falta de provas. Além disso, naquele mesmo mês, ele levou Leona, também conhecida como Candy, e uma garota chamada Elizabeth, de Needles, Califórnia, para Lordsburg, Novo México, com propósitos de prostituição, violando a lei Mann — mais um crime federal.

Detido por um breve período, interrogado e então liberado, ele ficou com a impressão de que as autoridades deixaram que "se safasse". Entretanto, deve ter desconfiado de que a investigação continuava em curso. Possivelmente para evitar que Leona testemunhasse contra ele, eles de fato se casaram, apesar de Manson não ter informado seu oficial de condicional a respeito disso. Continuou em liberdade durante todo o mês de janeiro de 1960, enquanto o FBI preparava seu caso.

No final de fevereiro, o oficial de condicional de Manson recebeu a visita de um pai irado, +Ralph Samuels, de Detroit. A filha de Samuel, +Jo Anne, de 19 anos, tinha ido à Califórnia depois de responder ao anúncio de uma escola de comissárias de bordo, só para descobrir, depois de pagar as taxas, que a escola era uma fraude. Ela possuía 700 dólares em suas economias, contudo, e, acompanhada de outra aluna desiludida,

+Beth Beldon, alugou um apartamento em Hollywood. Por volta de novembro de 1959, Jo Anne teve a infelicidade de conhecer Charles Manson, que se apresentou, com cartão de visitas e tudo, como "Presidente, 3-Star-Enterprises, Produções para Casas Noturnas, Rádio e TV". Manson a convenceu a investir suas economias em sua empresa inexistente; drogou e estuprou sua colega de quarto; e engravidou Jo Anne. Foi uma gravidez ectópica, o feto tendo se desenvolvido em uma das trompas de Falópio, e ela quase morreu.

Contudo, o oficial de condicional não pôde fazer muito além de ser um ouvinte solidário, pois Charles Manson havia desaparecido. Um mandado de prisão foi emitido, e, no dia 28 de abril, um júri federal o indiciou por violar a lei Mann. Ele foi preso no dia 1º de junho em Laredo, Texas, depois que a polícia deteve uma de suas garotas sob uma acusação de prostituição, e foi levado de volta a Los Angeles, onde, no dia 23 de junho de 1960, o tribunal decretou que ele havia violado a condicional e ordenou que fosse enviado de volta à prisão para cumprir o restante de sua sentença de dez anos. O juiz observou: "Se já existiu um homem que demonstrou ser completamente inadequado para permanecer em liberdade condicional, ele é este homem". Esse foi o mesmo juiz que concedera liberdade condicional a Manson em setembro do ano anterior.

Mais tarde, a acusação de violação da lei Mann foi descartada. Durante um ano inteiro, Manson permaneceu na prisão do condado de Los Angeles, enquanto apelava contra a revogação da condicional. A apelação foi negada, e, em julho de 1961, foi enviado para a United States Penitentiary, em McNeil Island, Washington. Ele estava com 26 anos.

De acordo com a avaliação da equipe, Manson tinha se tornado uma espécie de ator: "Ele esconde sua solidão, ressentimento e hostilidade atrás de uma fachada de adulação superficial. [...] Uma pessoa enérgica de aparência jovem cuja verbalização flui com bastante facilidade, ele gesticula com profusão e pode dramatizar situações para prender a atenção do ouvinte". Em seguida, havia uma declaração que, de uma forma ou de outra, viria a reaparecer com frequência em seus registros penais e, muito mais tarde, em entrevistas após sua prisão: "Ele comentou que as instituições se transformaram em seu estilo de vida e que sente uma segurança nas instituições que não está disponível a ele no mundo exterior".

Manson declarou que sua religião de escolha era a "cientologia", afirmando que "nunca tinha se decidido sobre uma fórmula religiosa para suas crenças e que atualmente está à procura de uma resposta à sua pergunta no novo culto de saúde mental conhecido como cientologia".

A cientologia, uma ramificação da dianética do escritor de ficção científica L. Ron Hubbard, estava entrando em voga na época. O professor de Manson, isto é, "auditor", era outro presidiário, Lanier Rayner. Manson mais tarde viria a afirmar que, enquanto esteve preso, alcançou o nível mais elevado da cientologia: "theta limpo".[8]

Embora tenha se interessado pela cientologia por mais tempo do que por qualquer outra matéria, exceto música, aparentemente, assim como no curso da Dale Carnegie, Manson se ateve a ela apenas enquanto seu entusiasmo durou. Depois a abandonou, mas extraindo e mantendo alguns termos e expressões ("auditoria", "deixar de existir", "chegar ao Agora"), além de alguns conceitos (carma, reencarnação etc.) que, talvez de maneira apropriada, a cientologia já havia pegado emprestado antes.

Ele ainda estava interessado em cientologia quando seu relatório de progresso anual foi redigido naquele mês de setembro. Ademais, de acordo com o parecer, esse interesse "o levou a fazer uma avaliação semiprofissional de sua personalidade, estranhamente bastante consistente com as avaliações feitas por estudos sociais anteriores. Ele parece ter desenvolvido um certo nível de discernimento em relação aos seus problemas, por meio do estudo dessa disciplina. Manson está fazendo progresso pela primeira vez em sua vida."

O relatório também observava que Manson "se dedica ao softbol, basquetebol e croquet" e "é integrante do Clube de Teatro e do Grupo de Autoajuda". Ele se tornara "um tanto obcecado em praticar o violão".[9]

Ele manteve um trabalho de reponsabilidade razoável durante onze meses, o período mais longo durante o qual manteve um posto na prisão, antes de ser pego com contrabando em sua cela e ser transferido para os serviços de manutenção e limpeza.

O relatório anual naquele mês de setembro fez um exame mais criterioso do prisioneiro de 28 anos:

"Charles Manson tem um tremendo desejo de chamar atenção para si mesmo. Geralmente é incapaz de ser bem-sucedido em atos positivos, portanto, com frequência recorre a um comportamento negativo

8 Em um de seus panfletos, Hubbard define como "limpa" a pessoa "que se emendou nesta vida". É um pouco difícil de ver como isso poderia se aplicar a Charles Manson.

9 Ele de fato solicitou uma transferência para Leavenworth, considerada uma instituição muito mais rigorosa, pois "ele alegou que poderia praticar violão com mais frequência". O pedido foi negado.

para satisfazer esse desejo. Em seus esforços para 'se encontrar', Manson estuda diferentes filosofias religiosas, por exemplo, cientologia e budismo; entretanto, nunca se dedica por tempo suficiente a um determinado ensinamento para colher benefícios significativos. Até mesmo essas tentativas e seus pedidos de ajuda representam um desejo por atenção, com um propósito apenas superficial. Manson recebeu atenção por parte da equipe maior do que o normal, ainda assim, existem poucos indícios de mudança em seu comportamento. Em vista de seus problemas de personalidade arraigados [...] a continuação de tratamento institucional é recomendada."

No dia 1º de outubro de 1963, as autoridades penitenciárias foram informadas que, "de acordo com documentos judiciais recebidos por esta instituição, Manson casou-se com Leona Manson em 1959, no estado da Califórnia, e que o casamento foi encerrado por meio de divórcio em 10 de abril de 1963, em Denver, Colorado, sob alegações de crueldade mental e condenação por delito grave. Um filho, Charles Luther Manson, supostamente resultou dessa união."

Essa é a única referência, em qualquer registro sobre Manson, ao seu segundo casamento e segundo filho.

A avaliação anual de Manson de setembro de 1964 apresentava um histórico de conduta sem incidentes, mas quase nada que fosse encorajador: "Seu padrão anterior de instabilidade no trabalho permanece [...] parece ter uma necessidade intensa de chamar atenção para si mesmo [...] continua emocionalmente inseguro e tende a se envolver em diversos interesses fanáticos".

Esses "interesses fanáticos" não foram identificados nos relatórios penais, mas pelo menos vários deles são conhecidos. Além da cientologia e seu violão, havia um terceiro. Em janeiro de 1964, "I Want to Hold Your Hand" se tornou a música número um nas paradas dos Estados Unidos. Com a chegada em Nova York dos "quatro rapazes de Liverpool" no mês seguinte, os Estados Unidos vivenciaram, depois da Grã-Bretanha, mas não com menos intensidade, o fenômeno conhecido como "beatlemania". De acordo com ex-presidiários da McNeil, o interesse de Manson pelos Beatles era quase uma obsessão. Isso não significava necessariamente que ele era um fã. Havia mais do que um pouco de inveja em sua reação. Ele afirmou a diversas pessoas que, caso tivesse uma chance, seria muito maior do que os Beatles. Uma pessoa a quem ele disse isso foi Alvin Karpis, único sobrevivente da gangue de Ma Barker. Manson fez amizade com o gângster idoso depois de descobrir que ele sabia tocar *steel guitar*.[10] Karpis ensinou Manson a tocar o instrumento. Esse era um outro padrão perceptível: Manson conseguia obter algo de quase todos com quem se associava.

Maio de 1966: "Manson continua a manter um histórico de conduta sem incidentes. [...] Recentemente, vem passando grande parte de seu tempo livre escrevendo canções, vindo a acumular por volta de oitenta ou noventa ao longo do último ano, as quais espera conseguir vender depois de ser solto. [...] Também toca violão e bateria e tem esperanças de conseguir trabalho como guitarrista ou baterista ou vocalista [...] Ele precisará de muita ajuda na transição da vida institucionalizada para a vida em liberdade".

Em junho de 1966, Charles Manson compareceu novamente no Terminal Island para o processo de soltura.

Agosto de 1966: "Manson está prestes a completar sua sentença de dez anos. Ele tem um padrão de comportamento criminoso e de reclusão que remonta à sua adolescência. Esse padrão é de instabilidade, seja em meio à sociedade livre ou à comunidade institucional estruturada. Pode-se esperar pouco em termos de mudança em sua atitude, comportamento ou modo de conduta...". Esse último relatório observava que Manson não tinha mais nenhum interesse em educação acadêmica ou vocacional; que não era mais um defensor da cientologia; que "passou a adorar seu violão e sua música"; e, por fim, que "não tem nenhum plano para depois de sua soltura, visto que, de acordo com o próprio, não tem nenhum lugar para ir".

Na manhã na qual estava agendado para ser solto, Charles Manson implorou às autoridades para que o deixassem ficar na cadeia. A prisão havia se tornado seu lar, disse ele. Não achava que conseguiria se adaptar ao mundo exterior.

Seu pedido foi negado. Ele foi solto às 8h15 do dia 21 de março de 1967 e levado a Los Angeles. Naquele mesmo dia, pediu e recebeu permissão para ir a San Francisco. Foi lá, no bairro Haight-Ashbury, naquela primavera, que a Família nasceu.

Charles Manson estava com 32 anos. Mais de dezessete deles — pouco mais da metade de sua vida — haviam sido passados em instituições. Durante esse período, Manson foi avaliado por um psiquiatra apenas três vezes, e de maneira bastante superficial.

10 *Steel guitar* é um tipo de guitarra ou violão cujo músico toca apoiado sobre o colo e usa um bastão ou cilindro de metal sobre as cordas em vez da pressão com os dedos. [NT]

◆ ◆ ◆

Fiquei surpreso, enquanto analisava os registros de Manson, por não encontrar nenhum histórico de violência contínua — assalto à mão armada aos 13, estupro homossexual aos 17, agressão contra a esposa aos 20. Fiquei mais do que surpreso, fiquei pasmo diante da quantidade de violações federais. É provável que 99 entre cem criminosos nunca cheguem a ver o interior de um tribunal federal. Ainda assim, ali estava Manson, descrito como "criminalmente sofisticado", violando a lei Dyer, a lei Mann, roubando correspondências, falsificando cheques do governo etc. Caso Manson tivesse sido condenado por violações comparáveis em tribunais estaduais, é provável que a pena a cumprir fosse de *menos de cinco anos* em vez de mais de dezessete.

Por quê? Eu só podia supor. Talvez, como disse antes de sua soltura relutante de Terminal Island, a prisão era o único lar que ele conhecia. Também era possível que, consciente ou inconscientemente, ele procurasse cometer aquelas violações que resultavam em punições mais rigorosas. Uma terceira especulação — e eu não estava desconsiderando a possibilidade de que pudesse ser uma combinação de todas as três — era que ele sentia uma necessidade, quase uma compulsão, de desafiar a autoridade mais forte.

Eu estava longe de compreender Charles Manson. Ainda que pudesse ver padrões em sua conduta, que podiam servir como pistas para suas ações futuras, muita coisa estava faltando.

Arrombador, ladrão de carro, falsificador, cafetão — será que esse era o retrato de um assassino em massa?

Eu tinha mais perguntas do que respostas. E, até então, não tinha sequer uma pista quanto ao motivo.

De 24 a 26 de novembro de 1969

Embora os tenentes Helder e LePage continuassem no comando dos casos Tate e LaBianca, os encargos eram mais jurisdicionais do que operacionais, visto que cada um estava encarregado de diversas outras investigações de homicídios. A princípio, dezenove detetives haviam sido designados aos dois casos, mas esse número havia diminuído para seis. Além disso, por alguma razão estranha, apesar de haver apenas duas vítimas nos assassinatos dos LaBianca, quatro detetives permaneciam encarregados daquele caso: os sargentos Philip Sartuchi, Mike Nielsen, Manuel "Chick" Gutierrez e Frank Patchett. No entanto, no caso Tate, onde houvera cinco vítimas, apenas dois detetives estavam designados: os sargentos Robert Calkins e Mike McGann.

Convoquei Calkins e McGann para uma reunião e lhes entreguei uma lista das coisas que precisava que fizessem para mim. Alguns exemplos:

- Interrogar Terry Melcher;
- Comparar as impressões digitais de todos os membros conhecidos da Família com as 25 impressões digitais latentes não identificadas encontradas no número 10050 da Cielo Drive;
- Emitir um alerta de "procura-se" para Charles "Tex" Montgomery, usando a descrição feita pelo policial Cox do condado de Inyo no dia 21 de agosto de 1969, conforme ficha de relatório de interrogatório de campo: Homem/Caucasiano/1,83 metro/66 quilos/compleição esguia/feições coradas/nascido em 2 de dezembro de 1945. Se o caso vier a público antes de o prendermos, disse a eles, talvez nunca o encontremos;
- Mostrar fotos de todos os membros da Família para Chapman, Garretson, os jardineiros de Tate, além das famílias, amigos e parceiros de negócios das vítimas. Se houvesse alguma ligação, queria saber sobre ela;
- Inspecionar todos da Família para descobrir quem usa óculos e determinar se o par encontrado na cena do crime do caso Tate pertence a algum dos membros.

"Como vamos fazer isso?", perguntou Calkins. "Eles não vão admitir nada".

"Suponho que possam falar com conhecidos, pais, parentes, qualquer um dos membros da Família, como Kitty Lutesinger e Stephanie Schram, que estejam dispostos a cooperar", respondi. "Se podem verificar os óculos com oftalmologistas ao redor dos Estados Unidos e do Canadá, certamente podem verificar com umas 35 pessoas."

Essa era nossa estimativa inicial do tamanho da Família. Viríamos a descobrir mais tarde que em diversos momentos eles totalizavam cem ou mais. Os membros mais dedicados — isto é, aqueles que permaneciam durante um período significativo e que estavam a par dos acontecimentos — totalizavam entre 25 e trinta.

Algo me ocorreu. "Vocês *conferiram* com Garretson, não é, para ver se aqueles óculos eram dele?"

Eles não tinham certeza. Teriam que me responder depois.

Mais tarde, descobri que, embora Garretson tivesse sido o primeiro — e, por algum tempo, o *único* — suspeito dos assassinatos, ninguém havia pensado em determinar se aqueles óculos, a única pista importante encontrada na cena do crime, pertenciam a ele. Sequer tinham perguntado se ele usava óculos. Na verdade, ele às vezes usava. Descobri isso quando falei com seu advogado, Barry Tarlow. Algum tempo depois, consegui fazer com que o LAPD entrasse em contato com a polícia de Lancaster, Ohio, a cidade natal de Garretson, para onde ele foi depois de ser liberado, e eles obtiveram os detalhes da receita de Garretson com seu optometrista local. Não chegava nem perto.

Com base nas evidências que havia conferido, eu não acreditava que Garretson tivesse envolvimento nos assassinatos, mas não queria um advogado de defesa aparecendo no tribunal apontando um dedo — ou melhor, um par de óculos — para um suspeito alternativo.

Também estava curioso para descobrir a quem aqueles óculos realmente pertenciam.

Depois de Calkins e McGann irem embora, entrei em contato com os detetives do caso LaBianca e passei instruções semelhantes em relação às fotos e às impressões digitais latentes de Waverly Drive.

Cinco das garotas de Manson ainda estavam detidas em Independence. O LAPD decidiu trazê-las para Los Angeles para serem interrogadas individualmente. Elas seriam confinadas no Sybil Brand, mas uma "ordem de afastamento" seria emitida para cada uma. Isso significava que não poderiam ter nenhum contato umas com as outras ou com qualquer outra pessoa designada pelo LAPD — por exemplo, Susan Atkins.

Essa foi uma boa jogada por parte do LAPD. Havia uma chance de que, se interrogadas separadamente, uma ou mais pudessem decidir abrir o bico.

Naquela noite, o comentarista televisivo George Putnam surpreendeu seus ouvintes com o anúncio de que na quarta-feira iria revelar quem havia cometido os assassinatos do caso Tate. Nosso escritório telefonou para o LAPD, que pediu que seu porta-voz de relações públicas, o tenente Hagen, entrasse em contato com Putnam e outros representantes da imprensa, solicitando que aguardassem, pois qualquer publicidade naquele momento prejudicaria nossa investigação. Todos os jornais, agências de notícias e estações de rádio e TV concordaram em segurar a história, mas apenas por uma semana, até segunda-feira, 1º de dezembro. A notícia era grande demais, e cada um temia que o outro tentasse conseguir um furo.

Houvera um vazamento. E não seria o último.

Na terça-feira, dia 25, Frank Fowles, o promotor do condado de Inyo, me telefonou e nós trocamos algumas informações.

Fowles me contou que alguém tinha entreouvido Sandra Good falando de novo. Ela havia contado a outra integrante da Família que Charlie iria "arrumar um álibi". Se ele fosse levado a julgamento pelos homicídios dos casos Tate e LaBianca, eles iriam apresentar evidências de que ele sequer estava em Los Angeles na hora em que os assassinatos foram cometidos.

Contei a Fowles a respeito de um boato que eu tinha ouvido. De acordo com McGann, um informante da polícia em Las Vegas dissera que Charles "Tex" Montgomery e Bruce Davis foram vistos lá no dia anterior, dirigindo uma Kombi com painéis verdes. Eles supostamente informaram a alguém que estavam tentando levantar fundos para pagar a fiança de Manson; se não conseguissem, pretendiam matar alguém.

Fowles tinha ouvido rumores parecidos circulando entre as garotas de Manson. Ele os levou tão a sério que mandou a própria família para passar o fim de semana de Ação de Graças longe do condado de Inyo. Ele tinha permanecido, contudo, pronto para impedir qualquer tentativa de pagamento de fiança.

Depois de desligar o telefone, liguei para Patchett e Gutierrez, da equipe do caso LaBianca, e pedi um relatório detalhado das atividades de Manson durante a semana dos homicídios. Ao contrário dos detetives do caso Tate, não me perguntaram como iriam fazer aquilo. Eles saíram e fizeram, entregando evidências algum tempo depois. Elas, combinadas com as informações que obtivemos, desmontariam qualquer álibi da defesa.

Naquela tarde, McGann e Patchett voltaram a interrogar Ronnie Howard, dessa vez usando um gravador. Ela forneceu inúmeros detalhes que havia se lembrado desde sua última conversa com o LAPD, mas nada que fosse de ajuda na atual investigação. Ainda não sabíamos quem eram todos os assassinos.

Quarta-feira, 26 de novembro. "Júri dividido sobre Beausoleil", berrou um dos promotores à porta do meu escritório. "Oito a quatro pela condenação."

O caso havia sido tão fraco que nosso escritório nem sequer tentou conseguir a pena de morte. Além disso, o júri não acreditava em Danny DeCarlo. Trazido de última hora, sem uma preparação adequada, ele não fora uma testemunha convincente.

Mais tarde naquele dia, a LASO perguntou ao meu escritório se eu poderia assumir a acusação de Beausoleil em seu novo julgamento. Fui então encarregado desse caso, além dos outros dois nos quais já estava trabalhando.

Naquela mesma manhã, Virginia Graham decidiu que precisava contar a alguém o que sabia. Alguns dias antes, seu marido a visitara em Corona. Sussurrando através da tela divisória na sala de visitas, ela lhe contou que escutara algo sobre os assassinatos no Benedict Canyon e não sabia o que fazer.

Ele a aconselhou: "Cuide de sua própria vida".

Contudo, ela viria a dizer mais tarde: "Posso ver muitas coisas sobre as quais não falo nada, mas aquilo é doentio. É tão ruim que não sei quem poderia cuidar da própria vida nesse caso".[11]

Visto que não havia conseguido uma consulta com a dra. Dreiser, Virginia, em vez disso, recorreu ao seu conselheiro. As autoridades de Corona chamaram o LAPD. Às 15h15 daquele dia, o sargento Nielsen chegou à prisão e começou a gravar sua história.

11 Virginia Graham afirmaria depois que não estava ciente de que Ronnie Howard já havia conversado com a polícia. Entretanto, um grupo de garotas foi transferido do Sybil Brand para Corona pouco antes disso, e é possível que elas tivessem espalhado um pouco dos mexericos da prisão anterior.

Ao contrário de Ronnie, que não sabia ao certo se quatro ou cinco pessoas estiveram envolvidas nos homicídios do caso Tate, Virginia se lembrava de Sadie dizer que havia três garotas e um homem. Assim como Ronnie, contudo, ela supunha que o homem, "Charles", fosse Manson.

Os interrogatórios individuais das cinco garotas aconteceram naquela tarde e noite no Sybil Brand.

O sargento Manuel "Chick" Gutierrez interrogou Dianne Bluestein, também conhecida como Snake, nome verdadeiro Dianne Lake, idade apresentada 21 anos, idade verdadeira 16. O interrogatório foi gravado. Ao escutar as fitas, não consegui acreditar no que estava ouvindo.

P: "Meu nome é sargento Gutierrez, faço parte do Departamento de Polícia de Los Angeles e trabalho na divisão de homicídios. [...] Conversei com muitas das garotas. Elas foram muito gentis e tivemos conversas bem longas. Sabemos de muitas coisas que aconteceram no rancho Spahn. Sabemos de muitas coisas que aconteceram em outros lugares. Sabemos quem esteve envolvido e quem não esteve. Também sabemos de coisas sobre as quais você talvez não saiba, que não vamos contar até que chegue a hora certa, mas temos que conversar com todos que estiveram envolvidos, e acho que você sabe do que estou falando. Estou falando sobre Charlie e a Família e todos os outros. Não sei o quão íntima você é da Família. Provavelmente é bastante íntima deles, mas alguém vai se dar mal, e alguém vai acabar na câmara de gás por um monte de assassinatos dos quais você fez parte, ou é o que algumas pessoas deram a entender."

Não havia uma evidência sequer de que Dianne esteve envolvida em algum dos assassinatos, mas isso não impediu "Chick" de continuar.

"Veja bem, estou aqui por um motivo específico, que é ouvir você, ver o que tem a dizer, para que eu possa procurar o promotor e lhe contar: 'Olha, isso é o que Dianne disse, e ela está disposta a fazer uma delação premiada em troca de sua liberdade total'. Não estamos interessados em pegar você. Estamos interessados no chefão, e você sabe de quem estamos falando, não sabe, querida?"

R: [Nenhuma resposta audível]

P: "Veja bem, alguém vai para aquela câmara de gás, você sabe disso. Essa história é grande demais. Esse é o maior homicídio do século. Você sabe disso e eu sei disso. Então, para evitar que você seja sequer indiciada ou que passe o resto da vida na cadeia, vai ter que nos dar algumas respostas. [...] Sabemos de uns catorze assassinatos até agora, e você sabe de quais estou falando."

R: [Ininteligível]

Gutierrez a acusou de ter se envolvido em todos os catorze. Em seguida, disse: "Estou pronto para te dar imunidade total, o que significa que se você for honesta comigo, até o fim, eu serei honesto com você, e vou garantir que você saia daquela prisão como uma mulher livre pronta para recomeçar e nunca mais voltar para Independence para cumprir qualquer pena. Eu não diria isso se não estivesse falando sério, certo?".

Na verdade, o sargento Gutierrez não tinha autoridade para garantir isso. A concessão de imunidade é um procedimento complicado, que envolve a aprovação não só do departamento de polícia, como também da procuradoria-geral, com a decisão final sendo tomada pelo tribunal. Gutierrez a ofereceu tão casualmente como se estivesse oferecendo um chiclete.

Fazendo um comentário sobre seu silêncio, o sargento Gutierrez disse: "Veja bem, o que isso vai provar, hein? Até agora a única coisa que está me provando, querida, é que, diabos, você está arriscando o pescoço por um sujeito chamado Charlie. Bom, quem é Charlie? Ele meteu todos vocês nessa encrenca. Você poderia estar em liberdade agora, cuidando das suas coisas, mas está aqui, se mantendo em silêncio por quê? Por Charlie? Charlie nunca vai sair daquela cadeia. Você sabe disso, certo? Não começamos de um jeito amigável? Hein?".

R: "Sim."

P: "Ok. E não vou bater na sua cabeça com um martelo ou uma mangueira e tal. Só quero conversar com você amigavelmente..."

Gutierrez interrogou Dianne durante quase duas horas, obtendo da garota de 16 anos nada além da confissão de que ela gostava de barras de chocolate.

Mais tarde, Dianne viria a ser uma das testemunhas mais importantes da promotoria. Contudo, o crédito por isso cabe às autoridades do condado de Inyo, em especial Gibbens e Gardiner, que, em vez de ameaças, experimentaram usar compreensão paciente e solidária. Isso fez toda a diferença.

Sem ter conseguido nada de Dianne, Gutierrez em seguida interrogou Rachel Morse, também conhecida como Ouisch, nome verdadeiro Ruth Ann Moorehouse, de 18 anos. Ruth Ann era a garota que Danny DeCarlo tinha identificado como sua "brotinho preferida", a mesma garota que no rancho Barker lhe confessara que mal podia esperar para pegar seu primeiro porco.

Ao contrário de Dianne, Ruth Ann respondeu às perguntas de Gutierrez, embora tenha mentido em grande parte de suas respostas. Ela alegou nunca ter ouvido falar de Shorty, Gary Hinman ou de alguma garota chamada Katie. O motivo de saber tão pouco, explicou, era que estivera com a Família por pouco tempo, um mês, mais ou menos, antes da batida no rancho Spahn. (Todas as cinco garotas falaram isso, algo obviamente combinado com antecedência.)

P: "Quero saber tudo o que sabe, pois você vai testemunhar diante de um grande júri."

R: "Não sei de nada."

P: "Então você vai se dar mal com todos os outros. Vai para o xadrez. Se não começar a cooperar, vai para o xadrez, e me deixe contar o que acontece lá dentro. Eles podem te dar a pílula. Podem te dar aquela pílula de cianureto."

R: *(quase gritando)* "Eu não fiz nada! Não sei nada sobre isso!"

Então, mais tarde:

P: "Quantos anos você tem?"

R: "Tenho 18."

P: "Você tem idade suficiente para ser mandada para a câmara de gás."

Não havia nenhuma evidência que a conectasse aos homicídios, mas Gutierrez lhe disse: "Catorze assassinatos e você esteve envolvida em todos eles!". Ele também lhe prometeu imunidade total: "Ou você vai ser presa por assassinato, ou vai ser solta". E acrescentou: "Além disso, existe uma recompensa de 25 mil dólares".

Manon Minette, também conhecida como Gypsy — nome verdadeiro: Catherine Share —, que, aos 27 anos, era a integrante mais velha da Família, não forneceu aos detetives qualquer informação de valor. Assim como Brenda McCann — nome verdadeiro: Nancy Pitman —, de 18 anos.

O contrário aconteceu, contudo, com Leslie Sankston, de 21 anos.

Leslie, cujo sobrenome verdadeiro, Van Houten, não era de nosso conhecimento na época, foi interrogada por Mike McGann. O sargento tentou usar seus pais, sua consciência, o aspecto hediondo dos homicídios, a insinuação de que os outros haviam confessado e a implicado — nada disso deu certo. O que funcionou foram as gracinhas de menininha, seus joguinhos de eu-sei-de-coisas-que-você-não-sabe. Ela se enrolou diversas vezes.

P: "O que você ouviu por lá a respeito dos homicídios do caso Tate?"

R: "Sou surda. Não ouvi nada." *(Risos)*

P: "Cinco pessoas foram mortas lá em cima, na colina. Tenho certeza de três que foram até lá. Acredito saber quem foi a quarta. E não sei quem foi a quinta, mas desconfio de que você saiba. Por que está suprimindo informações? Você sabe o que aconteceu."

R: "Faço uma boa ideia."

P: "Quero saber quem esteve envolvido. Como as coisas aconteceram. Os pequenos detalhes."

R: "Disse ao sr. Patchett [em Independence] que vou contar a ele se eu mudar de ideia. Não mudei de ideia ainda."

P: "Você vai ter que falar sobre isso algum dia."

R: "Hoje não... Como vocês ligaram o que aconteceu ao rancho Spahn?"

P: "Quem você viu sair de lá na noite de 8 de agosto?"

R: *(Risos)* "Ah, fui dormir cedo naquela noite. Sério, não quero falar sobre isso."

P: "Quem foi?"

R: "É sobre isso que não quero falar."

Eram pequenas confissões, se não de participação, pelo menos de conhecimento.

Apesar de não querer falar sobre os homicídios, ela não se importava em falar sobre a Família. "Você não vai conhecer um grupo de pessoais mais legais", disse a McGann. "De todos os caras no rancho, eu gostava mais do Clem; é divertido ficar com ele." Clem, com seu sorriso idiota, que gostava de se expor para criancinhas. Sadie "até que é uma pessoa legal. Mas tende a ser um pouco durona...". Assim como Sharon Tate, Gary Hinman e outros descobriram. Bruce Davis era cheio de papo, Leslie continuou, sempre tagarelando sobre como ia explodir alguém com dinamite, mas ela não tinha dúvidas de que era "tudo historinha". Ela fez alguns comentários sobre os outros, mas não sobre Charlie. Assim como as outras quatro garotas trazidas de Independence, ela evitou falar sobre Manson.

P: "A Família não existe mais, Leslie." Charlie estava preso; Clem estava preso; Zero tinha se matado brincando de roleta-russa...

R: *"Zero!"*

Obviamente chocada, ela abandonou seu fingimento de menininha e pressionou McGann para que lhe desse mais detalhes. Ele contou que Bruce Davis estivera presente.

R: "Bruce estava brincando também?"

P: "Não."

R: *(com um tom sarcástico)* "Zero estava brincando de roleta-russa sozinho!"

P: "Meio esquisito, não é?"

R: “Sim, é esquisito!”

Sentindo que estava em vantagem, McGann partiu para o ataque. Ele contou a ela que sabia que cinco pessoas foram até a residência de Tate: três garotas e dois homens, sendo que um dos homens era Charles Manson.

R: “Não acho que Charlie tenha se envolvido em nenhum deles.”

Leslie disse que tinha ouvido falar que apenas quatro pessoas foram até a residência de Tate. “Eu diria que três eram garotas. Eu diria que provavelmente havia mais garotas envolvidas do que homens.” Então, depois: “Fiquei sabendo de uma garota que não matou ninguém enquanto eles esteve, é, estiveram lá”.

P: “Quem é essa garota?”

R: “Uma garota chamada Linda.”

Susan Atkins havia conversado com Ronnie Howard a respeito das mortes na segunda noite e disse que “Linda não esteve envolvida nesse”, sugerindo, supostamente, que ela estivera presente na primeira noite, mas até então não tínhamos certeza disso.

Quando questionada, Leslie respondeu que não sabia qual era o sobrenome de Linda; que ela estivera no rancho Spahn por pouco tempo e não tinha sido presa com eles. Ela também a descreveu como baixinha, talvez 1,57 metro de altura, magra, com cabelo castanho-claro.

McGann lhe perguntou *quem* tinha contado que Linda estivera presente na residência de Tate. Leslie respondeu, com petulância: “Não lembro. Não lembro quem me contou pequenos detalhes!”. Por que ela estava tão chateada?, perguntou McGann. “Porque muitos dos meus amigos estão sendo mortos, por motivos que eu nem sei.”

McGann lhe mostrou fotos de fichamento dos detidos durante a batida no rancho Barker. Embora tivesse estado presente, ela alegou que não conseguia reconhecer a maioria das pessoas. Quando lhe foi entregue a foto de uma das garotas fichadas como “Marnie Reeves”, Leslie disse: “Essa é a Katie”.

P: “Katie é Marnie Reeves?”

Leslie se equivocou. Não tinha certeza. Na verdade, não conhecia nenhuma daquelas pessoas muito bem. Apesar de ter vivido com a Família tanto no rancho Spahn quanto no rancho Barker, ela passava grande parte do tempo com os motociclistas. Achava que eles eram bem legais.

McGann voltou a formular perguntas focadas nos homicídios. Leslie voltou a realizar joguinhos e, no processo, a fazer confissões. Ela insinuou que sabia a respeito de onze assassinatos — Hinman (1), Tate (5), LaBianca (2), Shea (1), totalizando nove —, mas se recusou a identificar os outros dois. Era como se estivesse contando os pontos em um jogo de beisebol.

◆ ◆ ◆

Houve um intervalo no interrogatório. É um procedimento padrão da polícia deixar um suspeito sozinho por algum tempo, para que ele ou ela possa pensar sobre suas respostas, para proporcionar uma transição entre interrogatórios "suaves" e "severos". Isso também dá aos policiais uma oportunidade para irem ao banheiro.

Assim que retornou, McGann decidiu deixar Leslie um pouco mais chocada.

P: "Sadie já contou para metade das presidiárias que ela esteve lá, que tomou parte no que aconteceu."

R: "Isso é incrível." Então, após uma pausa pensativa: "Ela não mencionou mais ninguém?".

P: "Não. A não ser Charlie. E Katie."

R: "Ela mencionou Charlie e Katie?"

P: "Isso mesmo."

R: "Isso é muito repugnante."

P: "Ela disse que Katie esteve lá, e eu sei que era Marnie Reeves, e você sabe que era Marnie Reeves."

A essa altura, McGann me contou mais tarde, Leslie fez um aceno afirmativo com a cabeça.

P: "Sadie também disse: 'Saí na noite seguinte e matei mais duas pessoas, lá nas colinas'."

R: *"Sadie disse isso!"*

Leslie estava atônita, e por um bom motivo. Mesmo que até então ainda não estivéssemos cientes disso, Leslie sabia que Susan Atkins nunca havia entrado na residência dos LaBianca. Ela sabia disso porque era um dos indivíduos que estiveram lá.

Depois disso, Leslie se recusou a responder a outras perguntas. McGann lhe perguntou o porquê.

R: "Porque se, de repente, Zero foi encontrado brincando de roleta-russa, eu posso ser encontrada brincando de roleta-russa."

P: "Vamos lhe fornecer proteção 24 horas daqui em diante."

R: *(rindo com sarcasmo)* "Ah, isso seria muito bom! Prefiro ficar na cadeia."

◆ ◆ ◆

Do interrogatório de Leslie, descobrimos que três garotas estiveram na residência de Tate: Sadie, Katie e Linda. Também soubemos que Linda era "uma garota que não matou ninguém", a óbvia implicação sendo que as outras duas garotas tinham cometido homicídios. Além da descrição limitada de Linda feita por Leslie, no entanto, não sabíamos mais nada a seu respeito.

Sabíamos, ainda, que Katie era "Marnie Reeves". De acordo com seu formulário de prisão, ela media 1,67 metro de altura, pesava 54 quilos, tinha cabelos castanhos e olhos azuis. Sua fotografia revelava uma garota não muito atraente, com cabelos muito longos e um rosto um tanto masculino. Parecia ter mais de 22 anos, a idade que apresentou. Ao compararmos as fotos do rancho Barker com as do rancho Spahn, descobrimos que ela também havia sido detida anteriormente, informando na ocasião que seu nome era "Mary Ann Scott". Era possível que "Katie", "Marnie Reeves" e "Mary Ann Scott" fossem todos pseudônimos. Ela foi liberada poucos dias depois de sua prisão no rancho Barker, e seu paradeiro atual era desconhecido.

Em troca, Leslie havia descoberto algumas coisas com McGann: Tex, Katie e Linda ainda estavam em liberdade; e, o mais importante, que Susan Atkins, também conhecida como Sadie Mae Glutz, era uma dedo-duro.

Mesmo com a "ordem de afastamento" para as garotas, não demoraria muito para que essa informação chegasse até Manson.

De 27 a 30 de novembro de 1969

Poderíamos ter usado uma linha privada entre Independence e Los Angeles; Fowles e eu estávamos fazendo em média doze telefonemas por dia. Até então, não houvera nenhuma tentativa de pagar a fiança de Manson, e nem sinal de Tex e Bruce. No entanto, havia repórteres por toda Independence, e o canal KNXT enviaria uma equipe de cinegrafistas no dia seguinte para filmar Golar Wash. Pedi ao tenente Hagen que ligasse para a emissora. Ele foi informado de que eles planejavam usar as filmagens apenas na segunda-feira, dia 1º, a data acordada, mas não prometeram uma prorrogação até quarta-feira, que era o que eu queria.

Ainda que nada tivesse sido publicado, os vazamentos continuavam. Davis, o chefe de polícia, estava enfurecido; ele mesmo queria fazer o anúncio. Alguém estava abrindo o bico e ele queria saber quem. Determinado a pegar o culpado, sugeriu que todos que estavam trabalhando no caso, no LAPD e na procuradoria-geral, fizessem testes de polígrafo.

Até mesmo seu próprio escritório ignorou a sugestão, e eu resisti ao impulso de sugerir que, em vez disso, nos concentrássemos em capturar os assassinos.

No sábado, o sargento Patchett entrevistou Gregg Jakobson. Caça-talentos e casado com a filha do comediante das antigas Lou Costello, Jakobson conheceu Charles Manson por volta de maio de 1968, na casa de Dennis Wilson, um dos integrantes do grupo de rock Beach Boys, na Sunset Boulevard.

Foi Jakobson quem apresentou Manson a Terry Melcher, filho de Doris Day, enquanto Melcher ainda morava no número 10050 da Cielo Drive. Além de produzir o programa de TV da mãe, Melcher estava envolvido em uma grande quantidade de outros empreendimentos, incluindo uma gravadora, e Jakobson havia tentado convencê-lo a gravar Manson. Depois de ouvi-lo tocar e cantar, Melcher tinha dito não.

Embora Melcher não tivesse ficado impressionado com Manson, Jakobson ficou fascinado por "todo o pacote que era Charlie Manson": canções, filosofia, estilo de vida. Ao longo de cerca de um ano e meio, ele teve muitas conversas com Manson. Charlie adorava tagarelar sobre seus pontos de vista sobre a vida, disse Gregg, mas

Patchett não estava particularmente interessado nisso e passou a discutir outros assuntos.

Ele conhecia um certo Charles "Tex" Montgomery?, Patchett perguntou. Sim, muito bem, respondeu Jakobson; só que seu nome verdadeiro não era Montgomery — era Watson.

Domingo, 30 de novembro. LAPD. Das 8h30 à meia-noite.

Charles Denton Watson havia sido preso em Van Nuys, Califórnia, no dia 23 de abril de 1969, por estar drogado. Apesar de ter sido liberado no dia seguinte, suas impressões digitais foram coletadas no momento da prisão.

10h30. O Departamento de Impressões Digitais Latentes telefonou para o tenente Helder. A digital do dedo anelar direito de Watson correspondia à digital encontrada na porta da frente da residência de Tate.

Helder e eu pulamos de alegria como criancinhas. Essa era a primeira evidência física que conectava os suspeitos à cena do crime.

O tenente enviou quinze detetives para ver se conseguiam encontrar Watson em algum de seus endereços antigos, mas não tiveram sorte. Descobriram, contudo, que Watson vinha de McKinney, uma cidadezinha no Texas.

Depois de consultarmos um atlas, descobrimos que McKinney ficava no condado de Collin. Patchett telefonou para o xerife de Collin, informando-o que um antigo residente, Charles Denton Watson, estava sendo procurado por Código Penal 187, homicídio, na Califórnia.

O nome do xerife era Tom Montgomery. Seria uma coincidência Watson usar como pseudônimo o sobrenome do delegado local? Era mais do que isso: o delegado Montgomery era primo de segundo grau de Watson.

"Charles está morando aqui agora", contou Montgomery. "Ele tem um apartamento em Denton. Vou trazê-lo para cá."

O xerife, descobrimos mais tarde, telefonou para o tio de Watson, Maurice Montgomery, dizendo: "Você pode trazer Charles até a cadeia? Temos um problema".

Maurice foi buscar o sobrinho e o levou para McKinney em sua picape. "Ele não falou muito no caminho", contou o tio mais tarde. "Eu não sabia do que tudo aquilo se tratava, mas acho que ele sabia o tempo todo."

Watson supostamente se recusou a fazer comentários e foi alojado na cadeia local.

◆ ◆ ◆

Os texanos são honrados, o LAPD me disse. Eles vão segurá-lo até termos tempo de enviar um mandado de prisão.

Sem querer correr nenhum risco, sugeri que enviássemos alguém a McKinney com o mandado, e ficou decidido que Sartuchi e Nielsen partiriam às 11h do dia seguinte.

No momento, Manson, Atkins e Watson estavam sob custódia, mas outros dois suspeitos ainda estavam à solta. A partir de informações de um dos funcionários do rancho Spahn, o LAPD descobriu que o sobrenome de Linda era Kasabian e que ela supostamente estava em um convento no Novo México.[12] Boatos diziam que Marnie Reeves estava em uma fazenda nos arredores de Mobile, Alabama.

Naquele mesmo dia, Patchett inquiriu Terry Melcher a respeito de seus contatos com Manson. Ele confirmou o que Jakobson já havia dito: ele foi ao racho Spahn em duas ocasiões, para ouvir Manson e as garotas se apresentarem, e "não ficou empolgado"; também vira Manson duas vezes antes disso, em visitas a Dennis Wilson.

Melcher, contudo, acrescentou um detalhe importante que Jakobson não havia mencionado. Em uma dessas visitas, tarde da noite, Wilson lhe dera uma carona de volta à Cielo Drive. Manson os acompanhou, sentado no banco traseiro do carro, cantando e tocando seu violão. Foram até o portão e o deixaram lá, disse Melcher, então Wilson e Manson seguiram embora.

Agora sabíamos que Charles Manson estivera no número 10050 da Cielo Drive em pelo menos uma ocasião antes dos homicídios, embora não houvesse nenhuma evidência de que ele alguma vez tivesse ido além do portão.

Às 17h30 daquele domingo, enquanto ainda estava no LAPD, conversei com Richard Caballero. Antigo promotor de justiça e agora atuando na prática privada, Caballero estava representando Susan Atkins no caso Hinman. Mais cedo, ele havia entrado em contato com Aaron Stovitz, querendo saber quais eram as acusações da procuradoria-geral contra sua cliente. Aaron contou tudo a ele: enquanto esteve no Sybil Brand, Susan Atkins havia confessado a duas outras presidiárias que esteve envolvida não apenas na morte de Hinman, como também nos homicídios dos casos Tate e LaBianca. Ele entregou a Caballero cópias das declarações gravadas que Ronnie Howard e Virginia Graham haviam feito ao LAPD.

12 É provável que isso tenha sido um mal-entendido, "convento" tendo sido confundido com "comunidade".

Sob o direito de descoberta, a promotoria deve disponibilizar ao advogado de defesa todas e quaisquer evidências contra seu cliente. Essa é uma via de mão única. Enquanto a defesa, portanto, sabe com antecedência exatamente quais evidências a promotoria tem, ela não é obrigada a contar nada à promotoria. Embora a descoberta costume acontecer após um pedido formal do tribunal, Aaron queria impressionar Caballero com a solidez do nosso caso, esperando que sua cliente decidisse cooperar.

Caballero foi ao Parker Center para ver os detetives e a mim, querendo saber que tipo de acordo poderíamos oferecer. De acordo com a discussão anterior entre nosso escritório e o LAPD, dissemos a ele que, caso Susan cooperasse conosco, seria provável que permitíssemos que ela se declarasse culpada de homicídio doloso — isto é, não tentaríamos obter a pena de morte, mas solicitaríamos uma pena de prisão perpétua.

Caballero foi ao Sybil Brand para conversar com sua cliente. Ele mais tarde viria a depor: "Eu lhe expliquei qual era o problema, quais evidências havia contra ela, conforme me foi transmitido. Isso incluía o caso Hinman (o qual ela já havia confessado à LASO) e o caso Tate-LaBianca. Como resultado de tudo isso, revelei a ela que, na minha opinião, não havia dúvidas de que eles tentariam obter a pena de morte e que era provável que a conseguissem. 'Eles têm evidências suficientes para condenar você. Você será condenada', eu disse a ela".

Por volta das 21h30, Caballero voltou ao LAPD. Susan estava indecisa. Ela talvez estivesse disposta a testemunhar diante de um grande júri, mas ele tinha certeza de que nunca testemunharia contra os outros no julgamento. Ainda estava sob o domínio de Manson, e a qualquer momento poderia voltar correndo para ele. Ele disse que me avisaria sobre o que ela por fim decidisse.

O assunto ficou no ar. Embora tivéssemos as declarações de Howard e Graham implicando Atkins, e provas físicas conectando Watson à cena do crime do caso Tate, todo nosso caso contra Manson e os outros dependia da decisão de Sadie Mae Glutz.

1º de dezembro de 1969

7h. Aaron telefonou para minha casa. O xerife Montgomery havia acabado de ligar. Se não recebesse um mandado em duas horas, iria liberar Watson.

Corri até o escritório e preenchi uma petição. McGann e eu a levamos para o juiz Antonio Chavez, que assinou o mandado, e então o LAPD o enviou por teletipo ao xerife Montgomery poucos minutos antes do fim do prazo.

Também preenchi outras duas petições: uma contra Linda Kasabian e a outra contra Patricia Krenwinkel. Este último, o LAPD tinha sido informado pela LASO, era o nome verdadeiro de Marnie Reeves, também conhecida como Katie. Após a batida no rancho Spahn, seu pai, Joseph Krenwinkel, um corretor de seguros de Inglewood, Califórnia, havia providenciado sua libertação. Ao saber disso, o sargento Nielsen telefonou para Krenwinkel, perguntando onde ele poderia encontrar sua filha. Ele informou que ela estava com parentes em Mobile, Alabama, e lhe passou o endereço. O LAPD, então, entrou em contato com o delegado da polícia de Mobile, James Robinson, e seus homens estavam procurando por ela naquele instante. O juiz Chavez também assinou esses mandados.

Buck Compton, o promotor sênior, telefonou para me informar que o chefe de polícia Davis havia agendado uma coletiva de imprensa para as 14h daquele dia. Aaron e eu deveríamos estar em seu escritório às 13h30. "Buck, isso é cedo demais!", disse a ele. "Nós sequer temos o suficiente contra Manson para um indiciamento, quanto mais uma condenação. Quanto a Krenwinkel e Kasabian, se a notícia for divulgada antes que as peguemos, talvez nunca consigamos capturá-las. Não podemos convencer Davis a adiar?" Buck prometeu que tentaria.

Pelo menos parte das minhas preocupações foi desnecessária. Patricia Krenwinkel foi presa em Mobile alguns minutos antes de chegarmos no escritório de Compton. A polícia de Mobile havia ido à casa de sua tia, a sra. Reeves, mas Patricia não estava lá. No entanto, o sargento William McKellar e seu parceiro estavam descendo a rua que passa diante da residência quando viram um carro esporte com um garoto e uma garota. Quando os carros se cruzaram, McKellar "notou que a passageira puxou o chapéu mais para baixo para cobrir o rosto". Convencido de que isso foi "uma tentativa de evitar ser identificada", os policiais fizeram um rápido retorno e sinalizaram com a sirene para que o carro parasse. Embora a garota se encaixasse na descrição enviada por teletipo, ela disse que seu nome era Montgomery (o mesmo pseudônimo que Watson havia usado). Enquanto era levada para a casa da tia, contudo, ela confessou sua verdadeira identidade. O jovem, um conhecido dela da região, foi interrogado e liberado. Patricia Krenwinkel foi informada de seus direitos e detida às 15h20, horário de Mobile.

13h30. Buck, Aaron e eu nos encontramos com o chefe de polícia Davis. Eu afirmei a ele que mal havia reunido evidências suficientes contra Krenwinkel e Kasabian para obter mandados, mas eram rumores inadmissíveis: a declaração de Leslie Sankston para McGann; as declarações de Susan Atkins para Virginia Graham e Ronnie Howard. Não vamos conseguir um indiciamento de um grande júri, disse a ele, acrescentando: "Se Susan Atkins não cooperar, estamos fritos".

Havia mais de duzentos repórteres e cinegrafistas aguardando no auditório da polícia, disse Davis, representando não apenas todas as emissoras e agências de notícias, como também jornais de todo o mundo. Ele não poderia cancelar a coletiva agora.

Pouco antes da coletiva de imprensa, o tenente Helder telefonou para Roman Polanski e para o coronel Paul Tate para lhes dar a notícia. Para o coronel Tate, a notícia colocou um fim aos meses que dedicara à sua investigação particular; apesar de sua diligência, ele não havia descoberto nada que fosse útil para nós. Mas pelo menos agora as andanças e suspeitas haviam chegado ao fim.

14h. Diante de quinze microfones e dezenas de luzes brilhantes, o delegado Edward M. Davis anunciou que depois de 8.750 horas de trabalho policial, o LAPD tinha "solucionado" o caso Tate. Mandados foram emitidos pelas prisões de três indivíduos: Charles D. Watson, de 24 anos, que agora estava sob custódia em McKinney, Texas; Patricia Krenwinkel, de 21 anos, que estava sob custódia em Mobile, Alabama; e Linda Kasabian, idade e paradeiro atual desconhecidos. Esperava-se que mais quatro ou cinco indivíduos fossem nomeados em indiciamentos que seriam solicitados ao grande júri do condado de Los Angeles. (Nem Charles Manson nem Susan Atkins tiveram seus nomes mencionados na coletiva de imprensa.)

Esses indivíduos, Davis prosseguiu, também estiveram envolvidos nos assassinatos de Rosemary e Leno LaBianca.

Isso foi uma grande surpresa para a maioria dos jornalistas, visto que o LAPD havia insistido quase desde o início que não havia nenhuma ligação entre os dois casos. Ainda que alguns repórteres suspeitassem que os crimes estavam ligados, foram incapazes de convencer o LAPD de suas teorias.

Davis disse em seguida: "O Departamento de Polícia de Los Angeles deseja expressar sua gratidão pela enorme cooperação prestada por outras forças policiais durante o desenvolvimento das informações em relação aos dois casos mencionados acima, em especial, a Delegacia de Polícia de Los Angeles".

Davis não mencionou que o LAPD havia demorado mais de dois meses para investigar a pista que a LASO fornecera no dia seguinte aos homicídios do caso Tate.

Questionado pelos repórteres, Davis deu crédito "à investigação obstinada conduzida pelos detetives da Divisão de Roubos e Homicídios", que realizaram grandes avanços no caso. Ele afirmou que os investigadores "desenvolveram uma suspeita que os levou a fazer um trabalho vigoroso de investigação na região do rancho Spahn e em relação às pessoas ligadas ao rancho Spahn que nos levou aonde estamos hoje".

Também não houve nenhuma menção àquele curto telefonema recebido.

Os repórteres correram para os telefones.

Caballero telefonou para Aaron. Ele queria gravar uma conversa com Susan Atkins, mas não desejava fazê-lo no Sybil Brand, onde havia o risco de que uma das outras garotas de Manson ficasse sabendo. Além disso, ele acreditava que Susan ficaria mais inclinada a falar sem reservas em outro ambiente. Sugeriu que a levassem para seu escritório.

Ainda que incomum, o pedido não era sem precedentes. Aaron preencheu uma ordem de remoção, que foi assinada pelo juiz William Keene, e naquela noite, Susan Atkins, escoltada por dois policiais, foi levada ao escritório de Caballero, onde ele e seu sócio, Paul Caruso, gravaram a conversa.

A gravação serviria a dois propósitos, explicou Caballero a Aaron. Ele a queria para os psiquiatras, caso decidisse entrar com uma alegação de insanidade mental. E, se resolvessem seguir em frente com o acordo, ele permitiria que a ouvíssemos antes que levássemos o caso ao grande júri.

2 de dezembro de 1969

O LAPD me telefonou alguns minutos depois que cheguei no escritório. Todos os cinco suspeitos agora estavam sob custódia, Linda Kasabian tinha acabado de se entregar por vontade própria à polícia de Concord, New Hampshire. De acordo com sua mãe, Linda confessara sua presença na residência de Tate, mas alegava não ter participado dos assassinatos. Parecia que ela não iria lutar contra a transferência.

Uma decisão um tanto diferente fora tomada no Texas.

McKinney fica a menos de 48 quilômetros ao norte de Dallas e a poucos quilômetros de Farmersville, onde Charles Watson havia crescido e frequentado a escola. Audie Murphy foi um rapaz de Farmersville. Agora, eles tinham outra celebridade local.

A notícia já tinha se espalhado quando Sartuchi e Nielsen chegaram em McKinney. Reportagens nos jornais do Texas descreviam Watson como tendo sido um aluno nota 10 no ensino médio, uma estrela do futebol americano, do basquetebol e do atletismo, que continuava sendo o detentor do recorde estadual de corrida com barreiras. A maioria dos residentes expressava uma descrença chocada. "Charles era um rapaz bastante normal", afirmou um deles. "Foram as drogas", contou um tio aos repórteres. "Ele começou a usar na faculdade e foi então que os problemas começaram." O diretor da Farmersville High foi citado: "Quase faz a gente ter medo de mandar nossos filhos para a faculdade hoje em dia".

Seguindo as instruções do advogado de Watson, Bill Boyd, os detetives de Los Angeles não tiveram permissão para falar com seu cliente. O xerife Montgomery sequer lhes deu permissão para coletar suas impressões digitais. Sartuchi e Nielsen conseguiram ver Watson, contudo — por acidente. Enquanto conversavam com o xerife, Watson passou por eles nas escadas, a caminho da sala de visitas. Segundo o relatório que escreveram, ele estava bem-vestido, barbeado, com cabelos curtos, não longos. Aparentava estar saudável e se parecia com "um universitário bem-apessoado".

Enquanto permaneceram em McKinney, os detetives descobriram que Watson tinha ido para a Califórnia em 1967 e só havia retornado em novembro de 1969 — muito tempo depois dos homicídios.

Sartuchi e Nielsen voltaram para Los Angeles convencidos de que teríamos pouca cooperação por parte das autoridades locais. Não era apenas uma questão de parentesco; de alguma maneira, a coisa toda tinha se misturado com a política do estado!

"Pouca cooperação" viria a ser um grande exagero.

Os repórteres estavam ocupados rastreando as andanças da Família errante e entrevistando os membros que não estavam sob custódia. Pedi a Gail, minha esposa, para guardar os jornais, sabendo que as entrevistas poderiam ser úteis em uma data futura. Ainda que não tivesse sido acusado dos homicídios, Charles Manson havia se transformado no centro das atenções. Sandy: "A primeira vez que o ouvi cantando foi como se ele fosse um anjo...". Squeaky: "Ele emanava muita magia. Mas era meio que um camaleão. Ele parecia mudar todas as vezes que eu o via. Parecia eterno...".

Houve ainda entrevistas com conhecidos e parentes dos suspeitos. Joseph Krenwinkel se lembrava de como, em setembro de 1967, sua filha Patricia abandonou o apartamento em Manhattan Beach, o emprego e o carro, sem sequer pegar um cheque de pagamento que lhe era devido, para se juntar a Manson. "Estou convencido de que ele era uma espécie de hipnotizador."

Krenwinkel não foi o único a sugerir isso. O advogado Caballero conversou com repórteres no lado de fora do fórum de Santa Monica, onde sua cliente tinha acabado de se declarar inocente no caso do homicídio de Hinman. Susan Atkins esteve sob o "feitiço hipnótico" de Manson, afirmou Caballero, e "não teve nenhum envolvimento nos assassinatos" apesar de ter estado presente nas residências de Hinman e de Tate.

Caballero também contou à imprensa que sua cliente iria se apresentar diante do grande júri e contar toda a história. Essa foi a primeira confirmação que tivemos de que Susan Atkins havia concordado em cooperar.

Naquele mesmo dia, os policiais do LAPD interrogaram Barbara Hoyt, cujos pais a tinham convencido a entrar em contato com a polícia. Barbara viveu com a Família em intervalos intermitentes desde abril de 1969 e esteve com eles nos ranchos Spahn, Myers e Barker.

A história da bela garota de 17 anos foi contada aos trancos e barrancos, ao longo de diversas entrevistas. Entre suas revelações:

Certa noite, quando estava no rancho Spahn, cerca de uma semana depois da batida realizada no dia 16 de agosto, ela ouviu gritos que pareciam vir do riacho. Eles se estenderam por um longo tempo, de cinco a dez minutos, e ela estava convencida de que eram de Shorty. Depois daquela noite, ela não voltou a vê-lo.

No dia seguinte, ela ouviu Manson contar a Danny DeCarlo que Shorty havia cometido suicídio, "com uma ajudinha nossa". Ele também questionara DeCarlo se cal era bom para se livrar de um cadáver.

Quando esteve no rancho Myers, no início de setembro de 1969, Barbara tinha entreouvido Manson contar para alguém — ela não sabia ao certo quem — que tinha sido muito difícil matar Shorty, uma vez que ele tinha "chegado ao Agora". Eles o golpearam na cabeça com um cano, Manson contou, então todos o esfaquearam, e, por fim, Clem cortou sua cabeça fora. Depois disso, cortaram-no em nove pedaços.

Ainda no rancho Myers, Barbara entreouviu Sadie contar a Ouisch sobre os assassinatos de Abigail Folger e Sharon Tate. Algum tempo depois, Ouisch disse a Barbara que sabia de outras dez pessoas assassinadas pelo grupo.

Pouco depois disso, Barbara e outra garota — Sherry Ann Cooper, também conhecida como Simi Valley Sherri — fugiram do esconderijo da Família no Vale da Morte. Manson as alcançou em Ballarat, mas, por haver outras pessoas presentes, decidiu deixá-las ir, chegando até a lhes dar 20 dólares para suas passagens de ônibus para Los Angeles.[13]

Apesar de estar muito assustada, Barbara concordou em cooperar conosco.

Essa cooperação, porém, quase lhe custou a própria vida.

Por volta dessa mesma época, outra das garotas de Manson concordou em ajudar a polícia. Ela era a última pessoa de quem eu esperava cooperação: Mary Brunner, a primeira integrante da Família Manson.

Após ser solto da prisão em março de 1967, Charles Manson foi a San Francisco. Um colega da cadeia encontrou para ele um quarto em Berkeley, do outro lado da baía. Sem pressa para arrumar um emprego, sobrevivendo em grande parte com o que conseguia mendigar, Manson perambulava pela Telegraph Avenue ou se sentava nos degraus do Sather Gate, portal de entrada da University of California, tocando seu violão. Então, em um determinado dia, apareceu uma certa bibliotecária. De

13 Mais tarde, recebemos informações que indicavam que Manson pode ter enviado três de seus seguidores a Los Angeles com instruções para enviar as garotas de volta ou matá-las, mas nunca conseguimos provar isso. Essa foi a mesma viagem na qual um pneu furado impediu o assassinato da avó de Cathy Gillies, a proprietária do rancho Myers.

acordo com a história que Charlie contou a Danny DeCarlo: "Ela estava passeando com o cachorro. Camisa abotoada até em cima. Nariz empinado, passeando com seu pequeno poodle. E Charlie, recém-saído do xadrez, a abordou e começou a declamar seus disparates".

Mary Brunner, na época com 23 anos, tinha um diploma de bacharelado em história da University of Wisconsin e estava trabalhando como bibliotecária-assistente na University of California. Ela era notavelmente sem atrativos e, ao que parece, Manson foi uma das primeiras pessoas a achar que valia a pena cultivar um relacionamento com ela. Era possível que isso o fizesse se lembrar da época em que vivia às custas de Fat Flo.

"Então uma coisa levou à outra", retomou DeCarlo. "Ele foi morar com ela. Então ele encontrou uma outra garota. 'Não, nenhuma garota vai vir morar aqui comigo!', disse Mary. Ela foi totalmente contra levar essa ideia em consideração. Depois que a garota foi morar com eles, apareceram mais duas. E Mary disse: 'Vou aceitar mais uma garota, mas não três'. Quatro, cinco até chegar a dezoito. Isso foi em Frisco. Mary foi a primeira."

A Família nascia.

Àquela altura, Manson havia descoberto o Haight. De acordo com a história que o próprio Manson costumava contar aos seus seguidores, um dia, um garoto lhe entregou uma flor. "Isso me deixou de queixo caído", ele viria a recordar. Ao questionar o jovem, descobriu que em San Francisco havia comida, música, maconha e amor, tudo de graça, era só pegar. O garoto o levou até o bairro Haight-Ashbury, Manson contou mais tarde a Steven Alexander, repórter de um jornal alternativo chamado *Tuesday's Child*: "E nós dormíamos no parque e morávamos nas ruas e meu cabelo ficou um pouco comprido e comecei a tocar minha música e as pessoas gostavam da minha música e as pessoas sorriam para mim e passavam os braços por meus ombros e me abraçavam... Eu não sabia como agir. Isso me cativou. Isso tomou conta de mim, cara, o fato de haver pessoas que são verdadeiras".

Também eram jovens, ingênuos, ansiosos por acreditar e, talvez o mais importante, por fazer parte de algo. Havia uma abundância de seguidores para qualquer autointitulado guru. Manson não demorou a perceber isso. No meio alternativo com o qual tinha se deparado, até mesmo o fato de ser um ex-presidiário lhe conferia um certo status. Tagarelando sobre uma baboseira metafísica que pegava muita coisa emprestada do proxenetismo, gírias da prisão e jargões da cientologia, Manson começou a atrair seguidores, a princípio, quase todas garotas, então alguns rapazes.

"Existem muitos Charlies por aí, pode acreditar", comentou Roger Smith, oficial de condicional de Manson durante o período em que ele esteve em San Francisco.

Contudo, com uma grande diferença: em determinado momento — eu ainda não sabia ao certo *como* nem *onde* ou *quando* —, Manson desenvolveu um controle sobre seus seguidores, tão amplo que eles eram capazes de violar o mais extremo dos tabus: ouvir "Mate" e obedecer.

Muitos logo presumiram que a resposta estava nas drogas. Mas o dr. David Smith, que chegou a conhecer o grupo por meio de seu trabalho na Haight-Ashbury Free Medical Clinic, acreditava que "sexo, não drogas, era o denominador comum" na Família Manson. "Uma nova garota na Família de Charlie levava consigo uma certa moralidade de classe média. A primeira coisa que Charlie fazia era se certificar de que tudo isso fosse exaurido. Desse modo, ele era capaz de eliminar os controles que costumam governar nossas vidas."

Sexo, drogas — essas coisas com certeza eram parte da resposta, e em breve eu viria a ter um conhecimento maior de como Manson usava ambos —, mas eram apenas uma parte. Havia outras coisas, muitas mais.

O próprio Manson minimizava a importância das drogas, pelo menos em relação a ele. Durante esse período, ele fez sua primeira viagem com LSD. Mais tarde, ele afirmou que a droga "ampliou minha percepção", mas acrescentou que "ficar tanto tempo na cadeia já tinha deixado minha percepção bastante aberta". Ciente o Charlie era.

Manson afirmava que previa o declínio de Haight, mesmo antes de ter florescido por completo. Via perseguições policiais, viagens ruins causadas pelas drogas, vibrações pesadas, pessoas roubando umas às outras e sofrendo overdoses nas ruas. Durante o famoso Verão do Amor, com shows de rock gratuitos, o ácido de Owsley e mais centenas de jovens chegando todos os dias, ele conseguiu um antigo ônibus escolar, encheu-o com seus seguidores e fugiu, "procurando por um lugar para ficar longe das autoridades".

Algum tempo depois, Mary Brunner largou o emprego e se juntou à caravana errante de Manson. Ela teve um filho com ele, Michael Manson, com toda a Família participando do parto e o próprio Manson cortando o cordão umbilical com os dentes.

Ao ser interrogada em Eau Claire, Wisconsin, para onde foi após ser solta da prisão, Mary Brunner concordou em cooperar com a polícia em troca de imunidade no caso do homicídio de Hinman. Ela forneceu inúmeros detalhes sobre esse crime e também disse que, nas últimas semanas de setembro de 1969, Tex Watson lhe contara sobre o assassinato de Shorty. Segundo ele, haviam enterrado o corpo perto dos trilhos ferroviários no rancho Spahn, afirmou Tex, e Gypsy abandonou o carro dele no bairro Canoga Park, perto de uma casa ocupada anteriormente pela Família na Gresham Street. Com base nessas informações, a LASO iniciou uma busca pelo corpo e pelo veículo.

Ficou claro que Mary Brunner seria uma testemunha importante nos casos Hinman e Shea. Embora tivesse estado na cadeia quando os homicídios do caso Tate-LaBianca foram cometidos, por algum tempo, cheguei a considerar usá-la como testemunha naquele caso, visto que ela poderia depor a respeito das origens da Família. No entanto, permaneci muito desconfiado dela. De acordo com outras pessoas que entrevistei, sua dedicação a Manson era fanática. Simplesmente não conseguia vê-la testemunhando contra o pai de seu filho.

O caso Tate havia tido grande repercussão na imprensa internacional desde o dia em que os homicídios foram cometidos, eclipsando até mesmo o incidente em Chappaquiddick. As prisões atraíram a mesma atenção.

Por conta do fuso horário, já era quase meia-noite do dia 1º de dezembro quando os relatos do "culto hippie assassino" chegaram a Londres. Assim como nos Estados Unidos, as reportagens sensacionalistas dominaram as manchetes dos jornais no dia seguinte, lideradas pelas transmissões no rádio e na TV.

Às 11h daquele dia, uma camareira do Talgarth Hotel, na Talgarth Road, em Londres, tentou abrir a porta de um quarto ocupado por um jovem estadunidense chamado Joel Pugh. Estava trancada por dentro. Pouco depois das 18h, o gerente do hotel destrancou a porta com uma chave-mestra. "Ela só abriu uns trinta centímetros", declarou ele. "Parecia haver algum peso atrás dela." Depois de se ajoelhar e esticar o braço para dentro, "eu senti algo que parecia ser um braço". Ele correu para chamar a polícia. Um policial da delegacia de Hammersmith chegou alguns minutos depois e abriu a porta com um empurrão. Atrás dela estava o corpo de Joel Pugh. Deitado de costas, nu exceto por um lençol que cobria a metade inferior de seu corpo e com a garganta cortada, duas vezes. Havia um hematoma na testa, marcas de corte em ambos os pulsos e duas lâminas de barbear ensanguentadas, uma delas a menos de sessenta centímetros do corpo. Não havia nenhum bilhete, apesar de ter algumas "inscrições" ao contrário no espelho, juntamente a alguns "desenhos parecidos com aqueles em histórias em quadrinho".

De acordo com o gerente, Pugh havia se registrado no hotel no dia 27 de outubro com uma moça, que foi embora três semanas depois. Um "hippie, a julgar por sua aparência", Pugh era quieto, saía em raras ocasiões, não parecia ter nenhum amigo.

Por não haver "nenhum ferimento que não pudesse ter sido autoinfligido", o inquérito do legista concluiu que Pugh "tirou a própria vida enquanto sua mente apresentava desequilíbrio".

Embora as circunstâncias da morte, incluindo os ferimentos em si, fossem igualmente — se não mais — consistentes com assassinato, o caso foi considerado um suicídio rotineiro. Ninguém considerou os desenhos e as inscrições importantes o suficiente para serem anotados (o gerente mais tarde se lembrava apenas das palavras "Jack e Jill"). Não foi feita nenhuma tentativa de determinar a hora da morte. Tampouco, apesar de o quarto de Pugh ficar no térreo e de ser muito fácil para alguém entrar e sair pela janela, acreditaram ser necessário procurar por impressões digitais latentes.

Na época, ninguém conectou a morte com a grande notícia vinda dos Estados Unidos naquele dia. Se não fosse por uma breve referência em uma carta, mais de um mês depois, provavelmente continuaríamos sem saber que Joe Dean Pugh, de 29 anos, ex-integrante da Família Manson e marido de Sandra Good, integrante da Família, havia se juntado à lista crescente de mortes misteriosas vinculadas ao caso.

Quando se mudou com Squeaky de seu quarto de motel em Independence, Sandy deixou alguns papéis para trás. Entre eles, uma carta de um antigo membro da Família não identificado, que continha a seguinte linha: "Eu não gostaria que o que aconteceu com Joel acontecesse comigo".

3 de dezembro de 1969

Por volta das 20h daquele dia, Richard Caballero levou a gravação de Susan Atkins para o LAPD. Pediu que não fizessem nenhuma cópia; entretanto, tive permissão para fazer anotações. Além de mim e dos tenentes Helder e LePage, outros quatro ou cinco detetives estavam presentes enquanto a gravação era tocada. Falamos pouco enquanto, com toda a naturalidade de uma criança recitando o que havia feito naquele dia na escola, Susan Atkins descrevia, de maneira direta, o massacre de sete pessoas.

A voz era a de uma mocinha. Contudo, exceto por risadinhas ocasionais — "E Sharon passou por algumas mudanças [risos], algumas grandes mudanças" —, ela era monótona, sem emoção, morta. Era como se todos os sentimentos humanos tivessem sido apagados. *Que tipo de criatura é essa?*, eu me perguntei.

Logo viria a descobrir. Caballero havia concordado em me deixar interrogar Susan Atkins pessoalmente antes de levarmos o caso a um grande júri.

A gravação tinha cerca de duas horas. Ainda que o trabalho monumental de provar a culpa do grupo permanecesse, quando a fita chegou ao fim — com Caballero dizendo a Susan: "Ok, agora vamos arrumar alguma coisa para você comer, inclusive um pouco de sorvete" —, ao menos estávamos cientes, pela primeira vez, de quem exatamente estivera envolvido nos homicídios dos casos Tate e LaBianca.

Embora Manson tivesse enviado assassinos ao número 10050 da Cielo Drive, ele próprio não os havia acompanhado. Aqueles que de fato estiveram lá foram Charles "Tex" Watson, Susan Atkins, Patricia Krenwinkel e Linda Kasabian. Um homem, três garotas, que impiedosamente balearam e esfaquearam cinco pessoas até a morte.

Manson, contudo, havia de fato entrado na casa na Waverly Drive na noite seguinte, para amarrar Rosemary e Leno LaBianca. Ele então enviou Watson, Krenwinkel e Leslie Van Houten, também conhecida como Sankston, com instruções para "matá-los".

A própria Susan Atkins não estivera no interior da residência dos LaBianca. Ela havia permanecido no carro com Clem e Linda. Mas tinha ouvido — de Manson, Krenwinkel e Van Houten — o que acontecera lá dentro.

Embora a gravação tivesse esclarecido alguns mistérios, muitos outros permaneciam. E havia discrepâncias. Por exemplo, ainda que Susan tivesse confessado ter esfaqueado o grandalhão (Frykowski) cinco ou seis vezes, "em defesa própria", ela não disse nada sobre ter matado Sharon Tate. Ao contrário do que dissera a Virginia Graham e Ronnie Howard, Susan agora alegava ter segurado Sharon enquanto Tex a esfaqueava.

De volta ao meu escritório, fiz o que sempre faço depois de uma entrevista: transformei minhas anotações em um interrogatório provisório. Havia muitas perguntas que eu queria fazer a Sadie Mae Glutz.

Linda Kasabian renunciou aos procedimentos de transferência e foi levada de avião de volta a Los Angeles naquele mesmo dia, sendo fichada no Sybil Brand às 23h15. Aaron estava lá, assim como o advogado de Linda, Gary Fleischman. Embora Fleischman tivesse permitido que ela identificasse algumas fotografias de diversos membros da Família que Aaron tinha consigo, ele não deixou que Aaron a interrogasse. O único questionamento que fez foi sobre como ela estava se sentindo, ao qual Linda respondeu: "Cansada, mas aliviada". Aaron ficou com a impressão de que ela estava ansiosa para contar o que sabia, mas que Fleischman estava retendo informações, possivelmente para obter um acordo.

4 de dezembro de 1969

MEMORANDO CONFIDENCIAL
Para: EVELLE J. YOUNGER
Procurador-geral
De: AARON H. STOVITZ
Chefe, Divisão de Julgamentos
Assunto: SUSAN ATKINS

Uma reunião foi realizada hoje no escritório do sr. Younger, começando às 10h20 e terminando às 11h. Estavam presentes o sr. Younger, Paul Caruso, Richard Caballero, Aaron Stovitz e Vincent Bugliosi.

Discutiu-se a questão de conceder ou não imunidade a Susan Atkins em troca de seu testemunho na audiência do grande júri e subsequente julgamento. Decidiu-se que ela *não* receberia imunidade.

O sr. Caballero informou que naquele momento sua cliente poderia não testemunhar no julgamento devido ao medo da presença física de Charles Manson e dos outros envolvidos nos homicídios do caso Sharon Tate.

Houve uma discussão sobre o valor do testemunho de Susan Atkins, e chegou-se a um acordo em relação aos seguintes pontos:

1. Que as informações de Susan Atkins foram vitais para a força policial.
2. Em vista de sua cooperação passada e no caso de testemunhar honestamente diante do grande júri, a promotoria não tentará obter a pena de morte contra ela em nenhum dos três casos que até o momento são de conhecimento da polícia; a saber, o homicídio de Hinman, os homicídios do caso Sharon Tate e os homicídios do caso LaBianca.
3. Até que ponto a procuradoria-geral auxiliará a Defensoria Pública na tentativa de obter menos do que uma condenação por homicídio qualificado, sentença de prisão perpétua, irá depender de até que ponto Susan Atkins continuará a cooperar.
4. Que caso Susan Atkins não testemunhe no julgamento ou que a promotoria não a use como testemunha no julgamento, a promotoria não irá usar seu testemunho, apresentado diante do grande júri, contra ela.

◆ ◆ ◆

Caballero havia realizado um acordo excelente do ponto de vista de sua cliente. Se testemunhasse sinceramente diante do grande júri, não poderíamos tentar obter a pena de morte contra ela nos casos Hinman, Tate e LaBianca; tampouco poderíamos usar seu testemunho diante do grande júri contra ela ou qualquer um de seus corréus quando fossem levados a julgamento. Como Caballero veio a dizer depois: "Ela não entregou nada e conseguiu tudo em troca".

De nossa parte, tive a impressão de que estávamos em desvantagem. Susan Atkins iria contar sua história diante do grande júri. Nós obteríamos um indiciamento. E isso seria tudo o que conseguiríamos: um pedaço de papel. Caballero estava convencido de que ela nunca testemunharia em um julgamento. Ele estava preocupado que, mesmo agora, ela pudesse mudar de ideia de repente.

Não tínhamos escolha a não ser nos apressar para levar o caso ao grande júri, que se reuniria no dia seguinte.

Nosso caso estava ficando um pouco mais forte. No dia anterior, o sargento Sam McLarty, do Departamento de Polícia de Mobile, havia tirado as impressões digitais de Patricia Krenwinkel. Ao receber a amostra de Mobile, o sargento Frank Marz, do LAPD, "revelou" uma digital. A digital do dedo mindinho da mão esquerda de Krenwinkel correspondia à impressão digital latente que o policial Boen havia recolhido do batente da porta francesa esquerda *dentro* do quarto de Sharon Tate. Essa era a porta salpicada de sangue que levava para a piscina no exterior da casa.

Agora, tínhamos uma segunda prova física conectando mais outro suspeito à cena do crime.

No entanto, não estávamos com nenhum desses dois suspeitos. Assim como Watson, Krenwinkel pretendia lutar contra a transferência. Ela permaneceria detida durante catorze dias sem fiança. Se os documentos de transferência não estivessem lá antes do 15º dia, ela seria liberada.

Caballero me levou até seu escritório em Beverly Hills. Quando chegamos, por volta das 17h30, Susan Atkins já estava lá, depois de ter sido trazida do Sybil Brand com base em outra ordem judicial, solicitada por Aaron. Caballero havia sugerido que Susan estaria muito mais propensa a falar sem reservas na atmosfera relaxada de seu escritório do que no Sybil Brand, e Miller Leavy, Aaron e eu havíamos concordado.

Embora tivesse se aberto tanto com Virginia Graham quanto com Ronnie Howard, minha entrevista com Susan Atkins sobre o caso Tate--LaBianca foi a primeira que ela teve com um oficial do cumprimento da lei; e seria a última.

Com 21 anos, tinha 1,65 metro de altura, 54 quilos, cabelos castanhos compridos, olhos castanhos, um rosto não sem atrativos, mas com um olhar distante, parecido com as expressões de Sandy e Squeaky, mas ainda mais pronunciado.

Embora essa fosse a primeira vez que via Susan Atkins, já sabia de muitas coisas a seu respeito. Nascida em San Gabriel, Califórnia, havia crescido em San Jose. A mãe morreu de câncer quando Susan ainda era adolescente e, após inúmeras brigas com o pai, ela largou o ensino médio e perambulou até San Francisco. Trapaceira, dançarina de topless, amante, namorada de marginais — ela fora todas essas coisas antes mesmo de conhecer Charles Manson. Senti uma certa pena dela e me esforcei bastante para compreendê-la. Mas não consegui sentir muita compaixão, não depois de ter visto as fotografias das vítimas do caso Tate.

Depois que Caballero nos apresentou, eu a informei sobre seus direitos constitucionais e obtive permissão para interrogá-la.

Um policial e uma policial feminina estavam sentados do lado de fora da porta aberta do escritório de Caballero, observando cada movimento de Susan. Caballero ficou conosco durante grande parte do interrogatório, saindo apenas para atender alguns telefonemas. Pedi que Susan me contasse toda a história, desde a época em que conheceu Manson em Haight-Ashbury em 1967 até o presente. De tempos em tempos, eu a interrompia para fazer perguntas.

"Você, Tex, ou algum dos outros estavam sob a influência de LSD ou de qualquer outra droga na noite dos homicídios do caso Tate?"

"Não."

"E na noite seguinte, na noite em que os LaBianca foram mortos?"

"Não. Em nenhuma das noites."

Havia algo misterioso a seu respeito. Ela falava depressa por alguns minutos, então fazia uma pausa, com a cabeça um pouco inclinada para o lado, como se estivesse ouvindo vozes que mais ninguém conseguia escutar.

"Sabe", confidenciou ela, "Charlie está olhando para nós agora mesmo e pode ouvir tudo o que estamos dizendo."

"Charlie está lá em Independence, Sadie."

Ela sorriu, confiante em seu entendimento de que ela estava certa e que eu, um forasteiro, um descrente, estava errado.

Olhando para ela, pensei comigo mesmo: Essa é a principal testemunha da promotoria? Vou construir meu caso com base no testemunho dessa garota muito, muito estranha?

Ela era louca. Eu não tinha nenhuma dúvida quanto a isso. Talvez não legalmente insana, mas louca mesmo assim.

Assim como na gravação, ela confessou ter esfaqueado Frykowski, mas negou ter esfaqueado Sharon Tate. Eu já havia conduzido centenas de interrogatórios; você desenvolve uma espécie de reação visceral quando alguém está mentindo. Sentia que ela *tinha* esfaqueado Sharon, mas não queria confessar isso para mim.

Tive que inquirir mais de doze testemunhas naquela mesma noite: Winifred Chapman, os primeiros policiais a chegarem na Cielo e na Waverly, Granado e os técnicos de impressões digitais, Lomax da Hi Standard, o médico-legista e o patologista forense Katsuyama, DeCarlo, Melcher, Jakobson. Cada um deles apresentou problemas específicos. Winifred Chapman era petulante, ranzinza: ela não iria depor que havia visto corpo nenhum, ou sangue nenhum, ou... O médico-legista Noguchi gostava de divagar: ele teria de ser preparado com cuidado para que se mantivesse no assunto. Ninguém havia acreditado em Danny DeCarlo no julgamento de Beausoleil: teria que me certificar de que o grande júri acreditasse nele. Era necessário não apenas extrair de testemunhas bastante díspares — muitas delas especialistas em suas próprias áreas — exatamente o que era relevante, como também juntar essas peças em um caso sólido e convincente.

Sete vítimas de homicídio, múltiplos réus: era provável que um caso assim não fosse apenas sem precedentes, como também exigisse semanas de preparação. Graças à pressa em divulgar a notícia por parte do chefe de polícia Davis, nós tínhamos apenas poucos dias.

Só fui terminar às 2h. Ainda precisava converter minhas anotações em interrogatório. Só acabei às 3h30. Eu me levantei às 6h. Em três horas, teríamos que apresentar os casos Tate e LaBianca para o grande júri do condado de Los Angeles.

5 de dezembro de 1969

"Sinto muito. Sem comentários." Ainda que por lei os procedimentos do grande júri sejam secretos — nem a procuradoria-geral, nem as testemunhas, nem os jurados têm permissão de discutir as evidências —, isso não impediu que os repórteres tentassem. Deve ter havido cem jornalistas no corredor estreito do lado de fora da câmara do grande júri; alguns estavam em cima de mesas, então parecia que estavam empilhados até o teto.

Em Los Angeles, o grande júri consiste em 23 pessoas, escolhidas por sorteio a partir de uma lista de nomes enviada por cada juiz da Suprema Corte. Desse número, 21 estavam presentes, dos quais dois terços teriam que concordar para que um indiciamento fosse anunciado. Os procedimentos em si costumam ser breves. A promotoria apresenta informações suficientes sobre o caso apenas para obter um indiciamento e nada mais. Embora, nessa situação, o testemunho viesse a se estender por dois dias, a "principal testemunha da promotoria" viria a contar sua história em menos de um.

O advogado de defesa Richard Caballero foi a primeira testemunha. Ele relatou que havia informado sua cliente sobre seus direitos e, então, deixou a câmara. Além de não terem permissão para serem acompanhadas por seus advogados, as testemunhas também depõem longe do alcance dos ouvidos das outras.

SARGENTO DE ARMAS: "Susan Atkins".

Os jurados, sete homens e catorze mulheres, olharam para ela com evidente curiosidade.

Aaron informou a Susan sobre seus direitos, entre eles o de não se incriminar. Ela renunciou a todos. Em seguida, eu assumi o interrogatório, confirmando que ela conhecia Charles Manson e levando-a de volta ao dia em que se conheceram, há mais de dois anos. Ela estava morando em uma casa na Lyon Street, no bairro Haight-Ashbury, San Francisco, com alguns outros jovens, sendo a maioria usuária de drogas.

R: "... e eu estava sentada na sala de estar quando um homem entrou. Ele tinha um violão e de repente foi cercado por um grupo de garotas." O homem se sentou e começou a tocar, "e a música que chamou minha atenção foi 'The Shadow of Your Smile' [A sombra de seu sorriso] — e ele soava como um anjo".

P: "Você está se referindo a Charles Manson?"

R: "Sim. E quando ele parou de cantar, eu quis que ele me desse um pouco de atenção, e perguntei a ele se eu podia tocar seu violão... ele me entregou o violão e eu pensei, 'Não sei tocar isso', e ele então olhou para mim e disse: 'Você consegue tocar, se quiser'.

"Olha, ele não tinha me ouvido dizer, 'Não sei tocar isso', eu só pensei. Então quando ele me disse que eu conseguia tocar, fiquei de queixo caído, porque ele estava dentro da minha cabeça, e na hora eu soube que ele era algo que eu estava procurando... e eu me ajoelhei e beijei seus pés."

Um dia ou dois depois, Manson voltou à casa e a chamou para dar um passeio. "E andamos alguns quarteirões até outra casa e ele me disse que queria fazer amor comigo.

"Bom, eu admiti que queria fazer amor com ele, e ele me disse para tirar a roupa, então eu tirei a roupa sem nenhuma inibição, e calhou de ter um espelho de corpo inteiro no quarto, e ele me disse para ir até lá e me olhar nele.

"Eu não queria fazer isso, então ele segurou minha mão e me levou até o espelho, e eu me virei para o outro lado e ele disse: 'Anda, olhe para você. Não tem nada de errado com você. Você é perfeita. Você sempre foi perfeita'."

P: "O que aconteceu em seguida?"

R: "Ele me perguntou se eu já tinha feito amor com meu pai. Olhei para ele e meio que dei risada e disse: 'Não'. E ele disse: 'Você já pensou em fazer amor com seu pai?'. Eu respondi: 'Sim'. E ele me disse: 'Tudo bem, quando você estiver fazendo amor... imagine que eu sou seu pai'. E foi o que eu fiz, eu fiz isso, e foi uma experiência muito bonita."

Susan disse que, antes de conhecer Manson, ela sentia como se houvesse "alguma coisa faltando" nela. Mas então, "eu me entreguei a ele, e em troca ele me devolveu a mim mesma. Ele me deu a fé para acreditar em mim mesma e ser capaz de saber que sou uma mulher."

Cerca de uma semana depois, ela, Manson, Mary Brunner, Ella Jo Bailey, Lynette Fromme e Patricia Krenwinkel, acompanhados de três ou quatro rapazes cujos nomes ela não conseguia se lembrar, foram embora de San Francisco em um velho ônibus escolar do qual tinham retirado a maioria dos assentos, mobiliando-o com tapetes e almofadas de cores brilhantes. Eles vagaram durante o próximo ano e meio — para o norte até Mendocino, Oregon e Washington; para o sul até Big Sur, Los Angeles, México, Nevada, Arizona e Novo México; e, algum tempo depois, de volta a L.A., a princípio vindo a morar em diversas residências em Topanga Canyon, Malibu, Venice e então, por fim, no rancho Spahn. No meio do caminho, outros se juntaram a eles; alguns ficando permanentemente, a maioria apenas durante um breve período. De acordo com Susan, eles passaram por mudanças e aprenderam a amar. As garotas faziam amor com cada um dos rapazes e entre si. Mas Charlie era completo amor. Embora não tivesse transado com ela com frequência — apenas seis vezes nos mais de dois anos nos quais estiveram juntos —, "ele se entregava por completo".

P: "Você estava muito apaixonada por ele, Susan?"

R: "Eu estava apaixonada pelo reflexo, e o reflexo do qual estou falando é o de Charlie Manson."

P: "Havia algum limite para o que você faria por ele?"

R: "Não."

Eu estava preparando a base do caso contra Manson, o fato de que Susan e os outros fariam qualquer coisa por ele, chegando até e incluindo assassinato a seu comando.

P: "O que Charlie tinha para que vocês, garotas, se apaixonassem por ele e fizessem o que ele lhes pedia?"

R: "Charlie é o único homem que conheci... na face da Terra... que é um homem completo. Ele não aceita respostas insolentes de uma mulher. Ele não deixa mulher nenhuma o convencer a fazer alguma coisa. Ele é um homem."

Charlie lhe dera o nome Sadie Mae Glutz porque, "para que pudesse ser totalmente livre em minha mente, eu precisava me livrar por completo do meu passado. O jeito mais fácil de fazer isso, de mudar de identidade, é trocando de nome."

De acordo com Susan, o próprio Charlie atendia por diversos nomes, referindo-se a si mesmo como Diabo, Satanás, Alma.

P: "O sr. Manson alguma vez se chamou de Jesus?"

R: "Ele pessoalmente nunca se chamou de Jesus."

P: "Você já o chamou de Jesus?" Com base no meu interrogatório da noite anterior, eu previa que Susan fosse ser evasiva quanto a isso — e ela foi.

R: "Ele representava uma pessoa parecida com Jesus Cristo para mim."

P: "Você acha que Charlie é uma pessoa má?"

R: "Em seus padrões de maldade, olhando para ele através de seu ponto de vista, eu diria que sim. Olhando para ele através do meu ponto de vista, ele é tão bom quanto é mau, ele é tão mau quanto é bom. Não dá para julgar o homem."

Embora Susan não tivesse afirmado acreditar que Manson era Cristo, a implicação estava ali. Ainda que na época eu mesmo estivesse muito longe de compreender isso, era importante que eu desse ao júri alguma explicação, por mais parcial que fosse, a respeito do controle que Manson exercia sobre seus seguidores. Por mais incrível que tudo fosse para os jurados, em sua maioria de meia-idade e de classe média alta, aquilo não era nada comparado com o que viriam a ouvir quando ela descrevesse aquelas duas noites de assassinatos.

Eu os preparei aos poucos, pedindo que ela descrevesse o rancho Spahn e a vida no local, e lhe perguntando como sobreviviam. As pessoas lhes davam coisas, contou Susan. Além disso, eles mendigavam. E "os supermercados por toda Los Angeles jogam fora comida em perfeitas condições todos os dias, vegetais frescos e às vezes cartelas de ovos, embalagens de queijo com a validade vencida, mas a comida ainda está boa, e nós, garotas, costumávamos sair para 'coletar lixo'".

DeCarlo tinha me contado sobre uma dessas saídas para coletar lixo, quando, para o assombro dos funcionários do supermercado, as garotas tinham chegado no Rolls-Royce de Dennis Wilson.

Eles também roubavam — cartões de crédito, outras coisas.

P: "Charlie pedia que você roubasse?"

R: "Não, eu fiz isso por mim mesma. Eu fui... nós éramos programados para fazer coisas."

P: "Programados por Charlie?"

R: "Por Charlie, mas é difícil para mim explicar para que vocês consigam enxergar do jeito... do que jeito que eu enxergo. As palavras que saíam da boca de Charlie não saíam de dentro dele, [elas] vinham do que eu chamo de Infinito."

E às vezes, à noite, eles "saíam em missões furtivas".

P: "Explique para os membros do júri o que você quer dizer com isso."

R: "A gente se movia em silêncio para que ninguém nos visse ou ouvisse... Usando roupas bem escuras..."

P: "Entrando em casas durante a noite?"

R: "Sim."

Eles escolhiam uma residência ao acaso, em qualquer lugar de Los Angeles, entravam de fininho enquanto os ocupantes dormiam e avançavam de modo furtivo pelos cômodos, talvez mudando algumas coisas de lugar para que, quando as pessoas acordassem, estivessem em lugares diferentes. Todos levavam uma faca. Susan disse que fazia isso "porque todos os outros membros da Família estavam fazendo isso" e ela queria ter aquela experiência.

Essas missões furtivas eram, eu tinha certeza de que o júri iria deduzir, ensaios para assassinato.

P: "Você chamava seu grupo por algum nome, Susan?"

R: "Entre nós, nos chamávamos de Família." Era, disse Susan, "uma família como nenhuma outra família".

Pensei ter ouvido um jurado murmurar: "Graças a Deus!".

P: "Susan, você estava morando no rancho Spahn no dia 8 de agosto de 1969?"

R: "Sim."

P: "Susan, nesse dia, Charlie Manson instruiu você e outros membros da Família a fazerem alguma coisa?"

R: "Não me lembro de receber nenhuma instrução de Charlie, só de receber uma muda de roupas e uma faca e ser instruída a fazer exatamente o que Tex me mandasse fazer."

P: "Charlie indicou que tipo de roupas você deveria levar?"

R: "Ele me disse... para usar roupas escuras."

Susan identificou fotos de Watson, Krenwinkel e Kasabian, assim como uma foto do velho Ford no qual os quatro haviam deixado o rancho. Charlie acenou para eles enquanto se afastavam. Susan não viu que horas eram, mas era noite. Havia um alicate de corte no banco traseiro, além de uma corda. Ela, Katie e Linda tinham uma faca cada uma; Tex tinha uma arma e, acreditava ela, uma faca também. Foi só quando estavam a caminho que Tex lhes disse, de acordo com Susan, que "estávamos indo para uma casa na colina que costumava pertencer a Terry Melcher, e a única razão para estarmos indo para aquela casa era porque Tex conhecia a planta do lugar".

P: "Tex contou por que vocês quatro estavam indo para a antiga residência de Terry Melcher?"

De maneira direta, sem nenhuma emoção sequer, Susan respondeu: "Para pegar todo o dinheiro e matar quem quer que estivesse lá".

P: "Não fazia diferença nenhuma quem estaria lá, vocês receberam ordens de os matar; estou certo?"

R: "Sim."

Eles se perderam no meio do caminho. No entanto, Tex finalmente reconheceu a saída e eles dirigiram até o topo da colina. Ele saiu do carro, escalou o poste telefônico e, usando o alicate, cortou os fios. (O LAPD ainda não tinha me dado nenhum retorno a respeito dos testes de corte realizados com o alicate encontrado no rancho Barker.) Quando Tex voltou para o carro, eles desceram a rua, estacionaram aos pés da colina e, então, levando consigo as mudas de roupas, voltaram a subir a pé. Não entraram na propriedade pelo portão, "porque pensamos que poderia ter um sistema de alarme ou que fosse eletrificado". À direita do portão, havia um declive íngreme coberto de arbustos. A cerca não era tão alta ali. Susan jogou seu embrulho de roupas por cima, então escalou a cerca com a faca entre os dentes. Os outros a seguiram.

Estavam escondendo as roupas nos arbustos quando Susan viu os faróis de um carro. Estava subindo o acesso à garagem. "Tex mandou que nós, garotas, nos deitássemos e ficássemos paradas, sem fazer barulho. Ele saiu de vista... eu o ouvi dizer: 'Pare'." Susan também ouviu outra voz, de um homem, dizer: "Por favor, não me machuque, não vou contar nada". "E ouvi um tiro, e ouvi outro tiro, e outro, e outro." Quatro disparos. Então Tex voltou e lhes disse para seguir em frente. Quando chegaram no carro, Tex enfiou a mão pela janela e apagou os faróis. Em seguida, empurraram o carro para longe do portão, subindo o acesso à garagem.

Mostrei a Susan uma foto do Rambler. "Parecia com esse, sim." Depois, lhe mostrei a fotografia tirada pela polícia de Steven Parent dentro do veículo.

R: "Essa é a coisa que vi dentro do carro."

Houve arquejos audíveis vindos dos jurados.

P: "Quando você diz 'coisa', está se referindo a um ser humano?"

R: "Sim, ser humano."

Os jurados tinham olhado dentro do coração de Susan Atkins e visto gelo.

Seguiram avançando pelo acesso à garagem, passaram por ela e chegaram à casa. Usando um diagrama em escala que eu havia preparado, Susan demonstrou sua aproximação até a janela da sala de jantar. "Tex abriu a janela, rastejou para dentro e, quando dei por mim, ele estava na porta da frente."

P: "Todas as garotas entraram ao mesmo tempo?"

R: "Só duas de nós entramos, uma ficou lá fora."

P: "Quem ficou do lado de fora?"

R: "Linda Kasabian."

Susan e Katie se reuniram a Tex. Havia um homem deitado no sofá (Susan identificou a foto de Voytek Frykowski). "O homem esticou os braços e acordou. Acredito que ele achou que alguns de seus amigos estavam chegando de algum lugar. Ele perguntou: 'Que horas são?'. [...] Tex pulou na frente dele e apontou a arma para o rosto dele e disse: 'Fique quieto. Não se mexa, senão você vai morrer.' Frykowski disse algo como: 'Quem são vocês e o que estão fazendo aqui?'."

P: "O que Tex disse em resposta a isso, se é que disse alguma coisa?"

R: "Ele disse: 'Sou o Diabo e estou aqui para fazer o trabalho do Diabo...'."

Tex, em seguida, mandou Susan verificar se havia outras pessoas. No primeiro quarto, encontrou uma mulher lendo um livro. (Susan identificou uma foto de Abigail Folger.) "Ela olhou para mim e sorriu, e eu olhei para ela e sorri." Ela seguiu em frente. Um homem e uma mulher estavam no quarto seguinte. O homem, sentado na beirada da cama, estava de costas para Susan. A mulher, grávida, estava deitada na cama. (Susan identificou fotos de Jay Sebring e Sharon Tate.) Os dois estavam conversando e nenhum deles a viu. Depois de voltar para a sala de estar, informou a Tex que havia mais três pessoas.

Tex lhe entregou a corda e pediu que amarrasse o homem no sofá. Depois de ter feito isso, ele a mandou buscar os outros. Susan entrou no quarto de Abigail Folger, "apontei uma faca para ela e disse: 'Se levanta e vai para a sala. Não faz nenhuma pergunta. Só faz o que eu mandar'." Katie, também armada com uma faca, ficou encarregada de Folger, enquanto Susan buscava os outros dois.

Nenhum deles ofereceu qualquer resistência. Todos tinham a mesma expressão nos rostos: "Choque".

Ao entrar na sala de estar, Sebring perguntou a Tex: "O que vocês estão fazendo aqui?". Tex o mandou calar a boca, então ordenou que os três se deitassem de bruços diante da lareira. "Não está vendo que ela está grávida?", indagou Sebring. "Deixe que ela fique sentada."

Quando Sebring "não seguiu as ordens de Tex... Tex atirou nele".

P: "Você viu Tex atirar em Jay Sebring?"

R: "Sim."

P: "Com a arma que tinha levado do rancho Spahn?"

R: "Sim."

P: "O que aconteceu a seguir?"

R: "Jay Sebring caiu na frente da lareira e Sharon e Abigail gritaram."

Tex mandou que ficassem quietas. Quando perguntou se eles tinham algum dinheiro, Abigail respondeu que tinha um pouco na bolsa que estava no quarto. Susan foi com ela para pegá-la. Abigail lhe entregou 72 dólares e perguntou se ela queria seus cartões de crédito. Susan respondeu que não. Depois de voltarem para a sala de estar, Tex pediu que Susan pegasse uma toalha e voltasse a amarrar as mãos de Frykowski; ela assim o fez, contou, mas não conseguiu dar um nó muito apertado. Tex então pegou a corda e primeiro a amarrou em volta do pescoço de Sebring, depois em volta dos pescoços de Abigail e Sharon. Ele jogou a ponta da corda por cima da viga no teto e a puxou, "o que fez com que Sharon e Abigail se levantassem para não sufocarem até a morte...". Então, "esqueci quem foi, mas uma das vítimas, disse, 'O que vocês vão fazer com a gente?', e Tex respondeu, 'Todos vocês vão morrer'. E naquele momento eles começaram a implorar por suas vidas".

P: "O que aconteceu em seguida?"

R: "Depois Tex mandou que eu fosse até lá e matasse Frykowski."

Enquanto erguia a faca, Frykowski, que tinha conseguido soltar as mãos, se levantou de um pulo e "me derrubou, e eu o agarrei como pude, e então foi uma luta por minha vida, assim como ele estava lutando pela dele.

"De algum jeito, ele conseguiu agarrar meu cabelo e o puxou com bastante força, e eu estava gritando para que Tex me ajudasse, ou para que alguém me ajudasse, e Frykowski, ele também estava gritando.

"De algum jeito, ele foi parar atrás de mim, e eu estava com a faca na mão direita e estava... estava... não sei onde estava, mas estava agitando a faca, e lembro de acertar alguma coisa atrás de mim quatro, cinco vezes, uma atrás da outra. Não vi o que estava esfaqueando."

P: "Mas parecia ser um ser humano?"

R: "Nunca tinha esfaqueado um ser humano antes, mas só sei que estava furando alguma coisa."

P: "Poderia ter sido Frykowski?"

R: "Poderia ter sido Frykowski, poderia ter sido uma poltrona, não sei o que era."

Susan havia mudado sua história. No interrogatório que fiz com ela, e na gravação, ela havia confessado ter esfaqueado Frykowski "três ou quatro vezes na perna". Além disso, se a história que contou a Virginia Graham fosse verdadeira, ela sabia exatamente como era esfaquear alguém, ou seja, Gary Hinman.

Frykowski correu para a porta da frente, "gritando por socorro, para que alguém o ajudasse". Tex o alcançou e o atingiu na cabeça diversas vezes com "a coronha da arma, acho". Tex mais tarde lhe contou que havia quebrado a arma enquanto batia em Frykowski e que ela não funcionaria mais.[14] Ao que parece, Tex tinha uma faca a postos, visto que passou a esfaquear Frykowski "o melhor que pôde, porque Frykowski ainda estava lutando". Enquanto isso, "Abigail Folger tinha se libertado da corda e estava brigando com Katie, Patricia Krenwinkel...".

14 Embora Frykowski tivesse sido baleado duas vezes, Susan não conseguia se lembrar dos disparos, deixando em dúvida quando exatamente isso aconteceu.

PRIMEIRO JURADO: "Temos um jurado que gostaria de se ausentar por alguns minutos."

Foi feito um recesso. Havia mais de um rosto pálido na bancada dos jurados.

Retomamos de onde Susan havia parado. Alguém estava gemendo, contou ela. Tex correu até Sebring "e se abaixou e o esfaqueou com violência diversas vezes nas costas. [...]

"Sharon Tate, lembro de a ver lutando contra a corda." Tex mandou que Susan cuidasse dela. Susan apertou o braço em volta do pescoço de Sharon, obrigando-a a se sentar de novo no sofá. Ela estava implorando por sua vida. "Olhei para ela e disse: 'Mulher, não sinto nenhuma misericórdia por você'. E soube que eu estava falando comigo, não com ela..."

P: "A essa altura, Sharon disse alguma coisa a respeito do bebê?"

R: "Ela disse: 'Por favor, me deixe ir. Tudo o que quero é ter meu bebê.'

"Foi tudo muito confuso... Tex foi ajudar Katie... Eu vi Tex esfaquear Abigail Folger, e pouco antes disso — talvez um instante antes de ele a esfaquear —, ela olhou para ele e deixou os braços caírem, aí olhou para todos nós e disse: 'Desisto. Me matem'."

Perguntei a Susan quantas vezes Tex havia esfaqueado Abigail. "Só uma vez", respondeu Susan. "Ela apertou o abdômen e caiu no chão."

Tex, em seguida, correu para fora da casa. Susan afrouxou o aperto em volta do pescoço de Sharon, mas continuou a vigiá-la. Quando voltou, ele disse a Susan: "Mate ela". Mas, de acordo com a história que Susan estava contando agora: "Eu não consegui". Em vez disso, "para criar uma distração que impedisse Tex de ver que eu não era capaz de a matar, eu segurei a mão dela e prendi seus braços, e então vi Tex a esfaquear na região do coração". Sharon então caiu do sofá. (Susan mencionou que Tex tinha esfaqueado Sharon Tate apenas uma vez. De acordo com o relatório da necropsia, ela havia sido esfaqueada dezesseis vezes. Segundo Ronnie Howard, Susan lhe contou: "Só fiquei esfaqueando até ela parar de gritar".)

O que ela se lembrava de ter acontecido a seguir, Susan testemunhou, foi que ela, Tex e Katie foram para fora, e "eu vi Abigail Folger no gramado da frente, inclinada, caindo na grama... não a vi saindo da casa... e vi Tex ir até ela e a esfaquear três ou quatro... não sei quantas vezes...". (Abigail Folger tinha 28 ferimentos à faca.) "Enquanto ele fazia isso, Katie e eu estávamos procurando a Linda, porque ela não estava por perto... e então Tex foi até Frykowski e o chutou na cabeça." Frykowski estava no gramado da frente, longe da porta. Quando Tex o chutou, "o corpo não se mexeu muito. Acho que ele já estava morto àquela altura." (O que não era surpreendente, visto que Voytek Frykowski havia sido baleado duas vezes, golpeado treze vezes na cabeça com um objeto contundente e esfaqueado 51 vezes.)

Em seguida, "Tex me pediu para voltar para dentro da casa e escrever alguma coisa na porta usando o sangue de uma das vítimas... Ele disse: 'Escreva algo para chocar o mundo'. [...] Antes disso, eu estive envolvida em algo parecido [Hinman], onde vi 'porquinho político' escrito na parede, então isso estava bastante vívido na minha mente...". Depois de voltar para dentro, ela pegou a mesma toalha que tinha usado para amarrar as mãos de Frykowski e andou até Sharon Tate. Então, ouviu ruídos.

P: "Que tipo de ruídos?"

R: "Ruídos de gorgolejos, como sangue saindo do coração e fluindo para dentro do corpo."

P: "O que você fez em seguida?"

R: "Peguei a toalha, virei minha cabeça e toquei no peito dela e, na mesma hora, vi que ela estava grávida e soube que havia um ser vivo dentro daquele corpo, e eu quis, mas não tive coragem de ir em frente e pegar ele. [...] E peguei a toalha com o sangue de Sharon Tate, andei até a porta e escrevi PORCO nela usando a toalha."

Susan então jogou a toalha de volta na sala de estar; não olhou para ver onde tinha caído. (A toalha caiu sobre o rosto de Sebring, por isso o "capuz" ao qual a imprensa se referiu.)

Em seguida, Sadie, Tex e Katie pegaram os embrulhos com as mudas de roupas que haviam escondido nos arbustos. Eles saíram pelo portão, depois que Tex apertou o botão do controle, e desceram a colina apressadamente. "Quando chegamos no carro, Linda Kasabian deu a partida, e Tex correu até ela e disse: 'O que acha que está fazendo? Vá para o banco do passageiro. Não faça nada até eu mandar você fazer.' Então fomos embora."

Eles trocaram de roupas no carro, todos, exceto Linda, que, por não ter entrado na casa, não estava suja de sangue. Enquanto se afastavam, Susan se deu conta de que tinha perdido a faca, mas Tex se recusou a voltar.

Dirigiram por algum lugar ao longo da "Benedict Canyon, Mulholland Drive, não me lembro... até que chegamos a um lugar que se parecia com um aterro e que descia por um penhasco, com uma montanha de um lado e um penhasco do outro". Eles encostaram e estacionaram, e "Linda jogou todas as roupas ensanguentadas pela beirada da colina...". As armas, as facas e o revólver, foram descartados em "três ou quatro lugares diferentes, não me lembro quantos".

Susan então descreveu, assim como fizera para Virginia Graham e Ronnie Howard, como depois de estacionarem em uma rua lateral e usarem uma mangueira de jardim para limparem o sangue, um homem e uma mulher saíram correndo da casa e ameaçaram chamar a polícia. "E Tex olhou para o cara e disse: 'Poxa, sinto muito. Achei que vocês não estavam em casa. Só estávamos caminhando e queríamos um gole d'água. Não queríamos acordar ou incomodar vocês.' E o homem olhou mais para baixo da rua e perguntou: 'Aquele é o carro de vocês?'. E Tex respondeu: 'Não, como eu disse, estávamos só caminhando'. O homem disse: 'Sei que aquele é o carro de vocês. É melhor entrarem nele e irem embora'."

Eles entraram no carro, e o homem, ao que parece tendo decidido detê-los, enfiou a mão dentro do veículo para pegar a chave. Tex deu a partida às pressas, contudo, e se afastou depressa.

Depois de pararem em um posto de gasolina na Sunset Boulevard, onde se revezaram para ir ao banheiro para verificar se tinham "alguma mancha de sangue", dirigiram de volta ao rancho Spahn, chegando lá, Susan estimou, por volta das 2h.

Quando estacionaram no calçadão do antigo set de filmagens, Charles Manson os aguardava. Ele andou até o carro, se inclinou para dentro e perguntou: "O que estão fazendo em casa tão cedo?".

De acordo com Susan, Tex contou a Manson "basicamente o que tínhamos acabado de fazer. Que tudo tinha sido perfeito. Houve bastante... Tudo aconteceu tão depressa... Bastante pânico, e ele o descreveu: 'Rapaz, com certeza foi uma confusão'."[15]

Enquanto estavam no posto de gasolina, Susan tinha notado que havia sangue na maçaneta e no volante do carro. Ela então foi até a cozinha do rancho, pegou um pano e uma esponja e o limpou.

P: "Como Charles Manson estava agindo quando vocês voltaram para o rancho Spahn?"

R: "Charles Manson muda a cada segundo. Ele pode ser quem quiser ser. Ele pode assumir qualquer aparência que quiser em qualquer momento."

Patricia "estava bem quieta". Tex estava "agitado, como se tivesse acabado de passar por uma experiência traumática".

15 Em inglês, a expressão utilizada foi "helter skelter", cujo significado é "confusão", "desordem". Uma associação direta aos crimes cometidos. [NT]

P: "Como você se sentiu a respeito do que tinha acabado de fazer?"

R: "Eu quase desmaiei. Senti como se tivesse me matado. Eu me sentia morta. Me sinto morta agora."

Depois de limpar o carro, Susan e os outros foram dormir. Ela achava que tinha feito amor com alguém, talvez com Clem, mas talvez tivesse imaginado.

O recesso do meio-dia foi anunciado.

Ao longo de seu testemunho, Susan havia se referido às vítimas por seus nomes. Depois do recesso, eu determinei que ela não tinha conhecimento deles naquela noite, tampouco havia os visto antes. "...quando os vi pela primeira vez, minha reação foi: 'Uau, com certeza são pessoas bonitas'."

Susan veio a descobrir suas identidades no dia seguinte aos assassinatos, enquanto assistia ao noticiário no trailer ao lado da casa de George Spahn. Tex, Katie e Clem também estavam lá, e talvez Linda, embora Susan não tivesse certeza.

P: "Enquanto vocês assistiam à cobertura no noticiário, alguém disse alguma coisa?"

Alguém — Susan achava que as palavras haviam saído da própria boca, mas não tinha certeza — disse: "O Alma com certeza fez uma maravilha de escolha", ou "O Alma com certeza fez um ótimo trabalho". Ela se lembrava de dizer que o que acontecera tinha "servido ao seu propósito". "Que era?", perguntei.

R: "Instilar medo no sistema."

Perguntei a Susan se algum outro membro da Família sabia que eles tinham cometido os homicídios do caso Tate.

R: "A Família era tão unida que nada jamais precisava ser dito. Todos sabíamos o que cada um iria fazer ou tinha feito."

Então chegamos à segunda noite, o entardecer do dia 9 e a madrugada do dia 10 de agosto.

Naquela noite, Manson voltou a pedir que Susan pegasse uma muda de roupas. "Olhei para ele e soube o que ele queria que eu fizesse. Soltei um suspiro e fui e fiz o que ele me pediu para fazer."

P: "Ele disse para onde estavam indo e o que iriam fazer naquela noite?"

R: "Ele disse que iríamos sair e fazer a mesma coisa que fizemos na noite passada... só que em duas casas diferentes..."

O mesmo carro foi usado e os mesmos indivíduos estavam presentes — Susan, Katie, Linda e Tex —, com três adições: Charlie, Clem e Leslie. Susan não notou nenhuma faca, apenas um revólver, que ficou com Charlie.

Eles pararam diante de uma casa, "em algum lugar em Pasadena, acho", Charlie saiu do carro e os outros deram a volta no quarteirão, depois voltaram para buscá-lo. "Ele disse que viu fotos de crianças pela janela e não quis atacar aquela casa." No futuro, contudo, Manson explicou, eles talvez tivessem que matar crianças também.

Eles pararam na frente de outra casa, mas viram algumas pessoas ali perto. Permaneceram dentro do carro por alguns minutos e, depois, decidiram ir embora. Em determinado momento, Susan pegou no sono, contou. Quando acordou, estavam em um bairro familiar, perto de uma casa onde, cerca de um ano antes, ela, Charlie e por volta de quinze outras pessoas haviam ido a uma festa regada a LSD. A casa tinha sido ocupada por um certo "Harold". Ela não conseguia se lembrar do sobrenome.

Charlie saiu do carro, só que não subiu o acesso à garagem dessa casa em particular, mas o da casa ao lado. Susan voltou a dormir. Ela acordou quando Charlie voltou. "Ele disse: 'Tex, Katie, Leslie, vão lá para dentro. Eu amarrei as pessoas. Elas estão bem calmas.'

"Ele falou algo no sentido de que, na noite anterior, Tex tinha deixado que as pessoas soubessem que iriam ser mortas, o que causou pânico. Charlie contou que, com sorrisos reconfortantes, garantiu às pessoas que elas não seriam feridas... E então Tex, Leslie e Katie saíram do carro."

Susan identificou as fotografias de Tex, Leslie e Katie. Além de fotos da residência dos LaBianca, do longo acesso à garagem e da casa vizinha.

Perguntei a Susan o que mais Charlie dissera ao trio. Ela respondeu que "achava", mas que poderia ser "minha imaginação me dizendo isso", que "Charlie os instruiu a entrar e os matar". Ela se lembrava de que ele disse que deveriam "criar a imagem da coisa mais abominável que alguém já tinha visto". Também lhes disse que depois que tivessem terminado, eles deveriam voltar ao rancho de carona.

Quando voltou para o carro, Charlie estava com uma carteira feminina. Em seguida, eles dirigiram a esmo "por uma região predominantemente de cor".

P: "O que aconteceu a seguir?"

Susan disse que pararam em um posto de gasolina. Em seguida, "Charlie entregou a carteira feminina para Linda Kasabian e mandou que a colocasse no banheiro do posto e a deixasse lá, torcendo para que alguém a encontrasse e usasse os cartões de crédito e assim fosse vinculado ao assassinato...".

Eu estava curioso a respeito dessa carteira. Até então, nenhum dos cartões de crédito de Rosemary LaBianca tinha sido usado.

Depois de deixarem o posto, Susan contou, ela voltou a dormir. "Era como se eu estivesse drogada", apesar de "não estar usando drogas na época". Quando acordou, eles já tinham voltado ao rancho.

(Até aquele momento, não estávamos cientes de que Susan Atkins havia feito omissões significativas em seu testemunho perante o grande júri — incluindo três outras tentativas de homicídio realizadas naquela mesma noite. Caso soubéssemos, é provável que tivéssemos pedido o indiciamento de Clem. Em nossa atual situação, no entanto, tudo o que tínhamos contra ele era a declaração de Susan de que ele estivera no carro, e ainda tínhamos uma pequena esperança de que seu irmão, com quem tínhamos entrado em contato na Academia da Polícia Rodoviária, pudesse persuadi-lo a cooperar conosco.)

Susan não tinha entrado na residência dos LaBianca. Entretanto, na manhã seguinte, Katie lhe contou o que tinha acontecido lá dentro.

R: "Ela me contou que, quando entraram na casa, eles levaram a mulher para o quarto e a colocaram na cama, e deixaram Tex na sala de estar com o homem. [...] E então Katie disse que a mulher ouviu o marido sendo morto e começou a gritar: 'O que estão fazendo com meu marido?'. E Katie contou que em seguida começou a esfaquear a mulher."

P: "Ela disse o que Leslie estava fazendo enquanto..."

R: "Leslie estava ajudando Katie a manter a mulher imóvel, porque ela não parou de se debater até o momento em que morreu." Mais tarde, Katie contou a Susan que as últimas palavras que a mulher disse — "O que estão fazendo com meu marido?" — seriam o pensamento que levaria consigo para o infinito.

Depois disso, Katie contou a Susan, eles escreveram "'Morte a todos os porcos' na porta da geladeira ou na porta da frente, e acho que ela disse que escreveram 'helter skelter' e 'rebelem-se'."

Katie então caminhou da cozinha até a sala de estar com um garfo na mão, "olhou para a barriga do homem e estava com o garfo na mão e enfiou o garfo na barriga do homem. Observou balançar de um lado para outro. Ela disse que ficou fascinada por isso."

Susan também disse que foi "Katie, acho", quem entalhou a palavra "guerra" na barriga do homem.

Em seguida, os três tomaram banho e, como estavam com fome, foram para a cozinha para preparar algo para comer.

◆ ◆ ◆

De acordo com Susan, Katie também lhe contou que haviam presumido que o casal tinha filhos e que era provável que eles encontrassem os corpos quando chegassem mais tarde para o jantar de domingo.

Depois de deixarem a residência, "eles jogaram as roupas velhas em uma lata de lixo a alguns quarteirões, talvez a quase dois quilômetros de distância da casa". E voltaram de carona para o rancho Spahn, chegando por volta do amanhecer.

Eu tinha apenas mais algumas perguntas para Susan Atkins.

P: "Susan, o Charlie usava a palavra 'porco' ou 'porcos' com frequência?"

R: "Sim."

P: "E 'helter skelter'?"

R: "Sim."

P: "Ele usava as palavras 'porcos' e 'helter skelter' com muita, muita frequência?"

R: "Bom, Charlie fala bastante... 'Helter skelter' aparecia em algumas das músicas que escreveu, e ele falava sobre *helter skelter*. Todos nós falávamos sobre *helter skelter*."

P: "Você diz 'nós'; está se referindo à Família?"

R: "Sim."

P: "O que a palavra 'porco' ou 'porcos' significava para você e para a Família?"

R: "'Porco' era uma palavra usada para descrever o sistema. Mas você precisa entender que as palavras não tinham significados para nós, e que me explicaram sobre 'helter skelter'."

R: "Quem?"

P: "Charlie. Nem gosto de dizer Charlie... gostaria de dizer que as palavras saíram da boca dele... que *helter skelter* seria a última guerra na face da Terra. Seriam todas as guerras que já foram travadas, empilhadas uma em cima da outra, algo que pessoa nenhuma poderia conceber em sua imaginação. Não é possível conceber como seria ver todas as pessoas julgarem a si mesmas e, então, descontando tudo em todas as outras pessoas por toda a face da Terra."

Após mais algumas perguntas, encerrei o testemunho de Susan Atkins. Conforme ela descia do banco das testemunhas de maneira despreocupada, os jurados a encaravam em descrença. Em nenhum momento ela demonstrara qualquer traço de remorso, pesar ou culpa.

◆ ◆ ◆

Houve apenas outras quatro testemunhas naquele dia. Depois de Susan Atkins ter sido retirada da câmara, Wilfred Parent foi trazido para identificar o filho em uma fotografia tirada em sua formatura do ensino médio. Após identificar as fotos das outras vítimas do caso Tate, Winifred Chapman testemunhou que havia lavado a porta da frente da residência de Tate pouco antes do meio-dia da sexta-feira, 8 de agosto. Isso era importante, pois significava que, para ter deixado uma digital, Charles "Tex" Watson precisaria ter estado na propriedade em algum momento depois que a sra. Chapman foi embora, às 16h daquele dia.

Aaron entrevistou Terry Melcher, que relatou como conheceu Manson e contou como Manson esteve com eles quando Dennis Wilson levou Melcher para casa, no número 10050 da Cielo Drive, em determinada noite. Melcher descreveu, com bastante brevidade, suas duas visitas ao rancho Spahn: a primeira para fazer um teste com Manson; a segunda para apresentá-lo a Michael Deasy, que possuía uma unidade de gravação móvel e em quem acreditava que poderia estar mais interessado em gravar Manson do que ele próprio.[16]

De acordo com diversos integrantes da Família, Melcher fizera inúmeras promessas a Manson, mas não havia cumprido nenhuma delas. Ele, no entanto, negou isso: na primeira vez em que foi ao rancho Spahn, dera 50 dólares a Manson — todo o dinheiro que tinha nos bolsos — porque "senti pena daquelas pessoas"; mas era para comprarem comida, não um adiantamento de um contrato de gravação. Além disso, ele afirmou que não havia feito nenhuma promessa. Quanto aos talentos de Manson, ele "não ficou impressionado o suficiente para dedicar o tempo necessário" para prepará-lo e gravá-lo.

Eu queria entrevistar Melcher mais a fundo — tive o pressentimento de que ele estava escondendo alguma coisa —, mas, assim como a maioria das outras testemunhas do grande júri, ele estava ali para um propósito muito limitado, e qualquer investigação mais aprofundada teria que esperar.

O médico-legista de Los Angeles, Thomas Noguchi, testemunhou a respeito das descobertas feitas durante as necropsias das cinco vítimas do caso Tate. Quando chegou ao fim, a sessão foi suspensa até segunda-feira.

16 Manson deu um pouco de LSD para Deasy. Ele teve uma "viagem" tão assustadora que não quis mais ter nenhum contato com Manson ou a Família.

O fato de os procedimentos terem sido confidenciais encorajou especulações, as quais, em alguns casos, foram divulgadas não como conjecturas, mas como fatos. A manchete do *Herald Examiner* de Los Angeles daquela tarde dizia:

ASSASSINOS DE TATE DESVAIRADOS SOB EFEITO DE LSD, JURADOS FORAM INFORMADOS

Isso não era verdade; Susan Atkins afirmara o completo oposto, que os assassinos não estavam drogados em nenhuma das noites. Mas o mito nasceu, e persistiu, talvez por ser a explicação mais fácil para o que havia acontecido.

Ainda que, como eu viria a descobrir em breve, as drogas fossem um dos muitos métodos usados por Manson para exercer controle sobre seus seguidores, elas não foram responsáveis por aqueles crimes, por uma razão bastante simples: naquelas duas noites de massacres brutais, Charles Manson queria seus assassinos em completo controle sobre suas faculdades mentais.

A realidade e suas implicações eram muito mais assustadoras do que o mito.

De 6 a 8 de dezembro de 1969

No sábado, Joe Granado foi até o pátio de recolhimento de veículos apreendidos em Canoga Park para examinar o Ford 1959 de John Swartz, que estivera retido ali desde a batida no rancho Spahn, realizada no dia 16 de agosto. Esse era o carro que, de acordo com Susan Atkins, havia sido usado pelos assassinos em ambas as noites.

Granado obteve uma reação positiva no teste com benzidina em um ponto no canto superior direito do porta-luvas, indicando a presença de sangue, mas não havia material suficiente para determinar se era animal ou humano.

Quando por fim recebi o relatório de Joe, observei que não havia nenhuma menção ao sangue. Quando questionado a esse respeito, Joe disse que a quantidade era tão pequena que ele não tinha se dado ao trabalho de mencioná-lo. Pedi que preparasse um novo relatório, dessa vez incluindo uma referência ao sangue. Nosso caso até então era praticamente circunstancial e, em situações assim, até as menores evidências contam.

"Acabei de conversar com Gary Fleischman, Vince", disse Aaron. "Ele quer um acordo para sua cliente, Linda Kasabian. Imunidade total em troca de seu testemunho no julgamento. Eu lhe disse que talvez pudéssemos consentir com uma declaração de homicídio culposo, mas que não podíamos dar a ela..."

"Meu Deus, Aaron", eu o interrompi. "Já é ruim o bastante termos que dar alguma coisa a Susan Atkins! Veja as coisas da seguinte maneira: Krenwinkel está no Alabama, Watson está no Texas; até onde sabemos, talvez não consigamos extraditá-los antes de os outros irem a julgamento; e Van Houten não esteve presente na noite dos homicídios do caso Tate. Se fizermos acordos com Atkins e Kasabian, quem iremos processar pelos assassinatos das cinco vítimas do caso Tate? Só o Charlie? As pessoas dessa cidade não vão tolerar isso. Elas estão chocadas e revoltadas com esses crimes. Dirija por Bel Air qualquer hora dessas; o medo ainda é tão real que dá para senti-lo."

De acordo com Fleischman, Linda estava ansiosa para depor. Ele a tinha encorajado a lutar contra a extradição, mas ela agiu contra seu conselho e voltou para a Califórnia, pois queria contar toda a história.

"Ok, sobre o que ela poderia testemunhar? De acordo com Susan, Linda não entrou nem na residência de Tate nem na dos LaBianca. Até onde sabemos, ela não foi testemunha ocular de nenhum dos assassinatos, com a possível exceção do de Steven Parent. Mais importante, enquanto tivermos Susan, o testemunho de Linda será inútil para nós, visto que tanto Susan quanto Linda são cúmplices. Como você bem sabe, a lei é clara a esse respeito: o testemunho de um cúmplice não pode ser usado para corroborar o testemunho de outro cúmplice. O que precisamos de verdade, mais do que qualquer outra coisa, é de corroboração."

Esse era um de nossos maiores problemas. De certa maneira, não importava quem acabaria sendo nossa principal testemunha; sem corroboração, nosso caso seria perdido por falta de coerência na produção de provas. Não só tínhamos que encontrar corroboração contra *cada* um dos réus, como também essas evidências tinham que ser completamente independentes do testemunho do cúmplice.

Aaron tinha visto Linda por um breve instante, quando ela foi fichada no Sybil Brand. Eu nunca a tinha visto. Até onde eu sabia, era provável que fosse tão esquisita quanto Sadie Mae Glutz.

"Agora, se Susan voltar para os braços de Charlie", disse a Aaron, "e ficarmos sem uma testemunha principal para o julgamento — como pode muito bem acontecer —, então poderemos discutir um acordo para Linda. Na verdade, se isso acontecer, Linda poderá ser nossa única esperança."

Quando o grande júri voltou a se reunir na segunda-feira, nós avançamos depressa pelos testemunhos restantes. O sargento Michael McGann descreveu o que tinha encontrado no número 10050 da Cielo Drive na manhã do dia 9 de agosto de 1969. O sargento Frank Escalante testemunhou sobre ter coletado as impressões digitais de Charles Watson no dia 23 de abril de 1969, quando ele foi preso por posse de drogas; Jerrome Boen, do SID, descreveu como revelou uma impressão digital latente da porta da frente da residência de Tate; e Harold Dolan, também do SID, depôs sobre a ter comparado ao exemplar de Watson, vindo a encontrar dezoito pontos característicos, oito a mais do que o LAPD precisa para uma identificação positiva. O sargento William Lee testemunhou a respeito dos pedaços da empunhadura de arma e das balas calibre .22. Edward Lomax, da Hi Standard, comprovou que as empunhaduras eram compatíveis com o revólver Longhorn calibre .22 de sua empresa e apresentou estatísticas indicando que a arma em si, por conta do baixo volume de produção, era "bastante singular". Gregg Jakobson relatou ter enchido Manson de elogios para Melcher. Granado depôs a respeito da corda, do sangue nas empunhaduras da arma e de sua descoberta da faca Buck.

Foram, em sua maioria, testemunhos bastante técnicos, e a aparição de Daniel DeCarlo proporcionou um alívio, além de um pequeno toque local.

Aaron perguntou a Danny: "Você teve algum motivo em particular para permanecer no rancho?".

R: "Muitas garotas bonitas por lá."

P: "Como era seu relacionamento com algumas garotas em particular — Katie, por exemplo?"

R: "Nós conversávamos, só isso, mas eu nunca fiz nada. Sabe, eu nunca fiquei com ela nem nada."

P: "E o seu clube de motociclistas é do tipo que vai a uma cidade e assusta todo mundo?"

R: "Não, isso só acontece nos filmes."

A presença de DeCarlo, contudo, tinha a intenção de ser mais do que um momento cômico. Ele testemunhou que Manson, Watson e os outros, incluindo ele próprio, praticavam tiro ao alvo com um revólver Buntline calibre .22 no rancho Spahn. Disse que vira a arma pela última vez "cerca de uma semana, uma semana e meia" antes do dia 16 de agosto e que não a tinha visto novamente depois disso. O desenho do revólver que havia feito para o LAPD, antes que soubesse que aquela era a arma do crime do caso Tate, foi apresentado como evidência. DeCarlo também recordou como ele e Charlie haviam comprado a corda de trança tripla (a qual, por ser um antigo oficial da Guarda Costeira, ele chamava de "linha") na loja Jack Frost, em Santa Monica, em junho de 1969. Após lhe mostrarmos a corda encontrada na Cielo, ele afirmou que era "idêntica".

Depois de Susan Atkins, o motociclista fora da lei quase se parecia com um cidadão modelo.

O patologista forense David Katsuyama, que havia realizado as necropsias dos LaBianca, testemunhou logo depois de DeCarlo. Eu viria a ter muitos, muitos problemas com essa testemunha. O depoimento diante do grande júri foi apenas uma amostra. Aaron deveria mostrar a Katsuyama uma foto das mãos de Leno LaBianca, amarradas com uma tira de couro. DeCarlo então voltaria ao banco das testemunhas para descrever como Charlie sempre usava tiras de couro em volta do pescoço. O sargento Patchett seria o próximo a testemunhar, e apresentaria as tiras que havia encontrado entre os pertences de Manson, em Independence, junto ao testemunho de que eram "parecidas".

Aaron mostrou a foto a Katsuyama, perguntando que material havia sido usado para amarrar as mãos de Leno LaBianca. "Fio elétrico", respondeu ele. Eu consegui suprimir um gemido: o fio elétrico estivera em volta dos pescoços das vítimas do caso LaBianca. Será que ele poderia olhar para a foto com um pouco mais de atenção? Ainda se parecia com um fio elétrico para ele. Por fim, eu tive que mostrar a Katsuyama seu próprio relatório da necropsia, onde ele escrevera: "As mãos foram amarradas com uma tira de couro bastante fina".

Roxie Lucarelli, um policial do LAPD e amigo de longa data de Leno, identificou fotos dos LaBianca, uma vez que Suzanne e Frank Struthers ainda estavam abalados demais pelas mortes para testemunharem. O sargento Danny Galindo descreveu o que encontrou no número 3301 da Waverly Drive, na noite de 10 para 11 de agosto de 1969, e declarou que, em uma busca pela residência, não encontrou qualquer vestígio da carteira de Rosemary LaBianca.

Das cinco garotas trazidas de Independence, Catherine Share, também conhecida como Gypsy, se recusou a depor, e não tínhamos convocado Leslie Van Houten, visto que agora sabíamos que ela era uma das assassinas dos LaBianca. Todas as três remanescentes — Dianne Lake, também conhecida como Snake; Nancy Pitman, também conhecida como Brenda; e Ruth Ann Moorehouse, também conhecida como Ouisch — negaram ter qualquer conhecimento sobre os homicídios.

Isso já estava previsto. No entanto, tive outro motivo para as ter convocado: se elas aparecessem como testemunhas da defesa quando fôssemos a julgamento, qualquer discrepância entre o que dissessem ao grande júri e ao júri do julgamento me proporcionaria uma declaração anterior inconsistente, com a qual eu poderia descreditar o testemunho.

Às 16h17, o grande júri do condado de Los Angeles iniciou suas deliberações. Exatos vinte minutos depois, eles apresentaram os seguintes indiciamentos: Leslie Van Houten, duas acusações de homicídio e uma acusação de conspiração para cometer homicídio; Charles Manson, Charles Watson, Patricia Krenwinkel, Susan Atkins e Linda Kasabian, sete acusações de homicídio e uma acusação de conspiração para cometer homicídio.

Havíamos conseguido os indiciamentos. E isso era basicamente tudo o que tínhamos.

De 9 a 12 de dezembro de 1969

Eu e Aaron não registrávamos as ligações que recebíamos, mas uma boa estimativa seria de mais de cem por dia, e para a maioria delas nossa única resposta era "sem comentários". A imprensa estava frenética. Embora os indiciamentos tivessem sido divulgados, a transcrição do grande júri fora "selada": permaneceria confidencial de uma semana a dez dias depois que o último réu tivesse passado por sua audiência de acusação. Circulavam boatos de que uma revista havia oferecido 10 mil dólares apenas para ver uma cópia.

Um policial chamado Thomas Drynan telefonou do Oregon. Ele tinha prendido Susan Atkins, em 1966, por fazer parte de uma gangue de assaltantes. Na época, ela estivera portando uma pistola calibre .25 e dissera a Drynan que, se ele não tivesse sacado primeiro, ela teria atirado e o matado. Naquela etapa da investigação, tal informação não tinha qualquer relevância. Sempre havia uma chance, contudo, de que isso viesse a ser útil mais tarde. Assim, anotei seu nome e número de telefone.

Meu cubículo no Palácio da Justiça media seis metros por três metros, a mobília consistindo em uma escrivaninha gasta, uma cama de campanha bamba (trazida para que eu pudesse tirar cochilos na hora do almoço), um arquivo, duas cadeiras e uma mesa grande, geralmente coberta de pilhas altas de transcrições e provas. Um repórter certa vez descreveu a decoração como sendo de Chicago da década de 1930. Nisso, eu tinha sorte, uma vez que outros promotores precisavam compartilhar seus escritórios. Ao entrevistar uma testemunha, eu tinha que colocar todos para fora — nem sempre de maneira diplomática. Só restava o telefone. Visto que nenhum de nós tinha uma secretária, nós mesmos tínhamos que atender.

Cada dia trazia novos acontecimentos. Até então, embora os policiais da delegacia de Los Angeles tivessem escavado uma área considerável do rancho Spahn, nenhum vestígio dos restos mortais de Donald "Shorty" Shea havia sido encontrado. Entretanto, agindo com base nas informações fornecidas por Mary Brunner, a LASO fez uma busca pelo bairro adjacente ao número 20910 da Gresham Street, Canoga Park, e encontrou, logo depois de dobrar a esquina da rua da antiga residência da Família, o Mercury 1962 de Shea. Coberto de terra e manchado pela chuva, o veículo aparentava ter sido abandonado alguns meses antes. No interior do carro, havia um pequeno baú com os pertences de Shea. Ao polvilharem pó em busca de impressões digitais, os policiais da LASO encontraram um conjunto de impressões de palmas de mãos, que, mais tarde, descobriram ser compatíveis com as do integrante da Família chamado Bruce Davis. As botas de caubói de Shea também estavam no carro. Cobertas de sangue seco.

Independence, Califórnia, 16h, dia 9 de dezembro. Charles Milles Manson, também conhecido como Jesus Cristo, 35 anos, endereço transitório, músico, foi acusado pelos homicídios do caso Tate-LaBianca. Sartuchi e Gutierrez o acompanharam até Los Angeles.

Agendamos a audiência de acusação de Manson para um dia diferente da dos outros réus, temendo que, se houvesse o encontro de Atkins e Manson no tribunal, ele pudesse persuadi-la a negar seu testemunho.

Um repórter localizou o pai de Susan Atkins em San Jose. Ele disse que não acreditava na alegação de que Susan estivera sob o "feitiço hipnótico" de Manson. "Acredito que ela só está tentando usar sua lábia para se safar. Ela é doente e precisa de ajuda." De acordo com o repórter, o sr. Atkins colocava a culpa pelo envolvimento de Susan no uso de drogas e na leniência dos tribunais. Ele afirmou que, durante três anos, havia tentado fazer com que os tribunais mantivessem sua filha rebelde fora das ruas; caso tivessem feito isso, insinuou, talvez nada disso tivesse acontecido.

Para Susan, me dei conta, a Família era sua única família. Compreendi então por que Caballero acreditava que era apenas uma questão de tempo até ela voltar ao grupo.

No dia 10 de dezembro, Susan Atkins, Linda Kasabian e Leslie Van Houten foram levadas diante do juiz William Keene. Todas as três solicitaram adiamentos antes de apresentarem suas declarações.

Essa foi a primeira vez que vi Kasabian. Ela era baixa, cerca de 1,55 metro de altura, com cabelo longo castanho-escuro e olhos verdes, e era evidente que estava grávida. Aparentava ter mais de 20 anos. Ao contrário de Susan e Leslie, que sorriram e riram durante grande parte dos procedimentos, Linda parecia estar à beira das lágrimas.

Após a audiência do grande júri, o juiz Keene convocou Aaron e eu para irmos ao seu gabinete. Naquela ocasião, ele nos informou que, uma vez que a procuradoria-geral não estava discutindo o caso com a imprensa, não via necessidade de emitir uma "ordem de proibição de divulgação" para proteger o caso. Contudo, devido à enorme quantidade de publicidade antes do julgamento — um repórter do *New York Times* me contou que a cobertura do caso já excedia em muito aquela dedicada ao primeiro julgamento de Sam Sheppard —, o juiz Keene, sem consultar nosso escritório, tomou as devidas providências e emitiu uma detalhada ordem de proibição de divulgação. Alterada muitas vezes ao longo do tempo, ela viria a se estender por doze páginas. Em essência, qualquer pessoa vinculada ao caso — promotores, advogados de defesa, policiais, testemunhas e assim por diante — estava proibida de discutir as evidências com qualquer representante da imprensa.

Ainda que não fosse de meu conhecimento na época, a ordem foi emitida tarde demais para que evitasse que um relato sobre os homicídios feito por alguém de dentro ganhasse as manchetes ao redor do mundo. Na noite anterior, o advogado Richard Caballero, agindo com base em um acordo com Susan Atkins, havia negociado a venda dos direitos de publicação de sua história.

Telefonema do LAPD. Charles Koenig, um atendente do posto de gasolina Standard no número 12881 da Ensenada Boulevard, em Sylmar, estava limpando o banheiro feminino quando notou que a descarga da privada estava acionada. Ao levantar a tampa da caixa de descarga, encontrou, sobre o mecanismo, uma carteira feminina, úmida, mas acima da linha da água. Ao verificar a carteira de motorista e os cartões de crédito, viu o nome "Rosemary LaBianca" e, de imediato, telefonou para o LAPD.

O SID estava procurando impressões digitais na carteira, mas, devido tanto ao material quanto à umidade, duvidavam de que conseguissem encontrar alguma.

A descoberta da carteira por si só já era suficiente para mim, pois proporcionava outra prova independente que sustentava a história de Susan Atkins. Ao que parece, a carteira permanecera ali, ignorada, desde que Linda Kasabian a colocara lá, na noite dos assassinatos dos LaBianca, há exatos quatro meses.

Às 11h do dia 11 de dezembro, um Charles Manson trajando roupas de couro foi levado diante do juiz William Keene. O tribunal estava repleto de repórteres e espectadores, tanto que não seria possível espremer outra pessoa ali dentro nem com uma calçadeira. Uma vez que Manson não tinha recursos para contratar um advogado, Keene designou Paul

Fitzgerald, da Defensoria Pública, para representá-lo. Eu havia enfrentado Paul antes em diversos julgamentos com júri e sabia que ele tinha uma boa reputação em seu escritório. Manson teve sua audiência de acusação, e um adiamento de sua declaração lhe foi outorgado até o dia 22 de dezembro.

Em Independence, Sandra Good me contou que, certa vez, no deserto, Charlie tinha pegado um pássaro morto, soprado sobre ele, e o pássaro havia voado para longe. "Claro, Sandy, claro", respondi. Desde então, tinha ouvido muitas coisas a respeito dos supostos "poderes" de Manson; Susan Atkins, por exemplo, acreditava que ele podia ver e ouvir tudo o que ela fazia ou dizia.

Na metade da audiência de acusação, olhei para o meu relógio. Tinha parado. Estranho. Pelo que podia me lembrar, aquela era a primeira vez que isso acontecia. Então percebi que Manson me fitava, com um leve sorriso no rosto.

Aquilo foi, disse a mim mesmo, apenas uma coincidência.

Após a audiência de acusação, Paul Fitzgerald contou a Ron Einstoss, um repórter investigativo veterano do *Los Angeles Times*: "Não existe caso algum contra Manson e esses réus. Tudo o que a promotoria tem são duas impressões digitais e Vince Bugliosi".

Fitzgerald tinha razão sobre nosso caso ser fraco. Mas eu não pretendia que continuasse assim. Quase três semanas antes, entregara aos detetives do caso Tate, Calkins e McGann, uma lista inicial de coisas a fazer, entre as quais estavam: entrevistar Terry Melcher; comparar as impressões digitais de todos os integrantes conhecidos da Família com as digitais latentes não identificadas encontradas na residência de Tate; mostrar fotografias dos integrantes da Família a amigos e parentes das vítimas; e determinar se os óculos pertenciam a alguém da Família.

Chamei Calkins e McGann e pedi um relatório de progresso. Descobri que apenas uma das coisas na lista fora feita: Melcher havia sido entrevistado... pelos detetives do caso LaBianca.

Até então, o LAPD sequer havia iniciado as buscas pelas armas e as roupas usadas nos homicídios do caso Tate, ainda que as declarações de Susan Atkins nos fornecessem uma boa ideia quanto à sua localização aproximada. Providências foram tomadas por meio de nosso escritório para que Susan fosse trazida do Sybil Brand no dia seguinte, para que a questionássemos se ela poderia nos mostrar os locais onde Linda Kasabian havia descartado aqueles diversos itens.

Fitzgerald não era o único que acreditava que não tínhamos um caso. O consenso na procuradoria-geral e na comunidade jurídica de Los Angeles — que eu captei de diversas fontes, em geral por algum comentário como: "Que pena que você foi se envolver em tamanho fiasco" — era que o caso contra Manson e a maioria dos outros réus seria descartado com base em uma moção do código penal 1118.

Sob a seção 1118.1 do código penal da Califórnia, se ao final do caso do Povo o tribunal considerar que a acusação não apresentou evidências suficientes para sustentar uma condenação após uma apelação, o juiz tem o poder de absolver os réus. Eles sequer têm a obrigação de apresentar uma defesa contra as acusações.

Alguns acreditavam que o caso nem chegaria tão longe. A revista *Newsweek* citou um promotor anônimo do condado de Los Angeles que afirmou que nosso caso contra Manson era tão anêmico que seria descartado antes mesmo de irmos a julgamento.

Tais conversas, além da exposição nacional concedida a qualquer advogado de defesa ligado ao caso, eram, eu suspeitava, o motivo pelo qual Manson estava recebendo tantas visitas na prisão do condado de Los Angeles. De acordo com um policial: "Está parecendo uma convenção da ordem dos advogados por aqui". (Entre os dias 11 de dezembro de 1969 e 21 de janeiro de 1970, Manson recebeu 237 visitas, 139 das quais foram de um ou mais advogados.) Entre os primeiros advogados a visitarem Manson estavam Ira Reiner, Daye Shinn e Ronald Hughes, nenhum dos quais eu conhecia na época, embora fosse vir a conhecê-los muito bem antes do fim do julgamento.

Boatos se multiplicavam como bactérias. Um deles dizia que, antes da imposição da ordem de proibição de divulgação, Caballero tinha contado a história de Atkins para uma agência de notícias europeia, com a exigência de que a história só poderia ser publicada nos Estados Unidos quando a transcrição do grande júri fosse divulgada. Se fosse verdade, eu duvidava muito de que os jornais estadunidenses fossem respeitar tal acordo. Era inevitável que houvesse vazamentos.

14 de dezembro de 1969

Não precisei procurar por uma banca de jornais que vendesse jornais estrangeiros. Quando me levantei na manhã de domingo, tive apenas de andar até a porta da frente, abaixar o braço e pegar o *Los Angeles Times*.

HISTÓRIA DE SUSAN ATKINS SOBRE
2 NOITES DE ASSASSINATOS

A reportagem cobria quase três páginas. Embora fosse evidente que havia sido editada e reescrita, com algum material adicional sobre sua infância, era, em essência, a mesma história que Susan Atkins contara enquanto estava sendo gravada no escritório de Caballero.

A história por trás da história viria a ser publicada somente depois do início do julgamento propriamente dito. O que apresento a seguir é uma reconstrução do testemunho apresentado no tribunal. Não posso fazer afirmações quanto à sua exatidão, apenas que foi isso que diversos participantes testemunharam sob juramento.

Antes da imposição da ordem de proibição de divulgação, Lawrence Schiller, um autointitulado "jornalista e comunicador" de Hollywood, abordou Richard Caballero e Paul Caruso, seu sócio, para perguntar se estariam interessados em vender o relato em primeira pessoa de Susan Atkins sobre os assassinatos. Após consultarem Susan, chegaram a um acordo, e um "escritor fantasma" — o repórter do *Los Angeles Times* Jerry Cohen, que na época estava de licença do jornal — foi contratado para escrever o relato.[17] Usando como fonte principal a gravação do dia 1º de dezembro, Cohen concluiu a matéria em apenas dois dias, durante os quais permaneceu enfurnado em um quarto na casa de Schiller. Para se certificar de que manteria sua "exclusividade", Schiller garantiu que Cohen não tivesse acesso a papel carbono nem a telefone, e destruiu tudo, exceto a versão final.

17 Embora listado como coautor, Schiller não só não tinha escrito a matéria, como sequer chegou a conhecer Susan Atkins. De acordo com as evidências apresentadas durante o julgamento, os termos do acordo foram: 25% para Schiller; dos 75% restantes, 60% seriam de Susan Atkins e 40% de seus advogados.

De acordo com seus subsequentes testemunhos no tribunal, Caballero e Caruso acreditavam que, a princípio, a reportagem seria divulgada apenas na Europa, com a data de publicação sendo domingo, 14 de dezembro.

Segundo Schiller, no dia 12 de dezembro, ele fez três cópias do manuscrito: uma foi dada a Caballero, outra foi enviada a um editor alemão que havia comprado os direitos para sua revista e que o tinha traduzido durante a viagem de volta à Alemanha, e a última foi entregue por remessa especial para o jornal londrino *News of the World*, que pagou 40 mil dólares pela exclusividade dos direitos na Inglaterra. Schiller colocou o original em seu próprio cofre.

No dia seguinte, domingo, 13 de dezembro, Schiller descobriu (1) que o *Los Angeles Times* também tinha uma cópia do manuscrito e (2) que o *Times* pretendia publicar a reportagem completa no dia seguinte. Berrando sobre violação de direitos autorais, Schiller tentou, sem sucesso, impedir a publicação.

Ainda não se sabe como exatamente o *Los Angeles Times* obteve a reportagem. Durante o julgamento, Caballero fez claras insinuações de que suspeitava de Schiller, enquanto Schiller tentava colocar a culpa em Caballero.

Qualquer que seja a questão ética de toda essa situação, a reportagem sobre Atkins criou enormes problemas que viriam a atormentar tanto a defesa quanto a promotoria ao longo do julgamento. A reportagem não foi apenas republicada em jornais de todo o mundo; antes mesmo do início do julgamento, ela surgiu como livro brochura, intitulado *The Killing of Sharon Tate*.[18] Alguns acreditavam que as revelações de Atkins tornariam impossível para os réus conseguirem um julgamento justo. Embora nem eu, nem Aaron e, com o tempo, nem o juiz do julgamento compartilhássemos dessa opinião, todos estávamos bastante cientes de que, a partir do momento que a história foi divulgada, encontrar doze jurados que não tivessem lido ou ouvido o relato — e manter quaisquer menções a ele longe do tribunal — seria uma tarefa difícil.

◆ ◆ ◆

18 Publicado pela New American Library, de propriedade da Times Mirror Company, que também é dona do *Los Angeles Times*.

Poucos angelenos que leram a história de Susan Atkins no *Times* daquele domingo estavam cientes de que, naquela mesma hora, ela estava rodando por Los Angeles e seus arredores em um automóvel sem identificação, mas sob forte escolta. Esperávamos que ela pudesse nos mostrar os lugares onde as roupas e as armas haviam sido descartadas após os homicídios na residência de Tate.

Ao voltar ao Sybil Brand naquela noite, Susan escreveu uma carta para uma ex-colega de cela, Kitt Fletcher, na qual relatou sua excursão: "Meu advogado é ótimo. Ele me levou duas vezes ao seu escritório e hoje me tirou daqui por sete horas. Fomos de carro até a mansão de Tate e rodamos pelos vales. O LAPD queria ver se eu conseguia me lembrar de onde certas coisas aconteceram. O dia estava tão bonito que minhas lembranças sumiram".

Como na maioria das prisões, as correspondências no Sybil Brand eram censuradas, tanto as recebidas quanto as enviadas eram lidas pelas autoridades. Aquelas que continham o que parecessem ser declarações incriminadoras eram fotocopiadas e enviadas ao nosso escritório. Sob a jurisprudência existente, isso podia ser feito sem violar os direitos constitucionais de um prisioneiro.

Susan/Sadie estava com disposição para escrever cartas. Muitas delas continham admissões prejudiciais que, ao contrário de seu testemunho diante do grande júri, podiam ser usadas contra ela no julgamento, se assim escolhêssemos. Para Jo Stevenson, uma amiga de Michigan, ela escrevera no dia 13: "Você se lemba dos assassinatos de Sharon Tate e dos LaBianca? Bom, porque eu abri minha boca grande para uma colega de cela eles acabaram de indiciar eu e outros cinco...".[19]

Ainda mais incriminadora, e reveladora, foi a "pipa" que Susan enviou para Ronnie Howard. No linguajar penitenciário, uma pipa se refere a qualquer comunicação ilegal. A carta, que Susan contrabandeou para Ronnie através dos meios clandestinos do Sybil Brand, dizia o seguinte:

"Posso entender sua posição nisso claramente. Mas nem estou brava com você. Estou magoada de um jeito que só eu posso entender. Não culpo ninguém a não ser eu mesma por ter dito alguma coisa para alguém sobre disso. [...] Sim, eu queria que o mundo conhecesse M. Com certeza parece que eles agora conhecem ele. Teve um suposto motivo por trás disso tudo. Foi para instilar medo nos porcos e trazer o dia do juízo final que agora está aqui para todos.

19 Erros de grafia e pontuação nas cartas de Atkins seguem como nas originais.

"Na palavra matar, a única coisa que morre é o ego. Todo ego deve morrer de qualquer maneira, está escrito. Sim, poderia ter sido a sua casa, também poderia ter sido a casa do meu pai. Ao matar alguém fizicamente, você só está libertando a alma. A vida não tem limitis e a morte é só uma ilusão. Se você acredita na segunda vinda de Crito, M é aquele que veio para salvar. [...] Talvez isso ajude você a entender. [...] Não confessei estar presente na segunda casa porque não estive na segunda casa.

"Eu me apresentei diante do grande júri porque meu advogado disse que seu testemunho era o suficiente para me condenar e a todos os outros. Ele também disse que essa era minha única chance de me salvar. Então eu estava determinada a me salvar. Eu passei por algumas mudanças desde então. [...] Agora sei que tudo foi perfeito. Aquelas pessoas não morreram por ódio, nem nada desagradável. Não vou defender nossas crenças. Só estou te contando como as coisas são. [...] Conforme escrevo para você eu me sinto mais à vontade por dentro. Quando descobri que você era a informante eu quis cortar a sua garganta. Então me dei conta de que eu era a verdadeira informante e era minha garganta que eu queria cortar. Bom, tudo isso já acabou conforme deixo o passado para trás na minha mente. Você sabe que tudo vai ficar bem no fim de qualquer maneira, com M ou sem M, com Sadie ou sem Sadie, o amor vai existir para sempre. Estou abrindo mão de mim para me transformar naquele amor um pouco mais a cada dia. [...]"

Citando a letra de uma das canções de Manson, Susan concluiu a carta: "Deixe de existir, apenas venha e diga que me ama. Enquanto eu digo que amo você ou deveria dizer que Me amo (meu amor) em você.

"Espero que você agora entenda um pouco mais. Se não, é só perguntar."

Ronnie, que àquela altura estava morrendo de medo de Susan, entregou a carta para seu advogado, Wesley Russell, que por sua vez a encaminhou para nosso escritório. Ela viria a ser muito mais prejudicial para Susan Atkins do que a confissão publicada no *Los Angeles Times*.

De 15 a 25 de dezembro de 1969

Quando em um caso, eu tinha o hábito de vasculhar os arquivos do LAPD de tempos em tempos, com frequência encontrando algo útil, cujo valor como evidência não era aparente para a polícia.

Ao examinar os arquivos do caso LaBianca, fiz duas descobertas. A primeira foi a entrevista com Al Springer. Apenas uma página transcrita, aquela na qual Springer relatava que Manson lhe disse: "Apagamos cinco deles faz poucas noites".

Por mais desesperados que estivéssemos por provas, nenhum dos detetives havia mencionado a declaração de Springer para mim, tampouco, quando questionei os tenentes Helder e LePage, eles estavam cientes de que tinham uma confissão feita por Manson nos arquivos. Peguei a fita e pedi que fosse transcrita, acrescentando "Entrevistar Al Springer" à minha lista já bastante extensa de coisas a fazer. Ainda que, devido ao caso *Aranda*, a confissão de Manson não pudesse ser usada contra ele no julgamento, era bastante possível que ele tivesse feito outras admissões que poderíamos usar.

A segunda descoberta foi uma fotocópia de uma carta enviada para Manson enquanto ele esteve preso em Independence. O conteúdo era inócuo; contudo, estava assinado "Harold". Susan Atkins havia relatado ao grande júri que um sujeito chamado "Harold" estivera morando na casa ao lado da residência dos LaBianca quando ela, Charlie e alguns outros tinham ido até lá para uma festa regada a LSD, cerca de um ano antes. Tive um pressentimento de que aquela poderia ser a mesma pessoa e escrevi outro bilhete para os detetives do caso LaBianca: "Encontrar Harold". Isso não deveria ser muito difícil, uma vez que ele havia informado um endereço em Sherman Oaks e dois números de telefone.

Por quê? A principal e mais enigmática pergunta permanecia: qual foi o motivo de Manson? Ao descobrir que ele costumava contar aos seus seguidores que era de escorpião, e por achar que talvez sua crença em astrologia pudesse ter sido um fator, eu obtive cópias de edições passadas do *Los Angeles Times* e verifiquei a "Previsão Astrológica" de Carroll Righter para seu signo.

> **8 de agosto:** Faça o que você acredita que irá ajudar a ampliar sua esfera de influência. Cuide bem e com sabedoria daquela tarefa pessoal. Obtenha a informação da fonte correta. Então, use-a com inteligência.

9 de agosto: Se tratar disso com diplomacia, conseguirá fazer com que um associado relutante compreenda o que você tem em mente. Coopere com esse indivíduo quando surgir algum problema.

10 de agosto: Existem ótimas oportunidades ao seu redor. Não hesite em aproveitar a melhor delas. Amplie sua esfera de influência...

Era possível, eu percebi, inferir praticamente qualquer significado que se quisesse de tais previsões. Incluindo planos de assassinato?

Era um indício do nosso desespero o fato de eu ter tomado medidas tão improváveis para tentar determinar por que Manson havia ordenado aqueles homicídios.

Eu sequer sabia se Manson lia jornais.

Desde que a história foi divulgada pela primeira vez, o LAPD vinha recebendo perguntas de diversos departamentos de polícia a respeito de assassinatos não solucionados em suas jurisdições, que acreditavam poder ter sido cometidos por um ou mais integrantes da Família Manson. Eu examinei esses relatórios, eliminando muitos deles e separando outros como "possíveis".[20] Embora minha principal preocupação fosse os homicídios do caso Tate-LaBianca, eu queria verificar se havia algum padrão discernível que pudesse ajudar a explicar as mortes na Cielo e na Waverly. Até então, se havia algum, eu não estava conseguindo encontrá-lo.

Em sua "confissão" publicada, Susan Atkins havia descrito como, depois de trocarem de roupa no carro, os assassinos do caso Tate dirigiram "ao longo de um aterro íngreme", com uma montanha de um lado, uma ravina do outro. "Nós paramos e Linda saiu do carro e jogou todas as roupas, todas pingando sangue... pela beirada."

Com a reportagem do *Times* no assento ao lado, uma equipe de cinegrafistas do canal 7, KABC-TV, tentou recriar a cena. Dirigindo a partir do portão do número 10050 da Cielo Drive, eles desceram a Benedict Canyon, todos, menos o motorista, trocando de roupa no caminho. Demoraram seis minutos e vinte segundos para completar a troca de vestuário — durante os quais eles mais tarde admitiram terem se sentido bastante ridículos. No primeiro ponto onde puderam sair da estrada, um encostamento amplo do outro lado do número 2901 da Benedict Canyon Road, eles pararam e saíram do veículo.

20 Estes serão discutidos em um capítulo à frente.

Montanha de um lado, ravina do outro. O repórter Al Wiman olhou pela beirada do aterro íngreme e, apontando para alguns objetos escuros cerca de quinze metros abaixo, disse, rindo: "Parece ter algumas roupas lá embaixo". King Baggot, o cinegrafista, e Eddie Baker, o sonoplasta, também olharam e tiveram de concordar.

Foi fácil demais — se as roupas estivessem visíveis da estrada, àquela altura, com certeza o LAPD as teria encontrado. Mesmo assim, eles decidiram averiguar. Estavam prestes a descer o declive quando o rádio do carro emitiu um comunicado: precisavam deles para outra matéria.

Enquanto permaneciam ocupados em outro serviço, eles não conseguiam tirar aqueles objetos escuros da cabeça. Por volta das 15h, retornaram ao local. Baker foi o primeiro a descer, seguido de Baggot. Encontraram três conjuntos de roupas: um par de calças pretas, dois pares de calças jeans azuis, duas camisetas pretas, um suéter de gola rolê escuro e uma camiseta branca manchada com uma substância que parecia ser sangue seco. Algumas roupas estavam parcialmente cobertas de lama; tudo isso, contudo, estava em uma área de cerca de 1,10 metro quadrado, como se tivesse sido jogado ali em um embrulho.

Eles gritaram a novidade para Wiman, que telefonou para o LAPD. Quando McGann e outros três detetives chegaram, pouco antes das 17h, já estava escurecendo, por isso a equipe de TV montou uma iluminação artificial. Enquanto os detetives colocavam as roupas em sacos plásticos, Baggot filmava o incidente.

Ao ficar sabendo da descoberta, pedi que os detetives do caso Tate realizassem uma busca minuciosa pela área para verificar se conseguiriam encontrar alguma arma. Tive que fazer o pedido não uma, mas muitas, muitas vezes. Nesse ínterim, uma semana depois da descoberta inicial, Baggot e Baker voltaram ao local e realizaram a própria busca, vindo a encontrar uma faca. Era uma faca de cozinha velha e bastante enferrujada, que, por conta de suas dimensões e gume cego, foi descartada como possível arma usada nos homicídios. Ela estava em plena vista, a menos de trinta metros de onde as roupas haviam sido encontradas.

O fato de uma equipe de TV ter encontrado as roupas foi uma vergonha para o LAPD. Os rostos no Parker Center, contudo, ficariam ainda mais corados antes do fim do dia seguinte.

◆ ◆ ◆

Na terça-feira, 16 de dezembro, Susan Atkins se declarou inocente de todas as oito acusações diante do juiz Keene, que marcou o início do julgamento para o dia 9 de fevereiro de 1970. Como essa era a mesma data marcada para o novo julgamento de Bobby Beausoleil, fui retirado do caso Beausoleil-Hinman, que acabou atribuído ao promotor Burton Katz. Não fiquei triste com isso; já estava ocupado o suficiente com o caso Tate-LaBianca.

Aquela terça-feira foi, para Bernard Weiss, um dia bastante penoso.

Weiss não tinha lido a história de Susan Atkins quando foi publicada no *Los Angeles Times*, mas um colega de trabalho tinha, e, ao relatar o que lera, mencionara que um revólver calibre .22 certamente havia sido usado nos homicídios do caso Tate. Uma estranha coincidência, não foi, o filho de Weiss ter encontrado uma arma parecida?

Weiss achou que poderia ser mais do que isso. Afinal de contas, seu filho havia encontrado o revólver no dia 1º de setembro, pouco mais de duas semanas após os homicídios do caso Tate; eles não moravam longe da residência de Tate; e a rua logo acima da colina onde Steven encontrou a arma era Beverly Glen.

Naquela manhã, Weiss telefonou para a Divisão de Serviços do Vale do LAPD em Van Nuys e lhes disse que eles poderiam estar com a arma perdida do caso Tate. Eles o instruíram a ligar para o Departamento de Homicídios do LAPD, no Parker Center.

Weiss telefonou para lá por volta do meio-dia e repetiu sua história. Comentou que a arma que seu filho encontrara tinha um guarda-mato quebrado e parte da empunhadura de madeira estava faltando. "Bom, parece bastante com a arma", disse-lhe o detetive. "Vamos averiguar."

Weiss esperava que o detetive fosse retornar sua ligação; não foi o que aconteceu. Depois de chegar em casa naquela noite, Weiss leu a matéria sobre Atkins. O que leu o convenceu. Por volta das 18h, ele voltou a telefonar para o Departamento de Homicídios do LAPD. O policial com quem conversou ao meio-dia não se encontrava no local, portanto ele teve que repetir sua história pela terceira vez. O policial lhe disse: "Não guardamos armas esse tempo todo. Nós as jogamos no oceano algum tempo depois". Weiss disse: "Não acredito que vocês jogariam fora o que pode ser a evidência mais importante do caso Tate". "Olhe aqui, meu senhor", replicou o policial, "não podemos verificar todas as denúncias de cidadãos sobre todas as armas que encontramos. Milhares de armas são encontradas todos os anos." A conversa se transformou em uma discussão e eles acabaram desligando um na cara do outro.

Weiss então ligou para um de seus vizinhos, Clete Roberts, um jornalista do Canal 2, e contou a ele sua história. Roberts, por sua vez, telefonou para alguém no LAPD.

Embora ainda continue incerto qual das cinco ligações provocou uma reação, pelo menos uma delas o fez. Às 22h — três meses e meio depois de Weiss ter entregado a arma ao policial Watson — os sargentos Calkins e McGann dirigiram até Van Nuys e coletaram o revólver Longhorn Hi Standard calibre .22.

POLÍCIA ENCONTRA ARMA QUE ACREDITA TER SIDO USADA NOS ASSASSINATOS DE 3 DAS VÍTIMAS DO CASO TATE

Notícias da descoberta "vazaram" para o *Los Angeles Times* quatro dias depois. Foi um vazamento um tanto seletivo, pois não havia detalhes sobre quando ou onde a arma foi encontrada, nem por quem. A implicação era de que havia sido encontrada pelo LAPD em algum momento após a descoberta das roupas, aproximadamente na mesma área.

O tambor continha dois projéteis e sete estojos vazios. Isso batia perfeitamente com os relatórios das necropsias originais, que afirmavam que Sebring e Frykowski haviam sido baleados uma vez cada e Parent fora atingido cinco vezes. Havia apenas um problema: eu já tinha me dado conta de que os relatórios das necropsias continham erros.

Depois que Susan Atkins testemunhou que Tex Watson disparou quatro vezes contra Parent (não cinco), pedi ao médico-legista Noguchi para reexaminar as fotos da necropsia de Parent. Quando o fez, ele constatou que dois dos ferimentos haviam sido causados pela mesma bala. Isso não apenas reduzia o número de vezes que Parent foi baleado para quatro, como também significava que uma bala não havia sido encontrada.

Dessa vez, pedi que Noguchi reexaminasse *todas* as fotos das necropsias. Ao fazer isso, ele constatou que Frykowski havia sido baleado não uma, mas duas vezes, os legistas que realizaram a necropsia tendo deixado passar um ferimento à bala na perna esquerda. Portanto, a conta voltou a ser consistente, mesmo que os relatórios não o fossem.

Bill Lee, do SID, comparou os três pedaços da empunhadura de arma com a coronha do revólver: um encaixe perfeito. Joe Granado realizou testes em algumas manchas marrons no cano: sangue, humano, mesmo tipo e subgrupo de Jay Sebring. Depois de realizar testes de disparo com a arma, Lee colocou as balas do teste e as balas do caso Tate sob um microscópio de comparação. Três das quatro balas recuperadas do local dos homicídios do caso Tate estavam fragmentadas ou gastas demais para que as estrias fossem comparadas. Com a quarta, a bala encontrada no corpo de Sebring, ele obteve uma identificação positiva. Não havia nenhuma dúvida sequer, me contou, que ela havia sido disparada pelo Longhorn calibre .22.

Faltava darmos um passo muito importante: conectar a arma a Charles Manson. Pedi aos detetives do caso Tate que a mostrassem a DeCarlo, para determinar se era a mesma arma que Manson e os outros homens usavam para praticar tiro ao alvo no rancho Spahn. Também solicitei o histórico mais completo possível da arma, desde o dia que foi fabricada pela Hi Standard até o momento em que foi encontrada por Steven Weiss.

Ficou decidido que não havia provas suficientes para condenar Gypsy ou Brenda, e as duas integrantes dedicadas da Família Manson foram liberadas. Embora Brenda tenha voltado para a casa dos pais por um curto período, as duas logo se reuniram a Squeaky, Sandy e outros membros da Família no rancho Spahn; o solitário George havia permitido que voltassem a morar lá.

As frequentes aparições de Manson no tribunal me proporcionaram muitas oportunidades para estudá-lo. Apesar de ter tido pouca educação formal, ele era bastante articulado e, com certeza, inteligente. Captava pequenas nuances e parecia considerar todas as facetas ocultas de uma pergunta antes de respondê-la. Seu humor era volátil, suas expressões faciais, transitórias. Sob a superfície, contudo, havia uma estranha intensidade. Era possível senti-la mesmo quando ele estava brincando, o que, apesar da seriedade das acusações, acontecia com frequência. Ele geralmente fazia brincadeiras com o tribunal sempre abarrotado, não apenas com os fiéis da Família, mas também com a imprensa e os espectadores. Ao avistar uma garota bonita, costumava sorrir ou piscar. Elas quase sempre pareciam mais lisonjeadas do que ofendidas.

Embora eu tenha ficado surpreso com suas reações, não deveria ter me sentido assim. Já sabia que Manson estava recebendo uma grande quantidade de correspondências, incluindo muitas "cartas de amor", sendo a maioria de moças que queriam se juntar à Família.

◆ ◆ ◆

No dia 17 de dezembro, Manson se apresentou diante do juiz Keene e pediu que seu defensor público fosse dispensado. Ele queria representar a si mesmo, disse.

O juiz Keene afirmou a Manson que não estava convencido de que ele era competente para representar a si mesmo, ou, no jargão jurídico, de "proceder *in pro per*" (*in propria persona,* para si próprio).

MANSON: "Vossa Excelência, não posso abrir mão de minha voz nessa questão de jeito nenhum. Se não puder falar, então todo esse nosso negócio está acabado. Se não puder falar em minha própria defesa e conversar livremente neste tribunal, então ficarei de mãos atadas às costas, e se não tiver voz, então não faz sentido eu ter uma defesa."

Keene concordou em reconsiderar a moção de Manson no dia 22.

A insistência de Manson de que apenas ele podia falar por si mesmo, assim como seu evidente prazer em estar sob os holofotes, me levou a uma conclusão: quando a hora chegasse, ele provavelmente não resistiria à tentação de subir ao banco das testemunhas.

Comecei a escrever em um caderno as perguntas que pretendia fazer durante o interrogatório. Em pouco tempo, houve um segundo caderno, e então um terceiro.

No dia 19, Leslie Van Houten também pediu que seu então advogado, Donald Barnett, fosse dispensado. Keene lhe outorgou a petição e ordenou que Marvin Part constasse nas atas como o advogado da srta. Van Houten.

Viríamos a descobrir o que estava acontecendo nos bastidores muito mais tarde. Manson havia montado sua própria rede de comunicação. Sempre que ficava sabendo que o advogado de uma das garotas havia iniciado uma ação em nome de sua cliente, que talvez pudesse ir contra a defesa dele próprio, em questão de dias, tal advogado era retirado do caso. Barnett quisera que um psiquiatra examinasse Leslie. Ao descobrir isso, Manson vetou a ideia, e, quando o psiquiatra apareceu no Sybil Brand, Leslie se recusou a vê-lo. Sua solicitação para que Barnett fosse dispensado veio logo depois.

O objetivo de Manson: cuidar ele mesmo de toda a defesa. No tribunal, assim como nas ruas, Charlie pretendia manter controle total sobre a Família.

◆ ◆ ◆

Manson queria representar a si mesmo, disse ele ao tribunal, pois "os advogados enganam as pessoas, e eu sou uma pessoa e não quero ser enganado nessa questão". A maioria dos advogados estava interessada apenas em uma única coisa, a publicidade, afirmou Manson. Ele tinha visto uma grande quantidade deles recentemente e acreditava saber do que estava falando. Qualquer advogado previamente associado à procuradoria-geral não era aceitável para ele, acrescentou. Ele ficou sabendo que dois outros réus tinham advogados designados pelo tribunal que já haviam sido promotores: Caballero e Part.

O juiz Keene explicou que muitos advogados engajados na prática do direito criminal obtiveram experiência como promotores públicos, promotores municipais e procuradores da República. Saber como a promotoria funcionava costumava ser benéfico aos seus clientes.

MANSON: "Isso parece bom daí, mas não daqui."

> "Vossa Excelência", prosseguiu Manson, "estou em uma posição diferente. A imprensa já me executou e enterrou. [...] Se alguém está hipnotizado, as pessoas estão hipnotizadas pelas mentiras que estão sendo contadas para elas. [...] Não existe nenhum advogado no mundo que pode me representar como um indivíduo. Tenho que fazer isso eu mesmo."

O juiz Keene tinha uma sugestão. Tomaria providências para que Manson se consultasse com um advogado experiente. Ao contrário dos outros advogados com quem ele havia conversado, esse não teria nenhum interesse em representá-lo. Sua função seria somente discutir com ele as questões jurídicas, e os possíveis perigos, de defender a si mesmo. Manson aceitou a oferta e, depois da sessão no tribunal, Keene providenciou para que Joseph Ball, ex-presidente da Ordem dos Advogados do Estado e antigo advogado da Comissão Warren, se encontrasse com ele.

Manson conversou com Ball e o considerou "um cavalheiro bastante gentil", conforme relatou ao juiz Keene no dia 24. "O sr. Ball provavelmente entende tudo o que se tem para saber sobre leis, mas não compreende a diferença entre gerações; ele não entende a sociedade do amor livre; não entende as pessoas que estão tentando se desvencilhar de tudo isso..."

Ball, por sua vez, considerou Manson "um rapaz apto e inteligente, de fala tranquila e bem-educado...". Embora tenha tentado convencê-lo, sem sucesso, de que ele poderia se beneficiar de um advogado habilidoso, ficou evidente que Ball tinha se impressionado com Manson. "Estudamos diversos problemas jurídicos, e descobri que ele tem uma compreensão abrangente. [...] Uma compreensão notável. Na verdade, ele tem uma mente bem afiada. Eu o elogiei por isso. Acredito que contei a você que ele tem um QI alto. Deve ter, para poder conversar daquele modo." Manson "não se ressente da sociedade", disse Ball. "E acredita que, se for a julgamento e tiver permissão para que os jurados e o Tribunal o ouçam e o vejam, eles irão se dar conta de que ele não é o tipo de homem que poderia perpetrar crimes tão terríveis."

Depois que Ball concluiu, o juiz Keene entrevistou Manson durante mais de uma hora a respeito de seu conhecimento dos procedimentos de uma sessão no tribunal e das possíveis penalidades pelos crimes dos quais estava sendo acusado, o tempo todo quase implorando para que ele reconsiderasse sua decisão de defender a si mesmo.

MANSON: "Durante toda a minha vida, até onde consigo me lembrar, eu aceitei seus conselhos. Seus rostos mudaram, mas o tribunal é o mesmo, a estrutura é a mesma... Durante toda a minha vida fui posto em pequenas aberturas, Vossa Excelência. E sempre consenti com isso. [...] Não tenho outra alternativa a não ser enfrentar vocês de qualquer maneira que me seja possível, porque você e a procuradoria-geral e todos os advogados que já conheci estão todos do mesmo lado. Os policiais estão do mesmo lado e os jornais estão do mesmo lado e estão todos contra mim, pessoalmente. [...] Não. Não mudei minha decisão."

TRIBUNAL: "Sr. Manson, estou implorando para que não siga por esse caminho; estou implorando que nomeie seu próprio advogado ou, se for incapaz disso, que permita que o Tribunal nomeie um para você."

Manson já tinha tomado sua decisão, contudo, e o juiz Keene por fim concluiu: "Na opinião deste Tribunal, você está cometendo um erro triste e trágico ao seguir essa linha de ação, mas não posso convencê-lo a desistir. [...] Sr. Manson, você é seu próprio advogado".

Era véspera de Natal. Eu trabalhei até as 2h, então tirei folga no dia seguinte.

De 26 a 31 de dezembro de 1969

Um telefonema do LAPD. Um cozinheiro do Brentwood Country Club disse que o despenseiro de lá, Rudolf Weber, era o proprietário da casa diante da qual os assassinos do caso Tate haviam parado para se lavarem por volta da uma da manhã de 9 de agosto.

Acompanhados de um fotógrafo da polícia para tirar fotos da área, Calkins e eu fomos falar com Weber em sua casa no número 9870 da Portola Drive, uma rua lateral que se ramifica da Benedict Canyon Drive, a menos de quatro quilômetros da residência de Tate. Enquanto ouvia sua história, soube que Weber seria uma boa testemunha. Ele tinha uma memória excelente, contou exatamente o que se lembrava, não tentou preencher as lacunas do que não sabia. Foi incapaz de identificar de maneira positiva a grande coleção de fotos que lhe mostrei, mas sua descrição aproximada se encaixava: todos os quatro eram jovens (Watson, Atkins, Krenwinkel e Kasabian estavam no começo da casa dos 20 anos), o homem era alto (Watson tinha 1,85 metro de altura), e uma das garotas era baixa (Kasabian tinha 1,55 metro de altura). Sua descrição do carro — que nunca tinha sido publicada pela imprensa — foi precisa até sobre a tinta desbotada em volta das placas. Como era possível que se lembrasse de tal detalhe sobre o carro, mas não de seus rostos? Muito simples: quando seguiu os quatro até o carro, ele apontou a lanterna para a placa do veículo; no momento em que os viu na rua, perto da mangueira, eles estavam no escuro.

Weber tinha uma surpresa — das grandes. Após o incidente, acreditando que talvez as quatro pessoas tivessem cometido uma invasão domiciliar na região, ele havia anotado o número da placa do veículo. Desde então tinha jogado o papel fora — meu coração apertou —, mas ele ainda se lembrava do número: GYY 435.

"Como era possível que se lembrasse daquilo?", eu lhe perguntei. Em seu trabalho como despenseiro, precisava se lembrar de números, ele respondeu.

Prevendo que essa questão pudesse ser levantada pela defesa, perguntei a Weber se ele tinha lido a história de Atkins. Ele disse que não.

Ao voltar para meu escritório, verifiquei o relatório de apreensão do carro de John Swartz: "Ford 1959 4 portas, Placa nº GYY 435".

◆ ◆ ◆

Quando entrevistei Swartz, o ex-funcionário do rancho Spahn me contou que Manson e suas garotas costumavam pegar seu carro emprestado; na verdade, ele tinha retirado o banco traseiro para que pudessem guardar as caixas grandes quando saíam para "coletar lixo". Com a exceção de uma noite em particular, eles sempre pediam sua permissão antes de pegarem o carro.

Que noite foi essa? Bom, ele não se lembrava do dia exato, mas foi uma semana ou duas antes da batida. O que aconteceu naquela noite em particular? Bom, ele já tinha ido dormir em seu trailer quando ouviu o carro ligar. Ele se levantou e olhou pela janela a tempo de ver as lanternas traseiras se afastando. Alguma ideia de que horas foi isso? Bom, ele costumava ir dormir por volta das 22h, então foi depois disso. Quando acordou na manhã seguinte, disse Swartz, o carro estava de volta. Perguntou a Charlie por que eles tinham pegado o carro sem pedir, e Charlie respondeu que não quisera acordá-lo.

Manson havia pegado o carro emprestado em alguma outra noite durante esse mesmo período?, perguntei. Sim, em outra noite, Charlie, as garotas e alguns outros rapazes — ele não conseguia se lembrar quem exatamente — disseram que estavam indo para o centro para tocar um pouco de música.

Swartz não foi capaz de datar essa noite específica a não ser pelo fato de que foi na mesma época em que eles pegaram o carro sem permissão. Antes ou depois? Ele não se lembrava. Noites consecutivas? Também não se lembrava.

Perguntei a Swartz se ele tinha feito parte da Família em algum momento. "*Nunca*", respondeu com bastante veemência. Certa vez, após a batida e depois que Shorty desapareceu, ele e Manson tiveram uma discussão, contou Swartz. Charlie lhe disse: "Eu poderia matar você a qualquer momento. Eu poderia entrar em seu dormitório a qualquer momento". Depois disso, Swartz pediu demissão do rancho Spahn, onde havia trabalhado de modo intermitente desde 1963, e arrumou emprego em outro rancho.

O que ele sabia a respeito do desaparecimento de Shorty? Bom, uma semana ou duas depois da batida, Shorty simplesmente não se encontrava em parte alguma. Swartz havia perguntado a Charlie se sabia onde ele estava, e Charlie respondeu: "Ele foi para San Francisco por causa de um emprego. Eu contei para ele sobre um emprego por lá". Swartz não botou muita fé nessa explicação, disse ele, não depois de perceber que Bill Vance e Danny DeCarlo estavam cada um com uma das pistolas calibre .45 de Shorty.

Shorty nunca teria aberto mão daquele par de pistolas por vontade própria, afirmou Swartz, não importava o quão apertado de dinheiro estivesse.

◆ ◆ ◆

Sob a Constituição dos Estados Unidos, a extradição é obrigatória, não discricionária.[21] Quando um estado tem um indiciamento válido e executado de maneira adequada — como tínhamos no caso de Charles "Tex" Watson —, não existe nenhum motivo legítimo para que o acusado não seja extraditado de imediato.

Certas autoridades do condado de Collin, Texas, tinham opiniões diferentes. Bill Boyd, advogado de Watson, disse à imprensa que iria lutar para manter seu cliente no Texas nem que isso significasse chegar à Suprema Corte dos Estados Unidos.

O pai de Bill Boyd, Roland Boyd, era um poderoso político sulista da mesma escola de Sam Rayburn. Além de ser gerente de campanha de um candidato a procurador-geral do Texas. Foi seu candidato, o juiz David Brown, quem ouviu o pedido de extradição de Watson e outorgou adiamento após adiamento para o cliente do jovem Boyd.

O próprio Bill Boyd era um aspirante a político. Tom Ryan, o promotor local, contou a um repórter do *Los Angeles Times*: "Ouvi dizer que Bill quer ser presidente dos Estados Unidos. E, depois disso, quer ser Deus".

A revista *Time* relatou: "Conforme enxames de repórteres imploravam para entrevistar seu cliente na cadeia, Boyd começou a fazer insinuações de que a família de Watson poderia consentir 'se a oferta for substancial'. Um fotógrafo ofereceu 1.800 dólares. 'Precisamos de muito, muito dinheiro', retrucou Boyd. Quanto? 'Cerca de 50 mil dólares', respondeu o advogado. Ainda que a imprensa tenha dado para trás, nem assim Boyd abaixou o preço de seu cliente, e ele está bastante confiante de que, com o tempo, irá conseguir tal quantia".

Enquanto isso, Tex, ao que parece, não estava sofrendo em excesso. Ficamos sabendo, por diversas fontes, que sua cela individual era mobiliada de modo confortável, incluindo a própria vitrola e discos. Suas refeições vegetarianas eram preparadas por sua mãe. Ele também usava as próprias roupas, as quais ela lavava, e não lhe faltava companhia, visto que sua cela ficava ao lado daquela ocupada por prisioneiras.

21 A subdivisão 2 do Artigo IV diz: "Um indivíduo acusado em qualquer estado por traição, delito grave ou qualquer outro crime, que fuja da justiça e seja encontrado em outro estado, deve ser entregue, por exigência da autoridade executiva do estado do qual fugiu, para ser transferido pelo estado que tenha jurisdição do crime".

◆ ◆ ◆

Ainda que a extradição de Watson estivesse se mostrando difícil, havia indícios de que Katie Krenwinkel poderia decidir voltar por vontade própria, por ordens de Manson. Squeaky, agindo como intermediária de Charlie, tinha enviado uma torrente de cartas e telegramas para Krenwinkel, cujas cópias nos foram encaminhadas pelas autoridades de Mobile, Alabama: "Juntos permanecemos... Se nos dedicarmos mais é bom...".

Também presumi que a união mencionada em cada uma das mensagens significava que Manson pretendia conduzir uma defesa em conjunto, ou unificada.

Uma vez que a Família havia entrado em contado com Krenwinkel, mas, até onde sabíamos, não com Watson, levei minha conjectura mais além, supondo que, quando o caso fosse a julgamento, Manson e as garotas tentariam passar a perna nele.

Supondo que fossem tentar provar que Tex, não Charlie, era o cérebro por trás dos homicídios do caso Tate-LaBianca, comecei a coletar todas as evidências que pude encontrar sobre o relacionamento entre Manson e Watson e o papel que cada um desempenhava na Família.

Quando foi interrogada em Los Angeles, Dianne Lake, de 16 anos, foi ameaçada com a câmara de gás. Mesmo assim, nada disse. O promotor do condado de Inyo, Buck Gibbens, e o investigador Jack Gardiner tentaram usar de gentileza, algo que Dianne não recebera muito durante sua vida.

Os pais de Dianne tinham "virado hippies" quando ela ainda era criança. Aos 13 anos, ela era integrante da comunidade Hog Farm, sendo apresentada ao sexo grupal e ao LSD. Quando se juntou a Manson, pouco antes de completar 14 anos, foi com a aprovação dos pais.

Por não considerar Dianne submissa o bastante, ao que parece, em diversas ocasiões, Manson havia: a socado na boca; a chutado para o outro lado de um cômodo; a golpeado na cabeça com a perna de uma cadeira; e a açoitado com um fio elétrico. Apesar de tal tratamento, ela ficou. O que sugere algo trágico a respeito das alternativas que tinha disponíveis.

Ao retornar a Independence, Gibbens e Gardiner tiveram diversas conversas longas com Dianne. Eles a convenceram de que outras pessoas se importavam com ela. A esposa e os filhos de Gardiner a visitavam com regularidade. De maneira hesitante, a princípio, Dianne começou a contar aos policiais o que sabia. E, ao contrário do que tinha dito ao grande júri, ela sabia de muitas coisas. Tex, por exemplo, havia confessado para ela que esfaqueara Sharon Tate. Ele fez isso, contou a ela, porque Charlie havia ordenado os assassinatos.

No dia 30 de dezembro, Sartuchi e Nielsen interrogaram Dianne em Independence. Ela lhes contou que, em determinada manhã, talvez uma ou duas semanas antes da batida realizada no dia 16 de agosto, Leslie havia entrado na casa nos fundos do rancho Spahn com uma bolsa, uma corda e uma sacola com moedas. Ela escondeu os objetos embaixo de um cobertor. Quando, pouco depois, um homem bateu à porta, Leslie se escondeu. Ela contou a Dianne que o homem lhe dera carona desde o Griffith Park e que não queria que ele a visse.

Os dois detetives do caso LaBianca se entreolharam. O Griffith Park não ficava longe da Waverly Drive.

Depois que o homem foi embora, Leslie saiu debaixo do cobertor, e Dianne a ajudou a contar o dinheiro. Havia cerca de 8 dólares em trocados, em uma sacola plástica.

Por causa da coleção de moedas de Leno LaBianca, os detetives ficaram muito interessados naquela sacola com trocados.

P: "Ok, você disse que ajudou Leslie a contar o dinheiro ou as moedas. Você viu alguma moeda de outro país?"

R: "Do Canadá."

Leslie então acendeu uma fogueira e queimou a bolsa — Dianne se lembrava de que era de couro marrom —, alguns cartões de crédito — um deles era de uma petrolífera — e a corda — media cerca de 1,20 metro e tinha de 2,5 centímetros a 3,8 centímetros de diâmetro. Em seguida, ela tirou as próprias roupas e também as queimou. Dianne havia notado alguma mancha de sangue nas roupas? Não.

Mais tarde, no final de agosto ou começo de setembro, enquanto estavam em Willow Springs, a cerca de dezesseis quilômetros do rancho Barker, Leslie contou a Dianne que havia esfaqueado alguém que já estava morto. Era uma mulher ou um homem? Leslie não dissera.

Leslie também revelou a Dianne que o assassinato havia acontecido em algum lugar perto do Griffith Park, próximo de Los Feliz; que alguém tinha escrito algo com sangue na porta da geladeira; e que ela, Leslie, em seguida, limpou tudo para que não houvesse nenhuma digital, chegando até a limpar coisas que não tinham sido tocadas. Quando foram embora, levaram um pouco de comida. Que tipo de comida? Uma caixinha de achocolatado.

Leslie falou algo sobre os homicídios do caso Tate? Leslie afirmou que não esteve envolvida nesses.

Sartuchi tentou obter mais detalhes. A única outra coisa que Dianne se lembrava era de que havia um barco grande no lado de fora da casa. Mas não conseguia se lembrar se Leslie a tinha contado sobre ou se ela havia lido sobre ele no jornal. Ela recordava, contudo, de Leslie o descrevendo.

Antes disso, a única evidência que tínhamos que ligava Leslie Van Houten aos homicídios do caso LaBianca era o testemunho de Susan Atkins. Como Susan era uma cúmplice, ele não se sustentaria no tribunal sem uma corroboração independente.

Dianne Lake a proporcionou.

Havia a questão, contudo, se Dianne estaria apta a testemunhar no julgamento. Era evidente que estava emocionalmente transtornada; tinha flashbacks ocasionais causados pelo LSD. Ela temia Manson, e o amava. Às vezes, achava que ele estava dentro de sua cabeça. Pouco depois do primeiro dia do ano, o tribunal do condado de Inyo tomou providências para que ela fosse enviada ao Patton State Hospital, em parte para tratar seus problemas emocionais, em parte porque o tribunal não sabia mais o que fazer com ela.

Acréscimos à minha lista de coisas a fazer: verificar se algum cartão de crédito dos LaBianca ainda estava desaparecido; quando os médicos permitirem, entrevistar Dianne; descobrir se havia mais alguém presente durante o incidente na casa dos fundos ou durante a conversa em Willow Spring; verificar com Katsuyama se algum dos ferimentos à faca nos LaBianca era *post mortem*, isto é, infligido após suas mortes; perguntar a Suzanne Struthers se sua mãe possuía uma bolsa de couro marrom e se o item estava desaparecido; perguntar a Suzanne e/ou Frank Struthers se Rosemary e/ou Leno gostavam de achocolatado.

Pequenos detalhes, mas podiam ser importantes.

O "Harold" cuja carta eu havia encontrado nos arquivos do caso Tate *era* o mesmo "Harold" que Susan Atkins mencionara em seu testemunho diante do grande júri. Seu nome completo era Harold True, e ele era um estudante. Quando o LAPD o encontrou, eu estava ocupado com outra entrevista, então, Aaron se ofereceu para conversar com ele.

A partir do relato de True, que continuava amigo de Manson, inclusive visitando-o diversas vezes na prisão do condado, Aaron descobriu que ele havia conhecido Charlie em março de 1968, enquanto a Família estava morando em Topanga Canyon. No dia seguinte, Charlie e cerca de outras dez pessoas — incluindo Sadie, Katie, Squeaky e Brenda, mas não Tex nem Leslie — apareceram no número 3267 da Waverly Drive, a casa que True dividia com mais três jovens, e passaram a noite lá. Manson o visitara cerca de quatro ou cinco vezes, antes que True e os outros se mudassem, em setembro de 1968. Enquanto ainda moravam na Waverly, contou True, os vizinhos com frequência reclamavam de suas festas barulhentas.

Aaron não tinha perguntado a True se os LaBianca estiveram entre os vizinhos que fizeram reclamações, e eu escrevi um lembrete para verificar isso. Quando o fiz, descobri que True não se lembrava de alguma vez ter visto os LaBianca; até onde conseguia se lembrar, o número 3301 da Waverly Drive esteve vazio durante todo o tempo em que moraram ali.

Ao examinar os relatórios investigativos do caso LaBianca de novo, vi que Leno e Rosemary só se mudaram para o número 3301 da Waverly Drive em setembro de 1968, depois que True e os outros haviam se mudado para outro lugar.

Eu estivera procurando por um possível incidente envolvendo os LaBianca e a Família. Não o encontrei. Contudo, restaram dois fatos: Manson estivera na casa ao lado da residência dos LaBianca em cinco ou seis ocasiões, e ele se aproximara do portão da residência de Tate pelo menos uma vez.

Coincidência? Antecipando que talvez a defesa de Manson fosse alegar isso, anotei algumas ideias que usaria como contra-argumento.

Charles Manson não era desprovido de senso de humor. Enquanto esteve na prisão do condado, ele de alguma maneira havia conseguido obter um formulário de pedido para um cartão de crédito da Union Oil Company. Ele o preencheu, usando seu nome verdadeiro e o endereço da prisão. Listou "rancho cinematográfico Spahn" como residência anterior e indicou George Spahn como referência. Quanto à sua profissão, informou "evangelista"; tipo de negócio, "religioso"; duração do vínculo empregatício, "vinte anos". Também escreveu, no espaço para o nome da esposa, "nenhuma", e informou "16" como número de dependentes.

O formulário foi contrabandeado para fora da prisão e enviado pelo correio de Pasadena. Alguém da Union Oil — com certeza, não um computador — reconheceu o nome, e Charles Manson não conseguiu os dois cartões de crédito que havia solicitado.

Outra característica que eu havia notado enquanto observava Manson no tribunal foi sua prepotência. Uma possível razão para isso era sua infâmia recente. No começo de dezembro de 1969, poucos sequer tinham ouvido falar de Charles Manson. No final daquele mês, o assassino já havia ofuscado suas famosas vítimas. Um integrante entusiasmado da Família foi visto se gabando: "Charlie saiu na capa da *Life*!".

Contudo, aquilo era algo mais. Era possível sentir que, apesar de suas declarações, Manson estava convencido de que sairia impune.

Ele não era o único a acreditar nisso. Leslie Van Houten escreveu para os pais dizendo que, mesmo que fosse condenada, seria solta em sete anos (na Califórnia, uma pessoa sentenciada à prisão perpétua é elegível para liberdade condicional após esse período), ao passo que Bobby Beausoleil escreveu para diversas amigas dizendo que esperava ser inocentado em seu novo julgamento, depois do qual iria começar sua própria Família.

O problema, no final do ano, era que havia uma chance muito grande de que pelo menos Manson estivesse certo.

"E se Manson exigir um julgamento imediato?"

Aaron e eu discutimos em detalhes essa possibilidade. Um réu tem o direito constitucional a um julgamento sem demora e o direito estatutário a um julgamento em até sessenta dias após o indiciamento ter sido anunciado. Se Manson insistisse nisso, estaríamos bastante encrencados.

Precisávamos de mais tempo, por dois motivos: ainda tínhamos uma desesperadora falta de evidências para corroborar o testemunho de Susan Atkins, supondo — e era uma suposição muito grande — que ela concordasse em depor. E dois dos réus, Watson e Krenwinkel, ainda estavam fora do estado. Eles calhavam de ser os únicos contra os quais havia evidências científicas de culpa, isto é, as impressões digitais encontradas na residência de Tate. Se houvesse um julgamento em conjunto, o que nós queríamos, precisávamos de pelo menos um dos dois sentados atrás daquela mesa da defesa.

Sugeri que blefássemos. Todas as vezes que estivéssemos no tribunal, deveríamos dar indícios de que queríamos ir a julgamento o quanto antes. Nossa esperança era que Manson pensasse que isso era um mau sinal e começasse a se enrolar.

Era uma aposta. Havia uma possibilidade bastante real de que Charlie desafiasse nosso blefe, dizendo, com seu estranho sorrisinho: "Ok, vamos a julgamento agora mesmo".

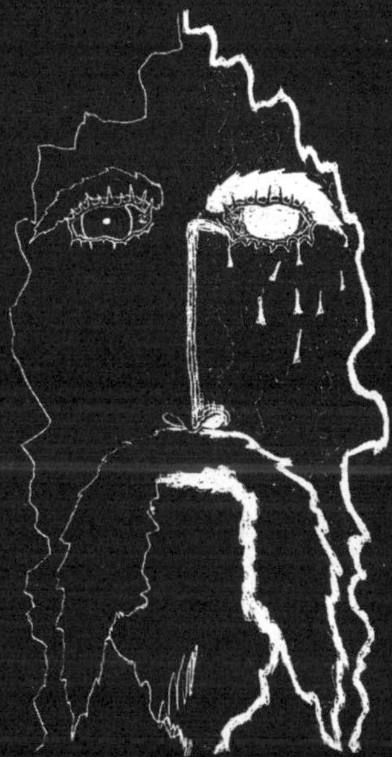

PARTE 4

A BUSCA PELO MOTIVO: A BÍBLIA, OS BEATLES E HELTER SKELTER

De janeiro a fevereiro de 1970

"Se estivesse procurando por um motivo, eu procuraria alguma coisa que não se encaixasse nos padrões de costume, com os quais você costuma trabalhar como policial — alguma coisa muito mais extravagante..."
Roman Polanski para o tenente Earl Deemer

Janeiro de 1970

Memorando Confidencial. De: Promotor Vincent Bugliosi. Para: Promotor Evelle Younger. Assunto: Status dos casos Tate e LaBianca.

O memorando se estendia por treze páginas, mas seu âmago consistia em um único parágrafo:

"Sem o testemunho de Susan Atkins sobre o caso Tate, as evidências contra dois dos cinco réus [Manson e Kasabian] são um tanto anêmicas. Sem seu testemunho sobre o caso LaBianca, as evidências contra cinco dos seis réus [todos, exceto Van Houten] são inexistentes".

Era isso. Sem Sadie, ainda não tínhamos um caso.

No dia 2 de janeiro, convoquei uma reunião com os detetives dos casos Tate e LaBianca, para lhes entregar uma lista de 42 coisas que precisavam ser feitas.

Muitas delas eram pedidos repetidos. Ir até as áreas onde as roupas e a arma tinham sido encontradas e procurar as facas. Granado havia sido capaz de "combinar" as botas que apreendemos em novembro com a impressão sangrenta do salto da bota no passeio da residência de Tate? A essa altura, o SID deve ter descoberto algo a respeito do alicate de corte e das roupas encontradas pela equipe de TV. Onde está a fita com a entrevista que o policial do condado de Inyo conduziu com os dois mineiros, Crockett e Poston? Onde estão os relatórios sobre as ligações interurbanas realizadas das residências de Tate e dos LaBianca e do rancho Spahn? As empresas de telecomunicações destroem seus registros após seis meses; cuidem disso depressa.

Muitos dos pedidos eram etapas complementares básicas que eu acreditava que os detetives já deveriam ter seguido por conta própria, sem que precisássemos lhes lembrar. Obter uma amostra das letras de forma de Atkins e a comparar com a palavra PORCO inscrita na porta da frente da residência de Tate. Conseguir amostras dos réus Van Houten, Krenwinkel e Watson e as comparar com as inscrições na residência dos LaBianca. Apresentar um relatório completo sobre os cartões de crédito roubados vinculados ao caso (tínhamos esperanças de encontrar um recibo de compra da corda ou das facas Buck). DeCarlo afirmou que esteve junto quando Manson comprou a corda de náilon de trança tripla na loja Jack Frost em Santa Monica, em junho de 1969: perguntar aos funcionários da loja se eles vendiam aquele tipo de corda; mostrar a eles o "álbum da Família" para verificar se eles se lembravam de Manson e/ou DeCarlo. Assim como mostrar fotos de Manson, Atkins, Kasabian e dos outros aos funcionários do posto de combustível Standard, em Sylmar, onde a carteira de Rosemary LaBianca foi encontrada.

Depois de entregar a lista aos detetives, perguntei-lhes: "Suponho que, além de tudo o que pedi, também estejam conduzindo as próprias investigações independentes, certo?". O longo silêncio que se seguiu foi, por si só, uma resposta. Então, Calkins reclamou: "Como vamos saber como fazer essas coisas? Somos policiais, não advogados".

"Esperem um pouco", disse eu. "Essas 42 coisas não têm nada a ver com a lei. Cada uma delas se refere ao processo de obter evidências e fortalecer nosso caso contra essas pessoas."

"Mas esse não é o nosso trabalho", Calkins seguiu protestando.

Seu comentário foi tão surpreendente que eu cheguei perto de perder a cabeça. "*Investigar um caso, reunir evidências, conectar os réus ao corpo de delito — isso não é trabalho policial?* Fala sério, Bob. Vocês são detetives. Aaron e eu somos os advogados. Cada um de nós tem o próprio trabalho a fazer. Se algum de nós pisar na bola, Manson vai se safar. Pense nisso."

Poderia até entender se os detetives estivessem ocupados com outras tarefas, mas eles haviam sido designados àquele caso em tempo integral.

Ao contrário de Calkins, Mike McGann raramente reclamava, mas também raramente fazia o esperado. Sem exceção, os detetives do caso LaBianca eram muito mais meticulosos. Nas semanas seguintes, comecei a lhes dar tarefas específicas relacionadas aos homicídios do caso Tate, assim como aos do caso LaBianca, sabendo que eles dariam o seu melhor. Fiz isso só depois de consultar o tenente Helder, que, com toda franqueza, concordou que Calkins e McGann não estavam dando conta do trabalho.

Se servisse de consolo para a polícia — e tenho certeza de que não servia —, minha própria lista era muito mais extensa do que a deles. Ela ia desde itens simples, como um lembrete para comprar o álbum dos Beatles que continha a música "Helter Skelter", a mais de cinquenta nomes de testemunhas em potencial que precisavam ser entrevistadas. Também incluía detalhes específicos como: Obter as medidas exatas de todos os ferimentos infligidos aos LaBianca — os policiais do caso não haviam feito essa solicitação ao patologista forense Katsuyama — para poder determinar as dimensões das facas usadas.

As medidas dos ferimentos dos LaBianca eram bastante importantes. Se os padrões dos ferimentos fossem consistentes com aqueles infligidos pelas facas de cozinha dos LaBianca, então a inferência lógica seria que os réus haviam entrado na residência desarmados e depois matado os LaBianca com facas das próprias vítimas. Se tivesse pretendido matar aquelas pessoas, a defesa com certeza iria questionar, teria Manson enviado indivíduos desarmados para fazerem o trabalho?

Ainda mais importante era outro item que aparecia em todas as listas de tarefas: encontrar incidentes — e testemunhas que pudessem depor a respeito dos mesmos — onde Manson ordenou ou instruiu *qualquer um* a fazer *qualquer coisa*.

Coloque-se no lugar dos jurados. Você acreditaria no promotor se ele lhe dissesse que um tampinha no rancho Spahn enviou meia dúzia de pessoas, muitas das quais eram moças, para cometerem assassinatos por ele, sendo que as vítimas não eram pessoas que conheciam e contra quem tinham rancor, mas completos desconhecidos, incluindo uma mulher grávida, e que elas obedeceram sem discussão?

Para fazer o júri acreditar nisso, era preciso, antes de tudo, convencê-los do controle que Manson exercia sobre a Família, em especial sobre seus corréus. Um controle tão completo, tão absoluto, que eles fariam qualquer coisa que ele ordenasse. Incluindo assassinato.

A cada vez que entrevistava alguém vinculado à Família, eu fazia perguntas com o intuito de conseguir um exemplo do controle de Manson. A testemunha, muitas vezes, era incapaz de recordar exemplos específicos, o que me obrigava a cavar mais fundo para extraí-los: Manson bateu em Dianne Lake porque ela fracassou em algo que ele a mandou fazer? Quem designava as tarefas no rancho? Quem posicionava os guardas e as sentinelas? Você consegue se lembrar de uma única ocasião em que Tex chegou a discutir com Charlie?

Obter essas evidências, em particular, era difícil, pois Manson quase nunca dava ordens diretas. Ele costumava sugerir, em vez de mandar, embora suas sugestões tivessem a força de ordens.

Dominação. A não ser que pudéssemos provar isso além de qualquer dúvida razoável, nunca conseguiríamos obter uma condenação para Manson.

◆ ◆ ◆

À medida que os advogados de defesa solicitavam o direito de descoberta, eu os levava ao meu escritório e permitia que examinassem nossos arquivos do caso. Visto que agora Manson estava atuando como o próprio advogado, os arquivos também estavam disponíveis para ele, a única diferença sendo que eles eram transportados para a prisão do condado, onde eram examinados. Após algum tempo, por ordem do tribunal, as secretárias de nosso escritório fotocopiavam tudo em nossos arquivos, com uma cópia para cada advogado de defesa.

Apenas duas coisas foram retidas. Argumentei no tribunal: "Somos veementemente contra fornecer ao sr. Manson endereços, e, em especial, números de telefone de testemunhas em potencial, Vossa Excelência". Também me opus a disponibilizar cópias das fotos dos cadáveres; ficamos sabendo que uma revista alemã havia oferecido 100 mil dólares por elas. Eu não queria que as famílias das vítimas abrissem uma revista e vissem a terrível selvageria que fora infligida a seus entes queridos.

Com apenas essas duas exceções — o tribunal tendo decretado em nosso favor em ambos os casos —, a promotoria, por lei, entregou aos advogados de defesa tudo o que queriam e, como a ordem de descoberta é uma via de mão única, eles não nos deram *nada*. Sequer conseguimos obter uma lista das testemunhas que pretendiam convocar. Eu seguia lendo reportagens nos jornais e revistas em busca de alguma pista.

Nem mesmo isso foi tão fácil quanto parece. Muitos indivíduos que tiveram contato com a Família temiam por suas vidas. Diversos deles, incluindo Dennis Wilson, do Beach Boys, haviam recebido ameaças de morte. Como poucas fontes queriam ter seus nomes citados, as matérias costumavam usar pseudônimos. Em diversas ocasiões, segui o rastro de uma pessoa, apenas para então descobrir que já a havia entrevistado. E, em muitos casos, me deparei com ficção se passando por fato.

Uma reportagem afirmava que Manson e diversos outros membros da Família estiveram presentes em uma festa que Roman e Sharon deram no número 10050 da Cielo Drive, no começo de 1969. Assim que foi localizado, o jornalista me contou que sua fonte foi Alan Warnecke, um amigo íntimo de Terry Melcher. Quando questionei Warnecke, ele negou ter dito tal coisa. Com o tempo, reuni uma lista dos indivíduos que estiveram presentes na festa e todos que conseguimos encontrar foram entrevistados. Nenhum deles havia visto Manson ou os outros no número 10050 da Cielo Drive, nem na noite em questão, nem em qualquer outra ocasião.

Peter Maas, autor de *The Valachi Papers*, escreveu uma matéria intitulada "Os Homicídios do Caso Sharon Tate", publicada na revista *Ladies' Home Journal*. Nela, constava o seguinte parágrafo:

"'Como podemos pegar o sistema? Não dá para cantar para eles. Eu tentei isso. Tentei salvá-los, mas eles não me deram ouvidos. Agora, temos que destruí-los.' — Charlie Manson a um amigo no verão de 1969."

Essa era uma evidência poderosa, se fosse verdade, e eu estava ansioso para encontrar a fonte da citação de Maas.

Depois de pelo menos uma dezena de telefonemas, localizei Maas na cidade de Nova York. Quando solicitei as fontes de diversas outras declarações, ele as forneceu sem demora. Contudo, em se tratando da citação-chave mencionada acima, a qual a revista tinha considerado apropriado destacar em itálico na primeira página da reportagem, Maas disse que não conseguia se lembrar de quem havia lhe dito aquilo.

Riscar da lista outra pista aparentemente promissora.

No dia 9 de agosto de 1968, exatamente um ano antes dos homicídios do caso Tate, Gregg Jakobson havia marcado uma gravação para Manson em um estúdio em Van Nuys. Fui até lá para ouvir as fitas, que agora estavam nas mãos de Herb Weiser, um advogado de Hollywood que representava o estúdio.

Minha avaliação reconhecidamente não profissional foi de que Manson não era pior do que muitos artistas que estavam na moda na época.[1] No entanto, as habilidades musicais de Charlie não eram minha principal preocupação. Tanto Atkins quanto DeCarlo relataram que as palavras "helter skelter" apareciam em pelo menos uma das canções do próprio Manson. Eu havia perguntado aos dois: "Você tem certeza de que ele não estava simplesmente tocando a música 'Helter Skelter', dos Beatles?". Não, cada um tinha respondido; aquela era uma composição original de Charlie. Se eu conseguisse encontrar "helter skelter", "porco", "morte aos porcos" ou "rebelem-se" em alguma de suas letras, essas seriam sólidas provas circunstanciais.

Sem sorte.

1 Um especialista em música folk mais tarde ouviu as fitas e considerou as canções "extremamente derivativas". De suas anotações: "Em algum momento, Manson capturou uma linha de violão muito boa. Nada original a respeito da música. Mas as letras são outra história. Elas contêm um teor bastante alto de hostilidade ('Você vai ter o que merece' etc.). Isso é raro na música folk, exceto em baladas sobre assassinatos, mas, mesmo nesses casos, o tempo verbal passado é sempre usado. Nas letras de Manson, essas são coisas que *irão acontecer*. Muito assustador. Conclusão geral: um amador com um talento moderado".

◆ ◆ ◆

Pareceu, durante algum tempo, que teríamos mais sorte com a extradição de Watson. No dia 5 de janeiro, após uma audiência em Austin, o secretário de Estado do Texas, Martin Dies Jr., decretou que Watson fosse levado de volta à Califórnia. Boyd voltou a McKinney e entrou com um habeas corpus, enviado ao juiz Brown, solicitando que a ordem de Dies fosse anulada. No dia 16 de janeiro, Brown outorgou um adiamento de trinta dias para o pedido de Boyd. Tex permaneceu no Texas.

Em Los Angeles, Linda Kasabian se apresentou em sua audiência de acusação no dia 6 e se declarou "inocente". Naquele mesmo dia, o advogado Marvin Part solicitou que um psiquiatra designado pelo tribunal examinasse sua cliente, Leslie Van Houten. O juiz Keene designou o dr. Blake Skrdla, que redigiria um relatório confidencial para Part. Antes disso, Part havia solicitado e recebido permissão para gravar uma entrevista com Leslie. Embora a promotoria não fosse ouvir a fita, nem ler o relatório, era bastante seguro supor que Part, assim como Barnett, seu predecessor, estava considerando entrar com uma alegação de insanidade mental.

Não tivemos de esperar muito pela reação de Manson: no dia 19, Leslie solicitou que Part fosse desobrigado de seus deveres como seu advogado e Ira Reiner foi designado em seu lugar.

Devido à natureza possivelmente sensível de seu testemunho, o juiz George M. Dell decidiu ouvir a questão em seu gabinete, longe da presença do público e da imprensa.[2]

Part se opôs à substituição, argumentando que Leslie Van Houten era mentalmente incapaz de tomar uma decisão racional. "Essa garota irá fazer qualquer coisa que Charles Manson ou qualquer outro membro dessa suposta Família Manson mandar. [...] Essa garota não tem mais nenhuma vontade própria. [...] Devido a esse controle que Charles Manson e a Família exercem sobre ela, a srta. Van Houten não se importa se será julgada com os outros e ser sentenciada à câmara de gás, ela só quer ficar com a Família."

A nomeação de Reiner, alegou Part, constituiria um conflito de interesses, um que, com certeza, iria prejudicar a srta. Van Houten.

2 As transcrições dos procedimentos conduzidos no gabinete permaneceram seladas até a conclusão do julgamento. Apesar de ter havido vazamentos ocasionais, em grande parte dos casos esses procedimentos serão relatados aqui pela primeira vez.

Part contou ao tribunal como a troca havia acontecido. Cerca de uma semana antes, Squeaky tinha visitado Leslie. Ainda que o advogado também estivesse presente, Squeaky havia dito a ela: "*Nós* achamos que você precisa de outro advogado", mostrando-lhe, em seguida, um cartão de Reiner. Leslie havia respondido: "Vou fazer qualquer coisa que Charlie queira que eu faça". Alguns dias depois, Leslie (1) se recusou a ser examinada pelo psiquiatra e (2) informou Part que ele não era mais seu advogado, mas que Reiner iria substituí-lo.

Part queria que o juiz Dell ouvisse a gravação da entrevista que ele havia conduzido com Leslie. Certo de que, após ouvi-la, o Tribunal iria se dar conta de que Leslie Van Houten era incapaz de agir de acordo com seus melhores interesses.

Ficou óbvio então que Part acreditava que um julgamento conjunto e uma defesa "unificada" prejudicariam sua cliente. Os outros réus foram acusados de sete homicídios, Leslie de apenas dois. E as evidências contra ela eram fracas. "Até onde sei", disse Part, referindo-se à declaração de Dianne Lake que ele tinha recebido por meio da ordem de descoberta, "tudo o que ela fez foi talvez esfaquear alguém que já estava morto."

O juiz Dell em seguida questionou Ira Reiner, que admitiu ter conversado com Manson "cerca de uma dúzia de vezes". Também admitiu que Manson foi uma entre as diversas pessoas que haviam sugerido que ele representasse Leslie. No entanto, ele nunca havia de fato representado Manson, e só tinha ido visitar a srta. Van Houten depois de receber dela um pedido por escrito.

O juiz Dell entrevistou Leslie longe da presença dos dois advogados. Ela permaneceu firme em sua decisão: queria Reiner.

Part, literalmente, implorou que o juiz Dell ouvisse a gravação que ele tinha feito com Leslie, dizendo: "Essa garota é insana de um modo que quase chega a ser algo saído da ficção científica".

O juiz Dell disse que preferia não ouvir a fita. Ele estava preocupado com apenas uma questão: se o estado mental da srta. Van Houten lhe permitia fazer uma troca de advogados de modo inteligente. Para determinar isso, ele designou três psiquiatras para ouvir a gravação e examinar Leslie, o relatório confidencial redigido por eles, naquela única ocasião, a ser entregue diretamente a ele.

◆ ◆ ◆

O próprio Manson se apresentou diante do juiz Dell no dia 17 de janeiro.

MANSON: "Tenho uma petição aqui — é uma petição estranha — provavelmente nunca houve uma petição como esta antes..."

TRIBUNAL: "Vamos ver."

Depois de o examinar, o juiz teve que concordar: "Com certeza este é um documento interessante".

"Charles Manson, também conhecido como Jesus Cristo, Prisioneiro", auxiliado por seis outros *pro pers*, que se autointitulavam "A Família da Alma Infinita, S.A.", havia apresentado um pedido de habeas corpus em nome de Manson-Cristo, alegando que o delegado o estava privando de sua liberdade espiritual, mental e física de uma maneira inconstitucional, em desacordo com as leis do homem ou de Deus, e solicitando sua liberação imediata.

O juiz Dell rejeitou a petição.

MANSON: "Vossa Excelência, por trás das palavras complicadas e toda a confusão e togas, você esconde a verdade."

TRIBUNAL: "Não de maneira intencional."

MANSON: "Tipo, às vezes eu me pergunto se você sabe o que está acontecendo."

TRIBUNAL: "Às vezes eu me pergunto a mesma coisa, sr. Manson. Confesso que existe uma pequena falta de autoconfiança. [...] Ainda assim, nós, de togas pretas, também fazemos nosso trabalho."

Manson solicitou uma grande quantidade de itens — um gravador, uso ilimitado ao telefone e assim por diante —, os quais ele afirmou que tanto a delegacia quanto a procuradoria-geral estavam lhe negando. Dell o corrigiu.

TRIBUNAL: "O promotor está disposto a ir ainda mais longe do que o delegado, de fato."

MANSON: "Bom, eu ia pedir a ele que cancelasse a coisa toda. Isso evitaria muita dor de cabeça."

TRIBUNAL: "E desapontar todas essas pessoas? Jamais, sr. Manson."

Quando voltou a se apresentar diante do juiz Dell, no dia 28, Manson ainda estava reclamando das limitações de seus privilégios como *pro per*. Por exemplo, ele queria entrevistar Robert Beausoleil, Linda Kasabian e Sadie Mae Glutz, mas seus advogados não permitiram. O juiz Dell o informou que eles tinham esse direito.

MANSON: "Recebi uma mensagem de Sadie. Ela me disse que o promotor a tinha obrigado a dizer o que disse."

Manson estava fazendo joguinhos para a imprensa, certo de que eles iriam captar a acusação, e foi o que fizeram. Foi quase como telefonar para Susan e lhe dizer como se retratar.

Aaron apresentou nosso blefe, afirmando que o Povo estava pronto para ir a julgamento.

Manson, para nosso alívio, queria mais tempo.

O juiz Dell designou o juiz William Keene para o caso e outorgou um adiamento até 9 de fevereiro, data em que o início do julgamento seria marcado.

Nosso alívio foi verdadeiro. O caso não apenas continuava fraco, como Aaron e eu não conseguíamos concordar quanto à motivação dos crimes.

A promotoria não tem o ônus legal de provar o motivo, mas ele é uma evidência bastante importante. Um júri quer saber o porquê. Assim como demonstrar que um réu teve uma motivação para cometer um crime é prova circunstancial de culpa, a ausência de um motivo também é uma prova circunstancial de sua inocência.

Naquele caso, ainda mais do que na maioria dos outros, provar o motivo era importante, visto que esses assassinatos aparentavam ser completamente irracionais. Era duas vezes mais importante no caso de Manson, uma vez que ele não esteve presente quando os homicídios foram cometidos. Se pudéssemos provar ao júri que Manson, e apenas Manson, tinha um motivo para esses assassinatos, então essa seria uma prova circunstancial poderosa de que ele também foi o mandante.

Aaron e eu éramos amigos há muito tempo. Tínhamos desenvolvido um respeito mútuo que nos permitia dizer exatamente o que sentíamos e, muitas vezes, nossas discussões eram acaloradas. Essa não foi diferente. Aaron achava que devíamos argumentar que o motivo tinha sido roubo. Eu rebati, com bastante franqueza, que achava que sua teoria era ridícula. O que havia sido roubado? Setenta e poucos dólares de Abigail Folger, a carteira de Rosemary LaBianca (a qual tinham abandonado, com o dinheiro intacto), talvez uma sacola com moedas e uma caixinha de achocolatado. Só isso. Até onde sabíamos, nada mais tinha sido levado das duas casas. Não havia, os relatórios policiais reiteravam, nenhuma evidência de saque ou roubo. Itens que valiam milhares de dólares, ainda que estivessem em plena vista, foram deixados para trás.

Como um motivo alternativo, Aaron sugeriu que Manson talvez estivesse tentando juntar dinheiro suficiente para pagar a fiança de Mary Brunner, mãe de seu filho, que havia sido presa na tarde de 8 de agosto por usar um cartão de crédito roubado. Outra vez banquei o advogado do diabo. Sete homicídios, cinco em uma noite, dois na seguinte; 169 ferimentos à faca; palavras escritas com o sangue das próprias vítimas; uma faca enfiada na garganta de uma das vítimas, um garfo em sua barriga, a palavra GUERRA entalhada em sua barriga — tudo isso por uma fiança de 625 dólares?

Não era como se não tivéssemos um motivo. Embora Aaron e o LAPD discordassem de mim, eu acreditava que tínhamos um. Só que era quase inacreditavelmente bizarro.

Quando a entrevistei no dia 4 de dezembro, Susan Atkins me contou: "A coisa toda tinha sido feita para instilar medo no sistema e causar paranoia. E para mostrar ao homem negro como dominar o homem branco". Isso, disse ela, seria o começo do "Helter Skelter", o qual, quando a questionei diante do grande júri no dia seguinte, ela definiu como "a última guerra na face da Terra. Seriam todas as guerras que já foram travadas empilhadas uma em cima da outra...".

"Teve um suposto motivo por trás disso tudo", escreveu Susan para Ronnie Howard. "Foi para instilar medo nos porcos e trazer o dia do juízo final que agora está aqui para todos."

Dia do Juízo Final, Armagedom, Helter Skelter — para Manson, era tudo a mesma coisa, um holocausto racial que garantiria que o homem negro emergisse triunfante. "O carma está virando, é a vez do negro ficar no topo." Danny DeCarlo afirmou que Manson pregava isso sem parar. Até mesmo um estranho quase completo como o motociclista Al Springer, que visitou o rancho Spahn algumas poucas vezes, me contou que achava que "helter skelter" deviam ser as "palavras de estimação" de Charlie, de tanto que as usava.

Que Manson previsse uma guerra entre os negros e os brancos não era algo espantoso. Muitas pessoas acreditavam que tal confronto poderia acontecer algum dia. O que *era* espantoso era o fato de ele estar convencido de que poderia ser o responsável por iniciar essa guerra — que, ao fazer parecer com que os negros haviam assassinado sete vítimas caucasianas, ele poderia virar a comunidade branca contra a comunidade negra.

Sabíamos que havia pelo menos um motivo secundário para os homicídios do caso Tate. Como Susan Atkins relatou na gravação feita por Caballero: "O motivo de Charlie ter escolhido aquela casa foi para instilar medo em Terry Melcher, porque Terry nos tinha feito algumas promessas e nunca as cumpriu". Mas era óbvio que esse não era o motivo principal, pois, de acordo com Gregg Jakobson, Manson sabia que Melcher não estava mais morando no número 10050 da Cielo Drive.

Todas as evidências reunidas até então, eu acreditava, apontavam para um motivo primário: Helter Skelter. Era exagerado, mas os homicídios em si também o tinham sido. Era reconhecidamente bizarro, mas desde o primeiro momento em que fui designado para o caso, acreditava que, para assassinatos tão bizarros quanto aqueles, o próprio motivo teria que ser quase tão estranho quanto, não algo que poderia ser encontrado nas páginas de um livro didático sobre ciência policial.

O júri nunca acreditaria nessa história de Helter Skelter, afirmou Aaron, sugerindo que apresentássemos algo que eles fossem capazes de compreender. Respondi que não pensaria duas vezes em abandonar a teoria do Helter Skelter se ele pudesse encontrar outro motivo em meio às evidências.

Aaron, contudo, tinha razão. O júri nunca aceitaria o Helter Skelter, não na situação em que estávamos. Faltavam ainda muitas peças, e um elo importantíssimo.

Supondo que Manson de fato acreditasse que era capaz de começar uma guerra racial com aquelas ações, o que ele, Charlie Manson, ganharia com isso?

Para isso eu não tinha uma resposta. E, sem ela, o motivo não fazia sentido.

"Sempre no Agora pensar. Não há tempo para olhar para trás. Não há tempo para o explicar." Essa rima foi repetida em quase todas as cartas que Sandy, Squeaky, Gypsy e Brenda enviaram para os réus. Seu significado era óbvio: não diga nada a eles.

Por meio de uma torrente de cartas, telegramas e tentativas de visitas, as garotas de Manson procuraram fazer com que Beausoleil, Atkins e Kasabian descartassem seus advogados atuais, repudiassem qualquer declaração incriminadora que possam ter feito e se dedicassem a uma defesa unida.

Apesar de Beausoleil concordar que "a coisa toda depende de a Família permanecer unida em suas ideias e não se desintegrar e começar a depor contra si mesma", decidiu, "eu vou manter meu advogado atual".

Bobby Beausoleil sempre foi um tanto independente. Mais "bem-apessoado" do que bonito (as garotas o tinham apelidado de "Cupid", cupido"), Beausoleil tivera pequenos papéis em diversos filmes, escrevera canções, formara uma banda de rock e tivera o próprio harém, tudo antes de conhecer Manson. Leslie, Gypsy e Kitty tinham vivido com Bobby antes de se juntarem a Charlie.

Beausoleil pediu que Squeaky e as outras não o visitassem com tanta frequência. Elas estavam tomando todos os seus horários de visita, quando a pessoa que ele de fato queria ver era Kitty, que estava prestes a dar à luz seu filho, em menos de um mês.

Beausoleil não era o único sendo pressionado. Sem Susan Atkins, a promotoria não tinha um caso contra Manson, e ele sabia disso. Os integrantes da Família telefonavam para Richard Caballero a qualquer hora do dia ou da noite. Quando a bajulação não funcionou, eles tentaram fazer ameaças. Mais por pressão da própria cliente do que deles, Caballero por fim cedeu e permitiu que algumas das garotas de Manson — ainda que não o próprio Manson — visitassem Susan.

Isso foi, na melhor das hipóteses, uma manobra para causar atrasos. A qualquer momento, Susan poderia insistir em ver Charlie, e Caballero seria incapaz de impedir isso. Depois que a história de Susan foi publicada no *Los Angeles Times*, pequenos cartazes apareceram nas paredes do Sybil Brand, com os dizeres: "SADIE GLUTZ É UMA DEDO-DURO". Isso deixou Susan bastante transtornada. E a cada vez que isso acontecia, a balança parecia pender um pouco mais para o lado de Manson.

Manson também estava ciente de que caso Susan Atkins se recusasse a testemunhar no julgamento, nossa única esperança seria Linda Kasabian. Algum tempo depois, o advogado de Linda, Gary Fleischman, se recusou a ver Gypsy, de tão persistentes que suas visitas tinham se tornado. Caso Linda não testemunhasse, Gypsy lhe disse em inúmeras ocasiões, todos iriam se safar. Fleischman, certa vez, chegou a levá-la consigo quando foi ver sua cliente. Gypsy disse a Linda — na presença de diversas pessoas — que ela deveria mentir e dizer que nas noites dos homicídios dos casos Tate e LaBianca ela sequer tinha saído do rancho Spahn, mas que havia ficado com ela na cachoeira. Gypsy prometeu confirmar sua história.

Se eu pudesse escolher entra Susan e Linda como testemunha principal para a promotoria, optaria por Linda: ela não tinha matado ninguém. Mas, na pressa de levar o caso ao grande júri, fizemos o acordo com Susan e, gostássemos ou não, estávamos presos a ele. A não ser que Susan desse para trás.

Ainda assim, isso apresentava seus próprios problemas. Se Susan não testemunhasse, precisaríamos de Linda, mas sem o depoimento de Susan, não teríamos nenhuma prova contra Linda, então o que poderíamos oferecer a ela? Fleischman queria imunidade para sua cliente, contudo, do ponto de vista de Linda, seria melhor ser julgada e inocentada do que obter imunidade, testemunhar contra Manson e os outros, e correr o risco de sofrer represálias da Família.

Estávamos muito preocupados, e isso ficou evidente em um telefonema que fiz. Depois que Manson foi indiciado pelos homicídios do caso Tate-LaBianca, as autoridades do condado de Inyo retiraram as acusações de incêndio criminoso contra ele, apesar de terem um caso sólido. Telefonei para Frank Fowles e pedi para que reapresentasse as acusações, o que ele fez no dia 6 de fevereiro. A esse ponto, estávamos apavorados com a possibilidade de que Manson pudesse ser libertado.

Fevereiro de 1970

Parecia inconcebível que uma pessoa acusada de assassinato em massa pudesse emergir como um herói da contracultura. Mas, para alguns, Charles Manson havia se tornado uma causa.

Pouco antes de passar à clandestinidade, Bernardine Dohrn disse em uma convenção dos Students for a Democratic Society (Estudantes por uma Sociedade Democrática): "Apagar aqueles porcos ricos com os próprios garfos e facas e depois fazer uma refeição no mesmo cômodo, que demais! Os Homens do Tempo curtem Charles Manson".[3]

O jornal underground *Tuesday's Child*, que se autodeclarava "voz dos Yippies", um grupo de hippies radicais, atacou seu concorrente, o *Los Angeles Free Press*, por proporcionar a Manson muita publicidade. Após isso, publicou uma foto dele na primeira página com uma faixa nomeando-o HOMEM DO ANO; a capa da edição seguinte apresentava Manson em uma cruz.

Pôsteres e agasalhos de Manson apareceram em lojas psicodélicas, juntamente a broches que diziam SOLTEM MANSON.

Gypsy e outros porta-vozes da Família foram a programas de entrevistas nas rádios noturnas para tocar as canções de Charlie e censurar a promotoria por "incriminar um homem inocente".

Estendendo seus privilégios *pro per* ao limite, o próprio Manson concedeu diversas entrevistas à imprensa clandestina. Assim como também foi entrevistado por telefone, direto da prisão do condado, por inúmeras estações de rádio. E sua lista de visitas agora incluía, entre as "testemunhas materiais", alguns nomes conhecidos.

"Eu me apaixonei por Charlie Manson na primeira vez em que vi seu rosto de querubim e seus olhos brilhantes na TV", exclamou Jerry Rubin. Em uma turnê de palestras durante um recesso do julgamento dos Sete de Chicago, Rubin visitou Manson na prisão, levantando a possibilidade de que Manson estivesse considerando o uso de táticas disruptivas durante o seu próprio julgamento. De acordo com Rubin, Charlie falou sem parar por três horas, dizendo-lhe, entre outras coisas: "Rubin, eu não vim do seu mundo. Passei a vida toda na prisão. Quando criança fui um órfão e era feio demais para ser adotado. Agora sou bonito demais para ser solto".

3 Bernardine Dohrn foi uma professora de Direito e líder de uma militância de extrema esquerda chamada Weather Underground, conhecida a princípio como Weathermen, que significa "meteorologistas" ou "homens do tempo". [NT]

"Suas palavras e coragem nos inspiraram", Rubin escreveu mais tarde. "A alma de Manson é tão fácil de ser tocada porque jaz bem à mostra na superfície."[4]

Ainda assim, Charles Manson — mártir revolucionário — era uma imagem difícil de manter. Rubin admitiu ter ficado irritado com o "inacreditável chauvinismo masculino" de Manson. Um repórter do *Free Press* ficou surpreso ao descobrir que Manson era contra tanto os judeus quanto os negros. E quando um entrevistador tentou sugerir que Manson era um prisioneiro político como Huey Newton, Charlie, evidentemente perplexo, perguntou: "Quem é ele?".

Até então, os pró-mansonitas pareciam ser uma minoria pequena, ainda que vociferante. Se as reportagens nos jornais e na TV estivessem corretas, a maioria dos jovens que a imprensa havia agrupado sob o rótulo "hippies" repudiava Manson. Muitos afirmavam que as coisas que ele defendia, tal como violência, iam diretamente de encontro às suas crenças. E muitos outros estavam amargurados pela culpa por associação. Era quase impossível conseguir caronas, um jovem contou a um repórter do *New York Times*. "Se você é jovem, tem barba, ou até mesmo cabelos compridos, os motoristas te olham como se você fosse um 'louco cultista assassino' e metem o pé no acelerador."

A ironia era que Manson nunca se considerou um hippie, comparando o pacifismo desse grupo com fraqueza. Se os membros da Família precisavam ser rotulados, contou aos seus seguidores, ele preferia chamá-los de "slippies" — "escorregadios" —, um termo que, no contexto de suas missões furtivas, não deixava de ser apropriado.

O mais assustador era que a própria Família estava crescendo. O grupo no rancho Spahn tinha aumentado de modo significativo. A cada vez que Manson se apresentava no tribunal, eu avistava novos rostos entre os membros conhecidos da Família.

Podia-se supor que muitos dos novos "convertidos" eram caçadores de emoções, atraídos como mariposas pelo brilho da publicidade. O que não sabíamos, contudo, era o quão longe eles iriam para ganhar atenção ou aceitação.

◆ ◆ ◆

4 *We Are Everywhere*, de Jerry Rubin (Nova York: Harper & Row, 1971).

Leslie Van Houten era legalmente sã, o juiz Dell decretou no dia 6 de fevereiro, baseando sua decisão nos relatórios confidenciais dos três psiquiatras, e outorgando sua petição para uma substituição de advogados.

Naquele mesmo dia no tribunal, Manson, de maneira inesperada, desafiou nosso blefe: "Vamos marcar um julgamento para uma data antecipada. Vamos começar amanhã ou na segunda. Esse é um bom dia para um julgamento". Keene marcou o início do julgamento para o dia 30 de março, a data já designada para Susan Atkins. Isso nos dava um pouco mais de tempo, mas nem de perto o suficiente.

No dia 16 de fevereiro, Keene ouviu a petição de Manson por uma troca de local. "Sabe, tem mais publicidade envolvendo isso, muito mais, do que o cara que matou o presidente dos Estados Unidos", disse Manson. "Sabe, as coisas estão ficando tão fora de proporção que para mim isso é uma piada, mas na verdade a piada pode me custar a vida."

Embora os outros advogados de defesa mais tarde viessem a submeter petições semelhantes, argumentando que seria impossível que seus clientes tivessem julgamentos justos em Los Angeles devido à grande publicidade anterior ao julgamento, Manson não debateu isso com muita insistência. A petição era na verdade "trivial", disse, porque "parece que o julgamento não pode ser realizado em lugar nenhum".

Embora tivesse discordado da alegação de Manson de que ele não conseguiria ter um julgamento justo, Keene observou, ao negar a petição, que "uma mudança de local, mesmo que outorgada, seria ineficiente".

Essa também era a opinião da promotoria. Era improvável que houvesse algum lugar na Califórnia, ou em qualquer lugar dos Estados Unidos, onde a publicidade não tivesse chegado.

A cada moção apresentada pela defesa — e haveria centenas delas antes do fim do julgamento — a promotoria tinha que estar preparada para reagir. Apesar de Aaron e eu compartilharmos os argumentos verbais, eu preparava as minutas, muitas das quais exigiam extensas pesquisas jurídicas. Tudo isso somado às pesadas responsabilidades investigativas que eu tinha assumido.

Ainda assim, essas últimas obrigações me rendiam satisfações especiais. No início de fevereiro, ainda existiam lacunas enormes em nosso caso, grandes áreas onde não tínhamos quase nenhuma informação. Por exemplo, eu ainda não compreendia qual era a motivação de Charles Manson.

No final do mês, eu não apenas tinha isso, como muito mais. Pois àquela altura eu entendi, pela primeira vez, o motivo de Manson — a razão pela qual ele ordenou aqueles assassinatos.

◆ ◆ ◆

Raramente entrevisto uma testemunha apenas uma vez. Com frequência, a quarta ou quinta entrevista costuma extrair algo que antes havia sido esquecido ou considerado insignificante, que, no contexto apropriado, pode se mostrar vital para o caso.

Quando entrevistei Gregg Jakobson diante do grande júri, minha principal preocupação fora estabelecer uma ligação entre Manson e Melcher.

Ao entrevistar o caça-talentos outra vez, fiquei surpreso ao descobrir que, desde que tinha conhecido Manson na casa de Dennis Wilson no começo do verão de 1968, Jakobson tivera mais de cem longas conversas com Charlie, em grande parte sobre a filosofia de Manson. Um jovem inteligente, que de tempos em tempos flertava com o estilo de vida hippie, Gregg nunca havia se juntado à Família, apesar de ter visitado Manson com frequência no rancho Spahn. Além de ver em Manson certas possibilidades comerciais, Jakobson o considerava "intelectualmente estimulante", e costumava compartilhar sua boa impressão com outras pessoas, como Rudi Altobelli, o proprietário do número 10050 da Cielo Drive, que tinha sido senhorio tanto de Terry Melcher quanto de Sharon Tate.

Fiquei surpreso com a ampla variedade de pessoas que Manson conhecia. Charlie era um camaleão, disse Gregg; ele costumava professar que "possuía mil faces e que usava todas elas — ele me contou que tinha uma máscara para cada pessoa".

Incluindo o júri?, eu me perguntei, percebendo que, se Manson colocasse a máscara do hippie amante da paz no julgamento, eu poderia usar o comentário de Gregg para desmascará-lo.

Perguntei a Gregg o motivo de Manson acreditar ser necessário usar máscaras.

R: "Para que pudesse lidar com todos de igual para igual, desde os empregados do rancho, às garotas na Sunset Strip, a mim."

Eu estava curioso para saber se Manson tinha um rosto "verdadeiro". Gregg achava que sim. Por baixo de tudo, ele tinha crenças resolutas. "Era raro encontrar um homem que acreditava em suas convicções com tanto vigor quanto Charlie... que não podia ser persuadido."

Quais eram as fontes das crenças de Manson?, perguntei.

Charlie raramente dava crédito para outra pessoa por sua filosofia, se é que alguma vez o fazia, respondeu Gregg. Contudo, era evidente que Charlie não tinha problemas em pegar emprestado.

Manson alguma vez tinha mencionado a cientologia ou The Process?

The Process (O Processo), também conhecido como Church of the Final Judgement (Igreja do Juízo Final), era um culto muito estranho. Liderado por um certo Robert De Grimston (nome verdadeiro: Robert Moor) — que, assim como Manson, era um ex-cientologista —, seus membros adoravam tanto Satanás quanto Jesus Cristo. Eu tinha acabado de começar a investigar o grupo, agindo com base em uma matéria em um jornal que indicava que Manson poderia ter sido influenciado por eles.

Entretanto, Jakobson afirmou que Manson nunca havia mencionado nem a cientologia nem o The Process. O próprio Gregg nunca tinha ouvido falar desse último.

Charlie alguma vez citou alguém?, perguntei a Gregg.

Sim, respondeu ele: "Os Beatles e a Bíblia". Manson citava, palavra por palavra, letras inteiras de músicas dos Beatles, encontrando nelas uma abundância de significados ocultos. Quanto à Bíblia, ele citava com mais frequência Apocalipse 9. Em ambos os casos, costumava usar as citações para sustentar as próprias opiniões.

Ainda que estivesse muito interessado nessa estranha combinação, e depois viesse a questionar Gregg a respeito disso com maior profundidade, eu queria saber mais sobre as crenças e atitudes pessoais de Manson.

P: "O que Manson dizia, se é que dizia alguma coisa, sobre o certo e o errado?"

R: "Ele acreditava que não era possível fazer algo errado, algo ruim. Tudo era bom. O que quer que você faz é o que você deve fazer; você está seguindo seu próprio carma."

O mosaico filosófico começou a tomar forma. O homem que eu estava tentando condenar não tinha limitações morais. Não era como se ele fosse imoral, mas completamente amoral. E uma pessoa assim é sempre perigosa.

P: "Ele disse que era errado matar um ser humano?"

R: "Ele disse que não era."

P: "Qual era a filosofia de Manson a respeito da morte?"

R: "Não havia morte, de acordo com a maneira de Charlie pensar. A morte era apenas uma mudança. A alma ou espírito não morre. [...] Era sobre isso que costumávamos discutir o tempo todo: o objetivo e o subjetivo, e a união dos dois. Ele acreditava que tudo estava na mente, que tudo era subjetivo. Dizia que a morte era o medo que nascia na mente do homem e que podia ser retirada de lá, e então não mais existiria.

"Para o Charlie, a morte", acrescentou Gregg, "não era mais importante do que tomar uma casquinha de sorvete."

Apesar disso, certa vez, Jakobson havia atropelado uma tarântula no deserto, e Manson, irritado, o repreendeu. Assim como havia censurado outros por matarem cascavéis, colher flores, até mesmo por pisarem em uma folha de grama. Para Manson, matar um ser humano não era errado, mas matar um animal ou uma planta, sim. Contudo, também dizia que nada era errado; tudo que acontecia era certo.

Ao que parece, o fato de a filosofia de Manson ser repleta de contradições não incomodava muito, se é que chegava a incomodar, seus seguidores. Manson dizia que cada pessoa devia ser independente, mas toda a Família dependia dele. Afirmava que não podia dizer a ninguém o que fazer, que eles deviam "fazer o que seu amor lhes mandar", mas também lhes dizia, "eu sou seu amor", e seus desejos se tornavam os deles.

Perguntei a Gregg sobre a atitude de Manson em relação às mulheres. Estava especificamente interessado nisso por conta das rés.

As mulheres tinham apenas dois propósitos na vida, Charlie dizia: servir os homens e dar à luz filhos. No entanto, ele não permitia que as garotas da Família criassem os próprios filhos. Se fizessem isso, alegava Charlie, elas lhes passariam as próprias neuroses. Ele acreditava que, se pudesse eliminar os laços criados pelos pais, escolas, igrejas e sociedade, poderia desenvolver "uma raça branca forte". Assim como Nietzsche, que Manson alegava ter lido, Charlie "acreditava em uma raça suprema".

"De acordo com Charlie", continuou Gregg, "as mulheres eram apenas tão boas quanto seus homens. Eram apenas um reflexo de seus homens, remontando aos seus pais. Uma mulher era um acúmulo de todos os homens de quem tinha sido próxima."

Então por que havia tantas mulheres na Família?, perguntei; havia pelo menos cinco garotas para cada homem.

Era apenas por meio das mulheres, disse Gregg, que Charlie conseguia atrair os homens. Eles representavam poder, força. Mas Manson precisava das mulheres para atrair os homens para a Família.

Como fiz com outros entrevistados, pedi a Gregg que me desse exemplos do domínio de Manson. Ele me contou um dos melhores que havia ouvido até então: relatou ter jantado com a Família em três ocasiões. Em cada uma delas, Manson se sentou sozinho em cima de uma grande rocha, com os outros integrantes da Família sentados no chão em um círculo ao seu redor.

P: "Tex Watson alguma vez subiu na rocha?"

R: "Não, claro que não."

P: "Mais alguém da Família chegou a subir nela?"

R: "Só o Charlie."

Eu precisava de muitos, muitos outros exemplos como esse, para que, quando os apresentasse no julgamento, o júri fosse levado à irresistível conclusão de que Manson tinha total controle sobre seus seguidores, e, em especial, sobre seus corréus, que nem em um milhão de anos teriam cometido aqueles assassinatos sem sua liderança, instruções e ordens.

Questionei Gregg a respeito das ambições de Manson. "Charlie queria ser um músico profissional de sucesso", contou ele. "Não tanto como uma maneira de ganhar dinheiro, mas para espalhar sua palavra para o público. Ele precisava de pessoas para morarem com ele, para fazerem amor, para libertarem a raça branca."

Qual era a atitude de Manson em relação aos negros?

Gregg respondeu que Charlie "acreditava que havia diferentes níveis em se tratando de raças, e o homem branco ocupava um nível mais alto do que o negro". Esse era o motivo pelo qual ele se opunha tanto ao sexo inter-racial; "você estaria interferindo na trajetória da evolução, estaria misturando sistemas nervosos, o menos evoluído com o mais evoluído".

Segundo Jakobson: "Charlie acreditava que o único propósito do homem negro na Terra era servir o homem branco. Ele devia atender às necessidades do homem branco". Mas o pretinho estivera por baixo por tempo demais, disse Charlie. Agora era a vez dele de tomar as rédeas do poder. Era disso que se tratava o Helter Skelter, a revolução do negro e do branco.

Gregg e eu viríamos a conversar sobre isso em mais de meia dúzia de ocasiões. O que antes tinha sido apenas fragmentos, punhados, agora começava a se encaixar.

A imagem que emergiu com o tempo, contudo, era tão incrivelmente bizarra a ponto de ser quase inacreditável.

Existe uma sensibilidade especial que você desenvolve ao longo de anos entrevistando pessoas. Quando alguém está mentindo ou não está contando tudo o que sabe, você costuma sentir.

Ao entrevistá-lo outra vez, fiquei convencido de que Terry Melcher estava escondendo algo. Não havia tempo para agir com cautela. Disse a Terry que queria conversar com ele de novo, só que dessa vez ele deveria estar acompanhado de seu advogado, Chet Lappen. Quando nos encontramos no escritório de Lappen no dia 17, fui bastante direto com ele: "Você não está sendo sincero comigo, Terry. Está escondendo alguma coisa. O que quer que seja, alguma hora isso virá à tona. Seria muito melhor se me contasse agora do que ter a defesa nos pegando de surpresa durante o interrogatório".

Terry hesitou por alguns minutos, então decidiu me contar.

No dia seguinte à notícia do envolvimento de Manson nos homicídios do caso Tate, Terry tinha recebido um telefonema de Londres. A pessoa que lhe telefonou foi Rudi Altobelli, o proprietário do número 10050 da Cielo Drive. Rudi havia lhe contado, em segredo, que em um dia em março de 1969, enquanto estava tomando banho na casa de hóspedes, Manson tinha batido à porta. Manson alegou estar procurando por Terry, que havia se mudado alguns meses antes, mas Altobelli, que era o gerente comercial bem-sucedido de muitas estrelas de teatro, suspeitava que Manson, na verdade, estivera procurando por ele, uma vez que Manson tinha mudado o rumo da conversa para a própria música e suas canções. De maneira bastante sutil, Altobelli tinha deixado claro que não estava interessado, e Manson acabou indo embora.

Na casa de hóspedes! "Terry", disse eu, "por que você não me contou isso antes?"

"Não tinha certeza de que era relevante."

"Meu Deus, Terry, isso coloca Manson dentro do terreno da residência de Tate. Como você bem sabe, para chegar à casa de hóspedes, ele primeiro teria que ter passado pela casa principal. Isso significa que Manson estava familiarizado com a planta da casa e da propriedade. Não sei o que poderia ser *mais* relevante. Onde Altobelli está agora?"

"Cidade do Cabo, África do Sul", respondeu Melcher com relutância. Depois de verificar sua agenda, ele me passou o número de telefone do hotel onde Altobelli estava hospedado.

Telefonei para a Cidade do Cabo. O sr. Altobelli tinha acabado de fechar a conta do hotel, sem ter informado o endereço de seu próximo destino. No entanto, Terry me contou que Rudi estava planejando voltar em breve e ficar alguns dias em Los Angeles.

"Quero ser informado no segundo em que ele colocar os pés em L.A.", disse a ele. Como salvaguarda, espalhei minhas próprias solicitações, pedindo que outras pessoas que conheciam Altobelli entrassem em contato comigo se o vissem ou tivessem notícias dele.

No mesmo dia em que conversei com Melcher, metade dos nossos problemas com a extradição foi resolvida: Patricia "Katie" Krenwinkel abriu mão de procedimentos adicionais e pediu para ser transferida para a Califórnia imediatamente. Quando se apresentou pela primeira vez no tribunal, no dia 24, solicitou que Paul Fitzgerald, da Defensoria Pública, fosse seu advogado. Fitzgerald disse ao juiz que, salvo um possível conflito de interesses, seu escritório estaria disposto a representá-la.

Na verdade, havia dois possíveis conflitos de interesse: A Defensoria Pública já estava representando Beausoleil no caso do homicídio de Hinman, e Fitzgerald tinha representado Manson previamente, ainda que por um breve período, antes de ele optar por representar a si mesmo.

Um mês depois, Paul Fitzgerald pediu demissão da Defensoria Pública, depois de seu escritório ter decidido que de fato havia um conflito de interesses envolvido. Se o motivo de Fitzgerald foi puramente idealista, ou se ele esperava ganhar fama com o próprio escritório de advocacia ao obter uma absolvição para sua cliente, ou ambos, o fato continuava sendo que ele abriu mão de um salário anual de 25 mil dólares e uma carreira promissora como defensor público para representar Patricia Krenwinkel sem receber praticamente nenhum centavo.

Terry Melcher não telefonou. Mas outro dos meus contatos, sim, relatando que Rudi Altobelli havia voltado a Los Angeles no dia anterior. Liguei para o advogado de Altobelli, Barry Hirsch, e marquei uma reunião. Antes de sair do escritório, preparei uma intimação e a enfiei no bolso.

Em vez de perguntar a Altobelli se o incidente na casa de hóspedes havia de fato acontecido e arriscar uma possível negação, apenas expliquei: "Rudi, o motivo por eu estar aqui é porque quero lhe fazer algumas perguntas sobre a ocasião em que Manson foi até a casa de hóspedes. Terry me contou sobre isso". *Fait accompli.*[5]

Sim, Manson estivera lá, disse Rudi. Mas isso queria dizer que ele teria que testemunhar?

Rudi Altobelli era um homem inteligente, cosmopolita e, como eu viria a descobrir mais tarde, às vezes bastante sagaz. A lista de figuras do entretenimento que ele representava incluía estrelas como Katharine Hepburn, Henry Fonda (que durante algum tempo tinha alugado a casa de hóspedes do número 10050 da Cielo Drive), Samantha Eggar, Buffy Sainte-Marie, Christopher Jones e Sally Kellerman, para citar apenas algumas. Entretanto, assim como quase todas as outras testemunhas nesse caso, ele estava assustado.

Ao voltar da Europa após os homicídios, ele descobriu que o número 10050 da Cielo Drive havia sido interditado pela polícia. Por precisar de um lugar para ficar, e sem saber se poderia ter sido uma das vítimas visadas — e se ainda o era —, ele escolheu o lugar mais seguro no qual pôde pensar. Foi se hospedar com Terry Melcher e Candice Bergen, que

5 "Fato consumado", em francês. [As notas da editora serão sinalizadas com NE]

estavam ficando na casa de praia em Malibu de propriedade da mãe de Terry, Doris Day. Ainda que Terry e Rudi tivessem passado muitas horas conversando sobre os assassinatos, e sobre os possíveis suspeitos, o nome de Manson não chegou a ser mencionado, contou Rudi. Quando ouviram a notícia de que ele havia sido acusado, sendo um possível motivo o ressentimento contra Melcher, Altobelli concluiu que talvez tivesse escolhido o lugar menos seguro no sul da Califórnia. Ainda estremecia só de pensar nisso.

Ele tinha outra razão para sentir medo. De certa maneira, ele também tinha rejeitado Manson.

"Me fale sobre isso, Rudi", sugeri. "Depois vamos discutir se você precisa testemunhar ou não. Mas primeiro, como sabe que foi Manson?"

Porque tinha encontrado com ele uma vez, contou Altobelli, durante o verão de 1968, na casa de Dennis Wilson. Manson estava morando lá na época, e Rudi tinha ido à casa em uma ocasião em que Dennis estava tocando uma fita com músicas de Manson. Ele ouviu com educação, comentando que eram "legais", a mínima cortesia possível, então tinha ido embora.

Em diversas ocasiões, Dennis e Gregg tentaram chamar sua atenção para Manson e sua filosofia. Por ter dado duro para ganhar o dinheiro que tinha, disse Altobelli, ele não via com bons olhos o fato de Manson ser um sanguessuga, e tinha lhes dito exatamente isso.

O incidente havia acontecido por volta das 20h ou 21h do domingo, 23 de março de 1969 — Rudi se lembrava da data porque ele e Sharon tinham viajado juntos para Roma no dia seguinte, Rudi a negócios, Sharon para se reunir ao marido e filmar um filme naquela cidade. Rudi estava sozinho na casa de hóspedes, tomando banho, quando Christopher começou a latir. Depois de apanhar um roupão, foi até a porta e viu Manson na varanda. Ainda que fosse possível que Manson tivesse batido e o chuveiro houvesse abafado o som, Rudi ficou irritado por ele ter aberto a porta externa e subido na varanda sem ter sido convidado.

Manson começou a se apresentar, mas Rudi, de modo um tanto brusco, sem abrir a porta de tela que separava a varanda da sala de estar, disse: "Sei quem você é, Charlie, o que você quer?".

Manson disse que estava procurando Terry Melcher. Altobelli contou que Terry tinha se mudado para Malibu. Quando Manson pediu o endereço, Altobelli afirmou que não sabia. O que não era verdade.

Prolongando a conversa, Manson lhe perguntou com o que ele trabalhava. Embora tivesse certeza de que Manson já sabia a resposta, Altobelli respondeu: "Estou no ramo do entretenimento". Ele acrescentou:

"Gostaria de conversar mais com você, Charlie, mas vou viajar para fora do país amanhã e preciso fazer as malas".

Manson disse que gostaria de conversar quando ele voltasse. Rudi lhe contou que ficaria fora por mais de um ano. Outra inverdade, mas ele não tinha nenhuma vontade de continuar a conversa com Manson.

Antes de ele ir embora, Rudi lhe perguntou por que tinha ido até a casa de hóspedes nos fundos. Manson respondeu que as pessoas na casa principal tinham lhe mandado ir até lá. Altobelli disse que não gostava que seus inquilinos fossem incomodados e agradeceria se ele não voltasse a fazer aquilo. Com isso, Manson foi embora.

Ainda que houvesse uma pergunta predominante na minha cabeça, antes de fazê-la pedi que Altobelli descrevesse Manson, a iluminação da varanda, onde exatamente cada um deles estava parado. Como ele tinha encontrado Manson em uma ocasião anterior, não havia dúvidas de que aquela era uma identificação positiva, mas eu precisava ter certeza absoluta.

Então eu a fiz, e prendi a respiração até que ele respondesse. "Rudi, quem estava na casa principal naquela noite?"

"Sharon, Gibby, Voytek e Jay."

Quatro das cinco vítimas do caso Tate! Isso significava que Manson poderia ter visto uma delas ou até mesmo todas. Antes da minha conversa com Rudi, tínhamos suposto que Manson nunca havia visto as pessoas que tinha mandado matar.

"Rudi, todas essas pessoas estão mortas. Havia mais alguém na casa da frente que poderia confirmar isso?"

Ele pensou por um instante. Estivera na casa principal mais cedo naquela tarde, tendo na verdade voltado para a casa de hóspedes poucos minutos antes da chegada de Manson. "Não sei ao certo", respondeu, "mas tenho quase certeza de que Hatami estava lá."

Shahrokh Hatami, natural do Irã, era o fotógrafo particular de Sharon e um bom amigo dos Polanski. Ele estivera na casa naquela tarde, Rudi sabia, fotografando Sharon enquanto ela fazia as malas para a viagem.

"Não quero testemunhar, sr. Bugliosi", disse Rudi de repente.

"Entendo isso. Se houver alguma maneira de evitar, não vou convocar você para subir ao banco das testemunhas. Mas, sendo realista, considerando a importância do que acabou de me contar, as chances de precisar convocar você são grandes." Discutimos o assunto em detalhes antes de eu lhe entregar a intimação.

Então disse: "Me fale sobre Sharon".

No curto período em que a conhecera, Rudi contou, ele tinha se afeiçoado a ela. Ela era uma pessoa linda. Claro que era fisicamente bonita, mas ele se referia a algo mais que isso. Ela possuía uma espécie de simpatia, de gentileza, que era possível sentir assim que a conhecia, mas a qual, até aquele momento de sua carreira, nenhum diretor tinha sido capaz de realçar nas telas. Eles tiveram muitas conversas longas. Ela chamava o número 10050 da Cielo Drive de sua "casa do amor".

Rudi em seguida me contou algo que disse nunca ter compartilhado com ninguém. Eu soube que não havia como usar aquilo no tribunal: era boato, e ainda que haja muitas exceções às regras referentes a boatos, aquilo não se enquadrava em nenhuma delas.

Durante o voo para Roma, Sharon lhe perguntou: "Aquele sujeito esquisito foi lá para os fundos ontem?".

Então Sharon havia visto Manson, o sujeitinho esquisito que quatro meses e meio mais tarde viria a planejar seu assassinato!

Algo deve ter acontecido para causar uma reação tão intensa. Algum tipo de confronto. Seria possível que Voytek, que tinha um temperamento imprevisível, tivesse entrado em uma discussão com Manson? Ou que Manson tivesse dito algo ofensivo para Sharon e Jay tivesse saído em sua defesa?

Telefonei para o LAPD e pedi para encontrarem Shahrokh Hatami.

O tenente Helder entrou em contato com um amigo do coronel Tate, que por sua vez localizou Hatami. Eu o entrevistei em meu escritório. Muito emocionado, o fotógrafo iraniano me contou o quanto tinha amado Sharon. "Não de maneira romântica, mas" — ele se desculpou por seu inglês imperfeito — "um ser humano amando qualidades que outro ser humano tem."

Eu lhe disse que duvidava que isso poderia ser expressado de uma maneira melhor.

Sim, ele uma vez tinha enviado alguém até a casa dos fundos. Uma vez. Não se lembrava da data, mas foi no dia anterior à viagem de Sharon para a Europa. De tarde. Ele tinha olhado pela janela e notado um homem andando no jardim, hesitante, como se não soubesse aonde estava indo, mas de um jeito arrogante, como se achasse que era o dono do lugar. Seus modos irritaram Hatami, então ele foi até a varanda e perguntou o que o homem queria.

Pedi que Hatami o descrevesse. Ele disse que era baixo, como Roman Polanski (Polanski tinha 1,65 metro de altura, Manson 1,57 metro), no final da casa dos 20 anos, magro, com cabelos compridos. Qual era a cor do cabelo? Castanho-escuro. Não tinha barba, mas parecia estar precisando se barbear. Como conseguiu notar isso? Ele havia descido da varanda e andado até o passeio de pedras para confrontá-lo; eles ficaram a não mais de noventa centímetros ou 1,20 metro de distância um do outro.

A não ser pela idade — Manson tinha 34 anos, mas poderia muito bem ter passado a impressão de ser mais jovem —, a descrição batia.

O homem disse que estava procurando uma pessoa, mencionando um nome que Hatami não reconheceu.

Poderia ter sido Melcher?, perguntei. Talvez, respondeu Hatami, mas ele não se lembrava mesmo. Isso não tinha significado nada para ele na época.

"Esta é a residência de Polanski", disse-lhe Hatami. "O lugar não é esse. Talvez as pessoas que está procurando estejam lá atrás", disse, apontando. "Pegue o beco dos fundos."

Por "beco dos fundos", Hatami se referiu ao caminho de terra na frente da residência que levava à casa de hóspedes. Mas, como viria a argumentar com o júri depois, para um estadunidense, "beco dos fundos" significava um lugar onde havia latas de lixo, refugo. Manson deve ter sentido como se estivesse sendo tratado como um gato de rua.

Perguntei a Hatami: "Que tom de voz você usou?". Ele demonstrou, falando alto e com raiva. Roman não estava em casa, explicou Hatami, e ele sentia que devia proteger Sharon. "Não fiquei feliz com ele entrando na propriedade e procurando pessoas que ele não conhece."

Como o homem reagiu? Ele pareceu aborrecido, contou Hatami; se virou e se afastou sem dizer "desculpe" ou algo parecido.

Pouco antes disso, contudo, Sharon tinha ido até a porta e perguntado: "Quem é, Hatami?". Ele lhe respondeu que um homem estava procurando alguém.

Mostrando um diagrama da casa e do terreno a Hatami, pedi que ele apontasse os pontos onde cada um estava parado. Sharon estava na varanda, o homem no passeio, a não mais de 1,80 metro a 2,40 metros de distância, sem nenhuma obstrução entre eles. Não havia dúvida de que Charles Manson vira Sharon Tate, e ela a ele. Sharon tinha certamente olhado nos olhos do homem que ordenaria sua morte. Agora tínhamos, pela primeira vez, evidências de que, antes dos assassinatos, Manson tinha visto uma das vítimas.

Hatami tinha permanecido no passeio, Sharon na varanda, enquanto o homem descia o caminho em direção à casa de hóspedes. De acordo com Hatami, ele voltou pelo mesmo trajeto depois de "um minuto ou dois, não mais que isso", e deixou a propriedade sem dizer mais nada.

Não foi um incidente tão tenso quanto eu estava esperando, mas, em conjunto com a rejeição de Melcher e o sutil desprezo de Altobelli, o "pegue o beco dos fundos" de Hatami era mais do que suficiente para fazer com que Manson tivesse sentimentos intensos contra o número 10050 da Cielo Drive. Além disso, era óbvio que essas pessoas não só faziam parte do sistema, como também o faziam nos exatos campos — entretenimento, música, cinema — nos quais Manson tentara ser bem-sucedido e fracassara.

Havia apenas uma discrepância: o horário. Hatami tinha certeza de que o incidente havia acontecido durante a tarde. Altobelli, contudo, insistia com a mesma veemência que Manson havia aparecido na varanda da casa de hóspedes entre 20h e 21h. Ainda que fosse possível que um ou outro estivesse confuso, a explicação mais lógica era que Manson tinha ido até a casa de hóspedes naquela tarde, não encontrando ninguém (Altobelli ficou fora durante grande parte da tarde, cuidando dos preparativos para a viagem), então havia voltado naquela noite. Isso foi sustentado pela declaração de Hatami de que Manson havia retornado depois de "um minuto ou dois, não mais que isso", o que dificilmente era tempo suficiente para que tivesse sua conversa com Altobelli.

Pedi que Hatami examinasse fotografias de cerca de doze homens. Ele escolheu uma, dizendo que se parecia com a pessoa que vira, ainda que não pudesse ter certeza absoluta. Era uma fotografia de Charles Manson.

Enquanto entrevistava Hatami, não mencionei o nome de Manson. Foi apenas quase no fim da entrevista que ele se deu conta de que o homem com quem tinha conversado naquele dia talvez fosse aquele acusado de planejar o assassinato de Sharon.

De Melcher a Altobelli a Hatami. Se eu não tivesse suspeitado de que Melcher estava escondendo alguma coisa, era possível que nunca tivéssemos conseguido colocar Manson dentro da propriedade de número 10050 da Cielo Drive.

Uma sequência parecida, iniciada com a minha descoberta de uma breve anotação nos arquivos do condado de Inyo, me levou à peça que estava faltando no motivo tanto para os homicídios do caso Tate quanto para os do caso LaBianca.

◆ ◆ ◆

Finalmente, quase três meses depois da minha primeira solicitação, obtive a gravação que o policial Don Ward, do condado de Inyo, fizera com os dois mineiros, Paul Crockett e Brooks Poston.

Ward havia entrevistado a dupla no dia 3 de outubro de 1969, em Independence, uma semana antes da batida no rancho Barker e quase um mês e meio antes que o LAPD descobrisse o possível envolvimento da Família Manson nos homicídios do caso Tate-LaBianca. A entrevista de Ward não teve relação alguma com esses assassinatos, apenas com as atividades dos "tipinhos hippies" que agora moravam em Golar Wash.

Crockett, um mineiro marcado pelas intempéries e na casa dos 40 anos, estivera explorando a região do Vale da Morte na primavera de 1969 quando se deparou com o grupo de reconhecimento de Manson no rancho Barker. Naquela época, o grupo consistia em apenas dois indivíduos, uma jovem fugitiva chamada Juanita Wildebush e Brooks Poston, um jovem de 18 anos esguio e um tanto dócil que estivera com a Família desde junho de 1968. À noite, Crockett visitava a dupla e a conversa sempre tomava o mesmo rumo: Charlie. "E eu não conseguia acreditar no que eles estavam falando", comentou Crockett. "Quero dizer, era tão completamente absurdo." Ficou evidente para Crockett que aquelas pessoas acreditavam que aquele tal de Charlie era a segunda vinda de Cristo. Assim como ficou claro que eles o temiam. Com isso, Crockett, que estava acostumado com o misticismo, fez algo talvez um pouco estranho, mas pelo menos psicologicamente eficaz. Disse-lhes que, assim como Charlie, ele também tinha poderes. E "eu plantei neles a ideia de que eu tinha o poder de fazer com que Charlie não conseguisse voltar para lá".

Outros membros da Família — incluindo Paul Watkins, Tex Watson, Brenda McCann e Bruce Davis — apareciam de tempos em tempos no rancho Barker com mensagens e suprimentos, e não demorou para que notícias sobre isso chegassem a Manson.

A princípio, ele zombou da ideia. Contudo, todas as vezes que tentava ir ao rancho Barker, algo acontecia: a picape pifou, houve a batida no rancho Spahn e assim por diante. Enquanto isso, Juanita fugiu com Bob Berry, sócio de Crockett, e Crockett conseguiu "desconverter" diversos dos mais importantes seguidores de Manson: Poston; Paul Watkins, que com frequência agia como segundo em comando de Manson; e, um pouco mais tarde, Juan Flynn, um caubói panamenho alto e robusto que havia trabalhado no rancho Spahn.

Quando Crockett conheceu o jovem Poston, ele era "um zumbi". A expressão foi usada pelo próprio Poston. Ele disse que tentara deixar a Família diversas vezes, mas "Manson tinha um controle muito forte sobre minha mente e eu não conseguia romper esse controle. Eu não sabia como ir embora...".

Crockett descobriu que Manson havia "programado o seu pessoal a ponto de todos serem iguais a ele. Colocou todos os tipos de coisas em suas cabeças. Eu não acreditava que isso podia ser feito, mas ele o fez e eu vi isso funcionando." Crockett então começou a "desprogramar" Poston. Ele o colocou para trabalhar em diversas obras de mineração, fortaleceu seu corpo, fez com que pensasse em outras coisas além de Manson.

Quando Manson finalmente chegou ao rancho Barker, em setembro de 1969, Crockett, ao conhecê-lo, considerou-o "um homem muito inteligente; beirava a genialidade". Então Manson lhe contou "algumas histórias bastante esquisitas. No começo, achei que era tudo faz de conta". Em pouco tempo, Crockett ficou convencido de que Manson era louco, e teve certeza de que "ele não veria muita diferença entre matar um de nós e pisar em uma flor; na verdade, ele preferiria assassinato a pisar em uma flor".

Ao concluir que sua própria expectativa de vida estava diretamente ligada à sua utilidade para Manson, Crockett tratou de se fazer bastante útil, oferecendo sua picape para transportar suprimentos e outras coisas. Ele e os ex-mansonitas que estavam morando com ele em um pequeno chalé perto do rancho Barker também começaram a tomar precauções.

Entre as histórias estranhas que Manson havia contado a Crockett: que o homem negro "estava se preparando para escancarar a coisa toda. [...] Charlie tinha preparado a coisa toda, é meio que um livro de histórias. [...] Ele diz que o Helter Skelter está chegando."

"Helter Skelter é como ele chama a revolução dos crioulos", explicou Poston. "Ele diz que os crioulos vão se revoltar e matar todos os homens brancos, menos aqueles que estão escondidos no deserto." Muito antes disso, Manson revelara a Poston: "Quando o Helter Skelter chegar, as cidades vão ser tomadas pela histeria em massa, e os policiais — os porquinhos, como ele os chama — não vão saber o que fazer, e a besta irá cair e o homem negro irá tomar o poder [...] que a batalha do Armagedom estará para acontecer".

Poston contou ao policial Ward: "Uma das crenças básicas de Charlie é que as garotas só servem para transar. E que elas só servem para isso. E não existem crimes, não existem pecados, tudo está certo, tudo é como um jogo, como o jogo de uma criancinha, só que é um jogo para adultos, e que Deus está se preparando para pôr um fim nesse jogo e começar tudo de novo com Suas pessoas escolhidas".

Suas pessoas escolhidas eram a Família, dizia Charlie. Ele os levaria para o deserto, onde se multiplicariam até que totalizassem 144 mil. Ele tirou isso, contou Poston, "de suas leituras da Bíblia, do Apocalipse".[6]

Também no Apocalipse, assim como em lendas dos indígenas Hopi, havia menções a um "poço do abismo", explicou Poston. A entrada desse poço, de acordo com Charlie, era "uma caverna que ele diz ficar embaixo do Vale da Morte e que leva a um mar de ouro conhecido pelos índios". Charlie alegava que "todas as tribos de pessoas em sintonia que já viveram escaparam da destruição de suas raças ao irem para o subterrâneo, e estão todas vivendo em uma cidade dourada onde existe um rio de leite e mel que corre através dela, e uma árvore que dá doze tipos de frutas, uma fruta diferente a cada mês, ou algo assim, e não é necessário levar velas nem lanternas lá para baixo. Ele diz que tudo será iluminado porque [...] as paredes irão brilhar e não fará frio e nem muito calor. Haverá nascentes quentes e água fresca, e as pessoas já estão lá embaixo esperando por ele."

Tanto Atkins quanto Jakobson já tinham me contado sobre o "poço do abismo" de Charlie. A Família adorava ouvi-lo dar sermões sobre essa secreta "terra de leite e mel". Eles não só acreditavam, como também estavam tão convencidos de que tal lugar existia que passavam dias procurando pelo buraco no chão que os levaria ao paraíso subterrâneo.

Havia ainda uma espécie de desespero nessa busca, porque era ali, no subterrâneo do poço do abismo, que pretendiam se esconder e aguardar o Helter Skelter.

Era evidente, tanto para Crockett, quanto para Poston, que Manson acreditava que o Helter Skelter era iminente. E havia as preparações. Manson chegara no rancho Barker em setembro de 1969 com cerca de outros oito seguidores, todos fortemente armados. Mais membros da Família chegaram na semana seguinte, dirigindo bugues e outros veículos roubados. Começaram a montar postos de vigia e fortificações, escondendo depósitos de armas, gasolina e suprimentos.

(Não ocorreu a Crockett nem a Poston — uma vez que nenhum dos dois estava ciente do envolvimento da Família nos homicídios do caso Tate-LaBianca — que Manson pudesse ter medo de algo além dos negros.)

Manson não havia desistido de Poston, mas a "desprogramação" de Crockett tinha sido bastante eficiente. Ele ficou ainda mais aborrecido com a

6 Ao que parece, Manson tirou o número 144 mil de Apocalipse 7, que menciona as doze tribos de Israel, cada uma totalizando 12 mil.

partida de Paul Watkins, visto que Watkins, um jovem bonito que levava jeito com as mulheres, fora o principal recrutador de jovens moças de Manson.

Crockett, Poston e Watkins tinham começado a dormir com as espingardas ao alcance das mãos. Em pelo menos três ocasiões, Charlie, Clem e/ou as garotas tentaram se aproximar do chalé de maneira furtiva. Em cada uma delas, o trio tivera sorte e ouvira alguma coisa, frustrando o plano. Então, certa noite, Juan Flynn chegou para "jogar conversa fora" e admitiu que Manson havia sugerido que ele matasse Crockett. Crockett então convenceu Juan — que era independente demais para se juntar à Família — de que ele deveria deixar a região.

Crockett, acostumado a viver em liberdade e desimpedido como uma cabra-da-montanha, era um bocado teimoso. Acreditava que tinha tanto direito de estar no Vale da Morte quanto Manson. Mas também era realista. Com Flynn longe e Watkins na cidade comprando mantimentos, ele e Poston estavam em grande desvantagem. Ao concluir que "minha utilidade para Charlie já tinha se extinguido e que ele iria, se considerasse necessário, me liquidar mais tarde, se não o quanto antes", Crockett mandou que Poston enchesse os cantis e empacotasse um pouco de comida. Sob a proteção da noite, eles fugiram da região a pé, vindo a caminhar mais de 32 quilômetros de terreno acidentado até Warm Springs, então pegaram carona até Independence, onde contaram ao policial Ward sobre Charles Manson e sua Família.

Após ouvir a gravação, providenciei, por meio de Frank Fowles, que Crockett e Poston fossem levados a Los Angeles.

Apesar de ter sido Crockett quem havia rompido o controle de Manson sobre Poston, este último era muito mais articulado. Incidentes, datas, lugares — *bum, bum, bum*. Crockett, ao contrário, era evasivo. "Posso sentir suas vibrações. Não posso falar sem reservas com você porque eles podem saber o que estou dizendo."

Crockett duvidava que pudéssemos condenar Manson, porque "ele não faz nada sozinho. Seu pessoal faz tudo por ele. Ele não faz nada que alguém possa dizer que foi culpa sua." Ele acrescentou que "todas as mulheres foram programadas para fazer exatamente o que ele mandar, e todas elas têm facas. Ele programou aquelas garotas a ponto de não existirem mais. Elas são uma cópia dele."

Ainda que estivesse interessado nos contatos que Crockett teve com Manson e a Família, esperava que ele pudesse me proporcionar algo mais importante.

Crockett havia ajudado Poston, Watkins e Flynn a se desvencilharem de Manson. Para conseguir tal feito, deveria ter obtido algum discernimento sobre como Manson exercia controle sobre eles, para começar. Outros também relataram que Manson "programava" seus seguidores. Ele compreendia como Charlie conseguia fazer isso?

Crockett disse que sim, mas quando tentou se expressar, ficou atolado em um lamaçal de palavras e definições, dizendo, por fim: "Não consigo explicar. Faz tudo parte do oculto".

Decidi que não poderia usar Crockett como testemunha.

O contrário aconteceu com Brooks Poston. O jovem alto e desengonçado, com ares de casca-grossa, foi um poço de informações sobre Manson e a Família.

Um jovem bastante impressionável de 17 anos, Brooks Poston tinha conhecido Manson na casa de Dennis Wilson, e daquele momento até por fim ter se desvencilhado de Manson mais de um ano depois, "eu acreditei que Charlie era JC".

P: "JC?"

R: "Sim, é assim que Charlie sempre costumava se referir a Jesus Cristo."

P: "Manson alguma vez disse a você que ele era JC, ou Jesus Cristo?"

Isso era mais insinuado do que afirmado, disse Brooks. Charlie alegava que já tinha vivido antes, quase 2 mil anos atrás, e que certa vez tinha morrido na cruz. (Manson também contara a Gregg Jakobson que já havia morrido uma vez e que "a morte é linda".)

Charlie tinha uma história favorita que gostava de compartilhar com a Família, repleta de gestos dramáticos e gemidos de dor. Brooks a tinha ouvido com frequência. De acordo com Charlie, enquanto morava em Haight-Ashbury, ele tinha feito uma viagem com "cogumelos mágicos" (psilocibina). Ele estava deitado na cama, que, em um instante, virou uma cruz, e ele podia sentir os pregos nos pés e nas mãos e a espada na lateral do corpo. Quando olhou para o pé da cruz, viu Maria Madalena (Mary Brunner), e ela estava chorando, e ele disse: "Está tudo bem, Mary". Ele estivera resistindo, mas então desistiu, rendendo-se à morte. E, quando o fez, de repente pôde enxergar através dos olhos de todos ao mesmo tempo, e, naquele momento, ele se transformou no mundo todo.

Com tais insinuações, seus seguidores tiveram pouca dificuldade em supor sua verdadeira identidade.

Eu estava curioso a respeito de uma coisa. Até o momento de sua prisão no condado de Mendocino, no dia 28 de julho de 1967,[7] Charlie sempre tinha usado seu nome verdadeiro, Charles Milles Manson. Naquela ocasião, contudo, e dali em diante, ele passou a se chamar de Charles *Willis* Manson. Alguma vez Manson havia dito algo a respeito de seu nome?, perguntei. Tanto Crockett quanto Poston me contaram que tinham ouvido Manson dizer, bem devagar, que seu nome era "Charles' Will Is Man's Son", dando a entender que "sua vontade era a do Filho do Homem".

Embora Susan Atkins tivesse dado ênfase ao sobrenome de Charlie em sua conversa com Virginia Graham, eu não tinha pensado, até aquele momento, no quão poderoso aquele nome era. Man Son, "Filho do Homem". Era feito sob medida para o papel de Ser Infinito que ele então estava tentando representar.

No entanto, Charlie levou tudo isso muito mais adiante, contou Poston. Manson alegava que os membros da Família eram os cristãos originais, reencarnados, e que os romanos tinham voltado como o sistema.

Agora era a hora, contou Manson aos seus seguidores mais próximos, de os romanos terem sua vez na cruz.

Como exatamente Manson "programava" alguém?, perguntei a Brooks.

Ele tinha várias técnicas, respondeu Poston. Com uma garota, costumava começar com sexo. Charlie conseguia convencer uma garota sem atrativos de que era linda. Ou, se tivesse uma fixação pelo pai, fazia com que ela imaginasse que ele era seu pai. (Ele havia usado ambas as técnicas com Susan Atkins.) Ou, se pressentisse que ela estava procurando um líder, podia insinuar que era Cristo. Manson tinha um dom para sentir e explorar as neuroses e/ou os desejos de uma pessoa. Quando um homem se juntava ao grupo, Charlie costumava conduzi-lo por uma viagem induzida por LSD, supostamente "para abrir sua mente". Então, enquanto ele estava em um estado bastante sugestionável, Manson falava sobre amor, como era necessário se render a ele, como apenas ao deixar de existir como um ego individual era possível se tornar uno com todas as coisas.

7 Manson foi acusado de interferir no interrogatório de uma jovem suspeita de ser uma fugitiva, Ruth Ann Moorehouse. Ele recebeu uma sentença de trinta dias, que foi suspensa, e colocado em liberdade condicional por três anos. Ao lhe perguntarem sua profissão enquanto era fichado, respondeu que era pastor.

Assim como fiz com Jakobson, perguntei a Poston sobre as fontes da filosofia de Manson. Cientologia, a Bíblia e os Beatles. Essas três eram as únicas sobre as quais ele sabia.

Um triunvirato peculiar. Mas, àquela altura, eu estava começando a suspeitar da existência de pelo menos uma quarta influência. As revistas antigas que eu havia encontrado no rancho Barker, a menção feita por Gregg de que Charlie alegava ter lido Nietzche e que acreditava em uma raça suprema, além do surgimento de uma quantidade surpreendente de paralelos preocupantes entre Manson e o líder do Terceiro Reich, me fizeram perguntar a Poston: "Manson alguma vez disse algo sobre Hitler?".

A resposta de Poston foi curta e incrivelmente assustadora.

R: "Ele disse que Hitler era um cara sintonizado que tinha nivelado o carma dos judeus."

Passei grande parte de dois dias entrevistando Crockett e Poston, obtendo muitas informações novas, algumas delas bastante incriminadoras. Por exemplo, Manson certa vez sugerira que Poston pegasse uma faca, fosse até Shoshone e matasse o xerife. No primeiro teste real de sua recém-encontrada independência, Poston se recusou a sequer considerar a ideia.

Antes que Crockett e Poston voltassem para Shoshone, eu lhes disse que queria conversar com Juan Flynn e Paul Watkins. Eles não sabiam se Juan iria querer falar comigo — aquele caubói panamenho era um filho da mãe independente —, mas achavam que Paul talvez falasse. Como não estava mais recrutando garotas para Charlie, ele tinha algum tempo livre.

Watkins concordou em ser entrevistado e eu tomei providências para que ele, Poston e Crockett fossem hospedados em um motel no centro de Los Angeles.

"Paul, preciso de um novo amor."

Paul Watkins estava descrevendo para mim como Manson o mandava sair para recrutar moças. Watkins confessou que gostava de seu papel especial na Família. O único problema era que, depois que ele encontrava uma possível candidata, Charlie insistia em dormir com ela primeiro.

Por que o próprio Manson não escolhia as garotas?, perguntei.

"Ele era velho demais para a maioria das garotas", respondeu Watkins, de 19 anos. "Ele as assustava. Além do mais, eu tinha uma boa lábia." Também era evidente que Watkins era mais atraente do que Charlie.

Perguntei a Paul onde ele encontrava as garotas. Ele às vezes ia até a Sunset Strip, onde as adolescentes "descoladas" passavam o tempo. Ou dirigia pelas rodovias procurando garotas pedindo carona. Certa vez, Charlie, com a cooperação de uma mulher mais velha que se passou por mãe de Watkins, chegou a fazer com que ele conseguisse uma matrícula falsa em um colégio de Los Angeles para que pudesse ficar mais perto da ação.

Watkins também descreveu as orgias que aconteciam na casa da Gresham Street e no rancho Spahn. Durante algum tempo, houve uma quase toda semana. Elas sempre começavam com drogas — maconha, peiote, LSD, o que quer que estivesse disponível —, com Manson as distribuindo e decidindo quanto cada pessoa precisava. "Tudo era feito de acordo com as instruções de Charlie", explicou Paul. Ele poderia sair dançando, com todos o seguindo, como um trenzinho. Conforme Manson tirava as roupas, todos os outros faziam o mesmo. Então, quando todos estavam nus, eles se deitavam no chão "e faziam a brincadeira de respirar profundamente doze vezes, soltar a respiração, fechar os olhos e depois se esfregarem uns nos outros" até que, "depois de algum tempo, todos estivessem se tocando". Charlie direcionava a orgia, arrumando os corpos, as combinações, as posições. "Ele montava tudo de um jeito bonito, como se estivesse criando uma obra-prima em forma de escultura", contou Watkins, "mas em vez de argila, ele usava corpos quentes." Paul disse que o objetivo usual das orgias era que todos os membros da Família chegassem ao orgasmo ao mesmo tempo, mas nunca tiveram sucesso.

Manson com frequência encenava esses eventos para impressionar pessoas de fora. Se houvesse hóspedes que ele acreditava que poderiam ser úteis, dizia para a Família: "Vamos nos reunir e mostrar a essas pessoas como se faz amor". Qualquer que fosse a reação, a impressão era duradoura. "Era como se o diabo estivesse comprando sua alma", destacou Watkins.

Manson também costumava usar essas ocasiões para "erradicar neuroses". Se alguém demonstrava relutância em se envolver em determinada ação, ele obrigava tal pessoa a realizá-la. Homem com mulher, mulher com mulher, homem com homem, intercurso, cunilíngua, felação, sodomia — não podia haver nenhum tipo de inibição. A iniciação de uma menina de 13 anos na Família consistiu em ser sodomizada por Manson enquanto os outros assistiam. Ele também "fez um boquete" em um jovem para mostrar aos outros que tinha se livrado de todas as suas inibições.

Charlie fazia uso do sexo, contou Paul. Por exemplo, quando ficou óbvio que DeCarlo não estava se esforçando para persuadir sua gangue de motociclistas a se juntar à Família, Manson mandou as garotas negarem seus favores a Danny.

O fato de que Manson coordenava até mesmo as vidas sexuais de seus seguidores era uma prova poderosa de seu domínio. Pedi que Watkins me fornecesse outros exemplos que envolvessem especificamente os corréus. Ele se lembrava de que, certa vez, no rancho Spahn, Charlie disse a Sadie: "Eu quero metade de um coco, nem que você tenha que ir até o Rio de Janeiro para conseguir um". Ela então se levantou correndo e já estava passando pela porta quando Charlie disse: "Deixa para lá".

Foi um teste. Também foi, por inferência, uma prova de que Susan Atkins faria qualquer coisa que Charles Manson a mandasse fazer.

Assim como fiz com os outros, questionei Watkins a respeito das técnicas de programação de Manson. Ele me contou algo muito interessante, sobre o qual, ao que parece, os outros integrantes da Família não tinham conhecimento. Disse que, quando distribuía o LSD, Manson sempre tomava uma dose menor do que os outros. Embora nunca tivesse explicado por que fazia isso, Paul supunha que, durante a "viagem", Manson queria manter controle sobre as próprias faculdades mentais. Dizem que o LSD é uma droga que altera o estado mental e que tende a fazer com que a pessoa que o ingere fique um pouco mais vulnerável e suscetível à influência de terceiros. Manson usava "viagens" induzidas por LSD, disse Paul, para instilar suas filosofias, explorar fraquezas e medos, e extrair promessas e acordos de seus seguidores.

Como segundo em comando de Manson, Watkins havia desfrutado das confidências de Charlie mais do que os outros. Perguntei a ele se Manson alguma vez tinha mencionado a cientologia ou The Process. Watkins nunca tinha ouvido falar do The Process, mas Manson lhe contou que, quando esteve preso, tinha estudado cientologia, tornando-se um "theta", o que Manson definia como sendo "limpo". Watkins disse que, no verão de 1968, ele e Charlie tinham entrado em uma igreja de cientologia no centro de Los Angeles, e Manson perguntou à recepcionista: "O que é preciso fazer depois de 'limpo'?". Quando ela foi incapaz de lhe dizer algo que já não tivesse feito, Manson foi embora.

Um aspecto específico da filosofia de Manson me deixou confuso: sua estranha atitude em relação ao medo. Ele não só pregava que o medo era bonito, como também costumava dizer à Família que eles deviam viver em um constante estado de medo. O que ele queria dizer com isso?, perguntei a Paul.

Para Charlie, o medo era o mesmo que a percepção, respondeu Watkins. Quanto mais medo você tem, mais percepção possui, assim sendo, mais amor. Quando você está realmente com medo, alcança o "Agora". E quando se está no Agora, torna-se completamente consciente.

Manson afirmava que crianças eram mais conscientes do que adultos, porque sentiam medo por natureza. Mas animais eram ainda mais conscientes do que pessoas, dizia ele, pois sempre vivem no Agora. O coiote era a criatura mais consciente que existia, afirmava Manson, por ser completamente paranoico. Por ter medo de tudo, ele não deixava nada passar.

Charlie estava sempre "promovendo o medo", continuou Watkins. Ele *queria* que as pessoas sentissem medo, e quanto mais medo, melhor. Usando essa mesma lógica, "Charlie dizia que a morte era linda, porque as pessoas temem a morte".

Eu viria a descobrir, durante minhas conversas com os integrantes da Família, que Manson buscava o maior medo de cada indivíduo — não para que a pessoa pudesse confrontá-lo e eliminá-lo, mas para que ele pudesse acentuá-lo. Era como um botão mágico, que ele podia apertar sempre que quisesse controlar aquela pessoa.

"O que quer que faça", aconselhou-me Watkins, da mesma maneira que fizeram Crockett e Poston, "nunca deixe Charlie saber que você tem medo dele." Certo dia no rancho Spahn, sem aviso nem provocação, Manson havia pulado em cima de Watkins e começado a estrangulá-lo. A princípio, Paul resistiu, mas então, arquejando, de repente desistiu, parou de resistir. "Foi muito estranho", contou Watkins. "No instante em que parei de sentir medo dele, suas mãos voaram para longe da minha garganta e ele pulou para trás como se tivesse sido atacado por uma força invisível."

"Então é como o cão que ladra", comentei. "Se você demonstrar medo, ele vai atacar; se não demonstrar, ele não ataca?"

"Exatamente. *O medo deixa Charlie excitado.*"

Paul Watkins era, por natureza, mais independente do que Brooks Poston; não era muito do tipo seguidor. Ainda assim, também tinha permanecido com a Família por um longo período. Além das garotas, havia outro motivo para ter ficado?

"Eu achava que Charlie era Cristo", respondeu, sem hesitar.

Tanto Watkins quanto Poston haviam cortado o cordão umbilical que os conectava a Manson. Mas ambos confessaram para mim que ainda não estavam completamente livres dele, que, mesmo então, eles às vezes retornavam a um estado no qual podiam sentir as vibrações de Manson.

◆ ◆ ◆

Foi Paul Watkins que por fim forneceu o elo que faltava no motivo para Manson ter ordenado os assassinatos. Ainda assim, se não tivesse conversado com Jakobson e Poston, talvez tivesse deixado escapar sua importância, pois foi de todos os três, Gregg, Brooks e Paul, que eu obtive as chaves para compreender (1) a singular intepretação de Charles do Livro do Apocalipse e (2) sua atitude decididamente curiosa e complexa em relação à banda inglesa The Beatles.

Diversas pessoas relataram que Manson gostava de citar a Bíblia, em especial o nono capítulo do Apocalipse. Certa vez, Charlie havia entregado uma Bíblia a Jakobson, já aberta nesse capítulo, e, enquanto a lia, recitava a própria interpretação dos versículos. Com apenas uma exceção, que será observada mais adiante, o que Gregg me contou coincidia com o que eu viria a saber de Poston e Watkins.

Os "quatro anjos" eram os Beatles, os quais Manson acreditava serem "líderes, porta-vozes, profetas", de acordo com Gregg. O verso, "E abriu o poço do abismo. [...] E da fumaça vieram gafanhotos sobre a Terra; e foi-lhes dado poder...", era outra referência ao grupo inglês, explicou Gregg. Gafanhotos — Beatles, besouros — eram a mesma coisa. "E seus rostos eram como rostos de homens", mas "tinham cabelos como cabelos de mulher". Uma óbvia referência aos músicos de cabelos compridos. Das bocas dos quatro anjos "saíam fogo, fumaça e enxofre". Gregg: "Isso era uma referência à palavra falada, às letras das canções dos Beatles, o poder que emanavam de suas bocas".

Suas "couraças de fogo", acrescentou Poston, eram suas guitarras; suas formas como "cavalos preparados para a batalha" eram os bugues; "o número dos cavaleiros que compunham os exércitos era de 200 milhões"; e aqueles que vagariam pela terra, espalhando destruição, eram os motociclistas.

"Foi-lhes dito que não causassem dano nem à relva da terra, nem a qualquer planta ou árvore, mas somente àqueles que não tinham o selo de Deus em suas testas." Fiquei curioso a respeito desse selo nas testas. Como Manson interpretava isso?, perguntei a Jakobson.

"Era tudo subjetivo", respondeu Gregg. "Ele disse que haveria uma marca nas pessoas." Manson não lhe informara qual seria essa marca exatamente, apenas que ele, Charlie, "iria identificá-la, ele saberia", e que "a marca indicaria se elas estavam a favor dele ou contra". Com Charlie, era uma coisa ou outra, afirmou Gregg; "não havia meio-termo".

Um versículo falava sobre adorar demônios e ídolos de ouro, prata e bronze. Manson dizia que isso se referia à adoração de bens materiais pelo sistema: de automóveis, casas, dinheiro.

P: "Direcionando sua atenção ao versículo 15, que diz: 'E foram soltos os quatro anjos, que estavam preparados para aquela hora, dia, mês e ano, a fim de matarem a terça parte dos homens'. Ele explicava o que isso significava?"

R: "Ele dizia que essas eram as pessoas que iriam morrer no Helter Skelter... um terço da humanidade... a raça branca."

Agora eu sabia que estava no caminho certo.

Em apenas um ponto as lembranças de Jakobson sobre as interpretações de Manson diferiam das dos outros. O primeiro versículo do Apocalipse 9 faz referência a um quinto anjo; o capítulo termina, contudo, mencionando apenas quatro. Originalmente, havia cinco integrantes nos Beatles, explicou Gregg, um dos quais, Stuart Sutcliffe, tinha morrido na Alemanha, em 1962.

Poston e Watkins — que, ao contrário de Jakobson, foram membros da Família — interpretavam isso de maneira bastante diferente. O versículo 1 diz: "E o quinto anjo tocou a sua trombeta, e vi uma estrela que do céu caiu na terra; e foi-lhe dada a chave do poço do abismo".

Para os integrantes da Família, a identidade daquele quinto anjo, o governante do poço do abismo, nunca foi uma dúvida: era Charlie.

O versículo 11 diz: "E tinham sobre si rei, o anjo do abismo; em hebreu era o seu nome Abadom, e em grego Apoliom".

O rei também tinha um nome em latim, o qual, embora apareça na versão católica de Douay, foi inadvertidamente omitida pelos tradutores da versão do rei Jaime: Exterminans.

Exterminans — nome verdadeiro: Charles Manson.

Até onde Jakobson, Watkins e Poston sabiam, Manson não dava nenhuma importância especial ao último versículo do Apocalipse 9. Contudo, eu me peguei pensando nele com frequência nos meses vindouros.

"E não se arrependeram dos seus homicídios, nem das suas feitiçarias, nem da sua fornicação, nem dos seus furtos."

"O mais importante a ser lembrado a respeito do Apocalipse 9", disse Gregg, "é que Charlie acreditava que aquilo estava acontecendo *agora*, não que aconteceria no futuro. Vai começar agora e está na hora de escolher os lados [...] isso ou fugir com ele para o deserto."

◆ ◆ ◆

De acordo com Jakobson, Manson acreditava que "os Beatles eram porta-vozes. Eles estavam falando com Charlie por meio de suas músicas, informando ele, do outro lado do oceano, que é isso que vai acontecer. Ele acreditava profundamente nisso. [...] Considerava que suas canções eram profecias, em especial as músicas do chamado *Álbum Branco*. [...] Ele me disse isso muitas e muitas vezes."

Watkins e Poston também me disseram que Manson e a Família faziam a mesma afirmação. Por exemplo, a canção "I Will" conta com os versos: "And when at last I find you/Your song will fill the air/Sing it loud so I can hear you/Make it easy to be near you...".[8] Charlie acreditava que isso significa que os Beatles queriam que ele gravasse um disco, disseram Poston e Watkins, e lhes disse que a banda estava procurando por JC, e que ele era o JC que estavam procurando. Ele afirmou ainda que os Beatles sabiam que Cristo tinha voltado à Terra e que estava vivendo em algum lugar de Los Angeles.

"Como é que ele chegou a uma conclusão dessas?", perguntei a eles.

No *Álbum Branco* há uma canção chamada "Honey Pie", cuja letra diz: "Oh honey pie, my position is tragic/Come and show me the magic/Of your Hollywood song". Mais adiante a letra diz: "Oh honey pie, you are driving me frantic/Sail across the Atlantic/To be where you belong".[9]

Charlie, claro, queria que *eles* cruzassem o Atlântico, para se juntarem a ele no Vale da Morte. Enquanto moravam na casa da Gresham Street (em janeiro e fevereiro de 1969, pouco depois do lançamento do *Álbum Branco*), Manson e as garotas enviaram diversos telegramas, escreveram inúmeras cartas e fizeram pelo menos três telefonemas para a Inglaterra, tentando entrar em contato com os Beatles. Sem nenhuma sorte.

O verso "I'm in love, but I'm lazy" [Estou apaixonado, mas sou preguiçoso] de "Honey Pie" significava para Charlie que os Beatles amavam JC, mas eram preguiçosos demais para irem procurá-lo; além disso, eles tinham acabado de ir à Índia, seguindo um homem que por fim tinham

8 "E quando eu finalmente te encontrar/Sua canção irá preencher o ar/Cante-a alto para que eu possa te escutar/Faça com que seja fácil ficar perto de você." [NT]

9 "Ah docinho, minha situação é trágica/Venha me mostrar a magia/De sua canção hollywoodiana." E logo em seguida: "Ah docinho, você está me deixando louco/Cruze o Atlântico/Para chegar onde é seu lugar". [NT]

concluído ser um falso profeta, o Maharishi. Também clamavam por JC/Charlie nos primeiros oito versos da canção "Don't Pass Me By", em "Yer Blues" e, de seu disco anterior, *Magical Mystery Tour*, em "Blue Jay Way".

Grande parte disso eu não viria a usar no julgamento; era simplesmente absurdo demais.

O *Álbum Branco* dos Beatles, contou Manson a Watkins, Poston e outros, "preparava o terreno para a revolução". O *seu* álbum, que viria a seguir, seria, nas palavras de Charlie, "o estopim. Seria o início."

Segundo diversas testemunhas, incluindo Poston e Watkins, grande parte do tempo na casa da Gresham Street era passado compondo músicas para o disco de Charlie. Cada uma deveria ser uma mensagem, direcionada a um grupo particular de pessoas, tais como os motociclistas, delineando o papel que teriam que desempenhar no Helter Skelter. Charlie trabalhava com afinco nessas músicas; elas tinham que ser muito sutis, dizia ele, como as canções dos próprios Beatles, seu verdadeiro significado oculto sob a consciência de todos a não ser das pessoas sintonizadas.

Manson estava contando com Terry Melcher para produzir esse disco. De acordo com diversos membros da Família — tanto Melcher quanto Jakobson negaram isso —, Terry havia prometido ir até lá e ouvir as músicas em uma determinada noite. As garotas limparam a casa, assaram biscoitos, enrolaram baseados. Melcher não apareceu. Manson, segundo Poston e Watkins, nunca o perdoou por isso. A promessa de Melcher não servia para nada, ele disse irritado em diversas ocasiões.

Ainda que os Beatles tivessem gravado muitos álbuns, foi o disco duplo chamado de *Álbum Branco*, que a gravadora Capitol lançou em dezembro de 1968, o que Manson considerava o mais importante. Até mesmo o fato de a capa ser branca — sem nenhum outro desenho a não ser o nome do grupo em relevo — tinha importância para ele.

O álbum foi, e continua sendo, surpreendente, contendo algumas das melhores músicas dos Beatles, e algumas das mais estranhas. Suas trinta canções variam de delicadas baladas de amor a paródias pop a cacofonias feitas ao pegar loops de diversas gravações e mesclá-las. Para Charles Manson, contudo, era uma profecia. Pelo menos foi disso que ele convenceu seus seguidores.

O fato de Charlie ter rebatizado Susan Atkins de "Sadie Mae Glutz" muito antes do *Álbum Branco* ter sido lançado com a canção "Sexy Sadie" era para a Família uma prova adicional de que Manson e os Beatles estavam mentalmente em sintonia.

Quase todas as músicas do álbum tinham um significado oculto, o qual Manson interpretava para seus seguidores. Para Charlie, "Rocky Raccoon" significava "coon", um termo bastante ofensivo para um homem negro. Ainda que para todos, exceto Manson e a Família, fosse óbvio que a letra de "Happiness Is a Warm Gun" tenha conotações sexuais, Charlie interpretava a canção como querendo dizer os Beatles estavam dizendo ao "neguinho" para se armar e enfrentar o "branquelo".

De acordo com Poston e Watkins, a Família tocava cinco músicas do *Álbum Branco* mais do que todas as outras. A saber: "Blackbird", "Piggies", "Revolution 1", "Revolution 9" e "Helter Skelter".

"Blackbird singing in the dead of night/Take these broken wings and learn to fly/All your life/You were only waiting for this moment to arise", dizia a letra de "Blackbird".[10] Segundo Jakobson, "Charlie acreditava que agora era o momento e que o homem negro iria se rebelar, destituir o homem branco e aproveitar sua vez". Conforme Watkins relatou, nessa canção, Charlie "acreditava que os Beatles estavam programando os negros para se erguerem, colocarem a mão na massa e mandarem ver".

Depois de ouvir a música pela primeira vez, eu tinha achado que os assassinos dos LaBianca tivessem cometido um erro, escrevendo "rise" em vez de "arise". Entretanto, Jakobson me contou que Charlie disse que o homem negro iria se "rebelar" contra o homem branco. "'Rebelem-se' era uma das palavras importantes de Charlie", afirmou Gregg, me fornecendo a origem de outra das palavras-chaves.

Tanto os homicídios do caso Tate quanto os do caso LaBianca haviam acontecido "na calada da noite". No entanto, se o paralelo tinha um significado especial para Manson, ele não chegou a admitir isso a ninguém a quem entrevistei, tampouco, se sabia, a revelar o significado encontrado no dicionário para a expressão "helter skelter". A música "Helter Skelter" começa: "When I get to the bottom, I go back to the top of the slide/Where I stop and I turn and I go for a ride...".[11] Poston revelou que Manson dizia que isso era uma referência à Família emergindo do poço do abismo.

10 "Melro-preto cantando na calada da noite/Pegue essas asas quebradas e aprenda a voar/Durante toda a sua vida/Você esteve apenas esperando por este momento para se erguer." No original, "Blackbird" — "bird" pode ser uma gíria inglesa para "menina", portanto, "blackbird" pode se referir a uma menina negra. [NT]

11 "Quando chego ao final, eu volto para o topo do escorregador/ Onde eu paro e me viro e escorrego nele." [NT]

Havia uma explicação mais simples. Na Inglaterra, lar dos Beatles, "helter skelter" é outro nome para um escorregador em um parque de diversões.

Se ouvirmos com atenção, é possível perceber grunhidos e *óincs* ao fundo na música "Piggies".[12] Como "piggies", ou "porquinhos", Gregg e os outros me contaram, Manson se referia a qualquer pessoa que fizesse parte do sistema.

Assim como o próprio Manson, a música criticava abertamente os porquinhos, observando que o que eles precisavam mesmo era de uma tremenda de uma surra.

"Com isso ele queria dizer que o homem negro iria dar nos porquinhos — o sistema — uma tremenda de uma surra", explicou Jakobson. Charlie gostava muito desse verso, disseram Watkins e Poston; ele sempre o citava.

Eu não conseguia ouvir a última estrofe sem imaginar o que havia acontecido no número 3301 da Waverly Drive. Ela descreve casais de porquinhos comendo em restaurantes, todos vestindo roupas engomadas e elegantes, comendo bacon com garfos e facas.

Rosemary LaBianca: 41 ferimentos à faca. Leno LaBianca: doze ferimentos à faca, perfurado sete vezes com um garfo, uma *faca* na garganta, um *garfo* na barriga e, na parede, escrito com seu próprio sangue: MORTE AOS PORCOS.

"Tem um acorde no final da música 'Piggies'", contou Watkins. "É um acorde em um tom mais baixo e bastante esquisito. Depois do som de porquinhos grunhindo. E na música 'Revolution 9', tem esse mesmo acorde, e, depois dele, eles fazem uma ligeira pausa e grunhem, grunhem, grunhem. Mas, nessa pausa, tem o barulho de tiros de metralhadora.

"E acontece a mesma coisa na música 'Helter Skelter'", continuou Paul. "Eles tocaram esse acorde bastante esquisito. E na música 'Revolution 9' tem o mesmo acorde de novo, com metralhadoras disparando e pessoas morrendo e gritando e tal."

◆ ◆ ◆

12 Ao contrário dos ex-Beatles John Lennon e Paul McCartney, George Harrison se recusou a permitir que os autores citassem as letras de quaisquer de suas músicas, incluindo "Piggies".

O *Álbum Branco* contém duas músicas com a palavra "revolution", revolução, nos títulos.

A letra de "Revolution 1", assim como apresentada no encarte do disco, diz: "You say you want a revolution/Well, you know/We all want to change the world. [...] But when you talk about destruction/Don't you know that you can count me out".[13]

Ao ouvirmos o disco, porém, logo após "out", podemos ouvir a palavra "in".[14]

Manson acreditava que isso significava que os Beatles, antes indecisos, agora estavam a favor da revolução.

Ele dava muita importância a essas "letras ocultas", que podem ser encontradas em diversas músicas dos Beatles, mas que são especialmente mais predominantes no *Álbum Branco*. Elas eram, Manson dizia aos seus seguidores, mensagens diretas para ele, Charlie/JC.

Mais adiante, a letra diz: "You say you got a real solution/Well, you know/We'd all love to see the plan".[15]

O significado disso era óbvio para Manson: cante, Charlie, e nos diga como podemos escapar do holocausto.

De todas as canções dos Beatles, "Revolution 9" é de longe a mais estranha. Os críticos não conseguiam se decidir se ela era um novo direcionamento empolgante para o rock ou um truque elaborado. Um crítico disse que ela o fazia se lembrar de "uma bad trip de ácido".

Ela não tem uma letra propriamente dita, tampouco é uma música no sentido convencional; em vez disso, é uma montagem de ruídos — sussurros, gritos, fragmentos de diálogos da BBC, trechos de música clássica, morteiros explodindo, bebês chorando, hinos religiosos, buzinas de carro e gritos de torcidas de futebol — os quais, em conjunto ao refrão bastante repetido de "Number 9, Number 9, Number 9", atingem um clímax de disparos de metralhadoras e gritos, seguidos do suave e obviamente simbólico acalanto "Boa noite".

13 "Você diz que quer uma revolução/Bom, você sabe/Todos nós queremos mudar o mundo. [...] Mas quando você fala em destruição/Será que não sabe que pode me deixar de fora." [NT]

14 Ou seja, em vez de "count me *out*", me deixe de fora; "count me *in*", conte comigo. [NT]

15 "Você diz que tem uma solução verdadeira/Bom, sabe/Todos nós gostaríamos de ver o plano." [NT]

De todas as canções do *Álbum Branco*, contou Jakobson, Charlie "na maioria das vezes falava sobre 'Revolution 9'". Ele dizia que "esse era o jeito dos Beatles de contar às pessoas o que estava acontecendo; era a maneira deles de profetizar; ela apresentava um paralelo direto com o Apocalipse 9 da Bíblia".

Também era a batalha do Armagedom, a vindoura revolução entre os negros e os brancos retratada em forma de som, afirmava Manson, e depois de a ter ouvido eu mesmo, não tive dificuldade em acreditar que se algum dia houver tal conflito, é muito provável que ele soe assim.

Segundo Poston: "Quando a ouviu, Charlie captou nos ruídos de fundo, entre e ao redor dos tiros de metralhadoras e dos *óincs* dos porcos, a voz de um homem dizendo 'Rise', rebelem-se". Enquanto escutava a gravação de novo, eu também a ouvi, repetidas duas vezes: a primeira vez quase um sussurro, a segunda, um grito prolongado.[16] Isso era uma prova sólida. Através de Jakobson e Poston, eu enfim havia conectado Manson, de modo irrevogável, à palavra "rebelem-se" escrita com sangue na residência dos LaBianca.

Em "Revolution 1", os Beatles tinham finalmente decidido se dedicar à revolução. Em "Revolution 9", estavam dizendo ao homem negro que *agora* era a hora de se rebelarem e começarem tudo. De acordo com Charlie.

Manson encontrou muitas outras mensagens nessa canção (incluindo as palavras "Block that Nixon" — impeça o tal do Nixon), mas em relação à sua filosofia do Helter Skelter, essas eram as mais importantes.

Charles Manson já falava a respeito de uma iminente guerra entre negros e brancos quando Gregg Jakobson o conheceu, na primavera de 1968. Havia uma expressão underground corrente na época, "vai dar merda", interpretada de diversas maneiras como uma referência ao início iminente do dia do Juízo Final ou a um período de violência e destruição, e Charlie costumava usá-la para ser referir ao conflito racial. No entanto, ele não soava furioso quando falava sobre isso, comentou Gregg; era apenas um dos muitos assuntos sobre os quais eles conversavam.

16 A voz é ouvida pela primeira vez aos dois minutos e 34 segundos da música, logo após o som de uma multidão que segue "lots of stab wounds as it were" — muitos ferimentos à faca, por assim dizer — e "informed him on the third night" — o informou na terceira noite — e pouco antes de "Number 9, Number 9".

"Quando conheci Charlie [em junho de 1968], ele não falava nada sobre esse negócio de Helter Skelter", contou-me Paul Watkins. "Ele falava um pouco sobre o 'vai dar merda', mas quase nada. [...] Dizia que quando der merda, o homem negro vai ficar de um lado e o branco do outro, e era só isso que ele falava a esse respeito."

Então, em dezembro daquele ano, a gravadora Capitol lançou o *Álbum Branco* dos Beatles, o qual contava com a música "Helter Skelter". A estrofe final dizia: "Look out, helter skelter, helter skelter, helter skelter/Look out [gritos ao fundo] helter skelter/She's coming down fast/Yes, she is/Yes, she is".[17]

Ao que parece, Manson ouviu o *Álbum Branco* pela primeira vez em Los Angeles, tendo viajado para lá depois de deixar o rancho Barker, onde grande parte da Família havia permanecido. Quando voltou ao Vale da Morte no dia 31 de dezembro de 1968, ele disse ao grupo, conforme Poston relatou: "Vocês estão ligados no que os Beatles estão dizendo? Vai dar Helter Skelter. Os Beatles estão nos dizendo a real".

Era a mesma expressão, só que no lugar da palavra para defecação, Manson passou a usar "Helter Skelter".

Outra conexão havia sido feita, dessa vez referente às palavras sangrentas na porta da geladeira da residência dos LaBianca.

Ainda que essa tivesse sido a primeira vez na qual Manson usou tal expressão, ela não viria a ser a última.

Watkins: "E ele começou a tagarelar sobre esse disco dos Beatles e Helter Skelter e todos esses significados que eu não conseguia ver em nada daquilo... e criou uma imagem e a chamou de Helter Skelter, e o que isso queria dizer era que os crioulos iriam chegar e acabar com as cidades".

Após isso, Watkins disse, "nós começamos a ouvir o disco dos Beatles o tempo todo...".

Fica muito frio no Vale da Morte durante o inverno, por isso Manson encontrou um sobrado no número 20910 da Gresham Street, em Canoga Park, no vale de San Francisco, não tão distante do rancho Spahn. Em janeiro de 1969, contou Watkins, "todos nos mudamos para a casa na Gresham Street para nos prepararmos para o Helter Skelter. Para que pudéssemos ver sua chegada e observar todas as coisas acontecendo na cidade. Ele [Charlie] chamava a casa na Gresham Street de 'The Yellow Submarine', inspirado pelo filme dos Beatles. Era como um submarino, porque, quando se estava dentro dele, você não tinha permissão para

17 "Cuidado com o escorregador, escorregador, escorregador/Cuidado com o escorredor/Ela está descendo/Sim, ela está/Sim, ela está." [NT]

sair. Era possível apenas espiar pelas janelas. Começamos a projetar bugues e motocicletas e íamos comprar 25 Harley Sportsters [...] e mapeamos rotas de fuga pelo deserto [...] esconderijos de suprimentos [...] tínhamos todas essas coisas em desenvolvimento.

"Eu o observei criando essa grande imagem", comentou Paul. "Ele fazia isso bem devagar, com muito cuidado. Eu caí direitinho.

"Antes da chegada do Helter Skelter", prosseguiu Watkins, com um suspiro de melancólica nostalgia, "Charlie só se importava com orgias."

Antes mesmo de Jakobson e eu termos conversado sobre os Beatles, eu já tinha perguntado a ele: "Alguma vez Charlie conversou com você sobre uma revolução entre negros e brancos?".

R: "Sim, esse era o Helter Skelter, e ele acreditava que isso ia acontecer em um futuro próximo, quase que imediatamente."

P: "O que ele falava sobre essa revolução entre negros e brancos? Como iria acontecer e o que resultaria disso?"

R: "Ela iria começar com o homem negro entrando nas casas dos brancos e roubando os brancos, destruindo-os fisicamente, até que houvesse uma revolução aberta nas ruas, até que eles finalmente vencessem e tomassem o controle. Então o homem negro iria assumir o carma do homem branco. Ele então seria o sistema."

WATKINS: "Ele costumava explicar como seria tão simples começar. Alguns negros — alguns dos crioulos do bairro Watts — iriam até os bairros Bel Air e Beverly Hills [...] até os bairros dos porquinhos ricos [...] e simplesmente dariam cabo de alguns brancos, só cortariam alguns corpos e espalhariam sangue e escreveriam coisas na parede com sangue [...] todos os tipos de crimes extremamente atrozes que iriam deixar o homem branco com muita raiva...".

Poston praticamente afirmou a mesma coisa antes mesmo de eu conversar com Watkins, mas com o acréscimo de um detalhe muito importante: "Ele [Manson] disse que um grupo de verdadeiros negros sairia dos guetos e cometeria as maiores atrocidades nas regiões mais ricas de Los Angeles e de outras cidades. Eles cometeriam assassinatos cruéis com esfaqueamentos, mortes, corpos cortados em pedaços, manchas de sangue nas paredes, com a palavra 'porcos' escrita nas paredes... usando o sangue das próprias vítimas".

Essa era uma evidência extraordinária, conectando Manson não apenas aos homicídios do caso Tate — onde a palavra PORCO fora escrita com o sangue de Sharon Tate na porta da frente da casa —, mas também aos homicídios do caso LaBianca — onde as palavras MORTE AOS PORCOS tinham sido escritas com o sangue de Leno LaBianca na parede da sala de estar. Eu então questionei Poston detalhadamente sobre as exatas palavras de Manson, onde a conversa havia acontecido, quando e mais quem estava presente. Após isso, entrevistei aqueles mencionados por Poston que estavam dispostos a cooperar.

Em geral, eu tento evitar testemunhos repetitivos em um julgamento, sabendo que isso pode antagonizar o júri. No entanto, o Helter Skelter ter sido o motivo de Manson para os assassinatos era tão bizarro que eu sabia que se fosse exposto por apenas uma testemunha, nenhum jurado iria acreditar.

A conversa tinha acontecido em fevereiro de 1969, na casa da Gresham Street, contou Poston. Agora, nós tínhamos evidências de que, seis meses antes dos homicídios do caso Tate-LaBianca, Charles Manson estava contanto à Família exatamente como os assassinatos iriam acontecer, incluindo até mesmo a inscrição da palavra "porcos" com o sangue das próprias vítimas.

Havíamos conseguido ligar Manson a cada uma das palavras sangrentas encontradas nas residências tanto de Tate quanto dos LaBianca.

Mas esse seria apenas o começo, Manson contou a Watkins. Esses assassinatos causariam paranoia em massa entre os brancos: "Por causa do medo, eles avançariam contra os guetos e simplesmente começariam a atirar nos negros feito loucos". Mas eles só matariam "aqueles que estavam com os branquelos, em primeiro lugar".

A "verdadeira raça negra" — que Manson identificou em diversos momentos como os Muçulmanos Negros e os Panteras Negras — "sequer seria afetada por isso". Eles estariam escondidos, aguardando, contou ele.

Depois do massacre, os Muçulmanos Negros "iriam emergir e apelar para os brancos, dizendo: 'Olhem o que vocês fizeram com meu povo'. E isso dividiria os branquelos", explicou Watkins, "entre os hippies liberais e todos os conservadores reprimidos...". Seria como uma guerra entre os estados, irmão contra irmão, o homem branco matando o homem branco. Então, depois que os brancos tivessem em grande parte matado uns aos outros, "os Muçulmanos Negros sairiam de seu esconderijo e acabariam com *todos* eles".

Todos, exceto Charlie e a Família, que teriam se refugiado no poço do abismo, no Vale da Morte.

O carma, assim, passaria por uma reviravolta. "O neguinho ficaria por cima". E ele iria começar a "limpar a bagunça, como sempre fez. [...] Ele vai limpar a bagunça que o homem branco fez, e vai reconstruir um pouco o mundo, vai reconstruir as cidades. Mas então não vai saber o que fazer com elas. Não var conseguir dar conta."

De acordo com Manson, contou Watkins, o homem negro tinha um problema. Ele só era capaz de fazer o que o homem branco o tinha ensinado a fazer. Ele não seria capaz de governar o mundo sem o branquelo para lhe mostrar como.

WATKINS: "O neguinho então viria até Charlie e diria, sabe, 'eu fiz meu lance. Matei todos eles e, sabe, estou cansado de matar agora. Está tudo acabado.'

"E então Charlie coçaria o cabelo encrespado do neguinho e lhe daria um chute na bunda e mandaria que fosse colher algodão e que fosse um bom crioulo, e iríamos viver felizes para sempre..." A Família, que então totalizaria 144 mil, como previsto na Bíblia — uma raça branca suprema e pura — emergiria do poço do abismo. E "o mundo seria nosso. Não haveria mais ninguém, exceto nós e os criados negros."

E, de acordo com o evangelho de Charlie — conforme relatado por ele ao seu discípulo Paul Watkins —, ele, Charles Willis Manson, o quinto anjo, JC, iria então governar esse mundo.

Paul Watkins, Brooks Poston e Gregg Jakobson não tinham apenas definido o motivo de Manson, o Helter Skelter, como Watkins também havia fornecido o elo que faltava. Em sua mente doentia, distorcida e desordenada, Charles Manson acreditava que *ele* seria o principal beneficiário da guerra entre negros e brancos e dos homicídios que a teriam provocado.

Em um certo dia na casa da Gresham Street, enquanto estavam viajando no ácido, Manson havia reiterado a Watkins e aos outros que "neguinhos" não tinham nenhuma inteligência, "que a única coisa que o neguinho sabe é o que o branquelo o mandou fazer ou que o ensinou" e que "então alguém vai ter que mostrar a eles como fazer as coisas".

Perguntei a Watkins: "Como fazer quais coisas?".

R: "Como causar o Helter Skelter. Como fazer todas essas coisas."

WATKINS: "Charlie disse que a única razão para isso ainda não ter acontecido era porque o branquelo estava alimentando o homem negro em Haight-Ashbury com suas jovens filhas, e disse que se sua música fosse lançada, e todas as pessoas bonitas — 'amores', ele as chamava — deixassem Haight-Ashbury, o neguinho iria recorrer a Bel Air para ter prazer".

O "neguinho" tinha sido "pacificado" temporariamente pelas moças brancas, afirmava Manson. Contudo, quando ele removesse o pacificador — quando seu álbum fosse lançado e todos os jovens amores seguissem o Flautista Charlie até o deserto —, os negros precisariam de outros meios para extravasar suas frustrações e se voltariam contra o sistema.

Mas Terry Melcher não cumpriu sua promessa. O álbum não foi gravado. Em algum momento no final de fevereiro de 1969, Manson enviou Brooks e Juanita até o rancho Barker. O restante da Família voltou para o rancho Spahn e começou os preparativos para o Helter Skelter. "Então houve um verdadeiro esforço físico para organizar as coisas, para que pudessem se mudar para o deserto", contou Gregg, que visitou o rancho durante esse período e ficou surpreso com a mudança em Manson. Anteriormente, ele pregava a união da Família, completa nela mesma, autossuficiente; agora, estava atraindo forasteiros, as gangues de motociclistas. Antes, ele tinha sido contra o materialismo; agora estava acumulando veículos, armas, dinheiro. "Me pareceu que tudo aquilo contradizia o que Charlie tinha feito e me dito antes", revelou Gregg, explicando que foi esse o começo de sua desilusão e consequente afastamento de Manson.

O recém-materialista Manson criava diversos esquemas malucos para obter dinheiro. Por exemplo, alguém sugeriu que as garotas da Família poderiam ganhar, cada uma, de 300 a 500 dólares trabalhando como dançarinas de topless. Manson gostou da ideia — com dez moças ganhando 3 mil dólares ou mais por semana, ele poderia comprar jipes, bugues, até mesmo metralhadoras — e mandou Bobby Beausoleil e Bill Vance até a Girard Agency, na Sunset Strip, a fim de negociar o acordo.

Havia apenas um problema. Com todos seus poderes, Manson foi incapaz de transformar montículos em montanhas. Com exceção de Sadie e de algumas outras, as garotas de Charlie simplesmente não tinham bustos muito impressionantes. Por alguma razão, Manson parecia atrair garotas que, em sua maioria, tinham seios pequenos.

Enquanto moravam na casa da Gresham Street, Manson havia revelado a Watkins que os homicídios atrozes iriam acontecer naquele verão. O verão estava quase chegando e os negros não estavam demonstrando nenhum sinal de se erguerem para concretizar seu carma. Certo dia, no final de maio ou começo de junho de 1969, Manson puxou Watkins de lado, levou-o até o velho trailer no rancho Spahn e confidenciou: "A única coisa que o neguinho conhece é o que o branquelo o ensinou". Então acrescentou: "*Eu* vou ter que mostrar a ele como fazer as coisas".

Segundo Watkins: "Fiquei com algumas imagens estranhas na cabeça depois disso". Alguns dias mais tarde, Watkins fugiu para o rancho Barker, com medo de que, se ficasse por lá, veria aquelas imagens estranhas se materializarem em uma realidade niilista.

Foi apenas em setembro de 1969 que o próprio Manson voltou para o rancho Barker e descobriu que Watkins e Poston haviam desertado. Ainda que tivesse contado a Watkins sobre terem "cortado Shorty em nove pedaços", Manson não fez nenhuma menção aos homicídios do caso Tate-LaBianca. Enquanto discutia o Helter Skelter com ele, contudo, Manson disse, sem nenhuma explicação: "Tive que mostrar ao neguinho como fazer as coisas".

O LAPD havia entrevistado Gregg Jakobson no final de novembro de 1969. Quando tentou contar a eles o que sabia sobre a filosofia excêntrica de Manson, um dos detetives comentou: "Ah, o Charlie é maluco; não estamos interessados em nada disso". No mês seguinte, dois detetives foram até Shoshone e conversaram com Crockett e Poston; o LAPD também entrou em contato com Watkins. Todos os três foram entrevistados sobre o que sabiam a respeito dos homicídios do caso Tate-LaBianca. E todos os três responderam que não sabiam de nada, o que, em suas mentes, era verdade, visto que anteriormente nenhum deles havia feito a conexão entre Manson e aqueles assassinatos. Depois da entrevista com Poston e Crockett, um dos detetives comentou: "Parece que fizemos essa viagem à toa".

A princípio, achei difícil acreditar que nenhum dos quatro sequer desconfiasse de que Manson poderia estar por trás dos homicídios do caso Tate-LaBianca. Descobri, porém, que havia diversos motivos prováveis para isso. Quando contou a Jakobson como o Helter Skelter começaria, Manson não havia falado nada sobre escrever palavras com sangue. Ele dissera isso apenas a Watkins e Poston, chegando até mesmo a contar a Poston sobre a palavra "porcos". No entanto, não havia jornais no rancho Barker, e este ficava localizado em uma região tão remota que não havia sinal de rádio. Ainda que tivessem ouvido falar sobre os homicídios em suas viagens infrequentes para comprar suprimentos em Independence e Shoshone, ambos afirmaram que não tinham prestado atenção aos detalhes.

O principal motivo, contudo, foi apenas um golpe de sorte. Embora a imprensa tivesse relatado que havia inscrições sangrentas na residência dos LaBianca, o LAPD tinha sido bem-sucedido em manter um fato em segredo: que duas das palavras eram HEALTER SKELTER.

Se isso tivesse sido divulgado, sem dúvidas, Jakobson, Watkins, Poston e muitos outros teriam vinculado os homicídios do caso LaBianca — e, provavelmente, os homicídios do caso Tate, devido à proximidade dos horários — ao plano insano de Manson. Parece ser uma suposição segura dizer que pelo menos um deles teria comunicado suas suspeitas à polícia.

Foi um desses estranhos acasos, pelo qual ninguém teve culpa e cujas repercussões ninguém poderia ter previsto. Contudo, parece possível que, caso isso tivesse acontecido, os assassinos pudessem ter sido detidos em dias, ao invés de meses, após os assassinatos, e Donald "Shorty" Shea, e talvez outros, ainda poderiam estar vivos.

Embora estivesse convencido de que tínhamos o motivo, outras pistas não vingaram.

Nenhum dos funcionários do posto de combustível Standard, em Sylmar, nem da loja Jack Frost, em Santa Monica, foi capaz de identificar alguém do nosso "álbum de Família". Quanto aos cartões de crédito dos LaBianca, tudo parecia bater, uma vez que Suzanne Struthers foi incapaz de determinar se havia uma bolsa marrom faltando entre os objetos pessoais de sua mãe. Rosemary possuía diversas bolsas dessa cor.

Quando o LAPD solicitou os registros telefônicos do rancho Spahn, grande parte das cobranças de maio e julho de 1969 já tinha sido "perdida ou destruída". Todos os números dos outros meses — de abril a outubro de 1969 — foram identificados e, apesar de termos obtido algumas pequenas informações sobre o histórico das atividades da Família, fomos incapazes de encontrar alguma ligação entre os assassinos e as vítimas. Tampouco encontramos alguma nos registros telefônicos das residências de Tate e dos LaBianca.

Exposição à chuva e ao sol ao longo de um período prolongado desintegra os componentes do sangue humano. Muitas das manchas nas roupas encontradas pela equipe de TV testaram positivo no teste de benzidina, que indica a presença de sangue, mas Granado não foi capaz de determinar se era sangue animal ou humano. Entretanto, Granado encontrou sangue humano, tipo B, na camiseta branca (o tipo de Parent, Folger e Frykowski), e sangue humano, "possivelmente tipo O", no suéter de gola rolê escuro (Tate e Sebring tinham tipo O). Ele não fez testes para determinar os subgrupos.

Ele também encontrou alguns cabelos humanos nas roupas, os quais determinou terem pertencido a uma mulher, mas nenhum compatível com os das duas vítimas mulheres.

Telefonei para o capitão Carpenter no Sybil Brand e solicitei uma amostra do cabelo de Susan Atkins. No dia 17 de fevereiro, a policial Helen Tabbe levou Susan ao salão de beleza da prisão para que ela tivesse os cabelos lavados e arrumados. Em seguida, removeu os fios de cabelo da escova e do pente de Susan. Mais tarde, uma amostra do cabelo de Patricia Krenwinkel foi obtida de modo semelhante. Granado descartou a amostra de Krenwinkel, mas, embora não tivesse sido capaz de afirmar com certeza que eram os mesmos, ele considerou os fios de cabelo da amostra de Atkins "muito, muito parecidos" aos encontrados nas roupas, concluindo que era "muito provável" que o cabelo pertencesse a Susan Atkins.[18]

Alguns pelos brancos de animal também foram encontrados nas roupas. Winifred Chapman disse que se pareciam com os pelos do cachorro de Sharon. Como o cão havia morrido pouco depois da morte de Sharon, nenhuma comparação pôde ser feita. Apesar disso, eu pretendia apresentar os pelos como prova e deixar que a sra. Chapman declarasse o que tinha dito a mim.

No dia 11 de fevereiro, Kitty Lutesinger deu à luz o filho de Bobby Beausoleil. Mesmo antes disso, ela já era uma testemunha relutante, e as poucas informações que obtive dela tiveram que ser arrancadas. Mais tarde, ela voltaria à Família, a deixaria, retornaria. Incerto sobre o que ela poderia dizer no banco das testemunhas, algum tempo depois optei por não a convocar como testemunha.

Tomei a mesma decisão em relação ao motociclista Al Springer, ainda que por motivos diferentes. Grande parte de seu testemunho seria uma repetição do de DeCarlo. Além disso, seu testemunho mais condenatório — a declaração de Manson de que "apagamos cinco deles faz poucas noites" — era inadmissível devido ao caso *Aranda*. Eu cheguei a entrevistar Springer diversas vezes, e um comentário feito a ele por Manson a respeito dos assassinatos me proporcionou um vislumbre da possível estratégia de defesa de Manson. Enquanto discutia as muitas atividades criminosas da Família, Manson havia dito a Springer: "Aconteça o que acontecer, as garotas vão assumir toda a culpa".

Entrevistei Danny inúmeras vezes, uma das sessões tendo durado nove horas, vindo a obter informações substanciais que não haviam surgido em entrevistas anteriores. A cada vez, eu obtinha mais alguns exemplos

18 Os pontos de semelhança incluíam cor, diâmetro, comprimento, assim como características medulares.

do domínio exercido por Manson: ele dizia à Família quando era hora de comer; não permitia que ninguém fosse servido até que ele estivesse sentado; durante o jantar, fazia sermões sobre sua filosofia.

Perguntei a Danny se alguém já tinha interrompido Manson enquanto ele estava falando. Ele se lembrava de que, certa vez, "algumas minas" começaram a conversar.

P: "O que aconteceu?"

R: "Ele jogou uma tigela de arroz nelas."

Embora DeCarlo estivesse bastante relutante em testemunhar, o sargento Gutierrez e eu por fim o convencemos de que fazê-lo seria para seu próprio bem.

Tive menos sorte com Dennis Wilson, cantor e baterista do Beach Boys. Apesar de a princípio ter alegado não saber de nada importante, Wilson por fim concordou em "jogar limpo" comigo, mas se recusou a testemunhar.

Era evidente que Wilson estava com medo, e não sem motivo. No dia 4 de dezembro de 1969, três dias depois que o LAPD anunciou que tinha solucionado o caso, Wilson havia recebido uma ameaça de morte anônima. Não era, descobri, a única ameaça desse tipo, e as outras não foram anônimas.

Embora tenha negado saber algo a respeito das atividades criminosas da Família, Wilson forneceu algumas informações interessantes sobre o passado deles. No final da primavera de 1968, enquanto dirigia por Malibu, Wilson deu carona à mesma dupla de garotas em duas ocasiões. Na segunda vez, ele as levou para sua casa. O lar de Dennis ficava no número 14400 da Sunset Boulevard, uma residência suntuosa cujo antigo proprietário havia sido o humorista Will Rogers. As garotas — Ella Jo Bailey e Patricia Krenwinkel — ficaram durante algumas horas, contou Dennis, em grande parte falando sobre um sujeito chamado Charlie.

Wilson teve uma gravação naquela noite e só chegou em casa às 3h. Quando entrou no acesso à garagem, um estranho saiu pela porta dos fundos. Wilson, assustado, perguntou: "Você vai me machucar?". O homem respondeu: "Parece que eu vou te machucar, irmão?". Ele então caiu de joelhos e beijou os pés de Wilson — obviamente uma das atuações favoritas de Charlie. Quando Manson o conduziu para dentro da própria casa, Wilson descobriu que tinha cerca de uma dúzia de hóspedes não convidados, a maioria garotas.

Eles ficaram por muitos meses, durante os quais o grupo mais do que dobrou de tamanho. (Foi durante o "período na Sunset Boulevard" de Manson que Charles "Tex" Watson, Brooks Poston e Paul Watkins se associaram à Família.) A experiência, estimou Dennis mais tarde, lhe custou cerca de 100 mil dólares. Além de Manson lhe pedir dinheiro o tempo todo, Clem destruiu a Mercedes-Benz de 21 mil dólares sem seguro de Wilson ao batê-la contra uma montanha no caminho que levava ao rancho Spahn; a Família se apropriou das roupas de Wilson e de praticamente qualquer outra coisa que estivesse à vista; e em diversas ocasiões, ele julgou necessário levar toda a Família até seu médico em Beverly Hills para tomar injeções de penicilina. "Provavelmente foi o maior boleto de gonorreia da história", admitiu Dennis. Ele chegou até mesmo a dar a Manson nove ou dez discos de ouro dos Beach Boys e a arcar com um tratamento dentário para Sadie.

Era óbvio que o recém-divorciado Wilson havia encontrado algo atraente no estilo de vida de Manson. "Exceto pelas despesas", contou-me Dennis, "eu me dava muito bem com Charlie e as garotas." Ele e Charlie cantavam e conversavam, disse Dennis, enquanto as garotas limpavam a casa, cozinhavam e atendiam às suas necessidades. Wilson disse que gostava da "espontaneidade" da música de Charlie, mas acrescentou que "Charlie não tinha ouvido nenhum para música". Apesar disso, Dennis tentou com afinco "vender" Manson para outras pessoas. Alugou um estúdio de gravação em Santa Monica e pediu que gravassem as músicas dele. (Ainda que eu estivesse bastante interessado em ouvir as gravações, Wilson afirmou que as tinha destruído, porque "as vibrações ligadas a elas não pertenciam a este mundo".) O músico também apresentou Manson a algumas pessoas da ou às margens da indústria do entretenimento, incluindo Melcher, Jakobson e Altobelli. Em uma determinada festa, Charlie deu um anel à filha de Dean Martin, Deana, e a convidou para se juntar à Família. Deana me contou que guardou o anel, o qual mais tarde deu ao marido, mas recusou o convite de Manson. Assim como fizeram os outros integrantes dos Beach Boys, dos quais nenhum compartilhava da afeição pelo "pequeno guru maltrapilho", como um deles o descreveu.

Wilson negou ter tido algum conflito com Manson durante esse período. Porém, em agosto de 1968, três semanas antes do fim de seu contrato de aluguel, Dennis foi morar com Gregg, relegando ao seu empresário a tarefa de despejar Charlie e as garotas.

Da Sunset Boulevard, a Família se mudou para o rancho Spahn. Embora, ao que parece, tenha evitado o grupo durante algum tempo, Wilson via Manson de vez em quando. Ele me contou que não teve nenhum problema com Charlie até agosto de 1969 — não conseguia se lembrar da data exata, mas tinha certeza de que tinha sido depois dos homicídios do caso Tate —, até que Manson o visitou, exigindo 1.500 dólares para que pudesse ir para o deserto. Quando Wilson se recusou a lhe dar o dinheiro, Charlie o ameaçou: "Não fique surpreso se você nunca mais ver seu filho". Dennis tinha um filho de 7 anos, e esse obviamente era um dos motivos por sua relutância em testemunhar.

Manson também ameaçou o próprio Dennis, mas ele só ficou sabendo disso durante uma entrevista que realizei com ele e Jakobson. Segundo Jakobson, pouco depois de Dennis ter recusado o pedido de Manson, Charlie entregou uma bala calibre .44 a Gregg e lhe disse: "Diga ao Dennis que tem mais de onde veio esta". Por saber como a outra ameaça havia deixado Dennis preocupado, Gregg não tinha mencionado isso a ele.

Esse incidente ocorreu no final de agosto ou início de setembro de 1969. Jakobson ficou perplexo pela mudança em Manson. "A eletricidade estava quase jorrando dele. Seu cabelo estava espetado. Seus olhos estavam desvairados. A única comparação que posso fazer... é que ele parecia um animal enjaulado."

Era possível que houvesse uma outra ameaça, mas isso é apenas uma conjectura. Ao examinar as contas de telefone do rancho Spahn, descobri que, no dia 22 de setembro de 1969, alguém telefonou para o número particular de Dennis Wilson de um telefone público no rancho. No dia seguinte, Wilson mandou que o telefone fosse desconectado.

Enquanto relembrava seu envolvimento com a Família, Dennis me disse: "Sou o sujeito mais sortudo do mundo, porque acabei perdendo só meu dinheiro".

De estrela do rock a motociclistas a ex-garotas de programa, todas as testemunhas desse caso tinham algo em comum: elas temiam por suas vidas. Bastava pegar um jornal ou ligar a TV para verem que muitos membros da Família ainda estavam perambulando pelas ruas; que Steve Grogan, também conhecido como Clem, estava em liberdade após ter pagado fiança, e as acusações de roubo de automóveis contra Bruce Davis, no condado de Inyo, haviam sido suspensas por falta de provas. Nem Grogan, nem Davis, nem nenhum dos outros suspeitos de terem decapitado Shorty Shea haviam sido acusados desse homicídio, por ainda não haver nenhuma prova física de que Shea estivesse morto.

◆ ◆ ◆

Talvez em sua cela no Sybil Brand, Susan Atkins tivesse se lembrado da letra da canção dos Beatles, "Sexy Sadie":

"Sexy Sadie, what have you done
You made a fool of everyone. [...]
Sexy Sadie, you broke the rules
You laid it out for all to see. [...]
Sexy Sadie, you'll get yours yet
However big you think you are..."[19]

Ou talvez fosse o simples fato de que as numerosas mensagens que Manson estava enviando, através de outros membros da Família, a estivessem afetando.

Susan chamou Caballero e o comunicou que não iria testemunhar no julgamento sob circunstância nenhuma. Exigiu, ainda, ver Charlie.

Caballero contou a Aaron e a mim que parecia que tínhamos perdido nossa principal testemunha.

Entramos em contato com Gary Fleischman, o advogado de Linda Kasabian, e o informamos que estávamos prontos para conversar.

Desde o início, Fleischman, com o bem-estar de sua cliente em mente, não havia almejado nada menos do que imunidade total para Linda Kasabian. Foi apenas quando conversei com a própria Linda que descobri que ela estivera disposta a falar conosco com ou sem imunidade, e que Fleischman tinha sido seu único empecilho. Também descobri que ela havia decidido voltar para a Califórnia por vontade própria, contra o conselho de Fleischman, que quisera que ela se opusesse à extradição. Após algumas conversas, nosso escritório aceitou entrar com uma petição junto à Suprema Corte solicitando imunidade, *depois* que ela tivesse testemunhado. Em troca, ficou acordado: (1) que Linda Kasabian nos apresentaria uma declaração completa e detalhada de seu envolvimento nos homicídios do caso Tate-LaBianca; (2) que Linda Kasabian iria depor com honestidade em todos os procedimentos no tribunal contra todos os réus; e (3) que no caso de Linda Kasabian não testemunhar com

19 "Sexy Sadie, o que você fez/Você fez todo mundo de idiota/Sexy Sadie, você violou as regras/Você se exibiu para todos/Sexy Sadie, você ainda vai ter o que merece/Por maior que ache que seja." [NT]

honestidade, ou de se recusar a testemunhar, por qualquer motivo, ela seria processada integralmente, mas que quaisquer declarações que tivesse dado à promotoria não seriam usadas contra ela.

O acordo foi assinado por mim, Younger, Levy, Busch e Stovitz no dia 26 de fevereiro de 1970.

Dois dias depois, interroguei Linda Kasabian. Essa foi a primeira vez que ela discutiu os homicídios do caso Tate-LaBianca com alguém ligado ao cumprimento da lei.

Como mencionado antes, caso pudesse escolher entre Susan e Linda, eu teria preferido Linda, mesmo sem tê-la visto; ela não tinha matado ninguém, e assim seria muito mais aceitável para o júri do que a sanguinária Susan. Enquanto conversava com ela no escritório do capitão Carpenter no Sybil Brand, fiquei bastante satisfeito pelas coisas terem se desenrolado daquela maneira.

Pequena, com longos cabelos castanho-claros, Linda se parecia bastante com a atriz Mia Farrow. À medida que a conhecia melhor, descobri que ela era uma garota quieta, dócil, influenciável, mas que transmitia uma segurança interior, quase um fatalismo, que fazia com que parecesse ter mais do que seus 20 anos. Produto de um lar desfeito, ela própria tivera dois casamentos fracassados, o último, com o jovem hippie Robert Kasabian, havia chegado ao fim pouco antes de ela ir para o rancho Spahn. Tinha uma filha chamada Tanya, de 2 anos, e agora estava grávida de oito meses de outro filho, concebido, achava, na última vez em que ela e o marido estiveram juntos. Ficara com a Família por menos de um mês e meio. "Eu parecia uma garotinha cega em uma floresta e peguei o primeiro caminho que apareceu à minha frente." Fora apenas então, enquanto conversava sobre o que tinha acontecido, que ela sentia como se estivesse emergindo da escuridão, disse.

Sozinha desde os 16 anos, Linda tinha vagado da costa leste à costa oeste, "procurando por Deus". Em sua busca, havia morado em comunidades e abrigos, consumido drogas, transado com quase qualquer um que demostrasse interesse. Ela descreveu tudo isso com uma sinceridade que em certos momentos me chocou, mas que, eu sabia, seria um bônus no banco das testemunhas.

Desde a primeira entrevista, eu acreditei em sua história e achei que o júri também iria acreditar. Não havia nenhuma hesitação em suas respostas, nenhuma evasão, nenhuma tentativa de se passar por algo que não era. Ela foi brutalmente honesta. Quando uma testemunha sobe ao banco e conta a verdade, mesmo que esta seja injuriosa à sua própria imagem, você sabe que ela não pode ser desacreditada. Eu sabia que, se Linda testemunhasse com sinceridade sobre aquelas duas noites de assassinatos, o fato de ter sido promíscua, usado drogas, roubado, seria irrelevante. A questão era: a defesa poderia atacar sua credibilidade a respeito dos eventos daquelas duas noites? E eu soube a resposta em nossa primeira entrevista: eles não seriam capazes de fazer isso, porque era evidente que ela estava dizendo a verdade.

Conversei com ela das 13h às 16h30 do dia 28. Essa foi a primeira de muitas longas entrevistas, meia dúzia delas vindo a durar de seis a nove horas, todas realizadas no Sybil Brand, com seu advogado, em geral, sendo a única outra pessoa presente. No final de cada entrevista, eu pedia a ela que, caso voltasse para sua cela e lhe ocorresse algo que não tínhamos discutido, ela "fizesse anotações". Muitas dessas anotações se transformaram em cartas para mim, estendendo-se por doze ou mais páginas. Todas as quais, em conjunto às minhas anotações das entrevistas, foram disponibilizadas para a defesa sob a ordem de descoberta.

Quanto mais vezes uma testemunha conta sua história, mais oportunidades surgem para discrepâncias e contradições, as quais o lado adversário pode então usar com propósitos de impedimento legal. Ao passo que alguns advogados tentam manter as entrevistas e declarações anteriores ao julgamento a um mínimo para evitar tais problemas, opto por fazer exatamente o contrário. Se uma testemunha está mentindo, eu quero saber antes mesmo de ela subir ao banco. Durante as mais de cinquenta horas que passei entrevistando Linda Kasabian, eu a considerei, como qualquer testemunha, incerta sobre alguns detalhes, confusa sobre outros, mas nem uma única vez a peguei tentando mentir. Além do mais, quando não tinha certeza, ela admitia sua insegurança.

Ainda que tivesse acrescentado muitos detalhes, a história de Linda Kasabian sobre aquelas duas noites era praticamente idêntica à de Susan Atkins. Houve apenas algumas surpresas. Mas eram das grandes.

Antes de minha conversa com Linda, havíamos suposto que talvez ela tivesse testemunhado apenas um assassinato — a morte a tiros de Steven Parent. No entanto, descobrimos que ela também tinha visto Katie perseguindo Abigail Folger pelo gramado com uma faca erguida e Tex esfaqueando Voytek Frykowski até a morte.

Ela também revelou que, na noite em que os LaBianca foram mortos, Manson havia tentado cometer outros três homicídios.

PARTE 5

"NÃO SABEM QUEM ESTÃO CRUCIFICANDO?"

De março a 14 de junho de 1970

"Porque surgirão falsos cristos e falsos profetas, e farão tão grandes sinais e prodígios que, se possível fora, enganariam até os escolhidos. [...] Portanto, se vos disserem: Eis que ele está no deserto, não saiais..."
Mateus 24:24, 26

"Pouco antes de sermos detidos no deserto, havia doze de nós, apóstolos, e Charlie."
Ruth Ann Moorehouse
Integrante da Família

"Talvez eu tenha insinuado em diversas ocasiões a diversas pessoas diferentes que posso ser Jesus Cristo, mas ainda não decidi o que sou ou quem sou."
Charles Manson

Helter Skelter

Março de 1970

No dia 3 de março, acompanhado pelo advogado Gary Fleischman e por cerca de doze policiais do LAPD e da LASO, tirei Linda Kasabian do Sybil Brand. Para Linda, a viagem foi como voltar no tempo, para uma noite quase inacreditável, ocorrida cerca de sete meses antes.

Nossa primeira parada foi no número 10050 da Cielo Drive.

No final de junho de 1969, Bob Kasabian havia visitado Linda na casa da mãe dela em New Hampshire, sugerindo que se reconciliassem. Kasabian estava morando em um trailer em Topanga Canyon com um amigo, Charles Melton. Melton, que recentemente havia herdado 20 mil dólares e já tinha torrado mais da metade, planejava dirigir até a ponta da América do Sul, comprar um barco e velejar ao redor do mundo. Ele tinha convidado Linda e Bob, assim como outro casal, para acompanhá-lo.

Linda, acompanhada da filha, Tanya, voou para Los Angeles, mas a reconciliação não deu certo.

No dia 4 de julho de 1969, Catherine Share, também conhecida como Gypsy, visitou Melton, a quem tinha conhecido por meio de Paul Watkins. Gypsy contou a Linda sobre "esse homem lindo chamado Charlie", a Família e como tudo na vida no rancho Spahn era só amor, beleza e paz. Para Linda, isso foi "como uma resposta a uma prece não feita".[1] Naquele mesmo dia, Linda e Tanya se mudaram para o rancho Spahn. Ainda que não tivesse conhecido Manson logo no primeiro dia, ela conheceu a maioria dos outros membros da Família, e eles não falavam sobre praticamente mais nada. Ficou óbvio para ela que "eles o adoravam".

1 Minhas entrevistas com Linda Kasabian não foram gravadas. As citações exatas são retiradas das minhas anotações sobre as entrevistas, de seu testemunho no julgamento ou de suas cartas para mim.

Naquela noite, Tex a levou até um quartinho e lhe disse "coisas esquisitas — nada era errado, tudo era certo — coisas que não consegui compreender". Em seguida, "ele fez amor comigo e tive uma experiência estranha — foi como ser possuída". Quando chegou ao fim, os dedos de Linda estavam tão cerrados que doíam. Gypsy, mais tarde, lhe disse que o que ela vivenciou havia sido a morte do ego.

Depois de fazerem amor, Linda e Tex tiveram uma conversa, durante a qual Linda mencionou a herança de Melton. Tex a incentivou a roubar o dinheiro. De acordo com Linda, ela lhe disse que não podia fazer isso — Melton era um amigo, um irmão. Tex insistiu que ela não poderia fazer nada errado e que tudo deveria ser compartilhado. No dia seguinte, Linda voltou para o trailer e roubou 5 mil dólares, entregando-os em seguida a Leslie ou Tex, assim como havia feito com todos seus bens, já em posse da Família, visto que as garotas lhes haviam dito: "O que é seu é nosso e o que é nosso é seu".

Linda conheceu Charles Manson naquela noite. Depois de tudo que havia ouvido a seu respeito, ela se sentiu como se estivesse em um julgamento. Ele lhe perguntou por que ela tinha ido até o rancho. Ela respondeu que o marido a rejeitara. Manson esticou o braço e apalpou suas pernas. "Ele pareceu satisfeito com elas", recordou Linda. Então ele permitiu que ela ficasse. Antes de fazer amor com ela, ele lhe disse que ela possuía uma neura com o pai. Linda ficou surpresa com sua percepção, pois não gostava do padrasto. Ela teve a impressão de que Manson conseguia enxergar dentro dela.

Linda Kasabian passou a fazer parte da Família — saindo para coletar lixo, transando com os homens, entrando de maneira furtiva em uma casa e ouvindo enquanto Manson fazia sermões sobre os Beatles, Helter Skelter e o poço do abismo. Charlie lhe contou que o homem negro era unido, ao contrário do homem branco. Entretanto, ele conhecia uma maneira de unir o homem branco, afirmou. Essa era a única maneira. Mas não lhe disse qual era.

Ela tampouco lhe perguntou. Desde seu primeiro encontro, Manson havia enfatizado: "Nunca pergunte por quê". Quando algo que ele dizia ou fazia a deixava confusa, ela era lembrada disso. De outro de seus axiomas favoritos: "Nenhum sentido faz sentido".

Toda a Família, Linda disse, era "paranoica em relação ao neguinho". Nos fins de semana, George Spahn ganhava um bom dinheiro alugando cavalos. De vez em quando havia negros entre os cavaleiros. Manson afirmava que eram Panteras, espionando a Família. Ele sempre escondia as moças quando eles estavam por perto. À noite, todos precisavam usar roupas escuras, para serem menos visíveis, e algum tempo depois, Manson passou a designar guardas armados, que vagavam pelo rancho até o amanhecer.

Aos poucos, Linda ficou convencida de que Charles Manson era Jesus Cristo. Ele nunca lhe disse isso diretamente, mas em um determinado dia lhe perguntou: "Você não sabe quem eu sou?".

Ela respondeu: "Não, eu deveria saber de alguma coisa?".

Ele não respondeu, apenas sorriu, e a rodopiou de um jeito brincalhão.

Mas ela tinha lá suas dúvidas. As mães não tinham permissão para cuidarem dos próprios filhos. Eles a separaram de Tanya, explicou Linda, porque queriam "matar o ego que coloquei dentro dela" e "eu a princípio concordei, achei que era uma boa ideia que ela se tornasse independente". Além disso, ela viu Manson agredir Dianne Lake em diversas ocasiões. Linda estivera em muitas comunidades — do American Psychedelic Circus, em Boston, aos Sons of the Earth Mother, perto de Taos —, mas nunca tinha visto nada como aquilo. Esquecendo-se da ordem de Charlie, perguntou a Gypsy o porquê daquilo. Ela respondeu que Dianne de fato queria apanhar e que Charlie só estava atendendo sua vontade.

Desconsiderando todas as dúvidas, havia um fato: ela se apaixonara por Charles Manson.

Linda estivera no rancho Spahn há pouco mais de um mês quando, na tarde de sexta-feira, 8 de agosto de 1969, Manson avisou à Família: "*Chegou a hora do Helter Skelter*".

Caso tivesse parado por aí, fornecendo esse único testemunho e mais nada, Linda teria sido uma testemunha valiosa. Mas ela ainda tinha muito mais a dizer.

Na noite daquela sexta-feira, cerca de uma hora depois do jantar, sete ou oito integrantes da Família estavam parados no calçadão diante do bar quando Manson saiu e, puxando Tex, Sadie, Katie e Linda de lado, mandou que cada um pegasse uma muda de roupas e uma faca. Também pediu que Linda pegasse sua carteira de motorista. Ela, descobri mais tarde, era a única integrante da Família com uma habilitação válida, exceto por Mary Brunner, que havia sido presa naquela tarde. Essa foi, concluí, provavelmente uma das razões para Manson ter escolhido Linda para acompanhar os outros, considerando que cada um deles, exceto ela, estivera com ele há um ano ou mais.

Linda não conseguiu encontrar a própria faca (Sadie estava com ela), mas pegou uma com Larry Jones. O cabo estava quebrado e havia sido substituído por fita adesiva. Brenda encontrou a carteira de motorista de Linda e a entregou a ela no momento em que Manson dizia: "Vá com Tex e faça o que Tex mandar".

De acordo com Linda, além de Tex, Katie e ela, Brenda McCann e Larry Jones estavam presentes quando Manson deu essa ordem.

Brenda permaneceu leal e se recusou a cooperar com a lei. Larry Jones — nome verdadeiro: Lawrence Bailey —, era um empregado magricela do rancho que estava sempre tentando se juntar à Família. Entretanto, Jones tinha o que Manson considerava feições negroides e, segundo Linda, Charlie sempre o humilhava, referindo-se a ele como "gotas do pinto de um branco". Como estava presente quando Manson orientou os assassinos do caso Tate, Jones poderia ser uma testemunha muito importante — proporcionando uma corroboração independente para o depoimento de Linda Kasabian —, e eu pedi para o LAPD levá-lo até mim. Eles foram incapazes de encontrá-lo. Eu então passei a tarefa para o Departamento de Investigação da procuradoria-geral, que localizou Jones, mas ele se recusou a nos ajudar.

Linda afirmou que, após Manson a instruir a seguir Tex, o grupo se amontoou no velho Ford do empregado do rancho, Johnny Swartz.

Questionei Linda sobre o que cada um estava vestindo. Ela não tinha certeza absoluta, mas achava que Sadie estava com uma camiseta azul-escura e um macacão, parecidos com os trajes de Katie, e que Tex estava usando um suéter de gola rolê preto e um macacão escuro.

Quando lhe mostrei as roupas que a equipe de TV havia encontrado, Linda identificou seis dos sete itens, sendo incapaz de se lembrar apenas da camiseta branca. A suposição lógica era que ela não a tinha visto, pois a peça fora usada por baixo de uma das outras camisas.

E os calçados?, perguntei. As garotas, ela acreditava, estavam descalças. Ela achava, mas não tinha certeza, que Tex estava usando botas de caubói.

Algumas pegadas sangrentas haviam sido encontradas na cena dos homicídios do caso Tate. Depois de eliminar aquelas que pertenciam aos policiais do LAPD, duas continuaram sem identificação: a marca de um salto de bota e a pegada de um pé descalço — confirmando, assim, as lembranças de Linda. Outra vez, assim como no caso de Susan Atkins, eu precisava muito de uma corroboração independente do testemunho de Linda.

Em seguida, fiz a Linda a mesma pergunta que havia feito a Susan — algum deles estivera drogado naquela noite? — e recebi a mesma resposta: não.

Quando Tex começou a avançar com o carro, Manson disse: "Pare aí" ou "Espere". Ele então se inclinou para dentro da janela no lado do passageiro e disse: "Deixem um sinal. Vocês, garotas, sabem o que escrever. Alguma feitiçaria".

Tex entregou a Linda três facas e uma arma, pedindo que as embrulhasse em um trapo e as colocasse no chão. Se fossem parados pela polícia, explicou Tex, ela deveria jogá-las fora.

Linda identificou de maneira positiva o revólver Longhorn calibre .22. Só que, na época, disse ela, a empunhadura estava intacta e o cano, reto.

De acordo com Linda, Tex não revelou seu destino nem o que iriam fazer; contudo, ela supôs que estavam indo em outra missão furtiva. Ele comentou que estivera na casa e que conhecia a planta.

Conforme subíamos a Cielo Drive na van da LASO, Linda me mostrou onde Tex tinha virado, diante do portão do número 10050, depois estacionado, ao lado do poste telefônico. Ele então havia pegado um grande alicate de corte no banco traseiro e escalado o poste. De onde estava sentada, Linda não conseguiu ver Tex cortando os fios, mas viu e ouviu os fios caírem.

Quando lhe mostrei o alicate de corte encontrado no rancho Barker, Linda disse que "se parecia" com o que foi usado naquela noite. Como o alicate havia sido encontrado no bugue particular de Manson, sua identificação o conectava não apenas à Família, mas ao próprio Charlie. Fiquei especialmente satisfeito com essa evidência, sem saber que essa conexão viria a ser cortada em breve.

Quando Tex voltou para o carro, eles dirigiram até um local perto dos pés da colina e estacionaram. Os quatro então pegaram as armas e as mudas de roupas e, de maneira furtiva, subiram a pé até o portão. Tex também tinha um pedaço de corda branca pendurado no ombro.

Conforme Linda e eu saíamos da van da LASO e nos aproximávamos do portão do número 10050 da Cielo Drive, dois grandes cachorros que pertenciam a Rudi Altobelli começaram a latir furiosamente para nós. Linda de repente começou a chorar. "Por que está chorando, Linda?", perguntei.

Apontando para os cães, ela respondeu: "Por que eles não estavam aqui naquela noite?".

◆ ◆ ◆

Linda apontou para o lugar, à direita do portão, onde haviam subido o aterro e escalado a cerca. Conforme desciam do outro lado, um par de faróis apareceu de repente no acesso à garagem. "Se abaixem e fiquem quietas", mandou Tex. Em seguida, ele se levantou em um pulo e correu até o automóvel, que havia parado perto do mecanismo de controle do portão. Linda ouviu a voz de um homem dizendo: "Por favor, não me machuque! Não vou falar nada!". Então viu Tex apontar a arma pela janela aberta no lado do motorista e ouviu quatro disparos. Também viu o homem afundar no assento.

(Algo aqui me deixou confuso, e ainda deixa. Além dos ferimentos a tiros, Steven Parent tinha um corte defensivo que se estendia da palma até o pulso da mão esquerda, o que causou o rompimento dos tendões assim como da pulseira de seu relógio. Estava claro que Parent havia levantado a mão esquerda, a mais próxima da janela aberta, em uma tentativa de se proteger; a força do golpe tendo sido suficiente para arremessar o relógio para o banco traseiro. Portanto, parece que Tex se aproximou do carro com uma faca em uma das mãos, uma arma na outra, primeiro feriu Parent com um corte, depois o baleou. Ainda assim, nem Susan nem Linda viu Tex com uma faca naquele momento, elas tampouco se lembravam do esfaqueamento.)

Linda viu Tex colocar o braço para dentro do carro, apagar os faróis e desligar o motor. Em seguida, ele empurrou o carro mais para cima do acesso à garagem, dizendo às outras para segui-lo.

Os tiros a deixaram em choque, contou Linda. "Minha mente se esvaziou. Eu estava ciente do meu corpo, andando na direção da casa."

Conforme subíamos o acesso à garagem, perguntei a Linda quais luzes estiveram acesas naquela noite. Ela apontou para a luz anti-insetos na lateral da garagem e para as luzinhas de Natal ao longo da cerca. Pequenos detalhes, mas importantes, se a defesa alegasse que Linda estava inventando sua história com base no que havia lido nos jornais, pois nem esse nem diversos outros detalhes que reuni haviam sido divulgados pela imprensa.

À medida que nos aproximávamos da residência, notei que Linda estava tremendo e que seus braços estavam arrepiados. Ainda que não estivesse fazendo frio naquele dia, Linda estava grávida de nove meses, e eu tirei meu casaco e o coloquei sobre seus ombros. Os tremores continuaram, contudo, durante todo o tempo em que permanecemos na propriedade, e com frequência, ao indicar alguma coisa, ela começava a chorar. Não havia nenhuma dúvida em minha mente de que as lágrimas eram verdadeiras e que ela havia sido profundamente afetada pelo que tinha acontecido naquele lugar. Não consegui evitar comparar Linda a Susan.

Quando chegaram na casa, contou Linda, Tex a mandou dar a volta até os fundos para procurar uma janela ou porta que estivesse destrancada. Ela relatou que tudo estava trancado, ainda que não tivesse verificado de verdade. (Isso explicava por que ignoraram a janela aberta do quarto do bebê.) Tex então cortou a tela de uma das janelas da frente com uma faca. Apesar da tela em questão já ter sido substituída, Linda apontou para a janela correta. Também disse que o corte foi horizontal, como havia sido. Tex em seguida ordenou que ela voltasse e esperasse ao lado do carro no acesso à garagem.

Linda obedeceu. Talvez um ou dois minutos depois, Katie voltou e pediu que Linda lhe desse sua faca (essa era a faca com o cabo enrolado em fita) e a alertou: "Fique atenta a qualquer barulho".

Alguns minutos depois, Linda ouviu "barulhos horripilantes" vindos da casa. Um homem gemeu, "Não, não, não", então gritou muito alto. O berro, que parecia contínuo, foi pontuado por outras vozes, masculinas e femininas, implorando e suplicando por suas vidas.

Querendo "interromper o que estava acontecendo", disse Linda, "eu comecei a correr na direção da casa". Quando chegou no passeio, "havia um homem, um homem alto, que tinha acabado de passar pela porta, cambaleando, e ele tinha sangue no rosto todo, e estava parado do lado de um poste, e nos olhamos nos olhos por um instante, não sei por quanto tempo, e eu disse: 'Ah, meu Deus, eu sinto tanto'. E então ele simplesmente caiu nos arbustos.

"E então Sadie saiu correndo da casa e eu disse: 'Sadie, *por favor*, faça isso parar! Tem gente chegando!'. O que não era verdade, mas eu queria que aquilo acabasse. E ela disse: 'Tarde demais'."

Reclamando que havia perdido a faca, Susan correu de volta para dentro da casa. Linda permaneceu do lado de fora. (Anteriormente, Susan tinha me contado e ao grande júri que Linda não havia entrado na residência.) Ao se virar, Linda viu uma mulher de cabelos escuros em uma camisola branca correndo pelo gramado; Katie a perseguia com uma faca na mão. De algum modo, o homem alto conseguiu cambalear dos arbustos até o gramado ao lado da varanda, onde voltou a cair. Linda viu Tex o atingir na cabeça com alguma coisa — pode ter sido uma arma, mas ela não tinha certeza — e, em seguida, o esfaquear repetidas vezes nas costas enquanto ele jazia no chão.

(Quando lhe mostrei algumas fotografias, Linda identificou o homem alto como Voytek Frykowski, a mulher de cabelos escuros como Abigail Folger. Ao examinar o relatório de necropsia de Frykowski, descobri que cinco dos 51 ferimentos à faca foram desferidos contra as costas.)

Linda se virou e correu pelo acesso à garagem. Pelo que pareceram talvez cinco minutos, ela ficou escondida nos arbustos perto do portão, depois voltou a escalar a cerca e desceu correndo a Cielo até onde tinham estacionado o Ford.

P: "Por que você não correu até uma das casas e chamou a polícia?"

R: "Meu primeiro pensamento foi: 'Encontre ajuda!'. Depois minha garotinha surgiu na minha mente — ela estava [no rancho] com Charlie. Eu não sabia onde estava nem como sair de lá."

Ela entrou no carro e tinha dado a partida quando "eles chegaram de repente. Estavam cobertos de sangue. Pareciam zumbis. Tex gritou para eu desligar o carro e chegar para o lado. Ele estava com uma expressão terrível no olhar." Linda deslizou para o banco do passageiro. "Então ele se voltou contra Sadie e começou a gritar com ela por ter perdido a faca."

Tex tinha colocado o revólver calibre .22 no assento entre eles. Linda notou que a empunhadura estava quebrada, e ele esclareceu que a tinha quebrado quando bateu na cabeça do homem. Sadie e Katie reclamaram que suas cabeças estavam doendo porque as pessoas tinham puxado seus cabelos enquanto lutavam com elas. Sadie também disse que o grandalhão a tinha golpeado na cabeça e que "a garota" — não ficou claro se estava se referindo a Sharon ou a Abigail — havia gritado pela mãe. Katie também reclamou que sua mão estava doendo, explicando que, enquanto esfaqueava, ficava atingindo ossos, e como a faca não tinha um cabo comum, acabou machucando a mão.

P: "Como *você* se sentiu, Linda?"

R: "Em estado de choque."

P: "E os outros, como eles agiram?"

R: "Como se tudo fosse uma brincadeira."

Tex, Sadie e Katie trocaram de roupa enquanto o carro estava em movimento, Linda segurando o volante para Tex. A própria Linda não se trocou, uma vez que não estava suja de sangue. Tex lhes disse que queria encontrar um lugar para lavar o sangue e dobrou em uma rua curta que saía da Benedict Canyon a uma pequena distância da residência de Tate.

O relato de Linda sobre o incidente com a mangueira foi semelhante ao de Susan Atkins e ao de Rudolf Weber. A casa de Weber ficava localizada a três quilômetros da propriedade de Tate.

Dali, Tex voltou para a Benedict Canyon e dirigiu por uma região escura e montanhosa. Ele parou o carro em um acostamento de terra, e Tex, Sadie e Katie deram a Linda suas roupas ensanguentadas, as quais, seguindo as ordens de Tex, ela enrolou em uma trouxa que jogou ladeira abaixo. Como estava escuro, ela não conseguiu ver onde o embrulho caiu.

Depois de arrancar com o carro, Tex pediu que Linda limpasse as impressões digitais das facas e as jogasse pela janela. Ela assim o fez. A primeira faca caiu em um arbusto ao lado da estrada, a segunda, que ela arremessou alguns segundos depois, bateu na guia e quicou de volta. Ao olhar para trás, ela viu a faca jazendo na rua. Linda achava que havia jogado a arma alguns minutos depois, mas não tinha certeza; era possível que Tex tivesse feito isso.

Depois de dirigirem por algum tempo, eles pararam em um posto de combustível — Linda não conseguia se lembrar da rua —, onde Katie e Sadie se revezaram para usar o banheiro e limpar o resto do sangue de seus corpos. Em seguida, dirigiram de volta ao rancho Spahn.

Linda não estava de relógio, mas supôs que deveria ser por volta das 2h. Charles Manson estava em pé no calçadão, no mesmo lugar em que estivera quando eles partiram.

Sadie disse que viu um pouco de sangue no exterior do carro e Manson pediu que as garotas pegassem alguns trapos e esponjas e lavassem o carro de cabo a rabo.

Ele então mandou que fossem ao alojamento. Brenda e Clem já estavam lá. Manson perguntou a Tex como tudo havia se desenrolado. Tex lhe contou que houve muito pânico, que foi uma tremenda bagunça e que havia corpos espalhados por toda parte, mas que todos estavam mortos.

Manson perguntou aos quatro: "Vocês estão sentindo algum remorso?". Todos negaram com a cabeça e responderam: "Não".

Linda sentia remorso, ela me contou, mas não confessou isso para Charlie, pois "temia pela minha vida. Eu podia ver nos olhos dele que ele sabia como eu estava me sentindo. E que isso ia de encontro às suas crenças."

Manson lhes ordenou: "Vão dormir e não contem nada aos outros".

Linda dormiu durante grande parte do dia. O sol já estava quase se pondo quando Sadie lhe disse para ir até o trailer, pois o noticiário estava começando. Embora não se lembrasse de ter visto Tex, Linda se recordava de que Sadie, Katie, Barbara, Hoyt e Clem estavam lá.

Eram notícias importantes. Pela primeira vez, Linda ouviu os nomes das vítimas. Também descobriu que uma delas, Sharon Tate, estava grávida. Poucos dias antes, a própria Linda havia descoberto estar grávida.

"Enquanto assistíamos ao noticiário", contou Linda, "eu fiquei repetindo na minha cabeça: 'Por que eles fariam uma coisa dessas?'."

◆ ◆ ◆

Depois que saímos da residência de Tate, pedi a Linda que nos mostrasse a rota que tinham percorrido. Ela encontrou o acostamento de terra onde haviam estacionado para descartar as roupas, mas foi incapaz de localizar a rua pela qual Tex dirigira depois de deixar a Benedict Canyon. Então, pedi ao policial que estava ao volante para nos levar diretamente para a Portola Drive. Uma vez nessa rua, Linda de imediato identificou o número 9870, apontando para a mangueira na frente da casa: a residência de Rudolf Weber. Ela também destacou o local onde tinham estacionado o carro, o mesmo que Weber havia indicado. Nem seu endereço e nem o fato de que ele tinha sido localizado foram divulgados pela imprensa.

Estávamos de volta a Benedict, procurando a região onde Linda havia jogado as facas, quando um dos policiais disse: "Temos companhia".

Ao olharmos pela janela, vimos que estávamos sendo seguidos por uma unidade do Canal 2. Sua presença na região poderia ter sido uma coincidência, mas eu duvidava disso. Era mais provável que alguém da prisão ou dos tribunais tivesse avisado a imprensa de que estávamos levando Linda para um passeio. Naquela época, poucas pessoas sabiam que Linda Kasabian seria uma testemunha da promotoria. Esperava poder manter isso em segredo o máximo de tempo possível, assim como ansiava poder levar Linda até a residência dos LaBianca e a diversos outros locais, mas agora isso teria que esperar. Depois de dizer a Linda para virar a cabeça para que não fosse reconhecida, pedi ao motorista que acelerasse de volta ao Sybil Brand.

Uma vez na rodovia, tentamos deixar a unidade de TV para trás, mas sem sucesso. Eles nos filmaram ao longo de todo o caminho. Foi como uma comédia de Mack Sennett, só que com a imprensa perseguindo a polícia.

Depois de levarmos Linda de volta à penitenciária, pedi ao sargento McGann para que reunisse alguns cadetes da Academia de Polícia, ou um grupo de escoteiros, e conduzisse uma busca pelas facas. Com base no testemunho de Linda, sabíamos que era provável que tivessem sido jogadas para fora do carro em algum lugar entre o local onde as roupas foram encontradas e a colina onde o jovem Steven Weiss havia encontrado a arma, uma área de menos de 3,2 quilômetros. Além disso, uma vez que Linda havia olhado para trás e visto uma das facas jazendo na rua, era provável que houvesse algum tipo de iluminação nas proximidades, o que poderia ser outra pista.

◆ ◆ ◆

No dia seguinte, 4 de março, Gypsy fez uma outra visita ao escritório de Fleischman. Ela lhe disse, na presença de seu sócio Ronald Goldman: "Se Linda testemunhar, trinta pessoas vão fazer alguma coisa a respeito disso".

Eu já tinha verificado a segurança no Sybil Brand. Até o bebê nascer, Linda permaneceria em uma cela de isolamento próxima à enfermaria. Ela não tinha contato com as outras prisioneiras; policiais levavam suas refeições. Depois do nascimento do bebê, contudo, ela voltaria a ser transferida para um dos dormitórios, onde poderia ser ameaçada, até mesmo morta, por Sadie, Katie ou Leslie. Escrevi um lembrete para conversar com o capitão Carpenter a fim de entender que providências poderiam ser tomadas.

O advogado Richard Caballero havia conseguido adiar o inevitável, mas não conseguiu impedi-lo. O encontro de Susan Atkins com Charles Manson aconteceu na prisão do condado de Los Angeles, no dia 5 de março. Caballero, que esteve presente, viria a testemunhar mais tarde: "Uma das primeiras coisas que quiseram saber era se um deles já tinha conseguido ver Linda Kasabian". Visto que nenhum deles tinha conseguido, ficou decidido que ambos deveriam continuar tentando.

Manson perguntou a Susan: "Você está com medo da câmara de gás?".

Susan sorriu e respondeu que não estava.

Depois disso, Caballero deve ter percebido que a tinha perdido.

Susan e Charlie conversaram por cerca de uma hora, mas Caballero não fazia a menor ideia do que tinham falado. "Em determinado momento da conversa, eles começaram a falar em uma espécie de discurso duplo ou *pig Latin*" [criptoleto] e "quando chegaram nesse ponto, eu fiquei perdido."

No entanto, os olhares que trocaram disseram tudo. Foi como uma "volta ao lar jubilosa". Sadie Mae Glutz tinha voltado ao irresistível Charles Manson.

Ela dispensou Caballero no dia seguinte.

No dia 6 de março, Manson se apresentou no tribunal e defendeu algumas petições bastante incomuns. Uma solicitava que os "promotores responsáveis pelo julgamento fossem encarcerados por um determinado período de tempo sob as mesmas circunstâncias às quais eu fui submetido...". Outra pedia que ele "tivesse liberdade para ir a qualquer lugar que eu julgue apropriado para a preparação da minha defesa".

Houve mais, e o juiz Keene declarou estar "horrorizado" pelos pedidos "bizarros" de Manson. Keene então informou que havia revisado todo o arquivo do caso, desde suas petições "disparatadas" às suas inúmeras violações da ordem de proibição de divulgação. Também tinha debatido a conduta de Manson com os juízes Lucas e Dell, diante dos quais Manson também havia se apresentado, chegando à conclusão de que tinha se tornado "extremamente claro para mim que você é incapaz de atuar como seu próprio advogado".

Furioso, Manson gritou: "Estou sendo julgado aqui tanto quanto este tribunal!". Também disse ao juiz: "Vá lavar suas mãos. Elas estão sujas".

TRIBUNAL: "Sr. Manson, seu status legal, neste momento, de agir como seu próprio advogado está anulado a partir de agora."

Contra as fortes objeções de Manson, Keene designou que Charles Hollopeter, ex-presidente da Ordem de Advogados de Los Angeles, constasse nas atas como advogado de Manson.

"Você pode me matar", disse Manson, "mas não pode me dar um advogado. Não vou aceitar um."

Keene afirmou a Manson que se ele encontrasse um advogado de sua escolha, ele consideraria uma moção para substituir Hollopeter. Eu conhecia a reputação de Hollopeter. Visto que ele jamais viria a ser um puxa-saco de Charlie, meu palpite era de que duraria cerca de um mês; fui generoso demais.

Mais para o final dos procedimentos, Manson berrou: "*Deus não está neste tribunal!*". Como se estivessem seguindo uma deixa, alguns membros da Família se levantaram de súbito e gritaram para Keene: "Você é uma paródia da justiça! Você é uma piada!". O juiz acusou três deles — Gypsy, Sandy e Mark Ross — de desacato e condenou cada um a cinco dias na prisão do condado.

Quando Sandy foi revistada antes de ser fichada, entre os itens encontrados em sua bolsa, havia uma faca Buck.

Depois disso, os policiais da LASO, responsáveis por manter a segurança nos tribunais criminais de Los Angeles, passaram a revistar todos os espectadores antes que entrassem na sala do tribunal.

No dia 7 de março, Linda Kasabian foi levada ao hospital. Dois dias depois, ela deu à luz um menino, a quem chamou de Angel. No dia 13, ela foi levada de volta à prisão, sem a criança, a mãe de Linda tendo levado o bebê consigo de volta a New Hampshire.

Nesse ínterim, eu tinha conversado com o capitão Carpenter, que havia concordado em permitir que Linda permanecesse na cela privada perto da enfermaria. Eu mesmo a verifiquei. Era um cômodo pequeno, a mobília consistindo em uma cama, um vaso sanitário, uma pia, uma mesinha e uma cadeira. Era limpo mas sombrio. Muito mais importante: era seguro.

A cada poucos dias, eu telefonava para McGann. Não, ele ainda não tinha arrumado tempo para procurar as facas.

No dia 11 de março, Susan Atkins, depois de entrar com um pedido formal para que Richard Caballero fosse dispensado de suas responsabilidades como seu advogado, solicitou que Daye Shinn ficasse em seu lugar.

Uma vez que Shinn, um dos primeiros advogados a visitar Manson depois que ele foi trazido de Independence, havia representado Manson em diversas outras questões e o tinha visitado mais de quarenta vezes, o juiz Keene acreditava que poderia haver um possível conflito de interesses.

Shinn negou isso. Keene então alertou Susan a respeito dos possíveis perigos de ser representada por um advogado que estivera tão envolvido com um de seus corréus. Ela afirmou que não se importava; queria Shinn. Keene concedeu a substituição.

Eu nunca havia enfrentado Shinn. Ele tinha cerca de 40 anos e nasceu na Coreia; de acordo com a imprensa, seu principal trabalho, antes de se aliar à defesa de Manson, tinha sido obter empregadas domésticas mexicanas para famílias no sul da Califórnia.

Ao sair da sala do tribunal, Shinn disse aos repórteres aguardando do lado de fora que Susan Atkins "com certeza negará tudo que contou ao grande júri".

No dia 15 de março, voltamos a tirar Linda Kasabian da prisão. Só que, dessa vez, não usamos uma van conspícua da LASO, mas carros de polícia sem identificação.

Eu queria que Linda traçasse a rota que os assassinos haviam tomado na noite em que os LaBianca foram mortos.

Depois do jantar daquela noite — sábado, 9 de agosto de 1969 —, Linda e diversos outros membros da Família estavam parados do lado de fora da cozinha do rancho Spahn. Manson puxou Linda, Katie e Leslie de lado e lhes pediu que pegassem uma muda de roupas e o encontrassem no alojamento.

Dessa vez, ele não disse nada a respeito de facas para Linda, mas voltou a pedir que ela pegasse sua carteira de motorista.

"Eu só olhei para ele e, sabe, meio que implorei com os olhos, por favor, não me obrigue a ir, porque", contou Linda, "eu simplesmente sabia que iríamos sair e sabia que o mesmo iria acontecer, mas tive medo de dizer alguma coisa."

"A noite passada foi uma grande confusão", disse Manson quando o grupo se reuniu no alojamento. "Dessa vez, vou mostrar a vocês como as coisas devem ser feitas."

Tex reclamou que as armas que tinham usado na noite anterior não eram eficazes o suficiente!

Linda viu duas espadas no alojamento. Uma delas era a dos Straight Satans. Ela não viu ninguém as pegar, mas, mais tarde, reparou que essa espada e duas facas menores estavam embaixo do banco da frente do carro. Ao entrevistar DeCarlo, eu descobri que, em uma determina noite, por volta dessa época, ele tinha notado que a espada havia sido retirada.

O grupo mais uma vez se amontoou no Ford de Swartz. Dessa vez, o próprio Manson se posicionou no banco do motorista, com Linda ao seu lado, Clem no lado do passageiro, Tex, Sadie, Katie e Leslie apertados no banco traseiro. Todos estavam usando roupas escuras, contou Linda, exceto Clem, que vestia uma jaqueta militar verde-oliva. Como de costume, Manson levava uma tira de couro em volta do pescoço, as duas pontas se estendendo até seu esterno, onde tinham sido amarradas. Perguntei a Linda se mais alguém estivera usando uma tira como aquela; ela disse que não.

Antes de partirem, Manson pediu um pouco de dinheiro a Bruce Davis. Do mesmo modo que DeCarlo cuidava das armas da Família, Davis atuava como supervisor das finanças do grupo, cuidando dos cartões de crédito roubados, identidades falsas e assim por diante.

Conforme se afastavam, Manson lhes contou que naquela noite eles iriam se dividir em dois grupos: cada um atacaria uma casa diferente. Disse que iria deixar um grupo, depois levaria o segundo grupo consigo.

Quando pararam para abastecer (usando dinheiro, não um cartão de crédito), Manson pediu que Linda assumisse a direção. Ao entrevistá-la, concluí que Manson — e apenas Manson — dava todas as instruções quanto ao lugar aonde iriam e ao que deveriam fazer. Em nenhum momento, disse ela, Tex Watson orientou alguém a fazer alguma coisa. Charlie estava completamente no comando.

Seguindo as orientações de Manson, Linda pegou a autoestrada até Pasadena. Ao pegar uma saída, ele lhe indicou tantas direções que ela não sabia direito onde estavam. Algum tempo depois, ele a mandou parar na frente de uma casa, que Linda descreveu como uma residência térrea moderna de classe média. Esse foi o lugar onde, como descrito por Susan Atkins, Manson saiu do carro, mandou que dessem a volta no quarteirão, depois voltou a entrar, dizendo a eles que, depois de olhar por uma janela e ver fotos de crianças, ele não quis "atacar" aquela casa em particular, ainda que, acrescentou, no futuro talvez viesse a ser necessário matar crianças também. O relato de Linda foi basicamente igual ao de Susan.

Depois de rodarem por Pasadena durante algum tempo, Manson voltou a assumir a direção. Linda: "Lembro que começamos a subir uma colina com muitas casas, casas bonitas, casa ricas, e árvores. Chegamos ao topo da colina e demos a volta e paramos na frente de uma determinada casa". Linda não conseguia se lembrar se era uma casa térrea ou um sobrado, só que era grande. Manson, contudo, disse que as casas ali eram muito próximas umas das outras, então foram embora.

Pouco depois disso, Manson avistou uma igreja. Após parar no estacionamento ao lado, ele voltou a sair do carro. Linda acreditava, mas não tinha certeza absoluta, que ele havia dito que iria "pegar" o pastor ou o padre. Porém, ele voltou após alguns minutos, dizendo que a porta da igreja estava trancada.

Susan Atkins havia deixado de mencionar a igreja em seu relato. A primeira vez que ouvi algo a esse respeito foi de Linda Kasabian.

Manson voltou a pedir que Linda dirigisse, mas a rota que lhe deu era tão confusa que ela logo acabou se perdendo. Mais tarde, enquanto subiam a Sunset Strip vindo do mar, houve outro incidente que Susan Atkins deixara de mencionar.

Ao notar um carro esportivo branco à frente deles, Manson disse a Linda: "No próximo farol vermelho, pare do lado dele. Vou matar o motorista".

Linda encostou ao lado do carro, mas, assim que Manson desceu, o farol ficou verde e o carro esportivo saiu em disparada.

Outra vítima em potencial, até hoje sem saber o quão perto da morte havia chegado.

Até então, suas perambulações pareciam completamente aleatórias. Manson, ao que parecia, não tinha nenhuma vítima em particular em mente. Como eu viria a argumentar para o júri, até aquele momento, ninguém na ampla e extensa metrópole de 7 milhões de habitantes, quer estivesse em casa, na igreja ou até mesmo no carro, estava a salvo da insaciável sede de morte, sangue e assassinato de Manson.

Contudo, depois do incidente com o carro esportivo, as direções de Manson se tornaram bastante específicas. Ele guiou Linda até o bairro Los Feliz, Los Angeles, não muito longe do Griffith Park, ordenando que ela parasse na rua diante de uma casa em uma área residencial.

Linda reconheceu a casa. Em junho de 1968, ela e o marido estiveram viajando de Seattle a Taos quando fizeram uma parada em Los Angeles. Um amigo os havia levado até uma casa — o número 3267 da Waverly Drive — para uma festa regada a peiote. Um dos homens que morava lá, ela se lembrava, se chamava Harold. Em outra das abundantes coincidências nesse caso, Linda também estivera na residência de Harold True, ainda que, na época, nenhum dos membros da Família estivesse lá.

Linda perguntou: “Charlie, você não vai atacar aquela casa, vai?”.

Manson respondeu: “Não, a casa ao lado”.

Mandando que os outros ficassem no carro, Manson saiu. Linda percebeu que ele enfiou alguma coisa no cinto, mas não conseguiu ver o que era. Ela o observou subir o acesso à garagem até sumir de vista em uma curva.

Eu supus, embora não pudesse ter certeza, que Manson estava com uma arma.

Para Rosemary e Leno LaBianca, o terror que culminaria em suas mortes havia começado.

Linda acreditava que era por volta das 2h. Cerca de dez minutos depois, contou, Manson voltou para o carro.

Questionei Linda se ele ainda estava usando a tira de couro em volta do pescoço. Ela respondeu que não havia reparado, embora tivesse observado, mais tarde naquela noite, que ele não estava mais com ela. Eu mostrei a ela a tira de couro usada para amarrar os pulsos de Leno LaBianca, e ela afirmou que era “do mesmo tipo” da que Manson estivera usando.

Manson mandou que Tex, Katie e Leslie saíssem do carro e levassem as trouxas de roupas consigo. Era óbvio que seriam a primeira equipe. Linda ouviu alguns trechos da conversa, ainda que não tudo. Manson informou ao trio que havia duas pessoas no interior da casa, que as tinha amarrado e lhes dito que tudo ficaria bem e que não deveriam ficar com medo. Também instruiu Tex, Katie e Leslie a não causarem medo e pânico nas pessoas como tinha acontecido na noite anterior.

Os LaBianca haviam sido vítimas de uma missão furtiva, acalmados com as promessas untuosas de Charles Manson e, então, preparados para serem massacrados.

Linda ouviu apenas alguns fragmentos do restante da conversa. Não escutou Manson dar uma ordem explícita de que os três deveriam matar as duas pessoas. Tampouco os tinha visto levando alguma arma. Acreditava ter ouvido Manson dizer: "Não deixe que saibam que vão matá-los". E com certeza o escutou instruindo-os a pegarem uma carona de volta ao rancho quando tivessem terminado.

Enquanto o trio caminhava até a casa, Manson voltou para o carro e entregou a Linda uma carteira feminina, mandando que ela limpasse as impressões digitais e pegasse os trocados. Ao abri-la, observou a carteira de motorista, cuja foto mostrava uma mulher de cabelos escuros. Ela se lembrava de que o nome era "Rosemary", enquanto o sobrenome "era mexicano ou italiano". Também se recordava de ter visto alguns cartões de crédito e um relógio.

Quando perguntei qual era a cor da carteira, Linda respondeu que era vermelha. Na verdade, era marrom. Ela também afirmou ter pegado todos os trocados, mas quando a carteira foi encontrada, ainda havia algumas moedas em um dos compartimentos internos. Ambos eram enganos compreensíveis, acreditei, em especial o de ter deixado passar os trocados no compartimento adicional.

Manson voltou a assumir a direção. Linda agora estava no lado do passageiro, Susan e Clem no banco traseiro. Manson ordenou a Linda que, quando chegassem em uma região predominantemente de negros, ela jogasse a carteira em uma calçada, para que uma pessoa negra a encontrasse, usasse os cartões de crédito e fosse presa. Isso iria fazer com que as pessoas achassem que os Panteras haviam cometido os assassinatos, explicou.

Manson pegou a rodovia em um trecho não muito longe de onde tinham deixado Tex, Katie e Leslie. Depois de dirigir por bastante tempo, ele saiu da rodovia e parou em um posto de combustível próximo. Parecendo ter mudado de plano, Manson mandou Linda colocar a carteira no banheiro feminino. Foi o que ela fez, mas Linda a escondeu bem demais, levantando a tampa do tanque e colocando-a em cima da válvula, onde permaneceria por quatro meses antes que alguém a encontrasse.

Perguntei a Linda se ela se lembrava de algo distinto a respeito do posto. Ela se recordava de que havia um restaurante ao lado, que parecia "irradiar a cor laranja". Havia um restaurante Denny's ao lado do posto Standard, em Sylmar, com uma grande placa laranja.

Enquanto Linda ia até o banheiro, Manson entrou no restaurante, voltando com quatro milk-shakes.

É provável que no mesmo momento em que os LaBianca estavam sendo mortos, o homem que havia ordenado suas mortes estivesse bebericando um milk-shake.

Manson mais vez mandou que Linda dirigisse. Depois de muito tempo, talvez uma hora, eles chegaram a uma praia em algum lugar ao sul de Venice. Linda se recordava de ter observado alguns reservatórios de armazenamento de petróleo. Todos os quatro desceram do carro, Sadie e Clem, seguindo instruções de Charlie, ficaram mais atrás, enquanto ele e Linda caminhavam à frente, pela areia.

De repente, Manson voltou a ser todo amor. Foi como se os eventos das últimas 48 horas nunca tivessem acontecido. Linda contou a Charlie que estava grávida. Manson segurou a mão dela e, de acordo com sua descrição: "Foi meio que bacana, sabe, estávamos só conversando, eu lhe dei alguns amendoins, e ele meio que me fez esquecer de tudo, me fez sentir bem".

O júri entenderia isso? Eu acreditava que sim, uma vez que entendessem a personalidade carismática de Manson e o amor de Linda por ele.

Assim que chegaram a uma rua lateral, uma viatura encostou e dois policiais desceram. Perguntaram à dupla o que estavam fazendo.

Charlie respondeu: "Estamos só dando um passeio". Então, como se devessem tê-lo reconhecido, ele perguntou: "Não sabem quem eu sou?" ou "Não se lembram do meu nome?". Eles responderam, "Não", e em seguida voltaram para a viatura e partiram, sem pedir os documentos de nenhum dos dois. Foi, Linda disse, "uma conversa amigável" que durou apenas um minuto.

Encontrar os dois policiais de plantão naquela noite na região seria bastante fácil, pensei, sem saber como estava enganado.

Clem e Sadie já estavam no carro quando eles voltaram. Manson pediu que Linda dirigisse até Venice. No caminho, perguntou aos três se conheciam alguém dali. Eles não conheciam ninguém. Manson então perguntou a Linda: "E o homem que você e Sandy conheceram em Venice? Ele não era um porquinho?". Ela respondeu: "Sim, ele é ator". Manson ordenou que ela dirigisse até o apartamento dele.

Questionei Linda a respeito do ator.

Em uma determinada tarde, no começo de agosto, contou Linda, ela e Sandy estiveram pedindo carona perto do píer quando esse homem aceitou dá-la. Ele lhes disse que era israelense ou árabe — Linda não se lembrava ao certo — e que tinha participado de um filme sobre Khalil Gibran. As duas garotas estavam com fome e ele as levou até seu apartamento e lhes preparou um almoço. Em seguida, Sandy tirou um cochilo e Linda e o homem fizeram amor. Antes que as garotas fossem embora, ele lhes deu um pouco de comida e algumas roupas extras. Linda não conseguia se lembrar do nome do homem, só que era estrangeiro. Entretanto, tinha certeza de que conseguiria encontrar o apartamento, assim como o tinha localizado quando Manson lhe pediu para dirigir até lá naquela noite.

Quando estacionaram na frente do prédio, Manson perguntou a Linda se o homem a deixaria entrar. "Acho que sim", respondeu. E Sadie e Clem? Linda disse que achava que sim. Manson então lhe entregou um canivete e demonstrou como queria que ela cortasse a garganta do ator.

Linda afirmou que não conseguiria fazer aquilo. "Não sou você, Charlie", disse a ele. "Não consigo matar ninguém."

Manson pediu que o levasse até o apartamento do homem. Linda guiou Charlie por um lance de escadas, mas deliberadamente apontou para a porta errada.

Ao voltar para o carro, Manson deu instruções explícitas ao trio. Eles deveriam ir até o apartamento do ator, onde Linda bateria à porta e, quando o homem a deixasse entrar, Sadie e Clem entrariam também. Uma vez lá dentro, Linda deveria cortar a garganta do homem e Clem deveria atirar nele. Ao terminar, voltariam ao rancho de carona.

Linda viu Manson entregar uma arma a Clem, mas foi incapaz de descrevê-la. Tampouco sabia se Sadie também tinha uma faca.

"Se alguma coisa der errado", disse-lhes Manson, "suspendam tudo, não façam nada." Ele então deslizou para o banco do motorista e foi embora.

Assim como os incidentes na igreja e do carro esportivo, Susan Atkins não havia mencionado o ocorrido em Venice para mim, tampouco tinha dito algo a esse respeito quando depôs diante do grande júri. Ainda que acreditasse que ela poderia ter se esquecido dos dois incidentes anteriores, eu suspeitava que o terceiro havia sido omitido de propósito, visto que a envolvia diretamente como uma acompanhante voluntária em mais outra tentativa de assassinato. Era possível, contudo, caso eu tivesse tido mais tempo para entrevistar Susan, que isso também tivesse vindo à tona.

O apartamento do ator ficava no quinto ou último andar, mas Linda não contou isso a Clem e Sadie. Em vez disso, ao chegarem no quarto andar, ela bateu na primeira porta que viu. Algum tempo depois, um homem sonolento indagou: "Quem é?". Ela respondeu: "Linda". Quando o homem abriu uma fresta da porta, Linda disse: "Ah, desculpe, apartamento errado".

A porta ficou aberta por apenas um segundo ou dois e Linda teve apenas um breve vislumbre do homem. Ela teve a impressão, embora não tivesse certeza disso, de que era um homem de meia-idade.

Os três então saíram do prédio, mas não antes que Sadie, sempre um animal, defecasse no patamar.

Ficou óbvio que Linda Kasabian havia impedido outro assassinato ordenado por Manson. Como uma prova independente para corroborar sua história, era importante que localizássemos não apenas o ator, como também o homem que atendeu à porta. Talvez ele se lembrasse de ter sido acordado por uma moça bonita por volta das 4h ou 5h.

Do prédio de apartamentos, Clem, Sadie e Linda andaram até a praia, a uma curta distância de lá. Clem queria se livrar da arma. Ele desapareceu de vista atrás de um monte de areia, perto de uma cerca. Linda supôs que ele havia enterrado a arma ou a jogado por cima da cerca.

Depois de andarem de volta à Pacific Coast Highway, eles pegaram carona até a entrada de Topanga Canyon. Havia um abrigo para hippies ali perto, ao lado da loja Malibu Feed Bin, e Sadie disse que conhecia uma garota que estava se hospedando ali. Linda se lembrava de que havia um homem mais velho no local, além de um cachorro grande. Os três ficaram por cerca de uma hora fumando maconha, então foram embora.

Em seguida, pegaram duas caronas, a última vindo a levá-los até a entrada da Santa Susana Pass Road, onde Clem e Linda desceram. Sadie, Linda ficou sabendo no dia seguinte, ficou no carro até chegar na região da cachoeira.

Quando Linda e Clem chegaram no rancho, Tex e Leslie já estavam lá, dormindo em um dos quartos. Ela não viu Katie, ainda que tivesse descoberto no dia seguinte que, assim como Sadie, ela havia ido até o acampamento perto da cachoeira. Linda foi dormir no bar.

Dois dias depois, Linda Kasabian fugiu do rancho Spahn. O modo como tinha partido, contudo, causaria muitas preocupações para a promotoria.

Em vez de levar Linda diretamente para a residência dos LaBianca, pedi que o policial nos levasse até a região do bairro Los Feliz, para conferir se ela conseguiria encontrar a casa. Ela conseguiu, mostrando tanto a casa dos LaBianca quanto a de True, o lugar onde tinham estacionado, o acesso à garagem o qual Manson havia subido e assim por diante.

Eu também queria encontrar as duas casas em Pasadena onde Manson havia parado mais cedo naquela noite, mas, apesar de termos passado horas procurando por elas, não tivemos, naquele momento, nenhum sucesso. Linda encontrou o apartamento onde o ator havia morado, no número 1101 da Ocean Front Walk, e nos mostrou tanto seu apartamento, 501, quanto a porta na qual havia batido, 403. Pedi que Patchett e Gutierrez localizassem e entrevistassem ambos.

Linda também nos levou ao monte de areia perto da cerca onde acreditava que Clem havia descartado a arma, mas, apesar de termos feito escavações ao redor da área, não conseguimos encontrá-la. Era possível que alguém já a tivesse encontrado, ou que Clem ou algum outro membro da Família a tivesse recuperado depois. Não chegamos a descobrir que tipo de arma era.

Como estávamos na rua desde bem cedo, paramos para almoçar em um restaurante chinês. Naquela tarde, voltamos a Pasadena e devemos ter passado diante de quarenta igrejas antes que Linda encontrasse aquela onde Manson havia ido. Pedi ao LAPD para tirar fotos do local e do estacionamento adjacente como provas para o julgamento.

Linda também identificou o posto Standard em Sylmar, onde havia deixado a carteira, assim como o restaurante Denny's ao lado.

Apesar de todas as nossas precauções em relação à segurança, fomos vistos. No dia seguinte, o jornal *Herald Examiner* reportou: "Além de obter imunidade, a sra. Kasabian recebeu um 'bônus' na forma de uma refeição chinesa no restaurante Madame Wu's Garden, em Santa Monica. Funcionários do restaurante confirmaram que a sra. Kasabian, o advogado de defesa Fleischman e o promotor Bugliosi comeram lá no domingo".

O jornal deixou de mencionar que nosso grupo incluía meia dúzia de policiais do LAPD e dois oficiais da LASO.

Levamos Linda para as ruas em mais duas ocasiões, tentando encontrar as duas casas em Pasadena. Em ambas as vezes, fomos acompanhados por oficiais do Departamento de Polícia de South Pasadena, que nos guiaram até os bairros parecidos com aqueles descritos por Linda. Por fim, encontramos a casa grande no topo da colina. Embora tenha pedido que fotografassem esta e as casas adjacentes — elas ficavam bastante próximas, como Manson havia dito —, optei por não conversar com os proprietários, certo de que dormiriam melhor sem saber o quão perto da morte haviam chegado. Não conseguimos localizar a primeira casa — descrita tanto por Susan quanto por Linda —, onde Manson olhou pela janela e viu as fotografias de crianças.

Chegamos a conceder a Linda um privilégio especial, que poderíamos ter chamado de "bônus". Nas três ocasiões em que a tiramos do Sybil Brand, deixamos que telefonasse para a mãe em New Hampshire e conversasse com os dois filhos. Seu advogado pagou pelos telefonemas. Embora Angel tivesse apenas um mês de idade e fosse novo demais para entender, o simples fato de falar com eles foi evidentemente muito importante para Linda.

No entanto, ela em nenhum momento pediu para fazer isso. Nunca pediu nada. Ela me disse não apenas uma, mas diversas vezes, que, embora estivesse contente por ter imunidade, pois isso significava que, com o tempo, poderia ficar com sua família, não importava muito se não a obtivesse. Havia uma certa aura de fatalismo triste ao seu redor. Disse que sabia que precisava contar a verdade sobre o que acontecera e que soube, desde que os assassinatos aconteceram, que caberia a ela contar a história. Ao contrário dos outros réus, ela parecia atormentada pela culpa, ainda que, novamente diferente deles, não tivesse ferido ninguém fisicamente. Era uma garota estranha, marcada pelo período que passou com Manson, mas não moldada por ele do mesmo modo que os outros. Por ser submissa, facilmente guiada, Manson, ao que parece, teve poucas dificuldades em controlá-la. Até certo ponto. E ela se recusou a passar desse ponto. "Não sou você, Charlie. Não consigo matar ninguém."

Certa vez, eu lhe perguntei o que pensava sobre Manson agora. Ainda estava apaixonada por ele, respondeu Linda. "Algumas coisas que ele dizia eram verdade", observou, pensativa. "Só agora percebo que ele podia pegar uma verdade e a transformar em mentira."

Pouco depois da divulgação da notícia de que Linda Kasabian iria testemunhar pela promotoria, Al Wiman, o repórter da equipe do Canal 7 que havia encontrado as roupas, apareceu no meu escritório. Se Kasabian estava cooperando conosco, ela deve ter revelado onde tinha jogado as facas, Wiman deduziu. Ele implorou que eu lhe informasse o local exato; sua emissora, prometeu ele, forneceria uma equipe de busca, detectores de metal, tudo.

"Veja bem, Al", disse-lhe eu, "vocês já encontraram as roupas. Como vai parecer no julgamento se vocês encontrarem as facas também? Vamos fazer o seguinte. Estou tentando mandar alguém até lá. Se ninguém for, então eu te conto."

Depois da partida de Wiman, telefonei para McGann. *Duas semanas* tinham se passado desde o pedido para procurar as facas; ele ainda não havia feito nada a esse respeito. Com a paciência esgotada, liguei para o tenente Helder e lhe contei sobre a oferta de Wiman. "Pense na impressão que o LAPD vai passar se durante o julgamento alguém mencionar que um garoto de 10 anos encontrou a arma e o Canal 7 encontrou tanto as roupas quanto as facas."

Bob enviou uma equipe no dia seguinte. Sem sucesso. Mas, durante o julgamento, pelo menos estaríamos preparados para provar que eles tinham procurado. Caso contrário, a defesa poderia argumentar que o LAPD estava tão cético quanto à história de Linda Kasabian que sequer havia se dado ao trabalho de organizar uma busca.

O fato de não terem conseguido encontrar as facas foi uma decepção, mas não uma grande surpresa. Mais de sete meses haviam se passado desde a noite em que Linda arremessou as facas para fora do carro. De acordo com seu testemunho, uma delas tinha quicado de volta para a rua, ao passo que a outra havia caído nos arbustos próximos. A rua, ainda que ficasse no interior, era bastante movimentada. Era bem possível que tivessem sido recolhidas por um motorista ou por um ciclista de passagem.

Eu não fazia ideia de quantas vezes a polícia havia entrevistado Winifred Chapman, a empregada dos Polanski. Eu mesmo tinha conversado com ela algumas vezes antes de me dar conta de que uma pergunta bastante óbvia ainda não havia sido feita.

A sra. Chapman tinha afirmado que havia lavado a porta da frente da residência de Tate pouco depois do meio-dia da sexta-feira, 8 de agosto. Isso significava que Charles Watson teria que ter deixado sua impressão digital em algum momento depois disso.

Entretanto, uma *segunda* impressão digital havia sido descoberta na residência de Tate, a de Patricia Krenwinkel, encontrada na parte interna da porta que levava do quarto de Sharon Tate até a piscina.

Perguntei à sra. Chapman: "Você lavava aquela porta?". Sim. Com qual frequência? Duas vezes por semana. Ela precisava fazer isso, explicou, porque os hóspedes costumavam usar aquela porta para chegarem à piscina.

A grande pergunta: "Você a lavou na semana dos assassinatos e, se sim, quando?".

R: "Terça-feira foi a última vez. Eu a lavei, por dentro e por fora, com vinagre e água."

Sob a ordem de descoberta, eu só precisava fazer uma anotação sobre a conversa e arquivá-la. Entretanto, para ser justo tanto com Fitzgerald quanto com sua cliente, telefonei para o advogado e lhe disse: "Se está planejando fazer Krenwinkel testemunhar que foi nadar na residência de Tate algumas semanas antes dos assassinatos e que deixou sua digital ali nessa época, é melhor esquecer. A sra. Chapman vai testemunhar que lavou aquela porta na terça-feira, 5 de agosto".

Paul ficou agradecido pela informação. Caso tivesse montado sua defesa com base nessa premissa, o depoimento da sra. Chapman poderia ter sido devastador.

Havia, em tais conversas, algo suposto mas não dito. Qualquer que fosse sua postura em público, eu tinha certeza de que Fitzgerald sabia que sua cliente era culpada, e ele sabia que eu sabia. Ainda que fosse raro um advogado de defesa cometer um deslize e admitir isso no tribunal, em se tratando de discussões no gabinete do juiz e em conversas particulares, a história costumava ser outra.

Havia duas pistas em nossos arquivos que eu não apontei para a defesa. Tinha certeza de que eles já as tinham visto — ambas estavam entre os itens fotocopiados para eles —, mas estava torcendo para que não percebessem sua importância.

Uma era uma multa de trânsito, a outra era um relatório de prisão. Separadas, cada uma parecia insignificante. Juntas, constituíam uma bomba que destruiria o álibi da defesa de Manson.

Depois de descobrir por meio de Fowles que Manson poderia alegar que não estava na região de Los Angeles na época dos assassinatos, eu tinha pedido aos detetives do caso LaBianca, Patchett e Gutierrez, se conseguiriam obter evidências que confirmassem seu verdadeiro paradeiro nas datas em questão. Eles fizeram um trabalho excelente. Juntamente às informações obtidas a partir de transações de cartões de crédito e entrevistas, foram capazes de montar uma tabela com as atividades de Manson durante a semana que precedeu o início do Helter Skelter.

Por volta do dia 1º de agosto de 1969, Manson disse a diversos integrantes da Família que estava indo até Big Sur para procurar novos recrutas.

Aparentemente, ele partiu na manhã de domingo, 3 de agosto, pois, em algum momento entre 7h e 8h, ele abasteceu o carro em um posto em Canoga Park, usando um cartão de crédito roubado. De Canoga Park, seguiu para o norte, em direção a Big Sur. Por volta das 4h da manhã do dia seguinte, ele parou para dar carona a uma moça, Stephanie Schram, que estava parada do lado de fora de um posto de combustível em algum lugar ao sul de Big Sur, provavelmente em Gorda. Uma jovem atraente de 17 anos, Stephanie estava viajando de carona de San Francisco para San Diego, onde morava com a irmã e o cunhado. Naquela noite, Manson e

Stephanie acamparam em uma ravina próxima — provavelmente Salmon ou Limekiln Creek, ambos lugares bastante frequentados por hippies — onde ele lhe contou sobre seus pontos de vista a respeito da vida, do amor e da morte. Manson falou muito sobre a morte, Stephanie viria a recordar, e isso a assustou. Eles tomaram LSD e transaram. Manson, ao que parece, ficou estranhamente encantado por Stephanie. Ele costumava transar com uma garota nova algumas vezes, então passava para um novo "amor jovem". Não foi assim com ela. Ele mais tarde disse a Paul Watkins que Stephanie, que era de origem alemã, era o resultado de 2 mil anos de reprodução perfeita.

No dia 4 de agosto, Manson, ainda usando o cartão de crédito roubado, abasteceu o carro em Lucia. Passar a perna no local, que exibia uma grande placa com os dizeres "Hippies não são permitidos", deve ter lhe dado uma satisfação especial, pois voltou a fazer isso no dia seguinte.

Na noite do dia 5, Manson e Stephanie dirigiram para o norte, até um lugar cujo nome Stephanie não conseguia se lembrar, mas o qual Manson descreveu como um "acampamento de sensibilidade". Era, ele lhe contou, um lugar aonde os ricos iam nos fins de semana para brincar de serem iluminados. É óbvio que ele estava descrevendo o Esalen Institute.

Naquela época, o Esalen estava se popularizando como um "centro de desenvolvimento", e seus seminários incluíam diversas personalidades, tais como iogues e psiquiatras, salvacionistas e satanistas. É evidente que Manson acreditava que o Esalen era um ótimo lugar para defender suas filosofias. Não se sabe se ele estivera lá em ocasiões anteriores, pois aqueles envolvidos com o Instituto se recusaram a confirmar suas visitas ao local.[2]

2 Às 15h07 do dia 30 de julho de 1969, alguém na residência de Tate telefonou para o Esalen Institute, Big Sur, Califórnia, número de telefone 408-667-2335. Foi uma ligação breve, realizada por uma telefonista, com valor total de 95 centavos. Não se sabe quem fez o telefonema ou — como o número é de uma central telefônica — quem recebeu a ligação.

Como o telefonema foi feito apenas seis dias antes da visita de Charles Manson ao Esalen, ele levanta algumas especulações. Sabemos de algumas coisas, contudo: nenhuma das vítimas do caso Tate esteve em Big Sur durante o período em que Manson esteve lá; Abigail Folger tinha frequentado alguns seminários no Esalen no passado; e muitos de seus amigos de San Francisco visitavam o local com frequência. É possível que ela só estivesse tentando entrar em contato com alguém, mas isso é apenas uma suposição.

Embora tanto o telefonema quanto a visita de Manson ao Esalen continuem sendo um mistério, é importante observar que, com uma única exceção — o confronto entre Hatami, Tate e Manson no dia 23 de março de 1969 —, não pude encontrar nenhuma conexão anterior entre as vítimas do caso Tate-LaBianca e seus assassinos.

Manson pegou seu violão e deixou Stephanie na van. Algum tempo depois, ela adormeceu. Quando acordou na manhã seguinte, ele já tinha voltado. Seu humor estava longe de bom, pois, mais tarde naquele dia, ele a agrediu de modo inesperado. Ainda mais tarde, no rancho Barker, Manson diria a Paul Watkins — de acordo com este último — que, enquanto esteve em Big Sur, ele tinha ido "ao Esalen e tocado seu violão para um punhado de pessoas que supostamente eram os bambambãs do lugar, e elas rejeitaram sua música. Algumas pessoas fingiram estar dormindo e outras diziam: 'Isso é pesado demais para mim' e 'Não estou pronto para isso', e outras diziam: 'Bem, não estou entendendo', e algumas simplesmente se levantaram e foram embora".

Mais uma rejeição pelo que Manson considerava ser o sistema — apenas três dias antes dos homicídios do caso Tate.

Com sua única recruta, Manson deixou Big Sur no dia 6 de agosto, abastecendo o carro naquele mesmo dia em San Luis Obispo e Chatsworth, a alguns quilômetros do rancho Spahn. Segundo Stephanie, eles jantaram no rancho naquela noite e ela conheceu a Família. Sentindo-se desconfortável com eles e, ao descobrir que Manson compartilhava seus favores com as outras garotas, disse que só ficaria se ele prometesse ficar com ela — e somente ela — durante duas semanas. Surpreendentemente, Manson concordou. Passaram aquela noite na van, estacionada perto do rancho, e, no dia seguinte, dirigiram até San Diego para pegar as roupas de Stephanie.

No caminho, cerca de dezesseis quilômetros ao sul de Oceanside, na Interestadual 5, eles foram parados pelo policial rodoviário Richard C. Willis. Embora tivesse sido parado por uma violação mecânica, Manson foi multado apenas por não ter consigo uma carteira de motorista válida. Ele passou ao policial seu nome correto e o endereço do rancho, e assinou ele mesmo a multa. O policial Willis anotou na multa que Manson estava dirigindo uma "van de entregas Ford 1952 creme, placa número K70683". A data era quinta-feira, 7 de agosto de 1969; a hora, 18h15.

A multa, que Patchett e Gutierres encontraram, provava que Manson estava no sul da Califórnia no dia anterior aos homicídios do caso Tate.

Enquanto Stephanie reunia suas roupas, Manson conversou com sua irmã, também fã dos Beatles. Ela tinha o *Álbum Branco*, e Manson lhe contou que a banda explicava "a cena toda" naquele disco. Ele a avisou que os negros estavam se preparando para sobrepujar os brancos e que apenas aqueles que fugissem para o deserto e se escondessem no poço do abismo estariam em segurança. Quanto àqueles que permanecessem nas cidades, disse Manson: "As pessoas vão ser massacradas; elas vão cair mortas em seus gramados".

Pouco menos de 24 horas depois, sua previsão se concretizaria, em todos seus detalhes sanguinolentos, no número 10050 da Cielo Drive, com uma pequena ajuda de seus amigos.

Naquela noite, de acordo com Stephanie, ela e Charlie estacionaram em algum lugar em San Diego e dormiram ao lado da van, voltando no dia seguinte ao rancho Spahn, onde chegaram por volta das 14h.

Stephanie foi um pouco vaga em relação às datas. Ela "achava" que tinham voltado para o rancho Spahn na sexta-feira, 8 de agosto, mas não tinha certeza. Eu previa que a defesa tiraria proveito disso, mas não estava preocupado, porque a segunda prova colocava Manson de modo conclusivo de volta ao rancho exatamente nessa data.

De acordo com Linda Kasabian, na tarde de 8 de agosto, Manson entregou um cartão de crédito a Mary Brunner e Sandra Good com instruções para comprarem alguns itens para ele. Às 16h, as duas garotas foram detidas enquanto se afastavam de uma filial da Sears em San Fernando, depois que os funcionários da loja fizeram uma verificação e descobriram que o cartão de crédito era roubado. O relatório de prisão da polícia de San Fernando declarava que elas estavam dirigindo uma "van Ford 1952, placa K70683".

Graças ao excelente trabalho investigativo dos detetives do caso LaBianca, agora tínhamos provas físicas de que Manson estava de volta ao rancho Spahn na sexta-feira, 8 de agosto de 1969.

Ainda que tanto a multa de trânsito quanto o relatório de prisão fizessem parte dos materiais disponíveis por conta da ordem de descoberta, assim como centenas de outros documentos, eu estava torcendo para que a defesa ignorasse seu denominador comum: a descrição daquele veículo com sua placa reveladora.

Se Manson fosse seguir em frente com uma defesa baseada nesse álibi, e eu provasse que ele era inventado, isso seria uma sólida prova circunstancial de sua culpa.

Havia, claro, outras provas que colocavam Manson no rancho Spahn naquele dia. Além dos testemunhos de Schram, DeCarlo e outros, Linda Kasabian disse que, quando a Família se reuniu naquela tarde, Manson falou sobre sua visita a Big Sur, contando que as pessoas de lá "não eram muito unidas, que estavam apenas interessadas nas próprias viagens insignificantes" e que "as pessoas não queriam embarcar em sua viagem".

Foi pouco depois disso que Manson lhes disse: "Agora chegou a hora do Helter Skelter".

◆ ◆ ◆

Alguns punhados, em sua maior parte circunstanciais, mas que, investigados e reunidos com paciência, se transformaram no caso do Povo. E, com quase todas as entrevistas, foi ficando um pouco mais sólido.

Passei muitas horas entrevistando Stephanie Schram, que, acompanhada de Kitty Lutesinger, havia fugido do rancho Barker poucas horas antes da batida de outubro de 1969, com Clem atrás dele, brandindo uma espingarda. Com frequência me perguntei o que teria acontecido às duas garotas se a batida tivesse sido realizada um dia depois ou se Clem tivesse sido um pouco mais rápido.

Ao contrário de Kitty, Stephanie tinha cortado todo o contato com a Família. Embora tivéssemos compartilhado seu endereço atual com a defesa, Squeaky e Gypsy a encontraram trabalhando em uma escola de banho e tosa. "Charlie quer que você volte", disseram a ela. Stephanie respondeu: "Não, obrigada". Levando em conta o que ela sabia, sua recusa direta foi uma atitude corajosa.

Com base em sua história, descobri que, enquanto Stephanie esteve no rancho Barker, Manson tinha dado "aulas de assassinato". Ele havia entregado uma faca Buck para cada uma das garotas e demonstrado como deveriam "cortar as gargantas dos porcos", usando o cabelo para puxar a cabeça para trás e passando a faca de orelha a orelha (usando Stephanie como uma modelo muito assustada). Também lhes disse que deveriam "os esfaquear nas orelhas ou nos olhos e então torcer a faca para atingir o máximo de órgãos vitais possível". Os detalhes se tornaram ainda mais sanguinolentos: Manson disse que se os porcos policiais fossem até o deserto, elas deveriam matá-los, cortá-los em pedacinhos, ferver as cabeças, depois colocar os crânios e uniformes em postes, para assustar os demais.[3]

Stephanie contou ao LAPD que Manson tinha passado as noites de sexta-feira, 8 de agosto, e sábado, 9 de agosto, com ela. Ao entrevistá-la, descobri que cerca de uma hora após o jantar do dia 8 de agosto, Manson a levou para o trailer no rancho Spahn e lhe disse para ir dormir, que se juntaria a ela em breve. Entretanto, ela só voltou a vê-lo pouco antes do amanhecer do dia seguinte, quando ele a acordou e a acompanhou até o Devil's Canyon, um acampamento do outro lado da estrada.

3 Descobri muito mais tarde que os policiais George Palmer e William Gleason, da LASO, tinham obtido praticamente a mesma informação com Stephanie Schram no dia 3 de dezembro de 1969, mas a LASO não havia informado o LAPD a respeito disso.

Daquela noite — 9 de agosto —, Stephanie contou: "Quando escureceu, ele foi embora e voltou em algum momento durante a noite ou nas primeiras horas da manhã".

Caso Manson estivesse planejando usar Stephanie Schram como um álibi alternativo, estávamos agora bastante preparados para ele.

No dia 19 de março, Hollopeter, o advogado de Manson designado pelo tribunal, entrou com duas petições: uma para que Charles Manson fosse submetido a um exame psiquiátrico e outra para que seu caso fosse desvinculado dos demais.

Furioso, Manson tentou demitir Hollopeter.

Quando questionado a respeito de quem gostaria que o representasse, Manson respondeu: "Eu mesmo". Quando o juiz Keene rejeitou o pedido, ele pegou uma cópia da Constituição e, dizendo que ela não significava nada para o Tribunal, jogou-a na lixeira.

Algum tempo depois, Manson solicitou que Ronald Hughes substituísse Hollopeter. Assim como Reiner e Shinn, Hughes havia sido um dos primeiros advogados a visitar Manson, e permanecera na periferia do caso desde então. Sua principal função era cuidar de algumas tarefas para Manson, como indicado por um documento assinado por ele no dia 17 de fevereiro, designando-o um de seus mensageiros jurídicos.

Keene outorgou a mudança. Hollopeter, a quem a imprensa chamava de "um dos advogados de defesa mais bem-sucedidos do condado de Los Angeles", estava fora, depois de apenas treze dias; Hughes, que nunca havia atuado em um julgamento, entrou em seu lugar.

Uma espécie de intelectual, Hughes era um homem enorme, que estava ficando calvo e cuja barba era comprida e desalinhada. Seus diversos itens de vestuário raramente combinavam e com frequência exibiam diversas manchas de comida. Como um repórter comentou: "Geralmente era possível saber o que Ron comeu no café da manhã durante as últimas semanas". Hughes, a quem eu viria a conhecer bem nos meses seguintes, e por quem desenvolvi um respeito cada vez maior, certa vez admitiu que tinha comprado seus ternos por um dólar cada na MGM; eram do antigo guarda-roupa do autor Walter Slezak. A imprensa logo o apelidou de "advogado hippie de Manson".

As primeiras duas ações de Hughes foram remover as petições para o exame psiquiátrico e a desvinculação. Outorgadas. A terceira e a quarta foram apresentar pedidos para que Manson tivesse permissão para retornar à sua condição de *pro per* e fazer um discurso para o Tribunal. Negadas.

Embora tivesse ficado descontente com os dois últimos decretos de Keene, Manson não pôde ter ficado muito insatisfeito com a equipe de defesa, que agora consistia em quatro advogados — Reiner (Van Houten), Shinn (Atkins), Fitzgerald (Krenwinkel) e Hughes (Manson) —, cada um dos quais estivera vinculado a ele desde o início do caso.

Sem que soubéssemos, ainda haveria mais mudanças à frente. Entre as baixas estariam tanto Ira Reiner quanto Ronald Hughes, pois ambos se atreveram a ir contra os desejos de Manson. Reiner viria a perder uma quantidade considerável de tempo e dinheiro por ter se aliado à defesa de Manson. Sua perda foi pequena, contudo, se comparada com a de Hughes, que, apenas oito meses depois, pagaria com a própria vida.

No dia 21, Aaron e eu estávamos descendo o corredor do Palácio da Justiça quando avistamos Irving Kanarek saindo do elevador.

Apesar de ser pouco conhecido em outros lugares, Kanarek era uma espécie de lenda nos tribunais de Los Angeles. As táticas obstrucionistas do advogado fizeram com que diversos juízes o censurassem abertamente da tribuna. Histórias sobre Kanarek eram tão comuns e, com frequência, inacreditáveis, a ponto de parecerem fictícias, quando na verdade eram fatuais. O promotor Burton Katz, por exemplo, recordava que certa vez Kanarek protestou para que uma testemunha da promotoria declarasse o próprio nome, pois, por ter ouvido seu nome pela primeira vez da mãe, isso constituía "boato". Tais protestos frívolos eram pequenos incômodos se comparados às táticas morosas de Kanarek. Por exemplo:

No caso do *Povo contra Goodman*, Kanarek havia enrolado um simples caso de roubo, o qual deveria ter levado algumas horas ou um dia no máximo, durante três meses. Valor roubado: 100 dólares. Custo aos contribuintes: 130.212 dólares.

No caso do *Povo contra Smith e Powell*, Kanarek desperdiçou doze meses e meio com moções pré-julgamento. Depois de mais dois meses tentando escolher um júri, o próprio cliente, indignado, demitiu Kanarek. *Um ano e meio* depois de Irving Kanarek ter assumido o caso, o júri ainda não tinha sido escolhido e nem uma única testemunha havia sido convocada.

No caso do *Povo contra Bronson*, o juiz Raymond Roberts, da Suprema Corte, disse a Kanarek: "Estou dando o meu melhor para garantir que o sr. Bronson tenha um julgamento justo apesar de você. Nunca vi perguntas tão obviamente estúpidas e infelizes serem feitas a uma testemunha. Você é pago por palavra ou por hora para gastar o tempo do Tribunal dessa maneira? Você é o homem mais obstrucionista que já conheci".

Longe da presença do júri, o juiz Roberts definiu o modus operandi de Kanarek da seguinte maneira: "Você demora um tempo interminável interrogando as testemunhas nos mínimos detalhes sobre assuntos insignificantes; divaga de um assunto a outro sem nenhuma cronologia dos eventos, apenas para confundir completamente todos no tribunal, para a total frustração do júri, das testemunhas e do juiz".

Depois de analisar a transcrição, o Tribunal de Apelação declarou que os comentários do juiz não eram prejudiciais, mas amparados pelas atas do tribunal.

"Tudo o que precisamos, Vince", comentou Aaron, brincalhão, "é ter Irving Kanarek neste caso. Vamos ficar dez anos no tribunal."

No dia seguinte, Ronald Hughes contou a um repórter que "talvez fosse pedir ao advogado I. A. Kanarek, de Van Nuys, para entrar no caso como advogado de Manson. Mencionou que ele e Manson se consultaram com Kanarek na prisão do condado na noite de segunda-feira".

Apesar de não envolver nenhum milagre, o Pantera Negra que Charles Manson tinha baleado e assassinado, em julho de 1969, havia ressuscitado. Só que não era um Pantera, era apenas um "ex-traficante de drogas", e, ao contrário do que Manson e a Família tinham acreditado, não morreu depois que Manson o baleou, ainda que seus amigos tivessem afirmado a ele que sim. Seu nome era Bernard Crowe, mais conhecido pelo descritivo apelido de Lotsapoppa.[4] Nossa longa busca chegou ao fim quando um velho conhecido meu, Ed Tolmas, advogado de Crowe, me telefonou. Ele me disse que ficou sabendo que estávamos procurando seu cliente e marcou uma reunião para que eu pudesse entrevistar Crowe.

Depois que Manson e T. J. deixaram o apartamento em Hollywood onde o tiroteio aconteceu, Crowe, que estivera se fazendo de morto, pediu aos amigos que chamassem uma ambulância. Eles assim o fizeram, fugindo em seguida. Ao ser questionado pela polícia no hospital, Crowe disse que não sabia quem tinha atirado nele nem o porquê. Ele quase não sobreviveu; ficou em condições críticas por dezoito dias. A bala ainda estava alojada ao lado de sua coluna.

Eu estava interessado em Crowe por dois motivos. Primeiro, o incidente provava que Charles Manson era bastante capaz de matar alguém por conta própria. Embora soubesse que não poderia incluir esse fato na

4 *Lotsapoppa* é a junção de "*lots of poppa*", o que pode ser traduzido como "muita heroína". [NT]

lista de provas durante o processo para determinar sua culpabilidade, esperava poder apresentá-lo no período de determinação da sentença, quando outros crimes podem ser considerados. Segundo, com base na descrição, a arma que Manson usou para atirar em Crowe parecia ter sido o mesmo revólver Longhorn calibre .22 que, pouco mais de um mês depois, Tex Watson usaria nos homicídios do caso Tate. Se pudéssemos remover a bala do corpo de Crowe e a comparar com as balas do teste de balística realizado com o revólver calibre .22, poderíamos colocar a arma dos homicídios do caso Tate nas mãos do próprio Manson.

O sargento Bill Lee, do SID, não estava otimista em relação à bala. Ele me explicou que, visto que ela permanecera inserida no corpo há mais de nove meses, era provável que os ácidos tivessem obliterado as estrias a tal ponto que uma identificação positiva seria difícil. Mesmo assim, poderia ser possível. Eu então conversei com diversos cirurgiões: eles poderiam remover a bala, me disseram, mas a operação seria arriscada.

Eu fui bastante claro com Crowe. Gostaríamos de obter a bala, e tomaríamos providências para que ela fosse removida no Los Angeles County Hospital. Mas havia graves riscos envolvidos, e eu não os minimizei.

Crowe recusou a operação. Ele estava um tanto orgulhoso da bala, disse. Era um ótimo tópico de conversa.

Com o tempo, Manson viria a ficar sabendo, por meio da ordem de descoberta, da ressurreição de Bernard Crowe. Antes disso, contudo, Crowe foi preso sob uma acusação de porte de maconha. Enquanto era escoltado pelo corredor, ele passou por Manson e sua escolta, que estavam voltando da sala dos advogados. Charlie fez uma rápida meia-volta, então disse a Crowe, de acordo com os policiais presentes: “Desculpe por precisar ter feito aquilo, mas você sabe como é”.

A resposta de Crowe, se é que houve alguma, não foi relatada.

Mais para o final de março, a promotoria quase perdeu uma de suas principais testemunhas.

Paul Watkins, um dos principais tenentes de Manson, foi retirado de um trailer Volkswagen em chamas e levado às pressas para o Los Angeles County General Hospital, com queimaduras de segundo grau em 25% do rosto, braços e costas. Quando se recuperou o suficiente para conversar com a polícia, Watkins afirmou que havia adormecido enquanto lia à luz de velas, e que isso, ou um cigarro de maconha que estivera fumando, poderia ter causado o incêndio.

Eram apenas suposições, Watkins lhes disse, pois "não tinha certeza da origem do fogo".

Três dias *antes* do incêndio, as autoridades do condado de Inyo tinham ouvido um boato de que Watkins seria morto pela Família.

Desde novembro de 1969, eu havia solicitado ao LAPD para que se infiltrasse na Família. Não queria apenas saber o que estavam planejando em termos de estratégia defensiva; disse aos policiais: "Seria uma tragédia se houvesse outro assassinato que poderíamos ter impedido".

Fiz esse pedido pelo menos dez vezes, com o LAPD finalmente argumentando que, se fossem plantar um agente à paisana na Família, ele teria que cometer alguns crimes como, por exemplo, fumar maconha. Para que houvesse um crime, observei, deveria haver uma intenção criminosa; se o agente o estivesse cometendo como parte de seu trabalho, para capturar um criminoso, isso não seria considerado crime. Quando se recusaram, argumentei que o agente sequer precisava ser um policial. Se tinham informantes pagos em casos de narcóticos, agenciamento de apostas e até mesmo prostituição, eles com certeza conseguiriam arrumar alguém para um dos casos de homicídio mais importantes de nossa época. Nada feito.

Por fim, recorri ao Departamento de Investigação da procuradoria-geral e eles encontraram um jovem disposto a aceitar a tarefa. Admirei sua determinação, mas ele era bem-apessoado, de cabelos curtos e mais careta impossível. Por mais desesperados que estivéssemos por informações, eu não poderia mandá-lo para aquele covil de assassinos; assim que tivessem parado de rir, eles o fariam em pedacinhos. Por fim, tive que abandonar a ideia. Permanecemos sem saber o que a Família estava planejando fazer em seguida.

Abril de 1970

As palavras PORCO, MORTE AOS PORCOS, REBELEM-SE e HEALTER SKELTER contêm apenas treze letras diferentes em inglês. Especialistas em caligrafia me informaram que seria bastante difícil — se não impossível — encontrar correspondências entre as palavras sangrentas encontradas nas residências de Tate e dos LaBianca com as amostras das letras de forma dos réus.

Não era apenas a pequena quantidade de letras envolvidas. As palavras foram inscritas em letras de forma, não cursivas; o tamanho das letras era exagerado; em ambos os casos, instrumentos de escrita incomuns haviam sido usados, uma toalha na residência de Tate, provavelmente um pedaço de papel enrolado na dos LaBianca; e todas, exceto as duas palavras encontradas na porta da geladeira dos LaBianca, tinham sido inscritas em um ponto alto das paredes, a pessoa responsável tendo que se esticar de maneira pouco natural para escrevê-las.

Como evidências, elas pareciam inúteis.

No entanto, enquanto pensava nesse problema, eu tive uma ideia que, se fosse bem-sucedida, poderia converter as inscrições em evidências muito significativas. Era uma aposta. Mas, se desse certo, valeria a pena.

Nós sabíamos quem tinha inscrito aquelas palavras. Em seu testemunho diante do grande júri, Susan Atkins havia admitido que tinha inscrito a palavra PORCO na porta da frente da casa de Tate, ao passo que Susan me contou, quando a entrevistei, que Patricia Krenwinkel tinha confessado ter inscrito as palavras na residência dos LaBianca. Ainda que o testemunho de Susan diante do grande júri e suas declarações feitas a mim fossem inadmissíveis devido ao acordo que tínhamos feito, ela havia confessado ter sido responsável pelas inscrições na casa de Tate para Ronnie Howard, portanto, nós a pegamos nessa. No entanto, não tínhamos nada admissível contra Krenwinkel.

A Quinta Emenda da Constituição dos Estados Unidos estipula que ninguém "deve ser obrigado em nenhum caso criminal a ser testemunha contra si mesmo". A Suprema Corte dos Estados Unidos decretou que isso se limitava a declarações verbais e que o réu não pode se recusar a apresentar provas físicas de si mesmo, como se apresentar em um reconhecimento de suspeitos, se submeter a um teste de bafômetro, fornecer amostras de impressões digitais e de caligrafia, amostras de cabelo e assim por diante. Depois de pesquisar as leis, elaborei instruções bastante claras para o capitão Carpenter, do Sybil Brand, declarando exatamente como ele deveria solicitar amostras da caligrafia de Susan Atkins, Patricia Krenwinkel e Leslie Van Houten.

Cada uma deveria ser informada: "(1) Você não tem nenhum direito constitucional de se recusar; (2) você não tem nenhum direito constitucional de solicitar a presença de seu advogado; (3) seu direito constitucional de se manter em silêncio não inclui o direito de negar amostras de caligrafia; e (4) se você se submeter a este processo, ele pode ser usado como prova pela promotoria em seu caso".

O capitão Carpenter encarregou a policial H. L. Mauss de obter as amostras. Seguindo minhas instruções, ela informou Susan Atkins dos itens acima, então lhe disse: "A palavra PORCO foi inscrita com sangue na residência de Tate. Queremos que escreva a palavra PORCO em letras de forma". Susan, sem reclamar, forneceu as amostras como solicitado.

Leslie Van Houten e Patricia Krenwinkel foram convocadas individualmente e receberam instruções semelhantes em relação aos seus direitos. Entretanto, cada uma foi informada, *oralmente*: "As palavras HELTER SKELTER, MORTE AOS PORCOS e REBELEM-SE foram inscritas com sangue na residência dos LaBianca. Queremos que escreva essas palavras em letras de forma".

Em meu memorando para o capitão Carpenter havia uma instrução adicional para a policial: "Não escreva nada disso para elas". Eu queria ver se Krenwinkel iria cometer o mesmo erro de grafia de quando escreveu "healter" em vez de "helter" na porta da geladeira.

Leslie Van Houten forneceu uma amostra.

Patricia Krenwinkel se recusou.

Havíamos ganhado a aposta. Agora, poderíamos usar sua recusa no julgamento como prova circunstancial de sua culpa.

Como prova, isso era duplamente importante, pois, antes disso, eu não tivera absolutamente *nenhuma* evidência independente corroborando o testemunho de Linda Kasabian em relação ao envolvimento de Patricia Krenwinkel nos homicídios dos LaBianca. E, sem evidências corroborativas, por falta de coerência na produção de provas, Krenwinkel teria tido o direito de ser absolvida dessas acusações.

◆ ◆ ◆

Apesar de termos ganhado essa aposta, a própria Krenwinkel poderia muito bem ter saído vencedora. Leslie também poderia ter se recusado a fornecer uma amostra, o que teria atenuado o impacto da recusa de Katie. Ou Katie poderia ter fornecido uma amostra e os especialistas em caligrafia poderiam ter sido incapazes de encontrar alguma correspondência com as amostras coletadas na residência dos LaBianca.

Tivemos menos sorte quando o assunto foi colocar a corda usada para amarrar Tate a Sebring e o alicate de corte nas mãos de Manson antes dos assassinatos, provas com as quais eu contava para proporcionar a corroboração necessária do testemunho de Linda Kasabian em relação a Manson.

Sabíamos por meio de DeCarlo, que estivera presente, que Manson havia comprado cerca de sessenta centímetros de corda branca de náilon de trança tripla na loja de excedentes militares Jack Frost, em Santa Monica, em junho de 1969. Entretanto, quando os detetives do caso Tate entrevistaram Frost — três meses e meio depois do meu pedido inicial —, ele não conseguiu encontrar uma ordem de compra da corda, nem pôde afirmar com certeza que aquela era a mesma corda que tivera em seu estoque.[5] Uma tentativa de identificar o fabricante, então rastreá-lo de volta a Frost, também foi malograda. Frost costumava adquirir seus produtos de lotes ocasionais de atacadistas ou por meio de leilões, em vez de diretamente do fabricante.

Além desses becos sem saída, estávamos nos sentindo mais perdidos do que agulha em palheiro em relação a outra questão. De acordo com DeCarlo, Manson dera um pedaço da corda para George Spahn, para que fosse usado no rancho. A cegueira quase completa de Spahn, contudo, o eliminava como testemunha.

Foi então que pensei em Ruby Pearl.

Por alguma razão, ainda que a polícia tivesse visitado o rancho Spahn inúmeras vezes, nenhum dos policiais tinha entrevistado Ruby, a administradora do rancho de George. Eu a considerei um poço valioso de informações. Ao examinar a corda usada para amarrar Tate a Sebring, ela não só afirmou que se parecia com a corda que Manson tivera, como também nos proporcionou numerosos exemplos do domínio exercido

5 Frost se lembrava de ter tido uma corda branca de náilon de trança tripla em estoque, mas acreditava que era de 1,27 centímetro de espessura. A corda usada para amarrar Tate a Sebring tinha 1,58 centímetro de espessura. Ainda que fosse possível que Frost estivesse enganado, ou que a corda tivesse a etiqueta errada, a defesa poderia argumentar que aquela simplesmente não era a mesma corda.

por Manson; ela se recordava de ter visto o Longhorn calibre .22 no rancho em diversas ocasiões; identificou a tira de couro encontrada na residência dos LaBianca como sendo parecida com aquelas que Manson costumava usar; e me contou que, antes da chegada da Família no rancho Spahn, ela nunca tinha visto nenhuma faca Buck por lá, mas que no verão de 1969 "de repente pareceu que todos tinham uma".

Ainda que estivesse decepcionado por não termos conseguido obter uma prova documentada da venda da corda, eu fiquei satisfeito com Ruby. Por ser uma experiente tratadora de cavalos — assim como uma senhora durona e corajosa que não demonstrou nem um pingo de medo da Família[6] —, seu testemunho teria peso. Ela tinha uma veia de autoridade obstinada.

Outra descoberta foi Randy Starr, a quem entrevistei no mesmo dia em que conversei com Ruby. Antigo dublê que se especializara em enforcamentos falsos, Starr disse que a corda usada para amarrar Tate a Sebring era "idêntica" àquela que ele certa vez usara para ajudar Manson a rebocar um veículo para fora do leito de um riacho. Starr me contou: "Manson sempre guardava a corda atrás do assento de seu bugue".

Ainda mais importante foi a identificação positiva do revólver Longhorn calibre .22 feita por Randy Starr, pois Starr havia sido dono da arma e a tinha dado a Manson.[7]

Uma questão permanecia sem resposta. Na noite dos homicídios do caso Tate, por que os assassinos tinham levado consigo 13,30 metros de corda? Para amarrar as vítimas? Manson conseguiu fazer isso na noite seguinte com uma única tira de couro. Eu tive um vislumbre de uma possível resposta durante uma das minhas entrevistas com DeCarlo. De acordo com ele, no final de julho de 1969, Manson lhe disse que os porcos do sistema "tinham que ter suas gargantas cortadas e ser pendurados pelos pés". Isso de fato deixaria as pessoas temerosas, afirmou Manson.

6 Quando Manson foi levado de Independence para Los Angeles, Ruby Pearl o visitou na prisão. "Vim aqui por uma única razão, Charlie", disse-lhe. "Quero saber onde Shorty foi enterrado."

Manson, relutante em olhá-la nos olhos, fitou o chão e comentou: "Pergunte aos Panteras Negras".

"Charlie, você sabe que os Panteras Negras nunca estiveram lá no rancho", respondeu ela, dando-lhe as costas e indo embora.

7 A arma, número de série 1902708, estivera entre as inúmeras armas roubadas do Archery Headquarters em El Monte, Califórnia, durante uma invasão na noite de 12 de março de 1969. De acordo com Starr, ele a obteve em uma negociação com um homem conhecido apenas como "Ron". Manson sempre pegava a arma emprestada para praticar tiro ao alvo, e Randy por fim a deu a ele em troca de uma picape que tinha pertencido a Danny DeCarlo.

A conclusão lógica, eu supus, era de que os assassinos levaram a corda com a intenção de pendurar as vítimas. Era apenas um palpite, mas eu suspeitava que estava correto.

O alicate de corte apresentava seus próprios problemas. Linda Kasabian disse que a ferramenta encontrada no bugue de Manson se parecia com aquela que estivera no carro naquela noite. Ótimo. Joe Granado, do SID, usou-o para realizar testes de corte em um pedaço dos fios telefônicos da residência de Tate e chegou à conclusão de que os dois cortes eram idênticos. Excelente. Mas então o policial DeWayne Wolfer, considerado o principal especialista em provas físicas do LAPD, também realizou alguns testes de corte e concluiu que aquele alicate não poderia ter sido o mesmo usado pelos assassinos.

Sem querer desistir, perguntei a Wolfer se a tensão do fio poderia ter sido um fator. Possivelmente, respondeu ele. Então pedi que Wolfer acompanhasse alguns representantes da empresa telefônica até o número 10050 da Cielo Drive e fizesse outro corte, só que dessa vez eu queria que ele cortasse o fio enquanto este estivesse pendurado e firme, do modo como estivera na noite dos assassinatos. Wolfer, afinal, realizou o teste, mas sua opinião permaneceu inalterada: o corte feito na noite dos assassinatos e o do teste não eram compatíveis.

Ainda que fosse possível que o fio de corte do alicate pudesse ter sido danificado após os homicídios do caso Tate, os testes de Wolfer literalmente cortaram esse elo importante entre Manson e a residência de Tate.

Quando acompanhei o LAPD até o rancho Spahn, no dia 19 de novembro de 1969, encontramos alguns projéteis e estojos calibre .22. Devido à terrível tempestade de areia e da necessidade de investigar outras pistas, nossa busca tinha sido superficial, contudo, eu havia solicitado ao sargento Lee para voltar e conduzir uma busca mais minuciosa. Esse pedido, repetido diversas vezes, tornou-se ainda mais importante quando, no dia 16 de dezembro de 1969, o LAPD encontrou o revólver Longhorn calibre .22. Ainda assim, foi apenas no dia 15 de abril de 1970 que Lee retornou ao rancho Spahn. Outra vez se concentrando na região da ravina, a cerca de sessenta metros além da residência de George Spahn, Lee encontrou mais 23 estojos calibre .22. Como havíamos encontrado 22 durante nossa primeira busca, isso elevava o total a 45.[8]

8 Nenhuma das balas calibre .22 recuperadas durante as duas buscas eram compatíveis com os projéteis encontrados na cena dos homicídios ou com aqueles disparados durante o teste com a arma.

Foi apenas depois dessa segunda busca que Lee realizou testes de compatibilidade com alguns dos estojos do rancho Spahn. Quando por fim os fez, concluiu que quinze dos 45 tinham sido disparados pela arma usada nos homicídios do caso Tate.[9]

Um pouco tarde, mas felizmente a tempo para o julgamento, enfim conseguimos provas científicas que ligavam a arma ao rancho Spahn.

Só mais uma coisa teria me deixado mais feliz: se Lee tivesse voltado e encontrado os outros estojos antes da arma ter sido recuperada. Nessa situação, a defesa poderia argumentar que, durante os quatro meses e meio entre as duas buscas, a polícia e/ou a promotoria tinham "plantado" essas evidências.

Há meses uma prova física em particular me deixava preocupado: os óculos encontrados perto dos baús na sala de estar da cena dos homicídios do caso Tate. A conclusão natural seria que, se não tivessem pertencido a nenhuma das vítimas, eles deveriam ser de um dos assassinos. Mas Watson, Atkins, Krenwinkel e Kasabian não usavam óculos.

Eu previa que a defesa se apoiaria bastante nisso, argumentando que, como eles não pertenciam a nenhum dos réus, pelo menos um dos assassinos ainda estava à solta. Dali, seria apenas um pequeno pulo para chegarem à conclusão de que talvez as pessoas erradas estivessem sendo julgadas.

Isso apresentava um grave problema para a promotoria. Tal problema, ainda que não o mistério em si, desapareceu quando conversei com Roseanne Walker.

Como Susan Atkins havia confessado os assassinatos tanto a Virginia Graham quanto a Ronnie Howard, me ocorreu que ela talvez tivesse feito declarações incriminadoras para outras pessoas, então pedi que o LAPD localizasse quaisquer garotas de quem Atkins tivesse sido particularmente próxima no Sybil Brand.

Uma ex-presidiária que concordou em conversar comigo, apesar de não ter ficado feliz com isso, foi Roseanne Walker. Mulher negra, corpulenta e patética, que fora mandada para o Sybil Brand por cinco acusações relacionadas a drogas, Roseanne tinha sido uma espécie de intendente ambulante, vendendo doces, cigarros e maquiagem para as outras presidiárias.

9 Lee concluiu isso ao comparar as marcas das bordas dos estojos do rancho Spahn com: (1) as marcas das bordas dos estojos encontrados no tambor do revólver; (2) as marcas das bordas dos estojos obtidos durante os testes com a arma; e (3) o percussor da arma.

Foi apenas na quinta ou sexta vez em que a entrevistei que Roseanne se lembrou de uma conversa que, apesar de ter parecido insignificante para ela, eu considerei bastante significativa.

Susan e Roseanne estavam ouvindo o rádio certo dia, quando o locutor começou a falar sobre um par de óculos que o LAPD havia encontrado na cena dos homicídios do caso Tate. Achando graça, Susan comentou: "Não seria demais se eles prendessem o dono dos óculos, quando a única coisa da qual ele era culpado foi de ter perdido seus óculos?".

Roseanne respondeu que talvez os óculos tivessem pertencido ao assassino.

Susan disse: "Não foi assim que as coisas aconteceram".

O comentário de Susan indicava, sem dúvida, que os óculos *não* pertenciam aos assassinos.

Outros problemas permaneciam. Um dos maiores estava relacionado à fuga de Linda Kasabian do rancho Spahn.

Linda me contou que decidiu fugir depois da noite dos assassinatos dos LaBianca; no entanto, Manson a mandou para a região da cachoeira mais tarde naquele dia (11 de agosto) e ela teve medo de partir durante a noite devido aos guardas armados que ele havia posicionado.

Na manhã seguinte (12 de agosto), Manson foi atrás dela bem cedo. Ela deveria colocar um vestido "convencional" e levar uma mensagem para Mary Brunner e Sandra Good no Sybil Brand, assim como para Bobby Beausoleil na prisão do condado. A mensagem: "Não diga nada; está tudo bem". Após pegar um carro emprestado com Dave Hannum, um novo funcionário do rancho Spahn, Linda foi até o Sybil Brand, mas descobriu que Brunner e Good estavam no tribunal; na prisão do condado, seu documento de identidade foi rejeitado e ela não teve permissão de ver Beausoleil. Quando voltou ao rancho e contou a Manson que não tivera sucesso, ele a mandou tentar outra vez no dia seguinte.

Linda viu sua oportunidade. Naquela noite, colocou algumas roupas, fraldas e alfinetes para Tanya em uma bolsa e a escondeu na chamada sala do paraquedas. Cedo na manhã seguinte (13 de agosto), voltou a pegar o carro de Hannum emprestado. Ao ir pegar a bolsa, contudo, encontrou Manson e Stephanie Schram dormindo naquele cômodo. Depois de decidir deixar a bolsa para trás, foi buscar Tanya, mas descobriu que as crianças haviam sido levadas para a região da cachoeira. Não tinha como ir até lá para pegar a filha, disse, sem ter que se explicar. Então foi embora do rancho sem ela.

Em vez de ir para Los Angeles, como havia sido instruída a fazer, Linda começou a dirigir para Taos, Novo México, onde o marido estava morando. O carro de Hannum quebrou nas cercanias de Albuquerque. Quando tentou consertá-lo, usando um cartão de crédito que Bruce Davis entregara a ela mais cedo para que pudesse abastecer, o proprietário do posto de combustível o verificou e descobriu que o cartão não estava mais válido. Linda então escreveu uma carta para Hannum, anexando as chaves, contando-lhe onde ele poderia encontrar o carro e pedindo desculpas. Ela viajou o resto do caminho de carona.

(Aparentemente, Susan Atkins interceptou a carta, pois passou a Hannum as informações e as chaves, mas não lhe mostrou o restante dela. Compreensivelmente insatisfeito, Hannum pegou um ônibus até Albuquerque para reaver o veículo.)

Linda encontrou o marido morando com outra garota em uma comunidade em Lorien, nos arredores de Taos. Ela lhe contou a respeito dos homicídios do caso Tate, dos eventos da segunda noite e de ter deixado Tanya no rancho Spahn. Bob Kasabian sugeriu que voltassem juntos ao rancho Spahn para pegar Tanya, mas Linda temia que Manson matasse todos eles. Kasabian disse que queria pensar nisso por alguns dias. Pouco disposta a esperar, Linda viajou de carona até Taos e foi ver Joe Sage. Sage, que tinha fama de ajudar as pessoas, era uma figura um tanto excêntrica. Quando o monge zen de 51 anos não estava ocupado administrando sua Igreja Macrobiótica, estava empenhado em fazer campanha para se eleger presidente dos Estados Unidos com um programa eleitoral antipoluição. Linda pediu a Sage dinheiro suficiente para voltar a Los Angeles e pegar sua garotinha. Sage, contudo, começou a questioná-la, e Linda, por fim, contou a ele e a um rapaz chamado Jeffrey Jacobs sobre os assassinatos.

Sem acreditar na história de Linda, Sage fez um telefonema para o rancho Spahn, conversando primeiro com uma garota não identificada, depois com o próprio Manson. Sage perguntou a Manson — cuja reação só podemos imaginar — se a história de Linda era verdadeira. Manson lhe disse que Linda tinha surtado; que seu ego não estava preparado para morrer e por isso tinha fugido.

Linda não conversou com Charlie, mas chegou a falar com uma das garotas — ela achava, mas não tinha certeza, de que tinha sido Squeaky —, que lhe contou a respeito da batida do dia 16 de agosto. As autoridades tinham ficado com Tanya, ela descobriu; a menina agora estava em um lar temporário. Linda também conversou com Patricia Krenwinkel, Katie vindo a dizer algo como: "Você foi logo abrindo o bico, não é?".

Linda em seguida ligou para a delegacia de Malibu e descobriu o nome da assistente social que estava cuidando do caso de Tanya.[10] Sage entregou a Linda dinheiro suficiente para uma passagem de ida e volta, assim como o nome de um advogado de Los Angeles, Gary, o qual ele acreditava que poderia ajudá-la a recuperar a filha. Quando se encontrou com Fleischman, Linda não lhe disse nada sobre os assassinatos, só que tinha ido embora do rancho para procurar o marido. Por fim, depois de uma audiência, mãe e filha se reuniram e voaram de volta a Taos. Bob ainda estava envolvido com a outra garota, contudo, Linda pegou Tanya e foi de carona primeiro até Miami, Flórida, onde o pai estava morando, depois para a casa da mãe em Concord, New Hampshire. Foi ali, no dia 2 de dezembro de 1969, quando os noticiários anunciaram que ela estava sendo procurada por seu envolvimento nos homicídios do caso Tate, que Linda se entregou para a polícia local. Renunciando à ordem de extradição, foi transferida para Los Angeles no dia seguinte. Perguntei a Linda: "Por que, no intervalo entre ter recuperado Tanya e o dia de sua prisão em dezembro, você não entrou em contato com a polícia e lhes contou o que sabia a respeito dos assassinatos?".

Ela sentia medo de Manson, respondeu Linda, medo de que ele pudesse encontrar e matar tanto ela quanto Tanya. Além disso, estava grávida, e não queria passar por aquele suplício até o bebê ter nascido.

Havia, claro, outros motivos, o mais importante sendo sua falta de confiança na polícia. No mundo focado nas drogas no qual habitava, os policiais não eram considerados nem amigos nem aliados. Acreditei que essa explicação, se argumentada de modo apropriado, seria satisfatória para o júri.

Uma pergunta ainda maior permanecia: "Como pôde deixar sua filha naquele covil de assassinos?".

Eu estava preocupado não apenas com a reação do júri quanto a isso, mas também com o uso que a defesa poderia fazer disso. O fato de Linda ter deixado Tanya com Manson e os outros no rancho Spahn poderia ser uma prova circunstancial de que ela não acreditava que eles de fato eram assassinos, sem dúvida contradizendo o principal teor de seu testemunho. Por isso, tanto a pergunta quanto a resposta se tornaram bastante importantes.

10 Ao telefonar para a assistente social, Linda descobriu que outra garota, tentando se passar por mãe de Tanya, tinha tentado reivindicar a menina pouco tempo antes. Apesar de não ter conseguido provar isso, eu suspeitava que Manson havia enviado uma de suas garotas para pegar Tanya, para garantir que Linda não desse com a língua nos dentes.

Linda respondeu que acreditou que Tanya estivesse segura lá, *contanto que não procurasse a polícia*. "Algo dentro de mim me disse que Tanya iria ficar bem", contou Linda, "que nada aconteceria com ela e que aquela era a hora de partir. Eu sabia que voltaria para buscá-la. Só estava confiante de que ela ficaria bem."

Será que o júri aceitaria isso? Eu não sabia. Isso estava entre as minhas principais preocupações à medida que a data do julgamento se aproximava.

Quando foram contatados pelo tenente Helder e pelo sargento Gutierrez, tanto Sage quanto Jacobs confirmaram a história de Linda. Não pude usar nenhum deles como testemunha, contudo, pois grande parte de seus testemunhos consistia em boatos inadmissíveis. David Hannum, funcionário do rancho, disse que tinha começado a trabalhar no rancho Spahn no dia 12 de agosto e que Linda pegou seu carro emprestado naquele mesmo dia, assim como no seguinte. E uma verificação dos registros da prisão confirmaram que Brunner e Good *estiveram* no tribunal no dia 12 de agosto.

As inúmeras entrevistas renderam alguns bônus inesperados. Hannum disse que, em uma determinada ocasião em que matou uma cascavel, Manson o tinha repreendido com raiva, gritando: "Você iria gostar se eu cortasse sua cabeça fora?". Ele então acrescentou: "Prefiro matar pessoas a animais". Na mesma época em que entrevistei o marido de Linda, Robert Kasabian, também conversei com Charles Melton, o hippie filantropo de quem ela havia roubado 5 mil dólares. Melton disse que em abril de 1969 (antes de Linda ter conhecido a Família), ele tinha ido ao rancho Spahn para visitar Paul Watkins. Enquanto esteve lá, Melton havia conhecido Tex, que, admirando a barba de Melton, comentou: "Talvez Charlie me deixe ter barba algum dia".

Seria difícil encontrar um exemplo melhor do domínio exercido por Manson sobre Watson.

Havia pontos positivos. Havia pontos negativos. E estes eram grandes.

Para provar ao júri que o relato de Linda sobre aquelas duas noites de assassinatos não tinha sido inventado, eu estava desesperado para encontrar uma terceira pessoa para corroborar qualquer parte de sua história. Rudolf Weber proporcionou uma corroboração para a primeira noite. Para a segunda, porém, eu não tinha ninguém. Encarreguei o LAPD desta tarefa importantíssima: encontrar os dois policiais que falaram com Manson e Linda na praia, o homem em cuja porta Linda bateu naquela noite, o homem e a mulher na casa ao lado do Malibu Feed Bin, ou qualquer um dos motoristas que lhes deu carona. Gostaria que encontrassem todas essas pessoas, mas se conseguissem localizar pelo menos uma delas, eu ficaria satisfeito.

Linda havia encontrado o local onde os dois policiais os tinham parado e questionado. Ficava perto de Manhattan Beach. Mas por Los Angeles ser a megalópole que é, o local calhava de ficar em uma região onde jurisdições se sobrepunham, sendo patrulhado não por apenas uma, mas por três forças policiais. E uma verificação de todas as três foi incapaz de encontrar alguém que se lembrasse de tal incidente.

Tivemos mais sorte quando o assunto foi encontrar o ator que Linda havia mencionado. Os detetives Sartuchi e Nielsen, do caso LaBianca, o encontraram ainda morando no apartamento 501, no número 1101 da Ocean Front Walk, em Venice. Não israelense, mas libanês, seu nome era Saladin Nader, de 39 anos. Desempregado desde que estrelou em *Broken Wings*, o filme sobre o poeta Khalil Gibran, ele se lembrava de ter dado carona para as duas garotas no começo de agosto de 1969. Descreveu tanto Sandy quanto Linda com precisão, incluindo o fato de que Sandy estava visivelmente grávida; identificou fotos de cada uma; e relatou em essência a mesma história que Linda me contou, deixando de mencionar apenas que ele e Linda tinham ido para a cama.

Depois de questionarem Nader, os investigadores, de acordo com seu relatório, "explicaram ao indivíduo o propósito da entrevista e ele demonstrou assombro diante do fato de que moças tão gentis e amigáveis viessem a tentar infligir algum dano a seu corpo depois de as ter ajudado o melhor que pôde".

Ainda que suas histórias batessem, Nader foi apenas uma corroboração parcial para o testemunho de Linda, pois (felizmente para ele e graças a Linda) ele não se encontrou com o grupo naquela noite.

No andar de baixo ficava o apartamento do homem em cuja porta Linda havia batido. Linda tinha nos mostrado a porta, a de número 403, e eu tinha pedido a Gutierrez e a Patchett para encontrarem o homem, torcendo para que ele se lembrasse do incidente. Quando recebi o relatório, este era sobre o inquilino do número 404. Ao retornarem, ficaram sabendo da senhoria que o 403 estivera vazio durante agosto de 1969. Era possível que algum inquilino temporário estivesse ficando lá, disse ela — não teria sido a primeira vez —, mas não conseguimos nada além disso.

De acordo com o administrador das locações do número 3921 da Topanga Canyon Boulevard — a casa ao lado do Malibu Feed Bin, onde Linda afirmou que ela, Sadie e Clem tinham parado pouco antes do amanhecer —, um grupo de hippies havia se mudado para a construção desocupada cerca de nove meses antes. Houvera, disse, algo em torno de cinquenta pessoas diferentes morando ali, mas ele não conheceu nenhuma delas. Sartuchi e Nielsen, contudo, conseguiram encontrar duas moças que tinham morado na casa por volta de fevereiro a outubro de 1969. As duas eram amigas de Susan Atkins e as duas se lembravam de terem conhecido Linda Kasabian. Uma delas se recordava de que certa vez Susan, outra garota e um homem as tinham visitado. Ela se lembrava do incidente — ainda que não da data, da hora ou das outras pessoas presentes — pois estava "viajando no ácido" e o trio "parecia maligno". As duas garotas confessaram que durante esse período ficavam tão "chapadas" na maior parte do tempo que suas lembranças daquela época eram nebulosas. Como testemunhas, elas seriam praticamente inúteis.

Tampouco o LAPD conseguiu localizar algum dos motoristas que deram carona para o grupo naquela noite.

Os detetives do caso LaBianca cuidaram de todas essas investigações. Enquanto analisava os relatórios, fiquei convencido de que tinham feito todo o possível para exaurir as pistas. Entretanto, nos restou o fato de que, das seis a oito pessoas que poderiam ter corroborado a história de Linda Kasabian a respeito dos eventos da segunda noite, não havíamos encontrado nenhuma. Eu previa que a defesa se apoiaria bastante nisso.

Qualquer réu pode entrar com pelo menos uma declaração de preconceito contra um juiz e fazer com que ele seja afastado do caso. Não é sequer necessário apresentar um motivo para tal pedido. No dia 13 de abril, Manson entrou com uma declaração contra o juiz William Keene. O juiz Keene aceitou o pedido de Manson e o caso foi atribuído ao juiz Charles H. Older. Ainda que mais declarações fossem esperadas — cada réu tinha permissão de entrar com uma —, os advogados de defesa, depois de uma breve reunião, decidiram aceitar Older.

Eu nunca havia processado um caso diante dele. De acordo com sua reputação, o jurista de 52 anos era um juiz pragmático. Um piloto de caças da Segunda Guerra Mundial que servira com os Flying Tigers, ele havia sido designado para a tribuna pelo governador Ronald Reagan em 1967. Aquele viria a ser seu maior caso até então.

O início do julgamento estava marcado para o dia 15 de junho. Devido ao atraso, mais uma vez tivemos esperanças de que Watson pudesse ser julgado com os outros, mas elas logo foram despedaçadas quando o advogado de Watson solicitou, e recebeu, mais um adiamento nos procedimentos de extradição.

O novo julgamento de Beausoleil pelo homicídio de Hinman havia começado no final de março. A principal testemunha da promotoria era Mary Brunner, primeira integrante da Família Manson, que depôs que havia testemunhado Beausoleil esfaquear Hinman até a morte. Brunner recebeu imunidade total em troca de seu depoimento. Alegando que tinha sido apenas uma testemunha relutante, o próprio Beausoleil subiu ao banco e acusou Manson pelo assassinato de Hinman. O júri acreditou em Brunner. No primeiro julgamento de Beausoleil, o caso contra ele fora tão fraco que nosso escritório não tentara obter a pena de morte. Dessa vez, o promotor Burton Katz o fez, e a conseguiu.

Duas coisas a respeito do julgamento me preocupavam. Uma delas era que Mary Brunner fez tudo que pôde para absolver Manson — me fazendo pensar até onde Sadie, Katie e Leslie estariam dispostas a ir para salvar Charlie —, e a outra era que Danny DeCarlo omitiu muitas informações que tinha compartilhado em suas declarações anteriores ao LAPD. Eu me preocupava que Danny pudesse estar pronto para pular fora, ciente de que tinha poucos motivos para ficar. Ainda que a acusação do roubo do motor de motocicleta tivesse sido retirada em troca de seu testemunho no caso Hinman, não tínhamos feito nenhum acordo com ele em relação ao caso Tate-LaBianca. Além disso, embora tivesse uma boa chance de receber uma parte da recompensa de 25 mil dólares, não era necessário que testemunhasse para obtê-la.

DeCarlo e Brunner testemunharam naquele mesmo mês diante do grande júri, o que acarretou outros indiciamentos contra Charles Manson, Susan Atkins e Bruce Davis no caso Hinman. Mas testemunhar em sigilo diante de um grande júri e ter que encarar o próprio Manson no tribunal eram duas coisas bastante distintas.

Tampouco eu podia culpar Danny por estar tão apreensivo. Assim que os indiciamentos do grande júri vieram a público, Davis, que estivera morando com a Família no rancho Spahn, desapareceu.

Maio de 1970

No começo de maio, Crockett, Poston e Watkins encontraram Clem, Gypsy e um jovem chamado Kevin, um dos mais novos membros da Família, em Shoshone. Clem disse a Watkins: "Charlie disse que quando ele sair é melhor vocês não estarem perto do deserto".

De uma fonte no rancho Spahn, descobrimos que os membros da Família no local pareciam estar "se preparando para alguma atividade".

As garotas de Manson eram entrevistadas com tanta frequência que já estavam íntimas dos repórteres. Inadvertidamente, elas diversas vezes sugeriram que Charlie em breve sairia da prisão. Talvez o fato mais importante seja que as garotas não diziam nada sobre ele ser "absolvido" ou "libertado".

Era óbvio que algo estava sendo planejado.

No dia 11 de maio, Susan Atkins emitiu uma declaração repudiando seu testemunho diante do grande júri. Tanto Manson quanto Atkins usaram essa declaração como base para pedidos de habeas corpus; ambos negados.

Aaron e eu nos consultamos com o promotor Younger. Sadie não poderia ter as duas coisas. Ou ela havia contado toda a verdade diante do grande júri e, segundo nosso acordo, não iríamos tentar condená-la por homicídio qualificado, ou, conforme sua recente declaração, ela retratou seu testemunho, o que significava que o acordo tinha sido violado.

Minha opinião pessoal era que Susan Atkins havia testemunhado "substancialmente com honestidade" diante do grande júri, com as seguintes exceções: a omissão das outras três tentativas de homicídio na segunda noite; o relato vago sobre se tinha ou não esfaqueado Voytek Frykowski (o que ela havia confessado para mim quando a entrevistei); e minha sensação instintiva, mas intensa (corroborada por suas confissões a Virginia Graham e Ronnie Howard), de que tinha mentido quando testemunhou que não havia esfaqueado Sharon Tate. Sob o acordo entre Atkins e nosso escritório, "substancialmente" não era bom o bastante — ela precisava contar toda a verdade.

Com sua declaração, contudo, a questão estava encerrada. Com base em sua rejeição, Aaron e eu pedimos a permissão de Younger para tentar obter a pena de morte para Susan Atkins, assim como para os outros réus. Ele a concedeu.

A mudança de atitude de Sadie não foi algo inesperado. Outra mudança, contudo, pegou quase todo mundo de surpresa. Para solicitar um novo julgamento no tribunal, Bobby Beausoleil apresentou uma declaração, assinada por Mary Brunner, afirmando que seu testemunho no julgamento de Beausoleil "não foi verdadeiro" e que tinha mentido quando disse que ele esfaqueou Hinman até a morte.

Embora tivesse ficado evidentemente chocado, o promotor Burt Katz argumentou que as outras evidências apresentadas no julgamento eram suficientes para condenar Beausoleil.

Ao investigar mais a fundo, Burt descobriu que poucos dias antes de seu testemunho, Mary Brunner havia recebido a visita de Squeaky e Brenda na casa de seus pais em Wisconsin. Ela voltou a receber Squeaky, dessa vez acompanhada de Sandy, dois dias antes de assinar a declaração. Burt argumentou que as garotas, representando Manson, haviam coagido Mary Brunner a rejeitar seu depoimento.

Chamada para subir ao banco das testemunhas, Mary Brunner a princípio negou, mas, após consultar seu advogado, voltou atrás mais uma vez e rejeitou sua rejeição. Seu testemunho no julgamento foi verdadeiro, disse. Algum tempo depois, ela voltou atrás *de novo*.

Por fim, sua moção para um novo julgamento foi negada e Beausoleil foi enviado ao corredor da morte de San Quentin para aguardar sua apelação. A procuradoria-geral ficou com um dilema jurídico desconcertante, contudo. Depois de seu testemunho no julgamento de Beausoleil, o Tribunal havia concedido a Mary Brunner imunidade total por seu envolvimento no assassinato de Hinman.

A não ser pela possibilidade de ser julgada por perjúrio, parecia que Mary Brunner havia conseguido sair impune.

Indiciado pelo homicídio de Hinman, Manson se apresentou diante do juiz Dell para pedir permissão para representar a si mesmo. Quando Dell negou sua petição, Manson solicitou que Irving Kanarek e Daye Shinn fossem designados como seus advogados. O juiz Dell decretou que haveria "um evidente conflito de interesses" se Shinn representasse tanto Manson quanto Susan Atkins. Sobrou Kanarek.

"Acho que todos estamos bastante cientes a respeito do sr. Kanarek e de seu histórico", disse Manson ao juiz Dell, "eu não gostaria de contratar esse homem como meu advogado, mas você não me deixa nenhuma outra alternativa. Entendo o que estou fazendo. Acredite em mim, entendo o que estou fazendo. *Este é o pior homem nesta cidade que eu poderia escolher*, e você está me empurrando para ele." Se Dell permitisse que representasse a si mesmo, afirmou Manson, então ele deixaria Kanarek de lado.

"Não vou se chantageado", respondeu Dell a Manson.

MANSON: "Então eu vou levar a questão para o pai maior."

O juiz Dell disse que Manson poderia, claro, apelar de sua decisão. No entanto, visto que ele já havia apelado da revogação de seu estado *pro per* nos procedimentos do caso Tate-LaBianca, Dell estava disposto a adiar uma decisão final até que essa ordem judicial fosse aceita ou rejeitada.

Aaron e eu discutimos a possibilidade de tal substituição por Kanarek com o promotor Younger. Em vista de seu histórico, com Kanarek no caso, a perspectiva de que o julgamento pudesse durar dois anos ou mais era bastante real. Younger nos perguntou se havia alguma base legal para o afastamento de um advogado de um caso. Nós lhe dissemos que não sabíamos de nenhuma; contudo, eu havia pesquisado as leis. Younger me pediu para preparar um argumento para o Tribunal e sugeriu que o texto enfatizasse a incompetência de Kanarek. Com base no que tinha descoberto sobre Kanarek, eu não achava que ele era incompetente. Seu obstrucionismo, eu acreditava, era a questão principal.

Não tive dificuldade em obter provas disso. De juízes, de promotores, até mesmo de jurados, ouvi exemplos de suas táticas dilatórias e obstrucionistas. Um promotor, ao descobrir que teria de enfrentar Kanarek uma segunda vez, pediu demissão do escritório; a vida era curta demais para aquilo, disse.

Prevendo que Manson pediria que seu advogado fosse substituído por Kanarek no caso Tate-LaBianca, assim como no caso Hinman, comecei a preparar meu argumento. Ao mesmo tempo, tive outra ideia que talvez fizesse com que esse argumento fosse desnecessário.

Talvez, com a isca certa, eu pudesse persuadir o próprio Manson a dispensar Kanarek.

No dia 25 de maio, eu estava examinando os arquivos do LAPD sobre o caso LaBianca quando notei, apoiada contra uma parede, uma porta de madeira. Nela havia um mural colorido, com versos de uma cantiga infantil: "1, 2, 3, 4, 5, 6, 7 — All good children go to heaven" [Todas as crianças boazinhas vão para o céu]; e, em letras grandes, as palavras "HELTER SKELTER IS COMING DOWN FAST" [O "helter skelter" está se aproximando depressa].

Perplexo, perguntei a Gutierrez: "Onde diabos vocês encontraram aquilo?".

"No rancho Spahn."

"Quando?"

Ele verificou o envelope amarelo de propriedade afixado à porta.

"25 de novembro de 1969."

"Você quer dizer que, durante cinco meses, enquanto eu estive desesperado tentando encontrar algo que conectasse os assassinos com Helter Skelter, vocês tinham essa porta, com essas exatas palavras escritas nela, as mesmas palavras sangrentas que foram encontradas na residência dos LaBianca?"

Gutierrez admitiu que sim. A porta, descobri, tinha sido encontrada em um armário no trailer de Juan Flynn. Fora considerada tão insignificante que, até aquele dia, ninguém se dera ao trabalho de registrá-la como evidência.

Gutierrez fez isso no dia seguinte.

Outra vez, assim como havia feito em diversas outras ocasiões, eu disse aos detetives que queria entrevistar Juan Flynn.

Eu não tinha certeza do quanto Flynn de fato sabia. Juntamente a Brooks Poston e Paul Watkins, o caubói panamenho havia sido entrevistado pelos autores de um livro feito às pressas, publicado antes mesmo do julgamento, mas ele obviamente reteve muitas informações, pois inúmeros incidentes sobre os quais eu tinha ouvido de Brooks e Paul não foram incluídos.

De 1º a 14 de junho de 1970

Duas semanas antes do começo do julgamento Tate-LaBianca, Manson pediu, e obteve, a substituição de Ronald Hughes por Irving Kanarek.

Solicitei uma reunião no gabinete do juiz. Uma vez ali, destaquei que as questões jurídicas daquele caso eram tremendamente complexas. Mesmo com advogados conhecidos por lidarem com tais questões com diligência, o julgamento poderia durar quatro meses ou mais. "Mas", acrescentei, "a minha franca opinião é que se o sr. Kanarek receber permissão para representar o sr. Manson, o caso poderá se estender por diversos anos." Eu observei: "É de conhecimento comum entre os profissionais de direito que o sr. Kanarek é um obstrucionista profissional. Acredito que o homem seja meticuloso. Acredito que seja honesto". Entretanto, continuei, "o Tribunal não possui meios de impedir o sr. Kanarek. Nem mesmo prendê-lo por desacato impediria este homem, porque ele ficaria contente em passar uma noite na cadeia".

Em vez de permitir que o julgamento se transformasse em "uma paródia da justiça", eu tinha uma sugestão alternativa, disse ao Tribunal. Era algo que eu tinha considerado por bastante tempo e, embora tivesse conversado a esse respeito com Aaron, sabia que seria uma surpresa para todos os outros.

"Como uma possível solução, a promotoria não seria contra permitir que o sr. Manson representasse a si mesmo, como ele vem querendo desde o começo, e deixar que tenha um advogado de sua escolha para o auxiliar..."

Manson olhou para mim com uma expressão chocada. Essa provavelmente era a última coisa que esperava ouvir da promotoria.

Ainda que eu esperasse que, dada essa oportunidade, Manson fosse dispensar Kanarek, fui sincero quando fiz essa sugestão. Desde o começo, Manson havia afirmado que era o único que poderia falar por si mesmo. Tinha sido veemente em insinuar que, isso não sendo possível, ele causaria problemas. E não havia dúvidas em minha mente que esse foi seu motivo para escolher Kanarek.

Além disso, mesmo que lhe faltasse uma educação formal, Manson era esperto. Por tê-los dominado no passado, era provável que pudesse interrogar as testemunhas da promotoria, como Linda Kasabian, Brooks Poston e outros ex-membros da Família, com mais eficácia do que qualquer advogado "convencional". E, para auxiliá-lo com as questões jurídicas, ele não teria apenas o próprio advogado, mas três outros advogados experientes ao seu lado na mesa da defesa. Além do mais, pensando no futuro, eu estava preocupado que a recusa do pedido de Manson de defender a si mesmo pudesse ser um problema durante a apelação.

Aaron então citou a declaração feita pelo próprio Manson no tribunal do juiz Dell, de que Kanarek era o pior homem que ele poderia escolher.

Kanarek se opôs com tanta veemência aos procedimentos que o juiz Older comentou: "Veja bem, as coisas que o sr. Stovitz e o sr. Bugliosi disseram sobre você, sr. Kanarek, embora possam parecer injustas, contêm muitas verdades, como é de conhecimento comum entre os juízes deste tribunal. Não estou contestando seus motivos pessoais, mas você de fato tem uma reputação por demorar um tempo excessivo para fazer o que outra pessoa pode fazer em um período muito mais curto...".

No entanto, Older disse, o único motivo por estar considerando a questão era que ele precisava ter certeza absoluta de que Manson queria Kanarek como advogado. Seus comentários diante do juiz Dell o tinham deixado com dúvidas a esse respeito.

Em relação a um ponto, respondeu Manson, Kanarek seria o melhor advogado da cidade; "em relação a muitos outros pontos, ele seria o pior advogado que eu poderia ter". Mas, continuou Manson, "não acho que exista algum advogado que possa me representar tão bem quanto eu mesmo. Sou inteligente o suficiente para perceber que não sou um advogado, e vou me sentar atrás desses homens e não vou fazer uma cena. Não estou aqui para causar confusão. [...]

"Tem muita coisa envolvida aqui que não vemos à primeira vista. Uma pessoa nasce, ela vai para a escola, aprende o que mandam que aprenda de um livro e vive sua vida com base no que sabe. A única coisa que ela sabe é o que outra pessoa lhe disse. Ela é educada; ela faz o que uma pessoa educada faz.

"Mas, ao sair desse mundo, você entra em um conflito de gerações, uma sociedade de amor livre, você se envolve com drogas insanas ou fuma maconha." E nesse outro mundo a realidade difere, observou Manson. Aqui apenas a experiência é a professora; aqui você descobre que "não tem como conhecer o gosto da água a não ser que a beba ou a não ser que tenha chovido em cima de você ou a não ser que você pule em um rio".

TRIBUNAL: "Tudo o que quero fazer, sr. Manson, é saber se você está satisfeito com o sr. Kanarek ou se está reconsiderando."

MANSON: "Achei que já tivesse explicado isso. Eu não ficaria satisfeito com ninguém a não ser comigo mesmo. Nenhum homem pode me representar."

Pedi a permissão do Tribunal para interrogar Manson. Ainda que Kanarek tenha objetado, Charlie concordou. Eu lhe perguntei se ele tinha se consultado com os outros advogados de defesa sobre se deveria ser representado por Kanarek. Eu ficara sabendo que dois deles, Fitzgerald e Reiner, estavam bastante insatisfeitos com a entrada dele no caso.

MANSON: "Não peço a opinião de outros homens. Tenho minhas próprias."

BUGLIOSI: "Você acredita que o sr. Kanarek pode lhe proporcionar um julgamento justo?"

MANSON: "Sim. Acredito que *você* pode me proporcionar um julgamento justo. Você já me demonstrou sua imparcialidade."

BUGLIOSI: "Eu vou lhe proporcionar um julgamento justo, Charlie, mas estou tentando condenar você."

MANSON: "O que é um julgamento justo?"

BUGLIOSI: "É quando a verdade vem à tona."

Depois de declarar: "Seria um erro judicial permitir que você represente a si mesmo em um caso com as complicações que este apresenta", Older voltou a perguntar a Manson: "Você está confirmando o sr. Kanarek como seu advogado?".

"Estou sendo obrigado a isso", respondeu Manson. "Minha segunda alternativa é causar a maior quantidade possível de problemas."

Pouco mais de uma semana depois, nós viríamos a ter nossa primeira amostra do que ele tinha em mente.

Após ter sido levada ao Patton State Hospital em janeiro, Dianne Lake, de 16 anos, foi rotulada como "esquizofrênica" por um dos psicólogos. Embora soubesse que a defesa provavelmente usaria isso para desacreditar seu testemunho, eu não estava muito preocupado, pois psicólogos não são médicos e não têm qualificação para fazer diagnósticos médicos. Os psiquiatras, que são médicos, disseram que seus problemas eram emocionais, não mentais: distúrbios comportamentais da adolescência, além de uma possível dependência de drogas. Também acreditavam que ela fizera um progresso excelente e que seria capaz de testemunhar no julgamento.

Acompanhado do sargento Patchett, eu a visitei no Patton no começo de junho. A pequena moleca que conheci na prisão em Independence agora se parecia com qualquer outra adolescente. Estava tirando só notas 10 na escola, Dianne me contou cheia de orgulho; foi apenas quando se afastou da Família, disse, que percebeu como a vida era boa. Agora, em retrospecto, achava que estivera em um "poço de morte".

Ao entrevistar Dianne, obtive diversas informações que não haviam surgido em entrevistas anteriores. Enquanto estavam juntas no deserto, em Willow Springs, Patricia Krenwinkel lhe contou que tinha arrastado Abigail Folger do quarto até a sala de estar da residência de Tate. E Leslie Van Houten, depois de confessar a ela que tinha esfaqueado alguém, comentou que a princípio havia relutado em fazer aquilo, mas então descobriu que quanto mais esfaqueava, mais divertido ficava.

Dianne também disse que em diversas ocasiões, em junho, julho e agosto de 1969, Manson tinha dito à Família: "Temos que estar dispostos a matar porcos para podermos ajudar o homem negro a começar o Helter Skelter".

E diversas vezes — ela achava que foi em julho, cerca de um mês antes dos homicídios do caso Tate-LaBianca — Manson também havia afirmado: "*Eu* vou ter que começar a revolução".

A entrevista se estendeu durante muitas horas. Uma coisa que Dianne disse me pareceu muito triste. Squeaky, Sandy e as outras garotas da Família não podiam amar mais ninguém, nem mesmo seus pais, ela me contou. "Por que não?", perguntei. "Porque", respondeu, "elas tinham dado todo o seu amor para Charlie."

Fui embora do Patton com uma sensação muito forte de que Dianne Lake agora tinha escapado desse destino.

No tribunal, no dia 9 de junho, Manson de repente se virou em sua cadeira para que ficasse de costas para o juiz. "O Tribunal não me demonstrou nenhum respeito", anunciou Manson, "então vou demonstrar ao Tribunal a mesma coisa." Quando Manson se recusou a ficar de frente para o Tribunal, o juiz Older, depois de diversas advertências, pediu que os oficiais de justiça o retirassem da sala do tribunal. Ele foi levado para a cadeia adjacente ao tribunal, equipada com um sistema de autofalantes para que ele pudesse ouvir, ainda que não participar, dos procedimentos.

Embora Older tenha lhe dado diversas oportunidades para retornar, com a condição de que concordasse em se comportar de modo apropriado, Manson as rejeitou.

Não tínhamos desistido de nossa tentativa de fazer com que Irving Kanarek fosse tirado do caso. No dia 10 de junho, eu entrei com uma petição solicitando uma audiência preliminar sobre a substituição de Hughes por Kanarek. O teor da minha petição: Manson não tinha o direito constitucional de ter Kanarek como advogado.

O direito de ter um advogado de sua escolha, argumentei, não era um direito ilimitado, injustificado e absoluto. Esse direito era dado aos réus que procuram obter um veredicto favorável. Era óbvio, com base em suas declarações, que Manson não estava escolhendo Kanarek por esse motivo, mas sim para subverter, frustrar e paralisar a devida e apropriada administração da justiça. "E nós declaramos que ele não pode usar o direito de ter um advogado de sua escolha de maneira tão ignóbil."

Kanarek respondeu que ficaria feliz em deixar o Tribunal ler as transcrições de seus casos, para verificar se ele usava táticas dilatórias. Acho que vi o juiz Older se encolher diante disso, mas não tenho certeza. A expressão carrancuda de Older quase nunca mudava. Era muito difícil adivinhar o que ele estava pensando.

Ao pesquisar o histórico de Kanarek, eu havia descoberto algo que não fez parte do meu argumento de uma hora. Apesar de todas as suas obstruções, divagações desconexas, moções absurdas e acusações desvairadas e irresponsáveis, Irving Kanarek com frequência marcava pontos. Ele observou, por exemplo, que nosso escritório não tinha tentado se opor a Ronald Hughes, que nunca havia processado um caso antes, sob alegações de que sua representação poderia prejudicar Manson. E, resumindo, Kanarek, indo direto ao ponto, pediu que a moção da promotoria fosse anulada "com base em que ela não tem nenhum fundamento na lei".

Eu havia admitido isso com franqueza em meu argumento, porém tinha observado que aquela era "uma situação tão agravada que literalmente clama ao Tribunal que assuma uma posição pioneira".

O juiz Older discordou. Minha petição por uma audiência preliminar foi negada.

Ainda que o promotor Younger tivesse apelado da decisão de Older para a Suprema Corte da Califórnia, ela permaneceu em vigor. Apesar de termos tentado economizar possíveis milhões de dólares dos contribuintes e poupar muito tempo e esforço desnecessários de todos os envolvidos, Irving Kanarek permaneceria no caso Tate-LaBianca enquanto Charles Manson assim o quisesse.

"Se Vossa Excelência não respeita os direitos do sr. Manson, o senhor não precisa respeitar os meus", disse Susan Atkins, levantando-se e dando as costas para o Tribunal. Leslie Van Houten e Patricia Krenwinkel seguiram seu exemplo. Quando Older sugeriu que os advogados de defesa conversassem com suas clientes, Fitzgerald confessou que isso não seria de grande ajuda, "porque existe um controle mínimo sobre os clientes neste caso". Após diversas advertências, o juiz mandou que as garotas fossem levadas a uma das salas dos jurados disponíveis no andar superior, e um autofalante também foi instalado nesse cômodo.

Eu tinha sentimentos contraditórios em relação a tudo isso. Se as garotas imitassem as atitudes de Manson durante o julgamento, isso seria uma evidência adicional de seu domínio. Entretanto, suas remoções da sala do tribunal também poderiam ser consideradas erros reversíveis na apelação, e a última coisa que queríamos era ter que julgar o caso todo outra vez.

Sob a lei atual, *Allen contra Illinois*, os réus podem ser retirados da sala do tribunal caso se comportem de modo desordeiro. Outro caso, contudo, o *Povo contra Zamora*, levantava uma questão mais sutil. Nele, com 22 réus, as mesas dos advogados foram dispostas de tal maneira que era bastante difícil para eles se comunicarem com seus clientes enquanto o tribunal estava em sessão. Isso levou a uma anulação pelo Tribunal de Apelação, que decretou que o direito de escolha de advogado implica o direito de consulta entre um réu e seu advogado durante o julgamento.

Mencionei isso a Older, sugerindo que algum tipo de comunicação telefônica fosse instalado. Ele julgou que era desnecessário.

Depois do recesso do meio-dia, as garotas declararam estar dispostas a voltar. Falando por todas as três, Patricia Krenwinkel declarou a Older: "Nós gostaríamos de poder estar presentes nesta peça".

Para Krenwinkel aquilo era apenas isso mesmo — uma peça. Permanecendo de pé, ela deu as costas à tribuna. Atkins e Van Houten logo a imitaram. Older voltou a mandar que as três fossem retiradas.

Depois de levar todos os réus de volta ao tribunal no dia seguinte, o juiz Older os alertou de que, se insistissem em se portar daquela maneira diante do júri, eles poderiam comprometer bastante seus casos. "Então eu lhes peço para reconsiderarem com seriedade o que estão fazendo, pois acredito que estão se prejudicando." Depois de tentar mais uma vez retornar ao seu status *pro per*, Manson disse: "Ok, então não me resta nada. Pode me matar agora".

Ainda de pé, Manson abaixou a cabeça e esticou os braços em uma postura de crucificação. As garotas logo trataram de imitá-lo. Quando os policiais tentaram fazer com que se sentassem, todos resistiram, Manson vindo a se engalfinhar no chão com um policial. Dois policiais tiveram que carregá-lo para a cadeia, enquanto as policiais femininas levavam as garotas para fora.

KANAREK: "Gostaria de solicitar assistência médica para o sr. Manson, Vossa Excelência."

TRIBUNAL: "Pedirei ao oficial de justiça para verificar se ele precisa disso. Se precisar, ele a terá."

Ele não precisava. Uma vez na cadeia, longe da imprensa e dos espectadores, Manson se tornou uma pessoa completamente diferente. Colocou outra máscara, a de um prisioneiro complacente. Por ter passado mais da metade da vida em reformatórios e penitenciárias, ele estava bastante familiarizado com esse papel. Completamente "institucionalizado", ele jogava conforme as regras, em raros momentos arrumando confusão na prisão propriamente dita.

Após o recesso do meio-dia, tivemos diversos exemplos de Kanarek em ação. Debatendo uma petição de busca e apreensão, ele disse que a prisão de Manson foi ilegal, pois "o sr. Caballero e o sr. Bugliosi conspiraram para fazer com que a srta. Atkins fizesse determinadas declarações" e que "a procuradoria-geral induziu o falso testemunho".

Por mais ridículo que isso fosse, crime de falso testemunho é uma acusação bastante grave, e, visto que Kanarek a fez em público no tribunal, na frente da imprensa, eu reagi de acordo.

BUGLIOSI: "Vossa Excelência, se o sr. Kanarek vai ter uma diarreia verbal, acho que deveria fazer uma oferta de prova em seu gabinete. Este homem é completamente irresponsável. Peço com urgência ao Tribunal que voltemos para o gabinete. Só Deus sabe o que este homem dirá a seguir."

TRIBUNAL: "Limite-se ao argumento, sr. Kanarek."

O argumento, quando Kanarek finalmente o apresentou, deixou até mesmo os outros advogados de defesa com expressões atônitas. O advogado afirmou que, como "o mandado de prisão emitido contra o réu Manson foi baseado em testemunhos obtidos de maneira ilegal e sob falso testemunho, logo, a detenção da pessoa do sr. Manson foi ilegal. A pessoa do sr. Manson deve, portanto, ser omitida como evidência".

Enquanto eu me perguntava como uma pessoa poderia ser omitida, Kanarek ofereceu uma resposta: ele pediu que "aquela prova física que é o corpo físico do sr. Manson" não "esteja diante do Tribunal de modo conceitual para ser usado como prova". Supostamente, pela lógica intricada de Kanarek, as testemunhas não deveriam ter permissão de identificar Manson.

Older negou a petição.

Outro aspecto de Irving Kanarek foi exibido naquele dia: uma desconfiança que às vezes beirava a paranoia. A promotoria havia informado o Tribunal que não incluiríamos o testemunho de Susan Atkins para o grande júri no julgamento. Era de se pensar que a inclusão desse testemunho — no qual Susan afirmou que Charles Manson tinha ordenado os homicídios do caso Tate-LaBianca — seria a última coisa que o advogado de Manson iria querer no conjunto de provas. Mas Kanarek, de repente desconfiado, afirmou que, se não iríamos usar aquelas declarações, "elas deveriam estar corrompidas de alguma forma".

Older anunciou o recesso do final de semana. As preliminares tinham chegado ao fim. O julgamento iria começar na segunda-feira seguinte, 15 de junho de 1970.

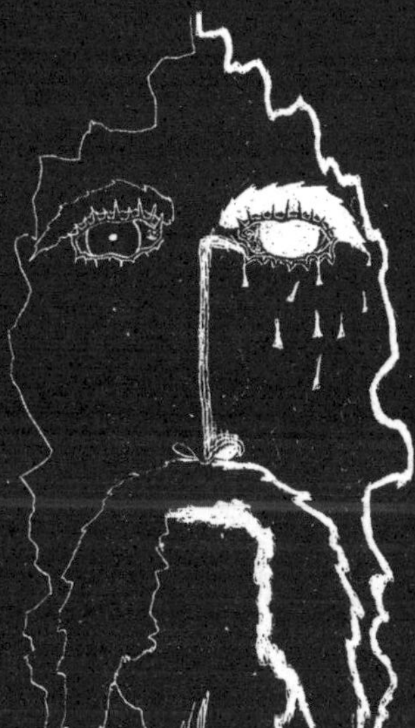

PARTE 6

O JULGAMENTO

De 15 de junho a 19 de novembro de 1970

"Se a história que está se desenrolando não fosse tão monstruosa, alguns aspectos dela seriam de partir o coração."
Jean Stafford

De 15 de junho a 23 de julho de 1970

O tribunal do juiz Charles Older, Departamento 104, ficava localizado no oitavo andar do Palácio da Justiça. À medida que o primeiro painel de sessenta jurados em potencial era escoltado até a abarrotada sala do tribunal, as expressões mudaram de tédio para curiosidade. Então, quando os olhares recaíram sobre os réus, queixos despencaram em um choque súbito.

Um homem arquejou, alto o suficiente para que aqueles ao redor dele conseguissem ouvir: "*Meu Deus, é o julgamento de Manson!*".

No gabinete do juiz, o assunto principal era isolamento. O juiz Older havia decidido que assim que a seleção do júri fosse concluída, os jurados seriam mantidos em segurança até o fim do julgamento — "para protegê-los do assédio e evitar que sejam expostos à publicidade relacionada ao julgamento". Já tinham sido tomadas providências para que eles pudessem ocupar parte de um dos andares do Ambassador Hotel. Embora os cônjuges tivessem permissão para realizar visitas aos fins de semana, contanto que arcassem com as despesas, oficiais de justiça tomariam todas as precauções necessárias para garantir que o júri permanecesse isolado tanto de pessoas de fora quanto de quaisquer notícias sobre o caso. Ninguém sabia ao certo quanto tempo aquilo iria demorar — estimativas da duração do caso variavam de três a seis meses ou mais —, mas era evidente que seria uma privação extrema para os envolvidos.

STOVITZ: "Vossa Excelência — e não digo isso com jocosidade — já condenou alguns criminosos a menos de três meses de custódia."

TRIBUNAL: "Sem dúvidas quanto a isso."

FITZGERALD: "Mas não no Ambassador."

Embora todos os advogados tivessem algumas reservas quanto ao isolamento, apenas um deles se opôs a ele com veemência: Irving Kanarek. Como Kanarek tinha se expressado com mais persistência a respeito da mácula da publicidade contra seu cliente, eu concluí que Manson, não Kanarek, deveria estar por trás da petição. E tinha minha própria opinião sobre o motivo de Charlie não querer o júri em isolamento.

Boatos diziam que o próprio juiz Older já havia recebido diversas ameaças. Um memorando secreto que ele tinha enviado ao delegado, traçando medidas de segurança no tribunal, terminava com o seguinte parágrafo: "O delegado deve providenciar ao juiz do julgamento um guarda-costas que também seja motorista e garanta a segurança 24 horas na residência do juiz, até que todo o julgamento e os procedimentos pós-julgamento tenham sido concluídos".

Doze nomes foram escolhidos por sorteio. Quando os jurados em potencial se sentaram na bancada do júri, Older explicou que o isolamento poderia durar "até seis meses". Quando questionados se alguém acreditava que isso constituiria em privações excessivas, oito dos doze levantaram as mãos.[1]

Antevendo um êxodo em massa da sala do tribunal, Older foi muito rígido em relação aos motivos de suspeição ou impedimento dos jurados. Entretanto, qualquer um que afirmasse que não poderia votar pela pena de morte sob nenhuma circunstância era automaticamente dispensado, assim como qualquer um que tivesse lido a confissão de Susan Atkins. Isso costumava ser abordado de maneira indireta, o jurado em potencial tendo que responder perguntas como "Você leu em algum lugar que um dos réus fez algum tipo de declaração incriminadora ou uma confissão?", ao que muitos respondiam algo nas seguintes linhas: "Sim, aquele negócio no *Los Angeles Times*". Questionamentos a respeito disso e de outros assuntos relacionados à publicidade pré-julgamento foram feitos individualmente e no gabinete do juiz, para evitar contaminar todo o painel.

Depois que Older concluiu o questionamento inicial, os advogados começaram seu *voir dire* (interrogatório) individual. Fiquei desapontado com Fitzgerald, que foi o primeiro. Suas perguntas foram em grande parte coloquiais e com muita frequência não demonstraram nenhum indício de considerações prévias. Por exemplo: "Você ou alguém de sua família já foi a vítima infeliz de um homicídio?". Fitzgerald perguntou

1 Mais tarde, depois de obter estimativas revisadas de diversos advogados, o juiz Older mudou isso para "três meses ou mais". Assim, os pedidos de dispensa por conta da privação diminuíram de maneira considerável.

isso não uma, mas duas vezes, antes que um de seus colegas o cutucasse e insinuasse que se o jurado em potencial fosse uma vítima de homicídio, ele não seria muito útil em um júri.

Reiner se saiu muito melhor. Era óbvio que estava se esforçando bastante para separar sua cliente, Leslie Van Houten, dos outros réus. Assim como estava claro que, ao fazer isso, estava incorrendo na ira de Manson. Kanarek apresentou objeções às perguntas de Reiner quase com a mesma frequência que a promotoria.

Shinn fez ao primeiro jurado em potencial apenas onze perguntas, sete das quais Older decretou serem impróprias. Todo seu *voir dire*, incluindo objeções e argumentos, ocupou apenas treze páginas de transcrição.

Kanarek começou lendo algumas perguntas que obviamente haviam sido escritas por Manson. Isso, ao que parece, não deixou Charlie satisfeito, pois ele pediu a Older permissão para fazer aos jurados "algumas perguntinhas infantis que são verdadeiras para mim em minha realidade". Depois de ter seu pedido recusado, Manson instruiu Kanarek: "Você não vai dizer mais nenhuma palavra no tribunal".

Manson argumentou, Kanarek disse mais tarde ao Tribunal, que já supunham que ele era culpado; portanto, não havia necessidade de questionar os jurados, pois não importava quem seria selecionado.

Para minha surpresa, Kanarek, geralmente uma figura muito independente, realmente seguiu as instruções de Manson e se recusou a fazer mais perguntas.

Os advogados não devem "instruir" os jurados durante o *voir dire*, mas qualquer advogado que se preze tenta puxar um júri para o seu lado. Por exemplo, Reiner perguntou: "Você leu alguma coisa na imprensa, ou ouviu alguma coisa na TV, que insinuasse que Charles Manson tem algum tipo de 'poder hipnótico' sobre as rés?". É claro que Reiner estava mais interessado em plantar essa sugestão nas mentes dos jurados do que em suas respostas. De maneira parecida, no limite entre inquérito e instrução, eu perguntei a cada jurado: "Você compreende que o Povo tem o ônus de apenas provar que um réu é culpado além de qualquer dúvida *razoável*; não temos o ônus de provar sua culpa além de *todas* as dúvidas — apenas de qualquer dúvida *razoável*?".

A princípio, Older não queria permitir que os advogados instruíssem os jurados em potencial sobre as leis. Tivemos algumas discussões acaloradas sobre isso antes que ele nos deixasse expressar tais questões em termos gerais. Isso foi, creio eu, uma vitória importante. Por exemplo, eu não queria ter que passar pelo julgamento todo só para que um jurado decidisse: "Não podemos condenar Manson dos cinco homicídios do caso Tate, porque ele não estava lá. Ele estava no rancho Spahn".

O cerne de nosso caso contra Manson era a lei da conspiração de "responsabilidade vicária" — cada conspirador é criminalmente responsável por todos os crimes cometidos por seus cúmplices, caso tais crimes tenham sido cometidos para promover o objeto da conspiração. Essa lei se aplica mesmo que o conspirador não tenha estado presente na cena do crime. Por exemplo: A, B e C decidem roubar um banco. A planeja o assalto, B e C o realizam. Sob a lei, A, apesar de não ter entrado no banco, é tão responsável quando B e C, eu esclareci para o júri.

Do ponto de vista da promotoria, era importante que cada jurado compreendesse questões essenciais como: dúvida razoável, conspiração, motivo, evidências diretas e circunstanciais e a lei do cúmplice.

Esperávamos que o juiz Older não declarasse Linda Kasabian como cúmplice. Contudo, tínhamos quase certeza de que ele iria,[2] e nesse caso a defesa daria bastante importância ao fato de que nenhum réu pode ser condenado por um crime com base no testemunho não corroborado de um cúmplice. Ao pesquisar a lei, encontrei um caso da Suprema Corte da Califórnia, *Povo contra Wayne*, no qual o Tribunal disse que era necessário ter apenas uma "pequena" prova para constituir corroboração. Depois que trouxe isso à sua atenção, Older permitiu que eu usasse a palavra "pequena" em meu questionamento. Também considerei isso uma vitória significante.

Embora Older tivesse determinado que cada jurado em potencial poderia, se as provas assim o justificassem, votar a favor de um veredicto de pena de morte, eu fui mais além, perguntando a cada um se conseguia imaginar alguma circunstância na qual estaria disposto a votar a favor de tal veredicto para (1) uma pessoa jovem; (2) uma ré; ou (3) um réu em particular, mesmo que as evidências mostrem que ele pessoalmente não cometeu nenhum assassinato. É claro que eu queria eliminar qualquer um que respondesse de forma negativa a alguma dessas perguntas.

Manson e as garotas não causaram nenhum distúrbio durante a seleção do júri. No gabinete do juiz, durante o *voir dire* individual, contudo, Manson com frequência encarava o juiz Older por horas a fio. Pude apenas deduzir que ele havia desenvolvido sua incrível concentração quando esteve na prisão. Older o ignorou por completo.

2 Ele mais tarde o fez.

Em um determinado dia, Manson tentou isso comigo. Eu o encarei de volta, prendendo seu olhar até que suas mãos começaram a tremer. Durante o recesso, empurrei minha cadeira até o lado dele e perguntei: "Por que está tremendo, Charlie? Está com medo de mim?".

"Bugliosi", disse ele, "você acha que eu sou mal e eu não sou."

"Não acho que você seja de todo ruim, Charlie. Por exemplo, acredito que você ama os animais."

"Então você sabe que eu não machucaria ninguém", disse ele.

"Hitler também amava os animais, Charlie. Ele tinha uma cadela chamada Blondie, e, com base no que li, Adolf era muito gentil com Blondie."

Um promotor e um réu não costumam trocar sequer duas palavras durante todo o julgamento. Mas Manson não era um réu comum; e ele adorava tagarelar. Nessa, a primeira de muitas — e com frequência bastante reveladoras — conversas que tivemos, Manson me perguntou por que eu achava que ele esteve por trás daqueles assassinatos. "Porque tanto Linda quanto Sadie me contaram que você esteve", respondi. "Bom, Sadie não gosta de mim, Charlie, e acha que você é Jesus Cristo. Então por que ela iria me dizer isso se não fosse verdade?"

"Sadie é uma vadiazinha estúpida", respondeu Manson. "Sabe, eu fiz amor com ela duas ou três vezes. Depois que ela teve o bebê e perdeu a forma, eu não poderia ter ligado menos para ela. É por isso que ela te contou essa história, para chamar atenção. Eu nunca machucaria alguém pessoalmente."

"Não me venha com esse papo-furado, Charlie, não vou cair nessa! E o Lotsapoppa? Você enfiou uma bala na barriga dele."

"Bom, sim, eu atirei naquele cara", admitiu Manson. "Ele estava indo até o rancho Spahn e ia pegar todos nós. Aquilo foi meio que em autodefesa."

Manson tinha um conhecimento rudimentar de direito adquirido na cadeia para saber que eu não poderia usar nada que ele me dissesse, a não ser que eu primeiro o informasse de seus direitos constitucionais. Mas aquilo, e muitas admissões subsequentes, me surpreendeu. Havia um tipo estranho de honestidade nele. Era evasiva, nunca direta, mas estava lá. Sempre que eu o encurralava, ele conseguia se esquivar, mas em nenhum momento naquela conversa, nem nas muitas outras que tivemos, ele negou diretamente que tinha ordenado os assassinatos.

Um homem inocente assevera sua inocência. Em vez disso, Manson fazia jogos de palavras. Se ele subisse ao banco das testemunhas e fizesse isso, eu tinha certeza de que o júri não se deixaria enganar.

Será que Manson subiria ao banco das testemunhas? O consenso geral era que o prodigioso ego de Manson, além da oportunidade de usar o banco das testemunhas como um fórum para expor sua filosofia diante da imprensa mundial, o impeliriam a testemunhar. No entanto — ainda que eu já tivesse dedicado muitas horas preparando meu interrogatório —, ninguém, a não ser Manson, sabia de fato o que ele iria fazer.

Mais para o final do recesso, eu lhe disse: "Gostei de conversar com você, Charlie, mas seria muito mais interessante se fizéssemos isso com você no banco das testemunhas. Estou curioso a respeitos de muitas, muitas coisas".

"Por exemplo?"

"Por exemplo", respondi, "onde nesse mundo — Terminal Island, Haight-Ashbury, rancho Spahn — você teve essa ideia louca de que as outras pessoas não gostam de viver?"

Ele não respondeu. Então, começou a sorrir. Ele fora desafiado, e sabia disso. Se optaria por aceitar o desafio, isso descobriríamos apenas depois.

Embora permanecesse em silêncio no tribunal, Manson se manteve ativo nos bastidores.

No dia 24 de junho, Patricia Krenwinkel interrompeu o *voir dire* de Fitzgerald para solicitar que ele fosse dispensado de suas responsabilidades como seu advogado. "Eu conversei com ele sobre a maneira com a qual eu gostaria que isso fosse lidado agora, e ele não faz o que eu peço", afirmou ao Tribunal. "Ele deve ser minha voz, o que ele não é..." Older rejeitou seu pedido.

Mais tarde, os advogados de defesa tiveram uma reunião com seus clientes. Fitzgerald, que havia desistido de seu emprego na Defensoria Pública para representar Krenwinkel, saiu de lá com lágrimas nos olhos. Eu me senti muito mal com isso e, colocando meu braço em volta de seus ombros, lhe confortei: "Paul, não deixe isso te desanimar. Ela provavelmente vai manter você. E, se não fizer isso, e daí? Elas são só um bando de assassinas".

"Elas são selvagens, ingratas", disse Fitzgerald, amargurado. "Elas são leais só a Manson."

Fitzgerald não me contou o que havia acontecido durante a reunião, mas não era difícil de adivinhar. Diretamente, ou por meio das garotas, Manson provavelmente dissera aos advogados: faça tudo do meu jeito ou vocês estão fora do caso. Fitzgerald e Reiner contaram a John Kendall, repórter do *Los Angeles Times*, que todos os advogados tinham sido orientados a "permanecerem em silêncio" e a não questionarem os jurados em potencial.

Quando, no dia seguinte, Reiner desobedeceu a essa ordem e deu continuidade ao seu *voir dire*, Leslie Van Houten tentou demiti-lo, repetindo quase palavra por palavra o que Krenwinkel dissera. Older também rejeitou seu pedido.

O que Reiner estava tendo que suportar podia ser inferido com base em algumas de suas perguntas. Por exemplo, ele perguntou a um jurado em potencial: "Mesmo que pareça que Leslie Van Houten deseje se manter ao lado dos outros réus custe o que custar, você, contudo, poderia absolvê-la se as evidências contra ela fossem insuficientes?".

No dia 14 de julho, tanto a promotoria quanto a defesa concordaram em aceitar o júri. Os doze então fizeram seus juramentos. O júri consistia em sete homens e cinco mulheres, entre 25 e 73 anos, com profissões que iam de técnico em eletrônicos a agente funerário.[3]

Era um júri bastante variado, com nenhum dos lados conseguindo exatamente o que queria.

De forma quase automática, a defesa se opõe a qualquer pessoa vinculada ao cumprimento da lei. Ainda assim, Alva Dawson, o integrante mais velho do júri, tinha trabalhado por dezesseis anos como policial na LASO, ao passo que Walter Vitzelio havia sido segurança empresarial por vinte anos e tinha um irmão que era policial.

Por outro lado, tanto Herman Tubick, o agente funerário, quanto a sra. Jean Roseland, a secretária da companhia aérea TWA, tinham duas filhas na mesma faixa etária que as três rés.

Ao analisar os rostos dos jurados enquanto faziam seus juramentos, tive a impressão de que a maioria parecia contente por ter sido escolhida. Afinal de contas, foram escolhidos para servir em um dos julgamentos mais famosos de todos os tempos.

Older logo tratou de trazê-los de volta à realidade. Ele os instruiu a levarem suas malas, roupas e itens pessoais quando fossem ao tribunal na manhã seguinte, pois daquele momento em diante eles permaneceriam em isolamento.

3 Os doze jurados eram: John Baer, analista elétrico; Alva Dawson, policial aposentado; sra. Shirley Evans, secretária escolar; sra. Evelyn Hines, operadora de ditafone e teletipo; William McBride II, funcionário de uma empresa química; sra. Thelma McKenzie, supervisora de escritório; srta. Marie Mesmer, antiga crítica de teatro do agora extinto *Los Angeles Daily News*; sra. Jean Roseland, secretária executiva; Anlee Sisto, técnico em eletrônicos; Herman Tubick, agente funerário; Walter Vitzelio, segurança empresarial aposentado; e William Zamora, engenheiro rodoviário.

◆ ◆ ◆

Ainda restava a seleção dos jurados alternativos. Devido à duração prevista do julgamento, Older decidiu escolher seis, uma quantidade excepcionalmente grande. Assim, passamos outra vez por todo o *voir dire*.

Só que, dessa vez, sem a presença de Ira Reiner. No dia 17 de julho, Leslie Van Houten solicitou formalmente que Reiner fosse dispensado de suas obrigações como seu advogado e que Ronald Hughes fosse designado em seu lugar.

Depois de questionar Hughes, Manson e Van Houten sobre a possibilidade de um conflito de interesses, o juiz Older concedeu a substituição. Reiner estava fora, sem nem mesmo um agradecimento pelos oito meses que tinha dedicado ao caso. O antigo advogado de Manson, o "advogado hippie" Ronald Hughes, com sua barba de Papai Noel e ternos de Walter Slezak, passou a constar nas atas como advogado de Leslie Van Houten.

Ira Reiner havia sido demitido por um motivo, e um motivo apenas: ele tentou representar sua cliente o melhor que pôde. E, de modo apropriado, decidira que seu cliente não era Charles Manson, mas Leslie Van Houten.

Havia um pequeno mas perceptível sorriso no rosto de Manson. Por um bom motivo: ele havia conseguido formar uma equipe de defesa unificada. Embora Fitzgerald permanecesse o líder nominal, estava claro quem estava dando as cartas.

No dia 21 de julho, os seis jurados alternativos fizeram seus juramentos e também foram isolados.[4] A seleção do júri tinha demorado cinco semanas, durante as quais 205 pessoas foram entrevistadas e quase 4.500 páginas de transcrições haviam sido acumuladas.

Foram cinco semanas difíceis. Older e eu nos desentendemos em diversas ocasiões, Reiner e Older com ainda mais frequência. E Older havia ameaçado prender quatro advogados por desacato, vindo a levar a cabo uma dessas ameaças.

4 Os seis jurados alternativos eram: srta. Frances Chasen, servidora pública aposentada; Kenneth Daut Jr., funcionário da Divisão de Rodovias Estadual; Robert Douglass, funcionário do Corpo de Engenheiros do Exército; John Ellis, instalador de telefones; sra. Victoria Kampman, dona de casa; e Larry Sheely, técnico de manutenção telefônica.

Três foram por violações da ordem de proibição de divulgação: Aaron Stovitz foi intimado por uma entrevista que dera à revista *Rolling Stone*; Paul Fitzgerald e Ira Reiner por terem seus comentários citados em uma reportagem do *Los Angeles Times* intitulada "SUSPEITOS DO CASO TATE TENTARAM SILENCIAR ADVOGADOS". Ainda que Older viesse, por fim, a suspender as intimações de desacato contra os três, Irving Kanarek não teve tanta sorte. No dia 8 de julho, ele chegou ao tribunal com sete minutos de atraso. Ele tinha um motivo válido — era muito difícil encontrar uma vaga de estacionamento na hora em que o tribunal se reunia —, mas Older, que havia ameaçado Kanarek anteriormente por desacato quando este chegou apenas três minutos atrasado, não foi muito compreensivo. Ele declarou Kanarek culpado de desacato e o multou no valor de 25 dólares.

Enquanto estávamos ocupados selecionando um júri, dois assassinos de Manson foram soltos.

Mary Brunner voltou a ser indiciada e presa pelo homicídio de Hinman. Seus advogados entraram com um pedido de habeas corpus. Decretando que ela havia cumprido com as condições do acordo de imunidade, a juíza Kathleen Parker concedeu a ordem judicial e Brunner foi solta.

Enquanto isso, Clem — nome verdadeiro: Steve Grogan — se declarou culpado de uma acusação de roubo de automóvel derivada da batida no rancho Spahn. O juiz Sterry Fagan, de Van Nuys, ouviu o caso. Ele estava ciente da extensa ficha corrida de Grogan. Além disso, o departamento de liberdade condicional, com frequência muito tolerante, recomendou nesse caso que Grogan fosse condenado a um ano na prisão do condado. Aaron também informou o juiz de que Clem era extremamente perigoso; que ele não só estivera presente na noite em que os LaBianca foram mortos, como tínhamos evidências de que ele tinha decapitado Shorty Shea. Ainda assim, por incrível que pareça, o juiz Fagan liberou Clem diretamente sob liberdade condicional!

Após descobrir que Clem havia voltado a se reunir à Família no rancho Spahn, entrei em contato com seu oficial de condicional, pedindo que a revogasse. Havia motivos abundantes para isso. Alguns dos termos de sua liberdade condicional exigiam que ele mantivesse residência na casa dos pais; procurasse e arrumasse um emprego; não usasse nem portasse narcóticos; não se envolvesse com notórios usuários de narcóticos. Além disso, ele tinha sido visto — e até mesmo fotografado — com uma faca e uma arma em diversas ocasiões.

Seu oficial de condicional se recusou a agir. Ele mais tarde admitiu ao LAPD que tinha medo de Clem.

Embora Bruce Davis tivesse se escondido, a maioria dos outros membros mais dedicados da Família permaneceu bastante visível. Cerca de doze deles, incluindo Clem e Mary, frequentavam as entradas e os corredores do Palácio da Justiça todos os dias, onde lançavam olhares frios e acusadores para as testemunhas da promotoria quando elas chegavam para depor.

O problema de sua presença no tribunal — uma preocupação desde que Sandy fora pega portando uma faca — foi resolvido por Aaron. Testemunhas em potencial são mantidas afastadas quando outras testemunhas estão depondo. Aaron simplesmente intimou todos os membros conhecidos da Família para serem testemunhas da promotoria, um ato que causou furor por parte da defesa, mas que fez com que todos respirassem um pouco aliviados.

De 24 a 26 de julho de 1970

JULGAMENTO DO CASO TATE COMEÇA HOJE

PROMOTORIA INSINUA REVELAÇÃO DE "MOTIVO SURPREENDENTE"

PAI DE SHARON PREVISTO PARA SER A PRIMEIRA TESTEMUNHA

Muitos espectadores estiveram aguardando desde seis horas da manhã, na esperança de conseguirem um lugar e terem um vislumbre de Manson. Quando ele foi escoltado para dentro da sala do tribunal, muitos ofegaram. Em sua testa havia um X ensanguentado. Em algum momento da noite anterior, ele tinha usado um objeto afiado para entalhar a marca em sua carne.

Uma explicação não demoraria a surgir. No lado de fora do tribunal, seus seguidores distribuíam uma declaração datilografada assinada por ele:

"Eu me marquei com um X de seu mundo. [...] Vocês criaram o monstro. Não sou feito de vocês, não venho de vocês, tampouco aprovo sua atitude injusta em relação às coisas, animais e pessoas que vocês não tentam entender. [...] Eu me oponho ao que vocês fazem e fizeram no passado. [...] Vocês caçoam de Deus e assassinaram o mundo em nome de Jesus Cristo. [...] Minha fé em mim é mais forte do que todos seus exércitos, governos, câmaras de gás ou qualquer coisa que queiram fazer comigo. Eu sei o que fiz. Seu tribunal é um jogo do homem. O amor é meu juiz...".

TRIBUNAL: "O Povo contra Charles Manson, Susan Atkins, Patricia Krenwinkel e Leslie Van Houten.

"Todas as partes e advogados e jurados estão presentes. [...]

"O Povo gostaria de apresentar um discurso de abertura?"

BUGLIOSI: "Sim, Vossa Excelência."

Eu iniciei o discurso de abertura do Povo — no qual apresentei uma prévia das evidências que a promotoria pretendia apresentar no julgamento — resumindo as acusações, nomeando os réus e, depois de relatar o que havia acontecido no número 10050 da Cielo Drive, na madrugada do dia 9 de agosto de 1969, e no número 3301 da Waverly Drive, na noite seguinte, identificando as vítimas.

"Uma pergunta que vocês, senhoras e senhores, provavelmente farão em algum momento durante esse julgamento, e esperamos que as evidências respondam essa pergunta para vocês, é a seguinte:

"Que tipo de mente diabólica contemplaria ou imaginaria esses sete homicídios? Que tipo de mente quereria que sete seres humanos fossem brutalmente assassinados?

"Esperamos que as evidências neste julgamento respondam essa pergunta e mostrem que o réu Charles Manson é o dono dessa mente diabólica. Charles Manson, que, de acordo com as evidências, em determinados momentos teve a infinita humildade, por assim dizer, de se referir a si mesmo como Jesus Cristo.

"As evidências neste julgamento irão mostrar que o réu Manson é um andarilho sem-teto, um vocalista e guitarrista frustrado, um pseudofilósofo, mas, acima de tudo, as evidências irão provar de modo conclusivo que Charles Manson é um assassino que, com esperteza, disfarçou-se atrás da imagem comum de um hippie, aquela de ser um amante da paz...

"As evidências mostrarão que Charles Manson é um megalomaníaco que uniu sua sede de poder insaciável a uma intensa obsessão por mortes violentas."

As evidências irão revelar, continuei, que Manson era o líder e soberano incontestável de um bando de vadios errantes que se chamavam de "Família". Após traçar a história e composição do grupo de forma concisa, comentei: "Nós antecipamos que o sr. Manson, em sua defesa, irá alegar que nem ele nem mais ninguém era líder da Família e que ele nunca ordenou que alguém da Família fizesse coisa alguma, muito menos cometer esses assassinatos por ele".

KANAREK: "Vossa Excelência, ele agora está fazendo um discurso de abertura por nós!"

TRIBUNAL: "Indeferido. Pode prosseguir, sr. Bugliosi."

BUGLIOSI: "Nós, portanto, pretendemos apresentar evidências neste julgamento que mostrem que Charles Manson era de fato o líder ditatorial da Família; que todos na Família eram servilmente obedientes a ele; que ele sempre fazia com que outros membros da Família obedecessem aos seus comandos; e que, por fim, cometeram os sete homicídios do caso Tate-LaBianca de acordo com suas ordens.

"Essas evidências do domínio total do sr. Manson sobre a Família serão apresentadas como provas circunstanciais de que, naquelas duas noites em questão, foi ele quem ordenou os sete homicídios."

A principal testemunha da promotoria, contei ao juiz, seria Linda Kasabian. Após isso, declarei de modo conciso sobre o que Linda iria depor, correlacionando sua história com as provas físicas que pretendíamos apresentar: a arma, a corda, as roupas que os assassinos usaram na noite dos homicídios do caso Tate e assim por diante.

Chegamos, então, à pergunta que todos estiveram fazendo desde que os assassinatos aconteceram: *Por quê?*

A promotoria não tem o ônus de provar o motivo, eu disse ao júri. Não precisamos apresentar nem uma única prova sequer quanto ao motivo. Entretanto, quando temos evidências do motivo, nós as apresentamos, pois se alguém tem um motivo para cometer um assassinato, isso é uma prova circunstancial de que foi ele quem o cometeu. "Neste julgamento, nós *vamos* apresentar evidências dos motivos que Charles Manson teve para ordenar aqueles sete assassinatos."

Se Manson e a defesa estavam esperando ouvir a palavra "roubo", haviam esperado em vão. Em vez disso, as crenças do próprio Manson se voltaram contra eles.

"Nós acreditamos que haja mais de um motivo", relatei ao júri. "Além dos motivos do amor de Manson por mortes violentas e de seu estado mental bastante contrário ao sistema, as evidências deste julgamento irão revelar que havia um outro motivo para esses assassinatos, que talvez seja tão bizarro, ou talvez ainda mais bizarro, do que os homicídios propriamente ditos.

"De modo conciso, as evidências irão expor a obsessão fanática de Manson por Helter Skelter, um termo que ele tirou do grupo inglês The Beatles.

"Manson era um ávido seguidor dos Beatles e acreditava que eles estavam falando com ele, do outro lado do oceano, por meio das letras de suas canções. Na verdade, Manson contou aos seus seguidores que havia encontrado suporte total para sua filosofia nas palavras daquelas músicas. [...]

"Para Charles Manson, Helter Skelter, o título de uma das canções, significava que o homem negro iria se rebelar e destruir toda a raça branca; isto é, com a exceção de Charles Manson e de seus seletos seguidores, que pretendiam escapar do Helter Skelter ao migrarem para o deserto e morarem em um poço do abismo — um lugar que Manson tirou do Apocalipse 9, um capítulo do último livro do Novo Testamento. [...]

"Evidências obtidas de diversas testemunhas irão expor que Charles Manson odiava os negros, mas que também odiava os brancos do sistema, a quem chamava de 'porcos'.

"A palavra 'porco' foi encontrada inscrita com sangue no lado de fora da porta da frente da residência de Tate.

"As palavras 'morte aos porcos', 'helter skelter' e 'rebelem-se' foram encontradas inscritas com sangue no interior da residência dos LaBianca.

"As evidências irão revelar que um dos principais motivos que Manson teve para aqueles sete homicídios brutais foi dar início ao Helter Skelter; em outras palavras, começar a revolução entre negros e brancos ao fazer com que parecesse que o homem negro havia assassinado aquelas sete vítimas caucasianas. Em sua mente distorcida, ele achava que isso faria com que a comunidade branca se voltasse contra a comunidade negra, por fim, levando a uma guerra civil entre negros e brancos, uma guerra que, de acordo com o que Manson contava a seus seguidores, iria causar banhos de sangue nas ruas de todas as cidades dos Estados Unidos, uma guerra da qual Manson previa e predizia que o homem negro sairia vencedor.

"Manson antevia que os negros, assim que tivessem destruído toda a raça branca, seriam incapazes de lidar com as rédeas do poder, por conta de sua inexperiência, e iriam, portanto, ter que entregar tais rédeas àquelas pessoas brancas que haviam escapado do Helter Skelter; ou seja, Charles Manson e sua Família.

"Na mente de Manson, sua Família e ele, em especial, seriam os principais beneficiados de uma guerra civil entre brancos e negros.

"Nós pretendemos apresentar o testemunho de não apenas uma, mas de muitas testemunhas da filosofia de Manson, pois as evidências irão expor que ela é tão estranha e tão bizarra que, se vocês a ouvissem da boca de apenas uma pessoa, é provável que não acreditassem nela."

Até então, toda a ênfase tinha recaído sobre Manson. Condenar Manson era a prioridade. Se condenássemos os outros e não ele, seria como um julgamento de crimes de guerra no qual os lacaios fossem declarados culpados e Hitler saísse impune. Portanto, enfatizei que tinha sido Manson quem havia ordenado aqueles assassinatos, ainda que seus corréus, seguindo todas as suas ordens, os tivessem de fato cometido.

No entanto, isso era arriscado. Eu estava dando aos advogados das três garotas defesas já prontas. Na fase da decisão de sentença do julgamento, eles poderiam argumentar que, como Atkins, Krenwinkel e Van Houten estavam completamente sob o domínio de Manson, elas nem de perto eram tão culpadas quanto ele, e, portanto, deveriam ser sentenciadas à prisão perpétua em vez de à pena de morte.

Prevendo com bastante antecedência que teria que provar o contrário, preparei o terreno em meu discurso de abertura:

"E as seguidoras de Charles Manson, as outras rés neste caso, Susan Atkins, Patricia Krenwinkel e Leslie Van Houten?

"As evidências irão revelar que elas, juntamente a Tex Watson, foram as verdadeiras assassinas das sete vítimas do caso Tate-LaBianca.

"As evidências também mostrarão que elas foram participantes *bastante dispostas* nesses homicídios em massa, que por meio de suas táticas exageradas — por exemplo, Rosemary LaBianca esfaqueada 41 vezes, Voytek Frykowski esfaqueado 51 vezes, baleado duas vezes e golpeado violentamente na cabeça treze vezes com a coronha de um revólver — essas rés demonstraram que, *afora* Charles Manson, o homicídio corria por suas próprias veias."

Depois de mencionar as confissões que Susan Atkins fez a Virginia Graham e Ronnie Howard; a impressão digital que colocava Patricia Krenwinkel na cena dos homicídios do caso Tate; e as evidências que implicavam Leslie Van Houten nos homicídios do caso LaBianca, comentei: "As evidências irão mostrar que Charles Manson começou sua Família no bairro Haight-Ashbury, em San Francisco, em março de 1967. A morte da Família, por assim dizer, aconteceu em outubro de 1969, no rancho Barker, um esconderijo desolado, isolado, coberto de rochas, longe da civilização, nos perímetros sombrios do Vale da Morte. Entre essas duas datas, sete seres humanos e o feto de um bebê de oito meses e meio no útero de Sharon Tate encontraram suas mortes nas mãos desses integrantes da Família.

"As evidências neste julgamento irão indicar que esses sete homicídios inacreditáveis foram talvez os homicídios mais bizarros, violentos e horripilantes já registrados nos anais do crime.

"O sr. Stovitz e eu pretendemos provar, não apenas além de qualquer dúvida razoável, que é nosso único ônus, mas além de *todas* as dúvidas, que esses réus cometeram os homicídios e que são culpados desses homicídios; e em nossos argumentos finais para vocês, ao término da apresentação das evidências, nós pretendemos pedir para que apresentem veredictos de homicídio qualificado para cada um desses réus."

Comentando que aquele seria um julgamento extenso, com muitas testemunhas, eu evoquei um antigo provérbio chinês, "A tinta mais fraca é melhor do que a melhor lembrança", encorajando os jurados a fazer anotações detalhadas para os auxiliarem em suas deliberações.

Eu encerrei lembrando aos jurados que estávamos nos sentindo confiantes de que eles iriam proporcionar tanto aos réus quanto ao Povo do Estado da Califórnia o julgamento justo e imparcial ao qual cada um tinha direito.

◆ ◆ ◆

Kanarek havia interrompido meu discurso de abertura nove vezes com protestos, todos indeferido pelo Tribunal. Quando terminei, ele pediu que todo o discurso fosse desconsiderado ou, caso isso não fosse possível, que o julgamento fosse anulado. Older rejeitou ambos os pedidos. Fitzgerald disse à imprensa que meus comentários foram "ofensivos e difamatórios" e chamou o motivo do Helter Skelter de "uma teoria verdadeiramente absurda".

Eu estava com uma forte sensação de que quando chegasse a hora de seu discurso de encerramento para o júri, Paul sequer se daria ao trabalho de discutir isso.

Como a defesa reservou seu discurso de abertura para depois que a promotoria tivesse concluído seu caso, o Povo convocou sua primeira testemunha, o coronel Paul Tate.

Com uma postura militar ereta, o pai de Sharon subiu ao banco das testemunhas e fez seu juramento. Embora estivesse com 46 anos, parecia mais jovem e tinha uma barba bem-aparada. Antes de entrar na sala do tribunal, foi cuidadosamente revistado, pois circulavam boatos de que havia jurado matar Manson. Apesar de ter apenas lançado um rápido olhar para os réus, e não ter demonstrado nenhuma reação visível, os oficiais de justiça ficaram de olho nele todo o tempo em que permaneceu no tribunal.

Nosso interrogatório foi breve. O coronel Tate descreveu seu último encontro com Sharon e identificou fotos da filha, da srta. Folger, de Frykowski, de Sebring e da casa no número 10050 da Cielo Drive.

Wilfred Parent, que foi o próximo a subir no banco das testemunhas depois do coronel Tate, desmoronou e chorou quando lhe mostrei uma fotografia do filho Steven.

Winifred Chapman, a empregada de Tate, foi a seguinte. Eu a questionei em detalhes sobre a limpeza das duas portas; então, querendo estabelecer uma cronologia para os jurados, guiei-a até o momento em que deixou a casa na tarde de 8 de agosto de 1969, pretendendo chamá-la de volta ao banco das testemunhas mais tarde para que pudesse depor sobre suas descobertas na manhã seguinte.

Durante o interrogatório da defesa, Fitzgerald chamou atenção para o fato de que ela só havia mencionado ter lavado a porta do quarto de Sharon meses depois dos assassinatos, e então tinha contado isso para mim, não para o LAPD.

Esse seria o começo de um padrão. Por ter entrevistado cada uma das testemunhas não uma, mas inúmeras vezes, eu havia descoberto uma grande quantidade de informações que não tinham sido relatadas anteriormente para a polícia. Em muitos casos, eu havia sido o único a entrevistar uma testemunha. Embora Fitzgerald tivesse plantado a ideia inicial, Kanarek viria a cultivá-la até que, pelo menos em sua mente, ela germinasse e florescesse em uma conspiração, na qual eu havia tramado todo o caso.

Kanarek tinha apenas uma pergunta para a sra. Chapman, mas foi uma boa pergunta. Ela já tinha visto o réu Charles Manson antes de se apresentar no tribunal? Ela respondeu que não.

Embora tivesse se casado recentemente e não quisesse ficar longe da esposa, William Garretson havia viajado de sua casa em Lancaster, Ohio, para onde tinha voltado depois de ser liberado pelo LAPD. O ex-caseiro passou a impressão de ser sincero, apesar de um tanto tímido. Ainda que pretendesse chamar tanto o policial Whisenhunt quanto o policial Wolfer, o primeiro para depor sobre ter encontrado o controle do volume do aparelho de som de Garretson entre quatro e cinco, o segundo para descrever os testes de som que havia conduzido, eu interroguei Garretson em detalhes a respeito dos eventos daquela noite, e senti que o júri acreditou quando ele afirmou que não tinha ouvido nenhum disparo ou grito.

Perguntei a Garretson: "Você estava tocando seu aparelho de som em que volume?".

R: "Estava mais ou menos no médio... Não estava muito alto."

Essa, eu acreditava, era a melhor prova de que Garretson estava dizendo a verdade. Caso estivesse mentindo sobre não ter ouvido nada, então ele certamente teria mentido e dito que o volume estivera alto.

A maioria das perguntas de Fitzgerald foi relacionada à prisão de Garretson e os supostos maus-tratos sofridos nas mãos da polícia. Em um determinado ponto mais adiante no julgamento, Fitzgerald viria a afirmar que Garretson esteve envolvido em pelo menos alguns dos homicídios do caso Tate. Como não houve nenhuma alusão a isso em seu interrogatório, eu viria a concluir que ele tardiamente estava procurando por um bode expiatório conveniente.

Kanarek voltou a fazer a mesma pergunta. Não, ele nunca tinha visto Manson antes, respondeu Garretson.

Quando o entrevistei antes que subisse ao banco das testemunhas, Garretson me contou que ainda tinha pesadelos sobre o que havia acontecido. Naquele fim de semana, antes de voltar para Ohio, Rudi Altobelli, que na época estava morando na casa principal, arranjou para que Garretson revisitasse o número 10050 da Cielo Drive. Ele considerou a propriedade calma e tranquila. Depois disso, me contou, os pesadelos pararam.

Ao final do dia, já havíamos encerrado com mais três testemunhas: Frank Guerrero, que estivera pintando o quarto do bebê naquela sexta-feira; Tom Vargas, o jardineiro, que testemunhou sobre as chegadas e partidas de diversos convidados naquele dia e sobre ter assinado o recebimento dos dois baús de viagem; e Dennis Hurst, que identificou Sebring, a partir de uma fotografia, como sendo o homem que havia ido até a porta da frente quando ele entregou a bicicleta por volta das 20h.

O palco agora estava preparado para a principal testemunha da promotoria, que eu pretendia chamar ao banco das testemunhas na manhã de segunda-feira, logo cedo.

Ao ouvir meu discurso de abertura, Manson deve ter se dado conta de que eu sabia qual era a dele.

Após o encerramento do tribunal naquela tarde, o sargento William Maupin estava escoltando Manson de sua cela para o nono andar da prisão quando — citando o relatório de Maupin — "o presidiário Manson afirmou para o signatário que soltá-lo valeria 100 mil dólares. O presidiário Manson também comentou sobre o quanto ele gostaria de voltar para o deserto e para a vida que tinha antes de ser preso. Além disso, o presidiário Manson comentou que dinheiro não significava nada para ele, que diversas pessoas tinham entrado em contato com ele a respeito de grandes somas de dinheiro. O presidiário Manson também afirmou que um policial receberia uma sentença de apenas seis meses se fosse pego libertando um presidiário sem autorização."

Maupin relatou a oferta de suborno para seu superior, o capitão Alley, que por sua vez informou o juiz Older. Apesar do incidente não ter sido divulgado, Older entregou o relatório de Maupin aos advogados no dia seguinte. Depois de lê-lo, perguntei-me o que Manson tentaria a seguir.

Durante o fim de semana, Susan Atkins, Patricia Krenwinkel e Leslie Van Houten acenderam fósforos, aqueceram grampos de cabelo até ficarem em brasa, então marcaram suas testas com um X, rasgando, em seguida, a carne queimada com agulhas, para criarem cicatrizes mais proeminentes.

Quando os jurados chegaram ao tribunal na manhã de segunda-feira, as testas marcadas com o X foram as primeiras coisas que viram — evidências de que, quando Manson mostrava o caminho, as garotas o seguiam.

Cerca de um dia depois, Sandy, Squeaky, Gypsy e a maioria dos outros membros da Família fizeram a mesma coisa. À medida que novos discípulos se juntavam ao grupo, isso se tornou um dos rituais da Família, incluindo saborear o sangue enquanto ele escorria por seus rostos.

De 27 de julho a 3 de agosto de 1970

Oito policiais escoltaram Linda Kasabian do Sybil Brand até o Palácio da Justiça, por uma entrada que contornava aquelas patrulhadas pela Família. Quando chegaram ao nono andar, contudo, Sandra Good apareceu de repente no corredor e gritou: "*Você vai matar todos nós; você vai matar todos nós!*". Linda, de acordo com aqueles que testemunharam o encontro, pareceu mais triste do que abalada.

Eu avistei Linda pouco depois de sua chegada. Embora seu advogado, Gary Fleischman, a tivesse comprado um vestido novo, este tinha sido perdido, e ela estava usando o mesmo vestido de quando estivera grávida. Aquela peça folgada fazia com que se parecesse mais com uma hippie do que os outros réus. Depois que expliquei o problema ao juiz Older, ele cuidou de outros assuntos em seu gabinete até que o vestido fosse localizado e levado até lá. Mais tarde, uma cortesia parecida foi oferecida à defesa quando Susan Atkins perdeu seu sutiã.

BUGLIOSI: "O Povo convoca Linda Kasabian."

O olhar triste e resignado que ela lançou a Manson e às garotas contrastava bastante com seus olhares evidentemente hostis.

SECRETÁRIO JUDICIAL: "Levante a mão direita, por favor."

KANAREK: "Objeção, Vossa Excelência, com base no fato de que essa testemunha não é competente e é insana!"

BUGLIOSI: "Espere um pouco! Vossa Excelência, solicito que isso seja desconsiderado e peço ao Tribunal que o considere culpado por desacato por conta de uma repugnante má conduta. Isso é inacreditável da parte dele!"

Infelizmente, também era plausível demais — exatamente o tipo de coisa que temíamos desde que Kanarek entrou para o caso. Após mandar que o júri desconsiderasse os comentários de Kanarek, Older pediu que os advogados se aproximassem da tribuna. "Não há dúvidas quanto a isso", disse Older a Kanarek, "sua conduta é ultrajante..."

BUGLIOSI: "Sei que o Tribunal não pode impedi-lo de falar, mas só Deus sabe o que ele vai dizer no futuro. Se dissesse algo assim no tribunal, eu provavelmente seria afastado do caso por meu escritório e expulso da Ordem..."

◆ ◆ ◆

Em defesa de Kanarek, Fitzgerald afirmou ao Tribunal que a defesa pretendia convocar testemunhas que iriam depor que Linda Kasabian havia tomado LSD pelo menos trezentas vezes. A defesa argumentaria, disse, que tamanho consumo de drogas a tinha deixado mentalmente incapaz de testemunhar.

Quaisquer provas que fossem apresentar, disse Older, questões jurídicas tinham que ser discutidas junto à tribuna ou em seu gabinete, *não* diante do júri. Quanto à explosão de Kanarek, Older o advertiu que se fizesse isso mais uma vez: "Eu vou tomar alguma ação contra você".

Linda fez seu juramento. Em seguida, eu perguntei: "Linda, você está ciente de que no atual momento está sendo acusada de sete homicídios e de conspiração para cometer homicídio?".

R: "Sim."

Kanarek protestou, fazendo uma moção para um novo julgamento. Indeferido. Só consegui fazer a segunda pergunta cerca de dez minutos depois.

P: "Linda, você está ciente do acordo entre a procuradoria-geral e seus advogados de que se você testemunhar sobre tudo o que sabe a respeito dos homicídios do caso Tate-LaBianca, a procuradoria-geral irá solicitar ao Tribunal que você receba imunidade e que todas as acusações contra você sejam retiradas?"

R: "Sim, estou ciente."

Kanarek protestou com base em quatro justificativas. Indeferido. Ao mencionar isso primeiro, nós desarmamos um dos maiores canhões da defesa.

P: "Além dos benefícios que irão resultar do acordo, existe alguma outra razão para você ter decidido contar tudo o que sabe sobre esses sete homicídios?"

Outra torrente de protestos de Kanarek antes que Linda pudesse responder: "Eu tenho muita fé na verdade e acredito que a verdade deve ser dita".

Kanarek protestou até quando perguntei a Linda quantos filhos tinha. Ele frequentemente usava uma abordagem na qual atirava para todos os lados — "Guiando e sugerindo; nenhum fundamento; inferência e boatos" — na esperança de que pelo menos algumas balas atingissem o alvo. Muitas de suas justificativas eram completamente inaplicáveis. Ele protestava pedindo uma "conclusão", por exemplo, quando nenhuma conclusão era necessária, ou gritava, "Boatos!", quando eu apenas perguntava o que ela havia feito a seguir.

Como eu tinha previsto isso, não fiquei incomodado. Entretanto, levei mais de uma hora para fazer com que Linda chegasse ao seu primeiro encontro com Manson, sua descrição da vida no rancho Spahn e, passando por cima dos protestos bastante acalorados de Kanarek, a definição do que ela queria dizer com o termo "Família".

R: "Bom, nós vivíamos juntos como uma família, como uma família vive junta, como uma mãe e um pai e os filhos, mas erámos todos apenas um, e Charlie era o líder."

Eu estava perguntando a Linda sobre as diversas ordens que Manson tinha dado às garotas quando, de modo inesperado, o juiz Older começou a manter as acusações de boatos de Kanarek. Pedi permissão para me aproximar da tribuna.

Pessoas leigas acreditam que boatos são inadmissíveis. Na verdade, existem tantas exceções a eles que muitos advogados acreditam que a lei deveria dizer: "Boatos são inadmissíveis, exceto nestes poucos casos".[5] Eu disse a Older: "Eu tinha previsto muitos problemas jurídicos neste caso e os pesquisei — pois eu meio que banco o advogado do diabo —, mas não tinha previsto nenhuma dificuldade em apresentar exemplos das ordens que Manson dava aos integrantes da Família".

Older afirmou que manteve os protestos porque não conseguiu pensar em nenhuma exceção para a lei de boatos que permitisse a apresentação de tais declarações.

Isso era crucial. Se Older decretasse que tais conversas eram inadmissíveis, a estrutura de domínio, assim como nosso caso contra Manson, iriam por água abaixo.

Pouco depois disso, o tribunal entrou em recesso pelo restante do dia. Aaron, J. Miller Leavy e eu ficamos acordados até tarde, procurando argumentos de autoridade. Felizmente, encontramos dois casos — *Povo contra Fratiano* e *Povo contra Stevens* — nos quais o Tribunal decretou que você pode provar a existência de uma conspiração ao demonstrar o relacionamento entre as partes, incluindo declarações feitas umas para as outras. Depois de lhe mostrarmos os casos na manhã seguinte, o juiz Older reverteu sua decisão e indeferiu os protestos de Kanarek.

A oposição agora veio de uma direção completamente inesperada: Aaron.

Linda já havia testemunhado que Manson mandava as garotas fazerem amor com visitantes homens para induzi-los a se juntarem à Família, quando lhe perguntei: "Linda, você sabe o que é uma orgia sexual?".

5 Por exemplo, as confissões que Susan Atkins fez para Virginia Graham e Ronnie Howard eram boatos, mas admissíveis sob a exceção de admissão da lei sobre boatos.

Kanarek protestou de imediato, assim como Hughes, que comentou, com uma escolha de palavras um tanto reveladora: "Não estamos julgando as vidas sexuais dessas pessoas. Estamos julgamento as vidas homicidas dessas pessoas".

Os advogados de defesa não estavam apenas gritando protestos, muitos dos quais Older manteve; como também Aaron se inclinou em minha direção e perguntou: "Não podemos pular essas coisas? Estamos só perdendo tempo. Vamos direto às duas noites dos homicídios".

"Olha só, Aaron", disse a ele em voz baixa, "estou lutando contra o juiz, estou lutando contra Kanarek, não vou lutar contra você. Já tenho problemas suficientes. Isso é importante e vou fazer com que conste nas provas."

Linda afinal testemunhou, entre protestos de Kanarek, que *Manson* decidia quando uma orgia iria acontecer; que *Manson* decidia quem iria e quem não iria participar; e que *Manson* então atribuía os papéis que cada um desempenharia. Do começo ao fim, ele era o maestro, por assim dizer, orquestrando toda a cena.

O fato de que Manson controlava até mesmo o aspecto mais íntimo e pessoal das vidas de seus seguidores foi uma evidência bastante poderosa de seu domínio.

Além do mais, entre os 21 indivíduos envolvidos nessa orgia específica sobre a qual Linda depôs, estavam Charles "Tex" Watson, Susan Atkins, Leslie Van Houten e Patricia Krenwinkel.

Os atos sexuais não foram detalhados, tampouco perguntei a Linda sobre outros "encontros em grupo" como aquele. Assim que esclarecemos essa questão, passei aos outros depoimentos — Helter Skelter, a guerra entre negros e brancos, a crença de Manson de que os Beatles estavam se comunicando com ele por meio das letras de suas músicas, seu anúncio, no fim da tarde de 8 de agosto de 1969, de que "Agora chegou a hora do Helter Skelter".

Ao descrever sua apresentação no banco das testemunhas, o *Los Angeles Times* observou que, mesmo enquanto discutia a vida sexual do grupo, Linda Kasabian se mostrava surpreendentemente "serena, de voz branda, até mesmo recatada".

Em alguns momentos, seu testemunho chegou a ser muito comovente. Enquanto contava sobre como Manson separava as mães de seus filhos e descrevia os próprios sentimentos ao ter sido afastada de Tanya, Linda disse: "Às vezes, sabe, quando não tinha ninguém olhando, principalmente o Charlie, eu lhe dava meu amor e a amamentava".

◆ ◆ ◆

Linda estava descrevendo as ordens que Manson deu ao grupo pouco antes de deixarem o rancho Spahn naquela primeira noite, quando Charlie, sentado à mesa da defesa, levou a mão ao pescoço e, com um dedo estendido, fez um gesto de cortar a garganta. Embora eu estivesse olhando para o outro lado e não tivesse visto o gesto, outros, incluindo Linda, o viram.

Ainda assim, não houve nenhuma hesitação em suas respostas. Ela passou a relatar como Tex havia parado o carro na frente do portão grande; o corte dos fios telefônicos; a volta ao pé da colina para estacionar o carro, depois a caminhada colina acima. Enquanto ela descrevia como eles tinham escalado a cerca à direita do portão, era possível sentir a tensão aumentando na sala do tribunal. Então os súbitos faróis.

R: "E um carro parou diante de nós e Tex pulou para frente com uma arma na mão... E o homem disse: 'Por favor, não me machuque, não vou contar nada!'. E Tex atirou nele quatro vezes."

Enquanto descrevia o assassinato de Steven Parent, Linda começou a chorar, como o fez todas as vezes em que tinha me contado essa história. Pude perceber que o júri estava emocionado, tanto pelo horror crescente quanto por sua reação.

Sadie dava risadinhas. Leslie desenhava. Katie parecia entediada.

Ao final do dia, eu tinha guiado Linda até o ponto onde Katie perseguia a mulher de camisola branca (Folger) com uma faca e Tex esfaqueava o grandalhão (Frykowski): "Ele simplesmente ficou esfaqueando e esfaqueando e esfaqueando".

P: "Enquanto o homem gritava, você sabe o que ele estava gritando?"

R: "Não havia palavras, estava além de palavras, eram só gritos."

Os repórteres que estavam tomando nota dos protestos de Kanarek desistiram no terceiro dia, quando a contagem passou dos duzentos. Older advertiu o advogado que se ele interrompesse a testemunha ou a promotoria mais uma vez, seria acusado de desacato. Uma dúzia de páginas de transcrições com frequência separavam minhas perguntas das respostas de Linda.

BUGLIOSI: "Vamos ter que voltar, Linda. Houve uma tempestade de protestos."

KANAREK: "Eu protesto contra essa afirmação."

Quando Kanarek voltou a interromper Linda no meio de uma frase, Older pediu que nos aproximássemos da tribuna.

TRIBUNAL: "Sr. Kanarek, você violou diretamente minha ordem de não interromper repetidamente. Eu o acuso de desacatar o Tribunal e o condeno a uma noite na prisão do condado, começando após o encerramento dos procedimentos desta tarde até as 7h de amanhã."

Kanarek protestou dizendo que: "Eu não interrompi a testemunha, foi a testemunha que me interrompeu!".

Ao final do dia, Kanarek viria a ter companhia. Entre os itens que eu gostaria de submeter com o propósito de identificação havia uma fotografia que mostrava a espada dos Straight Satans em uma bainha ao lado do volante do bugue particular de Manson. Como a fotografia havia sido apresentada como evidência no julgamento de Beausoleil, eu só a obtive após ela ter sido trazida do outro tribunal. "O promotor está escondendo muitas evidências de nós", acusou Hughes.

BUGLIOSI: "Só para constar, eu mesmo só a vi pela primeira vez há alguns minutos."

HUGHES: "Isso é um monte de merda, sr. Bugliosi."

TRIBUNAL: "Eu o acuso de desacato direto ao Tribunal por essa declaração."

Apesar de concordar com a decisão anterior de Older em relação a Kanarek, discordei de sua acusação contra Hughes, acreditando que, se ele tinha desacatado alguém, essa pessoa era eu, não o Tribunal. Além disso, foi baseado em um simples mal-entendido, um que, quando lhe foi explicado, Hughes logo aceitou. Older foi menos compreensivo.

Podendo escolher entre pagar uma multa de 75 dólares ou passar a noite na cadeia, Hughes disse ao tribunal: "Sou pobre, Vossa Excelência". Sem nem um pingo de piedade, Older ordenou que ele permanecesse sob custódia.

Kanarek não aprendeu nada depois de passar uma noite na cadeia. Na manhã seguinte, ele voltou a interromper tanto minhas perguntas quanto as respostas de Linda. Admoestações da tribuna não deram em nada; ele se desculpava, então de imediato voltava a fazer a mesma coisa. Tudo isso me preocupava bem menos do que o fato de que ele às vezes conseguia fazer com que alguns depoimentos fossem excluídos. Geralmente, quando Older mantinha um protesto, eu conseguia contorná-lo, introduzindo o testemunho de uma maneira diferente. Por exemplo, quando Older me impediu de perguntar a Linda a respeito da ocasião em que os réus assistiram à notícia dos homicídios do caso Tate na TV no dia seguinte aos assassinatos, pois ele não conseguia ver a relevância disso, eu perguntei a Linda se, na noite dos homicídios, ela estava ciente das identidades das vítimas.

R: "Não."

P: "Quando você descobriu os nomes dessas cinco pessoas?"

R: "No noticiário do dia seguinte."

P: "Na televisão?"

R: "Sim."
P: "No trailer do sr. Spahn?"
R: "Sim."
P: "Você viu Tex, Sadie e Katie durante o dia seguinte a esses assassinatos, além de quando esteve assistindo televisão com eles?"
R: "Bom, eu vi Sadie e Katie no trailer. Não me lembro de ter visto Tex naquele dia."

A relevância disso ficaria evidente quando Barbara Hoyt subisse ao banco e testemunhasse (1) que Sadie chegou e lhe pediu para colocar no noticiário; (2) que, antes desse dia em particular, Sadie e os outros nunca assistiram às notícias; e (3) que logo depois de o locutor ter acabado com o caso Tate e passado à guerra do Vietnã, o grupo se levantou e saiu.

Em minha entrevista com Linda a respeito da segunda noite, houve um tema que se repetia. Quem mandou que você saísse da autoestrada? Charlie. Havia mais alguém dentro do carro dando direções além do sr. Manson? Não. Alguém questionou algumas das ordens do sr. Manson? Não.

Em seu depoimento sobre as duas noites, havia uma enorme quantidade de detalhes que apenas alguém que estivesse presente naqueles massacres horrendos poderia saber.

Ao se dar conta de como aquilo era prejudicial, Manson havia comentado, alto o bastante para que tanto Linda quanto o júri ouvissem: "Você já contou três mentiras".

Linda, olhando diretamente para ele, tinha respondido: "Ah, não, Charlie, eu contei a verdade, e você sabe disso".

Quando terminei de interrogar Linda Kasabian na tarde do dia 30 de julho, eu tinha a sensação de que o júri também sabia.

Quando sei que a defesa tem algo que pode ser nocivo para o caso da promotoria, minha tática de julgamento costuma ser apresentar essa evidência primeiro. Isso não só converte o gancho de esquerda prejudicial em um mero soco de esquerda, como também indica ao júri que a promotoria não está tentando esconder nada. Portanto, mencionei, de maneira direta, a permissividade sexual de Linda e seu uso de LSD e outras drogas.[6] Preparada para destruir sua credibilidade com essas revelações, a defesa se viu atravessando um terreno conhecido. Ao fazer isso, em alguns momentos, até fortaleceram nosso caso.

6 Ela havia tomado LSD cerca de cinquenta vezes, ela testemunhou, a última vez tendo sido em maio de 1969, três meses antes dos assassinatos.

Foi Fitzgerald, advogado de defesa de Krenwinkel, não a promotoria, que mencionou que, durante o período em que Linda passou no rancho Spahn, "eu mesma não estava emocionalmente estável [...] eu era bastante impressionável [...] deixei outras pessoas colocarem ideias em minha cabeça"; e — ainda mais importante — que ela sentia medo de Manson.

P: "Do que você tinha medo?", perguntou Fitzgerald.

R: "Eu só tinha medo. Ele era um cara da pesada."

Quando lhe pediram para explicar o que queria dizer com isso, Linda respondeu: "Ele tinha alguma coisa, sabe, que podia te segurar. Ele era um peso-pesado. Ele simplesmente era da pesada, ponto final".

Fitzgerald também extraiu de Linda a confissão de que ela amava Manson; que "eu sentia que ele era o Messias retornado".

Linda então acrescentou uma declaração que foi de grande ajuda para explicar por que não apenas ela, como também muitos dos outros haviam aceitado Manson de boa vontade. Quando o viu pela primeira vez, ela disse, "eu pensei... 'Isso é o que eu estive procurando', e é isso que vi nele".

Manson — um espelho que refletia os desejos das outras pessoas.

P: "Você também tinha a impressão de que outras pessoas no rancho amavam Charlie?"

R: "Ah, sim. Parecia que as garotas o adoravam, que simplesmente morreriam para fazer qualquer coisa por ele."

Helter Skelter, a atitude de Manson em relação aos negros, seu domínio sobre seus corréus: em cada uma dessas áreas, as perguntas de Fitzgerald traziam à tona informações que sustentavam o depoimento anterior de Linda.

Suas perguntas com frequência saíam pela culatra, como quando ele perguntou a Linda: "Você se lembra de com quem dormiu em 8 de agosto?".

R: "Não."

P: "No dia 10?"

R: "Não, mas com o tempo eu dormi com todos os homens."

Repetidas vezes, Linda revelou informações que poderiam ter sido consideradas prejudiciais, mas que, vindas dela, de alguma maneira, pareceram apenas honestas e sinceras. Ela era tão franca que pegou Fitzgerald desprevenido.

Evitando a palavra "orgia", ele lhe perguntou, em relação à "cena de amor que aconteceu na casa dos fundos... você gostou?".

Linda respondeu com sinceridade: "Sim, acho que gostei. Tenho que dizer que sim".

Se possível, ao final do interrogatório de Fitzgerald, Linda Kasabian deixou uma impressão melhor do que ao final de meu interrogatório direto.

◆ ◆ ◆

Era segunda-feira, 3 de agosto de 1970. Eu estava voltando para o tribunal depois do almoço, alguns minutos antes das 14h, quando de repente fui cercado por jornalistas. Estavam todos falando ao mesmo tempo e demorei alguns segundos para registrar as palavras: "Vince, você ouviu a notícia? *O presidente Nixon acabou de dizer que Manson é culpado!*".

De 3 a 19 de agosto de 1970

Fitzgerald possuía uma cópia da transmissão da Associated Press. Em Denver, para uma conferência de oficiais do cumprimento da lei, o presidente, ele mesmo um advogado, foi citado reclamando que a imprensa tendia "a glorificar e a transformar em heróis aqueles envolvidos em atividades criminosas".

Ele prosseguiu: "Eu observei, por exemplo, a cobertura do caso de Charles Manson... Primeira página dos jornais todos os dias. Costumava receber alguns minutos no noticiário da noite. Aqui está um homem culpado, direta ou indiretamente, de oito assassinatos. Ainda assim, aqui está um homem que, no que se refere à imprensa, parecia ser uma figura glamorosa".

Após os comentários de Nixon, o porta-voz da Casa Branca, Ron Ziegler, disse que o presidente havia "se esquecido de usar a palavra 'supostamente' ao se referir às acusações".[7]

Discutimos a situação no gabinete do juiz. Felizmente, os oficiais de justiça haviam trazido o júri de volta do almoço antes que a notícia fosse anunciada. Eles permaneceram isolados em uma sala no andar superior e, portanto, por ora, não havia chances de terem sido expostos.

Kanarek entrou com uma moção para um novo julgamento. Indeferida. Sempre desconfiado de que o isolamento não era eficaz, ele pediu que os jurados passassem pelo *voir dire* para garantir que nenhum deles tinha ouvido a notícia. Como disse Aaron: "Seria como agitar uma bandeira vermelha. Se não sabiam a respeito disso antes, com certeza ficarão sabendo depois do *voir dire*".

Older rejeitou a moção "sem prejuízo", para que pudesse ser renovada em uma data futura. Também disse que iria pedir aos oficiais de justiça para instaurarem medidas de segurança excepcionalmente rigorosas. Mais tarde naquele dia, as janelas do ônibus usado para transportar o júri para o hotel foram cobertas por um produto de limpeza em pó chamado Bon

7 Durante a volta para Washington no *Air Force One*, o presidente Nixon emitiu uma declaração suplementar: "Eu fui informado de que meu comentário em Denver a respeito do julgamento dos homicídios do caso Tate, em Los Angeles, pode continuar a ser incompreendido, apesar da declaração inequívoca feita na época pelo meu porta-voz.

"A última coisa que eu faria seria prejudicar os direitos legais de qualquer pessoa, sob circunstância nenhuma.

"Para esclarecer, não tenho a intenção agora, e não a tive então, de especular se os réus do caso Tate são, de fato, culpados ou não. Todos os fatos do caso ainda não foram apresentados. Devemos supor que os réus são inocentes nesta etapa do julgamento."

Ami, a fim de impedir que os jurados vissem as inevitáveis manchetes. Havia um aparelho de televisão em sua sala de jogos comunitária no Ambassador; normalmente, eles poderiam assistir a qualquer programa que quisessem, exceto os noticiários, com um oficial de justiça responsável pela troca de canais. Naquela noite, ela permaneceria desligada. Jornais também seriam banidos do tribunal, com Older instruindo especificamente os advogados a se certificarem de que não houvesse nenhum sobre as mesas, onde poderiam ser vistos sem querer pelos membros do júri.

Quando voltamos para o tribunal, havia um sorriso presunçoso no rosto de Manson, que permaneceu ali durante toda a tarde. Não são todos os criminosos que merecem a atenção do presidente dos Estados Unidos. Charlie tinha ficado famoso.

O júri foi trazido para baixo e o advogado de Atkins, Daye Shinn, começou a interrogar Linda.

Aparentemente determinado a implicar que eu tinha orientado Linda em seu testemunho, ele perguntou: "Você se lembra do que o sr. Bugliosi lhe disse durante sua primeira reunião?".

R: "Bom, ele sempre insistiu que eu contasse a verdade."

P: "Estou me referindo a algo além da verdade."

Como se qualquer outra coisa fosse importante.

P: "O sr. Bugliosi alguma vez lhe disse que algumas de suas declarações estavam erradas, ou que algumas de suas respostas não eram lógicas, ou que não faziam sentido?"

R: "Não, eu contei coisas para ele; ele nunca me disse nada."

P: "O fato de você estar grávida, não foi por isso que você ficou do lado de fora [da residência de Tate] em vez de entrar para participar?"

R: "Grávida ou não, eu não teria matado ninguém."

Shinn desistiu depois de apenas uma hora e meia. O testemunho de Linda permaneceu inabalado.

Com um arrastar de pés pesado e desajeitado, Irving Kanarek se aproximou do banco das testemunhas. Seu comportamento era enganoso. Não dava para relaxar quando Kanarek estava interrogando uma testemunha; a qualquer momento ele poderia deixar escapar algo objetável. Também não era possível antecipar o que ele faria; ele de repente pulava de um assunto para outro sem nenhum elo que os conectasse. Muitas de suas perguntas eram tão complexas que ele mesmo chegava a perder o fio da meada e precisava pedir que o estenógrafo a lesse para ele.

Ouvi-lo era excruciante de tão cansativo. Mas era muito importante porque, ao contrário dos dois advogados que o precederam, Kanarek marcava pontos. Ele mencionou, por exemplo, que quando voltou para a Califórnia para reivindicar Tanya, Linda contou à assistente social que tinha deixado o estado no dia 6 ou 7 de agosto — o que, se fosse verdade, teria sido *antes* da ocorrência dos homicídios do caso Tate-LaBianca. Se correto, isso significava que Linda havia inventado todo o seu testemunho em relação àqueles assassinatos. E se tivesse mentido para a assistente social para recuperar a filha, insinuou Kanarek, ela poderia muito bem mentir para o Tribunal para obter a própria liberdade.

No entanto, ele, no geral, divagava e falava sem parar, cansando tanto os espectadores quanto as testemunhas. Muitos repórteres "descartaram" Kanarek no início dos procedimentos. Podendo escolher os advogados de defesa, eles citavam Fitzgerald, cujas perguntas eram apresentadas de modo mais claro. Mas era Kanarek, no meio de sua verbosidade, que estava sendo bem-sucedido.

Ele também estava começando a afetar Linda. Ao final do dia — o sexto no banco das testemunhas — ela parecia um pouco fatigada e suas respostas estavam menos afiadas. Ninguém sabia quantos dias daquilo ainda tínhamos pela frente, pois Kanarek, ao contrário dos outros advogados, repetidas vezes evitava responder as perguntas de Older sobre a duração estimada de seu interrogatório.

No caminho de volta para casa naquela noite, eu mais uma vez fiquei agradecido pelo júri ter sido colocado em isolamento. Era possível ver as manchetes em todas as bancas de jornais. O rádio do carro anunciava atualizações periódicas. Hughes: "Sou culpado de desacato por pronunciar um palavrão, mas Nixon tem que encarar a acusação de desacato do mundo". Fitzgerald: "É muito desanimador quando a pessoa mais importante do mundo está contra você". A citação mais repetida foi a de Manson, que havia entregado uma declaração à imprensa por meio de um dos advogados de defesa. Imitando os comentários de Nixon, ela era excepcionalmente curta e direta: "Aqui está um homem acusado de assassinar centenas de milhares no Vietnã me acusando de ser culpado de oito assassinatos".

No gabinete do juiz, no dia seguinte, Kanarek acusou o presidente de conspiração. "O promotor do condado de Los Angeles está concorrendo a procurador-geral da Califórnia. Digo isso sem poder provar que Evelle Younger e o presidente agiram em conjunto."

Se esse fosse o caso, disse Kanarek, "ele não deveria ser o presidente dos Estados Unidos".

TRIBUNAL: "Isso terá que ser decidido em algum outro procedimento, sr. Kanarek. Vamos nos ater às questões aqui. [...] Estou contente por não ter havido nenhuma exposição desses jurados a qualquer coisa que a imprensa possa ter dito. [...] Não vejo motivo algum para tomar qualquer outra ação neste momento."

Kanarek retomou seu interrogatório. De maneira direta, Linda havia afirmado que fizera cerca de cinquenta "viagens" de LSD. Kanarek agora lhe pediu para descrever o que havia acontecido na viagem número 23.

BUGLIOSI: "Protesto contra essa pergunta por ser ridícula, Vossa Excelência."

Apesar de não haver tal objeção nos livros jurídicos, eu achava que deveria haver. Ao que parece, o juiz Older era da mesma opinião, pois manteve o protesto. Assim como em outras ocasiões quando protestei que uma pergunta havia sido repetida *ad nauseam*, isto é, repetida à exaustão ou literalmente até "causar náusea", ou que fosse "disparatada".

Pouco depois do recesso do meio-dia, Manson de repente se levantou e, ao se virar para a bancada dos jurados, estendeu uma cópia da primeira página do *Los Angeles Times*.

O oficial de justiça a agarrou, mas não antes que Manson tivesse mostrado ao júri a enorme manchete em letras pretas:

MANSON CULPADO, NIXON DECLARA

Older ordenou que o júri fosse retirado. Ele então exigiu saber qual advogado, contra suas ordens diretas, havia trazido um jornal para o tribunal. Houve diversas negações, mas ninguém confessou.

Agora não havia dúvidas de que o júri teria que passar pelo *voir dire*. Cada membro foi levado separadamente e entrevistado sob juramento pelo juiz. Dos doze jurados e seis jurados alternativos, onze estavam cientes da manchete completa; dois viram apenas as palavras MANSON CULPADO; quatro viram apenas o jornal ou o nome MANSON; e um, o sr. Zamora, não viu nada: "Eu estava olhando para o relógio no momento".

Cada um também foi questionado a respeito de sua reação. A sra. McKenzie: "Bom, meu primeiro pensamento foi: 'Isso é ridículo'". O sr. McBride: "Acho que se o presidente fez essa declaração, foi uma grande burrice da parte dele". A srta. Mesmer: "Ninguém pensa por mim". O sr. Daut: "Não votei no Nixon, para começo de conversa".

Após um extenso *voir dire*, todos os dezoito declararam sob juramento que não tinham sido influenciados pela manchete e que iriam considerar apenas as evidências apresentadas a eles no tribunal.

Por saber algumas coisas sobre jurados, eu me senti inclinado a acreditar neles, por uma razão bastante simples: jurados se consideram pessoas de um grupo privilegiado. Dia após dia, fazem parte do drama na sala do tribunal, ouvem as evidências, e eles, apenas eles, determinam sua importância. Tendem, com muita convicção, a enxergar a si mesmos como especialistas; aqueles do lado de fora do tribunal são amadores. Como disse o jurado Dawson, ele tinha ouvido todos os testemunhos; Nixon não: "Não acredito que o sr. Nixon saiba de *alguma coisa* a respeito do julgamento".

Minha impressão geral era que os jurados estavam irritados com o presidente por tentar usurpar o papel *deles*. Era bem possível que a declaração pudesse até ajudar Manson, fazendo com que se sentissem ainda mais determinados a serem eles, e não o presidente, a lhe proporcionar todo o benefício da dúvida.

Alguns colunistas nacionais afirmaram que, se Manson fosse condenado, sua sentença seria comutada por apelação devido à declaração de Nixon. Pelo contrário, visto que foi o próprio Manson que chamou a atenção do júri para a manchete, isso seria um "erro convidado", o que significa simplesmente que um réu não pode se beneficiar da própria transgressão.

Um aspecto disso me deixava um pouquinho preocupado. Era um ponto mais sutil. Ainda que as manchetes declarassem que Manson — não as garotas — era culpado, poderia ser argumentado que, como corréus de Manson, a culpa "se derramou" sobre elas. Apesar de supor que essa seria uma questão que elas mencionariam na apelação, tinha quase certeza de que não constituiria em "erro reversível". Erros são cometidos em todos os julgamentos, mas a maioria não garante uma comutação pelos tribunais de apelação. Aquele poderia, caso Older não tivesse feito o júri passar pelo *voir dire* e obtido seus juramentos de que não seriam influenciados pelo incidente.

As três rés também não ajudaram muito o seu lado quando, no dia seguinte, se levantaram e disseram em um uníssono perfeito: "Vossa Excelência, o presidente disse que somos culpadas, então por que prosseguir com o julgamento?".

Older não havia desistido de sua busca pelo culpado. Daye Shinn confessou que, pouco antes do tribunal voltar a se reunir, tinha ido ao arquivo onde o oficial de justiça guardara os jornais confiscados, pegado diversos deles e os levado para a mesa dos advogados. Pretendia ler as páginas esportivas, afirmou ele, sem saber que as primeiras páginas também estavam anexadas.

Após declarar desacato direto ao Tribunal, Older ordenou que Shinn passasse três noites na prisão do condado, começando assim que a sessão do tribunal fosse encerrada. Já tínhamos passado do horário normal de encerramento. Shinn pediu uma hora para mudar seu carro de lugar e pegar uma escova de dentes, mas Older negou seu pedido e Shinn foi mantido sob custódia.

Na manhã seguinte, Shinn pediu um adiamento. Como esteve em uma cama estranha, e até mesmo em um lugar estranho, ele não tinha dormido bem na noite anterior e acreditava que não poderia defender sua cliente de maneira eficiente.

Esses não eram todos os seus problemas, admitiu Shinn. "Agora estou tendo problemas conjugais, Vossa Excelência. Minha esposa acha que estou passando a noite com outra mulher. Ela não lê em inglês. Agora, nem meu cachorro quer falar comigo."

Recusando-se a comentar sobre seus infortúnios domésticos, Older sugeriu que Shinn tirasse um cochilo durante o recesso do meio-dia. Petição negada.

Irving Kanarek manteve Linda Kasabian no banco das testemunhas por *sete dias*. Foi um interrogatório no sentido mais rigoroso da palavra. Por exemplo: "Sra. Kasabian, você foi ao rancho Spahn pois queria procurar homens novos, homens com quem não tinha tido relações anteriormente?".

Ao contrário de Fitzgerald e Shinn, Kanarek analisou o testemunho de Linda sobre aquelas duas noites como se o tivesse sob um microscópio. O problema com isso, no que dizia respeito à defesa, foi que suas declarações mais condenatórias foram repetidas duas, três ou até mais vezes. Tampouco Kanarek ficou satisfeito em marcar um ponto e seguir em frente. Com frequência, ele se demorava tanto em um assunto que acabava anulando o próprio argumento. Por exemplo, Linda havia testemunhado que, na noite dos homicídios do caso Tate, sua mente estava desobstruída. Assim como relatou que, depois de ter visto Parent ser baleado, entrou em choque. Kanarek não se limitou em destacar essa aparente contradição; ele perguntou quando exatamente o choque havia passado.

R: "Não sei quando passou. Não sei nem se passou."
P: "Sua mente estava completamente desobstruída, certo?"
R: "Sim."
P: "Você não estava sob o efeito de nenhuma droga, certo?"
R: "Não."
P: "Você não estava sob o efeito de nada, certo?"
R: "Eu estava sob o efeito do Charlie."

Apesar de Linda ter permanecido receptiva às perguntas, era evidente que Kanarek a estava exaurindo.

No dia 7 de agosto, perdemos um jurado e uma testemunha.

O jurado Walter Vitzelio foi dispensado, pois tanto ele quanto sua esposa estavam sofrendo de problemas de saúde. O ex-segurança foi substituído, por sorteio, por um dos alternativos, Larry Sheely, um técnico de manutenção telefônica.

Naquele mesmo dia, fiquei sabendo que Randy Starr havia morrido no Veterans Administration Hospital de uma "doença indeterminada".

O antigo funcionário do rancho Spahn e dublê em meio período fora preparado para identificar a corda usada para amarrar Tate a Sebring como sendo idêntica àquela que Manson possuía. Ainda mais importante, uma vez que Randy tinha dado a Manson o revólver calibre .22, seu testemunho teria praticamente colocado a arma nas mãos dele.

Embora tivesse outras testemunhas que poderiam depor a respeito desses pontos essenciais, confesso ter desconfiado do súbito falecimento de Starr. Ao descobrir que uma necropsia não havia sido realizada, requisitei uma. Starr, como foi determinado, morrera de causas naturais, de otite.

KANAREK: "Sra. Kasabian, vou lhe mostrar esta foto."
R: "*Ah, meu Deus!*" Linda virou o rosto para o outro lado. Era uma foto colorida da bastante grávida, e bastante morta, Sharon Tate.

Essa era a primeira vez que Linda via a fotografia e ficou tão abalada que Older anunciou um recesso de dez minutos.

Não havia nenhuma evidência sequer de que Linda Kasabian estivera no interior da residência de Tate ou que vira o corpo de Sharon Tate. Portanto, Aaron e eu questionamos o motivo de Kanarek para mostrar tal fotografia. Fitzgerald argumentou que era bastante possível que a sra. Kasabian tivesse estado dentro das residências de Tate e dos LaBianca e que tivesse participado de todos os assassinatos. Older decretou que Kanarek podia mostrar a foto a ela.

Kanarek então mostrou a Linda a fotografia do cadáver de Voytek Frykowski.

R: "Ele é o homem que vi na porta."

KANAREK: "Sra. Kasabian, por que está chorando agora?"

R: "Porque não consigo acreditar. É só..."

P: "No que não consegue acreditar, sra. Kasabian?"

R: "Que eles pudessem fazer isso."

P: "Entendo. Não que *você* pudesse fazer isso, mas que *eles* pudessem fazer isso?"

R: "Eu sei que não fiz isso."

P: "Você estava em estado de choque, não estava?"

R: "Isso mesmo."

P: "Então como sabe?"

R: "Porque eu sei. Não tenho o necessário dentro de mim para fazer uma coisa tão animalesca."

Kanarek mostrou a Linda as fotos dos cadáveres de todas as cinco vítimas do caso Tate, assim como as de Rosemary e Leno LaBianca. Ele até chegou a insistir para que ela manuseasse a tira de couro usada para amarrar os pulsos de Leno.

Talvez Kanarek esperasse deixar Linda tão irritada a ponto de levá-la a fazer alguma admissão prejudicial. Em vez disso, ele só conseguiu enfatizar que, ao contrário dos outros réus, Linda Kasabian era um ser humano sensível, capaz de ficar profundamente perturbada pela atrocidade daqueles atos.

Mostrar as fotos a Linda foi um erro, e os outros advogados de defesa logo se deram conta disso. A cada vez que Kanarek estendia uma foto e pedia que ela olhasse com atenção para algum mínimo detalhe, os jurados se retraíam ou se contorciam desconfortáveis em seus assentos. Até mesmo Manson declarou que Kanarek estava agindo por conta própria. E, ainda assim, Kanarek persistia.

Ronald Hughes me abordou no corredor durante um dos recessos. "Quero me desculpar, Vince..."

"Não precisa se desculpar, Ron. Foi um comentário feito 'no calor do momento'. Só sinto muito por Older ter te condenado por desacato."

"Não, não estou me referindo a isso", disse Hughes. "O que eu fiz foi muito pior do que isso. Fui eu quem sugeriu que Irving Kanarek se tornasse advogado de Manson."

◆ ◆ ◆

Na segunda-feira, 10 de agosto de 1970, o Povo entrou com uma petição junto ao Tribunal solicitando imunidade para Linda Kasabian. Embora o juiz Older tenha assinado a petição naquele mesmo dia, foi apenas no dia 13 que ele formalmente suspendeu todas as acusações contra ela e a soltou. Linda estivera sob custódia desde o dia 3 de dezembro de 1969. Diferente de Manson, Atkins, Krenwinkel e Van Houten, ela permanecera em confinamento solitário durante todo esse tempo.

Minha esposa, Gail, estava preocupada. "E se ela voltar atrás em seu testemunho, Vince? Susan Atkins fez isso; Mary Brunner fez isso. Agora que ela tem imunidade..."

"Querida, eu confio em Linda", disse-lhe.

Eu confiava, mas no fundo da minha mente havia a pergunta: o que aconteceria ao caso do Povo se essa confiança estivesse equivocada?

No dia seguinte, Manson entregou a Linda uma extensa carta escrita à mão. Parecia, a princípio, em grande parte despropositada. Apenas ao ser examinada com mais atenção era possível notar que as frases-chave tinham sido marcadas com minúsculos sinais de visto. Extraídas, erros de grafia intactos, elas diziam:

"O amor não pode parar se for amor. [...] A brincadeira acabou. Olhe para o fim e comece de novo. [...] Só se entregue ao seu amor & entregue seu amor para ser livre. [...] Se você não estivesse dizendo o que esta dizendo não haveria jugamento. [...] Não perca seu amor, ele está lá só para você. [...] Por que você acha que eles mataram JC? Resposta: porque ele era um diabo & mal. Ninguém gostava dele. [...] Não deixe ninguém ficar com isso ou eles vão encontrar um jeito de usar contra mim. [...] Esse jugamento do Filho do Homem (Man's Son) só vai mostrar ao mundo que cada homem julga a si mesmo."

Por ter sido enviada pouco depois de ela ter recebido imunidade, a mensagem poderia significar apenas uma coisa: Manson estava tentando atrair Linda de volta à Família, com esperança de que, assim que estivesse livre, ela fosse repudiar seu testemunho.

Sua resposta foi entregar a carta para mim.

Apesar de algumas pessoas terem visto Manson entregando a carta a Linda, Kanarek alegou que ela a havia arrancado de sua mão!

Para nossa surpresa, o interrogatório mais eficiente de Linda Kasabian foi conduzido por Ronald Hughes. Ainda que esse tenha sido seu primeiro julgamento, e que ele com frequência cometesse erros processuais, Hughes tinha familiaridade com a subcultura hippie, tendo feito parte dela. Tinha conhecimento sobre drogas, misticismo, carma, auras, vibrações e, ao questionar Linda sobre essas coisas, fez com que ela parecesse apenas um tanto esquisita, só um pouquinho vibrante. Fez com que ela admitisse que acreditava em percepção extrassensorial (PES) e que houve momentos no rancho Spahn nos quais sentiu que era, de fato, uma bruxa.

P: "Você sente que é controlada pelas vibrações do sr. Manson?"

R: "Talvez."

P: "Ele emitia muitas vibrações?"

R: "Claro, ele está fazendo isso agora mesmo."

HUGHES: "Que conste nas atas, Vossa Excelência, que o sr. Manson está apenas sentado ali."

KANAREK: "Ele não parece estar vibrando."

Hughes fez tantas perguntas a Linda sobre drogas que, caso um espectador desavisado entrasse no tribunal, teria suposto que ela estava sendo julgada por posse ilegal. Mas as respostas alertas de Linda por si só refutavam a acusação de que o LSD havia destruído sua mente.

P: "Bem, sra. Kasabian, você testemunhou que achava que o sr. Manson era Jesus Cristo. Você alguma vez sentiu que outra pessoa era Jesus Cristo?"

R: "O Jesus Cristo bíblico."

P: "Quando parou de achar que o sr. Manson era Jesus Cristo?"

R: "Na noite na residência de Tate."

Embora estivesse confiante de que o júri estava impressionado com Linda, fiquei feliz em ouvir uma avaliação independente. Hughes pediu que o Tribunal designasse psiquiatras para a examinarem. Older respondeu: "Não vejo motivo para um exame psiquiátrico neste caso. Ela parece ser perfeitamente lúcida e articulada. Não vejo nenhuma evidência de qualquer tipo de aberração em se tratando de sua habilidade de lembrar, de relatar. Em todos os aspectos, ela vem sendo notavelmente articulada e sensível. A petição será negada".

Hughes encerrou seu interrogatório com Linda de maneira bastante eficiente:

P: "Você testemunhou que teve viagens causadas por maconha, haxixe, THC, sementes de glória-da-manhã, psilocibina, LSD, mescalina, peiote, metanfetamina e Romilar, certo?"

R: "Sim."

P: "E durante o último ano você teve as seguintes graves alucinações: você acreditava que Charles Manson era Jesus Cristo, certo?"

R: "Sim."
P: "E você acreditou que era uma bruxa?"
R: "Sim."
HUGHES: "Vossa Excelência, não tenho mais perguntas no momento."

O propósito básico do interrogatório redirecionado é reabilitar a testemunha. Linda precisava de pouca reabilitação, a não ser para ter a oportunidade de explicar em mais detalhes algumas respostas que a defesa havia interrompido. Por exemplo, eu mencionei que Linda se referiu a um "estado de choque" de maneira figurada, não médica, e que estava bastante ciente do que estava acontecendo.

Durante o interrogatório redirecionado, a promotoria também pode explorar questões mencionadas pela primeira vez durante o interrogatório da defesa. Como o roubo dos 5 mil dólares havia sido citado pela defesa, pude apresentar as circunstâncias atenuantes: depois de roubar o dinheiro, Linda o entregou para a Família e não voltou a vê-lo e nem se beneficiou dele.

Foi apenas durante o novo interrogatório redirecionado que eu pude mencionar o motivo de Linda ter fugido do rancho Spahn sem Tanya.

O atraso em apresentar esse fato foi, na verdade, benéfico, achei, pois àquela altura o júri conhecia Linda Kasabian bem o suficiente para aceitar sua explicação.

Interrogatório direto. Redirecionado. Novo interrogatório da defesa. Outro interrogatório redirecionado. Mais outro interrogatório da defesa. Pouco antes do meio-dia de quarta-feira, 19 de agosto, Linda Kasabian por fim desceu do banco das testemunhas. Ela permanecera lá por dezessete dias — mais tempo do que a maioria dos julgamentos demora. Embora a defesa tivesse recebido um resumo de vinte páginas de todas as entrevistas que fiz com ela, assim como cópias de todas as cartas que ela me enviara, *em nenhum momento* ela foi impugnada por ter feito uma declaração anterior inconsistente. Fiquei muito orgulhoso dela; se alguma vez houve uma testemunha principal perfeita para a promotoria, Linda Kasabian foi essa testemunha.

Após a conclusão de seu testemunho, ela viajou de volta para New Hampshire, para se reunir aos dois filhos. Para Linda, contudo, a provação ainda não havia terminado. Kanarek pediu que ela fosse submetida a uma convocação da defesa, e ela também teria que testemunhar quando Watson fosse levado a julgamento.

◆ ◆ ◆

Randy Starr não foi a única testemunha que o Povo perdeu naquele mês de agosto.

Ainda afligidos pelo desejo de viajar, Robert Kasabian e Charles Melton haviam ido ao Havaí. Perguntei ao advogado de Linda, Gary Fleischman, se poderia encontrá-los, mas ele disse que os dois estavam em alguma ilha inexplorada, meditando em uma caverna, e que não havia meios de entrar em contato com eles. Eu quisera Melton em especial para testemunhar sobre o comentário feito por Tex: "Talvez Charlie me deixe ter barba algum dia".

A perda de outra testemunha foi um golpe muito mais forte para a promotoria. Saladin Nader, o ator cuja vida Linda tinha salvado na noite na qual os LaBianca foram mortos, havia se mudado de apartamento. Contara a amigos que estava indo para a Europa, mas não deixou nenhum endereço para onde pudessem encaminhar correspondências. Apesar de ter pedido aos detetives do caso LaBianca que tentassem encontrá-lo por meio do Consulado Libanês e do Serviço de Imigração, não obtiveram sucesso. Então, pedi que entrevistassem sua antiga senhoria, a sra. Eleanor Lally, que poderia ao menos testemunhar que, durante o mês de agosto de 1969, o ator havia ocupado o apartamento 501, Ocean Front Walk, 1101, Venice. Contudo, com o desaparecimento de Nader, nós perdemos a única testemunha que poderia corroborar, pelo menos em parte, a história de Linda Kasabian sobre aquela segunda noite.

No dia 18 de agosto, no entanto, encontramos uma testemunha — uma das mais importantes até então.

Mais de sete meses depois da minha primeira tentativa em fazer com que Watkins e Poston o convencessem a se apresentar para uma entrevista, Juan Flynn decidiu que estava pronto para falar.

Temendo que ele se tornasse uma testemunha da promotoria, a Família havia iniciado uma campanha de intimidação contra o caubói panamenho alto e magricela, que incluía cartas ameaçadoras, telefonemas que eram encerrados assim que ele os atendia e carros passando em disparada diante de seu trailer à noite, os ocupantes fazendo óincs ou gritando "Porco!". Tudo isso havia deixado Juan enfurecido — enfurecido o bastante para entrar em contato com a LASO, que por sua vez ligou para o LAPD.

Uma vez que eu estava no tribunal, Sartuchi entrevistou Flynn naquela tarde no Parker Center. Foi uma entrevista curta; transcrita, estendia-se por apenas dezesseis páginas, mas continha uma revelação surpreendente.

SARTUCHI: "Quando ficou ciente pela primeira vez do fato de que Charles Manson estava sendo acusado dos crimes pelos quais está sendo julgado no momento?"

FLYNN: "Fiquei ciente dos crimes dos quais está sendo acusado quando ele confessou para mim os assassinatos que estavam acontecendo..."

Com seu inglês imperfeito, Flynn estava dizendo que Manson havia confessado os assassinatos para ele!

P: "Houve alguma conversa sobre os LaBianca, ou foi tudo na mesma época, ou o quê?"

R: "Bom, não sei se foi na mesma época, mas ele me fez acreditar — ele me contou que ele era o principal motivo para aqueles assassinatos terem sido cometidos."

P: "Ele disse mais alguma coisa além disso?"

R: "Ele confessou — se gabou — que teve 35 vidas tiradas ao longo de dois dias."

Quando o LAPD o levou até meu escritório, eu ainda não havia conversado com Sartuchi nem ouvido a gravação da entrevista. Assim, ao tomar conhecimento da admissão incriminadora de Manson durante a entrevista com Flynn, fui pego completamente de surpresa.

Enquanto entrevistava Juan, descobri que a conversa tinha acontecido na cozinha do rancho Spahn, de dois a quatro dias antes da notícia sobre os homicídios do caso Tate ter sido anunciada na TV. Juan havia acabado de se sentar para almoçar quando Manson entrou e, com a mão direita, roçou o ombro esquerdo — aparentemente um sinal de que os outros deveriam sair, pois de imediato todos o fizeram. Ciente de que algo estava acontecendo, mas sem saber o que era, Juan começou a comer.

(Desde a chegada da Família no rancho Spahn, Manson estivera tentando convencer o caubói de 1,96 metro de altura a se juntar a eles. Ele afirmara a Flynn: "Vou lhe arrumar um grande bracelete de ouro e colocar diamantes nele e você pode ser meu zumbi principal". Houve outros atrativos. Quando lhe foi oferecida pela primeira vez a mesma isca apresentada aos outros homens, Juan a experimentou com avidez, para seu arrependimento. "Aquele maldito caso de gonorreia não queria passar", contou Juan, "demorou três, quatro meses." Embora tivesse permanecido no rancho Spahn, Juan tinha se negado a ser o zumbi de alguém, menos ainda do pequeno Charlie. Nos últimos tempos, contudo, Manson estava mais insistente.)

De repente, Manson agarrou Juan pelo cabelo, puxou sua cabeça para trás e, depois de levar uma faca à sua garganta, disse: "*Seu filho da puta, você não sabe que sou eu quem está cuidando de todos esses assassinatos?*".

Ainda que Manson não tivesse mencionado especificamente os homicídios do caso Tate-LaBianca, sua admissão era uma prova tremendamente poderosa.[8]

Com a lâmina afiada ainda na garganta de Juan, Manson perguntou: "Você vai vir comigo ou vou ter que te matar?".

Juan respondeu: "Estou comendo e estou bem aqui, sabe".

Manson colocou a faca em cima da mesa. "Ok", disse. "Me mate."

Voltando a comer, Juan rebateu: "Não quero fazer isso, sabe".

Parecendo muito agitado, Manson disse: "O Helter Skelter está chegando e nós precisamos ir para o deserto". Em seguida, deu uma escolha a Juan: ele poderia se opor ou se juntar a ele. Se quisesse se juntar a ele, Charlie disse, "vá até a cachoeira e faça amor com as minhas garotas".

(O "minhas garotas" de Manson foi por si só uma evidência poderosa.)

Juan respondeu que na próxima vez que quisesse contrair um caso de sífilis ou gonorreia de nove meses, ele o avisaria.

Foi nesse momento que Manson se gabou de ter matado 35 pessoas em dois dias. Juan acreditou que Charlie estava fazendo apenas isso, se gabando, e eu estava inclinado a concordar. Se tivessem sido cometidos mais do que sete assassinatos ordenados por Manson durante aquele intervalo de dois dias, estava certo de que, em algum momento da investigação, teríamos encontrado evidências disso. Além do mais, no que dizia respeito ao atual julgamento, essa última declaração era inútil, porque era obviamente inadmissível como prova.

Por fim, Manson pegou a faca e saiu. E Juan de repente se deu conta de que não tinha mais apetite.

Conversei com Juan por mais de quatro horas naquela noite. A admissão de Manson não foi a única surpresa. Manson dissera a Juan em junho ou julho de 1969, enquanto Juan, Bruce Davis e Clem estavam parados no calçadão no rancho Spahn: "Bem, eu cheguei a uma conclusão. O único jeito de começar o Helter Skelter é eu ir até lá e mostrar ao homem negro como fazer isso, matando um bando daqueles malditos porcos".

8 Em termos jurídicos, a declaração de Manson foi uma admissão em vez de uma confissão. Uma admissão é uma declaração feita por um réu que, por si só, não é suficiente para garantir uma inferência de culpa, mas que tende a provar culpa quando considerada com o restante das evidências. Uma confissão é uma declaração feita por um réu que revela sua participação intencional no ato criminoso pelo qual está sendo julgado e a qual revela sua culpa por tal crime.

Entre as outras revelações de Flynn: Manson havia ameaçado matá-lo diversas vezes, uma vez atirando nele com o revólver Longhorn calibre .22; em diversas ocasiões, Manson tinha sugerido que Juan matasse várias pessoas; e Flynn não tinha apenas visto o grupo deixando o rancho Spahn, provavelmente na mesma noite em que os LaBianca foram mortos; Sadie lhe dissera, pouco antes de partirem: "Vamos apagar alguns malditos porcos".

De repente, Juan Flynn se tornou uma das testemunhas mais importantes da promotoria. O problema agora era protegê-lo até que ele subisse ao banco das testemunhas. Ao longo de toda a nossa entrevista, Juan esteve bastante apreensivo; ele se retesava ao ouvir o menor ruído vindo do corredor. Admitiu que, devido ao seu medo, não tinha uma boa noite de sono há meses. Ele me perguntou se não havia alguma maneira de ele permanecer em uma cela até que chegasse sua hora de depor.

Telefonei para o LAPD e solicitei que Juan fosse colocado na cadeia ou em um hospital. Não importava qual, contanto que ele ficasse longe das ruas.

Perplexo diante dessa reviravolta incomum, Sartuchi, quando foi buscar Juan, lhe perguntou pelo que queria ser preso. Bem, disse Juan, pensando um pouco, ele queria confessar ter bebido uma cerveja no deserto alguns meses antes. Como estava em um parque nacional, isso era contra a lei. Flynn foi detido e fichado por essa acusação.

Juan ficou na cadeia só até se dar conta de que não estava gostando nem um pouco daquilo. Depois de três ou quatro dias, tentou entrar em contato comigo. Incapaz de me contatar de imediato, telefonou para o rancho Spahn e deixou uma mensagem para que um dos funcionários do rancho fosse até lá e pagasse sua fiança. A Família interceptou a mensagem e, em seu lugar, enviou Irving Kanarek.

Kanarek pagou a fiança de Juan e lhe convidou para tomar café da manhã. Ele o instruiu: "Não fale com ninguém".

Quando Juan terminou de comer, Kanarek lhe disse que já tinha telefonado para Squeaky e as garotas e que elas estavam a caminho para pegá-lo. Ao ouvir isso, Juan deu no pé. Ainda que tivesse permanecido escondido, ele telefonava de tempos em tempos para me garantir que ainda estava bem e que, quando chegasse a hora, estaria lá para depor.

Embora isso nunca viesse a ser mencionado no julgamento, Juan tinha um motivo especial para testemunhar: Shorty Shea era seu melhor amigo.

De 19 de agosto a 6 de setembro de 1970

Depois que Kasabian deixou o banco, convoquei uma série de testemunhas cujos depoimentos detalhados sustentavam ou corroboravam seu relato. Entre elas estavam: Tim Ireland, monitor da escola para garotas ao pé da colina que subia até a residência de Tate, que ouviu os gritos e berros; Rudolf Weber, que descreveu o incidente com a mangueira, além de largar uma bomba — o número da placa do carro; John Swartz, que confirmou que aquela era a placa de seu carro e que contou como, em duas noites diferentes na primeira quinzena de agosto de 1969, Manson pegara o veículo emprestado sem pedir permissão; Winifred Chapman, que descreveu sua chegada no número 10050 da Cielo Drive na manhã de 9 de agosto de 1969; Jim Asin, que chamou a polícia depois que a sra. Chapman desceu a Cielo gritando: "Assassinato, morte, corpos, sangue!"; os primeiros policiais do LAPD a chegarem no local — DeRosa, Whisenhunt e Burbridge —, que descreveram a horrenda descoberta. Pouco a pouco, uma peça por vez, desde a chegada de Chapman até a análise dos fios telefônicos cortados, realizada pelo representante da empresa telefônica, a cena foi recriada. O horror pareceu pairar sobre a sala do tribunal mesmo depois das testemunhas terem deixado o banco.

Uma vez que Leslie Van Houten não havia sido acusada dos cinco homicídios do caso Tate, Hughes não interrogou nenhuma dessas testemunhas. Ele entrou, contudo, com uma petição interessante: requisitou que ele e sua cliente tivessem permissão de se ausentarem do tribunal enquanto esses homicídios estivessem sendo discutidos. Ainda que a petição tenha sido negada, sua tentativa de separar sua cliente desses eventos ia diretamente de encontro à defesa coletiva de Manson, e eu me perguntei como Charlie estaria reagindo a isso.

Quando McGann subiu ao banco das testemunhas, eu o interroguei em detalhes a respeito do que ele tinha encontrado na residência de Tate. A relevância de muitos dos detalhes — os pedaços da empunhadura de arma, as dimensões e o tipo de corda, a ausência de estojos de munição e assim por diante — se tornaria evidente para o júri mais adiante. Em especial, eu estava interessado em estabelecer que não havia nenhuma evidência de saque ou roubo. Também apresentei, antes da defesa, o fato de que algumas drogas haviam sido encontradas. E um par de óculos.

Antecipando a próxima testemunha, Thomas Noguchi, o médico-legista do condado de Los Angeles, Kanarek solicitou uma reunião no gabinete do juiz. Ele tinha mudado de opinião, disse Kanarek. Apesar de anteriormente ter mostrado as fotos dos cadáveres para a sra. Kasabian, "eu pensei nisso e acredito que estive equivocado, Vossa Excelência". Kanarek pediu que as fotos, em particular as coloridas, fossem excluídas. Petição negada. As fotos poderiam ser usadas com o propósito de identificação, decretou Older; quanto à sua admissibilidade como evidências, essa petição seria ouvida em uma data futura.

Cada vez que Kanarek experimentava uma tática como essa, eu pensava que ele certamente não poderia melhorar. E a cada vez eu descobria que ele não só podia, como o fazia.

Embora tivesse entrevistado o dr. Noguchi diversas vezes, tive uma última reunião com ele em meu escritório antes de irmos ao tribunal. O legista, que havia realizado a necropsia de Sharon Tate, assim como supervisionado as das outras quatro vítimas do caso Tate, tinha o costume de reter pequenas surpresas. Existem o suficiente delas em um julgamento sem que venham de suas próprias testemunhas, portanto, lhe perguntei de modo direto se havia alguma coisa que não tinha me contado.

Bom, havia uma coisa, admitiu. Ele não tinha mencionado isso nos relatórios de necropsia, mas, depois de analisar as abrasões na bochecha esquerda dela, concluiu: "Sharon Tate foi enforcada".

Essa não foi a causa da morte, disse, e era provável que ela tivesse ficado suspensa por menos de um minuto, mas ele estava convencido de que as abrasões eram queimaduras causadas pela corda.

Eu revisei meus documentos dos interrogatórios para incluir isso.

Embora quase todo o depoimento do dr. Noguchi fosse importante, diversos trechos eram ainda mais especiais por corroborarem o relato de Linda Kasabian.

Noguchi testemunhou que muitos dos ferimentos à faca penetraram ossos; Linda tinha testemunhado que Patricia Krenwinkel havia reclamado que sua mão doía porque sua faca ficava atingindo ossos.

Linda testemunhou que as lâminas das duas facas que jogara pela janela do carro tinham por volta do mesmo comprimento, estimando, usando as mãos, aproximadamente entre catorze e 16,5 centímetros. O dr. Noguchi testemunhou que muitos dos ferimentos tinham quase treze centímetros de profundidade. Isso não era apenas próximo da estimativa de Linda, como também enfatizava a extrema brutalidade dos ataques.

Linda estimou que a largura da lâmina era de cerca de 2,5 centímetros. O dr. Noguchi disse que os ferimentos foram causados por uma lâmina de largura entre 2,5 e 3,8 centímetros.

Linda estimou que a espessura talvez fosse duas ou três vezes a de uma faca de cozinha comum. O dr. Noguchi disse que a espessura variava de 0,31 a 1,27 centímetro, o que correspondia com essa estimativa.

Linda — que, seguindo as instruções de Manson, tinha em diversas ocasiões afiado facas parecidas com aquelas quando esteve no rancho Spahn — testemunhou que as facas eram afiadas em ambos os lados, em um lado até o cabo, no outro pelo menos 2,5 centímetros da ponta para trás. O dr. Noguchi testemunhou que cerca de dois terços dos ferimentos foram causados por uma lâmina ou lâminas afiadas em ambos os lados de uma distância de cerca de 3,8 a cinco centímetros, um lado então ficando achatado enquanto o outro permanecia aguçado.[9]

Como eu viria a argumentar mais tarde para o júri, a descrição que Linda fez daquelas duas facas — espessura, largura, comprimento, até mesmo a ponta fina da lâmina de dois gumes — era uma evidência sólida de que as duas facas sobre as quais ela estava falando eram as mesmas que o dr. Noguchi havia descrito.

Enquanto interrogava Noguchi pela defesa, Kanarek não apenas se referiu repetidas vezes ao "falecimento" das vítimas, como também falou sobre Abigail Folger fugindo de seu "local de repouso". Estava começando a soar como um passeio guiado pelo parque Forest Lawn.

A idiotice de tudo isso não passou despercebida por Manson. Ele reclamou: "Vossa Excelência, este advogado não está fazendo o que estou pedindo para ele fazer, não está chegando nem perto... Ele não é meu advogado, ele é seu advogado. Quero dispensá-lo e arrumar outro advogado".

Eu não sabia se Manson estava falando sério ou não. Mesmo que não estivesse, foi uma boa jogada tática. Charlie, para todos os efeitos, estava dizendo ao júri: "Não me julguem pelo que este homem diz ou faz".

Kanarek então questionou Noguchi sobre cada um dos 28 ferimentos à faca sofridos pela srta. Folger. Seu propósito, como admitiu para a bancada, era estabelecer "a culpabilidade de Linda Kasabian". Caso ela tivesse corrido para obter ajuda, sugeriu, talvez a srta. Folger ainda estivesse viva.

Havia diversos problemas com isso. Pelo menos para o propósito do interrogatório, Kanarek estava na verdade confirmando a presença de Linda no local. Assim como enfatizando, repetidas vezes, o envolvimento

9 O outro terço dos ferimentos, contou Noguchi, poderia ter sido causado por uma lâmina de um gume só — mas ele não descartou a possibilidade de que até mesmo esses possam ter sido originados por uma arma de lâmina dupla, com a parte não afiada alterando o padrão do ferimento, de modo que, na superfície, parecia ter sido usada uma lâmina de um único fio.

de Patricia Krenwinkel. Não havia nada de antiético nisso; o cliente de Kanarek era Manson. O surpreendente foi o advogado da própria Krenwinkel, Paul Fitzgerald, não ter protestado mais.

Aaron reparou a falácia básica de tudo isso. "Vossa Excelência, caso o dr. Christiaan Barnard estivesse presente com uma sala de operação já preparada para operar a vítima, o ferimento à aorta ainda teria sido fatal."

Mais tarde, enquanto o júri estava ausente, Older perguntou a Manson se ele ainda desejava substituir Kanarek. Àquela altura, Charlie tinha mudado de ideia. Durante essa conversa, Manson fez uma observação interessante quanto às próprias impressões em relação ao progresso do julgamento até então: "Nós nos saímos muito bem na primeira parte. Então meio que perdemos o controle quando os testemunhos começaram".

Ainda que o repórter Al Wiman, do Canal 7, tenha sido o primeiro a de fato avistar as roupas que a equipe de TV encontrou, nós convocamos o cinegrafista King Baggot para subir ao banco das testemunhas em seu lugar. Caso o tivéssemos usado como testemunha, Wiman não teria conseguido fazer a cobertura de nenhuma parte do julgamento para sua emissora. Antes de Baggot fazer seu juramento, o juiz e os advogados conversaram com ele junto à tribuna, para garantir que ele não mencionasse o fato de que a confissão de Susan Atkins os tinha levado até as roupas. Assim, quando Baggot testemunhou, o júri ficou com a impressão de que a equipe de TV apenas teve um palpite de sorte.

Depois que Baggot identificou os diversos itens de vestuário, convocamos Joe Granado, do SID. Ele iria testemunhar sobre as amostras de sangue que tinha coletado.

Joe não ficou no banco por muito tempo. Ele havia se esquecido de suas anotações e teve que buscá-las. Felizmente, tínhamos outra testemunha a postos, Helen Tabbe, a policial do Sybil Brand que havia obtido a amostra do cabelo de Susan Atkins.

Ainda que eu gostasse de Joe como pessoa, como testemunha ele deixava muito a desejar. Ele deu a impressão de ser muito desorganizado; não conseguiu pronunciar muitos dos termos técnicos de sua profissão; com frequência dava respostas vagas e inconclusivas. O fato de Granado ter sido negligente em não coletar amostras de muitas das manchas, assim como o fato de ter deixado de fazer testes de subgrupos em muitas das amostras que tinha coletado, não ajudavam a melhorar sua imagem. Eu estava especialmente preocupado com o fato de ele ter coletado tão poucas amostras das duas poças de sangue do lado de fora da porta

("Coletei amostras aleatórias; então presumi que o resto era igual") e o fato de ter sido negligente em não realizar exames com o sangue encontrado nos arbustos ao lado da varanda ("No momento, acho, presumi que todo o sangue tivesse a mesma origem"). Minha preocupação era que aquelas amostras que ele havia coletado tinham tipos e subgrupos compatíveis com o sangue de Sharon Tate e Jay Sebring, ainda que não houvesse nenhuma evidência de que algum deles tivesse corrido para fora da casa. Mesmo que pudesse argumentar com o júri que os assassinos, ou o próprio Frykowski, haviam deixado o rastro de sangue, eu já previa que a defesa usaria isso para lançar dúvidas sobre a história de Linda. Então, perguntei a Joe: "Você não sabe se as amostras aleatórias representam o tipo sanguíneo de toda aquela área?".

R: "Isso mesmo. Eu teria que ter coletado tudo."

Granado também testemunhou ter encontrado a faca Buck na poltrona e o rádio-relógio no carro de Parent. Infelizmente, parece que alguém no LAPD tinha usado o rádio, visto que o mostrador já não marcava 00h15. Eu tive que mencionar que isso aconteceu depois de Granado ter observado a configuração da hora.

Pouco depois do julgamento, Joe Granado deixou o LAPD para se juntar ao FBI.

Por ter seu acesso ao tribunal negado, a Família começou uma vigília no lado de fora do Palácio da Justiça, na esquina da Temple com a Broadway. "Estou esperando meu pai sair da prisão", contou Sandy aos repórteres enquanto permanecia ajoelhada na calçada ao lado de um dos cruzamentos mais movimentados da cidade de Los Angeles. "Nós vamos ficar aqui", disse Squeaky aos entrevistadores da TV, enquanto os carros diminuíam a velocidade e as pessoas encaravam, "até que todos nossos irmãos e irmãs sejam soltos." Nas entrevistas, as garotas se referiam ao julgamento como "a segunda crucificação de Cristo".

À noite, a Família dormia nos arbustos ao lado do prédio. Quando a polícia colocou um fim nisso, eles mudaram seus sacos de dormir para uma van branca que tinham estacionado ali perto. Durante o dia, se ajoelhavam ou se sentavam na calçada, davam entrevistas e tentavam converter os jovens curiosos. Era fácil diferenciar os mansonitas dedicados dos seguidores de acampamento transitórios. Cada um desses primeiros tinha um X entalhado na testa, assim como uma faca de caça em uma bainha. Como elas estavam em plena vista, eles não podiam ser presos por portarem armas escondidas. A polícia chegou a prendê-los diversas vezes por vadiagem, mas, depois de uma advertência ou, no máximo, alguns dias na prisão, eles voltavam. Com o tempo, a polícia passou a deixá-los em paz.

Prédios do governo da cidade e do condado disponibilizavam banheiros, além de telefones públicos, onde, em certos horários combinados de antemão, uma das garotas aguardava telefonemas de outros membros da Família, incluindo aqueles procurados pela polícia, pedindo atualizações. Diversas *sob sisters*[10] que estavam fazendo a cobertura do julgamento escreveram matérias bastante solidárias sobre sua boa aparência inocente, revigorante e saudável, além de sua devoção. Também lhes davam dinheiro. Se era usado para comprar comida ou para outros propósitos, não se sabe. Nós sabíamos que a Família estava reforçando seus depósitos secretos de armas e munições. E, visto que a Família era contra a caça de animais, um bom palpite era que estavam em preparação para algo além de autoproteção.

As mortes da mãe e do padrasto fizeram com que Suzanne Struthers sofresse um colapso nervoso. Embora ela estivesse se recuperando devagar, convocamos Frank Struthers para o banco das testemunhas a fim de identificar fotografias de Leno e Rosemary LaBianca e descrever o que havia encontrado ao voltar para casa naquela noite de domingo. Depois de mostrarmos a carteira encontrada no posto Standard, Frank a identificou, assim como o relógio no compartimento para moedas, como tendo pertencido à sua mãe. Ao ser interrogado por Aaron, Frank também testemunhou que não havia constatado que houvesse algo faltando na residência.

Ruth Sivick relatou ter alimentado os cães dos LaBianca na tarde de sábado. Não, ela não viu nenhuma palavra sangrenta na porta da geladeira. Sim, ela havia aberto e fechado a porta para pegar a comida dos cachorros.

O jornaleiro John Fokianos, que testemunhou ter conversado com Rosemary e Leno entre a 1h e as 2h daquele domingo, foi seguido pelos policiais Rodriguez e Cline, da Divisão de Hollywood, que descreveram sua chegada e descobertas na cena do crime. Cline testemunhou ter encontrado as inscrições sangrentas. Galindo, o primeiro policial de homicídios a chegar, apresentou uma descrição detalhada da propriedade, além de afirmar: “Não encontrei nenhum sinal de pilhagem. Encontrei muitos itens de valor”, os quais em seguida enumerou. O detetive Broda

10 Termo geralmente pejorativo cunhado no começo do século XX para se referir a repórteres mulheres que costumavam escrever matérias com linguagem sentimentalista. [NT]

relatou ter visto, pouco antes da necropsia de Leno LaBianca, a faca se projetando de sua garganta, a qual, por conta da fronha sobre a cabeça da vítima, tinha passado despercebida pelos outros policiais.

Isso nos levou ao patologista forense David Katsuyama... e a uma tonelada de problemas.

De acordo com o primeiro relatório investigativo do caso LaBianca: "A faca para pães retirada da garganta [de Leno LaBianca] parecia ser a arma usada em ambos os homicídios".

Não havia nenhuma base científica que corroborasse isso porque Katsuyama, o responsável pelas duas necropsias, não havia medido os ferimentos das vítimas.

Entretanto, visto que a faca pertencia aos LaBianca, se deixássemos a coisa como estava, a defesa poderia afirmar que os assassinos haviam entrado na residência desarmados. Por conseguinte, isso indicaria que não tinham a intenção de cometer assassinato. Embora um assassinato cometido durante um roubo ainda fosse considerado homicídio qualificado, esse poderia ser um fator determinante para que os réus fossem poupados da pena de morte. Mais importante ainda, isso anulava toda nossa teoria do caso, na qual Manson, e apenas Manson, tinha um motivo para aqueles assassinatos, e não era roubo — que poderia ser um motivo comum a milhares de pessoas —, mas iniciar o Helter Skelter.

Pouco depois de receber os relatórios do caso LaBianca, solicitei fotografias ampliadas em escala das necropsias e pedi que Katsuyama medisse o comprimento e a espessura dos ferimentos. A princípio, presumi que não havia como determinar as profundidades, o que indicaria o comprimento mínimo da lâmina; no entanto, ao analisar os diagramas originais do legista, descobri que dois ferimentos de Rosemary LaBianca haviam sido sondados, um até a profundidade de 12,7 centímetros, o outro de 13,97 centímetros, ao passo que os ferimentos de Leno LaBianca apresentavam 13,97 centímetros de profundidade.

Após muitos, muitos pedidos, Katsuyama por fim mediu as fotos. Eu então comparei suas medições com as da faca para pães. Os resultados foram os seguintes:

Comprimento da lâmina da faca para pães: 12,38 centímetros.
Profundidade do ferimento mensurável mais fundo: 13,97 centímetros.
Espessura da lâmina da faca para pães: pouco menos de 0,15 centímetro.
Espessura do ferimento mais espesso: 0,47 centímetro.

Largura da lâmina da faca para pães: de 0,95 a 3,01 centímetros.

Largura do ferimento mais largo: 3,17 centímetros.

Não havia nenhuma possibilidade, concluí, de a faca para pães dos LaBianca ter causado todos aqueles ferimentos. Comprimento, largura, espessura — cada uma das dimensões da faca era menor do que os ferimentos em si. Portanto, os assassinos deveriam ter levado as próprias facas.

Relembrando, contudo, como Katsuyama havia confundido uma tira de couro com um fio elétrico diante do grande júri, mostrei a ele os dois conjuntos de números e — interrogando-o da mesma maneira que viria a fazer no tribunal — lhe perguntei: ele tinha chegado a uma conclusão sobre se a faca para pães encontrada na garganta de Leno LaBianca poderia ter causado todos os ferimentos? Sim, ele tinha, respondeu Katsuyama. Qual era sua conclusão? Sim, ela poderia.

Suprimindo um suspiro, pedi para que ele comparasse os números de novo.

Dessa vez, ele concluiu que não havia como a faca dos LaBianca ter causado todos aqueles ferimentos.

Para garantir, no dia em que iria convocá-lo para o banco das testemunhas, voltei a entrevistá-lo em meu escritório. Outra vez, ele decidiu que a faca poderia ter causado os ferimentos, então voltou a mudar de opinião.

"Doutor", disse-lhe, "não estou tentando instruir você. Se a sua opinião profissional é a de que todos os ferimentos foram causados pela faca para pães, tudo bem. Mas os números que você mesmo me entregou indicam que não é possível que a faca para pães tenha causado todos os ferimentos. Então, qual vai ser? Só não me diga uma coisa agora e algo diferente no banco das testemunhas. Você precisa se decidir."

Apesar de ter mantido sua última resposta, tive mais do que alguns momentos de apreensão quando chegou a hora de interrogá-lo no tribunal. No entanto, ele testemunhou: "Essas dimensões [da faca para pães] são bem menores do que muitos dos ferimentos que descrevi anteriormente".

P: "Então, a sua opinião é que a faca para pães, que foi retirada da garganta do sr. LaBianca, não pode ter causado muitos dos outros ferimentos, está correto?"

R: "Sim, está."

Rosemary LaBianca, Katsuyama também testemunhou, havia sofrido 41 ferimentos à faca, dezesseis dos quais, a maioria em suas costas e nádegas, causados depois de sua morte. Sob interrogatório, ele explicou que, após a morte, o coração para de bombear sangue para o restante do corpo; por esse motivo, ferimentos *post mortem* são distinguíveis por sua coloração mais clara.

Esse foi um testemunho *muito* importante, uma vez que Leslie Van Houten contou a Dianne Lake que havia esfaqueado uma pessoa que já estava morta.

Embora o dr. Katsuyama tivesse se saído bem no interrogatório direto, eu estava preocupado com o interrogatório da defesa. Em seu relatório inicial, o médico-legista informou que os LaBianca morreram na tarde de domingo, 10 de agosto — doze horas após suas mortes de fato terem ocorrido. Isso não apenas contradizia o relato de Linda sobre os eventos daquela segunda noite, como também dava à defesa uma oportunidade excelente de apelar para um álibi. De maneira concebível, eles poderiam chamar inúmeras pessoas que testemunhariam, com honestidade, que enquanto cavalgavam no rancho Spahn naquela tarde de domingo, tinham visto Manson, Watson, Krenwinkel, Van Houten, Atkins, Grogan e Kasabian.

Eu não havia perguntado a Katsuyama a respeito da hora estimada da morte durante seu interrogatório, como também não havia feito essa pergunta a Noguchi em relação aos homicídios do caso Tate, pois — apesar de saber que seu testemunho teria corroborado o de Linda — eu não queria que o júri se perguntasse por que tinha questionado Noguchi sobre isso, mas não Katsuyama.

Como ele iniciava o interrogatório da defesa, Fitzgerald sempre tinha a primeira chance de explodir alguma bomba em seu arsenal, e essa com certeza era uma das grandes. No entanto, ele disse apenas: "Sem perguntas, Vossa Excelência". Assim como, para minha surpresa, Shinn, Kanarek e Hughes.

Pude pensar em apenas uma explicação possível para isso: embora tivessem recebido todos esses relatórios através da ordem de descoberta, nenhum dos quatro havia se dado conta de sua importância.

Susan Atkins teve dor de estômago. Apesar de ser um incidente de pouca importância, nessa ocasião fez com que Aaron Stovitz fosse afastado do caso Tate-LaBianca.

Quatro dias de julgamento foram perdidos quando Susan Atkins reclamou de dores no estômago que, segundo os médicos que a examinaram, "não existiam". Depois de pedir que o júri fosse retirado, o juiz Older convocou Susan para se aproximar da tribuna, onde ela, de modo dramático, enumerou suas enfermidades. Indiferente e convencido de que "ela só está fingindo", Older trouxe o júri de volta e recomeçou o julgamento. Enquanto saía da sala do tribunal, um repórter perguntou a Aaron o que ele achava do testemunho de Susan. Ele respondeu: "Foi uma atuação digna de Sarah Bernhardt".

Na manhã seguinte, Aaron foi convocado a se apresentar no escritório do promotor Younger.

Depois da entrevista para a *Rolling Stone*, Younger havia alertado Aaron: "Chega de entrevistas". Por ser um tanto descontraído por natureza, Aaron teve dificuldades em obedecer a esse decreto. Certa vez, quando estava em San Francisco, Younger havia ligado o rádio e se deparado com Aaron comentando sobre alguns aspectos dos procedimentos no tribunal daquele dia. Embora tais comentários não violassem a ordem de proibição de divulgação, ao voltar para Los Angeles, Younger advertiu Aaron: "Mais uma entrevista e você está fora do caso".

Eu acompanhei Aaron até o escritório de Younger. Não havia como o comentário dele ser considerado uma entrevista, argumentei. Foi apenas uma observação de passagem. Todos nós tínhamos feito observações assim durante o julgamento.[11] Mas Younger declarou de modo autocrático: "Não, eu já me decidi. Stovitz, você está fora do caso".

Eu me senti muito mal com isso. Na minha opinião, a situação foi completamente injusta. Mas, nesse caso, não houve apelação.

Como eu tinha preparado o caso e entrevistado a maioria das testemunhas, a demissão de Aaron não afetou essa parte do julgamento. Tínhamos concordado, contudo, que iríamos dividir os argumentos para o júri, cada um dos quais levaria diversos dias. Ter que cuidar de todos eles sozinho acrescentou um tremendo fardo ao peso que eu já estava carregando; em se tratando apenas de tempo, isso significava outras duas horas de preparação a cada noite, quando já dedicava quatro ou cinco. Ainda que dois jovens promotores, Donald Musich e Stephen Kay, tivessem sido designados para substituir Aaron, nenhum deles estava suficientemente familiarizado com o caso para lidar com os interrogatórios ou os argumentos.

Por ironia, Stephen Kay saíra uma vez com a integrante da Família, Sandra Good. A dupla, que tinha crescido em San Diego, teve um encontro arranjado por suas mães.

Os sargentos Boen e Dolan, do Departamento de Impressões Latentes do SID, passaram a imagem de serem os especialistas que de fato eram. Impressões latentes, amostras, cartões de levantamento, borrões,

11 Embora eu não tenha mencionado isso por motivos diplomáticos, o próprio Younger, que então estava concorrendo para procurador-geral da Califórnia pelo Partido Republicano, havia convocado diversas coletivas de imprensa durante o julgamento, para o grande desprazer do juiz Older.

papilas fragmentadas, superfícies que não retêm impressões digitais, pontos de identificação — quando os dois policiais terminaram, o júri havia recebido um minicurso sobre identificação de impressões digitais.

Boen descreveu a maneira como havia conseguido as impressões latentes encontradas na residência de Tate, concentrando-se especialmente naquelas localizadas na parte externa da porta da frente e na parte interna da porta francesa esquerda do quarto de Sharon Tate.

Usando diagramas e fotografias bastante ampliadas que eu havia solicitado, Dolan indicou dezoito pontos de identificação entre a digital levantada da porta da frente da residência de Tate e o dedo anelar direito da amostra de Watson, e dezessete pontos de identificação entre a digital encontrada na porta do quarto principal e o dedo mínimo esquerdo da amostra de Krenwinkel. O LAPD, testemunhou ele, exige apenas dez pontos para estabelecer uma identificação positiva.

Após Dolan ter testemunhado que nunca houve um caso reportado de duas pessoas diferentes com impressões digitais idênticas, ou de uma pessoa com duas impressões correspondentes, eu mencionei, por meio dele, que em 70% dos crimes investigados pelos técnicos em impressões digitais do LAPD, nem uma impressão digital legível sequer é obtida. Portanto, eu poderia mais tarde argumentar para o júri que o fato de nenhuma impressão digital de Susan Atkins ter sido encontrada no interior da residência de Tate não significava que ela não estivera no local, pois a ausência de uma digital clara e legível é mais comum do que incomum.[12]

Não fora encontrada nenhuma impressão digital que pertencesse a Manson, Krenwinkel ou Van Houten na residência dos LaBianca. Prevendo que a defesa iria argumentar que isso provava que nenhum deles estivera no local, perguntei a Dolan a respeito do cabo do garfo encontrado se projetando da barriga de Leno LaBianca. Era de marfim, disse ele, uma superfície bastante suscetível a impressões latentes. Em seguida, questionei: "Você chegou a encontrar algo nesse garfo? Um borrão, um traço, uma impressão digital fragmentada, qualquer coisa?".

12 Eu poderia ter entrado em ainda mais detalhes. Uma impressão digital correspondente à de um réu é obtida apenas em 3% das cenas de crime visitadas pelo LAPD. Portanto, 97% das vezes, eles não encontram uma digital correspondente. Essa porcentagem é uma estatística poderosa quando apresentada em um caso em que não foram encontradas impressões digitais de nenhum dos réus. Meu motivo para não mencionar isso neste caso era óbvio: o LAPD havia encontrado não apenas uma, mas duas impressões digitais correspondentes no número 10050 da Cielo Drive.

R: "Não, senhor, não havia nem um pequeno borrão sequer nele; na verdade, eu tive a impressão" — Kanarek protestou, mas Older deixou Dolan concluir — "tive a impressão de que o cabo daquele garfo em particular havia sido limpo."

Mais tarde, Dolan testemunhou, ele havia realizado um teste: tinha apanhado o garfo com os dedos, polvilhado pó sobre ele "e encontrei papilas fragmentadas".

Embora a sra. Sivick tivesse aberto e fechado a porta da geladeira por volta das 18h do dia dos assassinatos, Dolan não havia encontrado "nem um borrão sequer" na maçaneta cromada nem na superfície esmaltada da porta. Entretanto, ao examiná-las, testemunhou, encontrou "marcas parecidas com esfregação".

Algo também de grande importância era a localização das impressões latentes de Krenwinkel e de Watson na residência de Tate. O fato de a digital de Krenwinkel ter sido encontrada na parte interna da porta que levava do quarto de Sharon Tate para a piscina não apenas provava que ela estivera dentro da casa, como também, juntamente de outras evidências, indicava que era provável que tivesse perseguido Abigail Folger através dessa porta. Foi determinado que as manchas de sangue no interior da casa, na própria porta e na parte externa da porta eram B-MN, tipo e subgrupo sanguíneos de Abigail Folger.[13] Portanto, encontrar uma digital de Krenwinkel ali era totalmente consistente com o testemunho de Linda Kasabian, que afirmou ter visto Abigail sair correndo daquela direção aproximada, sendo perseguida por Krenwinkel brandindo uma faca.

Ainda mais conclusiva era a posição da digital de Watson. Embora tenha testemunhado que ela estava na parte externa da porta da frente, Boen também disse que estava de quinze a vinte centímetros acima da maçaneta, perto da borda, com a ponta do dedo apontando para *baixo*. Como ilustrei para o júri, para deixar a digital nesse local, Watson teria que ter saído de *dentro* da residência de Tate. Para deixar tal digital caso estivesse no lado de fora, ele teria que ter girado o braço de uma forma muito desconfortável e bastante anormal. (Usando o dedo anelar direito e experimentando isso de ambas as maneiras em uma porta, o leitor entenderá o que quero dizer.)

A suposição lógica era que Watson deixou sua digital enquanto perseguia Frykowski, e Krenwinkel o fez enquanto corria atrás de Folger.

13 Ainda que Parent e Frykowski também fossem B-MN, não havia nenhuma evidência de que Parent chegou a entrar na residência de Tate, ao passo que havia evidências de que Frykowski saíra correndo pela porta da frente.

Esses eram os pontos fortes do testemunho a respeito das impressões digitais. Havia um ponto fraco. Prevendo que a defesa tentaria obter o máximo de proveito daquelas impressões latentes não identificadas — 25 das cinquenta encontradas na residência de Tate, seis das 25 encontradas na residência dos LaBianca —, eu mesmo mencionei esse fato. Contudo, com diversas explicações possíveis. Visto que, de acordo com o testemunho de Dolan, ninguém tem duas impressões digitais idênticas, era possível que as 25 impressões latentes sem correspondências encontradas na casa de Tate tivessem sido deixadas por pelo menos três pessoas, ao passo que as seis na casa dos LaBianca poderiam ter sido deixadas por apenas uma. Além do mais, eu estabeleci por meio de Dolan que impressões latentes podem ter uma vida longa; em condições ideais, uma dentro de uma casa pode durar diversos meses. Pude me dar ao luxo de destacar isso, pois já havia estabelecido que as duas digitais com as quais estava mais preocupado, as de Krenwinkel e Watson, estavam em superfícies que Winifred Chapman tinha lavado recentemente.

Eu supunha que Fitzgerald fosse concentrar suas forças nesse único ponto fraco. Em vez disso, atacou Dolan onde ele era menos vulnerável: sua especialidade. Anteriormente, eu havia mencionado que Dolan estivera no Departamento de Impressões Latentes do SID por sete anos, tendo conduzido mais de 8 mil investigações de impressões digitais e comparado mais de 50 mil impressões latentes. Fitzgerald então perguntou a Dolan: "Me corrija se meu cálculo estiver errado, sargento, mas você testemunhou que esteve em 8 mil cenas de crimes. Se você foi a uma por dia, e trabalhou em média duzentos dias por ano, você estaria fazendo isso há quarenta anos?".

R: "Eu teria que fazer a conta no papel."

P: "Supondo que você tenha ido a uma cena de crime por dia — essa seria uma declaração correta, que você foi a uma cena de crime por dia, sargento?"

R: "Não, senhor."

P: "A quantas cenas de crime você foi por dia?"

R: "Em torno de, durante dois ou três anos, quinze a vinte."

P: "Por dia?"

R: "Sim, senhor."

Fitzgerald tinha caído do cavalo. Em vez de se levantar, tirar a poeira e passar para territórios mais seguros, ele se preparou para outra derrota ao tentar atacar as estatísticas. Caso tivesse feito sua lição de casa — e, como uma impressão digital era a única prova física que conectava sua cliente aos homicídios, não há nenhuma justificativa que seja para não tê-la realizado —, ele teria aprendido, como o júri o fez então, que, desde 1940, o SID vinha mantendo registros detalhados indicando exatamente quantas visitas cada policial fez, a quantidade de impressões latentes legíveis que obteve e o número de vezes em que um suspeito foi identificado desse modo.

Enquanto interrogava Dolan, Kanarek tentou insinuar que ao usar benzidina nas análises sanguíneas, Granado poderia ter destruído algumas das digitais da residência dos LaBianca. Infelizmente para Kanarek, Dolan observou que ele tinha chegado na residência dos LaBianca *antes* de Granado.

Embora Kanarek não tenha se saído tão bem com Dolan quanto com outras testemunhas da promotoria, isso não significava que eu podia abaixar minha guarda. A qualquer momento, ele poderia fazer algo como o seguinte:

KANAREK: "Vossa Excelência, em vista do fato de que o Departamento de Polícia de Los Angeles sequer optou por comparar as impressões digitais de Linda Kasabian..."

BUGLIOSI: "Como sabe disso, sr. Kanarek?"

KANAREK: "... Não tenho mais perguntas para esta testemunha."

TRIBUNAL: "Seu comentário foi inapropriado."

BUGLIOSI: "Será que Vossa Excelência aconselharia o júri a desconsiderar esse comentário desnecessário do sr. Kanarek?"

Older assim o fez.

O interrogatório de Hughes foi breve e direto. A testemunha havia comparado uma amostra das impressões digitais de Leslie Van Houten com aquelas encontradas na residência dos LaBianca? Sim. E nenhuma dessas digitais era compatível com as de Leslie Van Houten, correto? Sim, senhor. Sem mais perguntas.

Hughes estava aprendendo, depressa.

Ao que parece, por acreditar que Kanarek estava de fato no caminho certo, Fitzgerald reabriu o interrogatório da defesa para perguntar: "Bem, você teve a oportunidade de comparar as impressões latentes obtidas na residência de Tate e as impressões latentes obtidas na residência dos LaBianca com uma amostra de Linda Kasabian?".

R: "Sim, senhor, eu tive."

P: "Qual foi o resultado dessa comparação?"

R: "As digitais de Linda Kasabian não foram encontradas em nenhuma das cenas."

FITZGERALD: "Obrigado."

Eu tentei evitar envergonhar o LAPD o máximo que pude. Nem sempre foi possível. Mais cedo, por exemplo, tive que mencionar o fato de que o sargento DeRosa havia apertado o botão que controlava o portão, para que o júri não se perguntasse por que não houve nenhum testemunho a respeito dessa impressão digital em particular. No interrogatório que conduzi com Steven Weiss, de 11 anos, me ative à sua descoberta do revólver calibre .22 no dia 1º de setembro de 1969 e não tratei dos eventos subsequentes. Entretanto, Fitzgerald, durante o interrogatório da defesa, mencionou que, apesar de um policial ter recuperado a arma naquele mesmo dia, foi apenas no dia 16 de dezembro de 1969 que o Departamento de Homicídios do LAPD reivindicou o revólver — depois que o pai de Steven telefonou e lhes contou que já estavam com a arma que procuravam. Fitzgerald também mencionou como, depois de Steven tomar cuidado para não apagar nenhuma impressão digital, o policial que foi buscá-la não o fez, colocando as mãos em todo o revólver.

Eu senti pena da próxima testemunha. Os espectadores mal tinham parado de rir quando o policial Watson, da Divisão de Serviços do Vale do LAPD, subiu ao banco para testemunhar que foi ele o policial que recuperou a arma.

O testemunho do policial Watson foi essencial, contudo, pois ele não apenas identificou a arma — mencionando que estava sem a empunhadura do lado direito e tinha o cano entortado, além do quebra-mato quebrado —, como também testemunhou que ela continha dois projéteis e sete estojos vazios.

O sargento Calkins testemunhou em seguida que, no dia 16 de dezembro de 1969, ele havia ido do Parker Center até a Divisão de Serviços do Vale para pegar o revólver calibre .22.

Durante seu interrogatório, Fitzgerald mencionou que entre os dias 3 e 5 de setembro de 1969, o LAPD tinha enviado algo em torno de trezentos panfletos sobre a arma — os quais continham uma fotografia e uma descrição detalhada do tipo de revólver que estavam procurando — para diferentes departamentos de polícia nos Estados Unidos e no Canadá.

Para que o júri não se perguntasse por que o LAPD não tinha reavido a arma com a Divisão de Serviços do Vale logo depois que os panfletos foram distribuídos, eu fui obrigado a perguntar a Calkins, durante o interrogatório redirecionado: "Vocês chegaram a enviar um panfleto para a Divisão de Serviços do Vale do Departamento de Polícia de Los Angeles em Van Nuys?".

R: "Não que eu sabia, senhor."

Para evitar envergonhar o LAPD ainda mais, não perguntei qual era a distância entre a residência de Tate e a Divisão de Serviços do Vale.

De 7 a 10 de setembro de 1970

Por conta da Convenção da Ordem dos Advogados do Estado, o tribunal entrou em recesso por três dias. Eu os passei trabalhando em meus argumentos e me preocupando com um telefonema que havia recebido.

Quando o tribunal voltou a se reunir no dia 10, eu fiz a seguinte declaração no gabinete do juiz:

"Uma das nossas testemunhas, Barbara Hoyt, deixou a casa de seus pais. Não tenho todos os detalhes, mas a mãe disse que Barbara recebeu uma ameaça de morte, que se testemunhasse neste julgamento seria assassinada, assim como sua família.

"Sei de duas coisas. Sei que a ameaça não foi feita pela promotoria e que não foi feita por uma tia minha que mora em Minnesota.

"Acredito que a inferência mais razoável é que ela foi feita pela defesa.

"Estou mencionando isso porque quero que os advogados de defesa e seus clientes saibam que iremos processar quem quer que seja o responsável por falso testemunho. Não só iremos processar, como também me esforçarei ao máximo para mencionar, quando nossas testemunhas subirem ao banco, diante do júri, que receberam ameaças de morte. Isso é relevante.

"Sugiro que os réus digam isso aos seus amigos."

Quando voltamos à sala do tribunal, precisei deixar tais preocupações para trás e me concentrar apenas nas evidências que estávamos apresentando. Isso era crucial. Aos poucos, estávamos tentando conectar a arma ao rancho Spahn e a Charles Manson.

Na sexta-feira, antes de nosso longo recesso, o sargento Lee, da Unidade de Armas de Fogo e Explosivos do SID, identificou de modo positivo a bala encontrada em Sebring como tendo sido disparada daquela arma. Lee também afirmou que ainda que as outras balas recuperadas na cena do crime do caso Tate não tivessem estrias suficientes para que pudesse fazer uma identificação positiva, ele não encontrou nenhuma marca ou característica que descartasse a possibilidade de que também tenham sido disparadas da mesma arma.

Quando tentei perguntar a Lee a respeito de mais um elo nessa corrente — os estojos que tínhamos encontrado no rancho Spahn —, Fitzgerald pediu para se aproximar da tribuna. A alegação da defesa, disse, era de que os estojos eram produtos de uma busca ilegal e, sendo assim, inadmissíveis.

"Prevendo que tal objeção pudesse ser feita", disse ao Tribunal, "eu obtive a permissão de George Spahn em fita. O sargento Calkins deve estar com ela", afirmei. "Ele esteve lá comigo."

Só que Calkins não estava com a fita. E agora, quase uma semana depois, ele ainda não a tinha encontrado. Por fim, convoquei Calkins para o banco a fim de testemunhar que tínhamos obtido a permissão de Spahn. Interrogado por Kanarek, ele negou que a fita tivesse "desaparecido" ou sido "perdida"; apenas não tinha conseguido encontrá-la, disse.

Older finalmente decretou que a busca tinha sido válida, e Lee relatou que, quando examinados em um microscópio de comparação, o estojo que ele tinha disparado da arma durante os testes e quinze dos estojos que havia encontrado no rancho Spahn apresentavam marcas de compressão idênticas causadas pelo percussor.

Estrias, raias, sulcos, marcas causadas pelo percussor: depois de horas de um testemunho bastante técnico e mais de cem protestos — a maioria de Irving Kanarek —, havíamos colocado a arma usada nos homicídios do caso Tate no rancho Spahn.

Apesar de ter concordado em testemunhar, Thomas Walleman, também conhecido como T. J., foi uma testemunha relutante. Ele nunca tinha de fato se afastado da Família. Havia se distanciado, havia voltado. Parecia atraído pelo estilo de vida fácil, repelido pela lembrança da noite em que viu Manson balear Bernard Crowe.

Embora soubesse que não poderia introduzir o tiroteio em si durante o processo do julgamento para determinar a culpabilidade, interroguei T. J. a respeito dos eventos que o antecederam. Ele se lembrava de como, depois de receber um telefonema, Manson pegou emprestado o Ford 1959 de Swartz, apanhou um revólver e, então, acompanhado de T. J., dirigiu até um apartamento na Franklin Avenue, em Hollywood. Após estacionar o carro, Manson entregou o revólver a T. J. e lhe disse para colocá-lo no cinto.

P: "Então vocês dois entraram no apartamento, certo?"

R: "Sim."

Eu só poderia ir até esse ponto. Então mostrei a T. J. o revólver Hi Standard calibre .22 e perguntei: "Você já viu esse revólver em particular antes?".

R: "Acho que não. Esse se parece com aquele, mas não tenho certeza, sabe."

T. J. estava se esquivando, mas eu não estava disposto a deixar com que ele se safasse. Sob mais questionamentos, ele admitiu que aquela arma diferia da que tinha visto naquela noite em apenas um aspecto: metade da empunhadura estava faltando.

P: "Bem, sua primeira declaração, creio eu, se resume ao fato de que você não achava que este era o revólver, e então disse que se parecia com aquele."

R: "Quero dizer, não tenho *certeza* se é o mesmo revólver, mas *ele se parece com aquele revólver*. Foram feitos muitos desses."

Eu não estava preocupado com essa pequena restrição, pois Lomax, da Hi Standard, já havia testemunhado que aquele modelo era relativamente incomum.

Ainda que restrito, o testemunho de T. J. foi dramático, pois ele foi a primeira testemunha a conectar Manson com a arma.

O LAPD entrou em contato comigo naquela noite. Barbara Hoyt estava em um hospital em Honolulu. Alguém lhe tinha dado o que acreditavam ser uma dose letal de LSD. Felizmente, ela foi levada ao hospital a tempo.

Não fiquei sabendo de muitos detalhes até conversar com Barbara.

Depois de fugir do rancho Barker, a bela garota de 17 anos tinha voltado para casa. Apesar de ter cooperado conosco, Barbara estava bastante relutante em testemunhar. Quando foi contatada pelas garotas de Manson na tarde de 5 de setembro, com a oferta de uma viagem gratuita para o Havaí caso não testemunhasse, ela aceitou.

Entre os integrantes da Família que ajudaram a convencê-la estavam Squeaky, Gypsy, Ouisch e Clem.

Barbara passou aquela noite no rancho Spahn. No dia seguinte, Clem levou Barbara e Ouisch até um dos esconderijos da Família, uma casa em North Hollywood que estava sendo alugada por um dos mais novos membros, Dennis Rice.[14]

Rice levou a dupla para o aeroporto, comprou as passagens e lhes deu 50 dólares em espécie, além de alguns cartões de crédito, incluindo, de modo muito conveniente, um cartão "Getaway" da TWA.[15] Usando nomes falsos, as duas garotas viajaram para Honolulu, onde reservaram um quarto na cobertura do Hilton Hawaiian Village Hotel. Barbara não passou muito tempo passeando pelas ilhas porque Ouisch, certa de que a polícia estaria à procura dela, insistiu que ficassem no quarto.

14 Rice, de 31 anos, tinha uma ficha corrida que remontava a 1958 e, em comum com Clem, tinha sido condenado por crimes que iam de posse de narcóticos a atos obscenos. Na época, estava em liberdade condicional por agredir um policial. Apesar de ser novo na Família, logo transformou-se em um dos membros mais dedicados.

15 *Getaway* pode significar tanto *viagem* quanto *fuga*. [NT]

Enquanto permaneceram no hotel, as duas, que tinham sido amigas próximas, tiveram diversas conversas longas. Ouisch disse a Barbara: "Todos temos que passar pelo Helter Skelter. Se não fizermos isso em nossas mentes, vamos ter que fazer isso fisicamente. Se você não morrer em sua mente, vai morrer quando ele acontecer". Ela também confidenciou que Linda Kasabian já não tinha muito tempo neste mundo; seis meses de vida, no máximo.

A cada manhã, por volta do mesmo horário, Ouisch fazia uma ligação interurbana. (O número era de um telefone público em North Hollywood, a três quarteirões da casa de Rice. Pelo menos um dos telefonemas foi feito para Squeaky, a líder extraoficial da Família na ausência de Manson.)

Pouco depois do telefonema no dia 9, a atitude de Ouisch mudou de repente. "Ela ficou muito séria e me olhava de um jeito meio estranho", contou Barbara. Ouisch afirmou que precisava voltar para a Califórnia, mas que Barbara deveria ficar no Havaí. Ela telefonou e fez uma reserva no voo das 13h15 para Los Angeles naquele mesmo dia.

Elas pegaram um táxi para o aeroporto, chegando pouco antes do meio-dia. Ouisch disse que não estava com fome, mas sugeriu que Barbara comesse alguma coisa. Elas foram até um restaurante e Barbara pediu um hambúrguer. Quando o pedido chegou, Ouisch o pegou e saiu, dizendo a Barbara para pagar a conta.

Havia uma fila no caixa, e Barbara perdeu Ouisch de vista durante alguns minutos.

Quando ela saiu, Ouisch lhe entregou o hambúrguer, e Barbara o comeu enquanto aguardavam o voo. Pouco antes de embarcar, Ouisch comentou: "Imagine como seria se esse hambúrguer tivesse dez tabletes de ácido". A resposta de Barbara foi: "Uau!". Ela nunca tinha ouvido falar de alguém que tivesse tomado mais de um tablete de LSD, contou Barbara mais tarde, e a ideia a assustou um pouco.

Depois que Ouisch partiu, Barbara começou a se sentir alta. Tentou pegar um ônibus até a praia, mas ficou tão enjoada que precisou descer. Em pânico, ela então começou a correr, e correu, correu, correu até desmaiar.

Um assistente social, Byron Galloway, viu a jovem esparramada no meio-fio perto da sede do Exército da Salvação. Por sorte, Galloway estava trabalhando no State Hospital, sua especialidade sendo casos envolvendo drogas. Ao perceber que a garota estava bastante doente, ele a levou às pressas para o Queen's Medical Center, onde sua condição foi diagnosticada como psicose aguda induzida por drogas. O médico que a examinou conseguiu obter seu nome e endereço em Los Angeles, mas o resto fazia pouco sentido; de acordo com os registros do hospital, "a paciente disse: 'Ligue para o sr. Bugliosi e diga a ele que não vou poder testemunhar hoje no julgamento do caso Sharon Tate'".

Depois de lhe administrar o tratamento de emergência, o hospital telefonou para a polícia e para os pais de Barbara. Seu pai voou para o Havaí e conseguiu levá-la para Los Angeles no dia seguinte.

Ao receber o primeiro relatório fragmentado, declarei ao LAPD que queria que os indivíduos envolvidos fossem acusados de tentativa de homicídio.

Uma vez que Barbara era uma testemunha do caso Tate, a investigação ficou a cargo dos detetives desse mesmo caso, Calkins e McGann.

De 11 a 17 de setembro de 1970

Ainda que eu soubesse que Danny DeCarlo tinha medo de Manson, o motociclista fez um bom trabalho disfarçando seus temores no banco das testemunhas. Quando Charlie e as garotas sorriram para o "Donkey Dan", ele sorriu de volta.

Eu estava preocupado que DeCarlo pudesse limitar suas respostas, como havia feito no julgamento de Beausoleil. Após alguns minutos de testemunho, contudo, eu logo passei a me preocupar mais com Older do que com DeCarlo. Quando tentei estabelecer o relacionamento entre Manson e Watson através de DeCarlo, Older repetidas vezes manteve os protestos da defesa. Também os manteve em relação às conversas de Manson na hora do jantar, quando ele falava a respeito de sua filosofia sobre negros e brancos.

De volta em seu gabinete, Older fez dois comentários que me deixaram completamente perplexo. Ele perguntou: "Qual é a relevância de Manson ser ou não o líder?". E queria uma oferta de prova quanto à relevância do Helter Skelter! Foi como se até então Older sequer estivesse presente durante o julgamento.

O fato de eu ter ficado mais do que apenas um pouco perturbado com sua postura ficou evidente em minha resposta: "A oferta de prova é que ele costumava dizer que queria virar negros contra brancos. Claro, esse é apenas o motivo para esses homicídios. Só isso. Além disso, não é lá muito importante".

Observei: "A promotoria está supondo que o sr. Manson *ordenou* esses homicídios. Foi sua filosofia *que levou a* esses homicídios. O motivo para esses homicídios foi *iniciar o Helter Skelter*. Acredito que isso seja tão evidentemente admissível que estou sem palavras".

TRIBUNAL: "Eu sugiro o seguinte a você, sr. Bugliosi. Durante a hora do almoço, pense com cuidado a respeito do que suas afirmações dizem que suas provas demonstrarão. Veja, sei bem que parte disso talvez tenha que ser mencionada por meio de uma testemunha e uma parte por meio de outra. Isso não é incomum. Mas até agora não consigo ver nenhuma conexão entre o que o sr. Manson acreditava em relação aos negros e brancos e algum motivo."

Trabalhei com afinco durante toda a hora do almoço. A não ser que pudesse estabelecer o domínio que Manson exercia sobre os outros réus, não iria conseguir convencer o júri de que eles tinham cometido assassinato seguindo suas ordens. E se Older me impedisse de mencionar as crenças de Manson sobre a guerra entre negros e brancos por meio de DeCarlo, quando ainda estavam por vir minhas testemunhas de peso que iriam depor a esse respeito — Jakobson, Poston e Watkins —, então estávamos afundados até o pescoço em problemas.

Voltei para o gabinete armado com argumentos de autoridade em relação tanto à admissibilidade quanto à relevância do testemunho. No entanto, mesmo depois de um apelo longo e ardoroso, a opinião de Older não pareceu ter mudado muito. Ele ainda não conseguia enxergar, por exemplo, a relevância da subserviência de Watson em relação a Manson, ou o motivo de eu estar tentando mencionar, por meio de DeCarlo, que Tex apresentava uma personalidade descontraída e um tanto fraca. A relevância, claro, era que, se eu não estabelecesse esses dois fatos, o júri poderia muito bem inferir que tinha sido Watson, não Manson, quem tinha ordenado aqueles assassinatos.

BUGLIOSI: "Acredito que o tribunal pode perceber a relevância disso pelo fato de que os advogados de defesa estão desesperados tentando manter esse aspecto de fora."

KANAREK: "Acredito que o cerne do que temos aqui é o seguinte: o sr. Bugliosi perdeu a compostura, pois tem uma monomania em relação a condenar o sr. Manson."

BUGLIOSI: "Ele é acusado de sete homicídios, e eu vou ser obstinado quanto a isso... Pretendo voltar com essas testemunhas e descobrir quem Tex Watson era, além de um nome, Vossa Excelência."

TRIBUNAL: "Não vou impedi-lo de *tentar*, sr. Bugliosi."

Ao voltar para o tribunal, fiz a DeCarlo exatamente a mesma pergunta que havia feito horas antes: "No geral, qual foi sua impressão sobre o comportamento de Tex Watson?".

KANAREK: "Vossa Excelência, vou protestar contra isso como sendo um pedido de conclusão."

BUGLIOSI: "*Povo contra Zollner*, Vossa Excelência."

Eu antecipei tanto que Older fosse dizer: "Mantido", que quase pensei estar imaginando quando ele disse: "Indeferido. Você pode responder".

DECARLO: "Ele era despreocupado. Era um cara legal. Eu gostava do Tex. Ele não tinha um temperamento ruim nem nada que eu pudesse reparar. Ele não falava muito."

Ao olhar para trás, vi Don Musich e Stephen Kay encarando boquiabertos, sem conseguirem acreditar. Instantes atrás, no gabinete, Older havia protestado contra toda a minha linha de questionamento. Agora, tinha voltado atrás completamente. Avançando pelo meu interrogatório o mais rápido possível, antes que ele mudasse de ideia outra vez, mencionei que sempre que Charlie mandava Tex fazer alguma coisa, ele obedecia.

O fato de ter permitido que seguíssemos em frente com a questão da dominação não queria dizer que Older enxergava a relevância do Helter Skelter. Meus dedos estavam cruzados quando perguntei: "Você se lembra do sr. Manson dizer alguma coisa sobre negros e brancos? Pessoas negras e pessoas brancas?".

Atordoado e apreensivo, Kanarek protestou: "É a mesma pergunta que ele fez antes!".

TRIBUNAL: "Indeferido. Você pode responder."

R: "Ele não gostava de pessoas negras."

DeCarlo testemunhou que Manson queria ver os negros irem à guerra contra a polícia e o sistema dos brancos, referindo-se a ambos como "porcos"; que Charlie lhe dissera que os porcos "tinham que ter as gargantas cortadas e que tinham que ser pendurados pelos pés"; e que tinha ouvido Manson usar o termo Helter Skelter muitas e muitas vezes. Ao longo de tudo isso, Kanarek protestou repetidas vezes, com frequência no meio das respostas de DeCarlo. Older lhe disse: "Você está interrompendo, sr. Kanarek. Eu o adverti diversas vezes hoje. Agora o advirto pela última vez".

KANAREK: "Não desejo fazer protestos desnecessários, Vossa Excelência."

TRIBUNAL: "Não mesmo? Então pare de fazê-los."

Em uma questão de minutos, contudo, Kanarek voltou a fazer exatamente isso, e Older pediu que ele se aproximasse da tribuna. Bastante irritado, Older disse a Kanarek: "Você parece ter algum tipo de enfermidade física ou deficiência mental que faz com que interrompa e tumultue os testemunhos. Independentemente de quantas vezes eu o advirto, você parece fazê-lo repetidas vezes, de novo e de novo e de novo e de novo. [...] Você está tentando tumultuar o depoimento dessa testemunha. Isso está perfeitamente claro. Veja bem, eu já cheguei no meu limite com você, sr. Kanarek".

Kanarek reclamou: "Estou tentando seguir suas ordens com consciência".

TRIBUNAL: "Não, não, sinto lhe informar que sua explicação não vai servir. Ouvi coisas demais de você. Estou bastante familiarizado com suas táticas e não vou mais aturá-las."

Older condenou Kanarek por desacato ao tribunal e, ao fim dos testemunhos do dia, o sentenciou a passar o fim de semana na prisão do condado.

Danny DeCarlo nunca tinha entendido o Helter Skelter muito bem, nem se interessado por ele. Como admitiu para mim, seus principais interesses enquanto esteve no rancho Spahn eram "bebidas e garotas". Ele não conseguia compreender como seu testemunho sobre esse negócio de brancos contra negros poderia prejudicar Charlie e o fez sem reservas ou restrições. Contudo, quando chegou o momento das provas físicas — as facas, a corda, a arma —, ele viu a conexão e recuou, não muito, mas o suficiente para enfraquecer suas identificações.

Ao entrevistar Danny, eu havia descoberto muitas coisas que não estavam nas gravações do LAPD. Por exemplo, ele se lembrava de que, no início de agosto de 1969, Gypsy tinha comprado dez ou doze facas Buck, que foram distribuídas para diversos membros da Família no rancho Spahn. As facas, de acordo com DeCarlo, tinham cerca de 15,25 centímetros de comprimento, 2,55 centímetros de largura e 0,30 centímetro de espessura — dimensões muito próximas daquelas fornecidas por Kasabian e Noguchi. Ao examinar os relatórios dos policiais da LASO sobre a batida do dia 16 de agosto, descobri que uma grande quantidade de armas havia sido apreendida (incluindo uma metralhadora em um estojo para violinos), mas nem uma única faca Buck

A suposição lógica, eu viria a argumentar com o júri, era de que depois dos homicídios, o restante das facas Buck havia sido descartado.

Eu pretendia convocar o sargento Gleason, da LASO, para testemunhar que nenhuma faca havia sido encontrada durante aquela batida. Primeiro, contudo, queria que Danny testemunhasse a respeito da compra. Ele assim o fez, mas limitou um pouco suas respostas. Quando lhe perguntei quem tinha comprado as facas Buck, ele respondeu: "Não tenho certeza. Acho que foi Gypsy, não tenho certeza".

A respeito da corda usada para amarrar Tate a Sebring, DeCarlo disse que era "parecida" com a corda que Manson havia comprado na loja Jack Frost. Eu insisti: "Ela parece diferente de alguma maneira?".

R: "Não."

DeCarlo havia me revelado que Charlie preferia facas e espadas a armas de fogo, pois, "no deserto, armas de fogo podem ser ouvidas de muito longe". Indaguei se, entre as armas que havia no rancho Spahn, Manson tinha uma favorita. Sim, respondeu DeCarlo, um revólver Buntline Hi Standard calibre .22. Eu lhe mostrei a arma e perguntei: "Você já viu esse revólver antes?".

R: "Vi um parecido com esse."

P: "Ele parece diferente de alguma maneira?"

R: "O guarda-mato está quebrado."

Além disso?

R: "Não posso ter certeza."

P: "Por que não pode ter certeza?"

R: "Não sei. Não sei o número de série dela. Não tenho certeza se o revólver é esse."

DeCarlo havia limpado, conservado e disparado a arma. Tinha um extenso histórico com armas. O modelo era incomum, e ele havia feito um desenho dela para o LAPD antes mesmo de ter sido informado de que tal arma tinha sido usada nos homicídios do caso Tate. (Eu já havia apresentado o desenho com propósitos de identificação, passando por cima dos protestos de Kanarek de que aquilo era "boato".) Se alguém deveria ter sido capaz de fazer uma identificação positiva daquele revólver, esse alguém era Danny DeCarlo. Ele não o fez, desconfiei, porque estava com medo.

Apesar de ele ter sido um pouco mais fraco no banco das testemunhas do que em nossas entrevistas, fui bem-sucedido em apresentar uma grande quantidade de evidências por meio de DeCarlo. Embora o tribunal tivesse sido interrompido para outro recesso de três dias, o interrogatório de DeCarlo propriamente dito tomou menos de um dia e meio do tempo do tribunal. Eu o concluí no dia 17 de setembro.

Naquela manhã, Manson me enviou uma mensagem através de Fitzgerald e Shinn, dizendo que queria me ver na cadeia durante o recesso do meio-dia. Kanarek não esteve presente, mas os outros dois advogados, sim.

Perguntei a Manson sobre o que ele queria conversar.

"Eu só queria que você soubesse que eu não tive nada a ver com a tentativa de assassinato de Barbara Hoyt", disse Manson.

"Não sei se você o ordenou ou se eles fizeram isso por conta própria", respondi, "mas você sabe, e eu sei, que, de qualquer maneira, eles fizeram isso porque acharam que você ficaria satisfeito."

Manson queria tagarelar, mas eu o interrompi. "Não estou muito no clima para conversar com você, Charlie. Talvez, se você tiver coragem de subir ao banco das testemunhas, nós possamos conversar."

Perguntei a McGann o que estava acontecendo no "caso do hambúrguer de Honolulu", como os jornais haviam nomeado a tentativa de homicídio de Hoyt. McGann respondeu que ele e Calkins não tinham conseguido encontrar nenhuma evidência.

Pedi a Phil Sartuchi, da equipe do caso LaBianca, para assumir esse caso. De maneira eficiente, ele entregou um relatório detalhado, com informações sobre as passagens aéreas, cartão de crédito, ligações interurbanas e assim por diante. Foi apenas em dezembro, contudo, que o caso foi levado ao grande júri. Nesse meio tempo, Ouisch, Squeaky, Clem, Gypsy e Rice permaneceram à solta. Eu os via com frequência junto aos outros membros da Família na esquina da Temple com a Broadway.

Durante o interrogatório da defesa, Fitzgerald perguntou a DeCarlo: "Não é verdade que o sr. Manson demonstrou para você que ele na verdade adorava os negros?".

Danny respondeu: "Sim. Teve uma vez que ele disse isso".

Já no interrogatório redirecionado, questionei DeCarlo a respeito dessa única conversa. Charlie dissera que adorava os negros, contou, "por terem a coragem de enfrentar a polícia".

Shinn mencionou que DeCarlo estava ciente, e bastante interessado, na recompensa de 25 mil dólares, estabelecendo assim que ele tinha motivos para inventar seu testemunho. Kanarek insistiu nos detalhes desse assunto durante seu interrogatório. Também se demorou bastante no fato de DeCarlo gostar de armas. Mais cedo, DeCarlo tinha testemunhado que as amava; será que ele poderia descrever esse amor?, pediu Kanarek.

A resposta de DeCarlo fez o tribunal cair na risada. "Bom, eu as amo mais do que amo minha patroa."

Era fácil ver aonde Kanarek estava querendo chegar: ele estava tentando estabelecer que DeCarlo, não Manson, era o responsável pela presença de todas as armas no rancho Spahn.

Kanarek mudou de assunto. Não era verdade, perguntou a DeCarlo, que "durante todo o tempo em que esteve no rancho, você ficava alto?".

R: "Com certeza ficava."

P: "Você ficava tão alto que em muitas ocasiões teve que ser carregado para a cama?"

R: "Consegui chegar lá sozinha algumas vezes."

Kanarek pegou pesado em relação ao consumo de álcool de DeCarlo, além de sua imprecisão a respeito de datas e horários. Como ele poderia se lembrar de uma noite de sábado em particular, por exemplo, e não de alguma outra noite?

"Bem, naquela noite em particular", respondeu DeCarlo, "Gypsy estava brava comigo porque eu não queria tirar minhas botas quando fazia amor com ela."

P: "A única coisa que está marcada de verdade em sua mente, que você de fato se lembra, é de ter transado muito, certo?"

R: "Bom, tem algumas coisas até mesmo sobre isso que não consigo lembrar."

Kanarek havia marcado alguns pontos. Ele mencionou que DeCarlo havia testemunhado em uma ocasião anterior (durante o julgamento de Beausoleil) que ele estava alto 99% do tempo em que esteve no rancho Spahn. A defesa agora podia argumentar que DeCarlo estava tão embriagado que não conseguia discernir o que estava acontecendo, quanto mais se lembrar de conversas específicas. Infelizmente para a defesa, Fitzgerald sem querer solapou esse argumento ao pedir que DeCarlo definisse a diferença entre ficar "bêbado" e "alto".

R: "Minha versão de 'bêbado' é quando bebo de cair no chão. 'Alto' é só quando ando chapado por aí."

18 de setembro de 1970

Naquela tarde, tivemos um visitante inesperado no tribunal: Charles "Tex" Watson.

Após um atraso de nove meses que faria com que fosse necessário julgá-lo separadamente, Watson tinha enfim voltado à Califórnia no dia 11 de setembro, depois que o juiz da Suprema Corte dos Estados Unidos, Hugo Black, se recusou a outorgar outro adiamento de sua extradição. Os sargentos Sartuchi e Gutierrez, que acompanharam Watson durante a viagem, disseram que ele falou pouco, na maior parte do tempo fitando o vazio com um olhar vago. Ele havia perdido cerca de catorze quilos durante seu confinamento, a maioria durante os dois últimos meses, quando se tornou evidente que seu retorno a Los Angeles era iminente.

Fitzgerald havia solicitado que Watson fosse levado para o tribunal, para ver se DeCarlo seria capaz de identificá-lo.

Ao perceber que Fitzgerald estava cometendo um erro *muito* grave, Kanarek protestou, com veemência, mas Older outorgou a ordem de remoção.

O júri ainda estava ausente quando Watson entrou na sala do tribunal. Apesar de ter dado um pequeno sorriso para as três rés, que sorriram e lhe lançaram beijos, ele pareceu alheio à presença de Manson. Quando o júri entrou, Watson já estava sentado e se parecia com qualquer outro espectador.

FITZGERALD: "Sr. DeCarlo, você anteriormente testemunhou que um homem chamado Tex Watson esteve presente no rancho Spahn durante o período em que você esteve lá em 1969, correto?"

R: "Sim."

P: "Você reconhece o sr. Watson neste tribunal?"

R: "Sim. Bem ali."

Danny apontou para onde Tex estava sentado. Evidentemente curiosos, os jurados se esforçaram para ver o homem sobre quem tinham ouvido tantas coisas.

FITZGERALD: "Será que eu poderia pedir que esse cavalheiro se identifique para o tribunal, Vossa Excelência?"

TRIBUNAL: "Por favor, se levante e declare seu nome."

Watson se levantou, depois que um dos oficiais de justiça gesticulou para que ele ficasse de pé, mas permaneceu em silêncio.

O erro de Fitzgerald ficou evidente no instante em que Watson se levantou. Uma olhada e o júri soube que Charles "Tex" Watson não fazia o tipo que mandava Charles Manson fazer alguma coisa, quanto mais instigar sete homicídios por conta própria. Ele parecia estar mais perto dos 20 anos do que dos 25. Cabelos curtos, blazer azul, calça cinza e gravata. Em vez de um monstro de olhar desvairado, retratado na foto de fichamento de abril de 1969 (quando Watson estivera drogado), ele se parecia com um típico universitário bem-apessoado.

Nos bastidores, poderiam fazer com que Watson parecesse ser o vilão. Depois de o terem visto uma vez, os jurados não viriam a pensar isso de novo.

Desde nossa primeira reunião em Independence, eu mantinha contato com Sandy e Squeaky. De vez em quando, uma delas ou as duas apareciam no meu escritório para conversar. Eu costumava arrumar tempo para tais visitas, em parte porque ainda estava tentando entender o motivo por que elas (e as três rés) haviam se juntado à Família, mas também porque tinha a remota esperança de que se outro assassinato estivesse sendo planejado, uma ou a outra poderia me alertar. Nenhuma delas, eu tinha certeza, procuraria a polícia, e eu queria deixar pelo menos um canal de comunicação aberto.

Eu tivera mais esperanças em relação a Sandy do que a Squeaky. Esta última estava inebriada pelo poder — atuando como porta-voz extraoficial de Manson, comandando a Família em sua ausência — e parecia improvável que fosse fazer algo que colocasse seu status em risco. Sandy, contudo, tinha se oposto aos desejos de Manson em diversas ocasiões, eu sabia; foram pequenos desafios (quando seu bebê estava para nascer, por exemplo, ela havia ido a um hospital, em vez de permitir que a Família fizesse o parto), mas sugeriam que talvez, por trás das expressões banais, eu fosse capaz de incitar uma reação humana.

Em sua primeira visita ao meu escritório, cerca de dois meses antes, conversamos sobre as crenças da Família: Sandy havia afirmado que era paz; eu, por outro lado, argumentei que era assassinato, questionando-a como ela dispunha de estômago para isso.

“Pessoas estão sendo assassinadas todos os dias no Vietnã”, rebatera ela.

“Supondo, a título de argumentação, que as mortes no Vietnã sejam assassinatos”, perguntei, “como isso pode justificar matar mais sete pessoas?”

Enquanto ela tentava pensar em uma resposta, eu lhe disse: “Sandy, se você realmente acredita em paz e amor, quero que me prove. Na próxima vez que houver um assassinato iminente sendo planejado no rancho Spahn, quero que se lembre que outras pessoas gostam de viver tanto quanto você. E, como outro ser humano, quero que faça tudo em seu poder para evitar que isso aconteça. Está entendo o que quero dizer?”.

Ela respondeu em voz baixa: "Sim".

Eu esperava que ela de fato tivesse falado de coração. Essa esperança ingênua desapareceu quando, ao conversar com Barbara Hoyt, descobri que Sandy tinha sido uma das integrantes da Família que a tinham convencido a ir para o Havaí.

Enquanto saía do tribunal na tarde do dia 18, Sandy e dois seguidores me abordaram.

"Sandy, estou muito, muito decepcionado com você", disse a ela. "Você estava no rancho Spahn quando o assassinato de Barbara foi planejado. Não tenho nenhuma dúvida de que você sabia o que iria acontecer. Mas, apesar de Barbara ser sua amiga, você não disse nada, não fez nada. Por quê?"

Ela não respondeu, mas me encarou como se estivesse em transe. Por um momento, pensei que não tivesse me ouvido, que estava sob o efeito de drogas, mas então, bem devagar e de modo deliberado, levou a mão para baixo e começou a brincar com a faca que levava em uma bainha na cintura. Essa foi sua resposta.

Indignado, me virei e me afastei. Quando olhei para trás, contudo, vi que Sandy e os dois rapazes estavam me seguindo. Eu parei, eles pararam. Quando comecei a andar de novo, eles me seguiram, Sandy ainda dedilhando a faca.

Eles aos poucos começaram a diminuir a distância entre nós. Depois de decidir que era melhor encarar o problema de frente do que dar as costas a ele, me virei e andei de volta na direção deles.

"Ouça aqui, sua vagabunda maldita, e ouça com atenção", disse a ela. "Não sei ao certo se você de fato esteve ou não envolvida na tentativa de assassinato de Barbara, mas se esteve, eu vou fazer tudo que estiver em meu poder para garantir que você acabe na cadeia!" Então olhei para os dois homens e lhes disse que se me seguissem de novo, eu iria acabar com eles ali mesmo.

Então me virei e me afastei. Dessa vez eles não me seguiram.

Minha reação foi, considerei, excepcionalmente branda, tendo em conta as circunstâncias.

Kanarek, no entanto, tinha uma opinião diferente. Quando o tribunal se reuniu novamente na segunda-feira, dia 21, ele entrou com uma petição solicitando minha detenção por desacato, alegando que eu havia interferido com uma testemunha da defesa. Também pediu que eu fosse preso por violar a Seção 415 do Código Penal, me acusando de ter feito comentários obscenos na presença de uma mulher.

De 21 a 26 de setembro de 1970

Sem encontrar nada na declaração de Sandra Good "que na minha opinião constitui uma conduta desrespeitosa por parte do sr. Bugliosi", o juiz Older desconsiderou as diversas petições de Kanarek. Manson voltou a pedir para me ver na cadeia durante o recesso do meio-dia. Ele esperava que eu não estivesse levando tudo aquilo — a tentativa de assassinato, o incidente com a faca, o julgamento — para o lado pessoal.

"Não, Charlie", disse a ele, "eu fui designado para este caso; não pedi para ficar com ele. Esse é meu trabalho."

Àquela altura, deveria estar evidente para mim, disse Manson, que as garotas estavam agindo por conta própria, que ninguém as estava dominando. Quando ergui uma sobrancelha em um gesto de ceticismo, Manson reiterou: "Veja, Bugliosi, se eu tivesse todo o poder e controle que você diz que tenho, poderia simplesmente dizer, 'Brenda, vá pegar o Bugliosi', e pronto".

Foi interessante, pensei, que Manson apontasse Brenda McCann — nome verdadeiro: Nancy Pitman — como sua principal assassina.

Mais tarde, eu teria um bom motivo para me lembrar dos comentários de Manson.

Nada pessoal. Mas logo depois disso, os telefonemas no meio da noite, que eram encerrados assim que atendidos, começaram. Continuaram mesmo depois de trocarmos nosso número, apesar de o novo não constar na lista telefônica. Além disso, fui seguido por diversos membros da Família, incluindo Sandy, em inúmeras ocasiões depois de deixar o Palácio da Justiça à noite. Apenas a primeira vez me deixou preocupado. Gail e as crianças estavam dando a volta no quarteirão em nosso carro e eu fiquei receoso de que eles fossem identificados ou que a placa do carro fosse observada. Quando fingi não a ter visto, Gail logo compreendeu a situação e continuou dirigindo até eu conseguir despistar meus "seguidores", ainda que, como veio a me confessar depois, ela estivesse muito menos tranquila do que aparentava.

Ainda que estivesse preocupado com a segurança da minha família, eu não levei nada disso muito a sério, até uma tarde quando, aparentemente enfurecido com o testemunho sobre seu domínio que estava por vir, Manson disse ao oficial de justiça: "Vou mandar que Bugliosi e o juiz sejam mortos".

Ao dizer isso a um oficial de justiça, Manson estava se certificando de que recebêssemos a mensagem. Older já estava sob proteção. No dia seguinte, a procuradoria-geral me designou um guarda-costas até o fim do julgamento. Precauções adicionais foram tomadas, as quais, visto que é provável que sejam usadas para proteger outras pessoas, não precisam ser enumeradas, ainda que uma deva ser destacada: para evitar uma repetição dos eventos ocorridos no número 10050 da Cielo Drive, um sistema de walkie-talkie foi instalado em nossa casa, o qual proporcionava um meio de comunicação direto com a delegacia mais próxima, caso os fios telefônicos fossem cortados.

Embora Older e eu fôssemos as únicas figuras principais do julgamento que tinham guarda-costas, não era segredo nenhum que diversos, se não todos, advogados de defesa tinham medo da Família. Daye Shinn, fui informado por um de seus colegas, guardava uma arma carregada em cada cômodo de sua casa, no caso de uma visita inesperada. Quais precauções Kanarek tomou, se é que tomou alguma, eu nunca descobri, ainda que Manson costumasse colocá-lo no topo de sua lista de assassinatos. De acordo com outro advogado de defesa, Manson diversas vezes ameaçou matar Kanarek; era muito justo, Manson teria dito, porque Kanarek o estava matando no tribunal.

Em determinado momento, Manson pediu que Fitzgerald redigisse documentos para a demissão de Kanarek. Segundo Paul, que me contou a história, Kanarek literalmente se ajoelhou e, com lágrimas nos olhos, implorou para que Manson não o mandasse embora. Manson cedeu e, apesar de continuarem se desentendendo, Kanarek permaneceu no caso.

A cada semana, um membro do Conselho de Supervisores de Los Angeles emitia um comunicado à imprensa enumerando os custos do julgamento até então. Apesar das inúmeras objeções de Kanarek, das quais muitas exigiam reuniões extensas, nós estávamos cobrindo uma tremenda quantidade de testemunhos por dia. Um estenógrafo veterano disse que nunca tinha visto nada como aquilo em vinte e poucos anos.

Até então, o juiz Older havia feito um excelente trabalho em manter Kanarek sob controle. Caso tivesse outorgado metade das audiências para apresentação de evidências que Kanarek sempre solicitava, as estimativas de que o julgamento levaria uns dez anos poderiam ter se tornado uma realidade. Em vez disso, cada vez que Kanarek fazia tal pedido, Older dizia: "Coloque sua petição em escrito com citações corroborativas". Por conta do tempo necessário para isso, Kanarek quase nunca se dava a esse trabalho.

De nossa parte, ainda que, a princípio, eu tivesse planejado convocar algo em torno de cem testemunhas, diminuí esse número para cerca de oitenta. Em um caso dessa magnitude e complexidade, essa era uma quantidade excepcionalmente pequena. Em alguns dias, cerca de seis testemunhas subiam ao banco. Sempre que possível, eu usava uma única testemunha para diversos propósitos. Além de seu outro testemunho, por exemplo, eu perguntei a DeCarlo os nomes e idades aproximadas de cada integrante da Família, para que ficasse evidente para o júri que Manson, por ser mais velho do que todos os outros, não estaria propenso a desempenhar um papel subserviente.

Quando convoquei o policial William Gleason para testemunhar a respeito de que, quando realizaram a batida no rancho Spahn no dia 16 de agosto, nem uma única faca Buck havia sido encontrada, Kanarek, percebendo a implicação disso, protestou, e Older manteve seu protesto.

Estava quase desistindo de introduzir essa evidência, quando Fitzgerald, ao que parece acreditando que a ausência de tais facas era um bônus para a defesa, perguntou durante seu interrogatório: "Vocês encontraram alguma faca Buck no rancho Spahn no dia 16 de agosto de 1969?".

R: "Não, senhor."

A tentativa da Família de silenciar Barbara Hoyt saiu pela culatra. Outrora uma testemunha relutante, ela agora estava bastante ansiosa para testemunhar.

Barbara não apenas confirmou a história de Linda a respeito do incidente da TV; ela também se lembrava de que na noite anterior, a noite dos homicídios do caso Tate, Sadie ligou para ela na casa dos fundos com o telefone de campanha, pedindo-lhe para levar três mudas de roupas escuras para a frente do rancho. Quando ela chegou, Manson lhe disse: "Eles já foram".

A história de Barbara era uma corroboração do testemunho de Linda Kasabian e uma prova sólida do envolvimento de Manson, e, ainda que sem sucesso, Kanarek se esforçou muito para excluí-la.

Só consegui mencionar a conversa ocorrida no rancho Myers depois de meio dia de discussões no gabinete do juiz, e, ainda assim, como eu havia previsto, consegui introduzir apenas parte dela.

Em uma determinada tarde no início de setembro de 1969, Barbara estivera cochilando no quarto do rancho Myers quando acordou e ouviu Sadie e Ouisch conversando na cozinha. Acreditando, talvez, que

Barbara ainda estava dormindo, Sadie contou a Ouisch que Sharon Tate havia sido a última a morrer porque, de acordo com ela: "Ela teve que assistir às mortes dos outros".

Consegui, enfim, apresentar isso. O que não pude apresentar, por conta do caso *Aranda*, foi o restante da conversa: Barbara também tinha ouvido Sadie contar a Ouisch que Abigail Folger havia fugido e corrido para fora da casa; que Katie a tinha alcançado no gramado; e que Abigail tinha lutado com tanto afinco que Katie teve que pedir ajuda para Tex, que correu até elas e esfaqueou Abigail.

No gabinete do juiz, Shinn argumentou que ele devia ter permissão de interrogar Barbara a respeito disso. Older, assim como os outros advogados de defesa, discordaram com veemência. A aplicação do caso *Aranda* na conversa — omitindo todas as referências aos seus corréus — depositaria o ônus de todos os cinco assassinatos sobre Susan, reclamou Shinn, acrescentando: "Mas havia outras pessoas lá também, Vossa Excelência".

BUGLIOSI: "Havia, Daye?"

Sem querer, Shinn havia admitido que Susan Atkins esteve presente na cena dos homicídios do caso Tate. Felizmente, tanto para ele quanto para sua cliente, esse diálogo aconteceu no gabinete do juiz e não na sala do tribunal.

Assim como fiz com os outros ex-integrantes da Família, apresentei, por meio de Barbara, inúmeros exemplos do domínio de Manson, assim como muitas conversas dele sobre o Helter Skelter. A única coisa que não consegui apresentar foi a tentativa da Família de impedir que Barbara Hoyt testemunhasse.

Durante o interrogatório da defesa, Kanarek atacou Barbara em relação a tudo, desde seus princípios até sua visão.

Ciente de que a visão de Barbara era ruim, Kanarek pediu que ela retirasse os óculos, então andou ao redor do tribunal perguntando quantos dedos estava levantando.

P: "Quantos dedos você consegue ver agora?"

R: "Três."

KANAREK: "Que conste nas atas que ela disse três e é óbvio que estou com dois dedos levantados, Vossa Excelência."

TRIBUNAL: "Pensei ter visto seu polegar."

Kanarek por fim provou que Barbara tinha uma visão ruim. A questão, contudo, não era sua visão, mas sua audição: ela não alegou ter visto Sadie e Ouisch na cozinha do rancho Myers, apenas que as tinha ouvido.

Kanarek também perguntou a Barbara: "Você esteve em algum hospital psiquiátrico nos últimos anos?".

Em outra situação, eu teria protestado diante de tal pergunta, mas não o fiz dessa vez, pois Kanarek havia acabado de escancarar a porta através da qual eu poderia, no interrogatório redirecionado, mencionar a tentativa de assassinato.

O interrogatório redirecionado se limita a questões mencionadas no interrogatório da defesa. Por exemplo, no interrogatório redirecionado, pedi que Barbara estimasse a distância entre o quarto e a cozinha do rancho Myers, então conduzi um teste de audição. Ela passou sem dificuldades.

Depois de pedir para me aproximar da tribuna, argumentei que, desde que Kanarek havia insinuado que Barbara Hoyt esteve em um hospital psiquiátrico durante um longo período, eu tinha o direito de mencionar que ela permaneceu em uma ala psiquiátrica durante apenas uma noite e que isso não aconteceu devido a algum problema mental. Older concordou, com uma restrição: eu não podia perguntar quem lhe deu o LSD.

Assim que mencionei as circunstâncias de sua internação, perguntei: "Você tomou essa overdose por vontade própria?".

R: "Não."

P: "A droga foi dada a você por outra pessoa?"

R: "Sim."

P: "Você chegou perto de morrer?"

KANAREK: "Pedido de conclusão, Vossa Excelência."

TRIBUNAL: "Mantido."

Foi bom o bastante. Eu tinha certeza de que o júri poderia somar dois mais dois.

No sábado, 26 de setembro de 1970, uma era chegou ao fim. Um incêndio devastador varreu o sul da Califórnia. Impelido por ventos de 128 quilômetros por hora, um paredão de chamas com cerca de dezoito metros de altura carbonizou mais de quarenta hectares. Nesse incêndio, todo o rancho cinematográfico Spahn foi incinerado.

Enquanto os funcionários do rancho tentavam salvar os cavalos, as garotas de Manson, com os rostos iluminados pela luz da conflagração, dançavam e batiam palmas, gritando cheias de alegria: "*O Helter Skelter está chegando! O Helter Skelter está chegando!*".

De 27 de setembro a 5 de outubro de 1970

Juan Flynn, que descreveu seu trabalho no rancho Spahn como "recolhedor de estrume", pareceu se divertir no banco das testemunhas. De todas as testemunhas, contudo, o caubói panamenho magricela foi o único que demonstrou abertamente alguma animosidade contra Manson. Quando Charlie tentou subjugá-lo com o olhar, Juan o encarou de volta sem pestanejar.

Depois de identificar o revólver, Juan comentou: "E o sr. Manson, em uma determinada ocasião, disparou essa arma, sabe, na minha direção, entende, porque eu estava andando com uma garota do outro lado do riacho".

Era difícil parar Juan depois que ele começava a falar. A garota tinha ido ao rancho Spahn para andar a cavalo; ela havia ignorado Manson, mas desceu até o riacho com um Juan cheio de segundas intenções. Charlie ficou tão injuriado que disparou diversas vezes em direção ao casal.

Kanarek conseguiu fazer com que tudo isso, exceto o fato de Juan ter visto Manson disparando o revólver, fosse desconsiderado.

Ele também tentou, sem sucesso, excluir as duas provas mais importantes que Juan Flynn tinha a oferecer.

Em uma determinada noite no início de agosto de 1969, Juan estivera assistindo TV no trailer quando Sadie entrou, vestida de preto. "Aonde você está indo?", perguntou Juan. "Vamos apagar alguns malditos porcos", respondeu Sadie. Quando ela saiu, Juan olhou pela janela e a viu entrando no velho Ford amarelo de Johnny Swartz. Charlie, Clem, Tex, Linda e Leslie também entraram.

De acordo com Juan, o incidente havia acontecido depois do anoitecer, por volta das 20h ou 21h, e, ainda que não pudesse determinar a data, disse que foi cerca de uma semana antes da batida do dia 16 de agosto. A inferência lógica era que ele estava descrevendo a noite na qual os LaBianca foram mortos.

A história de Juan era importante tanto como prova quanto como corroboração independente do testemunho de Linda Kasabian. Não só o horário, os participantes, o veículo e a cor das roupas de Susan Atkins coincidiam, como Juan também notou que Manson estava dirigindo.

Juan então testemunhou a respeito da conversa na cozinha que aconteceu "mais ou menos um dia" depois, quando, ao levar uma faca à sua garganta, Manson lhe disse: "Seu filho da puta, você não sabe que sou eu quem está por trás de todos esses assassinatos?".

Os jornalistas correram para a porta.

MANSON ADMITIU ASSASSINATOS,
AFIRMA CAUBÓI DO RANCHO SPAHN

Os protestos de Kanarek excluíram outra prova bastante prejudicial. Em uma determinada noite em junho ou julho de 1969, Manson, Juan e três outros integrantes da Família estavam passando por Chatsworth, quando Charlie estacionou diante de uma "casa rica" e instruiu Juan a entrar e amarrar as pessoas. Quando tivesse terminado, disse Manson, ele deveria abrir a porta e, citando-o: "Nós vamos entrar e cortar os porcos desgraçados em pedacinhos". Juan teria respondido: "Não, obrigado".

Isso, para todos os efeitos, foi um ensaio para os homicídios do caso Tate-LaBianca. Contudo, decretando que "o efeito prejudicial excede em muito o valor probatório", Older não me deu permissão para questionar Juan a respeito disso.

Também não consegui, pelo mesmo motivo, introduzir um comentário que Manson fez para Juan: "Adolf Hitler tinha a melhor resposta para tudo".

Essa resposta, claro, era assassinato. No entanto, devido aos protestos de Kanarek, nenhum desses dois incidentes foi ouvido pelo júri ou chegou a ser divulgado.

Durante o interrogatório da defesa, Fitzgerald mencionou uma anomalia interessante. Mesmo depois de Manson o ter suspostamente ameaçado, não uma, mas diversas vezes, Juan ainda ficou por perto. Depois da batida, ele até chegou a acompanhar a Família ao Vale da Morte, permanecendo com eles durante algumas semanas antes de partir e se reunir a Crockett, Poston e Watkins.

Isso também havia me intrigado. Uma explicação possível era que, de acordo com o testemunho de Juan, ele a princípio tinha pensado que Manson estava "cheio de papo furado" a respeito dos homicídios, que "ninguém com a cabeça no lugar mataria alguém e então se gabaria disso". Além do mais, Juan era tranquilo e demorava para ficar com raiva. E, talvez o mais importante, Juan era um desgraçado independente; assim como Paul Crockett, que só deixou o Vale da Morte muito tempo depois de Manson ter ameaçado matá-lo, ele não gostava de ser intimidado.

Kanarek deu continuidade à descoberta de Fitzgerald: "Então, sr. Flynn, você teve medo de ficar no rancho Myers com o sr. Manson?".

R: "Bom, eu me mantive atento e cauteloso."

P: "Apenas responda à pergunta, sr. Flynn. Compreendo que seja um ator, mas apenas responda à pergunta, por favor."

R: "Bom, eu gostava de lá, sabe, porque queria pensar coisas boas, sabe. Mas toda vez que eu dava as costas, bom, esse parecia ser o assunto principal, sabe, sobre quantas vezes eles poderiam dar cabo de mim. Então, enfim, fui embora."

P: "Agora, sr. Flynn, você poderia me contar como se manteve atento e cauteloso? Como você se protegeu?"

R: "Bom, eu me protegi indo embora."

Kanarek mencionou que, ao ser entrevistado por Sartuchi, Flynn não dissera nada sobre Manson ter levado uma faca à sua garganta. "Você estava retendo essa informação, não é, sr. Flynn, para jogá-la sobre nós neste tribunal, não é isso?"

R: "Não, eu contei isso para os policiais antes, sabe."

Ignorando a resposta de Flynn, Kanarek disse: "Você quer dizer, sr. Flynn, que inventou isso para os propósitos deste tribunal, estou correto, sr. Flynn?".

Kanarek estava acusando Flynn de ter inventado seu testemunho recentemente. Fiz uma anotação sobre isso, apesar de, por ora, não estar ciente de quão importante essa parte da conversa logo se tornaria.

Após se concentrar em todas as coisas mencionadas por mim que não constavam na entrevista de Sartuchi, Kanarek perguntou a Juan quando foi a primeira vez em que ele mencionou a alguém o incidente com a faca.

R: "Bom, tinha alguns policiais em Shoshone, sabe, e eu conversei com eles."

Flynn, contudo, não conseguia se lembrar de seus nomes.

Kanarek foi insistente em insinuar, diversas vezes, que Flynn estava enfeitando sua história. Juan não aceitou bem ser chamado de mentiroso. Era perceptível que ele estava ficando irritado.

Decidido a provar que Flynn estava testemunhando para que pudesse promover sua carreira cinematográfica — Juan tivera pequenos papéis em faroestes —, Kanarek perguntou: "Você reconhece, não é, que neste caso existe muita publicidade contra o sr. Manson, certo?".

R: "Bom, esse é o tipo de publicidade que eu não gostaria de ter, seu grande cabeça de bagre."

TRIBUNAL: "Dito isso, sr. Kanarek, iremos encerrar."

◆ ◆ ◆

Depois da sessão, questionei Juan a respeito da entrevista em Shoshone. Ele achava que um dos policiais era da Polícia Rodoviária da Califórnia, mas não tinha certeza. Naquela noite, telefonei para o escritório da procuradoria-geral em Independence e descobri que o homem que tinha entrevistado Juan era um policial rodoviário chamado Dave Steuber. Mais tarde, naquela mesma noite, por fim o localizei em Fresno, Califórnia. Sim, ele tinha entrevistado Flynn, assim como Crockett, Poston e Watkins, no dia 19 de dezembro de 1969. Ele havia gravado toda a conversa, que contava com mais de nove horas. Sim, ele ainda tinha as fitas originais.

Verifiquei meu calendário. Meu palpite era que Flynn permaneceria no banco das testemunhas por mais um ou dois dias. Será que Steuber poderia chegar em L.A. em três dias com as fitas e preparado para testemunhar? Claro, respondeu Steuber.

Steuber então me contou algo que considerei absolutamente inacreditável: ele já havia feito cópias das gravações e as entregado ao LAPD no dia *29 de dezembro de 1969*. Mais tarde, descobri a identidade do detetive do LAPD para quem as gravações foram entregues. O policial (já falecido) lembrou-se de ter recebido as gravações, mas admitiu que não as havia escutado. Achava que as tinha dado para alguém, mas não conseguia se lembrar de quem. Tudo o que sabia era que não estava mais com elas.

Talvez porque a entrevista era muito longa — nove horas — ou, talvez, por ter acontecido próximo das festas de final de ano, a fita havia se perdido na confusão. Nenhuma explicação, contudo, apaga o fato desagradável de que, desde dezembro de 1969, o Departamento de Polícia de Los Angeles estava com uma entrevista gravada, contendo uma declaração na qual Manson insinua que era responsável pelos homicídios do caso Tate-LaBianca, e até onde pode ser determinado, ninguém se deu ao trabalho de registrá-la como evidência, quanto mais escutá-la.

Normalmente, eu não teria encontrado uma maneira de apresentar a gravação de Steuber como prova no julgamento, pois não é possível usar uma declaração consistente anterior para corroborar o depoimento de uma testemunha. No entanto, existe uma exceção a essa regra: tal evidência é admissível se o lado oposto afirma que o depoimento da testemunha foi inventado recentemente e a declaração consistente anterior foi feita antes que o declarante tivesse algum motivo para inventar algo. Quando Kanarek perguntou: "Você quer dizer, sr. Flynn, que inventou isso para os propósitos deste tribunal, estou correto, sr. Flynn?", ele o acusou de uma invenção recente, e abriu a porta para que eu apresentasse a declaração consistente anterior.

◆ ◆ ◆

Muitas portas foram abertas durante o interrogatório da defesa, mas a princípio a maior delas sequer se parecia com uma. A defesa tinha dado muita importância ao fato de que Juan só contou sua história para as autoridades muito tempo depois de os eventos terem acontecido. Com essa abertura, argumentei, eu deveria ter permissão de mencionar o motivo: ele temia por sua vida.

Respondendo ao protesto de Kanarek, Older disse: "Você não pode falar sobre todas essas coisas durante o interrogatório da defesa e esperar que o outro lado não faça nada a respeito, sr. Kanarek. Você não pode encurralá-los e dizer que não podem tentar escapar".

Juan recebeu permissão para testemunhar que não havia procurado a polícia porque "achava que não era seguro fazer isso, sabe. Recebi algumas mensagens com ameaças...".

Na verdade, Juan havia recebido três dessas mensagens, todas entregues a ele por membros da Família, a última tendo sido enviada duas semanas antes, quando Squeaky e Larry Jones descobriram que Juan estava morando no trailer de John Swartz em Canoga Park. Enquanto argumentava contra a admissibilidade de tais mensagens, Fitzgerald fez uma declaração interessante: "Minha vida foi ameaçada três vezes e eu não fui até a polícia falar sobre isso".

BUGLIOSI: "A promotoria ameaçou você?"

FITZGERALD: "Não, não estou dizendo isso." Ele não deu mais explicações.

Older decretou que Juan podia testemunhar sobre as mensagens, ainda que não pudesse revelar as identidades dos indivíduos que as entregaram a ele. Juan também testemunhou sobre os telefonemas que eram encerrados assim que ele os atendia, os carros que passavam em alta velocidade à noite, seus ocupantes fazendo óincs e gritando, "Filho da puta!" e "Porco!".

Eu perguntei a ele: "E você considera esses incidentes como ameaças, correto?".

R: "Bem, eles pareceram, sabe, bem evidentes para mim."

P: "Esses incidentes estão entre os motivos pelos quais você não quis ir até uma delegacia e contar sua história?"

R: "Bem, isso foi um dos motivos, sim."

P: "Porque você temia por sua vida?"

R: "Sim."

◆ ◆ ◆

Quando perguntei a ele sobre os outros motivos, Juan descreveu como Manson, Clem e Tex haviam entrado de modo furtivo no chalé de Crockett no rancho Barker.

Tudo isso foi mencionado porque a defesa abriu a porta tão gratuitamente durante seu interrogatório.

Visto que Kanarek havia questionado Juan a respeito de Manson ter "programado" os integrantes da Família, eu pude mencionar uma conversa que ambos tiveram, na qual Manson explicou a Juan que tinha que "desprogramar" seus seguidores para remover a programação imposta a eles por seus pais, escolas, igrejas e sociedade. Para se livrar do ego, Manson disse, você precisava obliterar "todos os desejos que você tinha [...] abrir mão de seu pai e de sua mãe [...] de todas as inibições [...] simplesmente apagar a si mesmo".

Como as técnicas de Manson diferiam dependendo se o indivíduo era homem ou mulher, questionei o que Manson dissera sobre "desprogramar" as garotas. Eu não tinha previsto que Juan contaria tantos detalhes.

R: "Bem, ele dizia, sabe, para se livrar das inibições, sabe, só era preciso pegar duas garotas e, sabe, fazer com que se deitassem, sabe, e fazer com que se comessem, ou que eu levasse uma garota até o topo das colinas, sabe, e só me deitar e deixar que ela chupasse meu pau o dia todo..."

KANAREK: "Vossa Excelência, Vossa Excelência! Poderíamos nos aproximar da tribuna, Vossa Excelência?"

Anteriormente, um dos jurados alternativos tinha enviado uma carta para o juiz Older reclamando sobre a explicitação sexual de alguns dos testemunhos. Eu não olhei para ele, mas suspeitei que estivesse tendo uma apoplexia naquele momento. Quando passei pela mesa da defesa a caminho da tribuna, disse a Manson: "Não se preocupe, Charlie, estou deixando todas as coisas ruins de fora".

Older considerou a pergunta não respondida e a anulou.

Perguntei a Juan: "O sr. Manson conversou com você — *sem mencionar o que ele disse, Juan* — sobre os planos que tinha para 'desprogramar' as pessoas da Família?". Quando ele respondeu, "Sim", eu deixei por isso mesmo.

O que Manson nunca explicou para sua Família foi que, no processo de os "desprogramar", ele os estava reprogramando para serem seus escravos abjetos.

Durante seu interrogatório, Kanarek havia insinuado, assim como tinha feito com muitas das testemunhas anteriores, que Juan havia sido instruído por mim. Pensei que Kanarek faria isso de novo, pela enésima vez, quando, durante seu novo interrogatório, ele começou: "Sr. Flynn, quando uma pergunta for feita que você acredite que não irá ajudar a promotoria neste caso...".

BUGLIOSI: "Ah, pare de argumentar."

KANAREK: "Vossa Excelência, ele está interrompendo!"

BUGLIOSI: "Fique quieto."

TRIBUNAL: "Sr. Bugliosi, veja bem, não vou lhe advertir de novo, senhor."

BUGLIOSI: "O que ele está fazendo, Vossa Excelência? Ele está me acusando de algo e eu não gosto disso."

TRIBUNAL: "Aproximem-se da tribuna."

BUGLIOSI: "Não vou mais aguentar isso. Já estou por aqui."

Minha indignação era mais uma tática de tribunal do que qualquer outra coisa. Se eu deixasse que Kanarek se safasse com o mesmo truque todas as vezes, o júri poderia supor que havia alguma verdade em suas acusações. Junto à tribuna, afirmei a Older: "Não vou ser acusado de um delito grave por esse sujeito todo santo dia".

TRIBUNAL: "Isso é ridículo. Você interrompeu o sr. Kanarek. Fez declarações ultrajantes diante do júri. [...] Eu o condeno por desacato direto ao Tribunal e o multo em 500 dólares."

Para a diversão do secretário judicial, precisei pedir para minha esposa ir até lá para pagar a multa. Mais tarde, os promotores do escritório contribuíram um dólar cada para um "Fundo de Defesa de Bugliosi" e a reembolsaram.

Assim como aconteceu no caso da condenação por desacato anterior de Hughes, eu acreditava que, se de fato havia desacatado alguém, essa pessoa tinha sido Kanarek, não o Tribunal. No dia seguinte, para deixar registrado, eu respondi à acusação de desacato, observando, entre outras coisas, que "no futuro, eu gostaria de pedir ao Tribunal para, por favor, considerar dois pontos óbvios: este é um julgamento bastante disputado e os ânimos podem ficar um tanto acalorados; e para levar em consideração o que o sr. Kanarek está fazendo para incitar uma reação da minha parte".

Com minha acusação de desacato, todos agora tínhamos uma pontuação perfeita: todos os advogados envolvidos no julgamento haviam sido acusados de desacato ou, ao menos, ameaçados disso.

◆ ◆ ◆

A defesa fez o possível para ridicularizar o medo que Juan sentia de Manson.

Hughes mencionou que, como estava preso, era bastante improvável que Manson pudesse machucar alguém; o sr. Flynn esperava de fato que o júri acreditasse que ele tinha medo do sr. Manson?

Juan poderia estar falando por todas as testemunhas da promotoria quando respondeu: "Bom, não o próprio sr. Manson, mas o *alcance* que ele tem, sabe".

Àquela altura, eu podia discernir um padrão: quanto mais prejudicial o testemunho era, maiores eram as chances de Manson criar um tumulto. Assim, assegurava que ele — e não a evidência em si — ganhasse as manchetes do dia. O testemunho de Juan Flynn o prejudicava bastante. Diversas vezes enquanto Flynn esteve no banco das testemunhas, Older teve que mandar que Manson e as garotas fossem retirados, devido aos seus acessos de raiva. Quando isso voltou a acontecer no dia 2 de outubro, Manson virou-se para os espectadores e disse: "Olhem para si mesmos. Aonde vocês estão indo? Vocês estão indo na direção da destruição, é para lá que estão indo." Ele então abriu um sorrisinho bastante esquisito e acrescentou: "*Este é o seu Dia do Juízo Final, não o meu*".

As garotas voltaram a imitar Manson, e Older mandou que todos os quatro fossem retirados.

Kanarek ficou lívido. Eu tinha acabado de mostrar ao juiz as páginas de transcrição nas quais ele acusava Flynn de estar mentindo. Older decretou: "Não há dúvidas: houve uma acusação implícita, se não explícita, de invenção recente". O policial rodoviário Dave Steuber recebeu permissão para reproduzir o trecho da gravação com a admissão incriminadora de Manson.[16]

Depois de estabelecer as circunstâncias da entrevista, Steuber montou um gravador e começou a reproduzir a fita a partir do trecho onde a declaração começava. Há algo em relação a tais provas físicas que impressiona deveras um júri. Outra vez, com palavras muito parecidas com aquelas que o tinham ouvido usar quando estava no banco das testemunhas, os jurados escutaram Juan dizer: "Então ele começou a olhar

16 Steuber estivera investigando uma denúncia de roubo de automóvel, não assassinato, quando conversou com Flynn, Poston, Crockett e Watkins em Shoshone. Entretanto, ao se dar conta da importância de sua história, havia passado nove horas entrevistando-os sobre o que sabiam a respeito de Manson e sua Família. Depois do julgamento, eu escrevi uma carta para a Polícia Rodoviária da Califórnia, elogiando Steuber pelo excelente trabalho que ele havia realizado.

para mim de um jeito esquisito... E então me agarrou pelo cabelo assim, e levou uma faca à minha garganta... E então disse: 'Você não sabe que sou eu quem está por trás de todos esses assassinatos?'".

Segunda-feira, 5 de outubro de 1970. O oficial de justiça Bill Murray relatou mais tarde que teve uma forte sensação de que alguma coisa iria acontecer. Você desenvolve uma espécie de sexto sentido quando lida com prisioneiros dia após dia, disse ele, comentando que, quando levou Manson para sua cela, ele estava agindo de modo muito tenso e agitado.

Apesar de não terem prometido que se comportariam de maneira adequada, Older deu aos réus mais uma chance, permitindo que voltassem à sala do tribunal.

O testemunho foi enfadonho, sem nenhuma surpresa. Não havia, àquela altura, nenhum indício de sua importância, ainda que pressentisse que Charlie talvez suspeitasse do que eu estava tramando. Com uma série de testemunhas, eu estava preparando o terreno para destruir o álibi que prevíamos que Manson apresentaria.

O detetive Paul Whiteley, da LASO, tinha acabado de testemunhar, e os advogados de defesa tinham se recusado a interrogá-lo, quando Manson perguntou: "Posso interrogar ele, Vossa Excelência?".

TRIBUNAL: "Não, você não pode."

MANSON: "Você vai usar este tribunal para me matar?"

Older disse que a testemunha podia descer. Manson fez a pergunta uma segunda vez, acrescentando: "Vou lutar pela minha vida de um jeito ou de outro. Você deveria me deixar fazer isso com palavras".

TRIBUNAL: "Se não parar com isso, vou mandar que seja retirado."

MANSON: "Eu vou mandar que *você* seja retirado se não parar. *Eu tenho meu próprio sistema.*"

Foi apenas quando Manson fez essa admissão deveras alarmante que me dei conta de que, daquela vez, ele não estava fingindo; falava muito sério.

TRIBUNAL: "Chame sua próxima testemunha."

BUGLIOSI: "Sargento Gutierrez."

MANSON: "*Você acha que estou brincando?*"

O incidente aconteceu em menos tempo do que leva para descrevê-lo. Com um lápis apertado na mão direita, Manson de repente pulou por cima da mesa da defesa em direção ao juiz Older. Ele caiu a poucos metros da tribuna, tombando sobre um joelho. Enquanto se esforçava para se levantar, o oficial de justiça Bill Murray também pulou, caindo sobre as costas de Manson. Dois outros policiais logo se juntaram à briga e, depois de um breve tumulto, os braços de Manson foram imobilizados. Enquanto era arrastado para a cadeia, Manson gritou para Older: "*Em nome da justiça cristã, alguém deveria cortar sua cabeça fora!*".

Para piorar a confusão, Atkins, Krenwinkel e Van Houten se levantaram e começaram a entoar algo em latim. Older, muito menos preocupado do que eu teria esperado, lhes deu não uma, mas muitas chances de pararem, até que mandou que também fossem retiradas.

De acordo com os oficiais de justiça, Manson seguiu lutando mesmo depois de ter sido levado para sua cela, e foram necessários quatro homens para algemá-lo.

Fitzgerald perguntou se os advogados podiam se aproximar da tribuna. Para que constasse nos registros, o juiz Older descreveu exatamente seu ponto de vista sobre o incidente. Fitzgerald perguntou se podia indagar a respeito do estado de espírito do juiz.

TRIBUNAL: "Pareceu que ele estava vindo direto para cima de mim."

FITZGERALD: "Eu temia isso, e ainda assim...".

TRIBUNAL: "Se ele tivesse dado mais um passo, eu teria feito alguma coisa para me defender."

Por conta do estado de espírito do juiz, argumentou Fitzgerald, ele se sentiu obrigado a entrar com um pedido de anulação do julgamento. Hughes, Shinn e Kanarek juntaram suas vozes à dele. Older respondeu: "Não vai ser assim tão fácil, sr. Fitzgerald... Eles não vão se beneficiar de seus próprios erros. Indeferido".

Por curiosidade, após o fim da sessão do tribunal, Murray mediu a distância do salto de Manson: três metros.

Murray não ficou muito surpreso. Manson apresentava músculos fortes nas pernas e nos braços. Ele sempre se exercitava em sua cela. Certa vez, quando perguntado sobre o motivo, respondera a um oficial de justiça: "Estou me fortalecendo para o deserto".

Murray tentou recriar o salto. Sem a súbita descarga de adrenalina, ele sequer conseguiu pular para cima da mesa da defesa.

Embora o juiz Older tivesse instruído o júri a "desconsiderar o que vocês viram e ouviram aqui nesta manhã", eu sabia que eles se lembrariam daquilo pelo resto de suas vidas.

Todas as máscaras tinham caído. Eles viram a verdadeira face de Charles Manson.

Fique sabendo de uma fonte confiável que, após o incidente, o juiz Older começou a levar consigo um revólver calibre .38 por baixo da toga, tanto no tribunal quanto em seu gabinete.

Dia do Juízo Final. Ecoando Manson, as garotas que estavam esperando do lado de fora, na esquina, falavam disso em sussurros conspiratórios. "Esperem até o Dia do Juízo Final. É quando o Helter Skelter vai acontecer de verdade."

Dia do Juízo Final. O que era isso? Um plano para libertar Manson? Uma orgia de retaliação?

Uma pergunta tão importante quanto era: quando? O dia em que o júri apresentaria seu veredicto de "inocente" ou "culpado"? Ou, no caso desse último, o dia em que o mesmo júri decidiria entre a "Vida" e a "Morte"? Ou talvez o dia da sentença propriamente dita? Ou, quem sabe, fosse o dia seguinte?

Dia do Juízo Final. Começamos a ouvir essas palavras com cada vez mais frequência. Sem nenhuma explicação. Àquela altura, ainda não sabíamos que a primeira etapa do Dia do Juízo Final já havia começado, com o roubo de um caixote de granadas de mão do Camp Pendleton Marine Base.

De 6 a 31 de outubro de 1970

Algumas semanas antes, depois de voltar ao meu escritório após uma sessão no tribunal, encontrei uma mensagem telefônica do advogado Robert Steinberg, que no momento estava representando Virginia Graham.

Seguindo o conselho de seu advogado anterior, Graham havia retido algumas informações. Steinberg a encorajou a compartilhá-las comigo. "Em especial", dizia a mensagem telefônica, "o fato de que Susan Atkins havia apresentado para a srta. Graham esquemas detalhados referentes a outros homicídios planejados, incluindo os assassinatos de Frank Sinatra e Elizabeth Taylor."

Como estava muito ocupado, tomei providências para que um dos copromotores, Stephen Kay, a entrevistasse.

De acordo com Virginia, alguns dias depois de Susan Atkins ter lhe contado sobre os homicídios dos casos Hinman, Tate e LaBianca — provavelmente no dia 8 ou 9 de novembro de 1969 —, Susan havia ido até a cama de Virginia no Sybil Brand e começado a folhear uma revista sobre cinema. A revista a fazia lembrar, contou Susan, de alguns dos outros assassinatos que ela estivera planejando.

Ela havia decidido matar Elizabeth Taylor e Richard Burton, declarou Susan de maneira direta. Ela esquentaria uma faca até ficar incandescente e a colocaria contra a lateral do rosto de Elizabeth Taylor. Isso seria feito para mais ou menos deixar sua marca. Então entalharia as palavras "helter skelter" em sua testa. Após isso, arrancaria fora seus olhos — Charlie a ensinou como fazer isso — e...

Virginia a interrompeu para perguntar o que Richard Burton estaria fazendo durante tudo isso.

Ah, os dois estariam amarrados, respondeu Susan. Só que, dessa vez, a corda seria amarrada em volta de seus pescoços e pés, para que não pudessem fugir "como os outros".

A seguir, continuou Susan, ela castraria Burton, depois colocaria seu pênis, assim como os olhos de Elizabeth Taylor, em uma garrafa. "E saca só isso, se liga!", riu Susan. "Depois vou mandar a garrafa para Eddie Fisher!"

Quanto a Tom Jones, outra das vítimas selecionadas, ela planejava obrigá-lo a transar com ela, sob a ameaça de uma faca, e então, assim que ele estivesse tendo um orgasmo, ela cortaria sua garganta.

Steve McQueen também estava na lista. Antes que Susan pudesse explicar o que tinha em mente para ele, Virginia a interrompeu, dizendo: "Sadie, você não pode simplesmente ir até essas pessoas e as matar!".

Isso não seria nenhum problema, afirmou Susan. Era fácil descobrir onde moravam. Ela simplesmente entraria de modo furtivo em suas casas, "como fiz com a Tate".

Ela dispunha de algo de primeira planejado para Frank Sinatra, prosseguiu Susan. Como sabia que Frank gostava de garotas, ela simplesmente iria até sua porta e bateria. Seus amigos, disse, estariam esperando no lado de fora. Uma vez dentro da casa, eles iriam pendurar Sinatra de ponta cabeça, então, enquanto sua própria música estivesse tocando, o esfolariam vivo. Após isso, eles fariam bolsas com sua pele e as venderiam para lojas hippies, "para que todo mundo pudesse ter um pedacinho do Frank".

Ela havia concluído, disse Susan, que as vítimas tinham que ser pessoas importantes, para que o mundo todo ficasse sabendo.

Pouco depois disso, Virginia encerrou a conversa com Susan. Quando Stephen Kay perguntou a ela por que não tinha contado essa história antes, Virginia explicou que tudo era tão louco que achou que ninguém acreditaria. Até mesmo seu advogado anterior a tinha aconselhado a não falar nada sobre isso.

Aqueles eram planos da própria Sadie ou de Charlie? Por saber tantas coisas a respeito de Susan Atkins, eu duvidava que tudo aquilo tivesse vindo dela. Apesar de não ter nenhuma prova, era uma inferência razoável que ela provavelmente tivesse pegado essas ideias de Manson.

De qualquer maneira, não importava. Enquanto lia a transcrição da entrevista gravada, soube que não poderia apresentar nada daquilo como evidência: para a lei, sua relevância para os homicídios do caso Tate-LaBianca era insignificante, e seria facilmente superada por seu efeito bastante prejudicial.

Ainda que a declaração de Virginia Graham fosse inútil como evidência, uma cópia dela foi disponibilizada para cada um dos advogados de defesa sob a ordem de descoberta.

Essa declaração, a seu próprio modo, logo entraria para a história jurídica.

Ainda que Ronnie Howard tenha procurado a polícia antes de sua colega, convoquei Virginia Graham para subir primeiro ao banco das testemunhas, pois Susan havia confessado para ela, a princípio.

Seu testemunho foi excepcionalmente dramático, visto que aquela era a primeira vez que o júri ouvia o que tinha acontecido no interior da residência de Tate.

◆ ◆ ◆

Como ambos os testemunhos haviam sido apenas contra Susan Atkins, Shinn foi o único que interrogou Graham e Howard pela defesa. Seu ataque se concentrou mais em macular seus históricos do que em suas declarações. Ele mencionou, por exemplo, dezesseis pseudônimos diferentes que Ronnie Howard havia usado. Também lhe perguntou se ela ganhava muito dinheiro como prostituta.

Depois de pedir para que ele se aproximasse da tribuna, Older disse: "Você conhece as regras, sr. Shinn. Não me venha com esse olhar arregalado de inocência e não finja que não sabe do que estou falando".

SHINN: "Vossa Excelência está querendo dizer que não posso perguntar a profissão de uma pessoa?"

A promotoria não tinha feito nenhum "acordo" com Virginia Graham ou Ronnie Howard. Howard havia sido inocentada da acusação de falsificação, ao passo que Graham tinha cumprido sua pena completa em Corona. Em ambos os casos, contudo, Shinn mencionou a recompensa. Quando ele lhe perguntou se tinha conhecimento dos 25 mil dólares, Ronnie respondeu sem rodeios: "Acho que tenho direito a eles".

Durante o interrogatório redirecionado, perguntei a cada uma delas: "Você está ciente de que testemunhar no julgamento não é um pré-requisito para receber o dinheiro?". Protesto. Mantido. Contudo, havia conseguido esclarecer esse ponto.

As cartas que Susan Atkins enviara para suas ex-colegas de cela, Ronnie Howard, Jo Stevenson e Kitt Fletcher, eram muito incriminadoras. Embora estivesse pronto para convocar um especialista em caligrafia que testemunhasse quanto à autenticidade das missivas, Shinn, para economizar tempo, estipulou que Susan as tinha escrito. Entretanto, antes que pudessem ser apresentadas como provas, nós tivemos que fazer com que estivessem de acordo com o caso *Aranda*, editando quaisquer referências aos corréus de Atkins. Isso foi feito no gabinete do juiz, longe da presença do júri.

Kanarek insistiu que quase todas as linhas fossem excluídas. Indignado por seus constantes protestos, Fitzgerald reclamou com Older: "Não quero passar o resto da minha vida aqui". Older, igualmente indignado, advertiu Kanarek: "Eu o aconselho a usar um pouco mais de discrição e tentar não entulhar as atas com moções, objeções e declarações que qualquer criança de 10 anos consegue ver que são besteiras ou completamente irrelevantes...".

Ainda assim, de tempos em tempos Kanarek destacava algumas sutilezas que os outros advogados de defesa deixavam passar. Por exemplo,

Susan escrevera para Ronnie: “Quando descobri que você era a informante, eu quis cortar sua garganta. Então, percebi que eu era a verdadeira informante, e era a minha própria garganta que eu queria cortar”.

Você não “informa” algo contra você mesmo, argumentou Kanarek; você “confessa”. Isso sugeria que outras pessoas estavam envolvidas.

Depois de dezenove páginas de argumentos, muitos dos quais foram bastante sofisticados, nós enfim editamos esse trecho em particular para que dissesse: “Quando descobri que você era a informante, eu quis cortar sua garganta. Então, percebi que era a minha própria garganta que eu queria cortar”.

Kanarek queria que a linha “Amor Amor Amor” fosse excluída da carta a Stevenson porque “era uma referência a Manson”.

TRIBUNAL: “Parece mais com Gertrude Stein.”

Visto que as referências a “Amor” estavam entre as pouquíssimas coisas favoráveis nas cartas de Susan, Shinn insistiu que fossem mantidas, vindo a comentar: “O que você quer fazer, transformá-la em uma assassina?”.

LIZ TAYLOR E SINATRA EM LISTA DE ASSASSINATOS

O *Herald Examiner* de Los Angeles divulgou a notícia no dia 9 de outubro, em uma matéria exclusiva creditada ao repórter William Farr. Ao descobrir, na noite anterior, que a matéria seria publicada, o juiz Older voltou a ordenar que as janelas do ônibus do júri fossem tapadas, para que os jurados não conseguissem ver as manchetes nas bancas de jornal em todas as esquinas.

A matéria de Farr continha citações diretas da declaração de Virginia Graham, a qual tínhamos entregado para a defesa sob a ordem de descoberta.

Interrogado no gabinete do juiz, Farr recusou-se a identificar sua fonte ou fontes. Após observar que sob as leis da Califórnia ele não podia obrigar o repórter a fazê-lo, Older o dispensou.

Era óbvio que um ou mais indivíduos haviam violado a ordem de proibição de divulgação. Older, no entanto, não insistiu no assunto e, ali, ao que pareceu, a questão foi encerrada. Naquela época, não havia nenhum indício de que, com o tempo, a questão se tornaria uma *cause célèbre* e levaria à prisão de Farr.

Antes de Older o interrogar, Farr disse ao advogado de Virginia Graham, Robert Steinberg, que havia recebido a declaração de um dos advogados de defesa. Mas não disse qual deles.

◆ ◆ ◆

Gregg Jakobson foi uma testemunha impressionante e muito importante. Pedi que o caça-talentos alto, vestido com roupas da moda, testemunhasse em detalhes a respeito de suas muitas conversas com Manson, durante as quais eles falaram sobre o Helter Skelter, os Beatles, o Apocalipse 9 e a atitude curiosa de Manson em relação à morte.

Shahrokh Hatami foi o próximo a subir no banco das testemunhas depois de Jakobson, para depor sobre seu confronto com Manson no número 10050 da Cielo Drive na tarde de 23 de março de 1969. Pela primeira vez, o júri e o público ficaram sabendo que Sharon Tate havia visto o homem que mais tarde viria a ordenar seu assassinato.

Em Rudi Altobelli, Kanarek enfim encontrou um adversário à sua altura. Durante o interrogatório direto, o proprietário do número 10050 da Cielo Drive testemunhou sobre seu primeiro encontro com Manson na casa de Dennis Wilson e, então, nos mínimos detalhes, descreveu o incidente em que Manson apareceu na casa de hóspedes na noite anterior à sua viagem para Roma com Sharon.

Bastante hostil por Altobelli não ter lhe dado permissão para visitar o número 10050 da Cielo Drive, Kanarek perguntou: "Veja bem, no momento, a propriedade na Cielo Drive onde você mora é bastante segura, correto?".

R: "Espero que sim."

P: "Você se lembra de conversar comigo quando eu tentei entrar naquela sua fortaleza?"

R: "Lembro de suas insinuações ou ameaças."

P: "Quais foram minhas insinuações ou ameaças?"

R: "'Nós vamos cuidar de você, sr. Altobelli', 'Vamos lidar com você, sr. Altobelli'. 'Vamos trazer o tribunal até sua casa e realizar o julgamento na sua casa, sr. Altobelli.'"

Altobelli havia respondido a Kanarek que, se o Tribunal mandasse, ele ficaria feliz em obedecer. "Caso contrário, não. Isto é um lar. Não vai ser uma atração turística ou um show de horrores."

P: "Você respeita nossos tribunais de justiça, sr. Altobelli?"

R: "Acredito que mais do que você, sr. Kanarek."

Apesar dos protestos da defesa, eu tinha conseguido introduzir cerca de 95% do testemunho que esperava obter por meio de Jakobson, Hatami e Altobelli.

Com a testemunha seguinte, contudo, acabei, de repente, metido até o pescoço em problemas.

Charles Koenig subiu ao banco para testemunhar sobre ter encontrado a carteira de Rosemary LaBianca no banheiro feminino do posto Standard, em Sylmar, onde trabalhava. Ele descreveu como, depois de levantar a tampa do tanque do sanitário, encontrara a carteira encaixada sobre o mecanismo, pouco acima da linha d'água.

Kanarek interrogou Koenig em detalhes sobre a privada, causando alguns risos sarcásticos dos espectadores e da imprensa. Então, de repente me dei conta do que ele estava tentando fazer.

O advogado perguntou a Koenig se havia algum procedimento padrão em relação à manutenção das privadas do banheiro.

Koenig respondeu que o manual operacional do posto Standard exigia que o banheiro fosse limpo a cada hora. O agente desinfetante, que é mantido no tanque do sanitário, testemunhou ele em mais detalhes, precisava ser substituído "sempre que acabava".

Com qual frequência isso acontecia? Quis saber Kanarek.

Como "líder", ou chefe, do posto, Koenig não limpava pessoalmente os banheiros, em vez disso, delegava a tarefa a terceiros. Portanto, pude protestar contra essa e outras perguntas similares solicitando por uma conclusão por parte de Koenig.

Felizmente, o tribunal entrou em recesso pelo restante do dia.

Logo depois, telefonei para o LAPD com um pedido urgente: queria que os detetives encontrassem e entrevistassem todas as pessoas que haviam trabalhado naquele posto entre os dias 10 de agosto de 1969 (a data na qual, de acordo com seu testemunho, Linda Kasabian deixou a carteira no local) e 10 de dezembro de 1969 (a data na qual Koenig a encontrou). Precisava que fossem entrevistados antes que Kanarek pudesse chegar até eles, temendo que ele pudesse colocar palavras em suas bocas. Orientei os policiais: "Diga a eles: 'Esqueça o que o manual operacional do posto Standard diz que você deve fazer; esqueça também o que seu empregador possa vir a dizer se descobrir que você não seguiu as instruções ao pé da letra. Apenas responda com sinceridade: você pessoalmente, em algum momento durante o período em que esteve empregado no posto, trocou o agente desinfetante daquela privada?'".

Para trocar o agente desinfetante, é preciso levantar a tampa do tanque. Caso alguém tivesse feito isso, a pessoa logo teria visto a carteira. Se Kanarek pudesse encontrar um único funcionário que afirmasse ter trocado o agente desinfetante durante aquele intervalo de quatro meses, a defesa poderia afirmar com veemência que a carteira havia sido "plantada", não apenas destruindo a credibilidade de Linda Kasabian em relação a todo seu testemunho, como também insinuando que a promotoria estava tentando incriminar Manson.

O LAPD localizou alguns, mas não todos, dos antigos funcionários. (Eles não tinham trocado o agente desinfetante nem uma única vez.) Felizmente, Kanarek, ao que parece, não teve mais sorte.

Hughes fez poucas perguntas para Koenig, mas elas foram devastadoras.

P: "Bem, Sylmar é uma região predominantemente branca, não é?"

R: "É, acredito que sim."

P: "Sylmar não é um gueto negro, é?"

R: "Não."

De acordo com Linda, Manson queria que um negro encontrasse a carteira e usasse os cartões de crédito, para que os negros fossem acusados dos homicídios. Toda minha teoria a respeito do motivo se baseava nessa premissa. Por que, então, Manson havia deixado a carteira em uma região predominantemente branca?

Na realidade, a saída da autoestrada que Manson havia pegado ficava logo ao norte de Pacoima, o gueto negro do Vale de San Fernando. Tentei apresentar esse fato por meio de Koenig, mas protestos da defesa o excluíram, e eu mais tarde tive que convocar o sargento Patchett para testemunhar sobre o assunto.

Com uma única testemunha, um atendente de um posto de gasolina, a defesa — em especial Kanarek e Hughes — quase abriu dois buracos enormes no caso da promotoria.

Àquela altura, eu já tinha reduzido a quantidade de oponentes. Apesar de ter boa presença, Fitzgerald quase nunca marcava pontos. Shinn era simpático. Por ser seu primeiro julgamento, Hughes estava se saindo muito bem. Mas era Irving Kanarek, a quem muitos membros da imprensa chamavam de bufão do julgamento, que estava marcando quase todos os pontos. De vez em quando, Kanarek era bem-sucedido em excluir evidências importantes.

Por exemplo, quando Stephanie Schram subiu ao banco das testemunhas, Kanarek protestou contra seu testemunho em relação à "escola de assassinato" que Manson havia conduzido no rancho Barker, e Older manteve seu protesto. Apesar de discordar da decisão do juiz, não consegui encontrar uma maneira de contorná-la.

No decorrer do interrogatório direcionado, Stephanie havia testemunhado que ela e Manson viajaram de San Diego de volta ao rancho Spahn em uma van da cor creme na tarde de sexta-feira, 8 de agosto. Durante o interrogatório da defesa, Fitzgerald lhe perguntou: "Você poderia estar enganada quanto ao dia?". Isso sugeria que Manson ainda podia estar planejando usar um álibi. Assim, no interrogatório redirecionado, eu mencionei a multa de trânsito que eles haviam recebido no dia anterior. Juntamente ao relatório das prisões de Brunner e Good do dia 8 de agosto, que continha o número da placa daquela mesma van, eu agora estava pronto para acabar com Charlie se a defesa alegasse que ele sequer estava no sul da Califórnia no momento dos assassinatos.

Contudo, não havia como saber se Manson poderia ter a própria bomba secreta, a qual estava esperando para detonar.

Por acaso, ele tinha.

O sargento Gutierrez, sobre a porta com a escrita "HELTER SKELTER". DeWayne Wolfer, a respeito dos testes de som que havia realizado na residência de Tate. Jerrold Friedman, sobre o último telefonema que Steven Parent fez. Roseanne Walker, sobre os comentários de Atkins em relação aos óculos. Harold True, a respeito das visitas de Manson à casa ao lado da residência dos LaBianca. O sargento McKellar, em relação às tentativas de Krenwinkel de evitar ser reconhecida pouco antes de sua prisão em Mobile, Alabama. Punhados, mas acumulativos. E com o tempo, eu esperava, convincentes.

Faltavam poucas testemunhas da promotoria. E eu ainda não sabia qual seria a defesa. Embora a promotoria tivesse que entregar à defesa uma lista de todas as nossas testemunhas, a defesa não tinha tal obrigação. Anteriormente, Fitzgerald havia informado a imprensa que pretendia convocar trinta testemunhas, entre elas, celebridades como Mama Cass, John Phillips e o beatle John Lennon, este último para testemunhar sobre como ele interpretava as letras das próprias canções. Mas isso, e os boatos de que o próprio Manson planejava testemunhar, eram as únicas pistas que vinham da defesa. E mesmo o testemunho de Manson era algo incerto. Em minhas conversas com Charlie, ele parecia vacilar. Talvez eu testemunhe. Talvez não. Continuei a instigá-lo, mas estava preocupado que talvez tivesse ido longe demais.

Os réus foram mantidos longe da sala do tribunal desde o ataque de Manson contra o juiz. No dia em que Terry Melcher estava marcado para testemunhar, contudo, Older permitiu que retornassem. Sem querer encarar Manson, Terry me perguntou: "Não posso ir até uma cela nos fundos e testemunhar usando um autofalante?".

De todas as testemunhas da promotoria, Melcher era o mais amedrontado com Manson. Seu medo era tão grande, me contou, que ele estivera fazendo tratamento psiquiátrico e havia contratado um guarda-costas em tempo integral desde dezembro de 1969.

"Terry, eles não estavam atrás de você naquela noite", tentei assegurá-lo. "Manson sabia que você não estava mais morando lá."

Melcher estava tão ansioso, contudo, que teve que tomar calmantes antes de subir ao banco das testemunhas. Apesar de ter tido um desempenho mais fraco do que em nossas conversas, ele me contou, com evidente alívio, que depois que concluiu seu testemunho, Manson sorriu para ele. Portanto, Charlie não devia estar muito insatisfeito com o que ele havia dito.

Kanarek, provavelmente a pedido de Manson, não interrogou Melcher. Hughes mencionou que, quando Wilson e Manson levaram Terry até o portão do número 10050 da Cielo Drive naquela noite, era provável que o tivessem visto apertando o botão. A defesa então poderia argumentar que, se Manson estivesse familiarizado com o dispositivo que controlava o portão, seria improvável que tivesse mandado os assassinos escalarem a cerca, como Linda havia afirmado.

Àquela altura, eu tinha provas de que *tanto* Watson *quanto* Manson estiveram no número 10050 da Cielo Drive em *diversas* ocasiões antes dos homicídios. Mas o júri nunca viria a ouvi-las.

Alguns meses antes, eu soube que, após Terry Melcher ter se mudado, mas antes de os Polanski se instalarem na casa, Gregg Jakobson havia providenciado para que um certo Dean Moorehouse se hospedasse lá por um breve período. Durante esse tempo, Tex Watson visitou Moorehouse em pelo menos três, e talvez em até mesmo seis, ocasiões. Em uma conversa particular com Fitzgerald, mencionei isso e ele respondeu que já sabia.

Embora eu pretendesse apresentar essa evidência durante o julgamento de Watson, preferi não mencioná-la durante os procedimentos atuais e esperava que Fitzgerald também não o fizesse, pois ela enfatizava o elo com Watson, e não com Manson.

Ainda que suspeitasse que Manson também havia visitado o local durante esse mesmo período, só tive provas quando o julgamento já estava mais avançado, quando descobri, da melhor fonte possível, que Manson estivera no número 10050 da Cielo Drive "em cinco ou seis ocasiões". Minha fonte foi o próprio Manson, que admitiu isso em uma de nossas conversas. Manson negou, contudo, que estivera dentro da casa propriamente dita. Ele e Tex foram até lá, disse, para subir e descer correndo as colinas de bugue.

Entretanto, eu não poderia usar essa informação contra Manson, pois, como ele bem sabia, todas as nossas conversas ocorreram por insistência dele, e ele nunca foi alertado sobre seus direitos constitucionais.

Era decididamente uma situação curiosa. Embora tivesse jurado me matar, Manson ainda pedia para me ver de tempos em tempos — para tagarelar.

Nossas conversas eram igualmente curiosas. Manson me contou, por exemplo, que acreditava na lei e na ordem. As autoridades deveriam exercer "um controle rígido", disse. Não importava qual era a lei — pois o certo e o errado eram relativos —, mas ela deveria ser imposta de maneira rigorosa por quem quer que tivesse o poder. E a opinião pública deveria ser suprimida, pois uma parte das pessoas queria uma coisa, uma parte queria outra.

"Em outras palavras, sua solução seria uma ditadura", comentei.

"Sim."

Ele tinha uma solução simples para o problema da criminalidade, contou-me Manson: esvaziar as prisões e banir todos os criminosos para o deserto. Mas, primeiro, seria necessário marcar com ferro em brasa suas testas com um X, para que, caso aparecessem nas cidades, eles pudessem ser identificados e abatidos de pronto.

"Será que preciso de dois palpites quanto a quem mandaria neles no deserto, Charlie?"

"Não." Ele sorriu.

Em outra ocasião, Manson me contou que tinha acabado de escrever para Nixon, pedindo ao presidente que entregasse as rédeas do poder a ele. Se eu estivesse interessado, poderia ser seu vice-presidente. Eu era um promotor brilhante, afirmou ele, um mestre com as palavras, e "você acertou na mosca a respeito de muitas coisas".

"Que coisas, Charlie? O Helter Skelter, o modo como os assassinatos foram cometidos, sua filosofia sobre a vida e a morte?"

Manson sorriu e recusou-se a responder.

"Nós dois sabemos que você ordenou aqueles assassinatos", eu disse a ele.

"Bugliosi, foram os Beatles, as músicas que estão lançando. Eles estão falando sobre guerra. Esses jovens ouvem essas músicas e captam a mensagem, é subliminar."

"Você esteve junto deles na noite dos homicídios dos LaBianca."

"Eu saía em muitas noites."

Nunca uma negação direta. Mal podia esperar para pegá-lo no banco das testemunhas.

Manson me contou que gostava da prisão, embora preferisse o deserto, o sol e as mulheres. Eu lhe disse que ele nunca havia estado dentro da sala verde em San Quentin.

Ele não tinha medo da morte, respondeu Manson. A morte era apenas um pensamento. Ele tinha a encarado antes, muitas vezes, tanto nessa quanto em vidas passadas.

Eu o questionei se, quando atirou em Crowe, pretendia matá-lo.

"Claro", respondeu, acrescentando: "Poderia matar todo mundo sem pestanejar". Quando perguntei por que, ele disse: "Porque vocês vêm me matando há anos". Quando insisti em saber se todas aquelas mortes o incomodavam, Manson respondeu que não tinha uma consciência, que tudo era apenas um pensamento. Ele, e apenas ele, controlava seus pensamentos, estava em controle absoluto, não era programado por nada nem por ninguém.

"Quando a casa cair, é melhor acreditar que eu estarei no controle dos meus pensamentos", disse Manson. "Eu vou saber o que estou fazendo. Eu vou saber *exatamente* o que estou fazendo."

Manson interrompia com frequência o testemunho de Brooks Poston e Paul Watkins com comentários à parte. As interrupções de Kanarek eram tão constantes que Older, após pedir que se aproximasse da tribuna, lhe disse, irritado: "Você está tentando tumultuar o testemunho com protestos frívolos, prolongados, intricados e tolos. Você vem fazendo isso repetidas vezes durante este julgamento. [...] Eu o estudei com muito cuidado, sr. Kanarek. Sei exatamente o que está fazendo. Tive de sentenciá-lo por desacato duas vezes antes por fazer o mesmo. Não vou hesitar em fazê-lo de novo".

Era óbvio demais, tanto para Kanarek quanto para Manson, que Poston e Watkins eram testemunhas impressionantes. Passo a passo, eles traçaram a evolução do Helter Skelter, não no âmbito intelectual, como Jakobson o compreendia, mas como antigos crentes devotos, membros da Família que haviam observado um conceito vago se materializar devagar em uma realidade aterrorizante.

O interrogatório da defesa não abalou nem um pouco seus testemunhos; ao contrário, ele extraiu mais detalhes. Quando Kanarek questionou Poston, por exemplo, ele sem querer mencionou um bom exemplo do domínio de Manson: "Quando Charlie estava por perto, as coisas eram como quando um professor volta para a sala de aula".

Hughes perguntou a Poston: "Você sentia como se estivesse sob o feitiço hipnótico do sr. Manson?".

R: "Não, eu não achava que Charlie tinha um feitiço hipnótico."

P: "Você achava que ele tinha algum poder?"

R: "Eu achava que ele era Jesus Cristo. Isso é poder suficiente para mim."

Ao relembrar o período que passou com Manson, Poston disse: "Aprendi muitas coisas com Charlie, mas não parece que ele estava libertando todas aquelas pessoas". Watkins comentou: "Charlie sempre pregava sobre o amor. Charlie não fazia ideia do que era o amor. Charlie estava tão distante do amor que chega a ser quase inacreditável. *A morte é o lance do Charlie*. É mesmo".

Desde sua extradição para a Califórnia, Charles "Tex" Watson estivera se comportando de modo peculiar. A princípio falava pouco, depois parou de falar por completo. Os prisioneiros em seu bloco assinaram uma petição reclamando da falta de higiene em sua cela. Ele fitava o nada durante horas, então se lançava inexplicavelmente contra a parede da cela. Colocado em contenção, parou de comer e, apesar de ser alimentado à força, seu peso caiu para cinquenta quilos.

Apesar de haver evidências de que ele estava fingindo pelo menos parte dos sintomas, seu advogado, Sam Bubrick, solicitou que o Tribunal designasse três psiquiatras para examiná-lo. Suas conclusões diferiam, mas concordaram em um ponto: Watson estava regredindo rapidamente a um estado fetal, o qual, a menos que fosse logo tratado, poderia ser fatal. Agindo com base em seus exames, no dia 29 de outubro, o juiz Dell decretou que Watson não estava apto para ser julgado naquele momento e ordenou sua internação no Atascadero State Hospital.

Manson pediu para me ver durante o recesso.

"Vince", implorou Manson através da porta de sua cela, "me dê só meia hora com Tex. Tenho certeza de que posso curar ele."

"Sinto muito, Charlie", respondi. "Não posso me dar ao luxo de correr esse risco. Se você o curar, então todos *vão* acreditar que você é Jesus Cristo."

De 1º a 19 de novembro de 1970

No dia anterior à internação de Watson no Atascadero, dois psiquiatras designados pelo tribunal declararam que Dianne Lake, de 17 anos, estava apta a testemunhar.

Após ter recebido alta do Patton, Dianne teve algumas notícias boas: Jack Gardiner, o investigador do condado de Inyo, e a esposa, que se tornaram seus amigos depois de sua prisão durante a batida no rancho Barker, foram nomeados seus pais adotivos. Ela iria morar com eles e os filhos até concluir o ensino médio.

Por conta do caso *Aranda*, havia algumas coisas sobre as quais o júri não foi informado — por exemplo, que Tex havia mandado Leslie esfaquear Rosemary LaBianca e, mais tarde, limpar as impressões digitais de tudo que tinham tocado —, porque Katie contou essas coisas para Dianne, e quaisquer referências feitas por Katie aos seus corréus tiveram que ser editadas.

Dianne pôde testemunhar sobre o que Leslie afirmara ter feito; no entanto, o problema aqui era que Leslie nunca contou a Dianne *quem* ela havia esfaqueado. Disse apenas que havia esfaqueado alguém que já estava morto; que isso aconteceu perto do Griffith Park; e que havia um barco no lado de fora. Com base nesses fatos, eu esperava que o júri chegasse à conclusão de que ela estava falando dos LaBianca. Dianne também testemunhou que, em uma certa manhã de agosto, Leslie havia entrado na casa dos fundos no rancho Spahn e começado a queimar uma bolsa, um cartão de crédito e as próprias roupas, guardando apenas uma sacola com moedas, as quais as garotas dividiram e gastaram com comida. Dianne, contudo, não foi capaz de afirmar com precisão a data, e ainda que eu esperasse que o júri fosse deduzir que isso tinha acontecido na manhã seguinte aos assassinatos dos LaBianca, não havia nenhuma prova disso.

Como essa era a única evidência, além do testemunho de Linda Kasabian, que conectava Leslie Van Houten aos homicídios dos LaBianca, foi ruim, e muito, quando Hughes, durante o interrogatório da defesa, mencionou que Dianne não tinha certeza se Leslie havia lhe contado a respeito do barco ou se ela havia lido algo sobre isso nos jornais.

Hughes também se concentrou em algumas pequenas discrepâncias em suas declarações anteriores — ela contara a Sartuchi que as moedas estavam na bolsa, ao passo que tinha me contado que estavam em uma sacola plástica —, e o que poderia ter sido uma bomba muito grande: no interrogatório direcionado, Dianne disse que ela, Little Patty e Sandra Good, "eu acho", tinham dividido o dinheiro.

Se Sandy estava presente, isso não poderia ter acontecido no dia 10 de agosto, a manhã seguinte às mortes dos LaBianca, porque Sandra Good, juntamente a Mary Brunner, ainda estava sob custódia. Entretanto, ao ser questionada mais a fundo, Dianne disse que Sandy "talvez não estivesse presente".

No decorrer do seu interrogatório, Kanarek mencionou que o sargento Gutierrez havia ameaçado Dianne com a câmara de gás. Fitzgerald também citou uma declaração anterior inconsistente: Dianne havia afirmado ao grande júri que ela estava no condado de Inyo, em vez de no rancho Spahn, nos dias 8 e 9 de agosto.

No interrogatório redirecionado, questionei Dianne: "Por que você mentiu para o grande júri?".

R: "Porque eu tinha medo de ser morta pelos membros da Família se contasse a verdade. E Charlie me pediu para não fazer isso — ele me mandou não dizer nada para ninguém que tivesse o poder de autoridade."

No dia 4 de novembro, o sargento Gutierrez, enquanto tentava encontrar uma xícara de café, havia perambulado até a sala do júri onde as rés ficavam durante os recessos.

Ele encontrou um bloco de anotações amarelo com o nome de Patricia Krenwinkel nele. Entre as anotações e rabiscos, Katie havia escrito as palavras "healter skelter" três vezes — com o mesmo erro de grafia com a qual ela fora escrita na porta da geladeira dos LaBianca.

Older não permitiu que eu apresentasse esse bloco de anotações como evidência, contudo. Na minha opinião, ele estava totalmente errado a respeito disso: aquilo era, sem dúvidas, uma prova circunstancial; tinha relevância; e era admissível. Mas ele decretou o contrário.

Older também me surpreendeu quando tentei introduzir a recusa de Krenwinkel em nos conceder uma amostra de sua letra de forma. Ele concordou que era admissível, mas acreditava que a ré deveria receber outra chance para cooperar e ordenou que ela o fizesse.

O problema era que, daquela vez, Krenwinkel poderia, seguindo o conselho de seu advogado, nos dar uma amostra, e se ela o fizesse, sabíamos que haveria sérios problemas.

No entanto, Katie recusou-se — seguindo as instruções de Paul Fitzgerald!

O que Fitzgerald aparentemente não percebeu era que seria extremante difícil, se não impossível, que o LAPD encontrasse uma correspondência entre as duas amostras de letras de forma. E caso o LAPD fosse malsucedido nisso, por lei, Patricia Krenwinkel teria que ser inocentada dos homicídios do caso LaBianca. Sua recusa em nos fornecer uma amostra era a única evidência independente que eu possuía para corroborar o testemunho de Kasabian em relação ao envolvimento de Krenwinkel naqueles crimes.

Krenwinkel teve uma chance excelente de "se safar". Até hoje, eu ainda não entendo por que seu advogado a instruiu a não cooperar, fazendo, assim, com que ela perdesse aquela oportunidade.

As duas últimas testemunhas do Povo eram os doutores Blake Skrdla e Harold Deering, os psiquiatras responsáveis por examinar Dianne. Tanto no interrogatório direcionado quanto no redirecionado, extraí testemunhos deles com o propósito de evidenciar que, mesmo sendo uma droga forte, o LSD não prejudica a memória, tampouco há alguma evidência médica comprovada de que causa danos cerebrais. Isso era importante porque os advogados de defesa alegavam que as mentes de diversas testemunhas da promotoria, em especial Linda e Dianne, haviam sido tão "comprometidas" pelo LSD, que elas não conseguiam distinguir fantasia de realidade.

Skrdla testemunhou que pessoas sob os efeitos do LSD *conseguem* distinguir o real e o irreal; na verdade, elas costumam ter uma percepção mais aguçada. Ademais, Skrdla afirmou que o LSD causa ilusões em vez de alucinações — em outras palavras, aquilo que é visto está de fato ali, apenas a percepção que é transformada. Isso surpreendeu muitas pessoas, visto que o LSD é chamado de droga alucinógena.

Quando Watkins esteve no banco das testemunhas, eu pessoalmente mencionei que, apesar de ter apenas 20 anos, Paul havia tomado LSD em torno de 150 a duzentas vezes. Ainda assim, como o júri sem dúvidas notou, ele era uma das testemunhas da promotoria mais inteligentes e articuladas. Skrdla também testemunhou: "Já vi indivíduos que o consumiram diversas centenas de vezes e não demonstram nenhum sinal externo de qualquer distúrbio emocional enquanto não estão sob os efeitos da droga".

Fitzgerald perguntou a Skrdla: "O LSD, em grandes doses ao longo de um período, transformaria alguém em uma espécie de zumbi ou destruiria os processos de pensamento racional?".

Se, como eu suspeitava, Fitzgerald estivesse tentando preparar o terreno para uma defesa baseada nessa premissa, ele afundou no instante em que Skrdla respondeu: "Nunca vi algo assim, advogado".

O dr. Deering foi a última testemunha do Povo. Ele concluiu seu testemunho na sexta-feira, 13 de novembro. Grande parte da segunda-feira, dia 16, foi dedicada à introdução dos documentos do Povo como provas. Havia 320 desses documentos, e Kanarek apresentou protestos contra cada um deles, desde a arma até o mapa em escala da propriedade de Tate. Seus protestos mais veementes foram contra as fotografias coloridas dos cadáveres. Reagindo a isso, argumentei: "Admito ao Tribunal que essas fotografias são repugnantes, não resta dúvidas quanto a isso, mas se, de fato, os réus são aqueles que cometeram esses assassinatos, o que, claro, é o que a promotoria está alegando, eles são os responsáveis por essa repugnância e horror. Foram obras suas. O júri tem o direito de ver tais obras".

O juiz Older concordou, e elas foram introduzidas como provas.

Um documento não chegou a ser introduzido como prova. Como mencionado anteriormente, alguns pelos brancos de cachorro foram encontrados nas roupas descartadas que os assassinos usaram na noite dos homicídios do caso Tate. Ao mostrá-los a Winifred Chapman, ela me disse que se pareciam com os pelos do cachorro de Sharon. Quando solicitei ao LAPD que os entregasse a mim, recebi apenas desculpas. Por fim, descobri que, enquanto atravessava a rua para chegar ao Palácio da Justiça, um dos detetives do caso Tate havia derrubado e quebrado o frasco que continha os pelos, conseguindo recuperar apenas um deles. Ao me dar conta de que a expressão "estar por um fio" seria apropriada demais nesse caso, optei por não apresentar aquele único fiapo como prova.

Às 16h27 daquela segunda-feira — exatas 22 semanas após o início do julgamento e dois dias antes de completar um ano desde que eu havia sido designado para aquele caso —, relatei ao Tribunal: "Vossa Excelência, o Povo do Estado da Califórnia encerra seu caso".

O tribunal entrou em recesso até quinta-feira, 19 de novembro, quando os advogados de defesa apresentaram as petições de sempre para a anulação do caso.

Em dezembro de 1969, uma grande quantidade de advogados previa que quando chegássemos a esse ponto, Manson seria inocentado devido à insuficiência de provas.

Eu duvidava que algum advogado no país acreditasse nisso agora, incluindo os advogados de defesa.

Older indeferiu todas as petições.

TRIBUNAL: "Estão prontos para prosseguirem com a defesa?"

FITZGERALD: "Sim, Vossa Excelência."

TRIBUNAL: "Pode convocar sua primeira testemunha, sr. Fitzgerald."

FITZGERALD: "Obrigado, Vossa Excelência. Os réus encerram seu caso."

Quase todos na sala do tribunal foram pegos completamente de surpresa. Por um longo momento, até mesmo o juiz Older pareceu demasiado perplexo para falar. A principal questão jurídica em um julgamento criminal não é a culpa ou a inocência do réu, como a maioria das pessoas acredita, mas sim se a promotoria cumpriu com seu ônus legal de provar a culpa do réu além de qualquer dúvida razoável e com certeza moral.[17]

Era evidente que a equipe de defesa acreditava já ter apresentado sua defesa por meio dos interrogatórios que conduziu com nossas testemunhas — uma estratégia defensiva comum — e havia decidido impedir que a promotoria interrogasse suas testemunhas, apostando no argumento de que não havíamos provado a culpa de Manson e de suas corrés além de qualquer dúvida razoável. Por isso, tinham o direito de receber veredictos de "Não Culpados". [18]

A maior surpresa, contudo, ainda estava por vir.

17 Na jurisprudência criminal estadunidense, o termo "Não Culpado" não é um sinônimo exato de inocência. "Não Culpado" é um decreto judicial anunciado pelo júri de que a promotoria não provou seu caso. Um veredicto de "Não Culpado" com base em uma insuficiência de provas pode resultar de dois estados de espírito por parte do júri: que eles acreditam que o réu é inocente e que não cometeu o crime do qual foi acusado, *ou*, ainda que tendam a acreditar que ele não cometeu o crime, o caso da promotoria não foi forte o bastante para os convencer de sua culpa além de qualquer dúvida razoável e uma certeza moral.

18 Visto que Linda Kasabian era uma cúmplice, eu sabia que eles também argumentariam e alegariam que, sob a seção 1111 do Código Penal da Califórnia, "uma condenação não pode ser obtida baseada no testemunho de um cúmplice" a não ser que seja corroborado de maneira independente por outras evidências, e isso não foi feito.

PARTE 7

ASSASSINATOS IMINENTES

De 19 de novembro de 1970
a 25 de janeiro de 1971

"Dava para sentir alguma coisa no ar, sabe.
Dava para sentir alguma coisa no ar."
Juan Flynn

"Dedos-duros e outros inimigos vão ter o que merecem."
Sandra Good

"Antes de seu desaparecimento, Ronald Hughes, o ausente advogado de defesa no julgamento dos homicídios do caso Tate-LaBianca, confidenciou a amigos íntimos que sentia medo de Manson."
Los Angeles Times

Helter Skelter

De 19 de novembro a 20 de dezembro de 1970

Fitzgerald disse que a defesa havia encerrado. Mas as três rés agora gritavam que queriam testemunhar.

Após convocar os advogados para seu gabinete, o juiz Older exigiu saber exatamente o que estava acontecendo.

Houvera uma divisão entre os advogados de defesa e suas clientes, explicou Fitzgerald. As garotas queriam testemunhar; seus advogados se opunham a isso e queriam encerrar o caso.

Apenas depois de uma hora de discussões intensas o verdadeiro motivo para a divisão surgiu, em uma admissão extraoficial feita por Fitzgerald: Sadie, Katie e Leslie queriam subir ao banco das testemunhas para depor que tinham planejado e cometido os assassinatos — e que Manson não teve nenhum envolvimento!

Charlie havia tentado detonar sua bomba, mas os advogados das garotas tinham conseguido desarmá-la, pelo menos por enquanto. Ao enfrentar Manson pela primeira vez, Ronald Hughes comentou: "Eu me recuso a fazer parte de qualquer procedimento no qual sou forçado a empurrar um cliente pela janela".

Os problemas judiciais que surgiram a partir disso eram enormes, mas basicamente resumiam-se à questão do que tinha precedência: o direito a um advogado eficiente ou o direito a testemunhar. Preocupado com o fato de que qualquer decisão que o juiz viesse a tomar poderia ser considerada um erro reversível perante uma eventual apelação, sugeri que ele deixasse a resolução dessa questão para a Suprema Corte do Estado. Older, contudo, decidiu que, apesar dos advogados terem encerrado seu caso e aconselhado suas clientes a não testemunharem, o direito de testemunhar "suplanta todos e quaisquer outros direitos". Assim, as garotas receberiam permissão para subir ao banco das testemunhas.

Older perguntou a Manson se ele também gostaria de testemunhar. "Não", respondeu ele, então, depois de um instante de hesitação, acrescentou: "Quer dizer, não neste momento, pelo menos".

Depois de voltarmos para a sala do tribunal, Kanarek entrou com uma petição para excluir Manson do caso, para que ele pudesse ser julgado separado.

Charlie estava tentando abandonar o barco, enquanto deixava as garotas se afogarem. Após indeferir a petição, Older solicitou que o júri fosse trazido. Susan Atkins subiu ao banco das testemunhas e fez seu juramento. Daye Shinn, no entanto, recusou-se a interrogá-la, afirmando que se fizesse as perguntas que ela havia preparado, elas iriam incriminá-la.[1]

Isso criou um novo problema. Ao voltar para seu gabinete, Older comentou: "Está ficando perfeitamente claro que toda essa manobra da defesa só tem o intuito de... arruinar o julgamento... não pretendo permitir que isso aconteça".

Ainda no gabinete do juiz, e longe da presença do júri, Susan Atkins afirmou ao juiz Older que queria testemunhar sobre "o jeito que tudo aconteceu. Do jeito que eu *vi* acontecer."

TRIBUNAL: "Você estará correndo o enorme risco de condenar a si mesma através da própria boca, você compreende isso?"

ATKINS: "Eu compreendo isso." Ela acrescentou que, se fosse condenada, "deixem que me condenem com base na verdade. Não quero ser condenada com base em um monte de mentiras fora de contexto e espalhadas aos quatro ventos. Porque, sr. Bugliosi, sua fundação está desmoronando. Eu a vi desmoronar. Você vem sendo uma cobra astuciosa e sorrateira."

BUGLIOSI: "Por que você quer reconstrui-la para mim, Sadie, se ela está desmoronando? Você deveria estar feliz. Vai poder voltar para o rancho Barker se ela está desmoronando. Por que quer subir ao banco das testemunhas para me ajudar?".

Shinn afirmou que pediria para ser dispensado de suas responsabilidades como advogado se Older o mandasse interrogar sua cliente. Fitzgerald respondeu de maneira parecida, acrescentando: "Até onde eu sei, seria como auxiliar e incitar um suicídio".

Quando o tribunal entrou em recesso naquele dia, a questão ainda não havia sido resolvida.

◆ ◆ ◆

1 Os comentários de Shinn, por si só incriminadores, mais tarde foram excluídos das atas.

No dia seguinte, Manson surpreendeu a todos ao dizer que também queria testemunhar. Na verdade, ele queria subir ao banco das testemunhas antes dos outros. No entanto, devido a possíveis problemas por conta do caso *Aranda*, ficou decidido que primeiro Manson deveria testemunhar longe da presença do júri.

Manson fez seu juramento. Em vez de pedir que Kanarek o interrogasse, ele solicitou e recebeu permissão para fazer uma declaração.

Ele falou por mais de uma hora. Começou de modo quase apologético, inicialmente falando tão baixo que os espectadores na sala do tribunal abarrotada tiveram que se inclinar para frente para ouvirem. Porém, depois de alguns minutos, sua voz mudou, ficou mais potente, mais animada, e, como eu já havia descoberto em minhas conversas com ele, quando isso acontecia, seu rosto também parecia mudar. Manson, o zé-ninguém. Manson, o mártir. Manson, o professor. Manson, o profeta. Ele se transformava em todos esses, e em outros mais, a metamorfose com frequência acontecendo no meio de uma frase, seu rosto, um show de luzes de emoções transitórias até não ser mais um rosto, mas um caleidoscópio de diferentes rostos, cada um real, mas por apenas um instante.

Ele enrolava, divagava, se repetia, mas *havia* algo hipnótico em toda a sua atuação. Com seu jeito estranho, ele estava tentando lançar um feitiço, não muito diferente daqueles que lançara sobre seus seguidores impressionáveis.

MANSON: "Houve muitas acusações e muitas coisas foram ditas sobre mim e apresentadas contra minhas corrés neste caso, muitas delas podem ser elucidadas e esclarecidas. [...]

"Nunca frequentei a escola, então não cresci e aprendi a ler e escrever muito bem, então fiquei na cadeia e continuei burro, e continuei uma criança enquanto observava seu mundo crescer, e então olho para as coisas que vocês fazem e não entendo. [...]

"Vocês comem carne e matam coisas que são melhores do que vocês, e então dizem que seus filhos são maus, que são assassinos até. *Vocês* transformaram seus filhos no que eles são. [...]

"*Esses filhos que atacam vocês com facas, eles são seus filhos. Vocês ensinaram eles. Eu não ensinei eles. Só tentei os ajudar a crescer.*

"A maioria das pessoas no rancho que vocês chamam de Família são só pessoas que vocês não quiseram, pessoas que estavam à beira da estrada, que os pais tinham expulsado, que não queriam ir para um centro de detenção juvenil. Então, fiz o melhor que pude e levei eles para meu lixão e disse isto: que no amor não existe nada errado. [...]

"Disse a eles que qualquer coisa que fizerem para seus irmãos e irmãs é bom se fizerem com uma boa intenção. [...]

"Eu estava trabalhando para limpar a minha casa, uma coisa que Nixon deveria estar fazendo. Ele deveria ter ficado à beira da estrada, recolhendo seus filhos, mas não ficou. Ele estava na Casa Branca, enviando eles para a guerra. [...]

"Não entendo vocês, mas não tento. Não tento julgar ninguém. Sei que a única pessoa que posso julgar sou eu mesmo. [...] Mas sei disso: que em seus corações e em suas almas, vocês são tão responsáveis pela guerra do Vietnã quanto eu sou pela morte daquelas pessoas. [...]

"Não posso julgar nenhum de vocês. Não tenho nenhum rancor contra vocês e nem medalhas para dar. Mas acho que já passou da hora de todos vocês começarem a olhar para os próprios umbigos e julgar a mentira em que vivem.

"Não consigo não gostar de vocês, mas vou dizer isto: vocês não têm muito tempo antes de começarem a matar uns aos outros, porque vocês são todos loucos. E podem projetar isso de volta para mim [...] mas sou só o que vive dentro de cada um de vocês.

"Meu pai é a prisão. Meu pai é o seu sistema. [...] Sou só o que vocês fizeram de mim. Sou só o reflexo de vocês.

"Comi coisas de lixeiras para ficar fora da cadeia. Usei roupas de segunda mão... Fiz o possível para me sair bem em seu mundo, e agora vocês querem me matar, e eu olho para vocês, e então digo para mim mesmo: vocês querem *me* matar? Rá! Eu já estou morto, estive durante toda a minha vida. Passei 23 anos em túmulos que vocês construíram.

"Às vezes penso em devolver tudo para vocês; às vezes penso em simplesmente atacar vocês e deixar que atirem em mim. [...] Se eu pudesse, eu arrancaria esse microfone e esmagaria suas cabeças com ele, porque é isso que vocês merecem, é isso que vocês merecem. [...]

"Se eu pudesse ficar bravo com vocês, tentaria matar cada um. Se isso é culpa, eu a aceito. [...]

"Esses filhos, tudo o que fizeram, fizeram por amor ao irmão deles. [...]

"Se eu mostro a eles que faria qualquer coisa por meu irmão — incluindo dar minha vida por meu irmão no campo de batalha — e eles então assumem a causa, e saem por aí e fazem o que fazem, isso não é minha responsabilidade. Não digo às pessoas o que fazer. [...]

"Essas filhas [indicando as rés] estavam se encontrando. O que elas fizeram, se fizeram seja lá o que fizeram, a decisão foi delas. Elas terão que dar explicações a vocês. [...]

"Tudo isso é seu medo. Vocês procuram alguma coisa na qual projetá-lo, e vocês pegam um velho zé-ninguém maltrapilho, que come o que encontra nas lixeiras e que ninguém quer, que foi chutado do presídio, que foi arrastado por todos os buracos infernais que vocês conseguem imaginar, e vocês o arrastam e o colocam em um tribunal.

"*Vocês esperam que eu me dobre? Impossível! Vocês me dobraram anos atrás. Vocês me mataram anos atrás...*".

Older perguntou a Manson se ele tinha mais alguma coisa a dizer.

MANSON: "Eu não matei ninguém e não mandei que ninguém fosse morto.

"Eu posso ter insinuado em diversas ocasiões diferentes, para diversas pessoas diferentes, que posso ser Jesus Cristo, mas ainda não decidi o que ou quem eu sou."

Alguém o chamou de Cristo, comentou Manson. Na prisão, seu nome era um número. Alguns agora querem um monstro sádico, então eles o veem como um. Que seja. Culpado. Inocente. São apenas palavras. "Podem fazer o que quiserem comigo, mas não podem me tocar, pois eu sou apenas meu amor. [...] Se me colocarem na prisão, isso não significa nada, porque vocês já me expulsaram da última. Eu não pedi para ser solto. Gostava de lá, porque gosto de mim mesmo."

Depois de dizer a Manson: "Você parece estar divagando", Older lhe pediu para se ater às questões.

MANSON: "As questões? [...] O sr. Bugliosi é um promotor agressivo, com uma educação polida, um mestre das palavras, da semântica. Ele é um gênio. Ele tem tudo o que qualquer advogado iria querer, exceto uma única coisa: um caso. Ele não tem um caso. Se eu tivesse tido permissão para me defender, eu poderia ter provado isso a vocês. [...]

"A evidência neste caso é uma arma. Havia uma arma jogada pelo rancho. Ela pertencia a todo mundo. Qualquer um poderia ter pegado aquela arma e feito o que quisesse com ela. Não nego ter aquela arma. Aquela arma esteve em minhas mãos muitas vezes.

"Assim como a corda esteve lá." Claro que havia comprado a corda, Manson admitiu, 45 metros dela, "porque você precisa de corda em um rancho".

As roupas? "É muito conveniente o sr. Baggot ter encontrado aquelas roupas. Imagino que ele tenha recebido uns bons trocados por isso."

As manchas de sangue? "Bem, elas não são exatamente manchas de sangue. São reações de benzidina."

A tira de couro? "Quantas pessoas já usaram mocassins com tiras de couro?"

As fotos dos sete cadáveres, 169 ferimentos à faca? "Eles exibiram os corpos hediondos e insinuaram: se ele for solto, olhem o que vai acontecer com vocês."

Helter Skelter? "Significa confusão, literalmente. Não significa nenhuma guerra contra ninguém. Não significa que algumas pessoas vão matar outras pessoas. [...] Helter Skelter é confusão. A confusão está se aproximando depressa de vocês. Se vocês não conseguem ver que a confusão está se aproximando depressa de vocês, podem chamar isso do que quiserem."

Conspiração? "É uma conspiração que a música esteja dizendo aos jovens para se rebelarem contra o sistema porque o sistema está destruindo as coisas rapidamente? Isso é uma conspiração?

"A música conversa com vocês todos os dias, mas vocês são surdos demais, burros demais e cegos demais até mesmo para ouvirem a música. [...]

"Não é minha conspiração. Não é minha música. Eu ouço o que ela conta. Ela diz 'Rebelem-se', ela diz 'Matem'.

"Por que colocar a culpa em mim? Eu não escrevi a música."

A respeito das testemunhas. "Por exemplo, Danny DeCarlo. Ele disse que eu odeio os negros, e disse que nós pensamos de maneira parecida. [...] Mas, na verdade, tudo o que já fiz com Danny DeCarlo ou qualquer outro ser humano foi o refletir de volta a si mesmo. Se ele dissesse que não gostava do homem negro, eu diria: 'Ok'. Então, por consequência, ele beberia outra cerveja e iria embora e diria: 'O Charlie pensa como eu'.

"Mas, na verdade, ele não sabe como o Charlie pensa porque o Charlie nunca se projetou. Não penso como vocês. Vocês dão importância às suas vidas. Bem, minha vida nunca foi importante para ninguém. [...]"

Linda Kasabian. Ela apenas testemunhou contra ele porque o via como seu pai e ela odiava o pai. "Então ela sobe ao banco das testemunhas e diz que, quando olhou nos olhos do homem que estava morrendo, ela soube que foi *minha* culpa. Ela soube que era minha culpa porque não conseguiu encarar a morte. E se ela não pode encarar a morte, isso não é culpa minha. Eu posso encarar a morte. Fiz isso o tempo todo. Na cadeia você vive com isso, com o medo constante da morte, porque é um mundo violento lá dentro, e você precisa ficar alerta o tempo todo."

Dianne Lake. Ela queria atenção. Queria causar confusão, causar acidentes para conseguir isso. Queria um pai para puni-la. "Então, como qualquer pai faria, eu condicionei sua mente com dor para evitar que ela tacasse fogo no rancho."

Sim, ele era um pai para as moças e rapazes da Família. Mas um pai apenas no sentido de que ele os ensinava "a não serem fracos e não dependerem de mim". Paul Watkins queria um pai. "Eu disse a ele: 'Para ser um homem, menino, você precisa se erguer e ser seu próprio pai'. Então ele foi para o deserto e encontrou uma figura paterna em Paul Crockett."

Sim, ele levou uma faca à garganta de Juan Flynn. Sim, ele lhe disse que se sentia responsável por todas aquelas mortes. "Eu me sinto um pouco responsável. Eu me sinto responsável pela poluição. Eu me sinto responsável pela coisa toda."

Ele não negou ter dito a Brooks Poston para pegar uma faca e ir matar o delegado de Shoshone. "Não conheço o delegado de Shoshone. Não estou dizendo que não disse isso, mas se disse, na hora talvez tenha achado que era uma boa ideia.

"Para ser honesto com você, não lembro de algum dia ter dito: 'Pegue uma faca e uma muda de roupas e vá fazer o que Tex mandar'. Ou não lembro de ter dito: 'Pegue uma faca e vá matar o delegado'.

"Na verdade, fico furioso quando alguém mata cobras ou cachorros ou gatos ou cavalos. Eu nem gosto de comer carne — isso prova o quanto sou contra matar. [...]

"Não sinto culpa por nada porque nunca consegui ver nada errado. [...] Eu sempre digo: faça o que seu amor lhe diz para fazer, e eu faço o que meu amor me diz. [...] Será que é *minha* culpa que seus filhos fazem o quc *vocês* fazem?

"*E os seus filhos?*", perguntou Manson, irritado, erguendo-se um pouco no banco das testemunhas como se estivesse prestes a pular para frente e atacar todos na sala do tribunal. "*Vocês dizem que eles são poucos?*

"*Existem muitos, muitos outros, avançando na mesma direção.*

"*Eles estão correndo pelas ruas — e estão vindo diretamente para vocês!*"

Eu tinha poucas perguntas para Manson, das quais nenhuma veio dos cadernos que eu mantinha.

P: "Você diz que já está morto, correto, Charlie?"

R: "Morto em sua mente ou morto na minha mente?"

P: "Defina isso da maneira que quiser."

R: "Como qualquer criança diria, morto é quando você não existe mais. É simplesmente quando você não está mais lá. Se você não está lá, você está morto."

P: "Há quanto tempo você está morto?"

Manson evitou dar uma resposta direta.

P: "Para ser preciso, você acha que está morto há cerca de 2 mil anos, não é?"

R: "Sr. Bugliosi, 2 mil anos são relativos em comparação com o segundo no qual vivemos."

P: "Basta dizer que o Departamento 104 fica bem longe do Calvário, não é verdade?"

Manson havia testemunhado que tudo o que queria era pegar seus filhos e voltar para o deserto. Ao lembrar que "as únicas pessoas que podem libertar você para que possa voltar para o deserto são os doze jurados neste caso", e após comentar que, apesar de ter testemunhado durante mais de uma hora, "o júri neste caso não chegou a ouvir nem uma palavra sequer do que você disse", fiz uma última pergunta: "Sr. Manson, você está disposto a testemunhar diante do júri e lhes dizer as mesmas coisas de seu testemunho feito aqui no tribunal hoje?".

Kanarek protestou. Older manteve o protesto e encerrei meu interrogatório.

Para minha surpresa, Older mais tarde me perguntou por que eu não tinha interrogado Manson com mais seriedade. Para mim, o motivo era óbvio: não tinha nada a ganhar, pois o júri não estava presente. Eu tinha muitas e muitas perguntas para Charlie, inúmeros cadernos repletos delas, *caso* ele subisse ao banco das testemunhas na presença do júri. No entanto, enquanto isso, eu não tinha a menor intenção de lhe dar a oportunidade de ensaiar suas respostas.

Quando Older perguntou a Manson se ele gostaria de testemunhar diante do júri, Charlie respondeu: "Eu já aliviei toda a pressão que estava sentindo".

Ao deixar o banco das testemunhas e passar pela mesa dos advogados, entreouvi Charlie dizer às três garotas: "Vocês não precisam testemunhar agora".

A grande pergunta: o que ele quis dizer com "agora"? Eu tinha uma forte suspeita de que Manson não havia desistido; estava apenas aguardando o momento certo para agir.

Após a defesa introduzir suas provas, o juiz Older decretou um recesso de dez dias, concedendo aos advogados tempo para prepararem suas instruções e argumentos para o júri.

Visto que aquele era seu primeiro julgamento, Ron Hughes nunca havia apresentado um argumento para o júri, nem participado da elaboração das instruções que o juiz entregaria aos jurados pouco antes de começarem suas deliberações. Era evidente que estava bastante ansioso para fazer isso, contudo. Ele confidenciou ao repórter de TV Stan Atkinson que estava convencido de que era capaz de obter uma absolvição para Leslie Van Houten.

Ele sequer viria a ter a chance de tentar.

Quando o tribunal voltou a se reunir na segunda-feira, 30 de novembro, Ronald Hughes estava ausente.

Questionados por Older, nenhum dos outros advogados de defesa sabia onde ele estava. Fitzgerald afirmou ter conversado com Ron pela última vez na quinta ou sexta-feira e que na hora ele pareceu estar bem. Hughes costumava passar os fins de semana acampando em Sespe Hot Springs, um terreno acidentado 210 quilômetros a noroeste de Los Angeles. Houvera inundações na região no fim de semana anterior. Era possível que Hughes tivesse ficado ilhado no local.

No dia seguinte, descobrimos que Hughes tinha ido para Sespe na sexta-feira com dois jovens, James Forsher e Lauren Elder, no Fusca da srta. Elder. O casal — que foi interrogado, mas não detido — contou que, quando começou a chover, eles decidiram voltar para L.A., mas Hughes preferiu ficar até domingo. Mas ao tentar ir embora, o automóvel ficou atolado. Assim, eles foram obrigados a abandonar o veículo e caminhar.

Três outros jovens viram Hughes na manhã do dia seguinte, sábado, dia 28. Ele estava sozinho naquele momento e em terreno elevado, muito longe da região inundada. Ao conversar um pouco com eles, ele não pareceu nem doente nem em perigo. Depois de passarem por um teste de polígrafo, foi decretado que os três não sabiam de mais nada e, por isso, não foram detidos. Visto que Forsher e Elder tinham visto Hughes pela última vez um dia antes, eles aparentemente não passaram por um teste de polígrafo, sendo sua história considerada verídica.

Devido ao contínuo mau tempo, a delegacia de Ventura só conseguiu enviar um helicóptero para realizar a busca pela região dois dias depois. Enquanto isso, os boatos se multiplicavam. Um deles sugeria que Hughes havia fugido de propósito, para que não tivesse que apresentar seus argumentos ou para sabotar o julgamento. Conhecendo Ron, eu duvidava muito que isso fosse verdade. Minha convicção de que não era o caso só aumentou quando os repórteres visitaram o lugar onde Hughes morava.

Ele dormia em um colchão na garagem, atrás da casa de um amigo. Segundo os repórteres, o lugar estava uma bagunça — um deles comentou que não deixaria nem seu cachorro dormir ali. No entanto, na parede da garagem, em uma bela moldura e pendurado com esmero, estava o certificado da Ordem dos Advogados de Ronald Hughes.

Ainda que inúmeros relatos dissessem que um homem que correspondia à descrição de Hughes tinha sido visto em diversos locais — entrando em um ônibus em Reno, dirigindo pela autoestrada de San Bernardino, bebendo em um bar em Baja —, nenhum deles levou a qualquer resultado. No dia 2 de dezembro, o juiz Older informou a Leslie Van Houten que acreditava ser necessário designar um advogado adjunto para representá-la durante a ausência de Hughes. Leslie disse que recusaria qualquer outro advogado.

No dia 3 de dezembro, depois de consultar Paul Fitzgerald, Older designou Maxwell Keith como advogado adjunto para representar Leslie.

Um homem quieto e um tanto tímido, na casa dos 40 anos, cujas roupas conservadoras e modos no tribunal contrastavam bastante com os de Hughes, Keith tinha uma reputação excelente na comunidade jurídica. Aqueles que o conheciam bem o descreviam como meticuloso, muito ético e bastante profissional, e ficou claro desde o início que ele representaria sua cliente e não Manson.

Ao perceber isso, Manson pediu que todos os advogados de defesa fossem dispensados — "Eles não são nossos advogados; eles não querem nos ouvir" — para que ele e as garotas pudessem representar a si mesmos. Também exigiu que o caso fosse reaberto para que pudessem montar uma defesa. Eles tinham 21 testemunhas prontas para testemunhar, afirmou. Ambos os pedidos foram negados.

Keith tinha uma tarefa muito árdua pela frente. Antes que pudesse preparar seus argumentos, ele precisava se familiarizar com 152 volumes de transcrições, mais de 18 mil páginas.

Apesar de ter concedido um adiamento até que Keith pudesse fazer isso, Older informou a todos os advogados: "Continuaremos a nos encontrar todos os dias, às 9h, até segunda ordem".

Era evidente que Older queria garantir que todos estivessem presentes.

Alguns dias antes, Stephen Kay havia entreouvido Manson pedir às garotas: "Fiquem de olho no Paul; acho que ele está tramando alguma coisa". Eu me certifiquei de que Fitzgerald ficasse sabendo dessa conversa. Um advogado desaparecido era mais do que suficiente.

◆ ◆ ◆

Nem a busca aérea e nem a subsequente investigação terrestre ao redor da região de Sespe resultaram na descoberta de qualquer vestígio de Hughes. O Fusca abandonado foi encontrado, com um pacote de transcrições do julgamento em seu interior. Entretanto, outros documentos que se sabia estarem com Hughes, incluindo um relatório psiquiátrico confidencial de Leslie Van Houten, haviam sumido.

No dia 6 de dezembro, Paul Fitzgerald declarou aos repórteres: "Acho que Ron está morto". No dia 7 de dezembro, uma mensagem foi enviada para todas as delegacias informando sobre a busca por Hughes, com a LASO vindo a admitir: "Isso é algo que fazemos quando não temos mais nenhuma outra pista". No dia 8 de dezembro, o juiz Older foi até o Ambassador Hotel para informar o júri sobre o motivo do atraso. Ele também comentou: "Parece quase certo que vocês permanecerão em isolamento durante o Natal". Eles receberam a notícia muito melhor do que o esperado. No dia 12 de dezembro, a busca por Ronald Hughes foi suspensa.

O boato mais persistente era que Hughes havia sido assassinado pela Família. Não havia, até então, nenhuma evidência disso; apenas motivos mais do que suficientes para especulações.

Ainda que anteriormente não tivesse passado de um garoto de recados para Manson, Hughes havia se tornado cada vez mais independente no decorrer do julgamento, até que os dois por fim discordaram sobre se deveria haver uma defesa — Hughes estava convicto em sua oposição à ideia de sua cliente subir ao banco das testemunhas para absolver Charlie. Eu também ouvi de diversas fontes, incluindo Paul Fitzgerald, que Hughes tinha medo de Manson. Era possível que ele tivesse demonstrado tal medo, o que, no caso de Manson, era como balançar uma bandeira vermelha diante de um touro. O medo deixava Charlie excitado.

Poderia ter existido inúmeros motivos para seu assassinato, se é que foi isso mesmo. Ele poderia ter sido cometido para coagir os outros advogados de defesa a deixarem Manson montar uma defesa durante o processo de determinação da sentença — um deles ficou tão abalado pelo desaparecimento de Hughes que caiu na bebedeira e acabou preso por dirigir embriagado. Uma outra possibilidade é que o crime tenha sido uma tática para atrasar o julgamento, na esperança de obter um novo julgamento ou para preparar o terreno para um pedido de anulação durante a apelação.

Especulações, nada mais do que isso. Exceto por um incidente estranho, talvez desvinculado. No dia 2 de dezembro, quatro dias após Hughes ter sido visto com vida pela última vez, os fugitivos Bruce Davis e Nancy Pitman, também conhecida como Brenda McCann, renderam-se voluntariamente à polícia. Dois dos integrantes mais dedicados da Família, Pitman permanecera desaparecida durante muitas semanas após não comparecer a uma audiência de acusação de falsificação, ao passo que Davis — que estivera envolvido nos homicídios tanto de Hinman quanto de Shea, que tinha pegado a arma com a qual Zero tinha "cometido suicídio" (embora, de algum modo, não houvesse deixado nenhuma impressão digital nela) e que era o principal suspeito dos assassinatos de dois jovens estudantes de cientologia[2] — havia conseguido eludir a polícia por mais de sete meses.

Talvez fosse apenas o fato de os dois eventos terem acontecido mais ou menos na mesma época que os conectava em minha mente: o desaparecimento de Hughes e a surpreendente rendição de Davis e Pitman. No entanto, eu não conseguia afastar a sensação de que, de alguma forma, os dois incidentes estavam relacionados.

No dia 18 de dezembro — três dias antes da data marcada para o retorno do julgamento do caso Tate-LaBianca — o grande júri do condado de Los Angeles indiciou Steve "Clem" Grogan, Lynette "Squeaky" Fromme, Ruth Ann "Ouisch" Moorehouse, Catherine "Gypsy" Share e Dennis Rice por conspiração para impedir e dissuadir uma testemunha (Barbara Hoyt) de comparecer a um julgamento. Três outras acusações, incluindo conspiração para cometer assassinato, foram descartadas pelo juiz Choate após 995 moções da defesa.

Embora tivéssemos presumido — assim como eu suspeitava que os membros da Família envolvidos também tivessem — que uma overdose de LSD pudesse ser fatal, nós descobrimos, com base em relatos de especialistas médicos, que não havia nenhum caso conhecido de alguém que veio a morrer dessa causa. Havia muitos casos, contudo, onde o LSD havia resultado em mortes devido a uma percepção distorcida da realidade: por exemplo, uma pessoa, convencida de que podia voar, pula da janela de um prédio alto. Pensei em Barbara, correndo em meio ao tráfego no centro de Honolulu. O fato de ela não ter morrido não foi uma falha da Família. O resultado, porém, foi que, apesar dos esforços dos detetives do caso LaBianca, a procuradoria-geral tinha um caso muito fraco.

2 Esses homicídios serão discutidos em um capítulo mais à frente.

Enquanto aguardavam julgamento, quatro dos cinco foram soltos sob fiança. Eles logo retornaram para a esquina do lado de fora do Palácio da Justiça, onde permaneceram, de forma intermitente, durante grande parte do restante do julgamento. Como Ouisch, que tinha dado a Barbara o hambúrguer batizado com LSD, estava grávida de quase nove meses, o juiz Choate a liberou após ela assinar um documento no qual se comprometia a se apresentar no tribunal. Ela logo tratou de fugir do estado.

Nancy Pitman, que havia sido presa junto de Davis, foi liberada da acusação de falsificação. Entretanto, voltou a ser detida algumas semanas depois, ao tentar entregar a Manson um tablete de LSD na sala de visitas da prisão do condado. Após cumprir uma pena de trinta dias, ela foi solta mais uma vez e voltou a se reunir ao grupo na esquina. Em seguida, ela se envolveu em mais um homicídio.

De 21 de dezembro de 1970 a 25 de janeiro de 1971

Quando o tribunal voltou a se reunir, os quatro réus criaram um tumulto — Manson jogou um clipe de papel no juiz, as garotas o acusaram de "eliminar Hughes" —, ações obviamente planejadas para ganharem as manchetes do dia.

Older ordenou que os quatro fossem retirados. Enquanto era escoltada para fora, Sadie passou atrás de mim. Apesar de não ter visto o que aconteceu, eu senti: ela derrubou um quadro de provas, que me atingiu na parte de trás da cabeça. Aqueles que testemunharam o incidente disseram que parecia que ela estava tentando alcançar a faca Buck, que estava em uma mesa próxima. Daquele dia em diante, a faca foi mantida bem longe do alcance dos réus.

Maxwell Keith informou ao Tribunal que, embora tivesse se familiarizado com as evidências ao ler as transcrições e outros documentos, não estava seguro de que seria capaz de representar sua cliente com eficiência. Por não ter estado presente quando as testemunhas depuseram, ele argumentou que não poderia julgar suas condutas ou credibilidade. Com base nisso, ele solicitou um novo julgamento.

Ainda que Keith tivesse argumentado de modo convincente, o juiz Older negou sua moção, comentando que todos os dias advogados defendem casos em tribunais de apelação sem terem estado presentes durante os julgamentos.

Assim que essa e diversas outras moções foram retiradas do caminho, era hora do argumento de abertura do Povo.[3]

Durante a fase de determinação de culpabilidade de um julgamento na Califórnia, a promotoria apresenta um argumento de abertura, o qual é seguido pelo argumento de abertura da defesa (ou réplica), e, por último, um argumento de encerramento (ou conclusão) da promotoria. Desse modo, o Povo tem a última palavra durante essa fase.

No decorrer do processo de determinação da sentença, se houver uma, cada lado apresenta dois argumentos, com a defesa podendo argumentar por último.

3 Esse argumento é completamente desvinculado do discurso de abertura, feito no início do julgamento.

Eu havia passado centenas de horas preparando meu argumento de abertura para a determinação de culpabilidade, tendo começado antes mesmo do início do julgamento propriamente dito. O resultado estava contido em cerca de quatrocentas páginas manuscritas. Àquela altura, eu conhecia tão bem seu conteúdo que sequer precisava lê-las, apenas dava uma olhada nelas de tempos em tempos.

Comecei discutindo a fundo, com tabelas e outros auxílios, as questões jurídicas que o júri teria que levar em consideração: homicídio, conspiração e assim por diante. As instruções que o juiz entrega ao júri são declarações jurídicas impressas e formais, repletas de termos nebulosos e abstratos que, com frequência, nem mesmo os advogados conseguem entender. Além do mais, o juiz não explica ao júri como esses princípios legais se aplicam aos fatos do caso. Portanto, na mente do júri, as leis ficam pairando no ar, sem nenhum fio que as conecte a algo tangível. Em cada caso que processo, faço questão de proporcionar esse elo, com o uso abundante de exemplos de senso comum, traduzindo o juridiquês para palavras e conceitos que o júri possa compreender, e tento amarrar essas leis às evidências.

Após ter feito isso, passei para a parte principal do meu argumento de abertura, resumindo o depoimento de cada testemunha, diversas vezes citando palavra por palavra o que tinham dito, correlacionando um testemunho com outras evidências e tirando inferências deles. Embora a apresentação tenha demorado três dias, ela foi um pacote firme e coeso, e quando a concluí, me senti confiante de que tinha estabelecido, além de todas as dúvidas, o controle de Manson, seus motivos, seu envolvimento e o envolvimento de Watson, Atkins, Krenwinkel e Van Houten.

Ao que parece, isso afetou Charlie. Ao final do meu discurso de abertura, ele tinha tentado subornar o policial Maupin para que o soltasse. Na noite após a conclusão do meu primeiro dia apresentando meu argumento de abertura, ele tentou fugir da cadeia.

Ainda que o incidente tivesse sido negado oficialmente pela LASO, um dos policiais me contou os detalhes. Apesar de Manson e sua cela serem submetidos a revistas diárias, ele havia conseguido obter um pedaço de barbante bastante longo, na ponta do qual tinha prendido um pequeno peso. Por algum meio ou método desconhecido — pois a área estava supostamente sob constante vigilância —, ele conseguiu fazer com que o barbante atravessasse a passagem na frente de sua cela e saísse pela janela, por onde desceu por dez andares até o chão. Um ou mais cúmplices então prenderam o contrabando nele. Entretanto, algo deve ter impedido que Manson o puxasse para cima, pois quando dobrou a esquina do Palácio da Justiça na manhã seguinte, um policial avistou o barbante e sua carga: um tablete de maconha e a lâmina de um arco de serra.

Após aceitar a promessa de que se comportariam, o juiz Older permitiu que as três rés retornassem ao tribunal na tarde seguinte. Manson, que disse não ter vontade nenhuma de voltar, permaneceu em sua cela, ouvindo os procedimentos dali.

Eu havia acabado de retomar meu argumento quando Leslie criou um tumulto. Sadie e Katie seguiram seu exemplo, e as três foram outra vez retiradas. Dessa vez, Sadie foi conduzida diante do púlpito onde eu estava. De repente, sem aviso, ela chutou uma das policiais na perna e, em seguida, apanhou algumas das minhas anotações e as rasgou ao meio. Enquanto as recuperava, sem querer, murmurei baixinho: "Sua vadiazinha!".

Embora tivesse sido provocado, me arrependi de ter perdido o controle.

No dia seguinte, o *Independent* de Long Beach exibiu a seguinte manchete na primeira página:

PROMOTOR DE MANSON
AGRIDE SUSAN

De acordo com a repórter Mary Neiswender: "O caos atingiu seu ápice quando o promotor principal xingou e tentou esmurrar uma das rés. [...] Bugliosi estapeou a mão da garota, apanhou suas anotações e então a agrediu, gritando: 'Sua vadiazinha!'".

Assim como todos os outros na sala do tribunal, o juiz Older interpretou o incidente de maneira um tanto diferente. Descrevendo-o, para que constasse nas atas, ele declarou que a acusação de que eu estava brigando com Susan era "absolutamente falsa. Não houve nenhuma briga entre o sr. Bugliosi e qualquer outra pessoa. O que aconteceu foi que [ela] passou pelo púlpito e arrancou as anotações do púlpito."

Embora fosse meu desejo dizer que essa foi a única cobertura imprecisa realizada pela imprensa durante o julgamento, infelizmente os relatos de diversos jornalistas — incluindo um representante de uma das agências de notícias, cujas reportagens eram publicadas em jornais de todo o país — costumavam estar repletos de erros, e quem os lia ficava com a impressão de que os repórteres estavam frequentando um julgamento diferente. Por outro lado, repórteres como John Kendall, do *Los Angeles Times*, e Bill Farr, do *Los Angeles Herald Examiner*, estavam fazendo um excelente trabalho, com frequência captando pequenas nuances que até mesmo os advogados deixavam passar.

Depois de Krenwinkel ter sido retirada, o juiz Older solicitou que os advogados se aproximassem da tribuna e declarou que não aguentava mais. "Está perfeitamente óbvio ao Tribunal que depois, vejam bem, desses muitos meses, os réus estão agindo em conjunto uns com os outros. [...] Não acredito que algum tribunal deste país seja obrigado a se sujeitar a esse tipo de disparate dia após dia quando está perfeitamente claro que os réus o estão usando como palco para algum tipo de espetáculo." Older então declarou que os réus não teriam permissão de retornar ao tribunal durante o restante da fase de determinação de culpabilidade.

Apesar de ter tido esperanças de conseguir concluir meu argumento antes do recesso de Natal do tribunal, os numerosos protestos de Kanarek me impediram de fazê-lo.

O que os jurados estavam sentindo por terem que ficar em isolamento durante o Natal foi exemplificado quando um deles pendurou o menu do hotel e nele escreveu "BAH, QUANTA BOBAGEM". Ainda que tivessem permissão para receber visitas dos familiares, e que algumas festas tivessem sido organizadas no Ambassador, para a maioria foi um período bastante infeliz. Nenhum deles havia previsto que ficariam longe de casa por tanto tempo. Muitos estavam preocupados se ainda teriam seus empregos quando o julgamento chegasse ao fim. E ninguém, incluindo o juiz, arriscava dar um palpite sobre quando isso iria acontecer.

Aos fins de semana, tanto os jurados quanto os alternativos — sempre acompanhados de dois policiais e duas policiais — haviam feito viagens a lugares como Disneyland, os estúdios cinematográficos, o Zoológico de San Diego, muitos provavelmente vendo mais do sul da Califórnia do que tinham visto durante toda a vida. Eles jantavam em restaurantes por toda Los Angeles. Saíam para jogar boliche, para nadar, iam até a clubes noturnos. Mas isso era apenas uma compensação parcial por sua longa provação.

Para manter o moral elevado, os oficiais de justiça demonstravam uma engenhosidade considerável. Por exemplo, ainda que seja provável que o julgamento tenha sido o mais amplamente divulgado da história, havia dias em que grande parte das atividades acontecia no gabinete do juiz, e os jornalistas pouco tinham a relatar. Em momentos assim, o oficial de justiça Bill Murray costumava recortar trechos enormes dos jornais, apenas para fazer com que os jurados achassem que ainda estavam nas manchetes.

No entanto, a tensão estava começando a afetá-los. Em sua maioria pessoas mais velhas, eles tinham seus hábitos e manias. Inevitavelmente, discussões irrompiam, grupinhos se formavam. Em uma determinada noite, um jurado temperamental esbofeteou a oficial de justiça Ann Orr quando, contra sua vontade, ela trocou o canal da TV da sala comunitária. Murray e Orr costumavam ficar acordados até 4h ou 5h, ouvindo as reclamações de um jurado. À medida que nos aproximávamos do término da fase de determinação de culpabilidade, passei a me preocupar não com as evidências, mas com as desavenças pessoais que os jurados poderiam levar consigo para a sala do júri quando começassem as deliberações.

É necessário apenas uma pessoa para empatar um júri.

Concluí meu argumento de abertura na segunda-feira, 28 de dezembro, ao expor ao júri o que eu acreditava ser o caso da defesa, reduzindo assim o impacto psicológico dos argumentos dos advogados de defesa.

"É provável que a defesa argumente que não existe uma conspiração. [...] Eles dirão a vocês que o motivo do Helter Skelter é absurdo, ridículo, inacreditável. [...] Irão argumentar que a interpretação das canções dos Beatles feita por Manson foi normal. [...] Dirão a vocês que Linda ficou louca devido ao LSD; que ela inventou sua história para obter imunidade; que o testemunho de Linda, por ela ser uma cúmplice, não foi corroborado. [...] É provável que aleguem que o motivo para não terem apresentado uma defesa é porque a promotoria não provou seu caso. [...] Dirão que Charles Manson não é um assassino; que ele não machucaria uma mosca.

"Irão dizer a vocês que Charlie não era o líder da Família; que ele não ordenou aqueles homicídios. [...] Irão dizer que este foi um caso de provas circunstanciais — ignorando, por completo, as evidências diretas apresentadas no testemunho de Linda.

"Das 18 mil páginas de transcrições, eles destacarão aqui e ali uma pequena discrepância entre o depoimento de uma testemunha e outra, o que, claro, é de se esperar, mas eles irão argumentar que isso significa que as testemunhas do Povo são mentirosas."

Em seguida, pedi aos homens e mulheres inteligentes daquele júri que avaliassem de maneira meticulosa as evidências do caso, com bom senso e lógica, e, desse modo, chegassem a um veredicto imparcial e justo.

"Sob a lei deste estado e nação, esses réus têm o direito de testemunhar no tribunal. Eles tiveram isso.

"Eles também têm o direito a um julgamento justo por um júri imparcial. Eles também tiveram isso.

"Isso é tudo a que eles têm direito!

"Uma vez que cometeram aqueles sete homicídios irracionais, o Povo do Estado da Califórnia tem direito a um veredicto de culpado."

No começo de seu argumento a favor de Patricia Krenwinkel, Paul Fitzgerald declarou: "Se fôssemos refutar todas as testemunhas da promotoria que subiram ao banco, ficaríamos aqui até 1974", enfatizando impensadamente a força do caso do Povo, assim como a incapacidade da defesa de enfrentá-lo.

O argumento de Fitzgerald foi muito decepcionante. Ele não apenas deixou de lado muitas coisas que poderia ter abordado, como também se referiu às evidências de modo errôneo repetidas vezes. Ele afirmou que Sebring foi enforcado; que todas as vítimas haviam sido esfaqueadas até a morte; e que Tim Ireland ouviu Parent gritar. Referiu-se a Sharon como "Mary Polanski"; disse que os assassinos entraram na residência de Tate através da janela de um quarto; confundiu quantas vezes Frykowski havia sido esfaqueado e golpeado. Além disso, afirmou que Linda testemunhou sobre cinco facas em vez de três; que ela estava dirigindo na segunda noite, quando, na verdade, foi Manson, e vice-versa; e mencionou que Manson fora detido durante a batida no rancho Spahn por um policial que sequer estivera presente no local. E assim por diante.

A promotoria enfatizou "assassinato, assassinato, assassinato", declarou Fitzgerald. "Na verdade, precisam decidir se foi um homicídio." A primeira coisa que o júri deveria decidir, continuou, é "quais crimes, se é que houve algum, foram cometidos".

"Vejam bem, uma pistola calibre .22, me parece um modo tradicionalmente ineficiente de matar alguém. [...]"

"É óbvio que não faz sentido enforcar alguém. [...]"

"Se você fosse um gênio do crime, se tivesse controle absoluto sobre as mentes e corpos de escravos puxa-sacos, como se referiram a eles, vocês enviariam mulheres para fazerem um trabalho de homens? [...] Mulheres, senhoras e senhores, são provedoras de vida. Elas fazem amor, engravidam, dão à luz bebês. Elas são provedoras de vida, não tomadoras de vida. Mulheres são adversas à violência..."

Apenas uma pequena parte do argumento de Fitzgerald foi dedicada às evidências contra sua cliente. E retrucá-las, ele não retrucou.

Ele alegou que "persistem dúvidas sobre se aquela impressão digital [encontrada na residência de Tate] pertence ou não a Patricia Krenwinkel". Mesmo que pertencesse, afirmou, "é completamente concebível, possível e razoável que Patricia Krenwinkel tenha estado na casa como convidada ou amiga".

Que amiga!

Quanto à suposta confissão feita por Krenwinkel a Dianne Lake, que ela arrastou Abigail Folger do quarto para a sala de estar, aquilo não configurava uma confissão, afirmou Fitzgerald. Ela não disse quando nem onde isso aconteceu. Talvez tenha acontecido em San Francisco em 1967.

Fitzgerald dedicou bastante tempo em tentativas de destruir a credibilidade de Linda Kasabian. Em meu argumento, havia comentado: "Linda Kasabian ficou naquele banco, senhoras e senhores, durante dezoito dias — um período extraordinariamente longo para qualquer testemunha depor em qualquer caso. Acredito que vocês concordarão comigo que durante aqueles dezoito dias, Linda Kasabian e a verdade foram companheiras". Fitzgerald questionou isso. Mas não foi capaz de citar uma única discrepância em seu relato.

No entanto, a maior parte de seu argumento lidou com o caso contra Charles Manson. Tudo o que os testemunhos em relação à filosofia de Manson provavam, defendeu Fitzgerald, era "que ele é algum tipo de hippie de direita". Manson, Manson, Manson.

Fitzgerald concluiu seu argumento com um apelo longo e ardoroso — não por sua cliente, Patricia Krenwinkel, mas por Charles Manson. Não havia, concluiu, provas suficientes contra ele.

Nem uma única vez ele defendeu não haver provas suficientes contra Patricia Krenwinkel. Tampouco chegou a pedir ao júri que apresentasse um veredicto de inocência para sua cliente!

Daye Shinn havia preparado uma lista com todas as testemunhas que depuseram contra sua cliente, Susan Atkins. Ele afirmou que iria refutar cada uma delas.

"A primeira na lista é Linda Kasabian, e eu acredito que o sr. Fitzgerald já cobriu de maneira adequada o testemunho da srta. Kasabian."

Em seguida, ele abordou de maneira superficial os antecedentes criminais de DeCarlo, Howard, Graham e Walker.

Sobre Danny DeCarlo: "Vocês gostariam de ter DeCarlo como cunhado? Gostariam que ele conhecesse suas filhas?".

Sobre Virginia Graham: "Vocês gostariam de a convidar para passar o Natal em suas casas? Teriam que esconder toda a prataria.

"O sr. Bugliosi está rindo. Pelo menos eu não o fiz pegar no sono."

Todo o argumento de Shinn ocupou apenas 38 páginas de transcrições.

Irving Kanarek, que veio depois de Shinn, consumiu 1.182.

Em grande parte, Kanarek ignorou meu argumento contra Manson. Mantendo-se na ofensiva em vez de na defensiva, ele ficou martelando dois nomes: Tex e Linda. Qual foi a primeira pessoa com quem Linda Kasabian dormiu no rancho Spahn? Por quem ela roubou 5 mil dólares? Quem ela acompanhou até a residência de Tate? Charles "Tex" Watson. A explicação mais lógica para esses assassinatos era a mais simples, declarou Kanarek: "O amor de uma garota por um garoto".

Quanto ao seu cliente, Kanarek o retratou como um homem pacífico, cujo único pecado — se é que tinha cometido algum — era pregar e praticar o amor. "Vejam bem, as pessoas que apresentaram essas acusações, elas querem pegar Charles Manson, por alguma razão herege, que eu acredito estar relacionada ao estilo de vida de Manson."

Embora muitas de suas declarações me parecessem ridículas demais para que merecessem ser comentadas, fiz muitas anotações durante o argumento de Kanarek. Ele conseguiu plantar algumas pequenas dúvidas, as quais, a não ser que fossem refutadas, poderiam crescer quando o júri começasse as deliberações.

Se o objetivo era começar uma guerra entre negros e brancos, por que parar na segunda noite? Por que não houve uma terceira noite ou uma quarta?... Por que a promotoria não convocou Nader, os policiais que estavam na praia e o homem cuja vida Linda *alegou* ter salvado?... Devemos acreditar que, usando uma carteira encontrada em um tanque de privada, o sr. Manson pretendia começar uma guerra racial?... Se Tex empurrou o carro de Parent pelo acesso à garagem, por que não foram encontradas impressões digitais no veículo?

Em diversas ocasiões, Kanarek referiu-se ao julgamento como um "circo", comentário ao qual o juiz Older reagiu com veemência. Bem como reagiu, dessa vez sem meu estímulo, à acusação de Kanarek de que a promotoria havia suprimido provas. "Não existe nenhuma evidência neste caso que indique que alguém suprimiu alguma coisa", reiterou Older.

Ao final do segundo dia do argumento de Kanarek, o juiz Older comentou que ele estava fazendo o júri pegar no sono. "Veja bem, não vou lhe dizer como fazer um argumento", disse Older da tribuna, "mas quero sugerir que talvez você não esteja fazendo ao seu cliente um favor lá muito grande ao prolongá-lo sem necessidade..."

Ele prosseguiu ao longo de um terceiro dia, e um quarto.

No quinto dia, o júri enviou um bilhete ao oficial de justiça, solicitando um remédio com cafeína, para mantê-los acordados, e soníferos para o sr. Kanarek.

No sexto dia, Older advertiu Kanarek: "Você está abusando de seu direito de argumentar, assim como abusou de praticamente todos os outros direitos que você tem neste caso... Existe um ponto, sr. Kanarek, no qual um argumento não é mais um argumento, mas uma obstrução... O seu está chegando a esse ponto".

Kanarek prosseguiu por outro dia inteiro antes de concluir seu argumento com a declaração: "Charles Manson não é culpado de *nenhum* crime".

Diversas vezes durante o argumento de Kanarek, Manson o interrompeu com comentários feitos de sua cela. Uma vez ele gritou, alto o bastante para que o júri o ouvisse: "Por que não se senta? Você só está piorando as coisas".

Durante um dos recessos do meio-dia, Manson pediu para me ver. Eu havia recusado muitos de seus pedidos anteriores, com o argumento de que iríamos conversar quando ele subisse ao banco das testemunhas, mas dessa vez decidi ver o que ele queria.

Fiquei feliz por ter feito isso, pois essa foi umas das conversas mais informativas que tivemos — na qual Manson me contou exatamente como se sentia em relação às suas três corrés.

Manson queria esclarecer algumas impressões equivocadas. Uma era sobre Fitzgerald ter se referido a ele como um "hippie de direita". Ainda que eu mesmo acreditasse que a descrição tinha alguma validade, Manson achava o contrário. Ele nunca havia se considerado um hippie, disse. "Hippies não gostam do sistema, então se afastam e formam seu próprio sistema. Eles não são melhores do que os outros."

Ele também não queria que eu pensasse que Sadie, Katie e Leslie eram as melhores com quem podia transar. "Eu comi garotas que fariam com que aquelas três se parecessem com garotos", contou.

Por algum motivo, era importante para Manson que eu acreditasse nele, e ele voltou a enfatizar isso, acrescentando: "Sou um sujeito muito egoísta. Estou pouco me importando com aquelas garotas. Só quero o que é melhor para mim".

"Você já disse isso a elas, Charlie?", perguntei.

"Claro. Pergunte a elas."

"Então por que elas fazem o que estão fazendo por você? Por que estariam dispostas a segui-lo para qualquer lugar — até mesmo para a câmara de gás de San Quentin?"

"Porque eu digo a elas a verdade", respondeu Manson. "Outros caras mentem para elas e dizem: 'Eu amo você e só você', e todas essas baboseiras. Sou honesto com elas. Digo a elas que sou o sujeito mais egoísta do mundo. E sou."

Ainda assim, ele sempre dizia que morreria por seu irmão, eu o lembrei. Isso não era uma contradição?

"Não, porque isso também é egoísmo", respondeu. "Ele não vai morrer por mim a não ser que eu esteja disposto a morrer por ele."

Tive a forte impressão de que Manson estava jogando limpo comigo. Sadie, Katie e Leslie estavam dispostas a matar e até mesmo a dar as próprias vidas por Charlie. Já Charlie não poderia se importar menos com elas.

Embora sequer estivesse presente quando as testemunhas depuseram, Maxwell Keith, ao argumentar a favor de Leslie Van Houten, apresentou o melhor dos quatro argumentos da defesa. Ele também fez o que nenhum outro advogado de defesa havia ousado fazer durante todo o julgamento: colocou a culpa em Charles Manson — ainda que usando uma vara de três metros.

"Os registros revelam repetidas vezes que todas essas garotas no rancho acreditavam que Manson era Deus, que de fato acreditavam nisso.

"Os registros revelam que as garotas obedeciam às suas ordens sem nenhum questionamento consciente sequer.

"Se vocês acreditam na teoria da promotoria de que essas rés e o sr. Watson eram extensões do sr. Manson — suas pernas e braços extras, por assim dizer —, se acreditam que eram robôs irracionais, eles não podem ser considerados culpados de homicídio premeditado." Para cometer homicídio qualificado, argumentou Keith, é preciso ter uma premeditação maliciosa, além de ser necessário pensá-lo e planejá-lo. "E essas pessoas não tinham mentes para criar. [...] Cada uma das mentes dessas garotas e do sr. Watson era completamente controlada por outra pessoa."

Quanto a própria Leslie, Keith argumentou que, mesmo se tivesse feito tudo que a promotoria alegava, ela ainda assim não tinha cometido nenhum crime.

"Na melhor das hipóteses, se vocês quiserem acreditar em Dianne Lake, as evidências mostram que ela esteve lá.

"Na melhor das hipóteses, as evidências mostram que ela fez algo após esses assassinatos que não foi muito agradável.

"E, na melhor das hipóteses, as evidências mostram que ela removeu algumas impressões digitais depois que esses assassinatos foram cometidos, o que não faz dela uma instigante e cúmplice.

"Por mais repugnante que vocês possam considerar tudo isso, ninguém no mundo que esfaqueia alguém já morto pode ser culpado de homicídio ou de conspiração para cometer homicídio. Tenho certeza de que profanar um cadáver é um crime neste estado, mas ela não está sendo acusada disso."

O caso, concluiu Keith, deve ser decidido com base nas evidências, e "com base nas evidências, senhoras e senhores, eu lhes digo: vocês devem absolver Leslie Van Houten".

Comecei minha conclusão (argumento de encerramento) no dia 13 de janeiro.

Na minha opinião, a conclusão costuma ser a parte mais importante do julgamento, pois são as últimas palavras direcionadas ao júri. Mais uma vez, muitas centenas de horas haviam sido dedicadas à preparação. Comecei encarando de frente cada uma das alegações da defesa. Assim, esperava descartar quaisquer perguntas ou dúvidas remanescentes que do contrário poderiam distrair o júri durante a última fase do meu argumento, ao longo da qual eu resumo, da maneira mais assertiva possível, os destaques e pontos fortes do meu caso.

Contestando cada um dos advogados de defesa por vez, eu citei 24 declarações equivocadas em relação à lei ou ao testemunho na apresentação de Fitzgerald. Quanto à sua sugestão de que se Manson tivesse ordenado aqueles assassinatos, ele teria enviado homens em vez de mulheres, eu perguntei: "O sr. Fitzgerald está sugerindo que Katie, Sadie e Leslie eram incapazes de fazer o trabalho? O sr. Fitzgerald não está satisfeito com suas obras?". Fitzgerald também havia alegado que talvez Linda tivesse plantado as roupas ensanguentadas alguns dias antes de terem sido encontradas. Relembrei o júri de que Linda havia sido levada de volta para a Califórnia no dia 2 de dezembro, sob custódia, e que as roupas foram encontradas no dia 15 de dezembro. "Ao que parece, o sr. Fitzgerald quer que vocês acreditem que, em alguma noite entre essas datas, Linda se esgueirou para fora de sua cela no Sybil Brand, juntou algumas roupas, colocou sangue nelas, foi de carona até a Benedict Canyon Road, jogou as roupas pela encosta da colina, depois voltou de carona para a cadeia e se esgueirou de volta para sua cela."

Fitzgerald havia comparado as provas circunstanciais do caso a uma corrente, dizendo que, se um elo estivesse faltando, a corrente estaria quebrada. Eu, em vez disso, as comparei a uma corda, na qual cada fio era um fato e "à medida que nós acrescentamos fios, adicionamos força a essa corda, até que esta esteja forte o bastante para amarrar esses réus à justiça".

Shinn havia levantado algumas questões que precisavam ser refutadas. Kanarek havia feito o mesmo com muitas outras, e tratei delas uma de cada vez. Alguns exemplos:

Kanarek indagou por que a promotoria não fez com que os réus experimentassem as sete peças de vestuário para ver se serviam. Reverti isso, perguntando por que, se elas não serviam, a defesa não demonstrou isso para o júri.

Quanto à ausência das impressões digitais de Watson no veículo de Parent, eu os lembrei do testemunho de Dolan de que em 70% das vezes em que o LAPD comparece a uma cena de crime, nenhuma digital legível é encontrada. Também observei que, ao mexer a mão, era muito provável que Watson tivesse criado um borrão ilegível.

Quando não tinha uma resposta a uma pergunta, eu era honesto em admitir isso. Mas, em geral, apresentava pelo menos uma e, com frequência, diversas possibilidades. A quem os óculos pertenciam? Sinceramente, não sabíamos. Mas sabíamos, com base na declaração que Sadie fez para Roseanne Walker, que não pertenciam aos assassinos. Por que não havia sangue na faca Buck encontrada na poltrona? Kanarek havia levantado essa questão. Era uma das boas. Não tínhamos uma resposta. Podíamos especular, contudo, que Sadie havia perdido a faca antes de esfaquear Voytek e Sharon, talvez enquanto amarrava Voytek, e que, em algum momento mais tarde, ela pegou outra faca com Katie ou Tex. "Muito mais importante do que a faca que usou era o fato de que ela confessou ter esfaqueado ambas as vítimas para Virginia Graham e Ronnie Howard."

Todo o esforço dos sete dias de argumento de Kanarek, argumentei ao júri, concentrava-se na alegação de que a promotoria havia tramado contra seu cliente, Charles Manson.

"Em outras palavras, senhoras e senhores", observei, "existem sete assassinatos brutais, então a polícia e a procuradoria-geral se reuniram e disseram: 'Vamos processar algum hippie por esses assassinatos, alguém cujo estilo de vida nós não gostamos. Praticamente qualquer hippie vai servir', e, de maneira arbitrária, simplesmente escolhemos o coitado do Charles Manson.

"Charles Manson não se tornou réu neste julgamento por ser um andarilho de cabelos compridos que fez amor com moças jovens e por ter sido um dissidente virulento.

"Ele está sendo julgado porque é um assassino perverso e diabólico que deu a ordem que fez com que sete seres humanos acabassem na terra fria. É por isso que ele está sendo julgado."

Eu também ataquei, com veemência, a alegação de Kanarek de que a promotoria era responsável pela duração excessiva do julgamento. Os jurados haviam perdido a oportunidade de passar o Natal e o Ano-Novo em casa, e eu não queria que eles entrassem na sala do júri magoados com a promotoria por causa disso.

"Irving Kanarek, o Toscanini do tédio, está acusando a promotoria de empacar este tribunal há mais de seis meses. Vocês são as melhores testemunhas disso. Cada uma das testemunhas convocadas pela promotoria foi questionada com perguntas breves, diretamente ao ponto. As testemunhas ficaram naquele banco dia após dia após dia durante o interrogatório da defesa, não durante o interrogatório direcionado."

Quanto a Maxwell Keith, ele fez "todo o possível por sua cliente, Leslie Van Houten", comentei. "Ele deu o seu melhor. Infelizmente, para o sr. Keith, não havia fatos nem leis para ajudá-lo. O sr. Keith, se prestarem bastante atenção ao seu argumento, não contestou de fato que Linda Kasabian e Dianne Lake disseram a verdade. Em resumo, sua opinião era que, mesmo que Leslie tivesse feito todas as coisas que Linda e Dianne disseram que ela fez, ela ainda assim não era culpada de nada.

"Eu me pergunto: Max admitiria que ela pelo menos é culpada de invasão de propriedade?"

KEITH: "Eu admito."

A resposta de Max me pegou de surpresa. Ele de fato estava admitindo que Leslie estivera dentro da residência dos LaBianca.

Mesmo que Rosemary LaBianca estivesse morta quando Leslie a esfaqueou, eu disse ao júri, ela era culpada de homicídio qualificado tanto como coconspiradora, instigante e cúmplice. Se uma pessoa está presente na cena de um crime, oferecendo apoio moral, isso constitui instigação e cumplicidade. Contudo, Leslie foi ainda mais longe: esfaqueando, removendo impressões digitais e assim por diante.

Além disso, nós tínhamos apenas a palavra de Leslie de que Rosemary já estava morta no momento em que ela a esfaqueou. "Apenas treze dos 41 ferimentos à faca sofridos por Rosemary eram *post mortem*. E os outros 28?"

Sim, Tex, Sadie, Katie e Leslie eram robôs, zumbis, autômatos. Sem dúvidas quanto a isso. Mas apenas por serem completamente subservientes, bajuladores e servis a Charles Manson. Apenas nesse sentido.

"Isso não significa que eles não quiseram fazer o que Charles Manson mandou que fizessem, nem que não foram participantes ativos nesses homicídios. Ao contrário, todas as evidências apontam para o oposto. Não existe nenhuma evidência de que algum desses réus se posicionou contra Charles Manson em relação àquelas duas noites horrendas de assassinatos.

"Apenas Linda Kasabian, em Venice, disse: 'Não sou você, Charlie. Não consigo matar ninguém'."

Além de não reclamarem, observei, os outros riram quando os homicídios do caso Tate foram descritos na TV: Leslie contou a Dianne que esfaquear era divertido, que quanto mais esfaqueava, mais ela gostava; ao passo que Sadie contou a Virginia e Ronnie que era melhor do que um orgasmo.

"O fato de que essas três rés obedeciam a Charles Manson e faziam o que quer que ele lhes mandasse fazer não as torna imunes a uma condenação de homicídio qualificado. Não oferece qualquer isolamento, nenhuma proteção que seja. Se o fizesse, assassinos de aluguel ou pistoleiros da máfia teriam uma defesa automática para assassinato. Tudo o que precisariam dizer seria: 'Bom, fiz o que meu chefe me mandou fazer'.".

O sr. Keith também "insinuou que Watson e as três garotas apresentavam algum tipo de deficiência intelectual que os impedia de deliberar e premeditar, que até mesmo os impedia de ter uma premeditação maldosa". O problema disso, argumentei ao júri, era que a defesa não apresentou nenhuma prova de insanidade ou capacidade debilitada; ao contrário, lembrei o júri, Fitzgerald descreveu as garotas como "inteligentes, intuitivas, perceptivas e bem-educadas", ao passo que as provas por si só demonstravam que "aquelas rés estavam pensando com muita, muita clareza naquelas duas noites de assassinatos".

Cortar fios telefônicos, instruir Linda a prestar atenção a ruídos, limpar o sangue em seus corpos com uma mangueira, descartar roupas e armas, remover impressões digitais — "sua conduta demonstra clara e inequivocamente que em ambas as noites eles sabiam exatamente o que estavam fazendo, que pretendiam matar, que mataram, e fizeram todo o possível para evitar que fossem descobertos.

"Eles não estavam sofrendo, senhoras e senhores, de nenhuma capacidade intelectual debilitada. Estavam sofrendo de um coração debilitado, de uma alma debilitada."

◆ ◆ ◆

Ainda aprontando, Kanarek havia interrompido meu argumento o tempo todo com protestos frívolos. Mesmo depois de outra condenação por desacato e uma multa de 100 dólares, ele persistiu. Após pedir que os advogados se aproximassem da tribuna, o juiz Older declarou: "Cheguei à conclusão lamentável durante o curso do julgamento que o sr. Kanarek parece ser completamente destituído de escrúpulos, ética e responsabilidade profissional no que se refere ao julgamento deste processo, e quero que as atas reflitam isso com clareza".

KANAREK: "Posso fazer o juramento?"

TRIBUNAL: "Sr. Kanarek, eu não acreditaria se você o fizesse."

Com os argumentos da defesa fora do caminho, passei uma tarde inteira revisando o depoimento de Linda Kasabian como testemunha ocular. Entre as instruções que o juiz Older daria ao júri, havia uma relacionada ao testemunho de um cúmplice. Tanto Fitzgerald quanto Kanarek haviam lido o início dela: "O testemunho de um cúmplice deve ser considerado com desconfiança". Porém, eles pararam nesse ponto. Eu li o restante para o júri: "Isso não significa que vocês devam desconsiderar de maneira arbitrária tal testemunho, mas devem dar a ele a importância que vocês consideram que ele merece, após analisá-lo com cuidado e cautela, à luz de todas as evidências deste caso".

Em seguida, peguei as evidências de outras testemunhas, totalmente independentes de Linda Kasabian, e demonstrei como elas confirmavam ou corroboravam seu testemunho. Linda testemunhou que Watson baleou Parent quatro vezes. O dr. Noguchi testemunhou que Parent foi baleado quatro vezes. Linda testemunhou que Parent escorregou para o lado do passageiro. As fotografias da polícia mostravam Parent caído para o lado do passageiro. Linda testemunhou que a tela foi cortada na horizontal. O policial Whisenhunt testemunhou que a tela foi cortada na horizontal. Somente em relação à noite dos homicídios do caso Tate, eu destaquei 45 exemplos onde outras evidências confirmavam o relato de Linda.

Concluí: "Senhoras e senhores, as impressões digitais, as provas das armas de fogo, as confissões e todas as outras evidências convenceriam o maior cético do mundo de que Linda Kasabian estava dizendo a verdade".

Então, citei todas as provas contra cada um dos réus, começando com as garotas e terminando com o próprio Manson. Assim como enfatizei que nas transcrições havia 238 referências ao domínio de Manson sobre as vidas cotidianas de sua Família e de suas corrés. A inferência de que ele também deveria estar dominando-as e guiando-as nas duas noites de assassinatos era indiscutível, destaquei.

Ao recordar todos aqueles meses, ressaltei como havia sido difícil obter até mesmo alguns poucos exemplos de seu domínio.

Helter Skelter. Durante o julgamento, as evidências disso foram apresentadas uma peça de cada vez, pelas bocas de muitas testemunhas. Coube a mim reunir essas peças em um pacote devastador. Com muita ênfase e, acreditei, de maneira convincente, provei que o Helter Skelter era o motivo por trás daqueles assassinatos, e que esse motivo pertencia a Charles Manson, e apenas a Charles Manson. Argumentei que, quando as palavras "Helter Skelter" foram encontradas inscritas em sangue, foi como se as impressões digitais de Manson tivessem sido deixadas na cena do crime.

Estávamos quase chegando ao fim. Em uma questão de horas, o júri começaria suas deliberações. Encerrei minha conclusão em um tom bastante poderoso.

"Charles Manson, senhoras e senhores, afirmou que tinha o poder de dar a vida. Nas noites dos homicídios do caso Tate-LaBianca, ele acreditou que tinha o direito concomitante de tirar vidas humanas.

"Ele nunca teve esse direito, mas ele o fez mesmo assim.

"Na noite quente de verão de 8 de agosto de 1969, Charles Manson, o guru diabólico que violou e corrompeu as mentes de todos aqueles que se entregaram de corpo e alma a ele, enviou dos fogos do inferno do rancho Spahn três robôs desalmados e sanguinários e — infelizmente para ele — um ser humano, a garotinha hippie Linda Kasabian.

"As fotografias das vítimas provam o quão bem-sucedidos foram Watson, Atkins e Krenwinkel em realizar a missão homicida de seu mestre Charles Manson. [...]

"O que resultou disso talvez tenha sido a hora de assassinatos brutais e massacre de seres humanos mais inumana, aterrorizante e repleta de horror dos anais do crime. Enquanto as vítimas, indefesas e impotentes, imploravam e gritavam por suas vidas noite adentro, seu sangue esguichava de seus corpos, formando rios sangrentos.

"Se tivesse sido possível, estou certo de que Watson, Atkins e Krenwinkel teriam nadado com prazer nesse rio de sangue, e com êxtase orgástico nos rostos. Susan Atkins, a vampira, na verdade provou do sangue de Sharon Tate. [...]

"Na noite seguinte, Leslie Van Houten se juntou ao grupo de assassinos, e foram os pobres Leno e Rosemary LaBianca que acabaram brutalmente atacados até a morte para satisfazer a loucura homicida de Charles Manson. [...]

"A promotoria reuniu uma quantidade monumental de provas contra esses réus, muitas delas científicas, todas provando de maneira conclusiva que esses réus cometeram aqueles assassinatos.

"Com base nas evidências que saíram do banco das testemunhas, além de não existir nenhuma dúvida razoável de sua culpa, que é nosso único ônus, também não existe absolutamente nenhuma dúvida sequer de sua culpa. [...]

"Eu respeitosamente peço que, depois de deliberarem, retornem a este tribunal com o seguinte veredicto." Em seguida, li o veredicto completo que o Povo desejava.

Chegando ao final da minha argumentação, que os jornais viriam a chamar de "lista de chamada dos mortos", fiz uma pausa depois de cada nome, para que os jurados pudessem se lembrar da pessoa.

"Senhoras e senhores do júri", comecei em voz baixa, "Sharon Tate... Abigail Folger... Voytek Frykowski... Jay Sebring... Steven Parent... Leno LaBianca... Rosemary LaBianca... não estão aqui conosco hoje neste tribunal, *mas, de seus túmulos, eles clamam por justiça*. A justiça só será feita ao retornarem a este tribunal com um veredicto de culpados."

Após reunir minhas anotações, agradeci o júri pela paciência e atenção demonstradas durante os procedimentos. Tinha sido um julgamento muito, muito longo, comentei, que impôs um peso imenso sobre suas vidas pessoais e privadas. "Vocês vêm sendo um júri exemplar. O pleiteante neste julgamento é o Povo do Estado da Califórnia. Tenho plena confiança de que vocês não irão decepcioná-los."

Depois do recesso do meio-dia, o juiz Older instruiu o júri. Às 15h20 da sexta-feira, 15 de janeiro de 1971 — exatos sete meses depois do início do julgamento —, o júri saiu em fila para começar as deliberações.

O júri deliberou durante todo o sábado, então tirou o domingo de folga. Na segunda-feira, eles fizeram dois pedidos: que recebessem um fonógrafo para que pudessem ouvir o *Álbum Branco* dos Beatles, que, apesar de ter sido apresentado como evidência e muito discutido, não fora reproduzido no tribunal; e que tivessem permissão para visitar as residências de Tate e dos LaBianca.

Após longas reuniões com os advogados, Older outorgou o primeiro pedido, mas negou o segundo. Apesar de ter admitido que, por não ter ido a nenhuma das cenas dos crimes, ele também sentia uma curiosidade natural, o juiz decidiu que tais visitas seriam equivalentes à reabertura do caso, incluindo novas convocações de testemunhas, interrogatórios e assim por diante.

Na terça-feira, o júri pediu que as cartas enviadas por Susan Atkins para suas ex-colegas de cela fossem lidas para eles outra vez. Isso foi feito. Talvez algo nunca antes visto em um caso dessa magnitude e complexidade, em nenhum momento o júri pediu que algum testemunho fosse lido de novo. Eu só podia presumir que estavam confiando nas extensas anotações que cada um havia feito ao longo do julgamento.

Quarta, quinta, sexta-feira — o júri não enviou mais nenhuma mensagem. Bem antes do final da semana, o *New York Times* reportou que o júri estivera deliberando há muito tempo, e que parecia ter chegado a um impasse.

Não fiquei incomodado com isso. Já havia declarado à imprensa que não esperava que o júri voltasse antes de quatro ou cinco dias, no mínimo, e que não ficaria surpreso se os jurados deliberassem por uma semana e meia.

Tampouco estava preocupado sobre ter provado nosso caso.

O que me preocupava era a natureza humana.

Doze indivíduos, de origens completamente diferentes, juntos em isolamento há mais tempo do que qualquer outro júri da história. Eu pensava muito naquelas doze pessoas. Um jurado havia anunciado a pretensão de escrever um livro sobre suas experiências, e alguns dos outros estavam apreensivos a respeito de como seriam retratados. O mesmo jurado também queria ser eleito primeiro jurado, e, quando já não estava mais na disputa, ficou tão ressentido que, por um ou dois dias, recusou-se a comer com os outros.[4] Será que ele — ou qualquer um dos outros onze — atrapalharia o júri por causa de alguma hostilidade pessoal ou por despeito? Eu não sabia.

Tanto Tubick quanto Roseland tinham filhas na mesma faixa etária de Sadie, Katie e Leslie. Será que isso afetaria suas decisões, e, se sim, como? Outra vez, eu não sabia.

Corriam boatos, em grande parte baseados nos olhares trocados no tribunal, de que o membro mais novo do júri, William McBride II, estava um tanto encantado com a ré Leslie Van Houten. Era só uma fofoca infundada, mas, durante as longas horas que a imprensa aguardava por alguma notícia da sala do júri, os repórteres apostavam se McBride votaria por homicídio doloso para Leslie, ou talvez até por absolvição.

4 Alva Dawson, o ex-policial, e Herman Tubick, o agente funerário, haviam empatado. Uma moeda foi lançada e Tubick foi eleito primeiro jurado. Um homem bastante religioso, que começava e encerrava cada dia de deliberações com uma prece silenciosa, Tubick havia sido uma influência estabilizante durante o longo isolamento.

◆ ◆ ◆

Logo após a minha designação para o caso, eu havia solicitado a maior quantidade de informações disponíveis sobre o histórico de Charles Manson. Assim como grande parte das evidências, elas chegaram aos poucos. Foi somente depois de o Povo ter encerrado seu caso que enfim recebi os registros que abrangiam os sete meses que Manson passou na National Training School for Boys, em Washington, D.C. A maioria das informações já me eram familiares, com uma exceção surpreendente. Se fosse verdade, ela poderia muito bem ser a semente que — nutrida com ódio, medo e amor — desabrochou na obsessão monstruosa e grotesca de Manson pela revolução entre negros e brancos.

Manson fora enviado àquela instituição em março de 1951, com 16 anos. No resumo de sua admissão, redigida após ele ter sido entrevistado, havia uma sessão sobre seu histórico familiar. As duas primeiras frases diziam: "Pai: desconhecido. Supostamente foi um cozinheiro de cor chamado Scott, com quem a mãe do garoto havia sido promíscua na época da gravidez".

O pai de Manson era *negro*? Ao ler o restante dos registros, encontrei duas afirmações parecidas, mas nenhum outro detalhe adicional.

Havia diversas explicações possíveis para a inclusão dessa afirmação nos registros de Manson. A primeira era que ela era completamente errônea: algum engano burocrático sobre o qual o próprio Manson talvez não tivesse ciência. Outra possibilidade era que Manson tivesse mentido sobre isso durante as entrevistas, embora eu não conseguisse imaginar nenhuma vantagem concebível que ele pudesse ter tirado disso, em especial em um reformatório sulista. Também era possível que fosse verdade.

Havia mais uma possibilidade, e que, de certo modo, era ainda mais importante do que se a informação era verdadeira ou falsa. Será que o jovem Charles Manson *acreditava* que ela era verdadeira? Se sim, isso explicaria muito a gênese de sua filosofia bizarra, na qual os negros por fim triunfam sobre os brancos, mas que, com o tempo, precisam entregar as rédeas do poder para o próprio Manson.

Eu tinha certeza de apenas uma única coisa: mesmo que tivesse recebido aquela informação antes, eu não a teria usado. Era algo provocativo demais. No entanto, decidi que, se tivesse a chance, perguntaria ao próprio Manson.

◆ ◆ ◆

Estava acamado devido a uma gripe quando, às 10h15 da segunda-feira, 25 de janeiro, o secretário judicial Gene Darrow telefonou e disse: "Acabei de ficar sabendo. O júri chegou a um veredicto. O juiz Older quer conversar com todos os advogados em seu gabinete assim que puderem vir".

O Palácio da Justiça estava parecendo uma fortaleza, e estivera assim desde que o júri havia iniciado as deliberações. Uma ordem judicial confidencial foi emitida naquele mesmo dia, e assim começava: "Devido a relatórios da inteligência indicando uma possível tentativa de interromper os procedimentos no que foi descrito como 'Dia do Juízo Final', medidas adicionais de segurança serão implementadas...". Ao trecho se seguiam 27 páginas de instruções detalhadas. Todo o Palácio da Justiça havia sido isolado, qualquer pessoa que entrasse no prédio por qualquer motivo que fosse teria os objetos pessoais revistados e seria submetida a uma revista corporal. Eu contava com três guarda-costas, o juiz, a mesma quantidade.

O motivo para essa segurança intensa nunca foi divulgado. De uma fonte próxima à Família, a LASO tinha ouvido rumores do que, a princípio, acreditou ser uma história inconcebível. Enquanto trabalhava no Camp Pendleton Marine Base, um dos seguidores de Manson havia roubado um caixote de granadas de mão. Elas seriam contrabandeadas para dentro do tribunal no "Dia do Juízo Final" e usadas para libertar Manson.

Repito, não sabíamos o que exatamente a Família queria dizer com Dia do Juízo Final. Contudo, àquela altura, sabíamos que pelo menos uma parte da história era verdadeira. Um membro da Família *estivera* trabalhando no depósito de armas e munições em Pendleton, e depois de pedir demissão, um caixote de granadas de mão *havia* desaparecido.

Às 11h15, todos os advogados estavam presentes no gabinete do juiz. Antes de trazer o júri, o juiz Older informou que queria discutir a fase de determinação da sentença.

A Califórnia tem um sistema judiciário bifurcado. A primeira fase, que havíamos acabado de concluir, era o processo de determinação de culpabilidade. Se algum dos réus fosse condenado, o processo de determinação da sentença viria a seguir, durante o qual o mesmo júri determinaria a punição para o crime. Nesse caso, havíamos requisitado veredictos de homicídio qualificado para todos os réus. Se o júri apresentasse tais veredictos, haveria apenas duas sentenças possíveis: prisão perpétua ou pena de morte.

O processo de determinação da sentença, na maioria dos casos, é muito breve.

Após conversar com os advogados, o juiz Older decidiu que, se houvesse esse processo, ele iria começar em três dias. Older também afirmou que havia decidido manter o tribunal fechado até depois que os veredictos fossem lidos e todos os jurados fossem questionados. Somente após a retirada dos jurados e dos réus, a imprensa teria permissão para sair, seguida, por fim, pelos espectadores.

As três garotas foram trazidas primeiro. Apesar de costumarem usar roupas um tanto coloridas durante o julgamento, aparentemente não tiveram tempo para se trocar; todas estavam vestindo uniformes penitenciários. Elas pareciam estar de bom humor, dando risadinhas e sussurrando. Enquanto era levado para o tribunal, Manson piscou para elas, e elas retribuíram o gesto. Charlie estava usando uma camisa branca e um cachecol azul, além de exibir um novo cavanhaque recém-aparado. Outra face, para o julgamento final.

Em fila única, os jurados entraram na bancada e ocuparam seus assentos designados, como haviam feito centenas de vezes antes. Só que, dessa vez, foi diferente. Os espectadores estudaram os doze rostos à procura de pistas. Talvez o mito mais comum sobre tribunais é a ideia de que um júri não olha para o acusado se tiver chegado a um veredicto de culpado. Isso raramente é verdade. Nenhum jurado sustentou o olhar de Manson quando ele os encarou, mas nenhum deles tampouco desviou o olhar depressa. Tudo o que era possível distinguir de fato em seus rostos era uma tensão cansada.

TRIBUNAL: "Todos os jurados e os alternativos estão presentes. Todos os advogados, exceto o sr. Hughes, estão presentes. Os réus estão presentes. Sr. Tubick, o júri chegou a um veredicto?"

TUBICK: "Sim, Vossa Excelência, nós chegamos."

TRIBUNAL: "Poderia entregar os formulários de veredictos para o oficial de justiça?"

O primeiro jurado, Tubick, os entregou a Bill Murray, que por sua vez os entregou ao juiz Older. Enquanto ele os perscrutava, sem dizer nada, Sadie, Leslie e Katie permaneceram em silêncio e Manson cofiava o cavanhaque com dedos nervosos.

TRIBUNAL: "O secretário judicial irá ler os veredictos."

SECRETÁRIO JUDICIAL: "No Supremo Tribunal do Estado da Califórnia, no e pelo Condado de Los Angeles, o Povo do Estado da Califórnia contra Charles Manson, Patricia Krenwinkel, Susan Atkins e Leslie Van Houten, Caso Nº A-253,156. Departamento 104."

Darrow fez uma pausa antes de ler o primeiro dos 27 veredictos individuais. Pareceram minutos, mas é provável que tenham sido apenas segundos. Todos permaneceram imóveis, como se estivessem congelados, aguardando.

"Nós, o júri da ação acima intitulada, declaramos o réu, Charles Manson, *culpado* do crime de homicídio de Abigail Folger em violação da Seção 187, Código Penal da Califórnia, um delito grave, como consta na Acusação I do Indiciamento, e que ademais consideramos ser homicídio qualificado."

Ao olhar para Manson, percebi que, ainda que seu rosto estivesse impassível, suas mãos estavam tremendo. As garotas não demonstravam nenhuma emoção sequer.

O júri havia deliberado durante 42 horas e quarenta minutos, ao longo de um período de nove dias, um tempo excepcionalmente curto para um julgamento tão longo e complexo. A leitura dos veredictos demorou 38 minutos.

O Povo tinha obtido os veredictos requisitados contra Charles Manson, Patricia Krenwinkel e Susan Atkins: cada um sendo declarado culpado de uma acusação de conspiração para cometer assassinato e sete acusações de homicídio qualificado.

O Povo também havia obtido os veredictos solicitados contra Leslie Van Houten: foi declarada culpada de uma acusação de conspiração para cometer assassinato e duas acusações de homicídio qualificado.

Descobri mais tarde que, embora McBride tivesse sugerido a possibilidade de uma sentença menor para Leslie Van Houten, quando chegou a hora de votar, houve apenas uma votação — e esta foi unânime.

Enquanto os jurados estavam sendo questionados individualmente, Leslie virou-se para Katie e disse: "Olhe para o júri; eles não parecem tristes?". Tinha razão: eles pareciam tristes. Era evidente que aquela havia sido uma experiência muito penosa.

Enquanto o júri era retirado, Manson de repente gritou para Older: "Nós ainda não vamos ter permissão para montar uma defesa? Você não vai sobreviver a isso, velhote!".

Kanarek pareceu estranhamente indiferente ao veredicto. Embora tivesse declarado à imprensa: "Nós esperávamos o pior desde o começo", Fitzgerald aparentava estar bastante abalado. No lado de fora do tribunal, ele disse aos repórteres: "Sentimos que perdemos o caso quando nossa petição para uma mudança de local foi negada. Tivemos um júri hostil e antagonista. Os réus tiveram a mesma chance que Sam Sheppard teve em Cleveland: nenhuma". Fitzgerald ainda chegou a afirmar que, caso o julgamento tivesse acontecido em qualquer outro lugar que não fosse Los Angeles, ele tinha convicção de que teriam conseguido a absolvição de todos os réus.

"Não acredito nisso nem por um segundo", declarei à imprensa. "Isso é só choramingo por parte da defesa. O júri não só foi justo, como também baseou seu veredicto única e exclusivamente nas evidências que saíram do banco das testemunhas."

"Sim", respondi à pergunta feita com mais frequência, "vamos tentar obter a pena de morte para todos os quatro réus."

As garotas de Manson, reunidas na esquina no lado de fora do Palácio da Justiça, souberam da notícia pelo rádio. Elas também permaneceram estranhamente calmas. Brenda disse aos repórteres: "Tem uma revolução chegando, muito em breve". Já Sandy declarou: "Vocês são os próximos, todos vocês". No entanto, essas eram palavras de Manson, pronunciadas no tribunal meses antes, as quais elas estiveram repetindo desde então. Não houve nenhuma lágrima, nenhuma demonstração externa de emoção. Foi como se de fato não se importassem. Ainda assim, eu sabia que isso não era verdade.

Enquanto assistia à entrevista na TV mais tarde, deduzi que talvez elas tivessem se condicionado a esperar o pior.

Em retrospecto, surge outra possiblidade. Antes consideradas as integrantes mais inferiores na hierarquia de Manson, boas apenas para sexo, procriação e para servir os homens, as garotas haviam se transformado em suas principais apóstolas, as guardiãs da fé. Agora, Charlie dependia delas. Parece bastante possível que tivessem permanecido impassíveis diante do veredicto porque já estavam formulando um plano que, se tudo corresse bem, poderia libertar não apenas Manson, como todos os outros integrantes da Família.

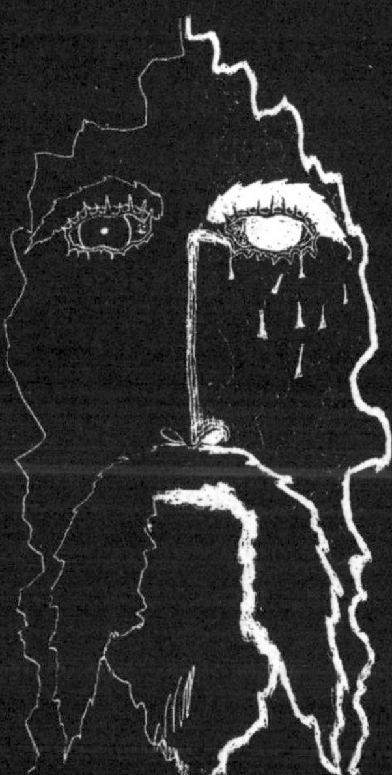

PARTE 8

INCÊNDIOS EM SUAS CIDADES

De 26 de janeiro a 19 de abril de 1971

"Sr. e sra. Estados Unidos — vocês estão errados. Não sou o rei dos judeus, tampouco sou um hippie líder de um culto. Sou o que vocês fizeram de mim, e o cachorro louco, leproso, monstruoso, assassino, diabólico é um reflexo da sua sociedade. [...] Qualquer que seja o resultado dessa loucura que vocês chamam de julgamento justo ou justiça cristã, quero que saibam disto: na minha imaginação, meus pensamentos causam incêndios em suas cidades."

Declaração feita por Charles Manson
após sua condenação pelos homicídios do caso Tate-LaBianca

Helter Skelter

De 26 de janeiro a 17 de março de 1971

Durante a fase de determinação da sentença, a única questão que o júri tem que decidir é se os réus devem ser sentenciados à prisão perpétua ou à pena de morte. Sendo assim, considerações como circunstâncias atenuantes, histórico, remorso e a possibilidade de reabilitação agora eram relevantes.

Para evitar prolongar o julgamento e correr o risco de alienar o júri, convoquei apenas duas testemunhas: o policial Thomas Drynan e Bernard "Lotsapoppa" Crowe.

Drynan testemunhou que ao prender Susan Atkins nos arredores de Stayton, Oregon, em 1966, ela estava portando uma pistola calibre .25. "Perguntei a srta. Atkins o que ela pretendia fazer com a arma", relembrou Drynan, "e ela me respondeu que se tivesse tido uma chance, ela teria atirado em mim e me matado."

O testemunho de Drynan comprovou que, mesmo antes de Susan Atkins conhecer Charles Manson, assassinato corria em suas veias.

Durante o interrogatório da defesa, Shinn questionou Drynan a respeito da pistola calibre .25.

P: "O tamanho é bem pequeno — ela se parece com uma arma de brinquedo —, correto?"

R: "Bem, não para mim."

Crowe descreveu como, na noite de 1º de julho de 1969, Manson o tinha baleado na barriga e o abandonado para sangrar até a morte. A importância do testemunho de Crowe estava em provar que Manson era capaz de cometer assassinato por conta própria.

No dia 1º de fevereiro, por fim, encerrei o caso do Povo. Naquela tarde, a defesa convocou suas primeiras testemunhas: os pais de Katie, Joseph e Dorothy Krenwinkel.

Joseph Krenwinkel descreveu a filha como uma "criança extremamente normal, muito obediente". Ela foi uma bandeirante no programa Bluebird da organização Camp Fire Girls, filha de Jó e membro da Audubon Society, uma organização não governamental de preservação da natureza.

FITZGERALD: "Ela era gentil com os animais?"

SR. KRENWINKEL: "Bastante."

Patricia havia cantado no coral da igreja, testemunhou o sr. Krenwinkel. Apesar de não ter sido uma aluna excepcional, ela tirava notas boas nas aulas das quais gostava. Havia cursado um semestre na Spring Hill College, uma faculdade jesuíta em Mobile, Alabama, antes de voltar para Los Angeles, onde dividiu um apartamento com a meia-irmã.

Os Krenwinkel se divorciaram quando Patricia tinha 17 anos. Segundo Joseph Krenwinkel, não havia amargura; ele e a esposa tinham se separado como amigos, e assim permaneceram.

No entanto, um ano depois, quando Patricia estava com 18 anos, ela abandonou a família e o emprego para se juntar a Manson.

Dorothy Krenwinkel disse a respeito da filha: "Ela preferia machucar a si mesma do que prejudicar outro ser vivo".

FITZGERALD: "Você amava sua filha?"

R: "Eu amava, sim, minha filha; sempre vou amar minha filha; e ninguém vai conseguir me convencer de que ela fez alguma coisa terrível ou horrível."

FITZGERALD: "Obrigado."

BUGLIOSI: "Sem perguntas, Vossa Excelência."

Fitzgerald queria apresentar como evidência algumas cartas que Patricia Krenwinkel tinha enviado para diversas pessoas, incluindo seu pai e um de seus padres favoritos em Spring Hill.

Todas eram boatos e claramente inadmissíveis. Tudo o que eu precisava ter feito era protestar. Mas não o fiz. Ainda que estivesse ciente de que as cartas iriam apelar para a compaixão do júri, sentia que a justiça deveria prevalecer sobre as tecnicalidades. A questão agora era se aquela garota deveria ser sentenciada à morte. E essa era uma questão para o júri decidir, não eu. Eu acreditava que, para tomar aquela decisão bastante séria, eles deveriam ter quaisquer informações remotamente relevantes.

Fitzgerald ficou aliviado e muito grato quando deixei que elas fossem apresentadas.

Keith ficou encarregado do interrogatório direcionado de Jane Van Houten, mãe de Leslie. O advogado mais tarde me contou que embora o pai de Leslie tivesse se recusado a testemunhar, ele apoiava a filha totalmente. Ainda que, assim como os Krenwinkel, os Van Houten fossem divorciados, eles também ficaram do lado da filha.

De acordo com a sra. Van Houten: "Leslie foi o que você chamaria de uma criancinha serelepe, uma companhia divertida. Ela tinha um senso de humor maravilhoso". Nascida em Altadena, subúrbio de Los Angeles, Leslie tinha um irmão mais velho, e um irmão e uma irmã mais novos, esses últimos órfãos coreanos que os Van Houten haviam adotado.

Quando Leslie tinha 14 anos, seus pais se divorciaram. "Acho que isso a deixou bastante magoada", testemunhou a sra. Van Houten. Naquele mesmo ano, Leslie se apaixonou por um rapaz mais velho, Bobby Mackey; engravidou; fez um aborto; e tomou LSD pela primeira vez. Depois disso, ela pingava ácido pelo menos uma vez, mas frequentemente duas ou três vezes por semana.[1]

Durante seus dois primeiros anos na Monrovia High School, Leslie foi uma das princesas do baile de boas-vindas. Ela concorreu de novo no terceiro ano, mas dessa vez não foi eleita. Amargurada pela rejeição, fugiu com Mackey para Haight-Ashbury. Contudo, a cena de lá a assustou, e ela voltou para casa para concluir o ensino médio e completar um ano de curso de secretariado. Mackey, enquanto isso, tornou-se um padre noviço na Self Realization Fellowship. Em uma tentativa de continuar o relacionamento, Leslie também ingressou como noviça, abrindo mão tanto das drogas quanto do sexo. Ela aguentou oito meses antes de romper tanto com Mackey quanto com o grupo de ioga.

A sra. Van Houten não testemunhou a respeito do período que se seguiu; é possível que soubesse pouco sobre isso, se é que sabia de algo. A partir de entrevistas, descobri que Leslie havia decidido mergulhar de cabeça em tudo. A ex-freira estava ansiosa para "experimentar qualquer coisa", fossem drogas ou responder a anúncios de pessoas à procura de parceiros sexuais no *Los Angeles Free Press*. Um amigo de longa data parou de sair com ela, pois havia se tornado "muito depravada".

Por alguns meses, Leslie morou em uma comunidade no norte da Califórnia. Durante esse período, ela conheceu Bobby Beausoleil, que tinha a própria "família" itinerante, composta por Gypsy e uma garota chamada Gail. Leslie tornou-se parte do *ménage à quatre*. Gail, contudo, começou a sentir ciúmes, e as discussões passaram a ser quase constantes. Primeiro, Gypsy decidiu ir embora e se mudou para o rancho Spahn. Pouco tempo depois, Leslie, então com 19 anos, a seguiu, também juntando-se a Manson.

1 Patricia Krenwinkel também havia tomado LSD antes conhecer Manson. Muito obesa durante os primeiros anos da adolescência, ela começou a usar pílulas para emagrecimento aos 14 ou 15 anos, depois experimentou barbitúricos, mescalina e LSD, fornecidos por sua meia-irmã Charlene, agora falecida, que era viciada em heroína.

Por volta dessa época, Leslie telefonou para a mãe e revelou que tinha decidido largar tudo e que ela não mais receberia notícias suas. E de fato não recebeu... até Leslie ser presa.

Keith perguntou a sra. Van Houten: "O que sente em relação à sua filha agora?".

R: "Eu amo muito a Leslie."

P: "Tanto quanto sempre amou?"

R: "Mais."

Enquanto os pais testemunhavam, era possível perceber que eles também eram vítimas, assim como os parentes dos falecidos.

Convocar primeiro os pais das rés foi um terrível erro tático por parte da defesa. Seus testemunhos e infortúnios evocaram compaixão de todos no tribunal. Por isso, deveriam ter sido deixados para o final do caso da defesa, pouco antes do júri sair para deliberar. Do modo como fizeram, quando as outras testemunhas depuseram, eles já tinham praticamente sido esquecidos.

Shinn não convocou nenhuma testemunha para depor a favor de Susan Atkins. O pai dela, o advogado me confidenciou, se recusara a ter qualquer contato com a filha. Tudo o que queria, disse, era pôr as mãos em Manson.

Um repórter do *Los Angeles Times* havia encontrado a mãe de Charles Manson em uma cidade no Noroeste Pacífico. Casada outra vez e vivendo sob um nome diferente, ela afirmou que as histórias de Charlie sobre suas privações na infância eram inventadas, acrescentando: "Ele foi uma criança mimada e mal-acostumada".

Kanarek não a usou como testemunha. Em vez disso, convocou Samuel Barrett, o oficial de condicional de Manson.

Barrett foi uma testemunha bastante inexpressiva. Ele afirmou ter conhecido Manson "por volta de 1956, nessa época"; não conseguia se lembrar se Manson estava em liberdade condicional por decisão judicial ou se havia sido liberado após cumprir parte da pena; declarou que, como ele era responsável por 150 indivíduos, não era possível esperar que se lembrasse de todos os detalhes sobre cada um deles.

Diversas vezes, Barrett minimizou a gravidade das várias acusações contra Manson anteriores aos homicídios. O motivo para isso era óbvio: do contrário, alguém poderia questionar por que ele não havia revogado a condicional de Manson. Algumas pessoas fizeram essa pergunta mesmo assim. Manson se associou a ex-presidiários, conhecidos usuários de narcóticos e garotas menores de idade. Deixou de relatar seu paradeiro, fez poucas tentativas de obter um emprego, mentiu repetidas vezes sobre suas atividades. Durante os primeiros seis meses de 1969, ele havia sido acusado, entre outras coisas, de roubo de automóvel, posse de narcóticos, estupro, contribuição para delinquência de um menor. Havia razões mais do que suficientes para a revogação de sua condicional.

Durante um recesso, um dos repórteres me abordou no corredor. "Meu Deus, Vince", exclamou, "já ocorreu a você que se Barrett tivesse revogado a condicional de Manson em, digamos, abril de 1969, é provável que Sharon e os outros ainda estivessem vivos hoje?"

Eu me recusei a comentar, usando a ordem de proibição de divulgação como justificativa. Mas isso já havia passado pela minha mente. Pensava muito nisso.

No interrogatório direcionado, Barrett testemunhou que não constava nada nos registros penitenciários de Manson que indicasse que ele representava um risco comportamental. Passando por cima dos protestos de Kanarek, durante meu interrogatório, pedi que ele revisasse a pasta com documentos sobre uma tentativa de fuga ocorrida quando Manson estava sob custódia federal em 1957.

O desfile de falsos testemunhos começou com a pequena Squeaky.

Lynette Alice Fromme, de 22 anos, testemunhou que vinha de uma família de classe média alta, o pai era engenheiro aeronáutico. Aos 17 anos, contou, ele a expulsou de casa. "E eu estava em Venice, sentada no meio-fio, chorando, quando um homem se aproximou e disse: 'Seu pai te expulsou de casa, não foi?'.

"E aquele homem era o Charlie."

Squeaky dava muita importância ao fato de ter conhecido Manson antes de qualquer uma das outras garotas, exceto apenas por Mary Brunner.

Ao questioná-la sobre a Família, Fitzgerald perguntou: "Vocês tinham um líder?".

R: "Não, nós éramos livres como pássaros."

Nenhum líder, mas...

"Charlie é nosso pai no sentido de que ele costuma... ele costuma chamar nossa atenção para certas coisas."

Charlie era como todo mundo, mas...

"Eu me enrolava em um canto e ficava lendo um livro, e ele passava por mim e me contava o que o livro dizia. [...] E ele também conhecia nossos pensamentos. [...] Ele estava sempre feliz, sempre. [...] Ele às vezes ia ao banheiro para pentear o cabelo, e havia um aglomerado de pessoas ali o observando porque ele se divertia muito."

Squeaky teve dificuldades em negar os ensinamentos de seu senhor e mestre. Quando Fitzgerald tentou minimizar a importância do *Álbum Branco* dos Beatles, ela respondeu: "Tem muita coisa naquele disco, muita coisa". Embora tenha alegado, "Nunca ouvi o Charlie pronunciar as palavras 'helter skelter'", ela complementou que "é uma questão de evolução e equilíbrio" e que "os negros vão ficar no topo, como deve ser".

Era evidente que aquelas não eram as respostas que Fitzgerald queria, e, aparentemente, ele deixou sua reação transparecer.

FROMME: "Por que você está fazendo essas caretas?"

FITZGERALD: "Me desculpe, continue."

Depois de pedir que os advogados se aproximassem da tribuna, o juiz Older afirmou: "Ela só está prejudicando os réus com o que está fazendo".

Esclareci a Older: "Se o Tribunal está se perguntando por que não estou protestando é porque acredito que o testemunho dela é útil para a promotoria".

Tão útil, na verdade, que houve pouca necessidade de que eu a interrogasse. Uma das perguntas que pretendia fazer, por exemplo, foi uma que Kanarek fez: "Você achava que Charles Manson era Jesus Cristo?".

Squeaky hesitou um instante antes de responder. Será que seria ela a apóstola que negou Jesus? Ao que parece, ela decidiu que não, pois disse: "Acho que os cristãos nas cavernas e nas florestas eram um bando de crianças que apenas viviam e não sentiam culpa, não tinham vergonha, que podiam tirar as roupas e se deitar ao sol. [...] E eu vejo Jesus Cristo como um homem que veio de uma mulher que não sabia quem era o pai de seu bebê".

Squeaky foi a integrante da Família menos mentirosa entre aqueles que testemunharam. Contudo, ela mostrou-se tão prejudicial à defesa que, dali em diante, Fitzgerald deixou que os outros advogados de defesa convocassem as testemunhas.

Keith chamou Brenda McCann — nome verdadeiro: Nancy Laura Pitman —, de 19 anos. Embora fosse sem atrativos, Brenda passou a impressão de ser uma garotinha durona e perversa, repleta de uma hostilidade que estava apenas esperando para explodir.

Seu pai "projetou os controles de orientação de mísseis do Pentágono", disse ela. Ele também a expulsou de casa quando ela estava com 16 anos, afirmou. A desistente do Hollywood High School asseverou que não existia esse negócio de Família e que Charlie "não era líder nenhum. Era mais como se Charlie nos seguisse e cuidasse da gente."

No entanto, assim como com Squeaky e as garotas que viriam depois dela, ficou óbvio que o mundo de Brenda girava em torno de um único eixo. Ele não era ninguém especial, mas "Charlie se sentava e todos os animais se reuniam à sua volta, burros e coiotes e tal... E uma vez ele abaixou a mão e fez carinho em uma cascavel."

Interrogada por Kanarek, Brenda testemunhou que Linda "tomava LSD todos os dias [...] tomava anfetamina [...] Linda amava muito Tex [...] Linda seguia Tex para todos os lugares...".

Durante o interrogatório da promotoria, perguntei a Brenda: "Você daria sua vida por Charles Manson se ele lhe pedisse?".

R: "Muitas vezes ele deu a vida dele a vocês."

P: "Apenas responda à pergunta, Brenda."

R: "Sim, daria."

P: "Você mentiria no banco das testemunhas por Charles Manson?"

R: "Não, eu diria a verdade no banco das testemunhas."

P: "Então você morreria por ele, mas não mentiria por ele?"

R: "Isso mesmo."

P: "Você acha que mentir sob juramento é uma questão mais séria do que morrer, Brenda?"

R: "Eu mesma não levo a morte assim tão a sério."

Todas essas testemunhas demonstraram grande hostilidade em relação às suas verdadeiras famílias. Sandra Good, por exemplo, afirmou que o pai, um corretor de ações de San Diego, a havia deserdado, deixando de mencionar que isso ocorreu apenas depois que ele lhe enviou centenas de dólares e foi ameaçado por Manson caso não desse mais.

Manson havia cortado seus cordões umbilicais enquanto atava o seu próprio. E isso transpareceu durante todos os testemunhos. Ainda mais do que Squeaky e Brenda, Sandy falou cheia de entusiasmo sobre os "poderes mágicos" de Manson. Ela contou a história sobre como Charlie havia respirado sobre um pássaro morto e o trazido de volta à vida. "Acredito que sua voz pode estilhaçar esse prédio se ele assim o desejar... Uma vez ele gritou e uma janela quebrou."

Foi apenas durante a fase de determinação da sentença que o júri ficou sabendo da vigília dos integrantes da Família na esquina da Temple com a Broadway. De uma maneira um tanto comovente, Sandy testemunhou sobre a vida ali. "Quase não dá para ver o céu na maioria das vezes por causa do smog. Eles estão sempre perfurando; todos os dias tem um novo projeto sendo realizado; alguma coisa está sempre sendo construída.

Eles estão sempre arrancando alguma coisa e colocando outra dentro, geralmente algo feito de concreto. É uma loucura lá fora. É uma doideira, e quanto mais tempo fico lá fora, mais eu sinto este X. Fui excluída de lá."

Ao ter me recusado a interrogá-la, Sandy perguntou enraivecida: "Por que você não me fez nenhuma pergunta?".

"Porque você não disse nada que prejudique o caso do Povo, Sandy", respondi. "Na verdade, você o ajudou."

Eu havia previsto que Sandy testemunharia que Manson sequer estava no rancho Spahn quando os homicídios foram cometidos. Quando ela não o fez, soube que a defesa havia abandonado a ideia de usar um álibi. O que significava que tinham outra coisa em mente. Mas o quê?

Manson e as três rés haviam recebido permissão para retornarem ao tribunal durante a fase de determinação da sentença. Eles estavam bem mais quietos, muito mais contidos, como se afinal tivessem se dado conta de que aquela "peça", como Krenwinkel havia se referido aos procedimentos, podia lhes custar a vida. Enquanto Squeaky e as outras garotas de Manson testemunhavam, seu mentor parecia pensativo e repuxava o cavanhaque, como se dissesse: *Elas estão contando as coisas como elas são*.

As garotas convocadas para testemunhar usaram suas melhores roupas para a ocasião. Era evidente que estavam orgulhosas e felizes por estarem ali ajudando Charlie.

Os jurados compartilhavam uma expressão em comum: incredulidade. Poucos sequer se davam ao trabalho de fazer anotações. Suspeitava que estavam ponderando sobre o contraste assombroso. No banco das testemunhas, as garotas falavam sobre amor, música e bebês. Mas enquanto o amor e a música e os bebês aconteciam, aquele mesmo grupo estava saindo e chacinando seres humanos. E para elas, por mais espantoso que fosse, não havia nenhuma inconsistência, nenhum conflito entre amor e assassinato!

No dia 4 de fevereiro, eu já estava bastante convencido, com base nas perguntas que Kanarek vinha fazendo às testemunhas, de que Manson não iria testemunhar. Essa foi a minha maior decepção durante todo o julgamento: saber que não teria a chance de confrontar Charlie durante o interrogatório da promotoria.

Naquele mesmo dia, nosso escritório descobriu que Charles "Tex" Watson havia sido transferido de volta a Los Angeles e se declarado competente para ser julgado.

Apenas três dias após a transferência para Atascadero, Watson começou a fazer refeições regulares. Um mês depois, um dos psiquiatras que o examinou registrou: "No momento, não há nenhuma evidência de comportamento anormal, exceto por seu silêncio, que é intencional e motivado". Outro profissional comentou mais tarde: "Os exames psicológicos apresentaram um padrão disperso de respostas, incompatível com qualquer forma conhecida de doença mental...". Em resumo, Tex estava fingindo. Todas essas informações seriam úteis, eu sabia, caso ele tentasse alegar insanidade durante o seu julgamento, que agora estava agendado para começar após os procedimentos em andamento.

Catherine Share, também conhecida como Gypsy, foi a mentirosa mais eficiente da defesa. Entre as mulheres, ela também era, com seus 28 anos, a integrante mais velha da Família. E, de todos os membros, ela apresentava o histórico mais incomum.

Gypsy nasceu em Paris, em 1942; o pai, um violinista húngaro, a mãe, uma alemã judia refugiada. Ambos os pais, membros da resistência francesa, cometeram suicídio durante a guerra. Aos 8 anos, ela foi adotada e levada para os Estados Unidos por uma família estadunidense. Sua mãe adotiva, que sofria de câncer, tirou a própria vida quando Catherine tinha 16 anos. Seu pai adotivo, um psicólogo cego, foi cuidado por ela até voltar a se casar, época na qual ela decidiu sair de casa.

Depois de se formar na Hollywood High School, ela frequentou a faculdade durante três anos; se casou; se divorciou um ano depois. Uma virtuosa violinista desde criança, dotada de uma voz excepcionalmente bonita para o canto, ela conseguiu trabalho em alguns filmes. Foi no set de um deles, em Topanga Canyon, que se envolveu com Bobby Beausoleil, que tinha um papel pequeno na produção. Cerca de dois meses depois, Beausoleil a apresentou a Charles Manson. Apesar de ter sido, de sua parte, amor à primeira vista, ela continuou viajando com o ménage de Beausoleil por mais seis meses antes de partir para o rancho Spahn. Apesar de ser uma comunista declarada quando se juntou à Família, Manson logo a convenceu de que o dogma dele era verdade absoluta. "De todas as garotas", Paul Watkins havia me contado, "Gypsy era a mais apaixonada por Charlie."

Ela também foi a mais eloquente em sua defesa. Contudo, apesar de ser mais inteligente e articulada do que a maioria, ela também vacilava de vez em quando.

"Estamos todos encarando a mesma sentença", disse ela ao júri. "Estamos todos na câmara de gás bem aqui em L.A., uma de ação lenta. O ar está se afastando de nós em todas as cidades. Não vai mais ter ar, e não vai mais ter água, e a comida está morrendo. Eles estão envenenando vocês. A comida que estão comendo está envenenando vocês. Não vai mais ter terra, não vai mais ter árvores. O homem, em especial o homem branco, está matando a terra.

"Mas essas não são as opiniões de Charles Manson, essas são as minhas opiniões", acrescentou depressa.

Durante seu primeiro dia no banco das testemunhas, Gypsy não largou nenhuma bomba. Ela tentou refutar diversas partes dos testemunhos do julgamento. Contou que Leslie com frequência saía e roubava coisas, para explicar o incidente na casa dos fundos. Afirmou que foi Linda quem sugeriu roubar os 5 mil dólares e que ela não queria Tanya, tendo largado a filha com a Família.

Foi apenas no segundo dia, durante o *interrogatório redirecionado* conduzido por Kanarek, e logo depois de ele ter pedido permissão para se aproximar da testemunha e falar com ela em particular, que Gypsy de repente apresentou um motivo alternativo — um arquitetado para livrar Manson de qualquer envolvimento nos homicídios.

Gypsy alegou que foi Linda Kasabian, não Charles Manson, quem havia planejado os homicídios do caso Tate-LaBianca! Linda estava apaixonada por Bobby Beausoleil, contou Gypsy. Quando Bobby foi preso pelo assassinato de Hinman, Linda propôs que as garotas cometessem outros assassinatos que se parecessem com a morte de Hinman, acreditando que a polícia iria vincular os crimes e, quando se desse conta de que Beausoleil estava sob custódia quando esses outros crimes acontecessem, o soltaria.

A "imitação" como motivação por si só não foi uma surpresa. Na verdade, Aaron Stovitz a havia sugerido como umas das muitas possibilidades em sua entrevista aos repórteres da *Rolling Stone*. Havia apenas uma coisa errada: não era verdade. Em uma tentativa de livrar Manson e lançar dúvidas sobre o motivo do Helter Skelter, as testemunhas da defesa, começando por Gypsy, começaram a inventar suas próprias evidências enganosas.

O cenário que elas construíram tão tardiamente era tão transparente quanto egoísta.

Gypsy afirmou que, na tarde de 8 de agosto de 1969, Linda explicou o plano a ela e lhe perguntou se queria participar. Horrorizada, Gypsy, em vez disso, fugiu para as montanhas. Ao retornar, os assassinatos já haviam acontecido e Linda tinha ido embora.

Gypsy ainda testemunhou que Bobby Beausoleil era inocente do homicídio de Hinman; tudo o que ele havia feito foi dirigir um carro que tinha pertencido a Hinman. E Manson também não esteve envolvido naquilo. O homicídio de Hinman havia sido cometido por Linda, Sadie e *Leslie!*

Maxwell Keith logo protestou. Junto à tribuna, ele disse ao juiz Older: "Me parece que essa garota está partindo para um testemunho de admissão feito por minha cliente sobre sua participação nos homicídios dos casos Hinman, Tate e LaBianca. Isso é ultrajante!".

TRIBUNAL: "Não sei se o sr. Kanarek faz a menor ideia do que quer fazer."

FITZGERALD: "Receio que não."

KANAREK: "Sei exatamente."

Keith comentou: "Conversei com essa testemunha sobre seu depoimento ontem na prisão do condado. Era um testemunho um tanto inócuo sobre Leslie. E de repente, *bum*, estamos sendo bombardeados para fora do tribunal."

Durante o interrogatório da promotoria, indaguei: "É verdade, Gypsy, que o que você está tentando fazer é livrar Charles Manson às custas de Leslie e Sadie?".

R: "Eu não diria isso. Não, não é verdade."

Para destruir sua credibilidade, primeiro apontei as inúmeras inconsistências nas declarações que Gypsy havia feito anteriormente. Só então retornei para o motivo inventado.

Gypsy havia testemunhado que logo depois de ficar sabendo dos homicídios do caso Tate-LaBianca, ela teve certeza de que Linda, Leslie e Sadie estiveram envolvidas.

Eu a questionei sobre isso: "Se na sua opinião, Linda, Sadie e Leslie estiveram de alguma maneira envolvidas nos homicídios do caso Tate-LaBianca, e o sr. Manson era inocente e não teve nenhum envolvimento neles, por que você não se manifestou antes de hoje e contou às autoridades sobre essa conversa que teve com Linda?".

R: "Eu não queria me envolver. Não acredito em recorrer a vocês nem por um segundo."

Mais cedo, durante o interrogatório, Gypsy havia admitido que amava Manson, que morreria por ele de bom grado. Ao lembrá-la dessas declarações, eu disse: "Tudo bem, e você acredita que ele não teve nenhum envolvimento nesses homicídios, certo?".

R: "Certo."

P: "E ainda assim você o deixou na cadeia todos esses meses sem ir à polícia com essas valiosas informações?"

Gypsy evitou dar uma resposta direta.

P: "Quando foi a primeira vez que você contou a alguém a respeito dessa conversa infame que teve com Linda, na qual ela lhe pediu para sair e matar alguém?"

R: "Bem aqui."

P: "Hoje."

R: "Isso."

P: "Então hoje, no banco das testemunhas, foi a primeira vez que decidiu revelar todas essas valiosas informações, correto?"

R: "Correto."

Eu a tinha pegado. Agora, poderia argumentar perante o júri que ali estava Manson, sendo julgado por sete acusações de homicídio, e ali estava Gypsy, na esquina da Temple com a Broadway, dia e noite, desde o início do julgamento. Uma garota que ama Manson e que daria a vida por ele, mas que esperou até que a fase de determinação da sentença tivesse começado, e durante o interrogatório redirecionado, ainda por cima, para decidir contar a alguém o que sabe.

Às 6h01 do dia 9 de fevereiro de 1971, um terremoto monstruoso abalou grande parte do sul da Califórnia. Atingindo uma magnitude de 6,5 na escala Richter, ele tirou 65 vidas e causou milhões de dólares em danos.

Eu acordei pensando que a Família estava tentando invadir a nossa casa.

Os jurados acordaram e se depararam com água caindo sobre eles de canos rompidos acima de seus quartos.

As garotas na esquina disseram aos repórteres que Charlie havia causado o terremoto.

Apesar do desastre, o tribunal reuniu-se no horário habitual naquela manhã, com Susan Atkins subindo ao banco das testemunhas para causar seu próprio terremoto.

A primeira pergunta de Daye Shinn à sua cliente foi: "Susan, você esteve pessoalmente envolvida nos homicídios dos casos Tate e LaBianca?".

Atkins, que estava se parecendo com uma menininha em um macacão escuro e uma camisa branca, respondeu com tranquilidade: "Sim".

Ainda que àquela altura todos os advogados soubessem que as três garotas pretendiam subir ao banco das testemunhas e "confessar", pois Fitzgerald havia mencionado o fato no gabinete do juiz há quase uma semana, o júri e os espectadores ficaram chocados. Eles trocaram olhares como se não acreditassem no que tinham ouvido.

Shinn então guiou Susan ao longo de seu passado: sua infância religiosa ("Eu cantava no coral da igreja"); a morte da mãe devido ao câncer ("Eu não conseguia entender por que ela tinha morrido, e isso me magoava"); a perda de sua fé; os problemas com o pai ("Meu pai ficava me dizendo: 'Você está indo ladeira abaixo', então eu simplesmente fui ladeira abaixo"); suas experiências como dançarina de topless em San Francisco; sua explicação do motivo de estar portando uma arma quando foi presa no Oregon ("Eu estava com medo das cobras"); e sua introdução às drogas, Haight-Ashbury e seu fatídico primeiro encontro com Charles Manson.

Voltando a se concentrar nos crimes, ela testemunhou: "Essa coisa toda começou quando matei Gary Hinman, porque ele ia machucar meu amor...".

O juiz Older anunciou o recesso do meio-dia. Antes de descer do banco das testemunhas, Susan virou-se para mim e disse: "Olha só, sr. Bugliosi. Todo o seu lance, cara, já era, todo o seu motivo. É tão bobo. Tão ridículo".

Naquela tarde, Sadie recitou a versão recém-revisada do que tinha levado ao homicídio de Hinman. De acordo com Susan, quando Manson chegou na residência de Hinman, para persuadir Gary a transferir para ele o registro de um carro que eles já tinham comprado, Gary sacou uma arma e a apontou para ele. Enquanto Manson fugia, Gary tentou atirar nele pelas costas. "Eu não tive escolha. Ele ia machucar meu amor. Eu estava com minha faca e o ataquei e o matei... Bobby foi preso por uma coisa que eu fiz."

Os buracos em sua história tinham um quilômetro de diâmetro. Eu os anotei para meu interrogatório.

Após a prisão de Beausoleil, testemunhou Susan, Linda sugeriu que cometessem assassinatos parecidos, "... e ela me pediu para pegar uma faca e trocar de roupa [...] ela disse que umas pessoas em Beverly Hills estavam devendo mil dólares pela compra de uma droga nova, MDA...".

Antes de deixarem o rancho Spahn, contou Susan: "Linda me deu um pouco de LSD, e deu ao Tex um pouco de STP [...] Linda deu todas as ordens naquela noite. [...] Ninguém disse ao Charlie aonde estávamos indo ou o que iríamos fazer. [...] Linda tinha estado lá antes, então sabia aonde ir [...] Tex perdeu a cabeça, atirou no Parent [...] Linda entrou na casa [...] Linda me entregou sua faca". Nesse ponto da narrativa, Daye Shinn abriu a lâmina da faca Buck e se adiantou para entregá-la a Susan.

TRIBUNAL: "Coloque essa faca do jeito que estava!"

SHINN: "Eu só queria tirar as medidas, Vossa Excelência."

Susan prosseguiu. Ela estava segurando Sharon Tate e "Tex voltou e olhou para ela e disse: 'Mate ela'. E eu a matei... E eu simplesmente a esfaqueei e ela caiu, e eu a esfaqueei de novo. Não sei quantas vezes eu a esfaqueei". Sharon implorou pela vida de seu bebê, e "eu disse a ela: 'Cala a boca. Não quero saber'."

Ainda que as palavras de Susan fossem terrivelmente assustadoras, sua expressão durante grande parte do tempo permaneceu impassível, até mesmo infantil.

Havia apenas uma maneira de descrever o contraste: era incrivelmente obsceno.

Ao falar sobre o assassinato de Hinman, Susan havia colocado Leslie Van Houten na cena do crime. Nunca houvera nenhuma evidência sequer de que Leslie esteve envolvida no assassinato de Hinman.

Ao descrever a noite na qual os LaBianca foram mortos, Susan fez mais algumas mudanças na lista de envolvidos. Manson não os acompanhou, disse. Linda dirigiu; Tex entrou sorrateiramente na residência dos LaBianca; Linda explicou o que Tex, Katie e Leslie precisavam fazer; Linda sugeriu matar o ator em Venice. E quando voltaram para o rancho Spahn, "Charlie estava dormindo lá".

Outra de suas invencionices também era bastante improvável. Ela alegou que havia implicado Manson em sua conversa comigo e em seu testemunho perante o grande júri porque teria sido motivada por uma suposta promessa minha: se ela assim o fizesse, eu me encarregaria pessoalmente de que nenhum dos outros réus, incluindo Manson, recebesse a pena de morte.

A melhor maneira de refutar isso foi o fato de ela ter implicado Manson na gravação que fez com Caballero, dias antes de nossa primeira reunião.

Ao descrever essa reunião, Sadie disse: "Bugliosi entrou. Acho que ele estava usando roupas parecidas com as que está usando agora; terno cinza, colete".

P: "Isso aconteceu em 1969, certo?"

R: "Certo. Ele parecia muito mais novo na época."

Todos tínhamos passado por muitas coisas durante os últimos catorze meses.

Shinn então começou a interrogar Susan a respeito de Shorty! Eu pedi permissão para me aproximar da tribuna.

BUGLIOSI: "Vossa Excelência, não consigo acreditar no que está acontecendo aqui. Ele está falando sobre Shorty Shea agora!" Ao me virar para Daye, eu o alertei: "Você estará se prejudicando se mencionar outros homicídios, e estará prejudicando os corréus". Older concordou e aconselhou Shinn a tomar bastante cuidado.

Estava preocupado que, caso Shinn continuasse, o caso poderia ser revertido durante a apelação. Que tipo de lógica concebível existe em pedir que sua cliente suba ao banco das testemunhas e confesse um assassinato do qual sequer está sendo acusada?

Fitzgerald assumiu o interrogatório direcionado. Ele perguntou a Susan por que as vítimas do caso Tate foram mortas.

R: "Porque eu acreditava que era a coisa certa a se fazer para tirar meu irmão da cadeia. E ainda acredito que era a coisa certa."

P: "Srta. Atkins, alguma dessas pessoas foi morta como resultado de algum ódio ou animosidade pessoais que você sentia em relação a elas?"

R: "Não."

P: "Você sentia alguma coisa sequer em relação a elas, tinha algum sentimento em relação àquelas pessoas — Sharon Tate, Voytek Frykowski, Abigail Folger, Jay Sebring, Steven Parent?"

R: "Eu não conhecia nenhuma delas. Como poderia sentir alguma coisa sem as conhecer?"

Fitzgerald perguntou a Susan se ela achava que aquelas mortes foram misericordiosas.

R: "Não. Na verdade, acho que disse a Sharon Tate que não sentia nenhuma piedade por ela."

Susan passou a explicar que sabia que o que estava fazendo "era certo enquanto eu estava fazendo aquilo". Ela acreditava nisso porque, quando você faz a coisa certa, "a sensação é boa".

P: "Como matar alguém pode ser certo?"

R: "Como pode não ser certo quando é feito com amor?"

P: "Você alguma vez sentiu remorso?"

R: "Remorso? Por fazer o que era certo para mim?"

P: "Você alguma vez sentiu pesar?"

R: "Pesar por fazer o que era certo para mim? Não sinto culpa nenhuma."

Fitzgerald parecia derrotado. Ao trazer à tona a total falta de remorso dela, ele tinha feito com que fosse impossível para a defesa argumentar de modo persuasivo que ela era capaz de reabilitação.

◆ ◆ ◆

Havíamos chegado a uma situação estranha. De repente, na fase de determinação da sentença, muito depois do júri ter declarado os quatro réus culpados, de certo modo eu estava tendo que provar a culpa de Manson mais uma vez.

Se eu conduzisse um interrogatório muito rigoroso, passaria a impressão de que não acreditava que tínhamos provado nosso caso. Se me abstivesse do interrogatório, havia a possibilidade de deixar uma dúvida persistente quanto à culpa, que, quando chegasse a hora da deliberação, poderia influenciar o voto do júri quanto à sentença. Assim, tive que prosseguir com muita cautela, como se estivesse caminhando sobre gelo fino.

A defesa, e especificamente Irving Kanarek, havia tentado plantar tal dúvida ao proporcionar um motivo alternativo para o Helter Skelter: a imitação. Embora eu acreditasse que o testemunho a esse respeito era bastante dúbio, isso não significava que podia relaxar e supor que o júri fosse sentir o mesmo que eu.

Como uma explicação para o porquê de ela estar mentindo para salvá-lo, era importante que eu provasse ao júri, de maneira conclusiva, o total comprometimento de Susan Atkins a Manson. No começo do meu interrogatório, eu lhe perguntei: "Sadie, você acredita que Charles Manson é a segunda vinda de Cristo?".

R: "Vince, eu vi Cristo em tantas pessoas nos últimos quatro ou cinco anos que para mim é difícil dizer exatamente qual delas é a segunda vinda de Cristo."

Eu repeti a pergunta.

R: "Eu pensei nisso. Pensei bastante nisso... Eu cogitei a ideia de que ele é Cristo, sim... Não sei. Pode ser. Se ele for, uau, minha nossa!"

Ao confrontá-la com sua carta para Ronnie Howard, na qual ela afirmou: "Se você acredita na segunda vinda de Cristo, M é aquele que veio para salvar", perguntei: "Mesmo agora, no banco das testemunhas, Sadie, você acha que Charles Manson, aquele homem ali mexendo no cabelo, talvez seja Jesus Cristo?".

R: "Talvez. Vou parar por aqui. Talvez, sim. Talvez, não."

Eu insisti até Susan admitir: "Ele representava um Deus para mim, e era tão bonito que eu faria qualquer coisa por ele".

P: "Até mesmo cometer assassinato?", perguntei de pronto.

R: "Eu faria qualquer coisa por Deus."

P: "Incluindo assassinato?", pressionei.

R: "Exato. Se eu acreditasse que era o certo."

P: "E você matou as cinco pessoas na residência de Tate por seu Deus, Manson, não foi?"

Susan hesitou, então disse: "Eu as matei por meu Deus, Bobby Beausoleil".

P: "Ah, então você tem dois Deuses?"

Ela respondeu de modo evasivo: "Existe apenas um Deus e Deus está em todos nós".

Como Susan já havia testemunhado a respeito dessas questões, a promotoria pôde usar suas declarações inconsistentes anteriores — incluindo seu testemunho diante do grande júri — para propósitos de impedimento legal.

Durante o interrogatório da promotoria, pedi que Susan repetisse as supostas razões pelas quais eles foram para a residência de Tate. Assim que ela reafirmou a bobagem da imitação, eu a ataquei com suas próprias declarações a respeito do Helter Skelter ter sido o motivo — feitas para mim, para o grande júri e na carta para Howard.

Também mencionei que ela havia relatado, tanto a mim quanto ao grande júri, que Manson havia ordenado os sete homicídios do caso Tate-LaBianca; que Charlie tinha direcionado todas as suas atividades na segunda noite; e que nenhum deles estivera sob efeito de drogas em ambas as noites.

Em seguida, eu a relembrei de sua versão sobre os homicídios dos casos Hinman, Tate e LaBianca, passo a passo, sabendo que ela cometeria algum deslize, o que fez, diversas vezes.

Por exemplo, questionei: "Onde Charles Manson estava quando você esfaqueou Gary Hinman até a morte?".

R: "Ele foi embora. Ele foi embora logo depois de cortar a orelha de Gary." Tendo admitido isso sem querer, ela logo acrescentou que havia tentado costurar a orelha de Hinman.

Então, eu a fiz relembrar seu depoimento: Hinman sacou uma arma e a apontou para Manson; Manson fugiu; Hinman começou a atirar em Man son; para proteger seu amor, ela esfaqueou Hinman até a morte. Quando exatamente, perguntei, ela teve tempo para dar uma de Florence Nightingale?

Susan também tinha afirmado que só contou a Manson sobre ter matado Hinman depois de terem sido detidos durante a batida no rancho Barker. Em outras palavras, embora tivesse morado com Manson de julho a outubro de 1969, ela não tivera a oportunidade de mencionar isso? "Exato." Por quê? "Porque ele nunca perguntou."

Ela sequer havia lhe confidenciado que também era responsável pelos homicídios dos casos Tate e LaBianca, alegou. Tampouco, até dois dias atrás, havia revelado a alguém que Linda Kasabian foi a responsável por planejar os assassinatos.

P: “Entre 9 de agosto de 1969 e 9 de fevereiro de 1971, por que você não contou a alguém que Linda esteve por trás desses homicídios?”

R: “Porque não contei. Simples assim.”

P: “Você disse para *alguém* da Família que você tinha cometido todos aqueles homicídios?”

R: “Não.”

P: “Se você confiou isso para pessoas de fora, como Ronnie Howard e Virginia Graham, por que não contou para os membros de sua própria Família, Sadie?”

R: “Nada precisava ser dito. O que eu fiz foi o que eu fiz com aquelas pessoas, e foi isso o que eu fiz.”

P: “Uma coisinha de nada, sete cadáveres?”

R: “Nada demais.”

Fiz uma pausa para permitir que essa declaração inacreditável fosse digerida, e então perguntei: “Então matar sete pessoas é algo bastante normal, nada demais, correto, Sadie?”.

R: “No momento, não foi. Só estava lá para ser feito.”

Indaguei como ela se sentia em relação às vítimas. Ela respondeu: “Elas nem se pareciam com pessoas... Eu não me identifiquei com Sharon Tate como sendo algo a não ser um manequim de loja”.

P: “Você nunca ouviu um manequim de loja falar, ouviu, Sadie?”

R: “Não, senhor. Mas ela soava como um computador IBM... Ela ficava implorando e suplicando e suplicando e implorando, e eu fiquei cansada de ouvir ela, então a esfaqueei.”

P: “E quanto mais ela gritava, mais você esfaqueava, Sadie?”

R: “Sim. E daí?”

P: “E você olhou para ela e disse: ‘Olha, vadia, não estou nem aí para você’. Correto, Sadie?”

R: “Correto. Foi o que eu disse na hora.”

BUGLIOSI: “Sem mais perguntas.”

Na terça-feira, 16 de fevereiro, depois de longas discussões em seu gabinete, o juiz Older disse ao júri que havia decidido suspender o isolamento.

Sua surpresa e júbilo ficaram evidentes. Eles tinham permanecido isolados por mais de oito meses, o isolamento de júri mais longo da história dos Estados Unidos.

Apesar de continuar preocupado sobre o possível assédio da Família, a maioria dos outros motivos para o isolamento — tais como: menções ao homicídio de Hinman, a confissão de Susan Atkins no *Los Angeles*

Times, seu testemunho diante do grande júri e assim por diante — já não existia, visto que o júri tinha descoberto essas evidências quando Sadie e os outros subiram ao banco das testemunhas.

Era quase como se tivéssemos um novo júri. Quando os doze entraram na bancada no dia seguinte, havia sorrisos em todos os rostos. Eu não conseguia me lembrar da última vez que os tinha visto sorrindo.

Os sorrisos não durariam muito tempo. Patricia Krenwinkel subiu ao banco das testemunhas para confessar sua parte nos homicídios dos casos Tate e LaBianca.

Uma testemunha ainda mais improvável do que Susan Atkins, seu depoimento a respeito da imitação como motivo foi vago, nebuloso e quase desprovido de detalhes corroborantes. O propósito de sua presença no banco das testemunhas era afastar o foco de Manson. Em vez disso, assim como as outras integrantes da Família que a tinham precedido, ela destacou repetidas vezes sua importância. Por exemplo, ao descrever a vida no rancho Spahn, ela disse: "Éramos como ninfas e criaturas da floresta. Corríamos pelas florestas com flores nos cabelos, e Charlie tinha uma pequena flauta...".

Sobre o assassinato de Abigail Folger: "E eu estava com uma faca nas mãos, e ela saiu correndo, e ela correu — ela passou correndo pela porta dos fundos, uma que eu não cheguei a tocar, quero dizer, ninguém encontrou impressões digitais porque eu não encostei naquela porta... e eu a esfaqueei e continuei esfaqueando".

P: "O que você sentiu depois que a esfaqueou?"

R: "Nada — quero dizer, tipo, o que tem para descrever? Só estava lá, e era como se fosse a coisa certa."

Sobre o assassinato de Rosemary LaBianca: de acordo com Katie, ela e Leslie levaram Rosemary LaBianca até o quarto. Enquanto vasculhavam seus vestidos no closet, ao ouvir Leno gritar, Rosemary apanhou um abajur e as atacou com ele.

Sobre a mutilação de Leno LaBianca: depois de matar Rosemary, Katie se lembrava de ver Leno deitado no chão da sala de estar. Ela disparou a falar, "Você não vai mandar seu filho para a guerra" e "Acho que escrevi GUERRA no peito do homem. E então acho que estava com um garfo nas mãos, e o enfiei na barriga dele... e fui escrever nas paredes...".

Durante o interrogatório da promotoria, eu perguntei a ela: "Quando você estava em cima de Abigail Folger, enfiando sua faca no corpo dela, ela estava gritando?".

R: "Sim."

P: "E quanto mais ela gritava, mais você a esfaqueava?"

R: "Acho que sim."

P: "Você ficou incomodada quando ela gritou implorando pela vida?"

R: "Não."

Katie testemunhou que quando esfaqueou Abigail, ela na verdade estava esfaqueando a si mesma. Minha pergunta seguinte foi retórica: "Mas você não sangrou nem um pouco, sangrou, Katie? Apenas Abigail sangrou, correto?".

A defesa estava afirmando, por meio dessas testemunhas, que as palavras PORQUINHO POLÍTICO (Hinman), PORCO (Tate) e MORTE AOS PORCOS (LaBianca) eram pistas que os assassinos acreditavam que levariam a polícia a encontrar conexão entre os três crimes. Mas quando perguntei a Sadie o motivo para ter escrito PORQUINHO POLÍTICO na parede da residência de Hinman, para começo de conversa, ela não deu nenhuma resposta satisfatória. Também não foi capaz de me dizer por que, se aqueles tinham que ser homicídios de imitação, ela só havia escrito PORCO e não PORQUINHO POLÍTICO na residência de Tate. E tampouco conseguiu apresentar uma explicação convincente quanto ao motivo de ter escrito HEALTER SKELTER na porta da geladeira dos LaBianca.

Era evidente que Maxwell Keith também não estava caindo na história da imitação como motivação para os crimes. No interrogatório redirecionado, ele perguntou a Katie: "Os homicídios na residência de Tate e na residência dos LaBianca não tiveram nenhuma relação com uma tentativa de tirar Bobby Beausoleil da cadeia, tiveram?".

R: "Bem, é difícil de explicar. Foi apenas uma ideia, e a ideia virou realidade."

O juiz Older estava ficando cada vez mais irritado com Kanarek. Ele o alertou repetidas vezes que se insistisse em fazer perguntas inadmissíveis, seria punido por desacato uma quinta vez. Tampouco estava muito satisfeito com Daye Shinn. O advogado fora visto entregando um bilhete de um espectador para Susan Atkins. Na semana anterior, as garotas na esquina estiveram lendo transcrições do julgamento que continham o nome de Shinn. Ao ser confrontado sobre isso por Older, Shinn explicou: "Elas as pegaram para ler".

TRIBUNAL: "Como é que é? Você está familiarizado com a ordem de proibição de divulgação neste caso?"

Shinn admitiu que estava.

TRIBUNAL: "Ao que parece, sr. Shinn, você não está dando a mínima para a ordem de proibição de divulgação, e isso vem acontecendo já há algum tempo. Acredito, na minha opinião, há muito, muito tempo, que a pessoa responsável pelos vazamentos — e existem vazamentos — seja você."

Maxwell Keith, com muita relutância, convocou sua cliente, Leslie Van Houten, para o banco das testemunhas. Depois de guiá-la por seu passado, Keith pediu permissão para se aproximar da tribuna. Ele disse a Older que sua cliente se implicaria no homicídio de Hinman. Havia discutido isso com ela durante "horas e mais horas", mas em vão.

Assim que começou a relatar sua história, a transparência de suas invenções ficou evidente. De acordo com Leslie, Mary Brunner não esteve na residência de Hinman, ao passo que tanto Charles Manson quanto Bobby Beausoleil foram embora antes que o assassinato em si fosse cometido. Foi Sadie, afirmou ela, quem matou Gary.

Apesar de ter implicado a si mesma no homicídio de Hinman, pelo menos por meio de sua presença, Leslie tentou apresentar algumas circunstâncias atenuantes para o seu envolvimento nos homicídios do caso LaBianca. Ela alegou que não sabia de nada a respeito dos homicídios do caso Tate e que, ao sair com os outros na noite seguinte, não fazia ideia de aonde estavam indo ou o que planejavam fazer. O assassinato de Rosemary LaBianca foi cometido para que parecesse autodefesa. Foi só depois de ela a ter atacado com o abajur que Leslie "pegou uma das facas, e Patricia tinha uma faca, e nós começamos a esfaquear e a retalhar a senhora".

P: "Até aquele momento, você tinha alguma intenção de machucar alguém?"

R: "Não."

P: "Você a esfaqueou depois que ela pareceu estar morta, Les?"

R: "Não sei se foi antes ou depois de ela morrer, mas eu a esfaqueei... Não sei se ela estava morta. Ela estava deitada lá no chão."

P: "Você a esfaqueou alguma vez antes de a ter visto deitada no chão?"

R: "Não me lembro."

Leslie esquecer tais coisas era quase tão improvável quanto sua alegação de que havia mencionado os assassinatos a Manson apenas quando chegaram ao deserto.

Com muito cuidado, Keith tentou demonstrar que Leslie sentia remorso por suas ações.

P: "Leslie, você sente tristeza, vergonha ou alguma culpa por ter participado da morte da sra. LaBianca?"

R: [Hesitação]

P: "Deixe-me perguntar um por um. Você sente tristeza em relação a isso; pesar; infelicidade?"

Era quase possível sentir o frio na sala do tribunal quando Leslie respondeu: "Pesar é uma palavra que não significa nada. Ela não pode trazer ninguém de volta."

P: "Estou tentando descobrir, Leslie, como você se sente a esse respeito."

R: "O que posso sentir? Já aconteceu. Ela se foi."

P: "Você deseja que isso não tivesse acontecido?"

R: "Eu nunca desejo que alguma coisa seja refeita de outro jeito. Essa é uma ideia tola. Nunca vai acontecer desse jeito. Não dá para desfazer o que já foi feito."

P: "Você sente como se quisesse chorar pelo que aconteceu?"

R: "Chorar? Pela morte dela? Se eu choro pela morte, é pela própria morte. Ela não é a única pessoa que morreu."

P: "Você pensa nisso de vez em quando?"

R: "Só quando estou no tribunal."

Durante grande parte do julgamento, Leslie Van Houten havia conseguido manter sua atuação de garotinha inocente. Ela a abandonou naquele momento, o júri conseguindo vislumbrar pela primeira vez o quão fria e insensível ela de fato era.

Outro aspecto de sua verdadeira natureza veio à tona quando Kanarek a interrogou. Irritada e impaciente com algumas das perguntas, ela retrucava de maneira hostil e sarcástica. A cada esguicho de veneno, era possível ver os jurados recuando, olhando para ela como se a vissem pela primeira vez. Qualquer compaixão que ela possa ter angariado antes havia acabado. Nem mesmo McBride a olhava nos olhos.

Leslie Van Houten havia sido declarada culpada de dois homicídios. Eu acreditava que ela merecia a pena de morte por sua participação bastante entusiasmada naqueles atos. No entanto, não queria que o júri decidisse por essa sentença com base em um crime que ela sequer havia cometido. Disse ao seu advogado, Maxwell Keith, que estava disposto a especificar que Leslie não esteve na residência de Hinman. "Quer dizer, o júri está propenso a acreditar que ela esteve e a usar isso contra sua cliente, e eu não acho que isso seja certo."

Além disso, durante o interrogatório da promotoria, eu perguntei: "Você contou a alguém — antes de seu depoimento no banco das testemunhas — que foi você quem acompanhou Sadie e Bobby Beausoleil até a casa de Gary Hinman?".

R: "Eu contei para a Patricia."

P: "Na verdade foi Mary Brunner quem esteve dentro da residência, não você, correto?"

R: "É você que está dizendo."

Embora estivesse tentando exonerar Leslie de qualquer cumplicidade no homicídio de Gary Hinman, eu fiz o oposto quando o assunto foi o assassinato de Rosemary LaBianca. Ao encerrar meu interrogatório sobre essa questão, Leslie havia admitido que Rosemary ainda poderia estar viva quando ela a esfaqueou; e que não só a esfaqueou nas nádegas e possivelmente no pescoço, como também "posso ter dado algumas facadas nas costas". (Como mais tarde lembrei ao júri, muitos dos ferimentos nas costas não eram *post mortem*, e apenas um deles, o que rompeu a coluna de Rosemary LaBianca, já teria sido fatal.)

Assim como fiz com Sadie e Katie, enfatizei as improbabilidades em sua história sobre a imitação. Por exemplo, ainda que tivesse testemunhado que estava "desesperadamente apaixonada" por Bobby Beausoleil e ciente de que aqueles assassinatos haviam sido cometidos em uma tentativa de libertá-lo, enfatizei que ela sequer havia se oferecido para testemunhar em algum de seus julgamentos, quando sua história, caso fosse verdadeira, poderia ter resultado na soltura dele.

Àquela altura, decidi jogar meu anzol na água e tentar pescar alguma coisa. Embora não tivesse certeza, tinha fortes suspeitas de que Leslie havia confidenciado ao seu primeiro advogado, Marvin Part, a verdadeira história daqueles assassinatos. Eu sabia que Part havia gravado o relato dela e, apesar de não ter ouvido a gravação, lembrava dele quase implorando ao juiz para que a escutasse.

BUGLIOSI: "Não é verdade, Leslie, que, antes do início do julgamento, você contou a alguém que Charles Manson ordenou aqueles assassinatos?"

R: "Eu tive um advogado designado pelo tribunal, Marvin Part, que insistiu no fato de que eu estava..."

Keith a interrompeu, protestando que estávamos entrando na área de informações privilegiadas. Destaquei para o juiz Older que a própria Leslie havia mencionado o nome de Part e que ela dispunha do direito de renunciar a esse privilégio. Kanarek também protestou, bastante ciente do que eu estava tentando trazer à tona.

VAN HOUTEN: "Sr. Kanarek, será que você poderia calar a boca para que eu possa responder à pergunta?... Eu tive um advogado designado pelo tribunal chamado Marvin Part. Ele tinha muitas ideias diferentes, que eram só dele, para me inocentar. Ele disse que ia fazer algumas gravações, e me contou a ideia geral do que queria que eu falasse. E eu falei o que ele pediu."

P: "O que você contou para o sr. Part?"

R: "Não me lembro. Foi muito tempo atrás."

Perguntei se ela contou a Part que Manson havia ordenado aqueles assassinatos.

R: "Claro que contei isso a ele."

Ela havia contado a Part que Manson os acompanhou na segunda noite e que, ao pararem na Waverly Drive, ele saiu do carro e entrou na casa dos LaBianca?

Depois de algumas respostas evasivas, Leslie respondeu com raiva: "Claro que contei isso a ele!".

TRIBUNAL: "Vamos fazer nosso recesso neste momento..."

VAN HOUTEN: "Sr. Bugliosi, você é um homem mau!"

Cada uma das testemunhas da Família negou que Manson odiava os negros. Mas à luz do que eu havia descoberto recentemente, muitas delas falaram sobre a questão de um modo bastante curioso. Quando Fitzgerald perguntou a Squeaky: "Ele amava o homem negro ou ele o odiava?", ela respondeu: "Ele os amava. Ele é seu pai — o homem negro é o pai de Charlie". Gypsy havia testemunhado: "Em primeiro lugar, Charlie passou quase a vida toda na prisão. Então ele chegou a conhecer os negros muito, muito bem. Na verdade, quero dizer, eles eram como o pai dele, sabe".

Durante um recesso, eu questionei Manson: "Charlie, seu pai era negro?".

"*Quê?*" Ele pareceu surpreso pela pergunta, mas eu não soube dizer se era porque a ideia parecia absurda ou porque eu tinha descoberto algo que ele preferia que não fosse do conhecimento de todos. Não houve nada de evasivo em sua resposta, contudo; ele foi veemente ao negar isso.

Parecia estar dizendo a verdade. Ainda assim, fiquei refletindo sobre aquilo. E ainda reflito.

◆ ◆ ◆

A próxima testemunha já tinha experiência no banco. Trazida de volta de New Hampshire a pedido de Irving Kanarek, Linda Kasabian mais uma vez fez o juramento. Fitzgerald, Keith e Shinn foram contra convocá-la; Kanarek deveria ter ouvido o conselho deles, porque Linda mais uma vez se saiu tão bem que eu sequer a interroguei. Seus testemunhos anteriores não foram nem um pouco abalados.

Linda, o marido e seus dois filhos estavam morando juntos em uma fazendinha em New Hampshire. O despreocupado Bob Kasabian havia provado ser um pilar de apoio, e eu fiquei feliz em saber que o casamento deles agora parecia estar dando certo.

Ruth Ann Moorehouse, também conhecida como Ouisch, de 20 anos, que certa vez dissera a Danny DeCarlo que mal podia esperar para apagar seu primeiro porco, repetiu o conhecido refrão: "Charlie não era líder nenhum". Mas "as cascavéis gostavam dele, ele conseguia brincar com elas" e "ele podia transformar idosos em jovens".

Acrescentando mais alguns toques fictícios à imitação como motivo, Ouisch alegou que Bobby Beausoleil era o pai do segundo filho de Linda Kasabian.

Eu a questionei: "Você faria qualquer coisa para ajudar Charles Manson e as três rés, não faria, Ouisch?".

Quando ela evitou dar uma resposta direta, perguntei: "Você até mesmo mataria por eles, não é?".

R: "Eu não seria capaz de tirar uma vida."

P: "Certo, vamos falar sobre isso, Ouisch. Você conhece uma garota chamada Barbara Hoyt?"

Seguindo o conselho de seu advogado, Ouisch recusou-se a responder quaisquer perguntas sobre a tentativa de assassinato de Hoyt. Por lei, quando uma testemunha se recusa a ser interrogada, todo o depoimento dela pode ser anulado. Isso ocorreu no caso de Ouisch.

Sem dúvidas, a testemunha mais esquisita de todas foi Steve Grogan, também conhecido como Clem, de 19 anos. Ele falou sobre os "engramas" em seu cérebro; respondeu perguntas sobre o pai falando sobre a mãe; e alegou que o verdadeiro líder da Família não era Manson, mas o Ursinho Pooh, o filho que Mary Brunner teve com Manson.

Kanarek se queixou, junto à tribuna, de que Older estava sorrindo das respostas de Grogan. Older respondeu: "Não vejo absolutamente nada engraçado nessa testemunha, posso lhe garantir. [...] Por que você iria querer convocá-lo está além da minha compreensão, mas a decisão é sua. [...] Nenhum júri vai acreditar nessa testemunha, isso eu te prometo".

O rapaz que decapitou Shorty Shea parecia ser um completo idiota. Ele sorria sem parar, fazia caretas e alisava a barba ainda mais que Manson. Mas isso era apenas uma encenação parcial, como diversas de suas respostas cuidadosas indicavam.

Clem se lembrava de ter acompanhado Linda, Leslie, Sadie, Tex e Katie em uma viagem de carro certa noite; afirmou que primeiro Linda oferecera LSD a todos eles; e insistiu que Manson não os acompanhou. Contudo, tomou muito cuidado para não dizer que essa tinha sido a noite dos assassinatos dos LaBianca, para evitar se incriminar.

Muitas de suas respostas eram citações quase exatas de coisas ditas por Manson. Por exemplo, quando perguntei: "Quando você se juntou à Família, Clem?". Ele respondeu: "Quando nasci de pele branca".

Também questionei ele, pois o assunto havia sido mencionado no interrogatório direcionado, sobre sua prisão durante a batida no rancho Barker. Do que ele havia sido acusado?, indaguei.

R: "Fui preso por quebra de promessa."

P: "Quebra de promessa? Alguma garota com quem você prometeu se casar, Clem, ou o quê?"

R: "Foi uma promessa de devolver uma picape em uma determinada data."

P: "Ah, entendi. Às vezes isso também é chamado de 'roubo de automóvel', não é, Clem?"

A defesa convocou sua próxima testemunha: Vincent T. Bugliosi. Junto à tribuna, Fitzgerald admitiu que essa era uma situação incomum: "Por outro lado, neste caso o sr. Bugliosi vem sendo, além de um promotor, um investigador".

Daye Shinn me questionou a respeito da minha entrevista com Susan Atkins e seu testemunho diante do grande júri. Por que eu acreditava que Susan não tinha contado toda a verdade ao grande júri?, perguntou. Eu enumerei os motivos, observando, entre outras coisas, minha crença de que ela havia esfaqueado Sharon Tate.

P: "Como você chegou a essa conclusão?"

R: "Ela o admitiu no banco das testemunhas, sr. Shinn, em primeiro lugar. Além disso, ela contou a Ronnie Howard e Virginia Graham que esfaqueou Sharon Tate."

Shinn estava tentando restabelecer o "acordo" no qual a procuradoria-geral havia concordado em não tentar obter a pena de morte se Susan testemunhasse com honestidade. Como Older informou junto à tribuna: "Susan Atkins subiu ao banco das testemunhas deste caso sob juramento e testemunhou que mentiu para o grande júri. Caso tivesse existido algum acordo, isso por si só teria sido suficiente para anulá-lo".

Keith me perguntou se eu tinha ouvido a gravação que Leslie fez com Part ou discutido seu conteúdo com ele. Respondi que não. O interrogatório de Kanarek foi tão exagerado que o juiz Older por fim o encerrou.

Outros que subiram ao banco das testemunhas nos dias seguintes incluíam Aaron Stovitz; Evelle Younger, antigo promotor público de Los Angeles e então procurador-geral do estado da Califórnia; os advogados Paul Caruso e Richard Caballero; e o produtor Lawrence Schiller. Todos os aspectos do acordo do dia 4 de dezembro de 1969 foram discutidos: a gravação do relato de Atkins, a venda de sua história, seu testemunho diante do grande júri e o fato de ter dispensado Caballero no dia seguinte ao seu encontro com Manson. O interrogatório mais rigoroso conduzido por Shinn durante todo o julgamento ocorreu quando ele chamou Schiller ao banco das testemunhas. Shinn queria saber quanto exatamente a história de Susan havia rendido e em quais contas bancárias cada centavo estava depositado. O advogado receberia a parte de Susan por representá-la.

Durante o interrogatório que conduzi com essas testemunhas, marquei alguns pontos importantes. Mencionei através de Caruso, por exemplo, que durante a reunião do dia 4 de dezembro de 1969, ele havia afirmado que era provável que Susan Atkins não fosse testemunhar no julgamento "devido ao medo que sentia de Manson".

Kanarek, contudo, marcou um dos pontos mais importantes... para a promotoria. Enquanto questionava Caballero, o antigo advogado de Atkins, ele perguntou: "O que [Susan Atkins] contou a você sobre a linguagem escrita com sangue naquelas três casas?".

CABALLERO: "Eu te pedi para não me fazer essa pergunta, Irving."

Aparentemente convencido de que Caballero estava escondendo algo favorável para sua cliente, Kanarek repetiu a pergunta.

Caballero suspirou e respondeu: "Ela me contou que Charles Manson queria provocar o Helter Skelter e que isso não estava acontecendo rápido o bastante. O uso da palavra 'porco' tinha a intenção de fazer com que achassem que os negros estavam cometendo aqueles crimes, porque os Panteras e pessoas assim usavam o termo 'porco' para se referir ao sistema, e esse era o propósito disso tudo, que o Helter Skelter não estava acontecendo rápido o suficiente, e que Charlie iria causar a ruína do mundo, e é por isso que todos os assassinatos foram cometidos.

"Eu pedi a você que não me fizesse essas perguntas, sr. Kanarek."

Por ter fracassado terrivelmente em sua tentativa de promover a imitação como motivo, a defesa passou para uma nova tática. Eles convocaram alguns psiquiatras para o banco das testemunhas, com esperanças de estabelecerem que o LSD havia afetado as mentes das três rés a ponto de não serem responsáveis por suas ações.

Não foi uma defesa de verdade, mas poderia ser apresentada como uma circunstância atenuante que, a não ser que fosse refutada por completo, poderia fazer com que a balança pendesse para o lado da prisão perpétua.

A primeira testemunha, o dr. Andre Tweed, professava ser um especialista em LSD, mas quase todo seu testemunho foi contrário àqueles de especialistas reconhecidos na área.

Tweed afirmou que sabia de um caso em que um jovem sob os efeitos do LSD ouviu vozes que ordenavam que ele matasse a mãe e a avó, e ele fez exatamente isso. Com base nesse único caso não identificado, Tweed concluiu que "as pessoas podem realizar atos homicidas sob a influência do LSD". Também era sua opinião, disse, que a droga possivelmente causava danos cerebrais.

No interrogatório da promotoria, eu mencionei que o dr. Tweed havia conversado com Patricia Krenwinkel por apenas duas horas. Ele não tinha lido as transcrições do julgamento nem entrevistado algum de seus amigos ou parentes. Ele nunca havia feito nenhuma pesquisa controlada na área do LSD, apenas uma palestra sobre o assunto, e não havia escrito nenhuma tese sobre o tema. Quando indaguei por quais motivos ele se considerava um especialista, Tweed respondeu com um certo ar de arrogância: "O que é um especialista senão o que o observador acha que ele é com base em sua experiência? Muitas pessoas me consideram um especialista, então estou acostumado a me considerar um".

P: "Você considera o dr. Thomas Ungerleider, da UCLA, um especialista em LSD?"

R: "Sim, considero."

P: "Mais do que você?"

R: "Não estou em uma posição para julgar isso. Deixo isso para outras pessoas."

P: "Você considera o dr. Duke Fisher, da UCLA, um especialista em LSD?"

R: "Sim."

Então, mencionei que os dois homens haviam escrito a tese "Os Impactos do LSD em Distúrbios Emocionais", na qual concluem que "não existe nenhuma evidência científica demonstrável de síndrome cerebral orgânica causada pelo LSD".

Tweed teve que admitir que isso estava correto, com base nas evidências atuais.

No dia 24 de dezembro de 1969, Patricia Krenwinkel foi examinada por um psiquiatra de Mobile, Alabama, um certo dr. Claude Brown. Como Tweed havia em parte baseado suas conclusões no relatório de Brown, recebi uma cópia do documento pouco antes do meu interrogatório.

Era uma bomba, como minha próxima pergunta para o dr. Tweed demonstrou.

P: "Enquanto formava suas opiniões em relação a Patricia Krenwinkel, você levou em consideração que ela contou ao dr. Brown que, na noite dos homicídios do caso Tate, Charles Manson mandou que ela acompanhasse Tex Watson?"

Após diversos protestos e extensas discussões junto à bancada, o dr. Tweed admitiu que havia levado isso em consideração. Ainda mais tarde, Patricia Krenwinkel foi convocada para depor outra vez, onde, embora tenha negado a veracidade dessa declaração, admitiu que havia relatado ao dr. Brown exatamente isso.

Agora tínhamos uma pontuação perfeita. Manson enviara Sadie, Katie e Leslie para testemunharem em uma tentativa de exonerá-lo. Em vez disso, eu consegui provar que cada uma das três havia contado a outras pessoas que Manson esteve por trás daqueles assassinatos.

Havia outras surpresas no relatório de Brown: Krenwinkel também relatou ao médico que havia fugido para Mobile "porque estava com medo de que Manson a encontrasse e a matasse";[2] que no dia dos homicídios

2 Ainda que fosse prejudicial para Manson, isso poderia ser útil apenas para a cliente de Fitzgerald, Patricia Krenwinkel. No entanto, não foi ele quem mencionou isso, mas Keith, depois de Fitzgerald já ter concluído seu interrogatório.

do caso Tate ela estava *saindo* de uma viagem de ácido e não havia tomado nenhuma droga naquela noite; e que, após os assassinatos, "ela vivia com medo de serem presos pelo que tinham feito", mas "Charlie dizia que ninguém podia botar as mãos na gente".

Essa última declaração provava que Katie estava muito ciente das consequências de seus atos.

Isso era importante porque, com base em suas perguntas, ficou evidente que os advogados de defesa estavam tentando insinuar que as três rés estavam insanas no momento em que cometeram aqueles assassinatos.

Sob as leis da Califórnia, uma alegação de insanidade deve ser apresentada *antes* do início do julgamento. Um processo de determinação de sanidade é então realizado em separado, depois da fase de determinação de culpabilidade. A defesa, contudo, não havia apresentado tal alegação no momento apropriado. Portanto, de certo modo, a questão de se as rés eram sãs ou insanas era irrelevante, visto que essa não era uma questão que o júri teria que decidir. Por outro lado, era crucial. Se a defesa pudesse fazer com que o júri duvidasse da sanidade das rés, isso poderia ter grande influência em sua decisão sobre a pena que elas teriam que cumprir.

De repente, eu não só estava tendo que provar a culpa de Manson outra vez, como também tinha que confirmar que as garotas eram legalmente sãs.

Na maioria dos estados, incluindo a Califórnia, o exame legal de insanidade é a regra de M'Naghten. Entre outras coisas, M'Naghten afirma que, se um réu, como resultado de um distúrbio mental ou deficiência intelectual, não se dá conta de que o que fez foi errado, ele é considerado legalmente insano. Não é suficiente, contudo, que ele pessoalmente não acredite que suas ações não foram erradas. Se fosse assim, todo homem seria independente de quaisquer leis. Por exemplo, um homem poderia estuprar uma dezena de mulheres e dizer: "Não acho que estuprar seja errado", e assim evitar sofrer uma punição criminal. O fator determinante é a pessoa ter entendimento de que a sociedade acredita que suas ações foram erradas. Se souber, não pode ser considerado legalmente insano. E ações premeditadas para evitar detecção — tal como cortar fios telefônicos, apagar impressões digitais, trocar de identidade, descartar evidências incriminadoras — constituem provas circunstanciais de que o réu compreende que a sociedade considera as suas ações inadequadas.

Mais cedo, o dr. Tweed havia testemunhado que Patricia Krenwinkel não acreditava que aqueles assassinatos foram errados. Então o questionei no interrogatório da promotoria: "Na sua opinião, enquanto Patricia Krenwinkel cometia aqueles assassinatos, ela acreditava que a sociedade considerava errado fazer o que ela estava fazendo?".

R: "Acredito que sim."

BUGLIOSI: "Sem mais perguntas."

No dia 4 de março, Manson aparou a barba, arrumando-a em uma bifurcação asseada, e raspou toda a cabeça, porque, contou aos jornalistas: "Eu sou o diabo e o diabo sempre tem a cabeça raspada".

De modo bastante curioso, dessa vez as três rés não seguiram o exemplo de Manson. Tampouco, quando ele de vez em quando fazia uma cena no tribunal, elas o imitavam, como acontecera durante a fase de determinação de culpabilidade. Estava evidente que tinham se dado conta, ainda que tarde, que tal comportamento desordeiro apenas comprovava o domínio de Manson.

Apesar de negar que o LSD podia causar danos cerebrais, a próxima testemunha, o psiquiatra Keith Ditman, expôs que a droga pode ter um efeito prejudicial sobre a personalidade de um indivíduo. Assim como afirmou que um usuário de LSD é mais suscetível à influência de terceiros, e que o uso da droga por Leslie, *mais* a influência de Manson sobre ela, poderiam ter sido fatores significativos para sua participação em um homicídio.

VAN HOUTEN: "Tudo isso é uma grande mentira. Eu fui influenciada pela guerra no Vietnã e pela TV."

Durante o interrogatório da promotoria, eu fiz com que Ditman admitisse que nem todas as pessoas reagem da mesma maneira ao LSD, que isso depende da estrutura da personalidade do indivíduo que ingere a droga. Em seguida, mencionei que Ditman nunca havia examinado Leslie; portanto, sem saber como era a estrutura de sua personalidade, ele não podia afirmar quais efeitos a droga teve em seu estado mental, se é que teve algum.

Tampouco, por outro lado, sem a ter examinado, ele podia afirmar se ela apresentava ou não tendências homicidas inerentes.

Keith, durante o interrogatório redirecionado, perguntou a Ditman: "O que significa ter tendências homicidas inerentes?".

R: "Significa que uma pessoa apresenta, digamos, mais do que o ser humano comum, um instinto assassino..."

P: "Falando em termos psiquiátricos, algumas pessoas têm instintos assassinos mais fortes do que outras, na sua opinião?"

R: "Bem, algumas pessoas têm uma hostilidade e agressividade mais dissimuladas e evidentes. Nesse sentido, elas são *mais capazes* de cometer crimes violentos, tais como assassinatos."

O dr. Ditman havia acabado de articular um dos principais pontos do argumento final que eu estava preparando para o encerramento da fase de determinação da sentença.

O dr. Joel Fort, o quase lendário "médico hippie do Haight", não parecia se encaixar nesse papel. O fundador do National Center for Solving Social and Health Problems estava na casa dos 40 anos, vestia-se de modo conservador, falava em voz baixa, não tinha cabelos compridos (na verdade, era careca). Enfurecido por seu testemunho, Manson berrou: "Se ele alguma vez viu um hippie, foi na rua enquanto passeava de carro".

A raiva de Manson era justificada. Mesmo durante o interrogatório direcionado, o dr. Fort foi mais útil para a promotoria do que para a defesa. Autor de um livro sobre drogas e coautor de outros onze títulos, o dr. Fort afirmou que "uma droga por si só não realiza uma transformação mágica — existem muitos outros fatores".

No interrogatório da promotoria, eu mencionei um deles. Fort disse: "Fiquei com a impressão [depois de examinar Van Houten] de que a influência do sr. Manson teve um papel muito importante na execução dos assassinatos".

Outro ponto crucial surgiu durante o interrogatório da promotoria. Para refutar o novo argumento da defesa de que as garotas estavam sob os efeitos do LSD durante os homicídios e, portanto, seriam menos responsáveis por seus atos, questionei Fort: "Não é verdade, doutor, que pessoas sob a influência do LSD não tendem a ser violentas?".

R: "Sim, é verdade."

Ainda atacando a teoria da promotoria sobre o domínio de Manson, Kanarek perguntou a Fort: "Bem, você conhece algum caso em que alguém foi — quero dizer, além de em um filme tipo Frankenstein —, você conhece alguma situação na qual alguém se sentou e programou pessoas para sair, digamos, e cometer assaltos à mão armada, invasões domiciliares, agressões? Você conhece algum caso assim?".

R: "Sim. De certo modo, é isso que fazemos quando programamos soldados em uma guerra. [...] As Forças Armadas utilizam técnicas de grupo e ideais patrióticos, que são instilados nos cidadãos de um país em particular, para formar esse padrão de comportamento."

O dr. Fort era um dos muitos exemplos de pessoas que, ainda que fossem contra a pena de morte por uma questão de princípios, acreditavam que aqueles assassinatos haviam sido tão brutais e insensatos, com uma ausência tão grande de circunstâncias atenuantes, que a justiça exigia que aqueles indivíduos fossem sentenciados à morte. Descobri isso em uma conversa com ele no corredor fora da sala do tribunal, na qual ele declarou estar bastante infeliz por ter sido convocado para testemunhar pela defesa. Muito preocupado com a mácula que a Família Manson havia lançado sobre todos os jovens, o dr. Fort se ofereceu para testemunhar pela promotoria quando eu levasse Charles "Tex" Watson a julgamento, uma oferta que eu mais tarde aceitei.

Foi em uma conversa de corredor como essa que descobri o quão potencialmente prejudicial a próxima testemunha poderia ser para a defesa. Ao saber que Keith pretendia convocar o dr. Joel Simon Hochman para testemunhar durante a sessão da tarde, decidi encurtar minha hora de almoço para dedicar meia hora entrevistando o psiquiatra.

Para minha surpresa, descobri que Maxwell Keith sequer havia entrevistado a própria testemunha; ele a estava convocando para o banco das testemunhas sem qualquer despreparo. Caso tivesse conversado com ele por apenas cinco minutos, Keith jamais teria convocado Hochman. O médico, que *havia* entrevistado Leslie, acreditava que o uso de LSD não exercia uma influência significativa sobre ela; em vez disso, ele estava convencido de que havia algo muito errado com Leslie Van Houten.

Em seu testemunho e no relatório psiquiátrico que escreveu após seu exame, o dr. Hochman chamou Leslie Van Houten de "princesinha mimada" incapaz de "lidar com frustrações e adiamento de gratificação". Desde a infância, ela tivera muitas dificuldades em controlar seus impulsos. Quando não conseguia o que queria, tinha ataques de raiva, vindo, por exemplo, a bater na irmã adotiva com um sapato.

"De uma perspectiva geral", observou Hochman, "fica muito evidente que Leslie Van Houten era uma arma psicologicamente carregada, que disparou como consequência da combinação complexa de circunstâncias bastante improváveis e bizarras."

Hochman confirmou algo que eu já suspeitava há muito tempo. Das três rés, Leslie Van Houten era a menos dedicada a Charles Manson. "Ela ouvia a conversa sobre filosofia [de Manson], mas esse não era o lance dela." Tampouco "se sentia tão atraída sexualmente por Charlie, e isso a incomodava bastante. 'Eu não conseguia ficar excitada com Charlie do jeito que ficava com Bobby', contou ela...". De acordo com Hochman, Leslie era obcecada por beleza. "Bobby era bonito, Charles não era, fisicamente. Charles era baixo. Isso é uma coisa que sempre me brochava."

Ela ainda assim matou seguindo suas ordens.

Keith perguntou a Hochman: "Doutor, você perguntou a ela se o sr. Manson, durante sua associação com ele, teve ou não alguma influência sobre ela em relação a seus processos de pensamento e em suas condutas e atividades?".

R: "Ela nega. Mas eu não acredito nisso."

P: "Por que você não acredita nisso?"

R: "Bem, eu não entendo por que ela teria ficado por perto por tanto tempo se não houvesse nada ali para ela, de alguma forma inconsciente."

Como eu viria a observar em meu argumento final, muitos iam até o rancho Spahn, mas apenas alguns poucos ficavam; aqueles que o faziam, o faziam porque achavam a pílula maligna que Manson estava vendendo bastante palatável.

Segundo Hochman, durante uma conversa com ele, Leslie professou "uma espécie de cristianismo primitivo, amor pelo mundo, aceitação de todas as coisas. E eu a questionei: 'Bem, depois de professar isso, como é possível que você tenha assassinado alguém?'. Ela respondeu: 'Bem, isso também era algo dentro de mim'."

Maxwell Keith deveria ter parado por aí. Em vez disso, ele perguntou a Hochman: "Como você interpreta isso?".

R: "Acredito que seja algo bastante realista. Creio que de fato *era* alguma coisa dentro dela, apesar da negação crônica dos aspectos emocionais de si mesma, uma fúria estava lá."

Keith também não parou por aqui. Ele então perguntou: "Quando você diz que havia uma fúria dentro dela, o que quer dizer com isso?".

R: "Na minha opinião, seria necessário uma fúria, uma reação emocional para matar alguém. Acredito que seja inquestionável que existia tal sentimento dentro dela."

P: "Tendo em mente que ela nunca tinha visto nem ouvido falar da sra. LaBianca, na sua opinião, havia algum ódio dentro dela quando isso aconteceu?"

R: "Veja, suponho que foi mais fácil para ela não ter conhecido a sra. LaBianca... É difícil matar alguém por quem você nutre bons sentimentos. Não acredito que houve algo específico em relação a sra. LaBianca.

"Me deixe esclarecer: a sra. LaBianca era um objeto, uma tela em branco na qual Leslie projetou seus sentimentos, assim como um paciente projeta os seus em um analista que ele não conhece... sentimentos em relação à mãe, ao pai, em relação ao sistema...

"Acredito que ela foi uma garota bastante zangada por muito tempo, uma garota bastante alienada por muito tempo, e a raiva e a fúria eram associadas a isso."

Hochman estava articulando um dos pontos principais da minha conclusão: a saber, que Leslie, Sadie, Katie e Tex continham uma hostilidade e uma fúria dentro de si que existiam antes de conhecerem Charles Manson. Eles eram diferentes de Linda Kasabian, Paul Watkins, Brooks Poston, Juan Flynn e T. J. Quando Manson pediu que matassem por ele, cada um disse não.

Tex Watson, Susan Atkins, Patricia Krenwinkel e Leslie Van Houten concordaram.

Havia algo específico naquelas pessoas que fez com que matassem. Algum tipo de defeito interno. Algo além de Charlie.

Apesar de ter prejudicado bastante seu próprio caso, Keith havia tentado colocar a culpa em Manson. Fitzgerald, durante o interrogatório que conduziu com Hochman, fez exatamente o contrário: tentou minimizar a importância da influência de Manson sobre Leslie. Ao questionar Hochman sobre qual de fato era a influência de Manson, ele recebeu a seguinte resposta: "Suas ideias, sua presença, o papel que desempenhou em sua relação com ela, serviram para reforçar muitos dos sentimentos e atitudes dela. Serviram para reforçar e proporcionar a ela uma maneira de dar continuidade à sua alienação social generalizada, sua alienação do sistema".

P: "Então, na verdade, o que você está dizendo é que (A) Manson talvez tenha tido alguma influência e (B), se de fato teve alguma influência, ela teria apenas contribuído para a redução dos controles sobre sua impulsividade, correto?"

R: "Sim."

P: "Assim, qualquer influência que Manson possa ter tido sobre Leslie Van Houten, segundo sua opinião profissional, é tênue, na melhor das hipóteses, correto?"[3]

R: "Me deixe dar outro exemplo que possa esclarecer ainda mais as coisas... Suponha que alguém entre e diga: 'Vamos comer toda a torta de maçã'. Obviamente sua tentação é estimulada pela sugestão, mas a decisão de comer toda a torta ou apenas uma fatia vem de você. Portanto, a outra pessoa é influente, mas não é uma última árbitra ou determinadora de tal situação...

"Alguém pode mandar você atirar em alguém, mas a decisão de fazer isso vem de dentro de você."

Kanarek, quando chegou sua hora, seguiu a deixa: "Então, você está nos dizendo, em uma linguagem leiga, que quando alguém pega uma faca e esfaqueia, a decisão de fazer isso é uma decisão pessoal?".

R: "Em última análise, sim."

P: "É uma decisão pessoal da pessoa que comete o esfaqueamento?"

R: "Sim."

Por ironia, Kanarek e eu estávamos agora do mesmo lado. Nós dois estávamos tentando provar que, mesmo que independentes de Manson, aquelas garotas possuíam assassinato dentro de si.

Manson ficou muito impressionado com Hochman e, a princípio, quis ser entrevistado por ele. Eu fiquei aliviado, porém, quando ele mais tarde abandonou essa ideia. Não estava preocupado com a possibilidade de Manson enrolar Hochman. Mas mesmo que Hochman não acreditasse na história de Manson, Kanarek se certificaria de que ele a repetisse no banco das testemunhas. Desse modo, usando Hochman como um canal, Manson conseguiria despejar quase tudo que queria diante do júri, sem ser submetido ao meu interrogatório.

◆ ◆ ◆

3 Não havia nenhuma dicotomia significativa entre Leslie Van Houten e a cliente de Fitzgerald, Patricia Krenwinkel. Ambas as moças haviam se juntado à Família, se submetido ao domínio de Manson e, por fim, matado por ele. Ao tentar estabelecer que Manson não era responsável por fazer com que Leslie matasse, Fitzgerald, ao mesmo tempo, determinava que Manson também não era responsável pelas mortes causadas por Katie. A resposta de Hochman prejudicou não apenas Leslie, como também Katie e Sadie.

Hochman encontrou em todas as três garotas "muitas evidências em seus históricos de alienação precoce, de um prematuro comportamento antissocial ou desviante". Mesmo antes de se juntar à Família, Leslie tinha mais problemas emocionais do que uma pessoa comum. Sadie ativamente tentava ser tudo o que o pai lhe advertira para não ser. "Agora ela acha, em retrospecto", comentou Hochman, "que mesmo sem Charles Manson, ela teria ido parar na cadeia por homicídio culposo ou agressão com uma arma letal." Katie transou pela primeira vez aos 15 anos. Nunca mais viu o garoto e foi acometida por uma culpa tremenda por conta da experiência. Manson erradicou essa culpa. Ele, ao deixar que se juntasse à Família, também lhe proporcionou a aceitação que ela ansiava com tanto desespero.

Das três, Hochman acreditava que Sadie sentia um pouco mais de remorso do que as outras duas — com frequência, ela falava sobre desejar que sua vida acabasse. Mas ele também observou: "É surpreendente a ausência de um senso moral ou consciência convencionais nessa garota". E testemunhou: "Ela não parece manifestar nenhum sinal de desconforto ou ansiedade em relação às circunstâncias atuais, ou à sua condenação e possível pena de morte. Pelo contrário, ela parece manifestar uma tranquilidade e autoaceitação extraordinárias diante de sua atual situação".

De acordo com Hochman, todas as três garotas negaram "sentir alguma culpa que fosse em relação a algo". Ele acreditava que, no âmbito intelectual, elas realmente pensavam que não há nem certo nem errado, e que a moralidade é algo relativo. "No entanto, eu, como psiquiatra, sei que não é possível, de modo racional, se livrar de sentimentos que existem em um nível irracional e inconsciente. Não é possível dizer a si mesmo, de modo intelectual, que matar é certo, quando durante toda sua vida você sentiu que matar é errado."

Em resumo, Hochman acreditava que, como seres humanos, as garotas sentiam alguma culpa bem lá no fundo, muito embora a suprimissem de modo consciente.

Keith perguntou a Hochman: "Na sua opinião, doutor, Leslie estaria suscetível ou reagiria a uma terapia intensiva?".

R: "Possivelmente."

P: "Em outras palavras, você não acredita que ela seja um caso perdido que nunca poderá ser reabilitada?"

R: "Não, não creio que ela seja um caso *tão* perdido assim, não."

Para um psiquiatra, ninguém está além da redenção. Esse é um testemunho padrão fundamental. Ainda assim, apenas um dos advogados de defesa, Maxwell Keith, fez essa pergunta, e, mesmo assim, apenas durante o interrogatório redirecionado.

Mais cedo, eu havia mencionado que Hochman tinha apenas a promessa das garotas de que elas não estavam sob os efeitos do LSD em nenhuma das noites. Eu então lhe perguntei: "Você já leu um caso relatado na literatura de algum indivíduo que cometeu assassinato sob a influência do LSD?".

R: "Não. Suicídio, mas não assassinato."

Como eu viria a perguntar mais tarde ao júri, será que Watson, Atkins, Krenwinkel e Van Houten, *todos os quatro*, poderiam ser exceções?

Grande parte do testemunho de Hochman havia focado nos estados mentais das três garotas. Susan Atkins estava sofrendo de uma condição diagnosticável, disse ele: uma síndrome de privação nos primeiros anos da infância que resultou em um tipo de personalidade histérica.

Isso não era insanidade legal como definida por M'Naghten.

Leslie Van Houten era uma pessoa imatura e excepcionalmente impulsiva, que tinha a tendência de cometer atos espontâneos sem ponderação.

Isso tampouco era insanidade legal como definida por M'Naghten.

Em seu relatório sobre Krenwinkel, o dr. Claude Brown, o psiquiatra de Mobile, havia declarado que "na época em que examinei a srta. Krenwinkel, ela demonstrou uma reação esquizofrênica". Ele acrescentou, contudo, que "não afirmo com toda certeza que essa psicose existia na época dos supostos homicídios".

Esquizofrenia *pode* ser uma insanidade legal como definida por M'Naghten. Mas a opinião do dr. Brown era restrita, e quando Fitzgerald perguntou ao dr. Hochman se, com base no exame que conduziu com Krenwinkel, ele concordava que ela era, ou tinha sido, esquizofrênica, Hochman respondeu: "Eu diria que não".

Ainda restava transmitir esses pontos para o júri, em termos que eles pudessem entender com facilidade.

Durante o interrogatório da promotoria, requisitei que Hochman definisse a palavra "psicótico". Ele a explicou como "uma perda de contato com a realidade".

Em seguida, perguntei: "No presente momento, doutor, você acredita que alguma dessas três rés seja psicótica?".

R: "Não."

P: "Em sua opinião, você acredita que alguma dessas três rés já foi psicótica?"

R: "Não."

BUGLIOSI: "Posso me aproximar da testemunha, Vossa Excelência? Quero fazer uma pergunta para a testemunha em particular."

TRIBUNAL: "Sim, pode."

Eu já havia questionado o dr. Hochman uma vez antes sobre isso. Mas queria ter absoluta certeza de sua resposta. Assim que a recebi, voltei para a mesa da promotoria e lhe fiz algumas perguntas desvinculadas, para que o júri não soubesse do que estivéramos falando. Então, pouco a pouco, fui me aproximando da grande questão.

P: "O termo 'insanidade', doutor, você está familiarizado com o termo, é claro?"

R: "Sim."

P: "Basicamente, você definiria a palavra 'insanidade' como sendo o sinônimo usado por um leigo para 'psicótico'?"

R: "Eu diria que a palavra 'insanidade' costuma ser usada no sentido de 'psicótico'."

P: "Então, do ponto de vista psiquiátrico, entendo que, na sua opinião, nenhuma das três rés no momento seja insana nem já tenha sido insana, correto?"

R: "Correto."

No que dizia respeito ao testemunho psiquiátrico, com a resposta de Hochman, o jogo havia acabado.

A defesa convocou apenas três outras testemunhas durante a fase de determinação da sentença, todas integrantes dedicadas da Família. Cada uma delas permaneceu no banco das testemunhas por um curto período, mas seus testemunhos, em especial o da primeira delas, foi mais chocante do que qualquer coisa que havia acontecido antes.

Catherine Gillies, cuja avó era proprietária do rancho Myers, repetiu a lenga-lenga da Família: Charlie nunca liderou ninguém; nunca houve nenhuma conversa sobre uma guerra racial; aqueles assassinatos foram cometidos para libertar Bobby Beausoleil.

Com frieza e direta ao ponto, a garota de 21 anos testemunhou que, na noite dos homicídios do caso LaBianca, "eu segui Katie até o carro e perguntei se podia ir com ela. Linda, Leslie e Sadie estavam no carro. E elas disseram que já tinham pessoas suficientes para fazer o que estavam indo fazer e que eu não precisava ir."

Durante o interrogatório direcionado conduzido por Kanarek, Cathy declarou: "Sabe, estou disposta a matar por um irmão, todos nós estamos".

P: “O que você quer dizer com isso?”
R: “Em outras palavras, para tirar um irmão da cadeia, eu mataria. Eu teria matado naquela noite, só que eu não fui…”
P: “O que impediu você de ir com elas, se é que houve alguma coisa?”
R: “Só o fato de elas não terem precisado de mim.”

Ao que parece, Fitzgerald esperava suavizar a frieza de sua resposta quando lhe perguntou: “Você já matou alguém para tirar outra pessoa da cadeia?”.

Com um sorrisinho esquisito, Cathy virou a cabeça e, olhando diretamente para o júri, respondeu: “Ainda não”.

Cathy havia testemunhado durante o interrogatório direcionado que Katie lhe contara sobre os homicídios do caso Tate-LaBianca. Durante o interrogatório da promotoria, eu a questionei: “Quanto Katie revelou que haviam assassinado aquelas pessoas, isso a incomodou de alguma forma?”.

R: “Na verdade, isso teve pouco efeito sobre mim, pois eu sabia por que elas tinham feito aquilo.”
P: “Então você não ficou chateada?”
R: “Não, com certeza não fiquei chateada.”
P: “Você não decidiu que preferiria não seguir vivendo com assassinos?”
R: “É óbvio que não.”
P: “Você ficou chateada por não ter podido ir com elas?”
R: “Eu queria ter ido.”

Mary Brunner, primeira integrante da Família Manson, alegou que a polícia a havia ameaçado, dizendo que ela seria acusada de homicídio se não implicasse Manson na morte de Hinman. Ela então repudiou esse testemunho e negou ter estado na residência de Hinman.

Keith mencionou que Mary Brunner havia testemunhado tanto no segundo julgamento de Bobby Beausoleil quanto diante do grande júri do caso Hinman, e em nenhuma das ocasiões ela mencionou que Leslie Van Houten estivesse presente no assassinato de Hinman.

Eu não tinha nenhuma pergunta para ela. A questão havia sido esclarecida.

◆ ◆ ◆

Brenda McCann foi novamente convocada para o banco para declarar que, nas noites dos homicídios dos casos Tate e LaBianca, ela tinha visto Manson dormindo com Stephanie Schram em Devil's Canyon.

O terreno do interrogatório que eu realizaria com Brenda havia sido preparado quinze meses antes. Eu a confrontei com seu testemunho diante do grande júri, no qual ela afirmou que não conseguia se lembrar onde ela ou Manson estiveram naquelas duas noites.

Brenda foi a última testemunha. Ela concluiu seu testemunho na terça-feira, 16 de março de 1971. Naquela tarde, depois de alguns atrasos — Kanarek, por exemplo, recusou-se a reconhecer que Gary Hinman estava morto —, a defesa encerrou seu caso. Na quarta-feira, trabalhamos nas instruções ao júri, e, na quinta-feira, o julgamento entrou em seus estágios finais. Agora, tudo o que restava eram os argumentos, as deliberações e o veredicto.

De 18 a 29 de março de 1971

Meu argumento de abertura na fase de determinação da sentença foi breve, tendo se estendido por menos de dez minutos. Assim como em todos os meus argumentos ao longo do julgamento, Manson decidiu se ausentar e permanecer em sua cela. A psicologia por trás disso era evidente: ele não queria que o júri se concentrasse nele enquanto eu falava a seu respeito.

Comecei dizendo: "Não vou abordar o esforço frenético por parte das três rés e das testemunhas da defesa para passar a impressão de que Charles Manson não esteve envolvido nestes homicídios. Tenho certeza de que todos vocês viram com clareza que elas estavam mentindo naquele banco para fazer o que pudessem por seu Deus, Charles Manson.

"Bem, Charles Manson já foi condenado. Ele já foi condenado por sete acusações de homicídio qualificado e uma acusação de conspiração para cometer assassinato.

"A dificuldade de sua decisão, do meu ponto de vista, não é se esses réus merecem a pena de morte, senhoras e senhores. Em vista dos assassinatos inacreditavelmente brutais, bárbaros e desumanos que cometeram, a pena de morte é o único veredicto apropriado."

Em seguida, apresentei o ponto central do meu argumento: "*Se este não for o caso adequado para a imposição da pena de morte, nenhum outro será*. Em vista do que eles fizeram, a prisão perpétua seria o maior presente, a maior caridade, a maior esmola, por assim dizer, jamais dada.

"A dificuldade de sua decisão, pelo que eu vejo, é se vocês terão a determinação para apresentar veredictos de morte contra todos os quatro réus."

Os advogados de defesa, eu previa, implorariam pelas vidas de seus clientes. Isso não era só louvável, disse ao júri, como também compreensível, assim como era compreensível que tivessem "argumentado durante a fase de determinação de culpabilidade que seus clientes não estiveram envolvidos nesses assassinatos, mesmo que, na fase de determinação da sentença, as três rés tenham subido ao banco das testemunhas e afirmado: 'Sim, nós estivemos envolvidas'."

Não havia nenhum motivo sequer para que aqueles réus tivessem tirado as vidas daqueles sete seres humanos de modo tão violento e desumano, comentei. Não havia *nenhuma* circunstância atenuante.

"Estes réus não são seres humanos, senhoras e senhores. Seres humanos têm corações e almas. Ninguém que tenha um coração e uma alma seria capaz de fazer o que eles fizeram àquelas sete vítimas.

"Estes réus são monstros humanos, mutações humanas.

"Só existe um fim apropriado para o julgamento dos homicídios do caso Tate-LaBianca", concluí, "veredictos de morte para todos os quatro réus."

Kanarek reconheceu, no início de seu argumento, que "o sr. Manson não é de todo bom". "Entretanto", continuou, "o sr. Manson é inocente das questões diante de nós."

Por que ele estava sendo julgado então? Kanarek retornou aos seus dois temas favoritos: "O sr. Manson teve sua cota de problemas graças ao fato de gostar de garotas". E só foi levado a julgamento "para que alguém na procuradoria-geral possa ganhar uma estrela de ouro e dizer: 'Eu peguei Charles Manson'".

O argumento de Kanarek se estendeu por três dias. Em alguns momentos foi ridículo, como quando disse: "Nós podemos realizar um serviço de utilidade pública para os Estados Unidos da América ao darmos vida a essas pessoas, porque se houver uma revolução, esse é o tipo de coisa que a pode provocar". Às vezes, foi engraçado sem que tivesse a intenção, como quando afirmou que, ao contrário de Patricia Krenwinkel e Leslie Van Houten, "Charles Manson não tinha família nenhuma para ir até lá e testemunhar". Mas, sobretudo, tentou plantar pequenas sementes de dúvida.

Por qual motivo, se Susan Atkins mentiu no banco das testemunhas para absolver Manson, ela o teria implicado no homicídio de Hinman? O fato de que o próprio Manson atirou em Crowe, para proteger as pessoas no rancho Spahn, não era evidência de que ele não precisava mandar que outras pessoas agissem por ele? Se essas garotas estavam mentindo sobre o não envolvimento de Manson nos assassinatos, elas também não teriam mentido ao dizer que sentiam pesar e remorso?

Kanarek mencionou apenas de forma breve a imitação como motivo; ele sequer tentou defendê-lo. Em vez disso, sugeriu um motivo alternativo. "Se pelo menos algumas dessas pessoas [supostamente se referindo às vítimas do caso Tate] não estivessem envolvidas em algum incidente com narcóticos, esses eventos não teriam acontecido."

Daye Shinn, que foi o próximo a apresentar seu argumento, se ateve à declaração do dr. Hochman de que ele acreditava que aquelas garotas sentiam remorso em um nível subconsciente, mesmo que não consciente.

Quanto a Susan: "Ela ainda é jovem", argumentou Shinn. "Ela só tem 22 anos. Acredito que ainda haja esperança de que possa ser reabilitada. [...] Talvez algum dia ela esteja reabilitada a ponto de se dar conta de que o que fez não foi certo. Acredito que ela merece a chance, uma oportunidade, para que talvez algum dia possa ser solta e viver o restante da vida fora da prisão."

Essa foi uma estratégia muito ruim por parte de Shinn, implicar que se recebesse a pena de prisão perpétua, Susan Atkins algum dia poderia ser solta sob liberdade condicional. Por lei, a promotoria não pode argumentar isso, por ser bastante prejudicial ao réu.

Dos quatro advogados de defesa, Maxwell Keith fez o melhor argumento de abertura. Também foi o único que de fato tentou refutar minhas alegações.

"O sr. Bugliosi disse a vocês que se a pena de morte não é adequada neste caso, ela nunca será adequada. Bem, eu me pergunto se ela alguma vez é adequada.

"O sr. Bugliosi leu para vocês no encerramento de seu argumento da fase de determinação de culpabilidade a lista de chamada dos mortos. Me deixe ler para vocês agora, senhoras e senhores, a lista de chamada dos mortos-vivos: Leslie, Sadie, Katie, Squeaky, Brenda, Ouisch, Sandy, Cathy, Gypsy, Tex, Clem, Mary, Snake e sem dúvidas muitos outros. Essas vidas, e as vidas dessas três moças em especial, foram tão prejudicadas que é possível, em alguns casos, que a destruição já não possa mais ser reparada. Espero que não, mas é possível."

Leslie Van Houten, ele argumentou com veemência, era capaz de ser reabilitada. Ela deveria ser analisada, não morta. "Não estou pedindo que vocês a perdoem, ainda que perdoar seja divino. Estou pedindo que vocês deem a ela a chance de se redimir. Ela merece viver. O que ela fez não foi feito pela verdadeira Leslie. Deixem que a Leslie de hoje morra — ela irá, lenta e talvez dolorosamente. E permitam que a Leslie que outrora foi viva de novo."

Em nenhum momento de seu argumento, que veio a seguir, Paul Fitzgerald declarou, nem mesmo insinuou, que Manson era o responsável pelo que havia acontecido a Patricia Krenwinkel.

"Patricia Krenwinkel tem 23 anos", comentou Fitzgerald. "Com 365 dias em um ano, existem cerca de 8.400 dias em 23 anos, e cerca de 200 mil horas em sua vida.

"A perpetração desses crimes levou no máximo cerca de três horas.

"Ela deve ser julgada apenas pelo que aconteceu durante três dessas 200 mil horas?"

◆ ◆ ◆

Pouco antes da sessão do dia 23 de março ter início, eu andei até o bebedouro. Manson, próximo a mim, em uma cela, me chamou, com uma voz um tanto alta: "Se eu pegar a pena de morte, vai haver muito derramamento de sangue. Porque eu não vou aceitar isso".

Tanto o secretário judicial quanto Stephen Kay entreouviram o comentário. Kay, em uma atitude tempestuosa, saiu às pressas do tribunal e o repetiu para a imprensa. Ao ficar sabendo disso, pedi que os repórteres não o publicassem. O *Herald Examiner* não concordou e publicou a matéria com a seguinte manchete:

AMEAÇA DE MORTE DE MANSON
Avisos de Terror
Se Condenado à Morte

Antes disso, contudo, o juiz Older, ao ser informado sobre o que havia acontecido, decidiu que, em vez de aguardar os argumentos de encerramento, isolaria o júri de imediato.

Em meu argumento final, refutei ponto a ponto as alegações anteriores da defesa. Por exemplo, a defesa havia afirmado que Linda criou sua história com base no que ouviu nas gravações de Susan Atkins. Por que Linda precisaria ouvir as gravações, questionei, quando esteve presente em ambas as noites?

Kanarek dissera ao júri que se apresentassem veredictos de penas de morte, eles seriam assassinos. Esse era um argumento bastante pesado. Para sustentá-lo, ele citou o 5º Mandamento: "Não matarás".

Em resposta, mencionei ao júri que a maioria dos acadêmicos bíblicos e teólogos interpretam o significado da linguagem original como: "Não cometerás assassinato", que é exatamente como aparece na Nova Bíblia Inglesa, datada de 1970.

Os Dez Mandamentos aparecem em Êxodo, capítulo 20, comentei. O que Kanarek não mencionou, observei, é que o capítulo seguinte autoriza a pena de morte. Êxodo 21, versículo 12, diz: "Aquele que ferir a um homem, e ele morrer, certamente será morto", ao passo que o versículo 14 do mesmo capítulo diz: "Mas se um homem vier premeditadamente contra o seu próximo, para matá-lo à traição, afastá-lo-ás do meu altar para que morra".

Kanarek argumentou que não havia domínio. Além de todas as evidências apresentadas durante a fase de determinação de culpabilidade, observei, durante a determinação da sentença: "Quando Atkins, Krenwinkel e Van Houten desempenharam seus papéis de cordeiro sacrificial e admitiram suas participações nesses assassinatos, e então mentiram naquele banco das testemunhas e afirmaram que Manson não esteve envolvido, o fato de que estavam dispostas a mentir naquele banco das testemunhas apenas comprova, ainda mais, o domínio de Manson sobre elas...". Sobre as outras testemunhas da Família, Squeaky, Sandy e as demais: "Todas soaram como um disco riscado naquele banco das testemunhas. Todas têm as mesmas ideias; usam a mesma linguagem, cada uma é uma cópia idêntica da outra. Todas ainda são completamente subservientes e subordinadas a Charles Manson. Elas são suas escravas marcadas com um X".

Cheguei então à imitação como motivo. Meu objetivo era destruí-lo por completo, mas sem me alongar muito nele a ponto de parecer que estava lhe dando crédito.

"É muito risível, senhoras e senhores", comecei, "o modo como as três rés e as testemunhas da defesa tentaram afastar a culpa de Charles Manson.

"Elas tiveram que criar um motivo para esses assassinatos além do Helter Skelter. Por quê? Porque nada menos que dez testemunhas, durante a fase de determinação de culpabilidade, haviam vinculado Manson ao Helter Skelter de forma irrevogável. Portanto, elas certamente não podiam dizer naquele banco das testemunhas que o motivo para os assassinatos foi o Helter Skelter. Se dissessem isso, estariam admitindo: 'Sim, Charles Manson planejou esses assassinatos'. Então, criaram a imitação como motivo.

"Eu poderia dar a vocês entre vinte e trinta razões do porquê é óbvio que essa história disparatada da defesa foi toda inventada do zero, mas não vou desperdiçar seu tempo com isso e nem insultar a inteligência de vocês." Cheguei a destacar algumas:

Linda Kasabian testemunhou durante a determinação da sentença que nunca tinha ouvido alguém conversando sobre cometer aqueles assassinatos para libertar Bobby Beausoleil.

Gary Hinman não foi esfaqueado mais do que quatro vezes. Voytek Frykowski foi esfaqueado 51 vezes, Rosemary LaBianca, 41 vezes, Leno LaBianca, 26 vezes. Uma diferença bem grande, se foram assassinatos de imitação.

E, se aqueles assassinatos deveriam ter sido cópias idênticas, por que as palavras "porquinho político" não foram usadas nas residências de Tate e dos LaBianca? E por que não havia nenhuma impressão sangrenta de uma pata nas últimas duas casas?

A prova mais sólida, que acabava de uma vez por todas com esse motivo ridículo, observei, foi que, no início de fevereiro de 1969, "muito antes de que houvesse o assassinato de Hinman para imitar, muito antes de que houvesse as palavras 'porquinho político' para imitar, Manson contou a Brooks Poston e aos outros integrantes da Família — incluindo todas as suas corrés —, segundo Poston, que: 'Ele disse que um grupo de verdadeiros negros iria sair dos guetos e cometer crimes atrozes nas regiões mais ricas de Los Angeles e de outras cidades. Eles iriam cometer assassinatos atrozes com esfaqueamentos, mortes, corpos cortados em pedaços, manchas de sangue nas paredes, com a palavra 'porcos' escrita nas paredes.'

"Com a palavra 'porcos' escrita nas paredes", repeti.

"Portanto, escrever 'porco' nas residências de Tate e dos LaBianca foi simplesmente uma parte do plano de Manson para iniciar o Helter Skelter, não uma tentativa de imitar o assassinato de Hinman.

"A propósito", observei, "o sr. Kanarek nunca tentou explicar a vocês por que as palavras 'helter skelter' foram inscritas com sangue na porta da geladeira na residência dos LaBianca. O que Helter Skelter tem a ver com libertar Bobby Beausoleil ou com o suposto calote de mil dólares em uma venda de MDA que aconteceu na residência de Tate? Absolutamente nada, é isso. As palavras 'helter skelter' foram encontradas inscritas com sangue na porta da geladeira dos LaBianca porque todas as evidências neste julgamento provam, além de qualquer dúvida, que Helter Skelter foi o principal motivo para esses assassinatos brutais.

"Sim", admiti, "existe uma conexão entre o homicídio de Hinman e os homicídios do caso Tate-LaBianca. Mas não foi essa bobagem com Bobby Beausoleil. Aqui está a conexão. O sr. Manson não só ordenou os homicídios do caso Tate-LaBianca, como também ordenou o homicídio de Hinman. Essa é a conexão."

Quanto à alegação de Susan Atkins de que Linda Kasabian havia planejado aqueles assassinatos, observei que ela disse algo sobre isso apenas na fase de determinação da sentença, e então "Linda Kasabian de repente virou Charles Manson".

Destaquei alguns dos motivos por que isso era absurdo, entre eles a ideia ridícula de que a dócil e subserviente Linda assumiu a liderança da Família em apenas um mês. "Uma só pessoa ordenou esses assassinatos, senhoras e senhores, e suas iniciais são CM. Ele também é conhecido por outras iniciais: JC. E está naquela cela neste exato momento me ouvindo..."

O mais ridículo de tudo isso era que, supostamente durante um ano e meio, tanto Sadie quanto Gypsy mantiveram isso em segredo em seus íntimos mentirosos. Além de não terem contado aos outros membros da Família, elas sequer contaram ao advogado de Manson, ainda que ambas tivessem testemunhado que amavam Charlie e estavam dispostas a morrer por ele.

"E por que elas não contaram a ele sobre esse motivo? Porque ele não existia. Ele foi inventado recentemente."

Quanto ao álibi de Manson, que ele esteve com Stephanie Schram em Devil's Canyon naquelas duas noites: "Não é estranho que todas as escravas do sr. Manson, marcadas por um X, testemunharam sobre isso durante a fase de determinação da sentença, e a pessoa em questão, Stephanie Schram, com quem Manson esteve, de acordo com suas alegações, testemunhou que Manson não esteve com ela?".

Em seguida, abordei a questão de se os quatro réus deveriam receber a pena de morte.

O argumento mais sólido que pode ser feito a favor da pena capital é, acredito, dissuasão — que ela possa salvar outras vidas. Infelizmente, sob a lei da Califórnia, a promotoria não pode argumentar dissuasão, apenas punição.

"Esses não foram homicídios típicos, senhoras e senhores. Isso foi uma guerra unilateral onde atrocidades indizíveis foram cometidas. Se todos estes réus não receberem a pena de morte, o típico criminoso que comete um homicídio qualificado merece apenas dez dias na prisão do condado."

Quanto à alegação de Fitzgerald de que matar aqueles réus não traria as sete vítimas de volta: "Se aceitarmos essa linha de raciocínio, ninguém seria punido por crime nenhum, porque punir uma pessoa não apaga o fato de que o crime foi cometido". Por exemplo: "Não puna um homem por incêndio criminoso, pois a punição não irá reconstruir o edifício".

Na Califórnia, se um réu tem 17 anos ou menos, ele ou ela não pode ser condenado à morte. Embora Fitzgerald tivesse chamado as três rés de "crianças" repetidas vezes, lembrei o júri de que Leslie tinha 21 anos, Susan, 22, e Katie, 23. "Elas são adultas sob qualquer aspecto e completamente responsáveis por seus atos."

Em relação à alegação da defesa de que as três rés eram insanas, lembrei o júri de que o dr. Hochman, o único psiquiatra que examinou todas as três, afirmou que elas não são e nunca foram insanas.

O dr. Hochman testemunhou que todos nós somos capazes de matar, observei. "Ele não disse que todos nós somos capazes de cometer homicídio. Existe uma enorme diferença entre matar — como em exclusão de ilicitude, legítima defesa ou defesa de terceiros — e homicídio. E ninguém pode me convencer, senhoras e senhores, de que todos nós somos capazes de assassinar estranhos por nenhuma razão sequer, como essas três rés fizeram.

"É necessário um tipo específico de pessoa para fazer o que elas fizeram. Uma pessoa que não vê nenhum valor na vida de outro ser humano.

"Verdade, Watson, Atkins, Krenwinkel e Van Houten cometeram esses assassinatos porque Charles Manson ordenou, mas nem em um milhão de anos eles os teriam cometido se já não carregassem o impulso para cometer um assassinato dentro de si, em seu âmago. Manson apenas mandou que fizessem o que já eram capazes de fazer."

Além do mais, não havia nenhuma evidência de que Manson *obrigou* Watson e as garotas a matarem por ele. "Na verdade, a inferência é que eles queriam ir junto. Esse parecia ser o sentimento comum na Família. Observem a declaração de Cathy Gillies. Observem o que Susan Atkins disse a Juan Flynn: 'Vamos apagar alguns malditos porcos'. Isso soa como alguém que está sendo forçado a ir?"

Manson ordenou os assassinatos, mas Watson e as três garotas os cometeram pessoalmente "porque quiseram. Não se enganem quanto a isso. Se não tivessem desejado assassinar aquelas vítimas, *tudo o que tinham que ter feito era não as assassinar.*"

Em seguida, analisei os históricos das três garotas. Assim como as demais integrantes da Família, elas possuíam "um denominador comum. Era óbvio que cada uma delas tinha uma aversão, uma antipatia, um sentimento fervilhante de repulsa pela sociedade, pelos próprios pais". Cada uma das três garotas havia abandonado a sociedade antes mesmo de conhecer Charles Manson; cada uma tinha tomado LSD e outras drogas antes de conhecer Manson; e cada uma havia rejeitado sua família verdadeira antes de conhecer Manson.

Olhando diretamente para a jurada Jean Roseland, que tinha duas filhas adolescentes, declarei: "Não as confunda com o arquétipo da garota comum e boazinha. Essas três rés haviam repudiado e renunciado às próprias famílias e à sociedade antes mesmo de conhecerem Charles Manson.

"Na verdade, foi exatamente por terem renegado e rejeitado suas famílias e a sociedade com tanto desdém que foram acabar na companhia de Charles Manson. Esse é o motivo exato.

"Manson foi apenas o catalisador, a força motriz que converteu em violência a aversão e o ódio que já sentiam pela sociedade e pelos seres humanos."

Eu antecipei um argumento que acreditava que Maxwell Keith poderia apresentar. "A ideia com certeza deve ter passado por suas cabeças de que por mais perversas e cruéis que estas três rés possam ser, em comparação com Charles Manson, elas não chegam nem perto de serem tão perversas e cruéis quanto ele; portanto, vamos dar a pena de morte para Manson e prisão perpétua para estas três rés.

"O único problema com esse tipo de abordagem é que estas três rés ganham algum crédito, por assim dizer, por conta da extrema perversidade e crueldade de Manson. Com base nessa linha de raciocínio, se Adolf Hitler fosse corréu de Charles Manson, Manson deveria ser sentenciado à prisão perpétua devido à indescritível maldade de Adolf Hitler." Em vez de comparar as três rés com Manson, falei ao júri, eles deveriam avaliar a conduta de *cada* um dos réus e determinar se ela justificava a imposição da pena de morte. Em seguida, passei às ações de cada um, começando com Manson, enumerando um por um os motivos pelos quais eles mereciam a morte em vez da vida.

Uma pergunta que o júri com certeza faria, observei, era: por que não sentiam remorso? A resposta era simples: "Manson e suas corrés gostam de matar seres humanos. É por isso que não sentem nenhum remorso. Como Paul Watkins testemunhou: 'A morte é o lance do Charlie'".

Cheguei ao final do meu argumento.

"Agora os advogados de defesa querem que vocês peguem leve com estes réus. Estes réus pegaram leve com as sete vítimas deste caso?

"Agora os advogados de defesa querem que vocês deem aos seus clientes outra chance. Estes réus deram às sete vítimas deste caso uma chance sequer?

"Agora os advogados de defesa querem que vocês demonstrem piedade por seus clientes. Estes réus demonstraram alguma piedade sequer pelas sete vítimas deste caso quando elas imploraram e suplicaram por suas vidas?"

Então, lembrei os jurados de que nove meses antes, durante o *voir dire*, cada um deles havia afirmado estar disposto a votar pela pena de morte se acreditasse que aquele era um caso apropriado para ela. Eu reiterei: "*Para que possamos fazer com que a pena de morte signifique alguma coisa no Estado da Califórnia, além de palavras vazias, este caso é apropriado para ela*".

Concluí: "Em nome do Povo do Estado da Califórnia, não posso agradecer o suficiente pelo enorme serviço de utilidade pública que vocês prestaram como jurados neste julgamento tão longo e histórico".

◆ ◆ ◆

Naquela noite, depois do jantar, eu disse a Gail: "Deve haver *alguma coisa* que preciso fazer hoje à noite". Mas não havia. Durante um ano e meio, sete dias por semana, eu estivera completamente absorto no caso. Agora tudo o que podia fazer era ouvir aos argumentos de encerramento dos advogados de defesa e esperar até que o júri chegasse a um veredicto.

Kanarek começou insinuando que eu talvez tivesse envenenado o copo d'água em cima do púlpito e, mais de um dia depois, acabou lendo capítulo após capítulo do Novo Testamento.

"Bem, como estamos na época da Páscoa, existe uma analogia aqui entre o sr. Manson — isso pode parecer ridículo à primeira vista, e não estamos sugerindo que o sr. Manson é uma divindade ou que se parece com Cristo nem nada do tipo — *mas como podemos saber?*"

O juiz Older, que diversas vezes havia alertado Kanarek de que já esgotara todas as refutações relevantes, finalmente pôs um fim ao seu sermão no ponto da ressurreição.

Shinn usou seu tempo para atacar a procuradoria-geral e a mim em especial: "A srta. Atkins estava se afogando sem amigos... e ela viu o sr. Bugliosi com um remo. Ela disse: 'Ah, agora a ajuda está chegando'. A srta. Atkins esticou a mão para aquele remo. E o que vocês acham que o sr. Bugliosi fez? Ele a golpeou na cabeça com o remo".

Keith apresentou um argumento sólido contra a pena de morte propriamente dita. Antes disso, contudo, ele disse: "Bem, por mais estranho que pareça, ou talvez nem pareça tão estranho assim, aceitei de todo o coração certos pontos do argumento do sr. Bugliosi.

"Aceitei a explicação que ele deu a vocês sobre como o sr. Manson dominava estas garotas e ordenou os assassinatos.

"Aceitei que ele lhes tenha dito que não devem usar o assassinato de Hinman contra Leslie.

"Aceitei seu argumento de que o testemunho de Leslie e os testemunhos das outras garotas neste caso comprovam que o domínio e a influência de Manson ainda persistem e são onipresentes."

Negar essas coisas, afirmou Keith, seria negar as evidências. Assim, Keith se tornou o primeiro, e único, advogado de defesa a acusar Manson daqueles assassinatos.

No entanto, Keith garantiu que não concordava com a afirmação de que todos os réus deveriam receber a pena de morte, nem mesmo Charles Manson. Pois, na sua opinião, afirmou o advogado, "o sr. Manson é insano", e ao instilar suas ideias nas mentes das três rés, ele também as infectou com sua insanidade.

Keith concluiu: "Deem a Leslie uma chance de redenção, à qual ela tem direito. Lembrem-se, Linda Kasabian cortou o cordão umbilical, nas palavras do sr. Bugliosi, que a prendia a Manson e sua Família. Deem a Leslie a chance de fazer o mesmo. Deem a ela a vida. Agradeço a vocês".

Fitzgerald leu um breve argumento, ao final do qual ele começou a descrever em detalhes como as três rés seriam executadas na câmara de gás da penitenciária de San Quentin se o júri apresentasse veredictos de pena de morte. Esse foi um argumento inapropriado, e eu protestei. Quando nos aproximamos da tribuna, Paul literalmente implorou que o juiz Older o deixasse prosseguir. "Isso é extremamente importante! Não consigo enfatizar ao Tribunal o quão importante isso é!" Como ele estava tão desesperado, decidi voltar atrás, concordando em não protestar se ele descrevesse aquilo como uma situação hipotética — "Imaginem que isso está acontecendo" —, e não como um fato. Ele assim o fez, e, em seguida, o juiz Older instruiu o júri. Eles deixaram a sala do tribunal às 17h25 da sexta-feira, 26 de março de 1971.

Enquanto me sentia confiante de que o júri apresentaria um veredicto de pena de morte para Charles Manson, tinha menos certeza em relação às garotas. Apenas quatro mulheres haviam sido executadas na história da Califórnia, nenhuma delas tão jovem quanto aquelas rés.

Eu havia previsto que o júri se ausentaria por pelo menos quatro dias. Quando recebi o telefonema na tarde de segunda-feira, depois de apenas dois dias, entendi que o veredicto poderia ser apenas um. Foi rápido demais para ser qualquer outra coisa. As deliberações, na realidade, como descobri mais tarde, haviam demorado apenas dez horas.

Mais uma vez sob medidas de segurança extraordinárias, o júri foi levado de volta à sala do tribunal, às 16h24 da segunda-feira, 29 de março, com seus veredictos.

Manson e as garotas haviam sido levados para a sala do tribunal mais cedo — as três, agora que já era tarde demais para influenciar o júri, também haviam raspado as cabeças —, mas antes que o secretário judicial pudesse ler o primeiro veredicto, Manson berrou: "Não entendo como vocês conseguem continuar com isso sem me deixar apresentar algum tipo de defesa... Vocês não têm nenhuma autoridade sobre mim... Metade de vocês aqui não é tão boa quanto eu...". Older ordenou que ele fosse retirado.

A alegação de Manson de não ter tido direito a uma defesa foi um disparate. Era óbvio que a defesa que ele pretendia apresentar na determinação de culpabilidade havia sido feita em sua totalidade durante a fase de determinação da sentença. A reação do júri a ela estava sendo proferida, em um tribunal abarrotado de espectadores e repórteres.

O secretário judicial leu o primeiro veredicto: "Nós, o júri da ação acima intitulada, após termos declarado o réu Charles Manson culpado de homicídio qualificado, como consta na Acusação I do Indiciamento, agora estabelecemos a pena de morte".

KRENWINKEL: "Vocês acabaram de julgar a si mesmos."

ATKINS: "É melhor trancarem as portas e ficarem de olho em seus filhos."

VAN HOUTEN: "Seu sistema todo é um jogo. Sua gente é burra e cega. Seus filhos vão se voltar contra vocês."

O juiz Older ordenou que as três garotas fossem retiradas. Elas também ouviram através dos alto-falantes o secretário judicial anunciar a sentença para todos os quatro réus: pena de morte para todas as acusações.

O juiz Older saiu da tribuna para apertar a mão de cada um dos jurados. "Se estivesse dentro dos limites do poder do juiz de um julgamento conceder uma medalha de honra aos jurados", declarou a eles, "acreditem em mim, entregaria uma a cada um de vocês."

Pela primeira vez, os jurados puderam falar com a imprensa sobre sua provação.

O primeiro jurado, Herman Tubick, contou aos repórteres que o júri estava convencido de que "o motivo foi o Helter Skelter". A sra. Thelma McKenzie afirmou que o júri havia "com certeza tentado" encontrar pontos nos quais pudessem se basear para estabelecer um veredicto menos severo para as rés, "mas não conseguimos". William McBride comentou: "Senti compaixão pelas mulheres, mas compaixão não pode interferir na justiça. O que elas fizeram merece a pena de morte". Marie Mesmer revelou que sentia mais pena de Susan Atkins do que das outras duas garotas, por conta de seu histórico, mas ficou chocada quando nenhuma das três demonstrou qualquer sinal de remorso. Quanto a Manson, ela disse: "Eu quis proteger a sociedade. Acho que Manson é uma influência muito perigosa". Jean Roseland, mãe de três adolescentes, entre eles, duas meninas, contou que a parte mais terrível de todo o julgamento foi Leslie Van Houten "olhando para mim com aqueles grandes olhos castanhos". A sra. Roseland estava convencida de que o poder de Manson de manipular outras pessoas não vinha de dentro dele, mas "dos vazios dentro das mentes e almas de seus seguidores".

A revista *Life* mais tarde publicou uma matéria intitulada "O Júri de Manson: Fim de um Longo Suplício".

Por ironia, na mesma edição havia uma matéria intitulada: "Paul McCartney sobre a Separação dos Beatles".

O fato de que houvera problemas irreconciliáveis entre os integrantes da banda tornou-se explícito, contou McCartney, enquanto estavam gravando o *Álbum Branco*.

O coronel Paul Tate foi citado, a respeito dos veredictos de pena de morte: "Era isso que queríamos. Era isso que esperávamos. Mas não existe júbilo nenhum em algo assim, nenhuma sensação de satisfação. É mais uma sensação de que a justiça foi feita. Naturalmente, eu queria a pena de morte. Eles tiraram minha filha e meu neto de mim".

A sra. Tate contou aos repórteres que não acreditava que nenhum ser humano deveria ter o poder de tirar uma vida, pois isso era uma decisão que cabia apenas a Deus.

Roman Polanski recusou-se a fazer comentários, assim como os outros parentes das vítimas que haviam sido contatados pela imprensa.

Sandy, Cathy e as outras garotas na esquina chegaram a ameaçar atear fogo a si mesmas com gasolina caso algum dos quatro envolvidos fosse sentenciado à morte. Elas não levaram a cabo essa ameaça, embora, mais tarde, todas tenham raspado as cabeças.

Ao ficar sabendo da decisão, Sandy olhou para as câmeras de TV e gritou: "*Morte? É isso que vai acontecer com vocês!*".

Com exceção da leitura da sentença, o julgamento tinha chegado ao fim. Havia sido o julgamento de homicídio mais longo da história dos Estados Unidos, tendo durado nove meses e meio; o mais caro, tendo custado cerca de um milhão de dólares; e o mais divulgado; ao passo que o júri havia permanecido em isolamento por 225 dias, mais tempo do que qualquer outro júri anterior. A transcrição do julgamento se estendia por 209 volumes, 31.716 páginas, cerca de 8 milhões de palavras, uma minibiblioteca.

Para quase todos, a provação não foi apenas longa, mas também custosa. Muitos dos jurados, tendo antecipado que seriam pagos por seus empregadores, agora se encontravam sem remuneração ou desempregados. A sra. Roseland, por exemplo, alegou que a TWA não honrou um acordo verbal para manter seu salário até o fim do julgamento, e estimou uma perda de 2.700 dólares em salários atrasados. A TWA negou que tal acordo existisse. Houve diversas negações como essa.

O sacrifício financeiro por parte dos advogados de defesa foi enorme. Fitzgerald afirmou: "Isso me deixou quebrado". Ele contou a um repórter que havia perdido cerca de 30 mil dólares de renda e incorrido em uma dívida de 10 mil dólares em despesas do julgamento. Havia sido forçado a vender seu aparelho de som e outros bens, além de ter gastado 5 mil dólares que não tinha. Daye Shinn, que havia sido casado seis vezes, disse: "As parcelas da minha casa, pensões alimentícias e pensões para ex-esposas estão todas atrasadas". Shinn havia recebido 19 mil dólares de direitos autorais do livro de Atkins, contou, mas alegou que cerca de 16 mil voltaram para a Família Manson. Kanarek recusou-se a discutir sua situação financeira. Outro dos advogados de defesa me contou, contudo, que em determinado ponto do julgamento, Manson havia mandado que Shinn entregasse 5 mil dólares da conta de Atkins para Kanarek, para ajudar a custear suas despesas, mas quanto mais ele recebeu, se é que recebeu algo, permanece desconhecido. Keith, que recebeu honorários do condado, pois havia sido designado pelo tribunal, admitiu que seu escritório particular tinha ido ladeira abaixo e que não esperava conseguir novos clientes devido à má publicidade.

Para outro advogado de defesa, o julgamento lhe custou a vida.

Na avalanche de reportagens sobre o veredicto de Manson, uma matéria pequena, publicada naquele mesmo dia, passou quase despercebida.

A delegacia de Ventura relatou que havia encontrado um corpo que acreditava ser do advogado de defesa desaparecido, Ronald Hughes. O cadáver, em avançado estado de decomposição, foi encontrado de bruços, entalado entre duas rochas, no riacho Sespe, a quilômetros de onde Hughes havia sido visto com vida pela última vez.

Dois pescadores encontraram o corpo na manhã de sábado, mas só o relataram na noite de domingo, pois "não queríamos estragar nossa viagem de pesca".

A causa da morte naquele momento era desconhecida. Através de nosso escritório, solicitei uma necropsia imediata.

19 de abril de 1971

O juiz Older havia agendado a audiência de leitura da sentença para a segunda-feira, 19 de abril de 1971.

Houve especulações de que Older talvez decidisse por conta própria reduzir pelo menos alguns dos veredictos de pena de morte para prisão perpétua. Em um caso anterior, ele havia feito isso por um réu que derramara gasolina em cima de duas camas onde quatro crianças dormiam, resultando na morte de uma delas. Entretanto, eu pessoalmente acreditava que, por ter elogiado os jurados, Older não retrocederia e descartaria seus veredictos.

No dia 19, o Tribunal ouviu, e rejeitou, algumas moções da defesa, incluindo pedidos de um novo julgamento. Em seguida, o juiz Older perguntou aos réus se tinham algo a dizer. Apenas Manson se manifestou.

A mão esquerda de Charlie estava tremendo e ele parecia à beira das lágrimas. Demonstrando muita humildade, com a voz trêmula, ele disse: "Aceito este tribunal como meu pai. Eu sempre dei meu melhor na vida para apoiar as leis do meu pai, e eu aceito o julgamento do meu pai".

TRIBUNAL: "Depois de nove meses e meio de julgamento, todos os superlativos foram usados, todas as hipérboles foram permitidas, e tudo o que resta são os fatos nus e crus de sete homicídios irracionais, sete pessoas cujas vidas foram tiradas por completos desconhecidos...

"Tomei o cuidado, ao considerar esta ação, de procurar circunstâncias atenuantes, e fui incapaz de encontrar alguma...

"É meu julgamento ponderado que não só a pena de morte é adequada, como também é quase exigida pelas circunstâncias. Devo concordar com o promotor que se este não for um caso adequado para a imposição da pena de morte, qual seria?"

Dirigindo-se a Manson, o juiz Older disse: "O Departamento Correcional tem ordens de entregar você à custódia do diretor penitenciário da Penitenciária Estadual do Estado da Califórnia em San Quentin, para ser executado por ele do modo designado pela lei do Estado da Califórnia".

Na época, não havia um Corredor da Morte para mulheres. Uma ala isolada especial estava sendo construída no California Institution for Women, em Frontera, e Atkins, Krenwinkel e Van Houten foram enviadas para lá, onde aguardariam suas execuções.

Previa-se que as apelações demorariam pelo menos dois anos e que talvez chegassem a cinco.

Na verdade, seus destinos seriam decididos em menos de um.

Após a audiência de leitura da sentença, eu não esperava voltar a ver Charles Manson. Mas o veria em mais duas ocasiões, a última delas sob circunstâncias muito peculiares.

EPÍLOGO

"Uma descrição mais compreensiva de sua condição precisará aguardar futuras análises. Mas, neste momento, podemos sugerir a possibilidade de que ela esteja sofrendo de uma condição de *folie à famille*, uma espécie de loucura compartilhada que ocorre em uma situação de grupo."
Dr. Joel Hochman, em seu relatório psiquiátrico sobre Susan Atkins

"Vivi com Charlie durante um ano inteiro e de maneira intermitente por dois anos. Conheço o Charlie. Conheço de dentro para fora. Eu me tornei o Charlie. Tudo o que já fui, foi o Charlie. Não sobrou mais nada de mim. E todas as pessoas da Família, não sobrou nada delas, todas elas também são o Charlie."*
Paul Watkins

"É melhor vocês torcerem para eu nunca sair."
Bobby Beausoleil

"Vocês nos transformaram no que somos. Fomos criados por sua TV. Fomos criados assistindo *Gunsmoke*, *Paladino do Oeste*, *FBI*, *Combate*. *Combate* era meu seriado favorito. Nunca perdia um episódio de *Combate*."*
Brenda

"O que for necessário, você o faz. Quando alguém precisa ser morto, não existe errado. Você o faz, e então segue em frente. E você pega uma criança e a leva para o deserto. Você pega o máximo de crianças que puder e mata quem quer que se oponha. Nós somos assim."*
Sandy

"Se você encontra uma maçã com um pontinho, você corta essa parte fora."
Squeaky

* Do documentário de Robert Hendrickson, *Manson*.

Helter Skelter

LOUCURA COMPARTILHADA

Embora Manson e as garotas tivessem sido condenados, os julgamentos — e os homicídios — ainda não tinham chegado ao fim.

Pelos papéis que desempenharam na tentativa de assassinato da testemunha da promotoria Barbara Hoyt, quatro dos cinco réus cumpriram uma pena de noventa dias na prisão do condado, ao passo que um deles não sofreu nenhuma punição.

Apesar de não ter sido designado para o caso, questionei o modo como ele foi tratado. Como se acreditava que as evidências contra os réus eram fracas, e por conta das despesas de trazer testemunhas de avião do Havaí, a procuradoria-geral, o LAPD e os advogados de defesa chegaram a um "acordo". Em troca de uma declaração de "nada a contestar" por parte dos réus em relação a uma acusação de conspiração para dissuadir uma testemunha de depor, o promotor entrou com uma petição para reduzir a acusação de um crime grave para um pequeno delito. O juiz Stephen Stothers outorgou a petição e, no dia 16 de abril de 1971, sentenciou quatro dos cinco réus — Lynette "Squeaky" Fromme; Steve "Clem" Grogan; Catherine "Gypsy" Share; e Dennis Rice — a noventa dias na prisão do condado. Visto que já tinham cumprido quinze, eles voltaram para as ruas após 75 dias.

O quinto réu, Ruth Ann "Ouisch" Moorehouse, a garota que de fato deu a Barbara Hoyt o hambúrguer batizado com LSD, saiu impune. No momento da leitura da sentença, ela sequer estava presente. Apesar de um mandado de prisão ter sido emitido e de saberem que ela estava morando em Carson City, Nevada, a procuradoria decidiu que não valia a pena se dar ao trabalho de extraditá-la.

◆ ◆ ◆

Charles "Tex" Watson foi a julgamento em agosto de 1971. Grande parte da minha preparação aconteceu não em uma biblioteca de direito, mas em uma biblioteca de medicina, porque eu tinha relativa certeza de que Watson se declararia inocente com uma alegação de insanidade e montaria uma defesa baseada na psiquiatria.

O julgamento tinha três possíveis fases — de determinação de culpabilidade, de sanidade e a sentença —, cada uma das quais com seus próprios problemas específicos.

Apesar do advogado de defesa, Sam Bubrick, ter me contado que Watson pretendia subir ao banco das testemunhas e confessar, eu sabia que ainda precisava apresentar um caso sólido durante a fase de determinação de culpabilidade, pois era seguro apostar que o testemunho de Watson serviria a seus próprios interesses. Além disso, eu precisava provar — por meio de evidências, como o fato de Watson ter orientado Linda a roubar os 5 mil dólares — que, apesar de ser dominado por Manson, Watson ainda era independente o bastante para torná-lo legalmente responsável por seus atos. Uma das principais questões durante a determinação de culpabilidade seria se Watson esteve sofrendo de uma capacidade mental debilitada no momento dos homicídios. Se esteve, e se fosse de tal natureza que o impedisse de deliberar e premeditar, o júri teria que declarar o principal assassino do caso Tate-LaBianca culpado de homicídio doloso em vez de homicídio qualificado.

Se fosse condenado por qualquer tipo de homicídio, haveria uma fase de determinação de sanidade, na qual a única questão seria se Watson esteve são ou insano no momento dos homicídios. Eu antecipava, e com bastante razão, que a defesa convocaria um grande número de psiquiatras proeminentes (oito foram chamados), muitos dos quais viriam a testemunhar que, em suas opiniões, Watson era insano. Portanto, eu não apenas teria que submeter seus testemunhos a um interrogatório devastador, como também precisaria apresentar uma abundância de evidências comprovando que Watson estava em total controle sobre suas capacidades mentais durante os homicídios e que estava bastante ciente de que, aos olhos da sociedade, seus atos eram considerados errados. Em resumo, era necessário provar que ele não era legalmente insano. Evidências como o corte dos fios telefônicos, suas ordens para que Linda apagasse as impressões digitais das facas, sua conduta quando conversou com Rudolf Weber e o uso de um pseudônimo quando foi questionado pelas autoridades do Vale da Morte algumas semanas após os homicídios tornaram-se, portanto, cruciais para provar meu caso, pois todas eram provas circunstanciais que demonstravam conhecimento de conduta criminosa e culpabilidade por parte de Watson.

Se Watson fosse condenado por homicídio qualificado e declarado são, então o júri teria que decidir a derradeira questão: vida ou morte. E isso significava que outra vez eu viria a encarar muitos dos mesmos problemas que encarei com as garotas na fase de determinação da sentença do julgamento anterior.

Outro problema era o comportamento de Watson. Em uma óbvia tentativa de projetar uma imagem de universitário, Watson se vestia de maneira bastante conservadora ao se apresentar no tribunal: cabelos curtos, camisa e gravata, paletó azul e calça social. Contudo, ele ainda parecia estranho. Seus olhos estavam vidrados e nunca pareciam entrar em foco. Ele não demonstrava reação nenhuma diante dos depoimentos condenatórios de testemunhas como Linda Kasabian, Paul Watkins, Brooks Poston e Dianne Lake. Além de ficar sempre um pouco boquiaberto, o que lhe dava a aparência de alguém com alguma deficiência intelectual.

Ao subir ao banco das testemunhas para o interrogatório direcionado da defesa, Tex desempenhou o papel de escravo abjeto de Manson. Ele admitiu ter baleado ou esfaqueado seis das vítimas do caso Tate-LaBianca, mas negou ter esfaqueado Sharon Tate. Colocava a culpa de tudo que demonstrava premeditação ou deliberação em Manson ou nas garotas.

Meu interrogatório o abalou tanto que Tex com frequência esquecia que deveria estar bancando o idiota. Quando terminei, ficou evidente para o júri que ele tinha controle total sobre suas faculdades mentais e provavelmente sempre tivera. Também fiz com que admitisse que também havia esfaqueado Sharon Tate; que não pensava nas vítimas como pessoas, mas como "só borrões"; que havia contado ao dr. Joel Fort que as pessoas na residência de Tate "estavam correndo como galinhas com as cabeças cortadas", e que havia sorrido quando disse isso; e, assim, eu acabei com sua história de que ele era apenas um zumbi irracional programado por Charles Manson, assim como lancei muitas dúvidas sobre sua afirmação de que sentia remorso pelo que havia feito.

O testemunho de Watson esclareceu alguns mistérios.

Ao contrário das descobertas de DeWayne Wolfer, o especialista em provas do LAPD, Watson identificou o alicate de corte vermelho encontrado no bugue de Manson como aquele que havia usado para cortar os fios telefônicos da residência de Tate naquela noite.

Também foram reveladas pela primeira vez as exatas instruções que Manson dera a Watson na noite dos homicídios no número 10050 da Cielo Drive. Testemunho de Watson: "Charlie me chamou para trás de um carro... e me entregou uma arma e uma faca. Ele me falou para pegar a arma e a faca e ir até onde Terry Melcher costumava morar. Ele disse para matar todo mundo na casa do jeito mais abominável possível. Acho que ele comentou alguma coisa sobre estrelas de cinema estarem morando lá".

Além disso, Watson admitiu que quando entrou na residência dos LaBianca, ele já estava armado com uma faca.

Minha maior dificuldade durante todo o julgamento de Watson não veio das evidências, dos advogados ou das testemunhas da defesa, mas do juiz, Adolph Alexander, que era amigo do advogado de defesa Sam Bubrick.

Alexander não apenas favoreceu diversas vezes a defesa em suas determinações, ele foi muito além. Durante o *voir dire*, ele comentou: "Muitos de *nós* somos contra a pena de morte". Quando as testemunhas da promotoria estavam depondo, ele lhes lançava olhares incrédulos e descrentes; quando as testemunhas da defesa subiam ao banco, ele fazia anotações com grande diligência. Tudo isso era feito diante do júri. Ele também costumava interrogar as testemunhas da promotoria. Por fim, eu cheguei ao meu limite. Depois de pedir para me aproximar da tribuna, lembrei Alexander que aquele era um julgamento por júri, não por tribunal, e que estava bastante preocupado que ao interrogar as testemunhas da promotoria ele estivesse dando ao júri a impressão de que não acreditava nelas e, visto que um juiz tem uma importância considerável aos olhos de um júri, aquilo podia ser bastante prejudicial para o Povo. Sugeri que se ele quisesse que certas perguntas fossem feitas, que as anotasse e as entregasse para os advogados de defesa para que eles as fizessem.

Dali em diante, Alexander reduziu o número de perguntas para as testemunhas da promotoria. No entanto, continuou a me surpreender. Quando os jurados saíram para deliberar, ele apenas pediu que as provas fossem enviadas para a sala do júri — um ato automático — após eu exigir que o fizesse. Certa vez, em seu gabinete e de maneira extraoficial, ele se referiu ao réu como "pobre Tex".

Eu também fiz a ele um comentário extraoficial mais para o final do julgamento: "Você é o único grande obstáculo neste caso para que eu consiga obter uma condenação por homicídio qualificado".

Apesar dos problemas representados pelo juiz Alexander, no dia 12 de outubro de 1971, o júri declarou Watson culpado de sete acusações de homicídio qualificado e uma acusação de conspiração para cometer assassinato. O fato de eu ter destruído de modo tão eficiente o testemunho dos psiquiatras da defesa durante o interrogatório da promotoria foi confirmado quando, no dia 19 de outubro, o júri demorou apenas duas horas e meia para decidir que Watson era são. E, no dia 21 de outubro, após deliberarem por apenas seis horas, retornaram com um veredicto de pena de morte.

O julgamento havia se estendido por dois meses e meio e custado 250 mil dólares. Ele também acrescentou outros quarenta volumes, 5.916 páginas, à minibiblioteca dos homicídios do caso Tate-LaBianca.

Embora o juiz Alexander tivesse agradecido o júri pelo serviço escrupuloso que haviam prestado, ele comentou, no dia em que sentenciou Watson: "Se eu tivesse julgado este caso sem um júri, é possível que tivesse chegado a um veredicto diferente".

Em mais um procedimento, Susan Atkins se declarou culpada do homicídio de Gary Hinman e foi sentenciada à prisão perpétua. Ao ler sua sentença, o juiz Raymond Choate a chamou de "um perigo para qualquer comunidade" que deve passar "a vida inteira sob custódia".

A defesa obteve julgamentos separados para Charles Manson, Bruce Davis e Steve Grogan pelas acusações referentes aos assassinatos combinados dos casos Hinman e Shea. Apesar de o corpo de Donald "Shorty" Shea não ter sido encontrado, os promotores Burton Katz, Anthony Manzella e Stephen Kay foram bem-sucedidos na difícil tarefa de obter veredictos de culpado de todas as acusações para cada um dos réus. Veredictos de prisão perpétua foram anunciados para Manson e Davis. O júri de Grogan votou pela pena de morte, mas, quando chegou o momento da leitura da sentença — dois dias antes do Natal de 1971 —, o juiz James Kolts, após comentar que "Grogan era burro demais e drogado demais para decidir qualquer coisa por conta própria" e declarar que na verdade era Manson "quem decidia quem vivia e quem morria", reduziu a sentença para prisão perpétua.

Durante o *voir dire* de seu julgamento, Manson, enfurecido pela recusa do juiz em permitir que ele representasse a si mesmo, vociferou ao Tribunal: "Eu me declaro culpado. Cortei fora a cabeça de Shorty". O juiz recusou-se a aceitar essa declaração e, no dia seguinte, Manson a retirou. Durante outro ataque de raiva, Manson virou-se para a imprensa e ameaçou: "Eu mandei meu pessoal começar a matar vocês".

Manson outra vez foi representado por Irving Kanarek. Com Irving, ele sabia que o julgamento seria longo, o que adiaria sua viagem ao Corredor da Morte de San Quentin.

Ao longo de todos os julgamentos, as garotas de Manson continuaram sua vigília na esquina da Temple com a Broadway. Literalmente às sombras do Palácio da Justiça, em plena vista de milhares de pessoas que passavam por ali todos os dias, elas criaram um plano para libertar todos os membros da Família Manson que estavam encarcerados.

No final de julho de 1971, meu coautor ouviu de um integrante da Família, na região da baía de San Francisco, que estavam planejando libertar Manson em algum momento do mês seguinte. Embora não tenha sido informado sobre como eles pretendiam realizar o resgate, ele ficou sabendo de alguns detalhes: a Família estava estocando armas e munições; eles haviam alugado em segredo uma casa no sul de Los Angeles, onde escondiam um condenado foragido; e com a fuga de Manson, o "Helter Skelter começaria de verdade; a revolução iria rolar".

Apenas uma fantasia? Não estava tão certo disso, e decidi repassar essas informações para o LAPD. Quando o fiz, descobri que, entre as testemunhas que Manson havia convocado para o julgamento do caso Hinman-Shea, estava um condenado de Folsom chamado Kenneth Como, também conhecido pelo exuberante pseudônimo Jesse James. Apesar de não ter sido divulgado, quando foi transferido para Los Angeles menos de uma semana antes, Como havia conseguido fugir da Sala de Registros. O LAPD duvidava, contudo, que ele ainda estivesse na região. Quanto à fuga de Manson, eles também tinham ouvido rumores, mas nada definitivo. Estavam inclinados a duvidar da história.

Como planejado, menos de um mês depois, a Família Manson realizou sua tentativa.

Pouco depois do horário de fechamento na noite de sábado, 21 de agosto de 1971, seis assaltantes armados entraram na Western Surplus Store no subúrbio de Hawthorne, Los Angeles. Enquanto um deles mantinha uma espingarda apontada para a atendente e dois clientes, os outros começaram a carregar rifles, espingardas e pistolas para uma van estacionada em um beco próximo. Haviam recolhido cerca de 140 armas quando avistaram a primeira viatura. O LAPD, alertado por um alarme silencioso, já tinha bloqueado o beco.

Os assaltantes saíram atirando. Durante os dez minutos de tiroteio que se seguiram, a van foi alvejada por mais de cinquenta projéteis e cerca de vinte balas atingiram as viaturas. Surpreendentemente, ninguém foi morto, apesar de três suspeitos terem sofrido ferimentos leves.

Todos os seis assaltantes eram membros da Família Manson. Entre os detidos estavam Mary Brunner, de 27 anos, primeira integrante da Família; Catherine "Gypsy" Share, de 29, e Dennis Rice, de 32, ambos recém-libertos após cumprirem penas de noventa dias pelos papéis que desempenharam na tentativa de silenciar Barbara Hoyt. Também foram presos Lawrence Bailey, conhecido como Larry Jones, de 23, que esteve presente na noite na qual os assassinos do caso Tate saíram do rancho Spahn; e o foragido Kenneth Como, de 33. Outro membro da Família, Charles Lovett, de 19 anos, fugiu durante o tiroteio, mas foi detido logo em seguida.

Após serem presos, descobriu-se que o mesmo grupo também foi responsável pelo assalto a uma distribuidora de cervejas em Covina, ocorrido no dia 13 de agosto, no qual conseguiram levar 2.600 dólares.

A polícia deduziu que, através dos roubos, o grupo pretendia obter armas e munições suficientes para levar a cabo um ataque armado contra o tribunal, semelhante ao ocorrido em San Rafael. Steve Grogan havia convocado Manson para testemunhar em seu julgamento. Acreditava-se que, no dia em que Manson estava marcado para se apresentar no tribunal, a Família pretendia invadir o Palácio da Justiça para libertar os dois.

Na verdade, o plano verdadeiro era ainda mais espetacular. E, dadas as circunstâncias certas e pressão pública suficiente, ele *poderia* ter funcionado.

Embora não tenha sido divulgado antes, de acordo com um membro da Família que estava a par do planejamento do assalto em Hawthorne, o verdadeiro plano era o seguinte: usando as armas roubadas, a Família pretendia sequestrar um Boeing 747 e matar um passageiro a cada hora até que Manson e todos os outros integrantes da Família encarcerados fossem libertados.

Medidas de segurança extraordinárias foram tomadas durante o julgamento dos réus do assalto em Hawthorne, em parte porque a defesa havia convocado testemunhas que o juiz Arthur Alarcon rotulou como "a maior reunião dos assassinos do condado de Los Angeles em uma única ocasião". Doze assassinos condenados, incluindo Manson, Beausoleil, Atkins, Krenwinkel, Van Houten, Grogan e David, subiram ao banco das testemunhas. Sua presença no mesmo local deixou todos um pouco apreensivos. Em especial porque, àquela altura, a Família já havia descoberto que o Palácio da Justiça não era à prova de fugas.

Na madrugada de 20 de outubro de 1971, Kenneth Como serrou as barras de sua cela no 13º andar, desceu até o oitavo andar usando uma corda feita de lençóis, abriu aos pontapés uma janela na sala do tribunal do Departamento 104 (onde poucos meses antes eu havia processado

Manson e suas três corrés), em seguida, usou as escadas para sair do edifício. Sandra Good foi buscar Como na van da Família. Ainda que mais tarde Sandy tenha destruído a van e sido detida, Como ficou foragido por sete horas. Também foram detidas — mas soltas em seguida, pois não havia nenhuma prova concreta de que haviam instigado e sido cúmplices na fuga — Squeaky, Brenda, Kitty e outras duas integrantes da Família.

Não foi feita nenhuma tentativa para libertar Manson durante o julgamento do assalto em Hawthorne. Entretanto, dois dos jurados precisaram ser substituídos pelos alternativos após receberem telefonemas com ameaças de que seriam mortos se votassem a favor da condenação. As ligações foram vinculadas a uma integrante da Família não identificada.

Embora Gypsy e Rice tivessem sido condenados a apenas noventa dias pelos papéis que desempenharam na tentativa de assassinato de uma testemunha da promotoria, eles e seus corréus descobriram que os tribunais levam trocas de tiros contra policiais um pouco mais a sério. Todos foram indiciados por duas acusações de assalto à mão armada. Rice se declarou culpado, sendo logo enviado à penitenciária estadual. Os outros foram condenados pelas duas acusações e receberam as seguintes sentenças: Lovett, duas penas consecutivas de cinco anos à prisão perpétua; Share, de dez anos à prisão perpétua; Como, de quinze anos à prisão perpétua; Brunner e Bailey, de vinte anos à prisão perpétua.

Sandra Good em seguida foi julgada por instigação e cumplicidade em uma fuga. Seu advogado, o singular e incomparável Irving Kanarek, alegou que ela havia sido sequestrada por Como. O júri não caiu nessa história e Sandy foi condenada a seis meses de prisão.

No dia da fuga de Como, Kanarek, apresentando-se no tribunal do juiz Raymond Choate, alegou, com seu jeito de sempre: "Afirmo, sem nenhuma prova em particular neste momento, que a realização dessa fuga foi deliberadamente permitida".

O juiz Choate então perguntou a Kanarek se ele poderia explicar por que Como foi obrigado a descer de corda do 13º andar até o oitavo.

"Isso passa uma boa impressão, Vossa Excelência", explicou Kanarek.

Enquanto Manson ainda estava sendo julgado pelos homicídios do caso Hinman-Shea, apareci no tribunal em um determinado dia. Foi um alívio bem-vindo ser apenas um espectador, para variar.

Manson, que recentemente passara a usar o uniforme preto de um soldado nazista no tribunal, me avistou e enviou uma mensagem pelo oficial de justiça, dizendo que queria conversar comigo. Havia algumas questões que eu desejava lhe perguntar, então decidi ficar após o recesso do tribunal. Sentados no banco dos réus, conversamos das 16h30 até quase as 18h. Nada do que conversamos tinha alguma relação com as acusações atuais contra ele. Em grande parte, discutimos sua filosofia. Eu estava especialmente interessado em aprender sobre a evolução de algumas de suas ideias e o questionei em detalhes sobre sua relação com a cientologia e com o culto satânico conhecido como The Process ou Church of the Final Judgement.

Manson desejava conversar comigo, disse, pois queria que eu soubesse: "Eu não guardo nenhum ressentimento". Ele me disse que eu havia feito "um trabalho fantástico, extraordinário" em condená-lo, e acrescentou: "Você me deu um julgamento justo, como prometeu". Não se sentia amargurado com o resultado, contudo, porque, para ele, "a prisão sempre foi meu lar; eu não queria sair da última vez e você apenas está me mandando de volta para lá". Havia refeições regulares, não eram ótimas, mas eram melhores do que o lixo no rancho Spahn. Além disso, como a pessoa não precisava trabalhar se não quisesse, ele teria bastante tempo para tocar seu violão.

"Pode ser, Charlie, mas você não terá nenhuma mulher por lá", falei.

"Não preciso de gatas", respondeu. "Todas as mulheres que já tive, *elas* pediram que *eu* fizesse amor com elas. Nunca pedi a elas. Posso me virar sem elas." Havia muito sexo na prisão, contou.

Embora tivesse voltado a afirmar que a música dos Beatles e o LSD foram os responsáveis pelos homicídios do caso Tate-LaBianca, Manson admitiu que sabia que eles iriam acontecer, "porque eu sabia até o que os ratos estavam fazendo no rancho Spahn". Ele acrescentou: "Então eu disse para eles: 'Olha, vocês querem essas roupas? Vocês querem essa arma?'. E depois eu disse para eles não contarem para ninguém o que tinha acontecido".

Apesar de tomar cuidado para nunca fazê-lo no tribunal, Manson costumava se referir aos negros como "crioulos" em nossas conversas particulares. Ele afirmava que não desgostava deles. "Não odeio ninguém", afirmou, "mas sei que eles me odeiam."

Voltando ao conhecido tema do Helter Skelter, questionei quando ele achava que o homem negro tomaria o poder.

"Talvez eu tenha atrapalhado eles", respondeu.

"Você quer dizer que o julgamento alertou os branquelos?"

Sua resposta foi simples — e triste: "É".

◆ ◆ ◆

Nossa conversa aconteceu no dia 14 de junho de 1971. No dia seguinte, um dos advogados apresentou uma reclamação sobre ela, e o juiz Choate conduziu uma audiência para apresentação de evidências no tribunal aberto. Eu testemunhei sobre a essência da nossa conversa, observando que Manson havia pedido para falar comigo, e não o contrário, e que as acusações presentes não haviam sido discutidas. Não houve nada antiético nisso, comentei. Além do mais, havia informado a Kanarek que Manson queria conversar comigo, mas ele tinha simplesmente me dado as costas.

O oficial de justiça Rusty Burrell, que estivera presente durante a conversa, ficando além do horário porque achou interessante, corroborou meu relato. Assim como o próprio Manson.

MANSON: "A versão que o homem [me indicando] apresentou acertou em cheio. Tenho quase certeza de que o sr. Kanarek sabia que eu tinha pedido para falar com ele. Durante o último ano, eu quis conversar com esse homem, e foi o meu pedido que motivou essa conversa."

Quanto à audiência em si, Manson disse: "Vossa Excelência, não acho que isso seja muito justo. Sabe, o erro foi meu".

Ao concordar e decretar que não houvera nenhuma impropriedade envolvida, o juiz Choate encerrou a audiência.

A ironia disso tudo não passou despercebida pela imprensa, que reportou, com certa incredulidade, que Manson subiu ao banco das testemunhas para defender o homem que o havia condenado por sete homicídios!

Meu interesse pelas origens das crenças de Manson remontava à minha designação para o caso. Algumas dessas origens já foram mencionadas anteriormente. Outras, embora inadmissíveis como evidência no julgamento, são mais do que um interesse passageiro, mesmo que apenas como pistas para compreender a fonte de tamanha obsessão doentia.

Eu sabia, com base nas conversas que tive com Gregg Jakobson e outras pessoas, que Manson era um eclético, alguém que pega ideias emprestadas. Assim como sabia, tanto por seus registros penitenciários quanto pelas conversas que tive com ele, que o envolvimento de Manson com a cientologia havia sido mais do que uma moda passageira. Ele havia me contado, assim como revelou a Paul Watkins, que tinha alcançado o estágio mais alto, "theta limpo", e que não possuía mais nenhum vínculo com a cientologia e nem precisava mais dela. Estava inclinado a aceitar pelo menos a segunda parte da sua afirmação. Durante minha extensa investigação, não encontrei nenhuma evidência sequer de que Manson teve algum envolvimento com a cientologia depois de ter sido solto da prisão em 1967.[1] Àquela altura, ele havia passado a se concentrar na própria filosofia.

O efeito, se é que houve algum, que a cientologia teve sobre o estado mental de Manson não pode ser mensurado. Em suas sessões de "auditoria" na prisão, ele sem dúvidas obteve algum conhecimento sobre controle mental, assim como algumas técnicas que mais tarde colocou em prática para programar seus seguidores.

O vínculo de Manson com o The Process, ou Church of the Final Judgement, é mais tênue, mas consideravelmente mais fascinante. O líder do culto satânico é um certo Robert Moor, cujo nome no culto é Robert DeGrimston. Ele mesmo um antigo discípulo do fundador da cientologia, L. Ron Hubbard, Moor rompeu com a doutrina por volta de 1963 para formar seu próprio grupo, aparentemente após alcançar um cargo elevado na sede, em Londres. Mais tarde, ele e seus seguidores viajaram para diversas partes do mundo, incluindo México e Estados Unidos, e por pelo menos alguns meses, e talvez mais tempo, morou em San Francisco. Ele também teria participado de um seminário no Esalen Institute, em Big Sur, ainda que não se saiba se isso coincidiu com alguma das visitas de Manson.

Um dos discípulos mais fervorosos de DeGrimston é um certo Victor Wild, um jovem fabricante de produtos em couro cujo nome no The Process é irmão Ely.

Até dezembro de 1967, a residência de Victor Wild, e sede do The Process em San Francisco, era Cole Street, número 407, Haight-Ashbury.

Aproximadamente de abril a julho de 1967, Charles Manson e sua ainda recente Família moraram a apenas dois quarteirões de distância, no número 636 da Cole. Em vista da curiosidade de Manson, parece muito provável que ele pelo menos tenha investigado os satanistas, e existem evidências bastante convincentes de que ele "pegou emprestado" alguns de seus ensinamentos.

1 Um dos principais discípulos de Manson, Bruce Davis teve um envolvimento muito próximo com a cientologia durante algum tempo, tendo trabalhado em sua sede em Londres de novembro ou dezembro de 1968 a abril de 1969. Segundo um porta-voz da cientologia, Davis foi expulso da organização por consumo de drogas. Ele voltou à Família Manson e ao rancho Spahn a tempo de participar dos assassinatos de Hinman e Shea.

Em uma de nossas conversas durante o julgamento do caso Tate-LaBianca, eu perguntei a Manson se ele conhecia Robert Moor, ou Robert DeGrimston. Ele negou conhecer DeGrimston, mas disse que havia conhecido Moor. "Você está olhando para ele", afirmou Manson. "Moor e eu somos a mesma pessoa." Supus que, com isso, ele quis dizer que acreditava que eles possuíam ideias semelhantes.

Pouco tempo depois, eu recebi a visita de dois representantes do The Process, um certo pai John e um certo irmão Matthew. Assim que ficaram sabendo que eu estava fazendo perguntas sobre o grupo, eles haviam sido enviados de sua sede em Cambridge, Massachusetts, para me assegurar de que Manson e Moor nunca haviam se conhecido e que Moor se opunha à violência. Também me deixaram uma pilha de literatura sobre o The Process. No dia seguinte, os nomes "pai John" e "irmão Matthew" apareceram na lista de visitantes de Manson. Sobre o que conversaram permanece desconhecido. Tudo que sei é que, em minha última conversa com Manson, Charlie se tornou evasivo quando lhe perguntei sobre o The Process.

Em 1968 e 1969, o The Process lançou uma abrangente campanha de recrutamento ao redor dos Estados Unidos. Eles ficaram em Los Angeles em maio e junho de 1968 e durante pelo menos alguns meses do outono de 1969, voltando à Inglaterra em outubro, depois de alegarem ter convertido cerca de duzentos hippies estadunidenses para sua seita. Manson esteve em Los Angeles durante ambos os períodos. É possível que possa ter havido algum contato com Manson e/ou seu grupo, mas não encontrei nenhuma evidência disso. Estou inclinado a achar que o contato de Manson com o grupo provavelmente aconteceu, como indicado, em San Francisco, em 1967, em uma época em que sua filosofia ainda estava sendo formulada. Acredito que houve pelo menos algum contato, pois há muitos paralelos entre os ensinamentos de Manson e aqueles do The Process, como é revelado na literatura do culto.

Ambos pregavam um iminente e violento Armagedom, no qual todos, exceto os poucos escolhidos, seriam destruídos. Ambos encontraram a base para isso no Livro do Apocalipse. Ambos imaginavam que as gangues de motociclistas, tal como os Hell's Angels, seriam as tropas dos dias finais. E ambos tentaram com afinco recrutá-las para seus lados.

Os três maiores deuses do universo, de acordo com o The Process, eram Jeová, Lúcifer e Satã, com Cristo sendo o derradeiro unificador, reconciliando todos os três. Manson apresentava uma dualidade mais simples; ele era conhecido por seus seguidores tanto como Satã quanto como Cristo.

Ambos pregavam sobre a Segunda Vinda de Cristo, uma crença bastante comum, exceto em suas interpretações. De acordo com um panfleto do The Process: "Por meio do Amor, Cristo e Satã destruíram sua inimizade e se uniram para o Fim: Cristo para Julgar, Satã para executar o Julgamento". Quando Cristo retornasse dessa vez, afirmou Manson, seriam os romanos, ou seja, o sistema, a serem postos na cruz.

A atitude de Manson em relação ao medo era tão curiosa que eu acreditava ser quase única. Acreditei nisso pelo menos até ler uma edição especial da revista *The Process* dedicada ao medo: "O medo é benéfico. [...] O medo é o catalisador da ação. É o estimulante, a arma instalada no início do jogo, permitindo que um ser criasse um efeito sobre si mesmo, que incitasse a si mesmo a novas alturas e que descartasse a amargura do fracasso". Embora o palavreado difira, isso é praticamente o que Manson pregava.

Manson com frequência falava sobre o poço do abismo, o The Process abordava o vazio do abismo.

Dentro da organização, o The Process era chamado (pelo menos até 1969) de "a família", ao passo que os membros eram conhecidos como irmãos, irmãs, mães, pais.

O símbolo do The Process é parecido, ainda que não idêntico, à suástica que Manson entalhou em sua testa.

Entre os preceitos do The Process análogos aos do próprio Manson: "O Tempo do Fim é agora. [...] O Derradeiro Pecado é matar um animal. [...] Cristo disse para amar seu inimigo. O inimigo de Cristo era Satã. Ame Cristo e Satã. [...] O Cordeiro e o Bode devem se unir. O Amor Puro desceu do Pináculo do Paraíso, unido com o Ódio Puro erguido das profundezas do Inferno".

Um ex-membro do The Process, enquanto era interrogado pelo LAPD em relação a assassinatos cometidos por duas gangues de motociclistas (das quais nenhuma apresentava ligações), disse a respeito do culto: "Eles não gostam de ninguém que não consigam doutrinar ou que não esteja do lado deles. Eles são completamente contra o que chamam de 'forças cinzentas', o sistema abastado ou os crioulos...".

P: "Por que eles não gostam dos crioulos?"

R: "Não sei. Eles simplesmente não gostam."

P: "Eles sentem um ódio natural pelos crioulos?"

R: "Eles sentem um ódio natural, mas também gostariam de usar os crioulos como um todo para começar algum tipo de lance militante... Eles são muito bons em selecionar pessoas zangadas."

Essa era apenas a opinião de um membro desassociado e pode muito bem não ser a posição oficial do The Process em si, mas as semelhanças à filosofia do próprio Manson ainda são horripilantes.

Esses são apenas alguns dos paralelos que encontrei, o bastante para convencer a mim, pelo menos, de que mesmo que o próprio Manson possa nunca ter sido um membro do The Process, ele pegou muitas coisas emprestadas do culto satânico.[2]

Tampouco essas são as únicas conexões entre a Família Manson e os satanistas.

Durante algum tempo, Bobby Beausoleil foi bastante próximo do cineasta Kenneth Anger, ele próprio profundamente envolvido tanto com a aura de mistério das gangues de motociclistas quanto com o oculto. Beausoleil estrelou no filme *Lucifer Rising*, de Anger, tendo interpretado o papel de Lúcifer. Isso aconteceu antes mesmo de ter conhecido Manson.

Em seu relatório psiquiátrico sobre Susan Atkins, o dr. Joel Hochman dedicou uma seção ao período que ela passou em San Francisco, aparentemente em algum momento em 1967 ou 1968, antes de conhecer Manson: "Naquela época, ela entrou no que agora chama de período satânico. Ela se envolveu com Anton LaVey, o satanista.[3] Ela teve um papel em uma produção teatral que retratava um sabá de bruxas e recorda-se da noite de estreia, quando tomou LSD. Ela precisava se deitar em um caixão durante o ato, ficando deitada dentro dele enquanto alucinava. Ela anunciou que não queria sair, e, por causa disso, a mudança de atos aconteceu com quinze minutos de atraso. Ela afirmou que se sentiu viva e que todo o resto no mundo desagradável estava morto. Depois disso, permaneceu em seu 'lance satânico' [por] cerca de oito meses...".

Durante o julgamento do caso Tate-LaBianca, Patricia Krenwinkel fazia rabiscos. Seus dois temas favoritos, de acordo com o oficial de justiça Bill Murray, eram cabeças de diabo e o bode de Mendes, ambos símbolos satanistas.

Antes de o matar, Charles "Tex" Watson declarou a Voytek Frykowski: "Sou o Diabo e estou aqui para cuidar dos negócios do Diabo".

◆ ◆ ◆

2 Existe pelo menos um preceito que Manson não pegou emprestado desse grupo: espera-se que seguidores solteiros permaneçam castos.

3 LaVey, fundador da Igreja de Satã, sediada em San Francisco, é conhecido, por aqueles versados em tais assuntos, mais como um artista espetacular do que como um satanista demoníaco. Ele afirmou em diversas ocasiões que reprovava violência e sacrifícios ritualísticos.

Uma influência aparentemente importante sobre Manson, tanto em termos de preceitos quanto de exemplos, foi um homem morto: Adolf Hitler. Manson admirava Hitler e costumava falar muito sobre ele. Dizia aos seus seguidores que "Hitler tinha a melhor resposta para tudo" e que ele era "um cara sintonizado que tinha nivelado o carma dos judeus". Manson enxergava a si mesmo como uma figura histórica não menos importante, um líder que não apenas reverteria o carma dos negros, como também nivelaria todas as raças, menos sua própria raça ariana — sua Família tipicamente branca, tipicamente estadunidense.

Havia paralelos superficiais e substanciais entre Hitler e Manson.

Ambos eram vegetarianos; ambos eram homens de baixa estatura; ambos sofreram traumas profundos na juventude, as cicatrizes psicológicas tendo pelo menos contribuído para, se não causado, seu ódio profundo pela sociedade; ambos sofreram o estigma da ilegitimidade: no caso de Manson, porque ele próprio era um bastardo; no de Hitler, porque seu pai era um filho ilegítimo.

Ambos eram andarilhos sem um lar; ambos eram artistas frustrados e rejeitados; ambos gostavam mais de animais do que de pessoas; ambos se envolveram a fundo com o oculto; ambos pediam que outras pessoas cometessem assassinatos por eles.

Ambos eram racistas; mas existem algumas evidências de que ambos também acreditavam que carregavam o sangue daquelas pessoas que desprezavam. Muitos historiadores acreditam que Hitler era secretamente obcecado pelo medo de ter um antepassado judeu. Se os registros penitenciários de Manson estiverem corretos, ele pode ter acreditado que seu pai era negro.

Ambos se cercaram de escravos bajuladores; ambos buscavam as fraquezas das outras pessoas e as usavam; ambos programavam seus seguidores por meio da repetição, reiterando as mesmas expressões inúmeras vezes; ambos perceberam e exploraram o impacto psicológico do medo.

Ambos possuíam um epíteto favorito para aqueles que odiavam: o de Hitler era *Schweinehund*,[4] o de Manson era "porcos".

Ambos tinham olhos que seus seguidores descreviam como "hipnóticos"; além disso, contudo, ambos tinham uma presença, um carisma e uma tremenda quantidade de poder persuasivo pessoal. Generais iam até Hitler decididos a convencê-lo de que seus planos militares eram

4 Traduzido literalmente como "porco-cão", uma expressão usada para se referir a alguém desprezível e miserável. [NT]

loucos; saíam como verdadeiros crentes. Dean Moorehouse foi até o rancho Spahn para matar Manson por ter roubado sua filha, Ruth Ann; acabou adorando-o de joelhos.

Ambos apresentavam uma habilidade incrível de influenciar as pessoas.

Os seguidores, tanto de Manson quanto de Hitler, eram capazes de explicar as ações monstruosas cometidas por seus líderes ao recorrerem a abstrações filosóficas.

É provável que a influência mais importante sobre Hitler tenha sido Nietzsche. Manson comentou com Jakobson que havia lido Nietzsche. Se isso era verdade ou não — Manson tinha dificuldades para ler, e Nietzsche não é uma leitura fácil —, tanto Manson quanto Hitler acreditavam nos três princípios básicos da filosofia de Nietzsche: as mulheres são inferiores aos homens; a raça branca é superior a todas as outras raças; matar não é errado se o objetivo for certo.

E matar foi o que ambos fizeram. Ambos acreditavam que assassinato em massa era certo, até mesmo desejável, se este promovesse a realização de algum plano grandioso. Cada um deles possuía um plano assim; cada um dispunha da própria obsessão grandiosa: a de Hitler era o Terceiro Reich, a de Manson era o Helter Skelter.

Em algum ponto, os paralelos se tornam mais do que coincidências. Quanto disso foi uma apropriação consciente por parte de Manson, quanto foi uma imitação inconsciente, não se sabe. Eu acredito que, caso tivesse tido a oportunidade, Manson teria se transformado em outro Hitler. Não consigo imaginá-lo se contendo diante da possibilidade de assassinar enormes quantidades de pessoas.

Alguns mistérios permanecem. Um deles é a quantidade exata de homicídios cometidos pelos membros da Família Manson.

Manson se gabou com Juan Flynn de que havia cometido 35 homicídios. Quando Juan me contou isso, senti-me inclinado a duvidar de que tenha sido algo além de uma jactância doentia por parte de Charlie. Agora existem evidências, contudo, de que mesmo que não tenha sido verdade *na época*, o total até hoje pode estar bem próximo da estimativa de Manson, ou até mesmo a excedido.

Em novembro de 1969, Susan Atkins contou a Ronnie Howard: "Tem onze assassinatos que eles nunca vão solucionar". Leslie Van Houten mencionou o mesmo número em seu interrogatório conduzido por Mike McGann, ao passo que Ouisch revelou a Barbara Hoyt que sabia de dez pessoas que a Família havia matado "além de Sharon".

Susan confidenciou a Virginia Graham que, além dos oito assassinatos dos casos Hinman, Tate e LaBianca, "tem mais — e teve mais antes". Um deles sem dúvida foi o de Shea. É provável que outro tenha sido o do "Pantera Negra" (Bernard Crowe), que Susan, assim como o próprio Manson, erroneamente acreditavam estar morto.

Susan poderia estar se referindo a Crowe quando, na gravação que fez com Caballero, comentou que o revólver Longhorn calibre .22, usado nos homicídios do caso Tate, havia sido utilizado em "outros assassinatos", ainda que evidentemente o plural tivesse sido usado, e não o singular.

Susan ainda revelou a Virginia: "Também tem três pessoas no deserto que eles apagaram". De acordo com Virginia, Susan "disse isso de um jeito bastante indiferente, sem mencionar nenhum nome". Quando Steve Zabriske tentou, sem sucesso, convencer a polícia de Portland que um certo Charlie e um certo Clem estiveram envolvidos tanto nos homicídios do caso Tate quanto nos do caso LaBianca, ele também afirmou que Ed Bailey lhe contou ter visto esse tal de Charlie balear um homem na cabeça. O assassinato havia acontecido no Vale da Morte, de acordo com Bailey, e a arma utilizada foi uma pistola automática calibre .45. Ao ser interrogado pelo LAPD em maio de 1970, Bailey — nome completo: Edward Arthur Bailey — negou isso. Entretanto, outra fonte, que durante algum tempo foi próxima da Família, afirma que ouviu que "supostamente tem dois rapazes e uma garota enterrados a uma profundidade de cerca de 2,5 metros atrás do rancho Barker". Mas nenhum corpo chegou a ser encontrado.

No dia 13 de outubro de 1968, duas mulheres, Clyda Delaney e Nancy Warren, foram espancadas e estranguladas até a morte com tiras de couro, a poucos quilômetros ao sul de Ukiah, Califórnia. Diversos membros da Família Manson estavam na região na época. Dois dias depois, Manson de repente levou toda a Família do rancho Spahn para o Barker. A delegacia do condado de Mendocino acreditava que poderia haver uma conexão. Mas uma crença não é uma prova.

Por volta das 3h30 de 30 de dezembro de 1968, Marina Habe, de 17 anos, filha do escritor Hans Habe, foi raptada do lado de fora da casa da mãe em West Hollywood enquanto voltava de um encontro. Seu corpo foi encontrado no dia de Ano-Novo, a uma pequena distância da Mulholland Drive, perto da Bowmont Drive. Causa da morte: múltiplos ferimentos à faca no pescoço e no tórax.

Há boatos, nunca confirmados, de que a vítima conhecia um ou mais membros da Família. Ainda que a maioria de seus seguidores estivesse no rancho Barker, Manson aparentemente estava em Los Angeles no dia

30 de dezembro, tendo retornado ao rancho no dia seguinte. Embora muitas pessoas, incluindo o repórter Carl George da KNXT, acreditassem que havia uma conexão, nada definitivo foi estabelecido e o homicídio continua sem solução.

Na noite de 27 de maio de 1969, Darwin Orell Scott foi esfaqueado até a morte em seu apartamento em Ashland, Kentucky. O assassinato foi tão brutal que a vítima, que sofreu dezenove ferimentos à faca, ficou presa ao chão por um cutelo.

Darwin Scott, de 64 anos, era irmão do coronel Scott, o homem que supostamente era o pai de Charles Manson.

Na primavera de 1969, um guru motociclista da Califórnia, que se autointitulava "Pregador", apareceu na região de Ashland com diversas seguidoras. Distribuindo LSD de graça para os adolescentes locais, ele tentou fundar uma comunidade em uma casa de fazenda abandonada perto de Huntington. O grupo permaneceu na região até abril, quando justiceiros incendiaram a casa e o afugentaram porque, citando o jornal de Ashland: "Eles não gostavam de hippies e não queriam mais deles por perto". Pelo menos quatro residentes da região mais tarde contaram aos repórteres que Manson e o Pregador eram a mesma pessoa. Apesar de ter sido identificado por eles, a presença de Manson na Califórnia durante pelo menos parte desse período é muito bem documentada, e há indícios de que ele estava na Califórnia no dia da morte de Scott.

No dia 22 de maio de 1969, Manson telefonou para seu oficial de condicional, Samuel Barrett, pedindo permissão para viajar para o Texas com os Beach Boys. A permissão foi negada, pendendo uma verificação do vínculo empregatício de Manson com a banda. Em uma carta datada de 27 de maio, o mesmo dia do assassinato de Scott, Manson dizia que o grupo havia partido sem ele e que ele tinha se mudado do Vale da Morte de volta ao rancho Spahn. Classificar o controle de Barrett sobre Manson como sendo ínfimo seria um exagero. Barrett só voltou a falar com Manson no dia 18 de junho.

Barrett não observou o carimbo postal na carta. Não percebeu que ele só a recebeu no dia 3 de junho, sete dias depois de supostamente ter sido escrita. É possível que Manson estivesse usando a carta como um álibi; assim como há a possibilidade de ele ter enviado um de seus assassinos para matar Scott. No entanto, são apenas conjecturas. O homicídio de Darwin Scott também permanece sem solução.

Cedo na manhã de 17 de julho de 1969, Mark Walts, de 17 anos, saiu da casa dos pais em Chatsworth e foi de carona até o píer de Santa

Monica para pescar. Mais tarde, sua vara de pesca foi encontrada no píer. Já seu corpo foi localizado, por volta das 4h de 18 de julho, em um trecho que saía da Topanga Canyon Boulevard, a uma curta distância da Mulholland Drive. O rosto e a cabeça do jovem Walts estavam gravemente contundidos e ele havia sido baleado três vezes no peito por uma arma calibre .22.

Embora não fosse nem um funcionário do rancho nem um integrante da Família, Walts às vezes passava o tempo no rancho Spahn. Apesar de a LASO ter enviado investigadores para o rancho, eles não conseguiram encontrar nenhuma evidência que vinculasse o assassinato a alguém de lá.

O irmão de Walts, contudo, telefonou para o rancho e disse para Manson: "Sei que você apagou meu irmão e eu vou matar você". Ainda que não tivesse levado a cabo a ameaça, era evidente que ele acreditava que Manson era o responsável.

Quando Danny DeCarlo teve sua extensa conversa com o LAPD, os policiais lhe perguntaram: "O que você sabe sobre um garoto de 17 anos que foi baleado?".

DeCarlo respondeu: "Isso não teve nada a ver com alguém de lá. Vou te dizer o porquê, porque eles ficaram tão chocados com isso [quanto eu]. Se tivessem feito aquilo, eles teriam me contado".

DeCarlo informou os policiais a respeito da ligação do irmão. Um deles perguntou: "Por que você acha que ele desconfiava do Charlie?". DeCarlo respondeu: "Porque não tem muitos maníacos por aí que iriam simplesmente apontar uma arma para alguém e estourar seus miolos sem motivo nenhum".

O LAPD não insistiu no assunto porque o caso era da LASO. O homicídio permanece sem solução.

Durante o intervalo de um mês — entre 27 de julho e 26 de agosto de 1969 —, Charles Manson e sua Família assassina chacinaram nove pessoas: Gary Hinman, Steven Parent, Jay Sebring, Abigail Folger, Voytek Frykowski, Sharon Tate, Leno LaBianca, Rosemary LaBianca e Donald Shea.

Embora saibamos que algumas integrantes da Família estiveram envolvidas na operação de "limpeza" que se seguiu ao assassinato de Shea, nenhuma delas chegou a ser julgada como cúmplice. Algumas permanecem em liberdade até hoje.

◆ ◆ ◆

A prisão de Manson no dia 12 de outubro de 1969 não colocou um fim aos assassinatos.

Como já mencionado, no dia 5 de novembro de 1969, John Philip Haught, também conhecido como Christopher Jesus ou Zero, foi morto com um tiro em uma casa de praia em Venice. Os quatro membros da Família presentes no local quando a polícia chegou alegaram que ele havia se matado enquanto brincava de roleta-russa. Linda Baldwin, também conhecida como Linda Patty — nome verdadeiro: Madaline Joan Cottage —, afirmou que estava deitada na cama ao lado dele quando o incidente ocorreu. Os outros presentes — Bruce Davis, Susan Bartell, também conhecida como Country Susan, e Cathy Gillies — disseram aos policiais que não haviam testemunhado o ocorrido, mas que ouviram o disparo.

Pelo menos um deles, e possivelmente todos, mentiram.

Durante a fase de determinação da sentença do julgamento do caso Tate-LaBianca, eu perguntei a Cathy: "Você disse que Zero atirou em si mesmo. Quem contou isso a você? Com certeza não foi o Zero".

R: "Ninguém precisou me contar. Eu vi acontecer."

P: "Ah, você esteve presente?"

R: "Sim."

P: "Você pode explicar o que aconteceu?"

R: "Eu estava conversando com ele e, então, ele foi até o cômodo ao lado. Little Patty estava deitada na cama. Ele se sentou ao lado dela. Ele esticou o braço, pegou a arma e atirou em si mesmo."

P: "Simples assim?"

R: "Sim."

P: "Do nada?"

R: "Simplesmente do nada."

Três questões importantes permaneciam: por que Zero estava brincando de roleta-russa com uma arma completamente carregada; por que, se Zero foi quem tirou a arma do estojo de couro, ele não continha nenhuma impressão digital; e por que, apesar de Bruce Davis ter admitido que pegou a arma, não havia nem suas impressões digitais nem as de Zero nela?

Cerca de uma semana após a história do envolvimento de Manson nos homicídios do caso Tate-LaBianca ter sido divulgada na imprensa, o repórter Jerry Cohen, do *Los Angeles Times*, foi contatado por um homem que alegou ter estado presente quando Zero foi baleado. Só que Zero não estivera brincando de roleta-russa; ele havia sido assassinado.

O homem tinha uns 25 anos, 1,72 metro de altura, era loiro, de compleição esguia. Ele recusou a dar seu nome a Cohen. Ele estava, confessou, "morrendo de medo".

Seis ou oito pessoas estiveram na casa em Venice naquela noite, fumando haxixe. "Foi uma das minas que matou o Zero", contou a Cohen. Mas ele não quis dizer qual delas, pois recentemente, em uma outra reunião da Família Manson, ela havia ficado sentada encarando-o por três horas, o tempo todo brincando com sua faca.

Enquanto o entrevistava, Cohen concluiu que ele tinha se envolvido com a Família depois dos homicídios do caso Tate-LaBianca. Não havia conhecido Manson, disse, mas tinha ouvido de outros membros da Família que houvera "muito mais assassinatos além daqueles sobre os quais a polícia tinha conhecimento" e que "a Família é muito maior do que você pensa".

O jovem queria dinheiro para ir ao condado de Marin, no norte da Califórnia. Cohen lhe deu 25 dólares, insinuando que haveria mais se ele voltasse para identificar a assassina de Zero. Ele nunca mais o viu.

No dia 16 de novembro de 1969, o corpo de uma jovem foi encontrado abandonado em um aterro na Mulholland Drive e Bowmont Drive, próximo ao Laurel Canyon, quase no mesmo local onde o corpo de Marina Habe havia sido descoberto. Morena, no final da adolescência, de 1,75 metro de altura, 52 quilos, ela havia sido esfaqueada 157 vezes no tórax e na garganta. Ruby Pearl se lembrava de ter visto a garota com a Família no rancho Spahn e achava que seu nome era "Sherry". Ainda que as garotas de Manson trocassem de pseudônimos com frequência, a LASO conseguiu identificar apenas uma Sherry: Sherry Ann Cooper, também conhecida como Simi Valley Sherri. Ela havia fugido do rancho Barker na mesma época que Barbara Hoyt e estava, felizmente, viva. A vítima, morta há menos de um dia, tornou-se Jane Doe 59[5] nos arquivos da polícia. Sua identidade ainda permanece desconhecida.

A proximidade da época da morte dela com a de Zero sugere a possibilidade de ela ter estado presente quando o assassinato foi cometido, então foi morta para que não contasse a ninguém. Mas isso é apenas conjectura e não existe nenhuma evidência para sustentá-la. Seu assassinato permanece sem solução.

5 Em junho de 2015, uma amiga da família de Reet Jurvetson reconheceu-a em uma fotografia *post mortem* de Jane Doe 59. Após ser informada, a família entrou em contato com o LAPD e a identidade de Reet foi confirmada por meio de um teste de DNA. [NE]

No dia 21 de novembro de 1969, os corpos de James Sharp, de 15 anos, e Doreen Gaul, de 19, foram encontrados em um beco no centro de Los Angeles. Os dois adolescentes haviam sido mortos em outro lugar, com uma faca de lâmina longa ou uma baioneta, depois abandonados ali. Cada um havia sido esfaqueado mais de cinquenta vezes.

O tenente Earl Deemer, da Divisão de Rampart, investigou os homicídios de Sharp e Gaul, assim como Cohen, o repórter do *Los Angeles Times*. Ainda que os dois homens acreditassem que havia uma grande possibilidade de que um integrante da Família estivesse envolvido nas mortes, os homicídios permanecem sem solução.

Tanto James Sharp quanto Doreen Gaul eram cientologistas, esta última uma cientologista "limpa" que estivera morando em uma casa da Igreja da Cientologia. Segundo relatos não confirmados, Doreen Gaul era ex-namorada do integrante da Família Bruce Davis, ele próprio um antigo cientologista.

O paradeiro de Davis nas épocas dos assassinatos de Sharp, Gaul e Jane Doe 59 é desconhecido. Ele desapareceu logo após ter sido interrogado em relação à morte de Zero.

No dia 1º de dezembro de 1969, Joel Dean Pugh, marido da integrante da Família Sandy Good, foi encontrado com a garganta cortada no quarto de um hotel em Londres. Como observado, a polícia local decretou que a morte foi suicídio. Ao ficar sabendo da morte de Pugh, o promotor do condado de Inyo, Frank Fowles, conduziu um inquérito oficial, pedindo especialmente para que a Interpol conduzisse uma verificação de vistos para determinar se um certo Bruce Davis esteve na Inglaterra na época.

A resposta da Scotland Yard foi a seguinte: "Foi estabelecido que Davis está registrado como tendo embarcado no aeroporto de Londres para os Estados Unidos da América no dia 25 de abril de 1969 enquanto portava um passaporte estadunidense de número 612 2568. Na época, ele deu seu endereço como Dormer Cottage, Felbridge, Surrey. Esse endereço é de propriedade do Movimento da Cientologia e abriga seguidores dessa organização.

"A polícia local não foi capaz de fornecer nenhuma informação a respeito de Davis, mas acredita que ele visitou nosso país em uma data mais recente do que abril de 1969. Entretanto, isso não é confirmado por nossos registros oficiais."

Davis só reapareceu em fevereiro de 1970, quando foi detido no rancho Spahn, interrogado brevemente sobre as acusações de roubo de automóveis no condado de Inyo, então liberado. Após o grande júri o ter indiciado pelo homicídio de Hinman, ele voltou a desaparecer, dessa vez vindo a ressurgir apenas no dia 2 de dezembro de 1970, quatro dias depois do misterioso desaparecimento de Ronald Hughes. Como já mencionado, quando ele se entregou, estava acompanhado da integrante da Família Brenda McCann.

Com três exceções, esses são todos os homicídios conhecidos comprovadamente vinculados, ou que são suspeitos de estarem vinculados, à Família Manson. Existem mais? Conversei sobre isso com os policiais do LAPD e da LASO, e tendemos a acreditar que é possível que sim, pois aquelas pessoas gostavam de matar. Contudo, não existe nenhuma prova concreta.

Quanto aos outros três homicídios, dois deles ocorreram em 1972.

No dia 8 de novembro de 1972, uma pessoa que caminhava perto do rio Russo na cidade turística de Guerneville, ao norte da Califórnia, viu uma mão despontando do chão. Quando a polícia exumou o corpo, descobriu-se que ela pertencia a um rapaz usando uma túnica azul-escura de um uniforme de gala do Corpo de Fuzileiros Navais. Ele havia sido atingido por disparos de uma espingarda e decapitado.

A vítima foi identificada como James T. Willett, de 26 anos, um ex-fuzileiro naval do condado de Los Angeles. Essa informação foi divulgada no rádio e nos noticiários da TV na sexta-feira, 10 de novembro.

No sábado, 11 de novembro, a polícia de Stockton, Califórnia, avistou a perua de Willett estacionada diante de uma casa no número 720 da West Flora Street. Ao terem o pedido para entrar na casa negado, eles a arrombaram, vindo a prender dois homens e duas mulheres e confiscando algumas pistolas e espingardas.

Ambas as mulheres tinham o X da Família Manson nas testas. Eram Priscilla Cooper, de 21 anos, e Nancy Pitman, também conhecida como Brenda McCann, de 20. Alguns minutos depois que a polícia entrou na residência, uma terceira mulher telefonou, pedindo para que a fossem buscar e a levassem até a casa. A polícia atendeu ao pedido e prendeu Lynette "Squeaky" Fromme, de 24 anos, líder extraoficial da Família na ausência de Manson.

Os dois homens eram Michael Monfort, de 24 anos, e James Craig, de 33, ambos fugitivos da penitenciária estadual, procurados por inúmeros assaltos à mão armada em diversas regiões da Califórnia. Ambos tinham as letras AB tatuadas no lado esquerdo do peito. De acordo com um porta-voz do Departamento Correcional do estado, as iniciais significavam

Aryan Brotherhood [Irmandade Ariana], descrita como "um culto de prisioneiros brancos, dedicado em grande parte ao racismo, mas também envolvido em atividades criminosas, incluindo assassinatos por aluguel...".

Enquanto estavam na casa, os policiais notaram terra recém-revirada no porão. Após obterem um mandado de busca, começaram a cavar, e nas primeiras horas da manhã seguinte exumaram o corpo de Lauren Willett, de 19 anos. Ela havia sido atingida por um tiro na cabeça, sua morte tendo ocorrido tarde da noite de sexta-feira ou na manhã de sábado, pouco depois da identidade de seu marido assassinado ter sido revelada nos noticiários.

Interrogada pela polícia, Priscilla Cooper alegou que Lauren Willett havia se matado "brincando de roleta-russa".

Ainda que, assim como Zero, a sra. Willett não tivesse sido capaz de contradizer essa história, a polícia de Stockton mostrou-se muito mais cética do que a LASO havia sido. As três mulheres e os dois homens foram acusados de seu assassinato.

Eles estavam agendados para irem a julgamento em maio de 1973. No dia 2 de abril, contudo, quatro dos cinco surpreenderam o Tribunal ao se declararem culpados. Michael Monfort, que se declarou culpado do assassinato de Lauren Willett, foi sentenciado a uma pena de sete anos à prisão perpétua na penitenciária estadual. O juiz James Darrah, da Suprema Corte, também decretou penas consecutivas de até cinco anos e dois anos de liberdade condicional para James Craig, que havia se declarado culpado de ser cúmplice de assassinato e de estar de posse de uma arma ilegal: uma espingarda de cano serrado. As duas garotas também se declararam culpadas de serem cúmplices, e tanto Priscilla Cooper quanto Nancy Pitman, quem Manson certa vez me revelou ser sua principal candidata à assassina da Família, foram enviadas para a prisão estadual para cumprirem penas de até cinco anos.

Uma outra integrante da Família, Maria Alonzo, também conhecida como Crystal, de 21 anos, detida enquanto tentava contrabandear um canivete para dentro da prisão de Stockton, foi liberada posteriormente.

Quanto a Squeaky, por não haver provas suficientes que a vinculassem ao assassinato de Lauren Willett, teve as acusações retiradas e ela foi solta, para outra vez assumir a liderança da Família Manson.

Monfort e um cúmplice, William Goucher, de 23 anos, declararam-se culpados de homicídio doloso pela morte de James Willett e foram enviados à penitenciária estadual para cumprir penas de cinco anos à prisão perpétua. Craig, que se declarou culpado de ser cúmplice de assassinato, recebeu outra pena de até cinco anos.

O motivo de ambos os assassinatos permanece desconhecido. Sabe-se que os Willett haviam se associado à Família Manson por pelo menos um ano, possivelmente mais. A polícia acredita que Lauren Willett foi morta após descobrir o assassinato do marido, para impedi-la de procurar a polícia. Quanto ao assassinato de James Willett, a teoria oficial da polícia sugere que ele poderia estar prestes a denunciar às autoridades os assaltos cometidos pelo grupo.

Há, contudo, outra possibilidade: tanto James quanto Lauren Willett podem ter sido mortos porque sabiam demais sobre um outro homicídio.

James e Lauren. Algo a respeito desses dois nomes me soava familiar. Então, logo fiz a conexão. No dia 27 de novembro de 1970, um certo James Forsher e uma certa Lauren Elder deram carona para o advogado de defesa Ronald Hughes até Sespe Hot Springs. Após o desaparecimento de Hughes, o casal foi interrogado, mas não chegou a passar pelo teste de polígrafo, pois a polícia ficou satisfeita com o fato de que, quando eles deixaram a área inundada, Hughes ainda estava vivo.

A princípio, achei que "Elder" pudesse ser o nome de solteira de Lauren Willett, mas não era. Tampouco, ao verificar os relatórios policiais e as reportagens nos jornais, consegui encontrar alguma descrição de Forsher e Elder. As únicas informações que consegui obter foram as idades, ambos descritos como tendo 17 anos, e um endereço, do qual haviam se mudado há muito tempo, como descobri mais tarde. Todos os outros esforços para rastreá-los foram malogrados.

Parece improvável que James Forsher e James Willett fossem a mesma pessoa: Willett estaria com 24 anos em 1970, não 17. Mas Lauren com certeza é um nome incomum. E, com 19 anos em 1972, ela teria 17 em 1970.

Coincidência? Houvera outras muito mais estranhas nesse caso.

Sabe-se de uma coisa agora, contudo. Se uma admissão feita por um dos seguidores mais dedicados de Manson estiver correta, Ronald Hughes *foi* assassinado pela Família Manson.

Só recebi o relatório da necropsia que havia requisitado ao condado de Ventura algumas semanas após a conclusão do julgamento do caso Tate-LaBianca. A identificação, feita por meio de raios-X odontológicos, foi positiva. O corpo era de Ronald Hughes. Entretanto, o restante do relatório da necropsia acrescentou pouco às reportagens dos jornais. O documento descrevia: "O falecido foi visto deitado de bruços em uma poça com a cabeça e os ombros presos sob uma rocha grande".

Um braço quase fora arrancado na altura do ombro e havia amplas superfícies abertas no tórax e nas costas. Além disso, "nenhuma evidência de violência externa foi observada", ao passo que "nenhuma evidência de ato criminoso [foi] identificada pelos raios-X". Tudo isso foi bastante restringido pelo fato de o corpo estar em um estado bem avançado de decomposição. Quanto às descobertas principais do relatório, não havia nenhuma: "Natureza da morte: Indeterminada. Causa da morte: Indeterminada".

O relatório destacava que o estômago continha alguns indícios de "resíduos de medicamento". Mas sua composição exata — drogas, veneno, o que quer que fosse — permaneceu indeterminada, assim como a natureza e a causa da morte.

Bastante insatisfeito com o relatório, solicitei que nosso escritório conduzisse uma investigação da morte de Hughes. O pedido foi negado, ficando decidido que, como não havia nenhuma evidência de um ato criminoso, tal investigação era desnecessária.

A questão permaneceu assim até algum tempo depois. Enquanto o julgamento do caso Tate-LaBianca ainda estava em progresso, o cineasta Laurence Merrick começou a trabalhar em um documentário sobre a Família Manson. O filme, com o simples título de *Manson*, dava uma breve atenção aos homicídios e focava sobretudo na vida nos ranchos Spahn e Barker. Eu narrei alguns segmentos e havia entrevistas com alguns seguidores de Manson. O filme foi exibido no Festival de Cinema de Veneza, em 1972, e indicado a um Oscar no ano seguinte. Durante as filmagens, Merrick conquistou a confiança das garotas de Manson. Sandra Good, por exemplo, admitiu diante das câmeras que quando ela e Mary Brunner ficaram sabendo dos homicídios do caso Tate, enquanto ainda estavam na prisão do condado de Los Angeles, "Mary disse: 'Muito bem!', e eu disse: 'Uau, parece que conseguimos!'".

Longe das câmaras, e sem ser gravada, Sandy fez algumas outras admissões para Merrick. Ela revelou, na presença de outra testemunha, que até então a Família havia matado "de 35 a quarenta pessoas". E que "Hughes foi o primeiro dos assassinatos de retaliação".

Os julgamentos não colocaram um fim à saga de Manson. Como Dave Smith, repórter do *Los Angeles Times*, observou na revista *West*: "Colocar um ponto final no caso Manson é negar a nós mesmos uma possível pista de onde a besta pode sair na próxima vez, e assim permanecermos com medo de qualquer ruído noturno, como ficamos em agosto de 1969".

Assassinatos em massa vêm acontecendo ao longo da história. Desde os homicídios do caso Tate-LaBianca, apenas na Califórnia: o recrutador Juan Corona foi condenado pela morte de 25 trabalhadores rurais migrantes; John Linley Frazier chacinou o dr. Victor Ohta, sua esposa, dois de seus filhos e sua secretária, e largou seus corpos na piscina dos Ohta; em um ataque de fúria que durou diversos meses, Herbert Mullin matou treze pessoas, com idades entre 3 e 73 anos; Edmund Kemper III, declarado insano após assassinar os avós, foi considerado são e solto, vindo mais tarde a matar a mãe, uma das amigas dela e seis universitárias; e um possível total de dezessete homicídios foram atribuídos a dois jovens andarilhos ex-presidiários.

Com exceção dessa última dupla, contudo, essas foram obras de indivíduos solitários, evidentemente perturbados, se não legalmente insanos, que *cometeram os assassinatos por conta própria.*

O caso Manson foi, e ainda é, único. Se, como Sandra Good afirmou, a Família cometeu de 35 a quarenta assassinatos, isso pode estar próximo do recorde estadunidense.[6] Contudo, não é a quantidade de vítimas que faz com que esse caso seja tão intrigante e fascinante, mas uma combinação de outros elementos que, provavelmente, não têm paralelo coletivo nos anais do crime dos Estados Unidos: a proeminência das vítimas; os meses de especulações, conjecturas e puro terror até que os assassinos fossem identificados; o motivo tão estranho a ponto de ser inacreditável para os homicídios — causar um Armagedom entre negros e brancos; a conexão motivadora entre as letras da banda de rock mais famosa de todos os tempos, os Beatles, e os crimes; e, por trás de tudo isso, puxando as cordinhas, um guru diabólico que tinha o poder singular de persuadir *outras pessoas a matarem por ele*, muitas delas moças que saíram e assassinaram de modo brutal completos estranhos seguindo suas ordens, com prazer e satisfação, sem demonstrar qualquer sinal evidente de culpa ou remorso. Com tudo isso combinado, talvez façam de Manson o assassino em massa mais assustador e desses homicídios os mais bizarros da história dos Estados Unidos.

Como Manson obtinha esse controle permanece a questão mais enigmática de todas.

6 Em 2018, o FBI revelou Samuel Little como o serial killer com o maior número de vítimas na história dos Estados Unidos. Little confessou 93 assassinatos, que ocorreram entre 1970 e 2005, dos quais mais de cinquenta já haviam sido confirmados. [NE]

Durante os julgamentos do caso Tate-LaBianca, a questão não foi tanto em como ele fez isso, mas em provar que ele o havia feito. Contudo, para compreender todo o fenômeno Manson, o *como* é extremamente importante.

Nós temos algumas das respostas.

Durante suas perambulações, é provável que Manson tenha encontrado milhares de pessoas. A maioria optou por não segui-lo, seja por pressentir que ele era um homem muito perigoso, seja por não se identificar com a sua filosofia doentia.

Aqueles que se juntaram a ele não eram, como já foi observado, típicos garotos e garotas. Charles Manson não era um flautista que de repente apareceu na quadra de basquete da Texas State University, entregou a Charles Watson um tablete de LSD e o levou para uma vida de crimes. Watson havia largado a faculdade depois de apenas um ano, ido para a Califórnia, mergulhado de cabeça tanto na venda quanto no consumo de drogas, antes mesmo de ter conhecido Charles Manson. Não só Watson, mas quase todos os outros membros da Família tinham abandonado os estudos antes de terem conhecido Manson. Quase todos dispunham de uma hostilidade enraizada em relação à sociedade e a tudo o que ela representava que precede ao elo com Manson.

Aqueles que escolheram se juntar a ele, assim o fizeram, de acordo com o testemunho do dr. Joel Hochman, por razões "que se encontram dentro do próprio indivíduo". Em resumo, havia uma necessidade, e Manson parecia satisfazê-la. Mas era um processo duplo de seleção, pois Manson decidia quem ficava. É óbvio que não queria alguém que ele achava que desafiaria sua autoridade, que causaria dissensão no grupo ou que questionaria seu dogma. Eles escolhiam, e Manson escolhia, e o resultado foi a Família. Aqueles que eram atraídos para o rancho Spahn permaneciam por terem ideias e sentimentos parecidos. Essa era sua matéria-prima.

Para moldar esse material em um bando de assassinos de sangue frio dispostos a descarregar, por ele, sua enorme hostilidade em relação à sociedade, Manson empregou uma variedade de técnicas.

Ele sentia, e explorava, suas necessidades. Como Gregg Jakobson comentou, "Charlie era um homem de mil faces" que "se conectava com todos os seres humanos em seus níveis de necessidade". Sua habilidade de manipular as pessoas era tão grande que muitos de seus discípulos acreditavam que ele era capaz de ler suas mentes.

Detenho sérias dúvidas sobre haver alguma "mágica" nisso. Por ter tido muitos, muitos anos para estudar a natureza humana na prisão, e por ser o trapaceiro sofisticado que é, Manson deve ter se dado conta de que existem certos problemas que afligem quase todos os seres humanos. Tenho fortes suspeitas de que seus "poderes mágicos" não eram nada além da habilidade de dizer truísmos básicos para a pessoa certa na hora certa. Por exemplo, é provável que qualquer garota, tendo fugido de casa, tivesse tido problemas com o pai, ao passo que qualquer um que fosse ao rancho Spahn estava à procura de alguma coisa. Manson fazia questão de descobrir o que era e de proporcionar algo pelo menos semelhante, fosse um pai substituto, uma figura que lembrava Cristo, uma necessidade de aceitação e pertencimento ou um líder em tempos sem liderança.

As drogas eram outra de suas ferramentas. Como mencionado no testemunho dos psiquiatras durante os julgamentos, o LSD não era um agente casual, mas um catalisador. Manson o utilizava com bastante eficiência, para deixar seus seguidores mais suscetíveis, para plantar ideias, para extrair "acordos". Com base no que Paul Watkins me contou, Charlie sempre consumia uma dose menor de LSD do que os outros, para que pudesse permanecer no controle.

Além disso, ele usava repetição. Por sempre pregar e dar sermões aos seus súditos quase todos os dias, ele aos poucos e de modo sistemático eliminou muitas de suas inibições. Como o próprio Manson comentou no tribunal: "Você pode convencer qualquer pessoa de qualquer coisa se você os pressionar o tempo todo. Eles talvez não acreditem naquilo cem por cento, mas mesmo assim vão tirar opiniões disso, especialmente se não tiveram outras fontes de onde tirar suas opiniões".

Nisso jaz mais uma das chaves que ele usava: além da repetição, ele usava isolamento. Não havia jornais no rancho Spahn, não havia relógios. Isolados do restante da sociedade, ele criou nessa terra atemporal a própria sociedade, com seu próprio código moral. Era holístico, completo e totalmente em desacordo com o mundo exterior.

Ele também usava sexo. Ao perceber que a maioria das pessoas carregam neuroses em relação ao sexo, ele ensinou, com preceitos e exemplos, que no sexo não existe nada errado, erradicando assim tanto suas inibições quanto suas culpas.

Mas havia mais do que sexo. Também havia amor, muito amor. Ignorar isso seria não enxergar o vínculo mais forte que existia entre eles. O amor crescia das coisas que compartilhavam, dos problemas e prazeres que tinham em comum, de seu relacionamento com Charlie. Eles eram uma verdadeira família em quase todos os sentidos da palavra, uma unidade sociológica que incluía irmãos, irmãs, mães adotivas, uma família conectada pelo domínio do patriarca sabe-tudo e todo-poderoso. Cozinhar, lavar a louça, limpar, costurar — todas as tarefas que odiavam ter que fazer em casa, eles agora faziam de bom grado, porque assim deixavam Charlie feliz.

Ele usava o medo de maneira muito, muito eficiente. Se aprendeu essa técnica na prisão ou depois, não se sabe, mas era uma de suas ferramentas mais eficientes para controlar as pessoas. Também pode ter sido algo mais. Como o professor Philip Zimbardo, da Stanford University, um estudioso de longa data sobre crimes e seus efeitos, comentou em uma matéria na revista *Newsweek*: "Ao elevar o nível de medo ao seu redor, seus próprios medos parecem mais normais e socialmente aceitáveis". Os medos do próprio Manson beiravam a paranoia.

Ele os ensinou que a vida era um jogo, uma "turnê mágica misteriosa". Um dia eles eram piratas com sabres, atacando qualquer um que se atravesse a entrar em seu navio imaginário; em seguida, trocavam de fantasias e identidades, tornando-se indígenas perseguindo caubóis; ou demônios e bruxas lançando feitiços. Um jogo. Mas sempre havia um padrão por trás disso: eles contra nós. O dr. Hochman testemunhou: "Acredito que historicamente a maneira mais fácil de programar pessoas para cometerem assassinato é as convencer de que são estranhas, que eles são eles e nós somos nós, e que eles são diferentes de nós".

Chucrutes. Japas. Amarelos. Porcos.

Com as frequentes trocas de nomes e encenações, Manson criou o próprio bando de esquizofrênicos. A pequena Susan Atkins, que cantava no coral da igreja e que cuidou da mãe enquanto ela morria de câncer, não podia ser considerada responsável pelo que Sadie Mae Glutz havia feito.

Ele trouxe à superfície seus ódios latentes, suas propensões inerentes para a violência sádica, direcionando-os contra um inimigo em comum: o sistema. Ele despersonalizou as vítimas ao transformá-las em símbolos. É mais fácil esfaquear um símbolo do que uma pessoa.

Ao ensinar seus seguidores uma filosofia totalmente amoral, ele proporcionava uma completa justificativa para seus atos. Se tudo é certo, então nada pode ser errado. Se nada é real, e tudo na vida é um jogo, então não precisa haver arrependimento.

Se precisavam de algo que não podia ser encontrado em latas de lixo ou nas pilhas de roupas comunitárias, eles roubavam. Passo a passo.

Esmolas, pequenos furtos, prostituição, invasões domiciliares, assaltos à mão armada e, por último, sem nada a ganhar a não ser porque era a vontade de Charlie, e a vontade de Charlie era aquela do Filho do Homem, o passo final, o derradeiro ato de desafio ao sistema, a prova mais definitiva de sua dedicação total: assassinato.

Comediantes fizeram trocadilhos dizendo que "a família que mata unida, permanece unida". Contudo, por trás do gracejo sombrio havia uma verdade. Saber que haviam violado o mais severo dos mandamentos criou um vínculo que fez com que se tornassem mais unidos, não menos, por aquele ser um segredo *deles*.

Ele usava religião. Ele não só encontrava suporte para grande parte de sua filosofia na Bíblia, como costumava insinuar que era a Segunda Vinda de Cristo. Ele tinha seus doze apóstolos, multiplicados diversas vezes; não um, mas dois Judas, Sadie e Linda; sua retirada para o deserto, o rancho Barker; e seu julgamento, no Palácio da Justiça.

Também usava música, em parte porque era um músico frustrado, mas também porque deve ter se dado conta de que esse era o meio, mais do que qualquer outro, para se conectar com os mais jovens.

Ele usava a própria inteligência superior. Não só era mais velho do que seus seguidores, como era mais inteligente, articulado e hábil, além de muito mais esperto e astucioso. Com seu histórico penitenciário, sua gama de golpes sempre adaptáveis, combinados com o conhecimento de cafetão de como manipular as pessoas, ele tinha pouca dificuldade em convencer seus seguidores ingênuos e impressionáveis de que não eram eles os doentes, mas sim a sociedade. Isso era exatamente o que eles queriam ouvir.

Todos esses fatores contribuíram para o controle que Manson exercia sobre os outros. Mas quando somados, será que resultam em assassinato sem remorso? Talvez, mas costumo pensar que existe algo mais, algum elo perdido que permitiu que ele violasse e corrompesse as mentes de seus seguidores a ponto de fazer com que agissem contra o mandamento mais enraizado de todos — "Não matarás" —, e, de bom grado, até mesmo com avidez, matassem seguindo suas ordens.

Talvez seja algo em sua personalidade carismática e enigmática, alguma característica ou força intangível que ninguém ainda foi capaz de isolar e identificar. Talvez seja algo que ele aprendeu com outras pessoas. O que quer que seja, acredito que Manson conhece muito bem a fórmula que usou. E fico preocupado por não a conhecermos. Pois o legado assustador do caso Manson é que ele pode voltar a acontecer.

Acredito que Charles Manson seja único. Ele é, sem dúvida, um dos criminosos mais fascinantes da história dos Estados Unidos, e parece improvável que venha a existir outro assassino em massa como ele. No entanto, não precisamos de um profeta para identificar exemplos de sua loucura no mundo atual. Sempre que as pessoas entregam suas mentes sem questionar para que figuras autoritárias façam com elas o que bem entendem — seja em um culto satânico ou em alguns dos ramos mais fanáticos do Movimento de Jesus, na direita ou na esquerda, ou nos complexos cultos da nova sensibilidade —, esses exemplos estão presentes. Esperamos que nenhum desses grupos gere novos Charles Mansons. Mas seria ingênuo sugerir que essa possibilidade horripilante não existe.

Há alguns finais felizes na história de Manson. E alguns não tão felizes.

Tanto Barbara Hoyt quanto Dianne Lake voltaram para o ensino médio, ao que parece com poucas cicatrizes permanentes, se é que ficaram com alguma, do tempo que passaram com Manson. Após se formar, Barbara começou a cursar enfermagem.

Stephanie Schram é proprietária de uma pet shop com banho e tosa. Paul Watkins e Brooks Poston formaram o próprio grupo musical e se apresentam em diversos clubes na região do condado de Inyo. Suas músicas foram boas o bastante para servirem como trilha sonora de fundo para o documentário de Robert Hendrickson sobre Manson.

Depois do incêndio, George Spahn vendeu seu rancho para uma construtora que planejava transformar o lugar em um resort voltado para turistas alemães nos Estados Unidos. Ele então comprou outro rancho, próximo a Klamath Falls, Oregon, e Ruby Pearl está administrando o local.

Não recebi notícias recentes de Juan Flynn, mas não estou preocupado com ele. Juan sempre foi capaz de cuidar de si mesmo. Embora o tenha visto pela última vez em meu escritório, por algum motivo, eu o imagino em um grande cavalo branco, sua linda namorada atrás dele se segurando com força enquanto eles cavalgam em direção ao pôr do sol. O que, acredito eu, é a imagem que Juan tem de si mesmo.

Desde o assassinato da esposa, Roman Polanski produziu diversos filmes, incluindo uma nova versão de *Macbeth*. Os críticos notaram que sua interpretação da obra apresentava paralelos perturbadores com os homicídios do caso Tate. O próprio Polanski posou para uma entrevista na revista *Esquire* segurando no alto uma faca cintilante e, segundo a imprensa, recentemente mudou-se de volta para Los Angeles, para uma casa não muito distante do número 10050 da Cielo Drive.

O advogado de Polanski, trabalhando em conjunto ao LAPD, dividiu a recompensa de 25 mil dólares da seguinte maneira: Ronnie Howard e Virginia Graham receberam 12 mil dólares cada, ao passo que Steven Weiss, o garoto que encontrou a arma calibre .22 usada nos assassinatos, recebeu mil dólares.

Nem Danny DeCarlo e nem Alan Springer estavam por perto para receber uma parte da recompensa. Pouco antes do julgamento de Watson, Danny não se apresentou no tribunal após pagar fiança pela acusação federal de posse ilegal de arma e fugiu para o Canadá; seu paradeiro exato é desconhecido. Segundo o LAPD, o motociclista Al Springer simplesmente "desapareceu". Não se sabe se está vivo ou morto.

Ronnie Howard tentou trabalhar como garçonete, mas teve dificuldades em manter um emprego. Em todos os lugares onde ia, contou, ela era identificada como "a dedo-duro do caso Manson". Foi espancada diversas vezes no caminho de volta do trabalho, e, certa noite, alguém atirou pela janela da sala de estar de um apartamento, errando sua cabeça por centímetros. O suposto atacante nunca foi identificado. No dia seguinte, ela contou aos repórteres: "Eu deveria ter ficado de boca fechada, para começo de conversa".

Virginia Graham teve um emprego como recepcionista em um escritório de advocacia e parecia estar no caminho da reabilitação quando violou os termos de sua condicional. Enquanto isto é escrito, ela ainda está foragida.

Sete meses após o repórter Bill Farr ter se recusado a revelar ao juiz Older quem havia lhe entregado a declaração de Virginia Graham sobre os "homicídios de celebridades" que a Família Manson estava planejando, o juiz Older convocou Farr de volta ao tribunal e ordenou que contasse, pois, caso contrário, seria preso por desacato.

Sob a lei da Califórnia, a confidencialidade das fontes de notícias de um repórter é protegida. Entretanto, desde o julgamento do caso Tate-LaBianca, Farr havia deixado o *Herald Examiner* de Los Angeles e estava trabalhando na secretaria de imprensa. Older disse que por não ser mais um repórter, ele não estava mais sob a proteção dessa lei.

Farr argumentou — e de modo bastante persuasivo, creio eu — que se a ordem de Older fosse mantida, tanto os veículos de comunicação quanto o público iriam sofrer, visto que, se não tivessem a garantia do anonimato, muitos optariam por não fornecer informações essenciais para a imprensa. Com base tanto na constituição quanto nas próprias convicções, Farr recusou-se a identificar suas fontes. Ele chegou a declarar, seguindo o conselho de seus advogados, que havia obtido cópias da declaração de Graham de dois advogados e um outro indivíduo que estavam sujeitos à ordem de proibição de divulgação. Mas recusou-se a revelar seus nomes.

Por ordens do juiz Older, os advogados de defesa Daye Shinn, Irving Kanarek e Paul Fitzgerald, bem como os promotores Stephen Kay, Donald Musich e eu, fomos chamados ao banco das testemunhas. Todos os seis negaram, sob juramento, ter fornecido a declaração para Farr. Aparentemente, pelo menos dois dos seis estavam mentindo. Tudo o que posso afirmar é que eu não menti. Quanto a quem o fez, o leitor sabe tanto quanto eu.

O juiz Older acusou Farr de desacato ao tribunal e o sentenciou a uma pena indefinida na prisão. Ele cumpriu uma pena de 48 dias na prisão do condado de Los Angeles antes de ser solto por ordem do juiz William O. Douglas, da Suprema Corte, pendendo o resultado de uma nova apelação.

Caso Farr tivesse sido acusado de desacato criminoso e sentenciado a penas consecutivas, a pena máxima seria de 65 dias na prisão e uma multa de 6.500 dólares. No entanto, Older o acusou de desacato ao tribunal, sentenciando-o a uma pena indefinida, o que poderia significar que se Older permanecesse inflexível, e os tribunais superiores proferissem um decreto contra Farr, ele poderia permanecer na cadeia por até quinze anos, até que Charles Older, de 55 anos na época, chegasse aos setenta, a idade obrigatória para a aposentadoria!

Muitos dos membros mais dedicados da Família Manson, ainda que não todos, atualmente cumprem penas em diversas instituições penais. Outros membros se separaram para seguir novos líderes. Cathy Gillies, conforme a última informação que recebi, era uma "mãe" em uma das gangues de motociclistas. Outros continuam ganhando as manchetes. Maria Alonzo, também conhecida como Crystal, que foi solta pouco depois do assassinato em Stockton, voltou a ser presa em março de 1974, acusada de ter planejado o sequestro de um cônsul-geral estrangeiro em uma tentativa de garantir a soltura de dois detentos na prisão do condado de Los Angeles. Enquanto escrevo isto, ela ainda não foi levada a julgamento.

Durante algum tempo houve uma avalanche de livros, peças e filmes que, mesmo que não glorificassem Manson, não o retravam sob uma luz totalmente desfavorável. E, por algum tempo, pareceu que um culto a Manson estava ressurgindo. Não só havia broches que diziam "SOLTEM OS QUATRO DE MANSON", como aquele caroço cancerígeno conhecido como Família havia voltado a crescer. Quando entrevistados, os novos convertidos — que nunca tiveram nenhum contato pessoal com Manson — se pareciam e falavam exatamente como Squeaky, Sandy e os outros, suscitando a possibilidade muito perturbadora de que a loucura de Manson possa ser transmissível. Contudo, essa estranha fase passou depressa, sobrando apenas poucos membros da Família Manson, ainda que a pequena Squeaky, principal líder de torcida da causa de Manson, ainda se mantenha firme em suas crenças.

Embora fosse a líder incontestável da Família durante a ausência de Charlie, e supostamente estivesse envolvida no planejamento de suas atividades, e apesar de ter sido presa mais de uma dezena de vezes por acusações que iam de roubo a homicídio, recebeu poucas condenações, e sempre por acusações menores. Além disso, não muito tempo atrás, ela encontrou, de todos os lugares possíveis, um defensor na procuradoria-geral de Los Angeles.

Um dos jovens promotores, William Melcher, conheceu Squeaky enquanto o grupo fazia sua vigília na esquina da Temple com a Broadway. No Natal de 1970, a esposa de Melcher fez biscoitos para as garotas de Manson e uma amizade começou a partir daí. Pouco depois de ser inocentada da acusação pelo homicídio em Stockton, Squeaky voltou a ser detida, dessa vez como suspeita de um assalto à mão armada em Granada Hills. Convencido de que haviam prendido a pessoa errada, Melcher foi bem-sucedido em provar isso para a polícia, e ela acabou sendo liberada. Inocentá-la, contou Melcher para o *Los Angeles Times*, foi "minha maior satisfação em três anos como promotor". Comentando que o grupo sentia "muita antipatia em relação à polícia e aos tribunais; eu queria que eles soubessem que a justiça também funciona do lado deles da rua". Melcher acrescentou que, algum dia, gostaria de escrever um livro sobre as garotas. "Gostaria de escrever não uma exposição da tragédia e da violência, as quais eu não aprovo, mas um livro sobre a beleza que vi nesse grupo — sua oposição à guerra, sua sinceridade e generosidade."

◆ ◆ ◆

Os destinos de Charles Manson, Charles Watson, Susan Atkins, Patricia Krenwinkel, Leslie Van Houten e Robert Beausoleil foram decididos no dia 18 de fevereiro de 1972. Naquele dia, a Suprema Corte do Estado da Califórnia anunciou que, por seis votos contra um, havia aprovado a abolição da pena de morte naquele estado. A opinião foi baseada no Artigo I, Seção 6, da Constituição Estadual, que proíbe "castigos cruéis e incomuns".[7]

As sentenças de 107 indivíduos que estavam aguardando execução na Califórnia foram automaticamente reduzidas para prisão perpétua.

Manson, que estava em Los Angeles como testemunha da defesa no julgamento de Bruce Davis, abriu um largo sorriso ao ouvir a notícia.

Na Califórnia, um indivíduo condenado à prisão perpétua é elegível para se candidatar à liberdade condicional após sete anos.

Em agosto de 1972, os últimos prisioneiros já haviam deixado os corredores da morte da Califórnia, a maioria tendo sido transferida para os "pátios" — população carcerária geral — de diversas instituições penais do estado. Ainda que Atkins, Krenwinkel e Van Houten permaneçam em unidades de segurança especiais construídas para elas na California Institution for Women, em Frontera, é provável que com o tempo também se juntem à população geral.

Em seu relatório psiquiátrico sobre Patricia Krenwinkel, o dr. Joel Hochman afirmou que, das três garotas, Katie apresentava a percepção mais tênue da realidade. Sua opinião era que, caso algum dia fosse separada dos outros e do misticismo de Manson, ela poderia perder até mesmo isso e mergulhar em uma completa psicose.

A respeito de Leslie Van Houten, a menos dedicada a Manson das três garotas, mas que mesmo assim matou por ele, temo que ela possa se tornar ainda mais ríspida e agressiva; tenho pouquíssima esperança de sua possível reabilitação.

7 Em junho de 1972, a Suprema Corte dos Estados Unidos decretou, em uma decisão de cinco contra quatro, que a pena de morte, se imposta de modo arbitrário — ou seja, sem diretriz clara e com o júri tendo recebido absoluto poder de decisão —, constituía uma "punição cruel e incomum", em violação da Oitava Emenda da Constituição dos Estados Unidos. Desde então, alguns estados, incluindo a Califórnia, aprovaram leis restabelecendo a pena de morte, tornando-a obrigatória em certos crimes, incluindo assassinatos em massa. No entanto, enquanto escrevo isto, a Suprema Corte dos Estados Unidos ainda não bateu o martelo quanto a constitucionalidade dessas novas leis. Mesmo que a lei na Califórnia seja mantida, ela não afetaria os assassinos da Família Manson, pois o novo estatuto não é retroativo.

Ao escrever sobre Susan Atkins, o repórter Dave Smith, do *Los Angeles Times,* expressou algo que eu já sentia há muito tempo. "Ao observar seu comportamento — atrevida e dramática no tribunal, encantadora e afetada quando lançava olhares sedutores para alguém, um pouco inquieta quando ninguém estava prestando atenção —, eu tenho a impressão de que um dia ela pode começar a gritar e simplesmente nunca parar."

Quanto aos outros assassinos condenados da Família Manson — Charles Watson, Robert Beausoleil, Steve "Clem" Grogan e Bruce Davis —, todos agora se encontram entre a população carcerária geral. Tex não está mais bancando o louco e tem uma namorada que o visita com regularidade. Bobby recebeu certa atenção nacional ao ser entrevistado por Truman Capote durante um documentário para a TV sobre penitenciárias dos Estados Unidos. Pouco depois disso, teve a mandíbula quebrada e uma mão deslocada em uma briga no pátio de San Quentin. A briga foi resultado de uma disputa pela liderança da Irmandade Ariana, à qual Beausoleil havia se afiliado. A Irmandade Ariana, uma organização que seria responsável por mais de uma dúzia de esfaqueamentos fatais em diversas penitenciárias californianas nos últimos anos, é a sucessora de vários grupos anteriores, incluindo uma organização neonazista. O número total de membros é desconhecido, mas estima-se que tenha cerca de duzentos seguidores encarcerados altamente dedicados. O grupo adota muitos dos princípios raciais defendidos por Charles Manson. O legado segue vivo.

De todos os assassinos da Família Manson, apenas seu líder merece cuidados especiais. Em outubro de 1972, Charles Manson foi transferido para o centro de adaptação de segurança máxima da Folsom Prison, no norte da Califórnia. Descrito como "uma prisão dentro de uma prisão", ele proporciona habitações especiais para "prisioneiros problemáticos" que não podem ser controlados de modo seguro em meio à população carcerária geral. Com a transferência, Manson não apenas perdeu todos os privilégios especiais concedidos àqueles aguardando execução, como também teve retirados os benefícios de um prisioneiro comum, devido à sua "atitude hostil e beligerante".

"A prisão é o meu lar, o único lar que já tive", Manson costumava dizer. Em 1967, ele implorou às autoridades para que não o libertassem. Se alguém tivesse dado atenção ao seu alerta, este livro nunca teria sido escrito, e talvez as 35 a quarenta pessoas mortas ainda estariam vivas.

Ao condená-lo, disse Manson, eu estava apenas mandando-o para casa. Só que, dessa vez, as coisas não serão como antes. Antes de Manson ser transferido para Folsom, o diretor de San Quentin, Louis Nelson, comentou: "Seria perigoso colocar um sujeito como Manson entre a população geral, porque, aos olhos dos outros presidiários, ele não cometeu crimes de primeira classe. Ele foi condenado por matar uma mulher grávida, e esse tipo de coisa não permite que ele alcance uma posição muito alta na estrutura social da penitenciária. É como ser um molestador de crianças. Sujeitos assim terão dificuldades onde quer que estejam".

Além disso, assim como Sirhan Sirhan, condenado pelo assassinato do senador Robert Kennedy, sua notoriedade é sua pior inimiga. Enquanto permanecer na cadeia, Manson viverá sob constante tensão, ciente de que qualquer presidiário que queira ganhar notoriedade só precisa esfaqueá-lo pelas costas.

O fato de que Manson, Watson, Beausoleil, Davis, Grogan, Atkins, Van Houten e Krenwinkel serão elegíveis para liberdade condicional em 1978 não significa que a obterão, mas apenas que essa é a data mais próxima em que serão elegíveis para se candidatar. O período médio de encarceramento na Califórnia para homicídio qualificado é de dez anos e meio a onze. Contudo, devido à natureza hedionda de seus crimes e à total ausência de circunstâncias atenuantes, meu palpite é que todos cumpram penas mais longas: as garotas de quinze a vinte anos, os homens — com exceção do próprio Manson — um período parecido.

Quanto ao líder da Família, meu palpite é que ele permanecerá na prisão por pelo menos 25 anos, e é bem possível que fique lá pelo resto da vida.

Em meados de outubro de 1973, cerca de trinta presidiários da prisão mais rigorosa da Califórnia, o centro de adaptação 4-A da Folsom Prison, organizaram o que foi descrito pelo *San Francisco Chronicle* como um "protesto pacífico" contra as condições penitenciárias.

O homem que usava e defendia o medo não participou. De acordo com a matéria no *Chronicle*: "O assassino em massa Charles Manson está entre os detentos do 4-A, embora porta-vozes da penitenciária tenham afirmado que ele não se envolveu na manifestação. Manson já foi ameaçado por outros detentos no passado, e as autoridades confirmam que ele raramente arrisca sair de sua cela, com medo de ser atacado".

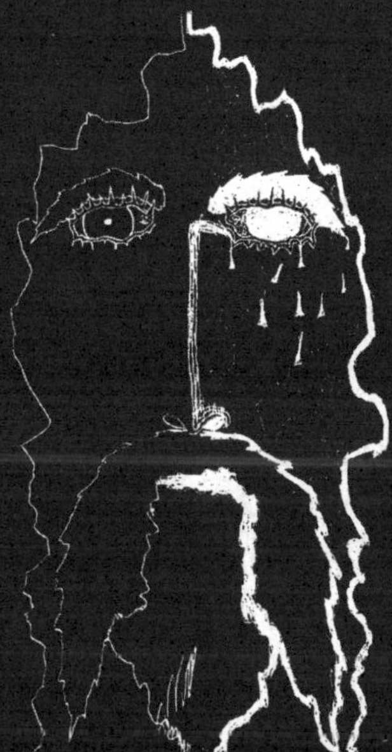

POSFÁCIO

POR VINCENT BUGLIOSI

Junho de 1994

Helter Skelter

Vinte e cinco anos depois que, como eu disse em minha conclusão para o júri, Charles Manson "enviou dos fogos do inferno do rancho Spahn três robôs desalmados e sanguinários" para cometerem os homicídios brutais e aterrorizantes do caso Tate-LaBianca, a nação contínua fascinada pelo caso. E a pergunta que sempre me fazem, em especial os veículos de comunicação, é: por quê?

Por que esse caso de homicídio em massa — ao contrário de todos os outros, e houve muitos — continua a intrigar e interessar milhões de pessoas ao redor do mundo? A ponto de a data ser lembrada a cada aniversário de cinco anos, como não ocorre com nenhum outro caso de homicídio nos Estados Unidos — com exceção do assassinato do presidente John F. Kennedy —, sendo marcada por matérias, reportagens e especiais na TV, não apenas nos Estados Unidos, mas em todo o mundo. A ponto de, como relatado pelo *Los Angeles Times*, Manson receber mais correspondências do que qualquer outro presidiário na história do sistema carcerário estadunidense, uma quantidade alarmante delas enviadas por jovens querendo se juntar à sua Família; de camisetas de Manson estarem vendendo bem hoje em dia por todo o país; de ter havido diversas peças sobre ele, até mesmo uma ópera, *The Manson Family*, que estreou no Lincoln Center na cidade de Nova York em julho de 1990 — além de uma trilha sonora da ópera lançada em CD em 1992; da banda de rock multiplatinada Guns N' Roses tocar uma composição de Manson, "Look at Your Game, Girl"; de, acredite ou não, tipógrafos vanguardistas na Califórnia produzirem uma fonte chamada Manson com a qual, por 95 dólares, diretores de arte, segundo a revista *Time*, "podem escrever suas dissertações no espírito de assassino em série em Manson Regular, Manson Alternate ou Manson Bold" (todas renomeadas de "Mason" após algumas críticas); de pichações de "Soltem Manson" macularem a paisagem das maiores cidades da Grã-Bretanha, e, segundo William Scanlan Murphy, da BBC, de o interesse por Manson lá estar alcançando proporções de uma pequena histeria;[1] de que a adaptação deste livro sobre o caso ter sido, quando foi ao ar em 1976, o filme para televisão mais assistido da história desse meio de comunicação e, como nenhum outro filme sobre um caso de homicídio, continua a ser exibido, ano após ano, nos Estados Unidos e em muitos outros países; de um especial para televisão sobre o caso, produzido pela ABC em março de 1994, ter alcançado o mais alto ibope de uma estreia de um programa de TV. Outra vez, por que isso acontece?

Depois dos homicídios do caso Tate-LaBianca, houve um assassino em Los Angeles chamado "O Assassino do Saco de Lixo", assim batizado porque ele dava carona para andarilhos e caronistas, os matava e os desmembrava, colocando-os então em sacos de lixo. Ele se declarou culpado de 21 assassinatos. Ainda assim, não me lembro do nome do assassino. E aposto que se perguntasse a cem pessoas em Los Angeles, seria difícil encontrar alguém que conseguisse recordar. Isso não é tão incomum assim. Na época de um assassinato em massa, e quando o suspeito de ser o assassino é detido e julgado, sempre existe muita publicidade. Na maioria dos casos, contudo, pouco tempo depois os assassinatos e a identidade do perpetrador tendem a desaparecer da memória do público. Entretanto, não foi isso que aconteceu com o caso Manson. Na verdade, junto de Jack, o Estripador — cuja identidade ainda não foi estabelecida de modo conclusivo —, Manson provavelmente é o assassino em série mais famoso e infame de todos os tempos. Então, o que acontece?

1 Em uma carta para mim, datada de 4 de março de 1994, Murphy escreveu: "Tenho conhecimento de 32 bandas de rock britânicas que estão tocando músicas do próprio Manson e canções em apoio a ele, e cerca de mais outras quarenta na Europa, em especial na Alemanha. Só na semana passada, uma das piores músicas que já ouvi, 'Charlie's 69 Was A Good Year', foi lançada, tendo sido gravada por uma banda chamada Indigo Prime; sinto dizer que parece estar vendendo bem. Por alguma razão, o culto neo-Manson parece se concentrar em Manchester, onde existem cinco lojas que vendem camisetas com dizeres 'Soltem Charles Manson' — incrivelmente populares nas pistas de dança das *raves* — e discos piratas com suas músicas; no entanto, isso está longe de se restringir apenas a Manchester — houve um show único sobre Manson em Londres em janeiro, com um público de 2 mil pessoas. Existe uma Sociedade de Apreciação a Manson completamente desenvolvida, a 'Helter Skelter UK', com sede em Warrington, Cheshire. Pôsteres de apoio a Manson são comuns nas grandes cidades, em especial às vésperas dos shows das bandas mansonitas. A maioria dos fãs dessas bandas tem menos de 25 anos. A parte verdadeiramente assustadora é o fato de que muitos deles, quando questionados, revelam ser 'entusiastas' de Manson, que leem tudo o que conseguem encontrar a respeito dele e aprovam com convicção o Helter Skelter. Existem elos muito fortes com partidos políticos de extrema direita, em especial o Partido Nacional Britânico".

Um ponto de vista que ganhou certa popularidade é que os assassinatos representam um divisor de águas na estrutura social em evolução da nossa sociedade. Essa perspectiva afirma que o caso Manson foi o "fim da inocência" (o mantra de amor, paz e compartilhamento da década de 1960) nos Estados Unidos, culminando na sentença de morte dos hippies e de tudo o que representavam simbolicamente. Na autobiografia de Joan Didion, *O Álbum Branco*, ela escreve: "Muitas pessoas que conheço em Los Angeles acreditam que os anos 1960 terminaram de maneira abrupta no dia 9 de agosto de 1969... e de certa maneira isso é verdade". Mesmo agora, em 1994, Diane Sawyer, da ABC, apoia essa ideia ao afirmar que os homicídios do caso Manson "colocaram um fim a uma década de amor" e que, com os assassinatos, "algo mudou no coração dos Estados Unidos".

Outros acreditam, de maneira menos extravagante, que os homicídios representaram a perda do viço da contracultura. Como a revista *Time* destacou em 1989, no vigésimo aniversário dos assassinatos, as três assassinas eram "as filhas de alguma família, levadas pela onda de drogas, sexo e da tagarelice revolucionária que havia varrido uma geração de jovens".

Ou, como alguns acreditaram por algum tempo após os homicídios, talvez Manson e seus discípulos representassem uma extrapolação de dez ou vinte anos da direção na qual o movimento da contracultura estava seguindo. E assim por diante.

Todas essas hipóteses parecem desprovidas de evidências empíricas corroborativas. Por exemplo, embora os homicídios do caso Manson possam ter acelerado sua queda, a Era de Aquário, da qual o Woodstock (ocorrido uma semana depois da carnificina de Manson) foi ao mesmo tempo seu ápice e último suspiro, já estava em declínio. À medida que a década da dissidência e dos excessos se aproximava de seu desfecho, a meca do movimento, Haight-Ashbury, estava em ruínas, e os Estados Unidos haviam começado sua retirada da guerra do Vietnã — o *raison d'être* político incitando o movimento. Além disso, Manson e a loucura que causou não refletiam o espírito do final dos anos 1960, quando, é verdade, o movimento antissistema havia atingido um crescendo frenético. Esse movimento queria de fato uma nova ordem social, mas em grande parte uma ordem instaurada por meios pacíficos. Manson defendia a violência e o assassinato para mudar o status quo. Como destacado neste livro, embora tenha sido um herói para alguns, a maioria dos jovens que a mídia rotulava de "hippies", conforme pesquisas da época, repudiava Manson, afirmando que o que ele defendia, ou seja, a violência, era antitético às suas crenças.[2]

E nós sabemos com certeza, 25 anos depois, através da infalível visão em retrospecto, que Manson e esses homicídios não representavam uma extensão agourenta da direção na qual o movimento antissistema estava seguindo.

Assim, as implicações sociológicas e o legado dos assassinatos podem não representar nada além do fato de que elas reafirmam uma verdade: sempre que as pessoas entregam suas mentes e almas à figura ditatorial de um culto, chega um momento em que, para os seguidores, é tarde demais para voltar atrás, e — como acontece com as massas que seguem os déspotas da história — seja qual for a direção que o líder seguir, ele os leva consigo. Com o reverendo Moon, por exemplo, é uma vida dormindo no chão e comendo mingau enquanto ele compra mais iates e mansões. Com o reverendo Jim Jones e David Koresh, foi suicídio. Com Manson, assassinato.

Ao procurarem por uma explicação mais prosaica para a ressonância aparentemente atemporal do caso, observadores destacaram o fato de que Manson e seus lacaios podem ter assassinado até 35 pessoas, além dos planos de matar celebridades como Frank Sinatra, Liz Taylor, Richard Burton, Steve McQueen e Tom Jones. Contudo, afora as mortes planejadas de celebridades, homicídios cometidos por outros assassinos em massa, totalizando vítimas na casa dos vinte, além de um na casa dos trinta (John Wayne Gacy, 33 vítimas) foram confirmados. Outros comentaram sobre a brutalidade dos assassinatos. Mesmo sendo poucos, já aconteceram homicídios ainda mais brutais. Ainda outros destacaram a proeminência das vítimas — mas elas não eram *tão* proeminentes assim.

Embora todos esses elementos tenham, sem dúvida, contribuído para a longevidade do caso, acredito que a principal razão para a contínua fascinação em relação a ele, mesmo após tanto tempo, é que o caso de homicídios de Manson é, quase certamente, um dos mais bizarros assassinatos em massa nos anais do crime. E qualquer que seja o motivo, as pessoas se sentem bastante atraídas por coisas que são estranhas e

2 Ainda que eu considere Manson uma aberração que poderia surgir em qualquer época, é evidente que o final da década de 1960 proporcionou um solo muito mais fértil para o surgimento de alguém como ele. Foi um período no qual a revolução do sexo e das drogas, as agitações em campus universitários e os protestos a favor de direitos civis, os levantes raciais e todo o descontentamento fervilhante a respeito do Vietnã pareceram colidir uns contra os outros em uma turbulência tempestuosa. E Manson, em sua retórica, se apropriou de muitos aspectos dessas instabilidades.

bizarras. Se esses assassinatos nunca tivessem acontecido e alguém escrevesse um romance com o mesmo conjunto de fatos e circunstâncias, a maioria das pessoas o abandonaria após algumas poucas páginas; pois, do meu ponto de vista, boa ficção precisa ser um tanto plausível, e a história de Manson é exagerada demais.

Existe outro motivo convincente para essa contínua fascinação pelo caso. O próprio nome "Manson" tornou-se uma metáfora para o mal, elevando-o a proporções quase mitológicas. Charles Manson passou a representar o lado sombrio e maligno da humanidade; e de novo, existe um lado da natureza humana que é fascinado pelo mal puro e genuíno. Em uma escala menor, qual a razão de existirem tantos livros e programas de TV populares que falam sobre assassinatos — o derradeiro ato maligno? (Na Inglaterra, podemos nos lembrar do ensaio de George Orwell de 1946, "Decline of the English Murder", no qual ele fala a respeito do prazer que ele e seus conterrâneos sentem ao lerem sobre um homicídio horripilante no conforto de suas salas de estar.) Se damos tanto valor à vida humana, por que glorificamos, de um modo perverso, a extinção da vida? A resposta a essa pergunta, seja lá qual for, é pelo menos em parte a resposta do porquê as pessoas continuam fascinadas por Hitler, Jack, o Estripador... Manson.

Assim como o mal, o medo também tem o seu fascínio. A qualidade de um filme de terror, como sabemos, costuma ser diretamente proporcional à sua capacidade de assustar. Manson, é claro, eleva esse medo a um patamar que talvez mais ninguém tenha alcançado; seu olhar hitleriano nos persegue de diversos lugares: na tela da televisão e nas capas de revistas, nos discos independentes com sua música e na sua estátua de cera no Madame Tussauds, em Londres. "As pessoas se preocupam com esse homem do mesmo modo que se preocupam com câncer e terremotos", um repórter escreveu em 1979. "Recentemente", ele cita uma autoridade da prisão estadual da Califórnia, "uma mulher de Nova York telefonou para dizer que sonhou que Manson havia fugido e começado a perseguir os judeus. Ela queria ter certeza de que não tem como ele escapar." Howard Rosenberg, colunista do *Los Angeles Times*, chama Manson de "o notável bicho-papão dos Estados Unidos". Os homicídios que ordenou não foram apenas inéditos até para filmes de terror, mas Manson, como nenhum outro assassino em massa do século XX, também acrescentou uma nova dimensão horripilante ao fator medo — seu talento diabólico e singular de fazer com que outras pessoas, sem questionarem, sigam suas ordens e matem completos desconhecidos por ele.

O dr. David Abrahamsen, um notório psiquiatra cujos estudos abordam a história da violência nos Estados Unidos, afirmou que nunca ouviu falar de nada que se igualasse a tal fenômeno. No caso de outros assassinos em massa conhecidos — de Charles Starkweather, David Berkowitz, Henry Lee Lucas, Charles Whitman e Richard Speck a Ted Bundy; de Juan Corona, Dean Corll, Adolfo de Jesús Constanzo, John Wayne Gacy e Richard Ramirez a Jeffrey Dahmer —, todos eles, sem exceção, cometeram assassinatos por conta própria ou participaram de tais atos na companhia de outros. Assim, o medo criado por esses pesos-pesados da galeria dos homicidas era sempre finito. Devido à habilidade de Manson de controlar outras pessoas e fazer com que descontassem sua raiva contra a sociedade por ele, a probabilidade de morte sempre foi exponencial e, portanto, muito mais assustadora.

Algumas pessoas comparam Manson ao reverendo Jim Jones e a David Koresh. Ainda que Jones, Koresh e Manson fossem messiânicos para seus seguidores, e cada um possuísse a incomum habilidade de controlar e dominar completamente as vidas daqueles que acreditavam neles, a comparação acaba aí. Durante os últimos momentos de Jones e Koresh, em um estado de delírio, eles ordenaram o suicídio de seus seguidores e, em seguida, também tiraram suas próprias vidas. Impor seus poderes sobre o intrínseco de outras pessoas ao ordenar e participar de suicídio em massa é muito diferente de Manson dirigir por ruas escuras com seus seguidores procurando casas aleatórias para as quais poderia enviá-los para cometerem chacinas. Antes dos últimos dias de Jones e Koresh, não existe nenhuma evidência de que um deles tenha mandado outras pessoas a matarem alguém por eles. Com Manson, homicídio era sua religião, seu credo e seu estilo de vida. Como Paul Watkins disse: "A morte é o lance do Charlie".

Por consequência, os seguidores submissos e obedientes de Manson passaram a partilhar de sua paixão infernal. Enquanto contava às suas colegas de cela, Ronnie Howard e Virginia Graham, sobre o ato de assassinar e o plano da Família de começar a viajar pelo país, matando pessoas e famílias inteiras ao acaso, Susan Atkins havia dito, toda animada: "Quanto mais você faz, mais você gosta".

Se Manson continua a fascinar o grande público estadunidense, ele também o faz com os elementos de fanatismo desse mesmo público. Hoje em dia, quase todos os grupos descontentes e moralmente corrompidos dos Estados Unidos, de satanistas a skinheads neonazistas, aceitaram Manson e os venenos de sua filosofia virulenta. Ele se tornou seu ícone espiritual, o sumo sacerdote do ódio contra o sistema. Como o colunista William Buckley destacou, Manson transformou-se no "principal líder contra os cidadãos na nação". Wayne McGuire, do *Aquarian Journal*, prevê que "em algum momento no futuro, Charles Manson irá se metamorfosear em um enorme herói popular nacional". Ainda que seja provável que os franceses parem de beber vinho antes que isso aconteça,[3] Manson de fato é um herói para muitos daqueles às margens da sociedade. Em uma entrevista de 1994, +Natalie,[4] uma satanista de 17 anos, afirmou: "Charles Manson é um ídolo e um exemplo". Os assassinatos aconteceram, disse ela, porque "Manson queria um novo governo e anarquia para remover o lixo, as pessoas inúteis". Seu namorado de 21 anos, +Robert, outro satanista com quem ela mora em San Francisco, acrescenta a respeito das vítimas do caso Tate-LaBianca: "Acredito que o poder é certo, e quem quer que não esteja preparado para defender a própria vida não deveria chorar quando ela estiver em risco". +Willie, um defensor da supremacia branca de 21 anos, observa que "me interessei por Manson no aniversário de vinte anos dos assassinatos do caso Tate, quando fui a um tributo a ele com bandas de heavy metal. Eu já havia conhecido todas as pessoas do culto 'paz e amor' e, ao me deparar com as pessoas do tipo satânicas, gostei de todos os aspectos negativos que defendiam. Aí, desde então, venho andando com pessoas que apoiam Manson". Willie acredita que, como homem branco, ele é vítima de racismo em nossa sociedade, que os negros são "como neandertais e estão superlotando nossa cultura". Se Manson saísse, "ele melhoraria a qualidade de vida". +Alex, um neonazista de 42 anos que vem se correspondendo com Manson há anos, diz que sua "descoberta" de Manson só pode ser comparada à sua descoberta anterior de Adolf Hitler e do Partido Nacional-Socialista. Ele chama Manson de "o principal líder revolucionário no mundo atual", e que ele é especial "por virtude de uma chance de uma em 100 milhões de combinações genéticas que dá a ele suas ideias, personalidade e presença física".

3 No entanto, as camisetas com Manson e a gravação da banda Guns N' Roses demonstram que a tentativa de criar uma apoteose e um idealismo sobre Manson está em curso. Dois projetos cinematográficos em fase de produção (um documentário britânico para a televisão, *Manson: The Man, The Media, the Music*, e o longa metragem estadunidense, *Manson in the Desert*), cujos temas desviam a atenção do telespectador para longe dos homicídios, infelizmente se unem a esse esforço.

4 Já foi mencionado antes, mas só para lembrar o leitor, a cruz (+) indica um pseudônimo.

Para os extremistas, assassinos em massa como John Wayne Gacy e Jeffrey Dahmer não são mais intrigantes do que para o cidadão comum. São apenas psicopatas bastante doentios que matam por nenhuma outra razão a não ser satisfazer seus desejos homicidas descontrolados. Apesar de tais assassinos atraírem uma inevitável atenção e interesse da mídia por algum tempo, eles não possuem seguidores nem têm algo a dizer, e se e quando falam, nem mesmo os extremistas lhes dão ouvido. A única mensagem que esses monstros homicidas têm para passar com sua violência é o terror. Manson e seus assassinatos, por outro lado, são bastantes descolados para os extremistas. Por mais mal direcionada que possa ter sido, sua violência era política, revolucionária, e nisso repousa seu principal apelo para aqueles às margens da sociedade. Além disso, cientes do intelecto limitado da maioria dos assassinos em massa, os extremistas admiram e se impressionam pela inteligência inquestionável de Manson, a natureza excêntrica e às vezes causticante de seus pontos de vista, suas respostas e alusões enigmáticas, e uma destreza mental que lhe permite falar em charadas, sempre com uma mensagem subjacente. Resumindo, eles são atraídos pelo mistério que é Manson.

Enquanto uma cultura e misticismo mansonescos crescem do lado de fora dos muros da prisão, Charles Manson, o detento B-33920, então com 59 anos, está encarcerado na Corcoran State Prison, em Corcoran, Califórnia, uma cidade com aproximadamente 9 mil habitantes, localizada em San Joaquim, no Vale Central da Califórnia, 97 quilômetros ao sul de Fresno. Corcoran foi construída no que uma vez foi o lago Tulare, lar dos indígenas Tachi Yokut.

Transferido no dia 6 de outubro de 1972 do corredor da morte de San Quentin para a Folsom State Prison, perto de Sacramento, Manson foi enviado posteriormente para a California Medical Facility, em Vacaville, no dia 20 de março de 1974. Retornou a Folsom no dia 22 de outubro de 1974, e, em seguida, foi transferido de volta a San Quentin no dia 7 de junho de 1975. No dia 11 de maio de 1976, voltou para Vacaville, onde permaneceu até o dia 17 de julho de 1985, sua permanência mais longa na mesma penitenciária. Regressou a San Quentin no dia 18 de julho de 1985 e, por fim, foi enviado para sua localização atual, Corcoran, no dia 15 de março de 1989.

Tip Kindel, diretor de comunicação do Departamento Correcional da Califórnia, afirma que o motivo para todas essas transferências é que Manson tem sido "um problema tanto de disciplina quanto de segurança para o Departamento". Parece que a fama e a reputação de fora da lei que Manson adquiriu mundo afora, devido aos homicídios do caso Tate-LaBianca, tiveram um efeito mensurável em como ele enxerga a si mesmo, fazendo com que aja com muito mais beligerância atrás das grades. Apesar de Manson nunca ter sido um prisioneiro modelo, não encontrei nenhuma referência em seus registros penitenciários a respeito de um comportamento agressivo contra funcionários das penitenciárias durante os muitos anos em que esteve encarcerado antes desses homicídios. Mas Kindel relata que, desde sua condenação pelos assassinatos, Manson agrediu fisicamente funcionários da prisão seis vezes — golpeando-os com as mãos, jogando café quente ou expectorando neles etc. —, a última em fevereiro de 1992, e os ameaçou em muitas outras ocasiões. No total, Manson foi declarado culpado de 59 "C.D.C. 115", advertências disciplinares do Departamento Correcional da Califórnia. Durante o último ano, contudo, de acordo com uma autoridade de Corcoran, Manson "não agiu de modo desordeiro" e "não arrumou confusão". O psicólogo penitenciário Ernest Caldren observa que Manson "tem um padrão de comportamento cíclico. Há breves períodos de cooperação, e então ele se volta e ameaça os funcionários, em especial os inexperientes, com um comportamento violento."

Em 1972 e 1973, enquanto esteve em Folsom, Manson foi agredido por outros presidiários em duas ocasiões diferentes. Uma autoridade da prisão estadual da Califórnia afirma que, ao longo dos anos, relatos chegaram aos agentes penitenciários de que uma ou outra gangue "havia sido contratada para matar Charlie". No entanto, a única tentativa de tirar sua vida da qual se tenha conhecimento aconteceu enquanto Manson esteve na California Medical Facility, em Vacaville. A principal razão para Manson ter sido enviado para lá não foi por conta de suas instalações psiquiátricas, como muitos imaginaram, mas porque ela é considerada o melhor lugar em todo o sistema correcional da Califórnia para lidar com um prisioneiro especial como Manson. Vacaville, em grande parte, abriga o segmento mais fraco da população carcerária: aqueles que, devido às suas deficiências físicas ou mentais, são mais aptos a serem vítimas do que predadores atrás das grades. No dia 25 de setembro de 1984, Manson teve a infelicidade de estar trabalhando na oficina de artesanato de Vacaville com um certo Jan Holmstrom, um membro do grupo religioso Hare Krishna que estava cumprindo pena de prisão perpétua pelo assassinato a tiros do próprio pai, um ginecologista de Pasadena, ocorrido em 1974. (Em uma cena irônica que lembrava os homicídios de Manson, Holmstrom escreveu "assassino de bebês" com sangue na parede da casa da família.) Holmstrom encharcou Manson de solvente para tintas e ateou fogo nele, causando queimaduras de segundo e terceiro graus em quase 20%

de seu corpo, principalmente no rosto, couro cabeludo e mãos. Holmstrom, descrito pelas autoridades penitenciárias como um "caso psiquiátrico em remissão", afirmou que incendiou Manson porque ele se opôs a seus cânticos Hare Krishna e o ameaçou por suas crenças religiosas. Ele também declarou: "Deus me disse para matar Manson".

Não existe um verdadeiro "confinamento solitário" no sistema penitenciário da Califórnia hoje em dia. Os presidiários ainda usam o termo popular, contudo, para se referirem à situação em que eles não dividem suas celas com nenhum outro detento e permanecem separados da população carcerária geral, misturando-se apenas com presidiários selecionados. Manson passou grande parte de seus 23 anos de encarceramento pelos homicídios dos casos Tate, LaBianca, Shea e Hinman assim.

Em agosto de 1980, em Vacaville, Manson foi designado para seu primeiro emprego na prisão: jardineiro e zelador da capela protestante. "Demorou dez anos para que eu pudesse respirar ar puro", disse ele. "Não vou estragar as coisas." Depois de manter um registro disciplinar impecável por quase dois anos, em junho de 1982 ele foi colocado, a seu pedido, na "linha principal", na população carcerária geral. A determinação de Manson de não estragar as coisas durou — ou pelo menos permaneceu não descoberta — até o dia 29 de outubro de 1982, quando encontram uma lâmina de serra, assim como um pouco de maconha, em sua cela.[5] Uma busca posterior na capela revelou quatro sacos de maconha, trinta metros de corda de náilon e um catálogo de balões de ar quente. Se não conseguisse abrir caminho para fora da prisão com a lâmina de serra, Manson aparentemente estava pensando em "sair voando da gaiola". No que deve ser considerado uma demonstração insípida, as autoridades penitenciárias chegaram a pedir à procuradoria-geral para entrar com acusações de

5 Além disso, ao voltar de Vacaville para San Quentin em 1985, o pedaço de uma lâmina de serra de 10 centímetros foi encontrado em seu sapato. Como alguém pode conciliar o aparente interesse de Manson em fugir com seu desejo de permanecer atrás das grades em Terminal Island em 1967? A prisão havia se tornado seu lar, ele disse às autoridades naquela época, e não achava que conseguiria se adaptar ao mundo exterior. Mesmo hoje, desconfio que Manson não se sente desolado nem mesmo infeliz atrás das grades. Por ter passado 42 de seus 59 anos em cadeias, reformatórios e prisões, ele certamente tornou-se completamente institucionalizado e, sendo assim, é bastante provável que não se sinta desconfortável em um ambiente carcerário propriamente dito. Entretanto, após ter saído em 1967, ele sem dúvidas aprendeu a gostar de ter um harém ("Lá em Haight, eu sou chamado de jardineiro. Cuido de todas as crianças com flores nos cabelos", ele dissera a Squeaky quando se conheceram) e ainda mais de andar de bugue para cima e para baixo no deserto. E, como nunca antes, Manson agora tem que tomar muito cuidado. Ele sabe que qualquer detento que queira ganhar notoriedade pode matá-lo, então *ele* se tornaria famoso.

posse de maconha contra o homem que estava cumprindo nove sentenças de prisão perpétua consecutivas por nove homicídios, mas advogados mais sãos prevaleceram e nenhuma acusação foi apresentada.

Enquanto esteve em Vacaville, Manson recusou-se a participar das sessões de terapia em grupo e na maioria das vezes só fez jogos de palavras com os psiquiatras durante as sessões individuais às quais concordou em comparecer. Uma avaliação psiquiátrica de Manson realizada por médicos da prisão constatou: "Ele tem uma inteligência acima da média e as imagens [do teste de Rorschach] parecem apontar para esquizofrenia. Isso não significa que toda sua atuação seja esquizofrênica. [...] Manson tem uma personalidade passivo-agressiva com tendências paranoicas".

A resposta de Manson? "Claro que sou paranoico. Tive razão para ser desde que consigo me lembrar. E agora eu preciso ser, só para continuar vivo. Quanto à esquizofrenia, tire qualquer um das ruas e o coloque no meio de uma prisão e você vai ver todos os tipos de múltiplas personalidades. Tenho mil faces, então isso faz de mim quinhentos esquizofrênicos. Em minha vida, uso cada uma dessas faces, às vezes porque as pessoas me obrigam a interpretar um papel, e às vezes porque é melhor ser outra pessoa do que eu mesmo." Depois de passar um curto período na ala psiquiátrica em Vacaville, Manson foi transferido por recomendação de um relatório psiquiátrico que afirmava que ele não passava de "uma curiosidade ou esquisitice psiquiátrica".

Por saber que pode muito bem passar o resto da vida na prisão, Manson vem boicotando suas audiências de liberdade condicional e desde a primeira, em 1978, as utiliza apenas como um palco para seus sermões ou simplesmente para se divertir um pouco. Em 1978, ele entreteve o conselho de liberdade condicional com seus comentários durante três horas. "Não sou nem um pouco apropriado para aquele mundo lá fora. Eu não me encaixo mesmo", admitiu um Manson barbudo e de cabelos desgrenhados enquanto dizia que não deveria sair da prisão. Contudo, Manson, nunca um modelo de consistência, logo acrescentou: "Estou com raiva. Estou indignado. Estou furioso até a última fibra do meu ser por ter voltado para a penitenciária quando não infringi lei nenhuma". Agitando os braços enquanto exclamava e meio que cantarolando seu discurso, Manson disse: "Não sou seu carrasco. Não sou seu diabo e não sou seu Deus. Sou Charles Manson". Lembrando ao conselho que ele tinha passado a maior parte da vida atrás das grades, afirmou: "Nasci e fui criado por toda minha vida na cadeia". Contou ao conselho que havia sido "convidado para ir para a Escócia, Alemanha, Austrália", mas que não estava interessado.

Quando questionado sobre aonde iria caso fosse solto, ele respondeu: "Eu iria para o deserto, conversar com os animais e viver da terra". O conselho de liberdade condicional, ao negar sua condicional, declarou que os crimes de Manson "eclipsavam a imaginação". No ano seguinte, Manson, de sua cela, enviou um recado informando que não tinha nada a dizer para o conselho. Ele entregou ao sargento de sua unidade várias notas de 100 do jogo Banco Imobiliário e uma carta de Sorte que dizia "Avance até o Início. Receba $200", para que fossem entregues aos membros do conselho.

Deleitando-se em conversar com os repórteres que cobriam suas audiências de liberdade condicional, ele comentou com um deles: "Você está mais preso do que eu. Você tem mais regras para obedecer do que eu. Eu posso me sentar e relaxar. Você pode?". Segurando o braço de outro repórter e aproximando a boca de seu ouvido, ele sussurrou: "Você conhece um jeito de sair daqui? Se você me tirar daqui, nós podemos ir para o deserto e eu vou te mostrar coisas que vão te deixar de queixo caído".

Em sua audiência de liberdade condicional de 1981, Manson, vestindo uma camiseta estampada com um pequeno crânio e ossos cruzados, levantou-se, sentou-se, andou e interrompeu a audiência repetidas vezes, com frequência gritando com os membros do conselho. Ele declarou a eles: "Estou na solitária há dez anos. Não tenho mente nenhuma. Ela já era, cara. Não entendo metade das coisas que vocês estão dizendo". Então: "Eu nunca cresci de verdade. Fui para a cadeia com 9 anos. Não sei ler nem escrever muito bem e continuo parecido com uma criancinha. Parei de pensar em 1954".

Em 1986, em vez de se apresentar na audiência de liberdade condicional, Manson mandou uma extensa declaração manuscrita para o conselho. "Todos os julgamentos e culpa que são empurrados para cima de mim serão refletidos nos incêndios da Guerra Santa que vocês chamam de crime", escreveu. "Eu invoquei um equilíbrio para a vida na Terra. De trás das fechaduras com temporizador dos tribunais e dos mundos de escuridão, soltei diabos e demônios com o poder de atormentar dos escorpiões. Eu removi sete selos e sete potes de acordo com os julgamentos impostos a mim. [...] Vocês me drogaram durante anos, me arrastaram para cima e para baixo pelos corredores das prisões, colocaram minha cabeça sobre todos os cepos que vocês têm, me acorrentaram, me queimaram, mas vocês não podem me derrotar. [...] Tudo que foi dito sobre mim, não fui eu quem disse, e se vocês veem um falso profeta, ele é apenas o reflexo de seus próprios julgamentos."

Naquele mesmo ano, Manson enviou uma carta para o presidente Ronald Reagan na Casa Branca com o seguinte conselho: "Se continuar projetando [para as crianças] o que não fazer, você vai criar o pensamento em seus cérebros do que pode e será feito". Antes de finalizar com "Paz, Charles Manson", ele afirmou a Reagan: "Sou o último sujeito da fila, mas tenho todas as ideias para o equilíbrio da ordem e da paz com um governo mundial, se quisermos todos sobreviver".

Em sua última audiência de liberdade condicional, ocorrida no dia 21 de abril de 1992, Manson, a insolente suástica ainda bastante visível em sua testa, respondeu à acusação de que havia ordenado os assassinatos ao dizer aos três homens do conselho de liberdade condicional (agora chamado de Conselho de Sentenças Prisionais): "Todos dizem que eu era o líder daquelas pessoas, mas na verdade eu era o seguidor das crianças. [...] Não infringi a lei de Deus e não infringi a lei dos homens".

Assim como aconteceu em cada uma de suas aparições anteriores diante do conselho, ele praticamente falou sozinho. As perguntas mais rotineiras faziam com que ele se lançasse em uma torrente incontrolável de sermões sobre a consciência, constituído de referências a Deus, à economia, ao Rambo, à rainha da Inglaterra, às Primeira e Segunda Guerras Mundiais, ao papa, a J. Edgar Hoover, aos bêbados, ao Vietnã, ao xadrez, à ética cristã, ao general MacArthur, ao presidente Truman, aos guerreiros ninjas, ao zoológico de San Diego, a J. R. Ewing, ao gângster Frank Costello e a uma miríade de outras pessoas e assuntos, incluindo o relacionamento entre corças e veados, cães e galinhas. E, como sempre, o tema ao qual ele sempre retorna: a necessidade de impedir a destruição do meio ambiente. Ele afirmou ao conselho que eles vivem em um mundo matriarcal, já Manson, em um mundo patriarcal. "Vocês recuam diante das suas mulheres. Eu não recuo diante das minhas mulheres." Embora os detalhes não tenham sido mencionados, Manson admitiu durante a audiência que pessoas do lado de fora estavam lhe pagando 500 dólares por um autógrafo seu.[6]

6 Manson também recebe 10 centavos pela venda de cada camiseta com seu rosto. Na Califórnia, os lucros de criminosos condenados só podem ser confiscados caso a atividade comercial lucrativa esteja *diretamente* relacionada ao crime. As camisetas e a canção de Manson no álbum do Guns N' Roses não se enquadram no confisco. (Projeto de Lei do Senado 1330, que atualmente está diante da legislatura californiana, poderá expandir o escopo do confisco para incluir a venda de qualquer coisa "de valor que seja acentuada pela infâmia obtida por meio do cometimento do crime".) No entanto, em 1971, o filho de Wojciech (Voytek) Frykowski, uma das cinco vítimas do caso Tate, ganhou um processo de 500 mil dólares contra Manson e seus quatro corréus. O processo resultou em uma penhora (que, com juros, equivale a 1,2 milhão de dólares em 1994). No final de fevereiro de 1994, o filho de Frykowski, que mora na Alemanha, recebeu seu primeiro pagamento de direitos autorais no valor de 72 mil dólares, referente à canção de Manson incluída no álbum do Guns N' Roses.

O conselho, depois de declarar Manson inadequado para liberdade condicional, marcou sua próxima audiência somente para 1997, o tempo máximo (cinco anos) entre audiências de liberdade condicional permitido no Código Penal da Califórnia.

Até sua morte devido a um câncer em julho de 1992, a mãe de Sharon Tate, Doris, esteve presente em quase todas as audiências de liberdade condicional de Manson e seus assassinos, obtendo sucesso em mobilizar apoio nacional na forma de 352 mil cartas com pedidos para que o conselho de liberdade condicional mantivesse Manson e os outros atrás das grades pelo resto de suas vidas. "Eu vivo com os gritos de [Sharon] e suas súplicas pela vida de seu bebê", ela costumava dizer. No final da década de 1970, a sra. Tate foi a cofundadora da filial de Los Angeles do Parents of Murdered Children, um grupo que proporciona, entre outras coisas, apoio mental e emocional a seus membros. Pouco antes de sua morte, a sra. Tate, que foi a representante dos Estados Unidos na Conferência Internacional dos Direitos das Vítimas em Estocolmo, ocorrida em junho de 1990, formou a Doris Tate Crime Victims Bureau, sediada em Sacramento. Entre suas ações, a agência promove o decreto de uma lei para os direitos das vítimas de crimes.

Desde o falecimento de sua mãe, Patti Tate, que tinha 11 anos quando sua irmã de 26 foi assassinada e que se parece bastante com Sharon, vem dando continuidade ao importante trabalho da mãe com dedicação e eficiência. Quando fala da irmã, Patti, com olhos marejados, diz: "Ela era tão doce e uma alma tão gentil. Eu a idolatrava e não havia nada que eu não teria feito por ela".

Corcoran é uma instituição de segurança média-máxima. Manson está abrigado na Unidade de Alojamento de Segurança (SHU, Security Housing Unit) em uma cela de dois por 3,80 metros que divide com outro detento. Chamada de "prisão dentro de uma prisão", a SHU é a seção de segurança máxima de Corcoran. Manson recebe três refeições diárias distribuídas por policiais correcionais. A comida é servida em bandejas através de uma portinhola localizada na porta de cada cela. O café da manhã é servido às 6h30, o almoço ao meio-dia e o jantar às 17h. Ele se exercita por, no mínimo, dez horas por semana em um pátio murado, junto a dez outros detentos. Manson tem um rádio e uma televisão em sua cela, mas não tem seu adorado violão, cujo uso não é permitido na SHU. Assim como todos os presidiários nessa unidade, ele não tem um posto de trabalho. De acordo com o Departamento Correcional da Califórnia, o atual custo anual para os contribuintes para alojar Manson é de 20.525 dólares.

Manson segue trocando correspondências com o maior número de pessoas possível. Ao que parece, ele também escreve para algumas que não têm nenhuma vontade de serem seus correspondentes, tendo enviado quatro cartas para mim em anos anteriores. Em 1986, o livro *Manson in His Own Words ("as told to Nuel Emmons")* foi publicado em capa dura. As ideias podem ser de Manson, mas a dicção evidentemente não é. Dedicado "a destruir um mito", Manson, em vez disso, tenta perpetuar o mito que ele e seus seguidores mais ardorosos criaram, que os homicídios do caso Tate-LaBianca haviam sido ideia "das garotas". Ele admite, de modo indireto, que após isso ordenou as mortes dos LaBianca, mas continua negando ser o mandante dos assassinatos das cinco vítimas do caso Tate na primeira noite.

Quase na conclusão de seu livro, Manson escreve: "Em alguns dias, eu me vejo enredado em ser o condenado mais infame de todos os tempos. Nesse estado de espírito, desfruto de toda a publicidade e fico contente quando algum tolo me escreve e se oferece para 'apagar alguns porcos' por mim. Recebi visitas de garotas com os filhos nos braços que dizem: 'Charlie, eu faria qualquer coisa no mundo por você. Estou criando meu filho à sua imagem.' Essas cartas e visitas costumavam me alegrar, mas isso é minha doença particular. Que doença continua me enviando filhos e seguidores? É seu mundo aí fora que faz isso. Não solicito minhas correspondências nem peço que alguém venha me visitar. Ainda assim, minhas correspondências continuam chegando e suas lindas flores inocentes continuam aparecendo no meu portão".

Após essas palavras relativamente benignas, Manson de repente muda de tom, e após dizer que acredita que nunca será solto, encerra o livro à moda antiga com palavras ambíguas e ameaçadoras: "Meus olhos são câmeras. Minha mente está sintonizada a mais emissoras de televisão do que aquelas que existem em seu mundo. E ela não sofre com nenhuma censura. Através dela, um mundo e o universo me pertencem. Então... saibam que apenas meu corpo está na prisão. Sempre que desejo, caminho por suas ruas e me coloco entre vocês".

A vida atrás das grades não arruinou o desejo de Manson de ser uma estrela da música. Em 1982, em sua cela em Vacaville, ele gravou seu segundo álbum, onde canta baladas que compôs sobre sua vida e a de seus companheiros no corredor da morte de San Quentin. Os ruídos de televisões e descargas próximas podem ser ouvidos ao fundo. O primeiro álbum de Manson, chamado *LIE: The Love and Terror Cult* (a imagem de capa do disco é a foto dele da capa da edição de 19 de dezembro de

1969 da revista *Life*), foi gravado, de modo agourento, no dia 9 de agosto de 1968, exatamente um ano antes dos homicídios do caso Tate. Com diversas garotas da Família Manson fazendo coro de fundo, Manson canta as próprias composições. Ambos os álbuns já tiveram inúmeras edições piratas e são considerados colecionáveis tão raros que o proprietário de uma loja de discos de música alternativa me contou que se algum dia colocasse as mãos em um deles, "eu não o venderia. Eles são valiosos demais."

Surpreendentemente, algumas pessoas criticam de forma ácida aqueles na indústria musical que nunca deram a Manson uma chance quando ele saiu da prisão em 1967. Elas argumentam que, se ele tivesse recebido uma oportunidade de verdade, é bastante provável que os assassinatos não tivessem acontecido. Embora possa ser verdade, essa lógica de causalidade do tipo "se não fosse por" poderia ser estendida para sugerir que, se alguém tivesse comprado os quadros de Hitler em Viena, em 1912, talvez a Segunda Guerra Mundial não tivesse acontecido.

Estar atrás das grades tampouco impediu Manson de alcançar uma vasta audiência na televisão estadunidense. A mídia (o *Today Show* da NBC, a CNN, a BBC, Charlie Rose, Tom Snyder, o especial da ABC de março de 1994 etc.) o procurou, possibilitando que ele expelisse verbalmente seu veneno. Em uma entrevista com Geraldo Rivera em 1988, ele vociferou: "Eu vou retalhar mais alguns de vocês, seus desgraçados. Vou matar o maior número de vocês que conseguir. Vou empilhar vocês até o céu. Acho que uns 50 milhões de vocês. Eu talvez consiga salvar minhas árvores e meu ar e minha água e minha vida selvagem". Quando Rivera disse em seguida: "Há nove pessoas mortas por aí" (referindo-se às nove condenações por homicídio de Manson), Charlie rebateu: "Tem muito mais do que nove, filho, muito mais, e vai ter muitas outras ainda". Quando Rivera perguntou se ele mandou que as mulheres de sua Família matassem, Manson respondeu: "Não lido com mulheres para as quais preciso dizer o que devem fazer. Elas *sabem* o que devem fazer". Ele acrescentou: "Eu crio as leis. Eu sou o legislador. Sou eu quem dá as ordens".[7]

◆ ◆ ◆

7 Charles Manson faleceu em 2017, aos 83 anos, em um hospital do condado de Kern, na Califórnia, devido a uma parada cardíaca aguda e insuficiência respiratória, complicações decorrentes de um câncer de cólon. No momento de sua morte, ele cumpria prisão perpétua na penitenciaria de Corcoran. [NE]

Nos 25 anos desde os homicídios, nenhum evento alçou a Família Manson de volta às manchetes tanto quanto a tentativa de assassinato do presidente Gerald Ford realizada por Lynette "Squeaky" Fromme em 1975. Após Manson ser transferido de San Quentin de volta a Folsom em outubro de 1974, Squeaky e Sandra Good se mudaram para Sacramento (24 quilômetros a oeste) para ficarem o mais próximo possível dele.[8] Squeaky, Sandra e Susan Murphy, uma enfermeira em meio período que elas haviam recrutado para a Família, alugaram um apartamento dilapidado no sótão de uma velha pensão no centro da cidade, a poucos quarteirões do Capitólio Estadual. Na manhã fresca e ensolarada do dia 5 de setembro de 1975, o presidente Ford atravessou o parque diante do Capitólio para se encontrar com o governador Jerry Brown.

Além de Squeaky não estar na lista do Serviço Secreto de pessoas a serem vigiadas na cidade — algo particularmente notável, pois algumas semanas antes ela e Sandra haviam emitido um comunicado à imprensa de Sacramento informando que "se a realidade de Nixon usando um rosto novo [isto é, Ford] continuar a governar este país contra a lei, seus lares ficarão mais sangrentos do que as casas de Tate, dos LaBianca e de My Lai combinadas"[9] —, os homens do presidente de maneira inexplicável sequer prestaram atenção a uma mulher próxima parecida com uma fada, vestida com uma túnica vermelha vibrante e um turbante combinando. Quando Ford parou perto de uma magnólia para trocar apertos de mão com um grupo de apoiadores sorridentes, Squeaky irrompeu no meio do grupo, pegou uma arma embaixo da túnica e a apontou para Ford, a apenas sessenta centímetros de distância. De imediato, o agente do Serviço Secreto Larry Buendorf segurou o braço de Squeaky que segurava a arma e a derrubou no chão. Com evidente raiva, Squeaky gritou: "Ela não disparou. Dá para acreditar

8 Ainda que de Squeaky e Sandra não tivessem permissão de visitar e nem mesmo de se corresponder com Manson, um porta-voz da prisão na época afirmou que as duas iam à prisão mais ou menos uma vez por mês "para perguntar como Manson estava indo". Uma amiga delas contou à revista *Time* que as garotas acreditavam que o encarceramento de Manson fazia parte de um grande plano, "que ele iria se reerguer algum dia, como Cristo. Elas passavam todo o tempo que tinham se preparando para o dia em que ele fosse se reerguer".

9 O ódio da Família Manson em relação ao ex-presidente teve origem, é claro, na declaração que ganhou as manchetes durante o julgamento, na qual Nixon afirmou acreditar que Manson era culpado. No livro best-seller do escritor Ed Sanders, *The Family*, ele cita um terapeuta de Manson em Vacaville que relatou que Manson acreditava ter rogado uma praga sobre Nixon, responsável por sua ruína.

nisso? Ela não disparou". É provável que o motivo pelo qual a arma não tenha disparado nunca seja esclarecido além de *todas* as dúvidas. Na verdade, a pistola Army Colt calibre .45 de Squeaky, embora carregada com quatro balas, não tinha um projétil na câmara pronto para ser disparado. Para disparar a arma, Squeaky primeiro teria que ter puxado o ferrolho na parte de cima da arma para trás, movendo um cartucho do pente para a câmara de disparo, o que ela não fez. Será que, por engano, Squeaky havia achado que puxar o gatilho seria suficiente para disparar a arma? (Buendorf e outras testemunhas relataram terem ouvido um clique metálico, que pode ter sido o cão batendo na parte traseira do percussor.) Devido à crença de que Squeaky sabia lidar com armas (ela é vista manuseando o ferrolho de um rifle no documentário *Manson*), muitas pessoas, incluindo alguns membros da força policial, acreditam que ela não teve nenhuma intenção de ferir Ford. Todavia, o promotor Dwayne Keyes, agora juiz da Suprema Corte em Fresno, afirmou ter "certeza absoluta de que ela teve toda a intenção de matar o presidente", um estado de espírito que a promotoria teria que provar para obter uma condenação.

Em todo caso, com isso, Squeaky passou a competir pelos holofotes, pelo menos por um tempo, com seu Deus, Charlie, vindo a aparecer nas capas das edições de 15 de setembro de 1975 das revistas *Newsweek* e *Time*. Em seu julgamento federal, ela foi tão indisciplinada que o juiz ordenou que permanecesse fora da sala do tribunal durante grande parte dos procedimentos, mas não antes que Squeaky lhe dissesse que uma das questões do julgamento "estava tão clara quanto o piano diante da janela da frente de sua casa", uma referência bastante precisa. Durante as deliberações do júri após três semanas de julgamento, no qual Squeaky sequer testemunhou, "muitas pessoas", o jurado Robert Convoy recordou, "acreditavam que sem um cartucho na câmara, a pistola não era uma arma". No fim das contas, contudo, o júri declarou Squeaky culpada da tentativa de assassinato do presidente Ford (antes de 1965, assassinatos de presidentes eram um crime apenas estadual, não federal), a primeira mulher na história dos Estados Unidos acusada e condenada por tal crime. Squeaky foi sentenciada à prisão perpétua.

Manson esteve por trás dessa tentativa de assassinato? Meus instintos desde o início me diziam que não. Embora Manson sempre falasse como se não sentisse medo da morte, dizendo a seus seguidores que a morte não é o fim da vida, mas "só outro suspiro", que ela era até mesmo bonita ("Viver é o que me assusta. Morrer é fácil", ele também afirmava, além de insinuar que havia ressuscitado), pude testemunhar, em primeira mão, a determinação com que ele lutou por sua vida durante os nove meses e meio de julgamento. Como sua pena de morte havia sido comutada três anos antes, para mim não fazia sentido que ele fosse correr o risco de ser novamente sentenciado à morte por conta de alguém tão distante dele e de seus interesses quanto Ford. O promotor Keyes também acredita que Manson não teve envolvimento e seu escritório não encontrou nenhuma evidência que o implicasse. Era provável que Squeaky, a matriarca da Família durante o exílio forçado de Manson, aquela que se parecia com a personagem dos quadrinhos, Aninha, a Pequena Órfã, estivesse tentando impressionar Manson com seu ato. Ela devia saber que tendo ou não sucesso em matar Ford, um ato tão espetacular e bastante antissocial certamente iria agradá-lo.

Ao fazer uma busca pelo apartamento de Squeaky, com base em um mandado após a tentativa de assassinato de Ford, a polícia encontrou uma pilha de cartas, prontas para serem enviadas, do "Tribunal Internacional de Retaliação do Povo", uma organização com um nome impressionante cuja filiação, contudo, era um tanto limitada — Squeaky, Sandra Good e Susan Murphy. As cartas ameaçavam de morte executivos e oficiais do governo dos Estados Unidos, identificados por nome, caso não parassem imediatamente de poluir o ar e a água e de destruir o meio ambiente. Uma longa lista de outros destinatários também foi encontrada. Solta sob fiança após ser presa, junto a Murphy, por conspiração ao enviar mensagens ameaçadoras pelo serviço postal dos Estados Unidos, Good passou a proferir, no rádio e na TV, as mesmas ameaças, o que resultou em quatro novas violações federais por transmitir ameaças de morte usando meios de comunicação interestaduais.

Good representou a si mesma no julgamento e acabou sendo condenada por todas as cinco acusações (Murphy apenas pela acusação de conspiração). Ela solicitou uma sentença máxima de 25 anos, mas o juiz a condenou a quinze anos. William Shubb, seu "advogado consultor" designado pelo tribunal durante o julgamento e atual juiz do Tribunal Distrital de Sacramento, afirma que, se ela tivesse sido colaborativa, uma apelação poderia ter sido negociada e sua sentença teria sido muito menos severa.

◆ ◆ ◆

Todos os corréus de Manson nos homicídios do caso Tate-LaBianca ainda estão, assim como Manson, atrás das grades, cumprindo sentenças de prisão perpétua.

Charles "Tex" Watson, o tenente de Manson nas cenas dos crimes e principal assassino das vítimas do caso Tate-LaBianca, renegou Manson e, no momento, está na Mule Creek State Prison em lone, Califórnia. Ele foi transferido para lá em abril de 1993 da California Men's Colony (CMC), em San Luis Obispo, onde estivera encarcerado desde setembro de 1972. Em 1975, quando estava na CMC, Watson, por meio do ministério de Raymond Hoekstra (um lendário evangelista penitenciário conhecido como "capelão Ray"), tornou-se um cristão renascido. Como aluno de capelania e administrador-assistente da capela protestante da CMC, Watson batizou, liderou grupos de estudo bíblicos e pregou para a congregação carcerária. Em 1980, Watson fundou a Abounding Love Ministries (ALMS), uma organização sem fins lucrativos na Califórnia que ele e sua esposa, a norueguesa Kristin, administram. Os dois se casaram em 1979 e têm três filhos.[10] Ordenado ministro em 1983, Watson recebe doações para seu ministério de cerca de 1.500 dólares por mês de pessoas em uma lista nacional de contatos para as quais ele envia fitas cassete religiosas e boletins informativos cristãos.

O livro de Watson publicado em 1978, *Will You Die for Me?*, escrito junto ao capelão Ray, relata sua vida com Manson, os homicídios e sua derradeira conversão ao cristianismo. Ao falar sobre Manson, com quem ele se corresponde — "eu me entreguei por completo" —, ele declara que serviu o poder da morte e da destruição "através de um homem diabólico que queria ser Deus". Por acreditar que Manson "esteve — talvez ainda esteja — possuído" pelo demônio, ele afirma que o único interesse de Manson "tinha sido a morte, mas Jesus prometeu a vida".

Uma admissão um tanto surpreendente feita por Watson ao seu psiquiatra penitenciário foi revelada em sua última audiência de liberdade condicional em maio de 1990. (Watson optou por renunciar à sua audiência de janeiro de 1993, concordando que era inadequado para ser solto sob condicional.) O psiquiatra escreveu que foi apenas "durante os últimos três anos de sessões de terapia individuais que [Watson havia] começado a experimentar uma verdadeira sensação de profundo remorso, tanto pelas vítimas dos crimes quanto pelas famílias das vítimas dos crimes". Quando um preocupado membro do

10 Eles se divorciaram em 2003. Tex continua preso. [NE]

conselho de liberdade condicional perguntou o que, então, Watson estivera sentindo durante os dezoito anos anteriores, Watson respondeu: "Bem, não é como se eu não tivesse experimentado isso antes, mas algumas coisas aconteceram na minha vida durante os últimos anos que me fizeram sentir isso com mais intensidade". Watson explicou que, desde que se tornou cristão, em 1975, tinha sido "ótimo saber que fui perdoado por Deus pelo que fiz. Mas acho que às vezes nós podemos nos esconder atrás disso, e nos últimos três anos eu tive a oportunidade de realmente me ver sob uma nova luz, no sentido que me abri para enxergar de verdade o crime através dos olhos de outras pessoas além dos meus próprios."

A epifania tardia de Watson foi em grande parte causada, ele informou ao conselho, por um relacionamento um tanto incongruente com Suzanne LaBerge (outrora Suzanne Struthers), filha de Rosemary LaBianca de um relacionamento que teve antes de conhecer Leno. Casada e divorciada três vezes, Suzanne, que tinha 21 anos na época dos homicídios, começou a visitar Watson na CMC em 1987. Ela compareceu na audiência de liberdade condicional em 1990 e fez um apelo apaixonado pela soltura do assassino de sua mãe, dizendo ao conselho que Watson já havia pagado por seus crimes terríveis, tinha superado seu passado ao se voltar para Cristo e não era mais uma ameaça à sociedade.

Em uma carta de 5 de junho de 1994, Watson me escreveu: "Com meu mais profundo remorso, peço desculpas às pessoas do mundo pelo papel que tive em transformar Manson no que ele se tornou. Para as muitas vítimas, meu coração está repleto de pesar pelas minhas ações. [...] Se alguém deveria ter recebido a pena de morte por seus crimes, esse alguém era eu. Acredito que Deus e Sua graça me deram uma segunda chance, tendo um plano diferente para minha vida. [...] Não tenho grandes ambições, além de permitir que o Senhor me use como testemunho, encorajando outros a procurarem Cristo".

Enquanto esteve na CMC, Watson concluiu cursos profissionalizantes de processamento de dados e manutenção de máquinas de escritório. Seu encargo de trabalho atual em Mule Creek é "zelador de andar", isto é, ele é responsável por manter limpo um dos dois andares do prédio onde está alojado. Um porta-voz da prisão de Mule Creek anunciou que desde seu encarceramento pelos homicídios do caso Tate-LaBianca, Watson recebeu "uma infração disciplinar, de natureza secundária, em 1973. Ele continua seguindo o programa sem incidentes."

Susan Atkins, Patricia Krenwinkel e Leslie Van Houten, assim como Watson, renunciaram a Manson e expressaram remorso pelos assassinatos. Todas ainda estão na California Institution for Women, em Frontera. Uma de apenas três penitenciárias femininas no estado, Frontera foi descrita por um engraçadinho como "um campus universitário com arame farpado em volta". Cada uma das três garotas de Manson mora em uma unidade de alojamentos que se parecem com chalés (duas presidiárias por unidade) na instituição agradável e bem-cuidada. Todas as três garotas tiveram seus casos reavaliados para a possibilidade de serem soltas sob condicional e tiveram seus pedidos negados dez vezes até o momento. O consenso comum é que se alguma delas vier a ser solta no futuro, Van Houten será a primeira,[11] principalmente porque, ao contrário de Atkins e Krenwinkel, ela esteve envolvida apenas nos homicídios do caso LaBianca, não nos do caso Tate. Além disso, um grupo bem organizado, "Amigos da Leslie", que consiste em centenas de apoiadores, regularmente insiste que o conselho de liberdade condicional a solte.

Segundo um porta-voz da penitenciária, "o comportamento institucional [das garotas] é considerado bom". (Krenwinkel, na verdade, não recebeu nenhuma advertência disciplinar em 23 anos, algo considerado "incomum" por um membro do conselho de liberdade condicional.) O nível de custódia atual das três é de segurança mediana, todas estão em meio à população carcerária geral, e Krenwinkel e Van Houten supostamente são mais próximas uma da outra no âmbito social do que ambas são de Atkins.

A mais conhecida das garotas, Susan "Sexy Sadie" Atkins, se converteu para o cristianismo antes mesmo de Watson. No início de 1974, por meio da intervenção do antigo membro da Família Bruce Davis, encarcerado em Folsom pelos homicídios do caso Hinman-Shea, Susan começou a contemplar uma vida cristã. Davis, que se tornou um cristão renascido, escreveu muitas cartas para ela, oferecendo orientação e recomendando que ela lesse alguns livros cristãos, incluindo o Novo Testamento. Em seu livro publicado em 1977 e escrito com Bob Slosser, *Child of Satan, Child of God*, ela reconta certa noite, no final de setembro de 1974, quando, sozinha em sua cela, ela proferiu em voz baixa mas solene o pedido de que queria ser perdoada por seus crimes terríveis.

11 Leslie Van Houten foi, de fato, a primeira — e até agora a única — a obter liberdade condicional pelos homicídios do caso LaBianca, em 2023, após cumprir 53 anos na prisão. [NE]

"De repente", ela escreve, "ali em minha mente havia uma porta. Ela contava com uma maçaneta. Eu a segurei e puxei." Quando a porta se abriu, ela relata, uma enxurrada de luzes brilhantes se derramou sobre ela. No meio havia uma luz ainda mais brilhante, que ela soube ser Jesus. "Ele falou comigo — literalmente, de maneira clara, na minha cela de 2,5 metros por 3,5 metros. 'Susan, estou mesmo aqui. Estou entrando no seu coração para ficar. Neste exato momento você está renascendo... Você agora é uma filha de Deus. Você foi limpa e seus pecados foram todos perdoados'." Atkins passou a contar que naquela noite, pela primeira vez em muitos anos, ela "dormiu profundamente, livre de pesadelos — sem medo e aquecida". Na última página de seu livro, ela escreve que acredita que "um dia o Senhor me libertará desse lugar [Frontera] e me dará um ministério com pessoas de todos os tipos, mas em especial aquelas que são problemáticas e perdidas, assim como eu fui durante minha adolescência".

Ela agora nega ter esfaqueado Sharon Tate, acrescentando, contudo, que sua culpabilidade moral ainda é a mesma, pois ela esteve lá e "eu não fiz nada para impedir". Em meados da década de 1980, quando um repórter questionou se ela estaria disposta a dizer que sentia muito para a mãe de Sharon Tate por seu envolvimento na morte da atriz, Susan respondeu: "Não existem palavras para descrever o que eu sinto. 'Sinto muito, por favor, me perdoe', essas palavras são usadas em excesso e são inadequadas para o que eu sinto".

Atkins se casou com um certo Donald Lee Laisure, um texano de 52 anos, em setembro de 1981. Laisure escreve seu sobrenome com um cifrão no lugar do S. Na época do casamento, ele alegou valer "mais de 999 milhões de dólares, e sete vezes mais em outros países", e disse que planejava construir uma casa com energia solar no valor de 12 milhões de dólares perto da penitenciária em Frontera para que pudesse ficar próximo de sua noiva. De acordo com as notícias, Laisure apareceu para seu casamento na capela da prisão "resplandecente e enfeitado com anéis de diamantes, abotoaduras de diamantes, uma enorme fivela de ouro, óculos escuros, charuto, chapéu de caubói e um terno esporte laranja". Em cima de seu Cadillac cor de ferrugem no estacionamento da prisão havia uma bandeira tremulante da Estrela Solitária do estado do Texas.

Embora Susan tivesse se correspondido com Laisure durante muitos anos, havia dois pequenos detalhes que ela infelizmente não havia descoberto a seu respeito. Sua fortuna não existia. E, talvez o mais importante, Laisure tinha o hábito preocupante de se casar com a mesma frequência que Paris muda o comprimento das saias. Susan foi sua 36ª noiva. Três meses depois, ela mandou Laisure, que havia comparecido para visitas conjugais nos Apartamentos da Unidade Familiar da penitenciária, "voltar para o Texas", após chegar à conclusão de que o casamento foi "um tremendo erro". Laisure entrou com o pedido de divórcio no ano seguinte. Em 1987, Susan voltou a se casar. Seu marido, quinze anos mais novo, frequentava a faculdade de direito no sul da Califórnia. Ela descreve esse casamento como "o primeiro relacionamento saudável e bem-sucedido que já tive na vida".

Em uma longa carta datilografada que enviou para mim, datada de 11 de maio de 1994, Atkins escreveu: "Vinte e cinco anos atrás você processou três garotas com idades entre 20 e 22 anos e um ex-presidiário de 35. Agora, 25 anos depois, existem três mulheres na faixa etária dos 45 anos, todas com registros penitenciários exemplares, que tiraram vantagem dos programas educacionais para obter diplomas universitários, que contribuíram para todas as organizações e programas beneficentes disponíveis e que expressaram remorso, vergonha e arrependimento pelos papéis que desempenharam naquele crime hediondo... e você tem um ex-presidiário de 60 anos que se apresenta para suas audiências de liberdade condicional com uma suástica entalhada na testa. Acho que isso diz tudo".

Embora seja muito crítica em relação a Manson, Atkins disse que ainda reza por ele, "para que Charlie se volte para Cristo". Ela obteve, por correspondência, um diploma de Associado em Artes (dois anos), vindo a se formar com uma média de 3,5. Também concluiu um curso profissionalizante em processamento de dados e atualmente está fazendo um curso de assistência jurídica. Seu encargo de trabalho atual em Frontera é o de operadora de costura no programa Industrial-Prisional.[12]

Em 1976, a condenação de Leslie Van Houten pelos dois homicídios dos LaBianca foi revogada e o caso foi enviado novamente para ser julgado pelo Tribunal de Apelações da Califórnia, Segundo Distrito de Apelação, sob alegações de que o juiz Charles Older errara em não outorgar sua petição para um novo julgamento quando seu advogado, Ronald Hughes, desapareceu quase no fim do julgamento. Após um júri dividido em seu primeiro novo julgamento, ela por fim voltou a ser condenada

12 Susan Atkins teve dezoito pedidos de liberdade condicional negados, tornando-se a mais antiga presa do estado da Califórnia antes de falecer, em 2009, aos 60 anos, vítima de um tumor cerebral. [NE]

pelos dois homicídios em 1978. Ao contrário da fase de determinação de culpabilidade de seu julgamento original em 1970-71, em seus dois novos julgamentos Van Houten logo admitiu para o júri sua total participação nos homicídios do caso LaBianca. Sua defesa se embasou na capacidade mental debilitada baseada em doença mental induzida, em parte, pelo uso crônico e prolongado de drogas alucinógenas. Durante alguns meses antes de seu último julgamento, Van Houten foi libertada após amigos e parentes pagarem uma fiança de 200 mil dólares, e morou durante algum tempo com um antigo jornalista do *Christian Science Monitor* que estava escrevendo um livro sobre ela. O livro chegou ao primeiro rascunho, mas nunca foi publicado.

Van Houten teve um breve casamento com um homem chamado Bill Cywin no início da década de 1980. Embora não tenha nenhuma ligação com qualquer mal comportamento ou cumplicidade da parte dela, durante seu curto casamento, descobriu-se que Cywin tinha em sua posse um uniforme de policial penitenciária.

Por meio de cursos por correspondência, Van Houten obteve um diploma de Bacharel em Artes em Literatura Inglesa. Ela também escreveu contos, um dos quais foi incluído em uma antologia de literatura carcerária, e durante algum tempo editou o jornal da prisão. Von Houten faz parte ainda de um pequeno grupo de presidiárias que costuram colchas para as pessoas sem-teto. Ela diz que "fica ofendida pelo fato de Manson não assumir" sua responsabilidade pelos homicídios. "Eu assumo a responsabilidade pela minha parte, e parte da minha responsabilidade foi ajudar a criá-lo. Ser uma seguidora não é uma desculpa." Atualmente, Van Houten trabalha com serviços secretariais na prisão.

Já Patricia Krenwinkel obteve um diploma de Bacharel em Ciências também por meio de um curso por correspondência enquanto esteve em Frontera e concluiu um curso profissionalizante em processamento de dados. Ela nunca se casou. A mais atlética das três garotas de Manson, Krenwinkel joga no time de softbol da prisão e atualmente é uma "treinadora de campo" no programa do corpo de bombeiros formado por presidiárias, orientando aquelas abaixo dela a alcançarem os padrões de preparo físico necessários para combater incêndios. Tanto ela quanto Van Houten atuam como conselheiras em um programa no qual jovens com problemas de consumo de drogas são levados à penitenciária.

Em 1988, enquanto declarava seu profundo remorso pelos assassinatos, Krenwinkel, todavia, contou ao psiquiatra penitenciário que Abigail Folger, a pessoa que ela matou na noite dos homicídios do caso Tate, "poderia ter sido algo além do que era, uma drogada". Em sua audiência de liberdade condicional em 1993, Krenwinkel, chorando e com a voz embargada, disse ao conselho: "Não importa o que faça, não posso mudar nem um minuto da minha vida. Não tem nada que eu possa fazer a não ser morrer para pagar por isso. E sei que é isso que vocês desejam, mas eu não posso tirar minha própria vida". No especial da ABC de 1994, ela relatou que todos os dias "eu acordo e sei que sou uma destruidora da coisa mais preciosa, que é a vida, e conviver com isso é o mais difícil de tudo". Contudo, ela acrescentou, "é isso que mereço — acordar todas as manhãs e saber disso". Ao responder à alegação de Manson de que ele não ordenou os homicídios, ela afirmou: "Charlie está mentindo. Não havia nada que era feito — que até mesmo era permitido ser feito — sem sua permissão expressa". Ela está muito preocupada com os jovens que escrevem para ela e "parecem acreditar que o que fizemos foi certo. Nada, nada do que fizemos foi certo. Se existe algo que eu posso dizer a essas crianças, é que ele [Manson] não é um homem a ser seguido".[13]

Todos os outros membros da Família condenados pelos homicídios relacionados a Manson, com uma exceção, também estão atrás das grades. Bruce Davis, condenado pelos assassinatos de Donald "Shorty" Shea e Gary Hinman, no momento está na California Men's Colony em San Luis Obispo, Califórnia, e Robert Beausoleil, também condenado pelo assassinato de Hinman, está no California Correctional Center em Susanville, Califórnia. Apenas Steven Grogan ("Clem Tufts" na Família), condenado pelo assassinato de Shea, já foi solto.

Grogan era, conforme relatos, o membro mais desequilibrado e desorientado (devido às drogas psicodélicas) de todos da Família Manson. Até mesmo a Família o considerava louco. No entanto, a transformação pela qual Grogan, com 18 anos na época em que participou do assassinato de Shea, passou atrás das grades foi notável. Burt Katz, que processou Grogan e hoje é um juiz aposentado do Tribunal Superior do condado de Los Angeles, disse que ficou "impressionado de um modo positivo" pela mudança em Grogan, que demonstrava abertamente estar arrependido, e acreditava que ele havia amadurecido e se transformado "em um rapaz atencioso e sensível". O sargento William Gleason, da Delegacia do Condado de Los Angeles, um dos principais investigadores

13 Após a morte de Atkins, Patricia Krenwinkel tornou-se a reclusa mais antiga do sistema penal da Califórnia. Ela teve quinze pedidos de liberdade condicional rejeitados, sendo o último realizado em 2022. [NE]

do homicídio de Shea, ficou igualmente impressionado, descrevendo a mudança de Grogan como "impressionante". Atrás das grades, Grogan tornou-se muito habilidoso em pintar aquarelas e tocar violão, e obteve uma licença de mecânico de motores de aviões.

Um dos persistentes mistérios sobre a Família Manson foi esclarecido por Grogan. Tornara-se parte do folclore da Família Manson, possivelmente para assustar todos os membros que tivessem ideias insurgentes, que Shea havia sido decapitado por Grogan, retalhado e enterrado em nove lugares diferentes no rancho Spahn. Entretanto, após vastas escavações no local, a polícia não foi capaz de encontrar Shea ou qualquer parte dele. Em 1977, Grogan, enquanto estava no Deuel Vocational Institution em Tracy, Califórnia, pediu para falar com Katz. Determinado a provar que não havia decapitado Shea e nem o cortado em nove pedaços, Grogan desenhou um mapa indicando a localização do corpo de Shea. Em seguida, o sargento Gleason e seu parceiro encontraram o cadáver de Shea inteiro no local indicado: o fundo de um aterro íngreme cerca de quatrocentos metros do rancho. No dia 18 de novembro de 1985, Grogan foi solto da prisão e dispensado da liberdade condicional no dia 13 de abril de 1988.

Embora Manson, hoje em dia, tenha muito mais apoiadores e simpatizantes do que qualquer membro de sua Família jamais teve, eu não conheço nenhum grupo no momento, dentro ou fora da prisão, que se chame de Família Manson e que esteja tentando manter a chama acesa. O bando nômade de menestréis, órfãos e assassinos latentes que ele reuniu ao seu redor no final da década de 1960 não existe mais, e nenhum grupo novo surgiu para tomar o seu lugar. Com duas exceções, todos os seus antigos seguidores cortaram o cordão umbilical que os conectava a ele, começando vidas novas. Apenas Squeaky e Sandra ("Vermelho" e "Azul", Manson as chamava), seus rostos ainda corados pelo brilho missionário, permanecem irremediavelmente unidas a ele e ainda pregam seu evangelho com fervor.

Squeaky cumpriu grande parte de sua pena de prisão perpétua na Federal Correctional Institution em Alderson, West Virginia. No momento, ela está na Federal Correctional Institution em Marianna, Flórida, tendo sido transferida de Alderson para lá no dia 3 de março de 1989. Algum tempo atrás, a Associated Press divulgou que ela declarou que "o tempo está acabando para todos nós, e se não entregarmos tudo para Charlie imediatamente, será tarde demais". Em um manuscrito não publicado de 1977 sobre sua vida com Manson, Squeaky escreveu: "As pessoas diziam que eu era a principal mulher de Manson... mas a principal mulher [de Manson] é a verdade. Ela vem antes de qualquer um ou de qualquer coisa, e ele está sempre com ela na vida ou na morte". Quando Squeaky descobriu, no dia 23 de dezembro de 1987, que Manson havia escrito para alguns amigos em Ava, Missouri, informando-os que estava com câncer de testículo,[14] ela fugiu de Alderson em uma questão de horas para ir até ele, sendo detida alguns dias depois a apenas três quilômetros de distância. Em uma carta escrita para um amigo mais cedo naquele mês, ela declara: "Eu só vivo e me sinto viva quando penso nele".[15]

Sandra Good cumpriu dez anos (cinco dos quais, de 1980 a 1985, ela passou com Squeaky em Alderson) de sua pena de quinze. Ela agora vive em Hanford, Califórnia, uma cidadezinha perto da penitenciária em Corcoran onde Manson está preso. Embora não tenha permissão para visitá-lo, ela fica contente por estar geograficamente próxima de Manson, e tornou-se a principal porta-voz e apoiadora dele fora da prisão, dizendo a quem quer que esteja disposto a ouvir, incluindo espectadores das emissoras de televisão de todo o país, que Manson não apenas é inocente dos homicídios do caso Tate-LaBianca como seria uma pessoa "fantástica" para ser seguida pela nação, uma que iria "devolver as crianças para si mesmas". O namorado de Good, George Stimson, tem permissão para visitar Manson e supostamente age como intermediário para ele.

Acredita-se que Good é a orgulhosa guardiã do colete que Manson costumava usar durante o auge da Família, bordado pelas "garotas de Charlie" ao longo dos anos, com imagens de demônios, bruxas, trasgos e outros símbolos de magia e demonologia. Também foram costurados na peça fios de cabelo daquelas garotas que rasparam suas cabeças durante os dias e noites que passaram em vigília por Manson do lado de fora do Palácio da Justiça durante seu julgamento.

Quanto àqueles que outrora fizeram parte do rebanho de Manson ou que se associaram à Família, eles se dispersaram aos quatro ventos e se preocupam bastante em proteger sua privacidade da imprensa. Visto que a Família Manson se tornou sinônimo de terror — assim como aqueles

14 Como que os registros médicos de Manson são confidenciais, o Departamento Correcional da Califórnia informou que não pode confirmar se Manson de fato teve tal câncer.

15 Lynette Fromme cumpriu 34 anos na prisão. Em 2009, aos 60 anos de idade, após revisão da pena, ela foi libertada, conseguindo liberdade condicional. [NE]

no Apocalipse 9 da Bíblia, sobre cujos selos reveladores em suas testas seu líder costumava falar —, todos os antigos integrantes (mesmo aqueles que, até onde sabemos, não participaram de nenhum dos crimes execráveis cometidos pela Família) estão marcados pelo resto de suas vidas. Sabendo que poucas pessoas cientes de seu passado conseguem se sentir à vontade em sua presença, quase todos mantêm sua história em segredo em suas novas vidas.

A última informação que recebi sobre Linda Kasabian é que ela se mudou de New Hampshire e agora vive sob uma nova identidade na região sudoeste do Pacífico, junto do marido e dos três filhos. Uma amiga dela, da época que morava em Milford, New Hampshire, contou a um repórter que Linda "tinha uma vida normal. Ela levava os filhos para a escola, fazia parte da Associação de Pais e Mestres, esse tipo de coisa". Barbara Hoyt, a quem fiquei feliz em ajudar a entrar na escola de enfermagem, hoje é uma enfermeira registrada no noroeste do país. Barbara é divorciada e mora com a filha em uma casa geminada que acabou de comprar. Leva uma vida bastante ativa, "acampando, pescando, pintando e jogando voleibol".

Ao contrário de outros relatos, Dianne Lake nunca se tornou executiva ou vice-presidente de um banco. Ela trabalhou como caixa de banco durante alguns anos e hoje descreve a si mesma como uma "cristã dedicada, bem casada e bem ajustada, morando com meu marido e três filhos na região oeste dos Estados Unidos". Kitty Lutesinger é divorciada e cria os dois filhos na Califórnia. Steve Grogan não está, como foi relatado, trabalhando como pintor de casas no Vale de San Fernando, em Los Angeles. Alguém muito próximo dele me informou que sua ocupação (não revelada) exige que ele viaje para diversos estados e que "ele está se saindo excepcionalmente bem, melhor do que qualquer um poderia ter previsto".

Mary Brunner, a primeira integrante da Família, que, quando se juntou a Manson, era bibliotecária-assistente na Universidade da California, em Berkeley, cumpriu sua pena de seis anos e meio pela participação no assalto à Western Surplus Store em Hawthorne, Califórnia. No momento, mora no centro-oeste sob uma nova identidade, está solteira e trabalha com serviços administrativos.

Catherine Share cumpriu cinco anos por sua condenação no assalto em Hawthorne. Ela agora vive em um estado na região sudoeste com seu segundo marido e um filho de 23 anos que está no último ano da faculdade. Após se divorciar de Kenneth Como, um associado da Família

Manson, em 1981, ela afirma que se afastou por completo da Família. Assim como Dianne Lake, ela diz que está "bem casada e que é uma cristã muito ativa nas atividades da igreja". Share, que nasceu em Paris, filha de um violonista húngaro e uma judia alemã refugiada, ambos membros da resistência francesa antinazista durante a Segunda Guerra Mundial, descreve sua vida hoje em dia como tão honesta que ela "não recebe uma multa de trânsito há dez anos". E, assim como Patricia Krenwinkel e outros antigos membros da Família, ela se sente bastante preocupada com os muitos jovens de hoje que admiram Manson e querem segui-lo. Por conta disso, está trabalhando em um livro (*She Was a Gypsy Woman*) com um escritor do Texas que irá "contar a verdade" a esses jovens a respeito de "quem Charles Manson realmente é".[16]

Durante a fase de determinação da sentença do julgamento do caso Tate-LaBianca, Share testemunhou que o motivo para os assassinatos não havia sido o Helter Skelter — o qual eu tinha amarrado com firmeza a Manson —, mas uma suposta imitação, que não possuía qualquer ligação com Manson. Em uma conversa que tive com ela no início de abril de 1994, Lake admitiu o que eu já sabia (ver páginas 589 e 594-596 deste texto): que seu testemunho foi inverídico. Ela afirmou que a história da imitação como motivo (assim como, é claro, seu testemunho de que Linda Kasabian, não Manson, estivera por trás dos homicídios) havia sido inventada para salvar Manson da câmara de gás, e que ela testemunhou sobre isso seguindo suas instruções detalhadas.

Catherine Gillies é divorciada, recebe auxílio do governo e vive com os quatro filhos perto do Vale da Morte. Ela tem muito orgulho do fato de que suas filhas gêmeas adolescentes são alunas de destaque. Ninguém parece saber o que aconteceu com Stephanie Schram.[17] Nancy Pitman se casou com Michael Monfort, um ex-integrante da Irmandade Ariana, um grupo com o qual Manson teria tido um relacionamento vago e distante em meados dos anos 1970. Ela cumpriu pena de um ano por ter sido cúmplice no assassinato de Lauren Willett, um homicídio do qual Monfort se declarou culpado. Pitman se divorciou de Monfort em 1990. Ela agora está solteira, empregada e morando com os quatro filhos na

16 Dianne Lake publicou um livro em 2017, escrito com Deborah Herman: *Member Of The Family: My Story of Charles Manson, Life Inside His Cult, and the Darkness that Ended the Sixties.* [NE]

17 Stephanie ficou anos sem comentar o caso, até quebrar o silêncio em 2011, em um episódio do podcast *The Truth On Tate-LaBianca Radio Program*. Já em 2020, ela participou da série documental *Helter Skelter: An American Myth*, do canal EPIX. [NE]

região noroeste do Pacífico. Sua maior preocupação hoje em dia, ela diz, "é proteger meus filhos" de qualquer mal ocasionado pelo fato de no passado ela ter feito parte da Família Manson.

O pequeno Paul Watkins, um jovem inteligente e articulado que me forneceu o elo que faltava para entender o motivo do Helter Skelter de Manson, faleceu de leucemia em 1990. Paul e sua segunda esposa, Martha, tiveram duas filhas e viveram em Tecopa, uma cidadezinha no deserto na fronteira mais ao sul do Vale da Morte. Paul foi o fundador e primeiro presidente da Câmara de Comércio do Vale da Morte, além de atuar como prefeito extraoficial de Tecopa. Ele e a esposa mineravam pedras preciosas na região e as vendiam em sua joalheria na cidade. Paul também dava inúmeras palestras sobre a psicologia dos cultos e os efeitos prejudiciais do abuso de drogas. Seu livro, *My Life with Charles Manson*, foi publicado em 1979.

Durante anos, Paul (que compunha, cantava e tocava saxofone e flauta) e seu grande amigo Brooks Poston (composição, guitarra) tiveram uma banda de rock chamada Desert Sun, que tocava em clubes noturnos na região do Vale da Morte. Brooks, o autoproclamado texano casca-grossa, hoje seria membro de um culto pacífico em Nova Orleans, contudo, eu não consegui confirmar essa informação.

Dennis Rice[18] cumpriu uma pena de cinco anos pelo assalto em Hawthorne e mais dois por violar a condição de sua liberdade condicional, que estipulava que ele parasse de se associar com membros da Família Manson. Atualmente, ele é um ministro ordenado e presidente da "Free Indeed" Ministries, Inc. Mora com a segunda esposa em um estado do sul e dá palestras, ele diz, "em colégios, cadeias e penitenciárias por todos os Estados Unidos sobre o poder que Jesus Cristo tem de transformar vidas". Ele tem seis filhos, todos descritos por ele, cheio de orgulho, como "cristãos que servem a Deus".

Ruth Moorehouse mora com o marido e três filhos em um estado no centro-oeste. O caubói panamenho, Juan Flynn, retornou para o Panamá, onde trabalha em um rancho. No início de 1994, Juan voltou para a região do Vale da Morte para visitar velhos amigos. No final da década de 1970, eu recebi um telefonema de um policial canadense que estava procurando Danny DeCarlo, que nasceu no Canadá. Não consegui descobrir da Real Polícia Montada do Canadá em Ottawa o que aconteceu com essa questão porque a Lei de Privacidade do Canadá proíbe a divulgação dessa informação. Não faço ideia de onde DeCarlo está hoje em dia.

18 Dennis Rice faleceu em 2013, aos 74 anos. [NE]

Com frequência me perguntam o que aconteceu com as "crianças de Manson". Havia oito delas, das quais quatro eram filhos de Dennis Rice e sua primeira esposa — três meninos e uma menina. Dois dos filhos de Rice agora são pastores em igrejas localizadas em um estado sulista. O outro filho e a filha também vivem no sul e estão muito envolvidos nas atividades de sua igreja cristã local.

Sabe-se pouco a respeito do filho de Sandra Good, Sunstone Hawk, a não ser o fato de que ele recebeu uma bolsa para jogar futebol americano na faculdade e foi um jogador da linha de defesa do time.

A filha de Linda Kasabian, Tanya, cresceu com a mãe em New Hampshire. Ela agora mora na região noroeste do Pacífico, é casada e recentemente teve seu primeiro filho, o que faz de Linda avó.

Tudo que consegui descobrir sobre o filho de Susan Atkins, Zezozose Zadfrack, foi que ele teria sido adotado por um médico. Os registros do tribunal foram selados e nem a própria Atkins conhece o paradeiro do filho.

Valentine Michael ("Ursinho Pooh"), filho de Manson e Mary Brunner, foi criado pelos avós maternos em Eau Claire, Wisconsin. Até a terceira série, ele não soube quem era seu pai e acreditava que sua mãe era sua irmã mais velha. Em 1993, ele disse a um repórter que o localizou que nunca havia visitado Manson e que "tampouco tenho vontade de o encontrar. Ele é apenas uma pessoa ruim com quem não tenho nada a ver." Segundo o pesquisador da Família Manson, Bill Nelson, Valentine Michael, hoje com 26 anos, mora com a namorada e o filho de 3 anos em um estado das Montanhas Rochosas, onde trabalha como vendedor em uma empresa de fornecimento de produtos para encanamentos. Recentemente, ele obteve uma licença de corretor de imóveis. Valentine se sente muito agradecido por ter sido criado pelos avós e, até hoje, continua mais próximo deles do que da mãe.

Entre aqueles que tiveram contato significativo com Manson e sua Família, o filho de Doris Day, o produtor musical Terry Melcher,[19] em cuja antiga casa os homicídios do caso Tate foram cometidos e quem Manson havia tentado, sem sucesso, convencer de gravar suas músicas, hoje está envolvido principalmente nos mercados hoteleiro e imobiliário na costa oeste. No entanto, ele continua envolvido na indústria musical e, desde 1985, atua como produtor dos Beach Boys. Além disso, Terry e a esposa dedicam-se a assuntos cívicos da comunidade na região onde vivem.

Gregg Jakobson, que conheceu Manson na casa de Dennis Wilson e foi quem apresentou Melcher a Manson, cuja filosofia de vida ele considerava intelectualmente estimulante, está, segundo ele próprio, "meio

19 Terry Melcher faleceu em 2004, aos 62 anos. [NE]

aposentado e levando uma vida boa" na charmosa comunidade litorânea de Laguna Beach, Califórnia. Gregg e a esposa, filha do comediante Lou Costello, se divorciaram e ele não voltou a se casar. Ele é sócio de um restaurante chinês em Newport Beach, compra e vende antiguidades e escreve algumas canções com músicos locais.

Dennis Wilson, baterista dos Beach Boys, cuja casa na Sunset Boulevard foi ocupada por Manson e sua Família sem convite no final da primavera de 1968, e quem havia me contado, quando eu procurava pelas fitas com as gravações que ele havia feito de Manson, que as destruíra porque "as vibrações ligadas a elas não pertenciam a este mundo", morreu afogado no dia 27 de dezembro de 1983, em Marina del Rey, Califórnia, enquanto mergulhava de uma doca perto ao barco de um amigo. O relatório do legista ofereceu uma possível explicação para o afogamento: o nível de álcool no sangue de Wilson estava em 0,26%, quase três vezes superior ao limite permitido para operar um veículo motorizado no estado da Califórnia. Além disso, vestígios de cocaína e Valium foram encontrados em seu organismo.[20]

George Spahn não gostou muito do clima chuvoso do Oregon nem do rancho que comprou lá em 1971, e depois de um ano retornou para Los Angeles, voltando a morar com a esposa, de quem estivera legalmente

20 O Guns N' Roses não foi a primeira banda de rock a gravar uma música de Manson. Com pequenas mudanças na letra (por exemplo, "exist" [existir] foi mudado para "resist" [resistir], "brother" [irmão] para "lover" [amante]), a composição "Cease to Exist", de Manson, foi gravada pelos Beach Boys e lançada no lado B de *Bluebirds over the Mountain* no dia 8 de dezembro 1968, sob o novo título "Never Learn Not to Love". O single não chegou a alcançar uma posição acima do número 61 das paradas, mas as músicas de ambos os lados do single de 45 rpm foram incluídas em *20/20*, o último álbum dos Beach Boys lançado pela Capitol Records no ano seguinte. Embora os Beach Boys nunca tenham creditado Manson como compositor, Paul Watkins, Brooks Poston e Gregg Jakobson me confirmaram que a música era de sua autoria. Além disso, na biografia dos Beach Boys, publicada em 1986, *Heroes and Villains: The True Story of the Beach Boys*, o autor Steven Gaines reconheceu esse fato.

Mike Rubin, um escritor da cidade de Nova York que acompanha a cena do rock nos Estados Unidos há anos, afirma que, além do Guns N' Roses, ele conhece pelo menos outras cinco bandas de rock que gravaram músicas de Manson ou canções em homenagem a ele na última década.

No início de janeiro de 1994, a banda de rock industrial Nine Inch Nails gravou o álbum *The Downward Spiral* na antiga residência de Tate. Trent Reznor, vocalista e compositor da banda, explicou que, embora tenha chamado o estúdio construído de forma precária para a gravação do álbum de "Le Pig", e apesar de haver músicas no álbum como "Piggy" (Porquinho) e "March of the Pigs" (Marcha dos Porcos) com letras agressivas, isso tudo foi uma coincidência. Ele afirmou que o corretor que alugou a casa não o informou que o local havia sido cenário dos homicídios do caso Tate. O estúdio "Le Pig" também foi utilizado pela banda de hard rock Marilyn Manson, cujo vocalista, o sr. Manson, gravou os vocais para o álbum *Portrait of an American Family*, lançado pouco depois.

separado. Spahn morreu no final de 1974, aos 85 anos. Uma das filhas dele me contou que Ruby Pearl, a antiga amazona de circo que cavalgava em pelo e tratadora de cavalos que ajudava Spahn a administrar o rancho, havia acompanhado o homem até o Oregon. Ela comprou um rancho menor lá após Spahn voltar para a esposa e ainda reside nele.

Em 1979, Ronnie Howard morreu em um hospital de Los Angeles em consequência de ferimentos causados por uma agressão perpetrada por dois agressores não identificados. Laurence Merrick, que produziu o documentário nomeado ao Oscar de 1970, *Manson*, foi morto a tiros em seu estúdio em Hollywood, em 1977. A polícia concluiu que as duas mortes não tiveram relação com Manson ou sua Família.

Após resolver seus problemas com a condicional, Virginia Graham abriu um spa no Hilton Hawaiian Village Hotel, em Honolulu, com os 12 mil dólares que recebeu da recompensa oferecida por Polanski. Uma sobrevivente, Virginia hoje é gerente de uma galeria de arte em Kailua-Kona, Havaí, e acabou de concluir uma versão bastante expandida de seu livro publicado em 1974, *The Joy of Hooking*, intitulada *Look Who is Sleeping in My Bed; Madames, Mansions, Murder and Manson.*[21] Eu me senti grato pelo que ela escreveu sobre mim em seu livro de 1974, em especial em vista do famoso refrão de Manson de que eu o havia condenado sem provas. Ela escreveu: "Não consigo me lembrar de quantas vezes nós fomos até a procuradoria-geral para repassar minha declaração com Vincent Bugliosi. Tenho que dizer o seguinte sobre Bugliosi: embora eu nunca tenha gostado muito de nenhuma autoridade, ele foi absolutamente justo, franco e honesto. Ele nem uma vez sequer sugeriu que eu poderia alterar meu testemunho um pouco para ajudar o caso do estado. Ele tomou o cuidado de fazer exatamente o oposto, na verdade".

O rancho Spahn nunca foi reconstruído depois de ter sido completamente destruído pelos incêndios florestais que varreram a região de Newhall até o litoral em setembro de 1970. A empresa alemã que comprou o terreno de George Spahn nunca o transformou no rancho para turistas alemães que havia planejado. Hoje não existem sinais de que a homicida Família Manson sequer esteve no local. Todas as estruturas dilapidadas no rancho findaram, e a propriedade, que algum tempo depois foi vendida para o estado da Califórnia, é um terreno deserto coberto de mato.

21 Em 2015, Virginia Graham publicou a autobiografia *Manson, Sinatra and Me*, na qual detalha sua vida como uma "party girl" de Hollywood, seus encontros com Susan Atkins e sua participação no julgamento dos assassinatos de Tate-LaBianca. Virginia Graham faleceu em 2022, de causas naturais, deixando dois filhos. [NE]

A residência de Tate teve diversos proprietários depois de Rudi Altobelli, o senhorio na época dos assassinatos. O proprietário atual demoliu a casa em janeiro de 1994, pois não gostava da "história do lugar", e está construindo uma mansão no valor de 10 milhões de dólares que irá assomar acima de todas as outras da região. A residência dos LaBianca pertenceu durante anos a um casal filipino, a esposa supostamente uma amiga de Imelda Marcos. Eles a venderam recentemente para a filha e o genro.

Quanto aos participantes do julgamento de Manson, Irving Kanarek, o advogado de Manson, foi impedido de praticar direito pela Ordem dos Advogados da Califórnia no dia 29 de janeiro de 1990. Ele pediu demissão da Ordem no dia 26 de outubro de 1990, "com acusações pendentes". Não sei quais são as circunstâncias das acusações (por ser uma questão confidencial) nem qual é o paradeiro atual de Kanarek.

Paul Fitzgerald, o advogado de Patricia Krenwinkel, pratica direito em Beverly Hills e é um membro proeminente da Ordem de Advogados de Defesa Criminal na região de Los Angeles. Fitzgerald, um excelente advogado de julgamentos que continua a vencer mais casos do que qualquer outro, o faz sem sacrificar elegância e civilidade no tribunal, um lugar inerentemente inóspito para essas duas qualidades.

Daye Shinn, o advogado de Susan Atkins, foi expulso da Ordem dos Advogados do Estado da Califórnia no dia 16 de outubro de 1992 por apropriação indébita do dinheiro de um cliente.

Maxwell Keith, o refinado advogado que substituiu Ronald Hughes na defesa de Leslie Van Houten, ainda tem o próprio escritório de advocacia em Los Angeles e, neste ano, foi homenageado com um prêmio de Contribuição em Vida pela Ordem de Advogados Criminais de Los Angeles.

A causa da morte de Ronald Hughes, na região de Sespe Hot Springs, no condado de Ventura, continua sendo um mistério. Em 1976, um ex-integrante da Família Manson, que preferiu permanecer anônimo, entrou em contato comigo por telefone. Sem fornecer nenhuma informação adicional ou corroborante, ele afirmou categoricamente que Hughes tinha sido assassinado pela Família Manson. O tenente Greg Husband, da delegacia do condado de Ventura, informou que, como nunca foi estabelecido se a morte de Hughes foi resultado de um acidente, homicídio ou suicídio, o caso permanece aberto, ainda que não haja nenhum investigador encarregado no momento. É importante lembrar que não existe um prazo prescricional para o crime de homicídio.

Já eu escrevo quase em tempo integral, processando casos escolhidos a dedo. Meus dois livros de não ficção mais recentes, ambos publicados em 1991, são *And the Sea Will Tell* e *Drugs in America: The Case for*

Victory. No momento, estou escrevendo um livro sobre o assassinato do presidente John F. Kennedy.[22] Minha opinião sobre o caso? Lee Harvey Oswald matou Kennedy e agiu sozinho.

Curt Gentry, coautor deste livro, escreveu *J. Edgar Hoover: The Man and the Secrets*. Publicado em 1991, trata-se da biografia definitiva de Hoover e, na minha opinião, assim como na de muitos outros, um *tour de force* da literatura.

Meu copromotor, Aaron Stovitz, sempre quis (e, creio eu, ainda é bastante qualificado para isso) ser juiz. Em outubro de 1991, Aaron, que estava aposentado da procuradoria-geral, tornou-se comissário em meio período do Tribunal Municipal de Los Angeles em San Fernando, uma cidade na região nordeste do condado de Los Angeles. Com o senso de humor intacto, Aaron diz que ele é "o juiz Wapner do Vale de San Fernando" e manda qualquer um que entra despreparado em seu tribunal de Pequenas Causas "assistir duas reprises do programa *The People's Court*".

O juiz Charles Older está aposentado, tendo deixado a tribuna em 1987.

Em uma obra de três volumes escrita por Jay Robert Nash intitulada *Bloodletters and Badmen*, que compila praticamente todos os criminosos mais famosos da história dos Estados Unidos, Jesse James aparece na capa do Volume I, Al Capone figura no Volume II e Manson ilustra o Volume III. Manson deixou sua marca no panteão da elite dos criminosos odiosos e parece desfrutar dessa fama, por mais encharcada de infâmia que possa estar.

Nos 25 anos que se passaram desde que as atrocidades que Charles Manson ordenou e planejou foram cometidas, o assassinato em massa, como nunca antes, tornou-se quase um elemento básico de nossa sociedade. Assassinos descontentes ou perturbados surtam, vão até um antigo emprego, um restaurante fast-food, um escritório de advocacia etc., e matam de cinco a dez pessoas, ou mais. Tais carnificinas já não chocam tanto um público dessensibilizado ao serem relatadas nos noticiários noturnos. No entanto, felizmente, até o momento, a singularidade da maldade de Manson e o tipo específico de assassinatos demoníacos que ele criou não se repetiram em nossa nação. Resta-nos apenas torcer para que os anos vindouros continuem assim.

V.B.
Junho de 1994

22 O livro *Reclaiming History: The Assassination of President John F. Kennedy* foi publicado em 2007. [NE]

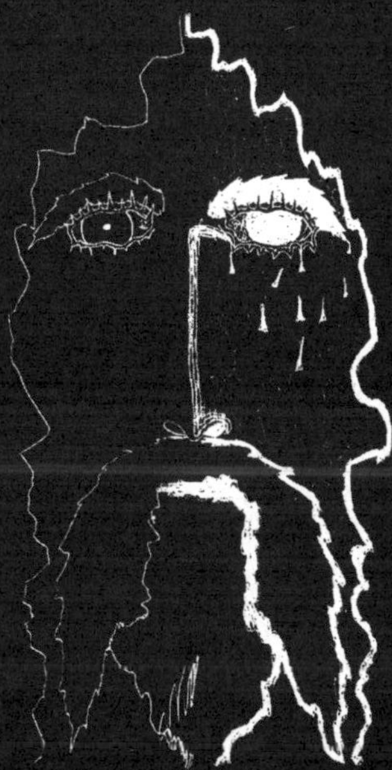

Helter Skelter

Índice Remissivo

A

Alarcon, Arthur juiz 613
Álbum Branco (White Album) (Beatles) 324-326, 328-330, 370, 540, 554, 602, 649
Alexander, Adolph, juiz 610, 611
Alexander, Steven 226
Alonzo, Maria 630, 640
Altobelli, Rudi 23, 35, 61, 82, 301, 305-311, 339, 349, 421, 435, 681
Anger, Kenneth 620
Asin, Jim 447
Asin, Ray 23, 27, 44
Atascadero State Hospital 504, 505, 557
Atkins, Susan Denise 112-116, 119, 120, 126-128, 136, 140, 143, 146, 151, 153, 155, 165, 167, 170, 171, 175, 176, 187, 188, 206, 213-215, 218, 219, 221, 222, 224, 230-234, 236, 241, 249, 250, 253-256, 258-265, 267, 269, 270, 280, 294, 296, 297, 300, 317, 320, 325, 337, 341, 342, 348-352, 355, 357, 359, 361, 363, 378, 379, 383-385, 389-392, 399, 402, 406, 415, 419, 422, 423, 426, 440, 450, 455, 457, 480, 482, 493-496, 512, 526, 530, 539, 541, 545, 549, 552, 560-566, 574, 575, 583, 586, 591-593, 595, 597, 601, 611, 620, 622, 623, 636, 642, 643, 652, 668-670, 678, 681

B

Baer, John 411
Baggot, King 268, 450
Bailey, Edward Arthur 115, 116, 623
Bailey, Ella Jo 156, 237, 338
Bailey, Lawrence Edward 177, 348, 613
Baker, Eddie 268
Ball, Joseph 273, 274
Barker, rancho 111, 112, 118, 145, 156, 160, 172, 174-176, 178-180, 182, 210, 213, 215, 224, 240, 279, 312-314, 330, 334, 335, 370, 372, 419, 487, 499, 505, 512, 565, 574, 623, 627, 632, 637
Barker, sra. Arlene 179
Barnett, Donald 272
Barrett, Samuel 552, 553, 624
Bartell, Sue 118, 127, 178
Beach Boys 127, 179, 216, 288, 338, 339, 624, 678, 679
Beatles, The 100, 202, 286, 289, 302, 318, 322-331, 341, 346, 370, 417, 426, 497, 502, 528, 540, 554, 602, 615, 633
Beatty, Warren 80, 102
Beausoleil, Robert Kenneth (Bobby) 59, 112, 116, 128, 146, 147, 187, 208, 235, 282, 295, 296, 306, 337, 384, 390, 392, 467, 473, 551, 552, 557-559, 561, 565, 568, 569, 571, 573, 587, 588, 594, 595, 620, 642, 643, 672
Benedict Canyon (bairro) 19, 121
Benedict Canyon Road 19, 20, 54, 121, 245, 267, 275, 352
Bennett, Tony 72
Bergen, Candice 20, 306
Bern, Paul 54
Berry, Bob 312
Beverly Glen 20, 101, 269
Beverly Grove Drive 21
Big Sur, Califórnia 49, 368, 617
Block, dr. 193, 194
Boen, Jerrome 35, 118, 254, 456, 457, 458
Boyd, Bill 223, 277
Boyd, Roland 277
Bradley, Thomas 57
Brandt, Steve 103, 104
Brigham, dr. e sra. Merry 67
Broda, Gary, sargento 99, 452
Broom, sargento (pseudônimo) 139, 140
Brown, Claude, dr. 577, 586
Brown, David, juiz 277, 290
Brown, Kenneth Richard 177
Brown, sargento (pseudônimo) 151, 153
Brunner, Mary Theresa 146, 156-158, 225-228, 257, 293, 316, 347, 371, 384, 387, 390, 392, 413, 440, 500, 506, 553, 569, 571, 573, 588, 613, 614, 632, 675, 678
Bryant Drive 46
Brynner, Yul 80, 102
Bubrick, Sam 504, 608
Buckles, Jess, sargento 36, 59, 60, 72, 99, 111

Bugliosi, Gail 166, 224, 477
Bugliosi, Vincent Jr. 166, 477
Bugliosi, Vincent T., promotor
acredita que a arrogância de Manson se deve à sua crença de que vai se safar, medo de que Manson solicite um julgamento imediato 281, 282
acusado de desacato ao Tribunal 487, 488
advogados de defesa também temem Manson 478
ameaça do Dia do Juízo Final, roubo de granadas de mão confirmado 543
analisa a gravação de DeCarlos e os antecedentes criminais de Manson 190-204
análise da ficha corrida de Grogan 185-188
análise do controle de Manson sobre seguidores 633-638
a promotoria encerra seu caso 508, 509
argumento de abertura da promotoria 524-529
argumento de abertura da promotoria na fase de determinação da sentença 590, 591
argumento final da promotoria, refutação das alegações da defesa, destrói "imitação" como motivo e a suposta liderança da Família nas mãos de Kasabian 593-598
argumentos da defesa 591, 592
argumentos da defesa, respostas 529-534
argumentos finais da defesa 599, 600
avaliação de Hughes 373, 374
avaliação pessoal da declaração de Atkins repudiando o testemunho 391, 392
boatos de planos para libertar Manson 612
busca nos arquivos e evidências reunidas durante batida da Procuradoria Geral do condado de Inyo 182, 183
busca por provas 288, 289
buscas no rancho Barker 172-182
buscas nos ranchos 167
buscas nos ranchos Spahn 167-169
Caballero entrega a gravação de Atkins ao LAPD, revelações e reação e pessoal 230, 231
coletiva de imprensa do LAPD sobre "resolução" do caso 221, 222
conclusão 534-540
conflito entre Caballero e Kanarek 575, 576
conversa com Caballero sobre acordo com Atkins 218, 219
conversa com Manson designando Brenda como sua principal assassina 477
conversa com Manson sobre sua crença na lei e na ordem 502, 503
conversa com Manson sobre tentativa de assassinato de Hoyt, pede aos detetives do caso LaBianca para assumirem a investigação sobre o que aconteceu com Hoyt 471
conversa particular com Manson 409, 410
convocado como testemunha da defesa 574, 575
crenças e fontes analisadas 616-622
declaração no gabinete do juiz sobre o desaparecimento de Hoyt 462
defesa na fase de determinação de sentença 549-552
deliberação do júri 540, 541
descoberta da carteira de LaBianca e importância como corroboração, planeja pedir a Atkins que mostre onde armas e roupas foram jogadas 259, 260
descoberta da porta com Helter Skelter no LAPD 393, 394
descobre que o relatório de Krenwinkel implica Manson 577-579
destino dos membros da Família Manson 638-644
dificuldade em vincular Manson à corda e alicate de corte 380-382
dificuldades com o juiz Older sobre estabelecer relacionamento entre Manson e Watson e relevância da atitude de Manson em relação aos negros 467-473
dificuldades de extradição de Watson 223, 224
dificuldades em relação à fuga de Kasabian do rancho Spahn 384, 385, 386, 387
discussão com Stovitz sobre motivo de Manson, elo ausente no motivo do Helter Skelter 293, 294
discussão no gabinete do juiz sobre declaração de Nixon 432
entrevista ambos 315-318
entrevista as garotas de Manson em Sybil Brand 209-215
entrevista Atkins 233-235
entrevista com Chapman coloca Krenwinkel na residência de Tate na semana dos homicídos 367, 368
entrevista com e testemunho de Hochman 581-587
entrevista com Lake e importância das informações obtidas 278-280
entrevista com Sage, Jacobs, Hannum, Melton e Robert Kasabian 387
entrevista com Squeaky, Sandy e outras garotas da Família Manson 183-185
entrevista com Swartz 276
entrevista com Walker prova que óculos não pertenciam aos assassinos 383, 384
entrevista com Weber e revelação da placa do carro 275
entrevista Kasabian pela primeira vez, a leva para a residência de Tate e a outros locais, narrativa das atividades da Família de julho até a noite de 8 para 9 de agosto de 1969 342, 343, 345-354
entrevista Melcher 304, 305
entrevista Schram 372, 373
entrevista Watkins 318-321

entrevista Wilson dos Beach Boy 338-340
equipe da TV encontra roupas dos assassinos do caso Tate, Weiss diz ao LAPD que eles já estão com a arma usada no homicídio 267-271
esforço para tirar Kanarek do caso 396-399
esforços para conectar a arma ao rancho Spahn e a Manson, tentativa de assassinato de Hoyt 464, 465
esforços para conectar a arma ao rancho Spahn e a Manson, tentativa de assassinato de Hoyt 462, 463, 464, 465, 466
estojo de protéjeis provam que a arma usada nos homicídios esteve no rancho Spahn 382, 383
estratégia ruim ao convocar pais primeiro 552
estuda a fita de DeCarlos e a ficha criminal de Manson 200
excelente trabalho dos detetives do caso LaBianca destrói prevista estratégia da defesa de usar álibi, viagem de Manson a Big Sur, envolvimento de Manson com o Esalen Institute 368, 369, 370, 371
faz a declaração de abertura do Povo, Manson reage com tentativa de suborno 415-422
faz com que condado de Inyo reabra acusações de incêndio criminoso contra Manson 297
faz petição ao Tribunal por imunidade para Kasabian, outorgada 440
força o LAPD a procurar as facas 366, 367
fracasso na tentativa de fazer com que a liberdade condicional de Grogan fosse revogada 413, 414
grande júri 236-252
Hoyt concorda em cooperar 224, 225
imersão no caso e intrusão na vida pessoal 166
importância em provar o domínio de Manson 287
imprensa revela acordo de imunidade para Kasabian, outras buscas por locais importantes, avaliação de Kasabian como pessoa 365, 366
indiciamento do grande júri 255, 256
início da fase de determinação de sentença, promotoria convoca apenas duas testemunhas e encerra seu caso 549
interrogatório de Kasabian conduzido por Hughes 440, 441, 442
interrogatório de Kasabian conduzido por Kanarek, desculpas de Hughes sobre Kanarek 433-439
isolamento do júri concluído 566
julgamento de Watson 608-611
Kasabian é convocada de novo 573
Kasabian tirada de Sybil Brand para refazer a rota que os assassinos tomaram na noite de 9 para 10 de agosto, narrativa dos eventos daquela noite 357-365
Kay relata a ameaça de morte de Manson à imprensa, tenta impedir publicação, mas não consegue 593
Krenwinkel é extraditada 305, 306
leitura da sentença para Manson, Atkins, Krenwinkel e Van Houten 604, 605
lista de futuras testemunhas da promotoria 500
Manson defende Bugliosi depois de longa conversa durante o julgamento do caso Hinman-Shea 614, 615
Manson diz que pode curar Watson, resposta 504
Manson e as rés exigem poder testemunhar, Older permite 511-513
medo que DeCarlo desse no pé antes do julgamento 390
memorando a Younger sobre fraqueza do caso, reunião com detetives dos casos Tate e LaBianca, depois que detetives do caso Tate repentinamente deixam de cumprir com seus deveres e entregam tarefas para a equipe do caso LaBianca 285-287
memorando confidencial sobre Atkins 232, 233
mistérios remanescentes e discussões sobre outros possíveis assassinatos da Família Manson 622-632
nascimento, escolaridade e diplomas, passa a fazer parte da Procuradoria Geral do condado de Los Angeles, leciona na Beverly Law School, consultor técnico em séries de TV, casamento e filhos 163
necessidade de conectar a arma a Manson 271
necessidade de corroboração é crítica 387-389
nomeado para o caso Tate-LaBianca 166
Older repreende Kanarek e acusa Shinn de violar a ordem de proibição de divulgação 568, 569
Older volta a isolar o júri 593
opinião pessoal sobre seu efeito sobre os jurados 436
opiniões sobre Kanarek 374, 375
o que foi retido sob ordem de descoberta 288
outras testemunhas corroboram testemunho de Kasabian, vigília dos membros da Família do lado de fora do Palácio de Justiça 447-461
ouve fitas da sessão de gravação de Manson, extradição de Watson impedida 289, 290
pede a Gail para guardar reportagens sobre a Família Manson 224
pede aos detetives do caso LaBianca um relatório das atividades de Manson na semana dos homicídios 207, 208
pede que McGann faça uma busca pelas facas 354
pedido de Manson para representar a si mesmo, concordância relutante do juiz 272-274
perplexidade sobre motivo de Manson 266, 267
política do Texas e extradição de Watson, coleta de evidências sobre o domínio de Manson sobre Watson 277, 278

preparação para levar caso ao grande júri 236
pressão e ameaças contra advogados para Atkins e Kasabian, ciente de que sem Atkins não existe caso contra Manson, prefere Kasabian a Atkins como testemunha principal 294-297
prisão de Watson e sugestão para mandado e viagem para buscá-lo 217
promotoria emite queixa contra Krenwinkel e Kasabian, escassez de provas contundentes contra, além de Atkins 220, 221
questiona o testemunho de Tweed sobre os efeitos do LSD 576-580
reações às rés imitando Manson no tribunal e acusação de perjúrio feita por Kanarek 399-402
recebe gravação da entrevista com Crockett e Poston 314
recebe gravação da entrevista com Crockett e Poston 312-315
recesso do tribunal, desaparecimento de Hughes, busca infrutífera, boatos sobre ter sido morto pela Família 519-522
registros indicam que pai de Manson pode ter sido negro 542
ressurreição de Crowe e entrevista 375, 376
retorno de Manson e das três rés ao tribunal, dúvidas quanto a se Manson irá subir ao banco das testemunhas 556
reunião com detetives do caso Tate 205, 206
reunião com o delegado Davis do LAPD, cita fraqueza do caso 221
reunião com os detetives do caso Tate 205, 206
reunião no gabinete do juiz após a substituição de Hughes por Kanarek 395
reunindo as peças do motivo de Manson, interpretação bizarra da Bíblia e das letras dos Beatles, crença de Manson em uma iminente guerra racial, conecta Manson às palavras sangrentas nas residências de Tate e dos LaBianca 322-335
Sartuchi e Bugliosi entrevistam Flynn 443-446
seleção do júri, aceitação e juramentos 405-411
sentimento na comunidade jurídica de L.A. sobre a desesperança no caso da promotoria contra Manson 260, 261
se opõe à imunidade de Atkins 170
sobre ofertas de acordos 253, 254
solicita amostras de letras de forma, importância da recusa de Krenwinkel 378-380
sucesso e fracassos de diversas pistas 334-337
telefonema de Oregon sobre prisão anterior de Atkins, profusão de telefonemas, novos acontecimentos 257-259
telefonemas encerrados assim que eram atendidos, seguido pela Família, medo pela esposa e filhos, ameaça de morte de Manson, atribuição de guarda-costas 477, 478
temores em relação à segurança de Kasabian, precauções tomadas 355-357
tenta evitar outros assassinatos, confronto com seguidores de Manson armados e repercussões 475, 476
tenta fazer com que o LAPD se infiltre na Família Manson 377
testemunho de Atkins 560-566
testemunho de Barrett 552, 553
testemunho de Flynn 482-487
testemunho de Fort 580, 581
testemunho de Fromme 553, 554
testemunho de Good 555, 556
testemunho de Graham 493-496
testemunho de Grogan 573, 574
testemunho de Hoyt 479-481
testemunho de Jakobson 497
testemunho de Kasabian 423-430
testemunho de Koenig e problemas imprevistos 498, 499
testemunho de Krenwinkel 567, 568
testemunho de Lake 505, 506
testemunho de Manson longe da presença do júri 513-519
testemunho de Melcher, Manson admite em particular ter visitado o número 10050 da Cielo Drive 501
testemunho de Share sobre a "imitação" como motivo 557-560
testemunho de Van Houten 569-572
testemunhos de Skrdla e Deering sobre LSD 507, 508
tiroteio em Hawthorne, julgamento e plano bizarro para libertar todos os membros da Família Manson 612, 613
troca informações com Fowles, de Inyo 207
troca informações com o promotor Fowles, de Inyo 207
vasculha os arquivos do LAPD em busca de provas, descoberta da entrevista com Springer e carta de Harold 266
vê Manson pela primeira vez 188, 189
verecito fase de determinação de culpabilidade 544, 545
veredicto do júri e reações 600-603
volta a entrevista Jakobson 301-304
volta de Watson à Califórnia, por que aparição no tribunal foi uma manobra tática ruim 474, 475
Bugliosi, Wendy 166, 477
Bullington, Robert 21
Buntline, Ned 85
Burbridge, Robert 24-28
Burbridge, Robert, policial 447

Burdick, A. H., tenente 61-64, 119
Burrell, Rusty 616
Burton, Richard 49, 493
Busch, Joseph 170, 171, 342
Byrne, Robert, reverendo 46

C

Caballero, Richard 218, 219, 222, 224, 230, 231, 233, 234, 259, 261-263, 294, 296, 341, 355, 401, 575, 576
Calkins, Robert, sargento 36, 99, 168, 169, 205, 206, 260, 270, 275, 286, 461, 463, 466, 471
Capote, Truman 98, 643
Carpenter, capitão 337, 342, 355, 357, 379
Carson, Johnny 98
Caruso, Paul 222, 232, 262, 263, 575
Chapman, Winifred 21-24, 29, 30, 38-40, 52, 80-83, 183, 205, 235, 251, 337, 367, 368, 420, 421, 447, 459, 508
Chasen, Frances 412
Chatsworth, Califórnia 60, 111, 143, 167, 370, 483, 624
Chavez, Antonio, juiz 220
Choate, Raymond, juiz 522, 523, 611, 614, 616
Cielo Drive (10050) 19-23, 27, 31, 36, 39, 40, 44, 46, 52, 55-57, 64, 70, 74, 76-77, 80, 82, 85, 113, 126, 155, 169, 182, 205, 216, 218, 230, 251, 254, 267, 288, 294, 301, 305-311, 345, 349, 382, 415-421, 447, 478, 497, 501, 609, 638
Cielo Drive (10070) 20, 22
Cielo Drive (10090) 22
cientologia 200-203, 226, 301, 302, 318, 320, 522, 615, 616, 617, 628
Claborn, J., sargento 70
Clements, Wendell 35
Cline, Edward L., sargento 67, 68, 452
Coburn, James 80
Cohen, Jerry 262, 626, 627
Como, Kenneth 612, 613
Compton, Buck 220
Conrad, Robert 163
Cooper, Priscilla 629, 630
Cooper, Sherry Ann 225, 627
Cord, Alex 80
Corona, penitenciária feminina de 128, 136, 140, 141, 208
Cottage, Madaline Joan 118, 176, 626
Cox, Dennis, policial 182
Craig, James 629, 630
Crockett, Paul 174, 180, 182, 312-316, 318, 335, 391, 483, 517
Crowe, Bernard 375, 376, 463, 503, 549, 591, 623
Curtis, Tony 53

D

Darrah, James, juiz 630
Darrow, Gene 543, 544
Daut, Kenneth, Jr. 412, 435
Davis, Angela 173
Davis, Bruce McGregor 118, 135, 146, 147, 153, 160, 161, 177, 207, 212, 258, 312, 340, 358, 385, 390, 414, 445, 522, 523, 611, 626, 628, 629, 642, 643, 668, 672
Davis, Edward, delegado do LAPD 111, 170, 216, 220, 221, 222
Dawson, Alva 411, 436
Day, Doris 20, 122, 216, 307
Deasy, Michael 251
DeCarlo, Daniel (Danny) 129, 131-135, 139, 142-146, 150-159, 161, 167-170, 172, 187, 190, 208, 210, 225, 226, 235, 286, 294, 320, 337, 338, 358, 371, 380, 390, 467-474, 479, 516, 530, 573, 625, 677
Deemer, Earl, tenente 90, 92, 93, 94, 95, 96, 97, 628
Deering, Harold, dr. 507, 508
Delaney, Clyda 623
Delegacia do Condado de Los Angeles (LASO) 60, 73, 111, 113, 120, 146, 152, 167, 170, 188, 190, 208, 219, 220, 222, 228, 257, 258, 345, 349, 356, 357, 365, 372, 411, 443, 470, 490, 521, 525, 543, 625, 627, 629, 630
Del Gaudio, John 83
Dell, George, juiz 290-293, 300, 356, 392, 393, 396
Deneuve, Catherine 51
Departamento de Polícia de Los Angeles (LAPD) 21, 23, 31, 32, 34-36, 42, 43, 46, 52, 53, 55, 60, 62, 65, 67, 73, 77, 78, 82, 85-89, 101-103, 106, 107, 111, 114, 120, 129, 136, 139, 142, 143, 149, 151, 153, 160, 165, 170, 171, 182, 190, 198, 199, 206-208, 216-224, 230, 233, 240, 254-256, 259, 260, 264, 266-270, 275, 280, 294, 309, 312, 335, 336, 338, 345, 348, 365-367, 372, 377, 382-384, 387, 389, 390, 393, 414, 420, 421, 443, 444, 446, 447, 451, 457, 461, 464, 466, 470, 471, 485, 498, 499, 507, 508, 535, 607, 609, 612, 619, 623, 625, 627, 629, 639
DeRosa, Jerry Joe, policial 23-31, 43, 447, 461
Dies, Martin, Jr. 290
Ditman, Keith, dr. 579, 580
Doe, Jane, nº 59 627, 628
Dohrn, Bernardine 298
Dolan, Harold 70, 254, 456, 457, 458, 459, 460, 535
Dorgan, Joe 66, 67, 100
Dorman, D. E., policial 35
Douglas, Kirk 80
Douglass, Robert 412
Dreiser, Vera, dra. 140, 141, 208
Drynan, Thomas, policial 257, 549
Duke, Patty 52

E

Easton Drive (9845) 83
Easton Drive (9860) 54
Eggar, Samantha 306
Einstoss, Ron 260
Elder, Lauren 519, 631
Ellis, John 412
Ensenada Boulevard (12881) 259
Esalen Institute 369, 617
Escalante, Frank, sargento 254
Evans, Shirley 411

F

Fagan, Sterry, juiz 413
Farrow, Mia 52, 72, 342
Farr, William 496, 527, 639, 640
Father Flanagan's Boys Town 192
Finken, John, legista 36, 37
Fisher, Duke, dr. 577
Fisher, Eddie 493
Fitzgerald, Paul 260, 261, 305, 306, 367, 368, 397, 399, 406, 410, 412, 413, 420, 421, 424, 430, 434, 438, 450, 455, 459-462, 472-474, 479, 483, 486, 491, 495, 499, 501, 506-509, 511, 512, 519, 521, 529, 530, 534, 537, 545, 550, 553, 554, 559, 563, 572, 574, 583, 584, 592, 596, 600, 603, 640, 681
Fleischman, Gary 231, 253, 296, 341, 355, 365, 386, 423, 443
Fletcher, Kitt 264, 495
Flicker, Marvin, dr. 57, 83
Flynn, John Leo (Juan) 312, 315, 316, 318, 394, 443-446, 482-485, 488, 489, 517, 583, 622, 638, 677
Fokianos, John 48, 76, 452
Folger, Abigail (Gibby) 24, 31, 33, 34, 37, 40, 48, 55-58, 74, 80, 96, 97, 123, 124, 183, 225, 242-245, 352, 398, 420, 449, 458, 480, 530, 545, 567, 568, 671
Folger, Inez Mijia 34, 83
Folger, Peter 34
Fonda, Henry 80, 306
Fonda, Peter 80
Forsher, James 519, 631
Fort, Joel, dr. 580, 581, 609
Fowles, Frank, promotor 171-173, 179-182, 185-187, 189, 207, 216, 297, 315, 368, 628
Friedman, Jerrold 64, 65, 500
Fromme, Lynette Alice 144, 145, 152, 176, 179, 182-184, 224, 234, 237, 278, 291, 392, 475, 522, 553, 554, 629, 663-665, 673, 674
Frykowski, Wojiciech (Voytek) 24, 29, 31, 33, 35, 37, 40, 41, 56-58, 77, 80, 96, 97, 114, 137, 155, 230, 241-245, 270, 352, 419, 420, 439, 451, 458, 594, 620

G

Galindo, Danny, sargento 36, 69, 256, 452
Galloway, Byron 465
Gardiner, Jack 171, 185, 210, 278, 505
Gardner, Fred (pseudônimo) 79, 80, 100
Garretson, William Eston 23, 28, 29, 35, 36, 39, 43, 44, 45, 61, 62, 63, 64, 71, 85, 86, 98, 100, 103, 205, 206, 421
Gaul, Doreen 628
George, Carl 624
Gibbens, Buck 171, 210, 278
Gibran, Khalil 363, 388
Gillies, Catherine Irene 118, 178, 587, 588, 597, 626, 640, 676
Girt, D. L. 35
Gleason, William, sargento 167, 470, 479, 672, 673
Glutz, Zezozose Zadfrack 138, 176
Golar Wash 180, 216
Goldman, Ronald 355
Good, Sandra Collins (Sandy) 156, 176, 179, 182, 183, 184, 185, 207, 224, 229, 234, 260, 371, 384, 387, 423, 456, 477, 500, 506, 555, 614, 628, 632, 663, 665, 674
Goucher, William 630
Graham, Virginia 115, 116, 121, 126, 128, 140, 141, 208, 209, 218, 219, 221, 234, 493, 494, 495, 496, 531, 639, 640, 680
Granado, Joe 31, 32, 33, 38, 70, 85, 171, 181, 235, 253, 270, 285, 336, 337, 382, 450, 451, 460
Gravante, F., sargento 30
Gregoire, J. J., tenente 30
Gresham Street (20910) 257, 319, 324, 325, 330, 332, 333, 334
Griffith Park 48, 132, 150, 279
Grogan, Steve 156, 175, 185, 186, 187, 188, 340, 413, 522, 573, 611, 613, 643, 672, 673, 675
Guenther, Charles, sargento 59, 60, 111, 112, 113, 114, 152, 167
Guerrero, Frank 80, 81, 82, 422
Gutierrez, Manuel \ 129, 143, 146, 152, 474, 500, 506

H

Habe, Marina 623, 627
Hagen, Peter, tenente 207, 216
Haight-Ashbury 226, 227, 234, 333, 419, 617, 649
Hamic, David Lee 177
Hamilton, George 80
Hannum, Dave 384, 385, 387
Harlow, Jean 54
Hatami, Shahrokh 308, 309, 310, 311, 497

Haught, John Philip 118, 127, 128, 160, 161, 177, 626
Helder, Robert J., tenente 36, 60, 61, 99, 107, 120, 154, 165, 167, 182, 205, 217, 221, 230, 266, 286, 309, 366, 387
Henderson, Ed, sargento 36, 44
Henry, R. C., legista 48
Hepburn, Katherine 306
Herrera, Gaston, legista 48
Hines, Evelyn 411
Hinman, Gary 59, 60, 111-116, 119, 121, 127, 128, 132, 136, 137, 146-148, 151, 155, 170, 184, 186, 211-213, 218, 219, 224, 227, 228, 232, 233, 390, 392, 393, 413, 493, 522, 558, 559, 561, 562, 565, 566, 568-571, 588, 589, 594, 595, 611, 612, 614, 623
Hitler, Adolf 181, 318, 409, 483, 598, 621, 622, 651, 662
Hochman, Joel Simon, dr. 581, 582, 583, 584, 585, 586, 587, 596, 597, 620, 634, 636, 642
Hollopeter, Charles 356, 373
Houchin, Bryce, sargento 76
Houghton, Robert, subdelegado do LAPD 101, 106, 107
Howard, Ronnie 115, 126, 127, 136, 138, 139, 140, 142, 151, 153, 155, 161, 165, 166, 167, 170, 172, 187, 208, 213, 218, 219, 221, 231, 234, 246, 264, 294, 378, 494, 495, 530, 564, 622, 639
Hoyt, Barbara 224, 225, 429, 462, 464, 465, 466, 471, 476, 479, 480, 481, 522, 573, 607, 613, 638, 675
Hughes, Howard 143
Hughes, Ronald 261, 373, 395, 398, 399, 412, 428, 434, 439-442, 447, 455, 460, 488, 489, 491, 499, 501, 503, 505, 511, 519-522, 603, 629, 631, 632, 670, 681
Hurkos, Peter 86, 87, 95, 98
Hurst, Dennis 83, 422

I

Independence, Califórnia 112, 119, 120, 160, 171, 172, 176, 178, 179, 181, 185, 189, 206, 210, 212, 216, 229, 234, 255, 258, 260, 278, 279, 312, 335, 397, 475
Ireland, Tim 20, 447, 529

J

Jack Frost, loja 158, 255, 286, 336, 380, 470
Jacobs, Jeffrey 385
Jakobson, Gregg 216, 217, 235, 254, 289, 294, 301, 302, 303, 304, 316, 318, 322, 323, 324, 325, 326, 327, 329, 333, 334, 335, 336, 339, 340, 497, 501, 503, 616, 634, 678, 679
Johns, tenente (pseudônimo) 139, 140
Jones, Christopher 306
Jones, Gerold (pseudônimo) 77, 78, 88, 89, 95, 97, 100
Jones, Tom 127, 493

K

Kaczanowski, Wiltod (Wiltod K) 77
Kamadoi, Gene, sargento 171
Kampman, Victoria 412
Kanarek, Irving 374, 375, 392, 393, 395-402, 405-407, 413, 420, 421, 423-428, 433-439, 446-450, 460, 468, 469, 472, 473, 478, 480, 481, 483, 484, 486-488, 495-499, 501, 503, 512, 531, 532, 535, 536, 538, 545, 552-556, 559, 564, 568, 569, 571-573, 575, 576, 584, 591, 593, 594, 599, 603, 611, 614, 616, 640, 681
Karlson, Eric 21
Karpis, Alvin 202
Kasabian, Angel (Nathan) 355, 356
Kasabian, Linda Drouin 138, 155, 157, 213, 215, 218, 220, 221, 223, 230, 231, 241, 244, 245, 248, 253, 254, 256, 258-260, 290, 292, 296, 297, 341-343, 345-366, 371, 382, 384-389, 417, 423-430, 433, 434, 435, 437-442, 448-450, 460, 465, 479, 498, 499, 516, 530, 534, 536, 538, 539, 555, 558, 559, 561, 562, 565, 566, 573, 574, 583, 594, 595, 600, 608, 675, 676, 678
Kasabian, Robert 342, 345, 387, 443
Kasabian, Tanya 342, 345, 347, 384-387, 426, 434, 442, 678
Katsuyama, David, patologista forense 72, 75, 76, 235, 255, 256, 280, 287, 453, 454
Katz, Burton 269, 374, 390, 611
Kay, sra. Terry 83
Kay, Stephen 456, 468, 493, 494, 520, 593, 611, 640
Keene, William, juiz 222, 258, 259, 269, 272, 273, 274, 290, 293, 300, 356, 357, 373, 374, 389
Keith, Maxwell 520, 524, 533, 534, 536, 537, 550, 552, 554, 559, 568-570, 571, 573, 575, 581-583, 585, 586, 588, 592, 598-600, 603
Kellerman, Sally 306
Kendall, John 410, 527
Kennedy, Robert F. 120, 647
Kerr, Deborah 50
Kilgrow, Raymond 31
Kloman, William 72
Klorman, Stanley, sargento 33
Knoll, George 146
Koenig, Charles 259, 498, 499
Kolts, James, juiz 611
Kosiński, Jerzy 56
Kott, Seymour 20, 21
Kott, sra. Seymour 20
Krenwinkel, Dorothy 549, 550
Krenwinkel, Joseph 220, 224, 549, 550
Krenwinkel, Patricia 175, 220, 221, 230, 233, 237, 243, 256, 306, 337, 338, 367, 378, 379, 385, 398-400, 410, 415, 419, 422, 426, 448, 450, 506, 507, 529, 530, 544, 545, 550, 551, 576, 577, 579, 583, 584, 586, 591, 592, 620, 642, 668, 671, 672, 676, 681

L

LaBianca, Leno 47, 48, 65-70, 72-76, 78, 79, 100, 136, 221, 230, 256, 279, 280, 281, 332, 360, 439, 452, 453, 457, 539, 567, 594, 667
LaBianca, Rosemary 47, 48, 65-70, 72-76, 136, 221, 230, 256, 280, 281, 286, 293, 327, 336, 360, 419, 439, 452-454, 498, 536, 539, 567, 569, 571, 594, 667
Lake, Dianne Elizabeth 177, 209, 210, 256, 278-280, 397, 398, 455, 505, 506, 517, 530, 536, 638, 675, 676
Lally, Eleanor 443
Lane, Robert Ivan 175
Lappen, Chet 304
LaVey, Anton 620
Lawford, Peter 55
Leavy, J. Miller 165, 233, 425
Lee, William, sargento 59, 85, 167, 169, 182, 254, 382, 383, 462, 463
LeFebure, John 84
Lennon, John 500
LePage, Paul, tenente 99, 154, 165, 170, 171, 205, 230, 266
Levin, Ira 52
Lewis, Barbara 81
Lewis, Jerry 72
Lomax. Ed 85, 101, 235, 254
Longview Valley Road (3627) 101
Lovett, Charles Allen 613, 614
lsd 121, 136
LSD 58, 87, 94, 227, 234, 248, 251, 252, 266, 278, 280, 317, 319, 320, 369, 424, 429, 435, 441, 464, 465, 481, 507, 522, 523, 528, 551, 555, 561, 574, 576, 577, 579, 580, 581, 586, 597, 607, 615, 620, 624, 634, 635
Lucarelli, Roxie 256
Lucas, Malcolm, juiz 356
Lutesinger, Kathryn (Kitty) 112-114, 128, 136, 152, 156, 169, 175, 206, 337, 372, 675
Lyon Street 236

M

Maas, Peter 289
Mackey, Bobby 551
Madden, John 30, 34, 82
Maddox, Kathleen 190, 191
Maddox, Luther 191
Madigan, Larry (pseudônimo) 77, 78, 88, 89, 95, 97, 100
Madlock, Robert C., tenente 30, 36, 45
Manson, Charles Jr. 196
Manson, Charles Luther 196, 202
Manson, Charles Milles
acusação do incêndio criminoso da retroescavadeira Michigan, descrito por Bugliosi 188
acusações de incêndio criminoso reabertas 297
acusado pelos homicídios do casto Tate-LaBianca, levado para L.A. 256, 257
ameaça dispensar Kanarek, observação sobre progresso do julgamento até então 449
ameaça retaliação se receber pena de morte 593
ameaças contra Kanarek, temido por outros advogados 478
análise de antecedentes criminais por Bugliosi 204
análise de Bugliosi sobre como obtinha poder sobre os outros 633-638, 640, 641
animosidade de Flynn a seu respeito e testemunho contra 482, 483, 484, 485, 486, 487, 488, 489
apara barba e proclama ser o diabo 579
ataca juiz Older 490, 491
atitude em relação à seleção do júri, conversa com Bugliosi, desafiado a subir ao banco das testemunhas 407, 408, 409, 410
Atkins conta a Howard que Manson é tanto Cristo quanto o diabo 138
audiência de acusação pelo incêndio criminoso da pá carregadeira Michigan, Bugliosi o vê pela primeira vez, o descreve 188
audiência de acusação, Tribunal designa Fitzgerald como representante, incidente onde relógio para de funcionar 258, 259, 260
avaliação de desempenho, estudo da cientologia, divórcio, referência ao segundo filho, obsessão pelos Beatles, retorna a Terminal Island 200, 201, 202, 203
Barrett minimiza acusações anteriores a 552, 553
batiza Atkins de 117
bilhete de Atkins para Howard sobre Manson ser a Segunda Vinda de Cristo 264, 265, 266
boatos de planos da Família para libertar 612
boatos de que vai apresentar álibi, Bugliosi pede aos detetives do caso LaBianca um relatório detalhado das atividades na semana dos homicídios 207, 208
Bugliosi é intimado por mandado de busca para o rancho Barker 172
Bugliosi encontra a declaração de Springer com a confissão de Manson 266
chegada da Família no Vale da Morte e apreensão e prisão na batida no rancho Barker recontados 173, 174, 175, 176, 177, 178
chegada no rancho Spahn, primeiros dias no rancho Spahn, esforços para recrutar Straight Satans 143-146
citado como suspeito no relatório investigativo do caso LaBianca 108
comentário de Caruso sobre medo de Atkins 575

comentários de Atkins a Caballero sobre motivo do Helter Skelter 575, 576
como erro de Katsuyama pode proporcionar álibi 453, 454, 455
compra da corda 286
confisco de pertencer na batida Barker 172
conta a Bugliosi que defende lei e ordem 502, 503
conversa com Bugliosi designando Brenda como sua principal assassina, ameaça matar Bugliosi 477, 478
conversa com Bugliosi, nega ter ordenado assassinato de Hoyt 471
conversa com Sage sobre alegações de assassinato feitas por Kasabian 385
conversas de Jakobson com Manson, revelações sobre sua filosofia, domínio, ideias raciais 301, 302, 303, 304
cria tumulto, outra vez retirado do tribunal 524
crime de sodomia, transferência para reformatório federal em Petersburg, Virginia, mais delitos, transferência para reformatório federal em Chillicothe, Ohio, roubos de automóveis, chegada na Califórnia, prisão, pedido de ajuda psiquiátrica 194, 195, 196
dá as coisas ao juiz, retirado para sua cela, se recusa a voltar 398
DeCarlo conta à polícia sobre envolvimento no homicídio de Hinman, afeição por armas, assassinatos de Pantera Negra e Shea, poder para fazer com que outros matem por ele 146-155
declaração de abertura da promotoria sobre 415, 416, 417, 418, 419, 420, 421, 422
declaração escrita após condenação 548
declarado culpado pelo presidente Nixon, própria declaração, mostra manchete de Nixon para o júri 431, 432, 433, 434, 435, 436, 437
defende Bugliosi após conversa durante julgamento do caso Hinman-Shea 614, 615
desaparecimento de Hughes depois de conflito com 521, 522
descrição de Kanarek como homem pacífico e não violento, comentários da cadeia 531, 532, 533
dificuldades para estabelecer motivo 295
emite depoimento juramentado de preconceito contra juiz Keene, julgamento designado ao juiz Older 389
encontro com Atkins, a convence a mudar de advogados e a se retratar 355
entalha X na testa e declaração para a imprensa 415
entrevista com Melcher, relembra incidente de Manson no lado de fora do portão do número 10050 da Cielo 218
entrevista com Springer sobre recrutamento e admissão surpreendente de Manson sobre assassinatos 129, 130, 131, 132, 133
entrevista de Bugliosi com Atkins 234, 235
entrevista de DeCarlo sobre Manson e sua Família 139, 142-155
entrevista de Flynn revela admissão incriminadora 443, 444, 445
entrevista de Kasabian, revelações sobre 341, 342, 343, 345, 346, 347, 348, 349, 350, 351, 352, 353, 354
entrevista de Swartz sobre carro emprestado, desaparecimento de Shea 276
esforços da promotoria para conectar arma a 462, 463
esforços da promotoria para estabelecer atitudes raciais 470, 471, 472, 473
esforços para fazer Krenwinkel voltar, planos para defesa unificada 278
exame psiquiátrico requerido pelo tribunal, declaração de Stevens, sentença suspensa e liberdade condicional 199, 200
exames psiquiátricos, transferido para a Natural Bridge Honor 193, 194
exemplos adicionais de domínio 338
extenso testemunho longe da presença do júri 513-519
fascínio de Jakobson por "todo pacote que era Manson" 216, 217
fontes de crenças analisadas 616, 617, 618, 619, 620, 621, 622
furioso com testemunho de Fort 580
garotas da Família Manson entrevistadas a seu respeito 209, 210, 211, 212, 213, 214, 215
gravação com lembranças de Crockett e Poston 312, 313, 314, 315, 316
Harold True coloca Manson na casa ao lado da residência dos LaBianca, preocupação da promotoria de que ele possa exigir julgamento imediato 280, 281, 282
histórico 190, 191, 192, 193, 194, 195, 196, 197, 198, 199, 200, 203, 204
importância da mudança de nome 317
importância de estabelecer domínio 287
impressões digitais não encontradas na residência dos LaBianca 457
indiciamento pelo homicídio de Hinman, Kanarek substitui Hughes, conversa com Bugliosi sobre um julgamento justo 392, 393, 395, 396, 397
indícios de que não vai subir ao banco das testemunhas 556
instruções para Lake 505
instruções sobre afiação de facas 449
interpretação singular da Bíblia e letras dos Beatles 322-335

interrogatório de Kasabian conduzido por Hughes sobre divindade de Manson 440, 441
juiz Keene revoga status de pro per, Hollopeter desginado como advogado 356, 357
julgamento e veredicto no caso Hinman-Shea 611, 612
Kanarek afirma que prisão é ilegal, Bugliosi contesta 401
Kanarek insinua que Manson pode ser Cristo 599
Kasabian sobre atividades de Manson na noite dos homicídios dos LaBianca 357, 358, 359, 360, 361, 362, 363, 364, 365
Keith coloca culpa em Manson durante argumento de abertura 533, 534
Keith reconhece domínio de Manson 599, 600
lealdade das garotas e planos para ser libertado 546
lições ensinadas a Squeaky e a Sandy 184, 185
líder de culto, preso nas batidas nos ranchos Barker e Spahn 111
ligado à corda, arma e alicate de corte 380, 381, 382
lugar para prática de tiro ao alvo favorito no rancho Spahn 169
medo de Kasabian de 386
Melcher relutantemente revela que Manson visitou Altobelli na casa de hóspedes, Altobelli e Hatami confirmam, Sharon Tate viu o homem que viria a ordenar sua morte 305, 306, 307, 308, 309, 310, 311
menção em relatório de Brown 577, 578
mencionado na necropsia de Tate, pista ignorada 60
mensagens para Atkins 341
não tem nome mencionado na coletiva de imprensa do LAPD 221
na prisão em Independence, interrogado por policiais do LAPD, nenhum relatório foi feito, sargento Patchett leva amostra de tiras de couro para L.A para comparação 119
nascimento da Família recontado, especulação sobre como desenvolveu incrível controle sobre outros, nascimento do filho 225, 226, 227, 228
nascimento, ilegitimidade, mistério sobre a identidade do pai, problemas com a mãe, infância com a tia 190, 191
necessidade de conectar arma usada nos homicídios a 271
outros possíveis assassinatos da Família Manson 622-632
passa carta para Kasabian, excertos do conteúdo 440
pedido para dispensar advogado e defender a si mesmo, juiz Keene concede com relutância 272, 273, 274
pedido para julgamento antecipado, petição para mudança de local, negados 300
pedido para permanecer na prisão negado, soltura em março de 1967, nascimento da Família em Haight-Ashbury 203
pedido para ver Watson, alega que pode curá-lo 504
perplexidade de Bugliosi sobre motivo 266, 267
pista de possível estratégia da defesa 337
possibilidade de que pai pode ter sido negro 542
possível ameaça a Fitzgerald entreouvida 520
Poston sobre o poder de Manson 503, 504
Poston sobre técnicas de programação 317, 318
pressão sobre outros réus e seus advogados 296, 297
primeira reação de jurados em potencial 406
proxenetismo, sob vigilância do FBI, preso por sacar cheque falsificado e roubado do Ministério das Finanças, acordo 198
referência de Bugliosi em argumento de conclusão 528, 529
referências de Bugliosi em conclusão 534, 535, 536, 537, 538, 539, 540
referências em argumento de abertura de Bugliosi na fase de determinação da sentença 590, 591, 592
referências no argumento final de Bugliosi 593, 594, 595, 596, 597, 598
relatório dos detetives do caso LaBianca sobre atividades na semana dos homicídios, prova da presença no rancho Spahn no dia 8 de agoto de 1969 367, 368, 369, 370, 371
ressurreição de Crowe e reação 375
retorno ao tribunal 556
revelações de Hoyt 225
revelações na gravação de Atkins 230
sentença comutada para prisão perpétua, elegível para liberdade condicional em 1978 642-644
sentenciado 604, 605
Squeaky líder extraoficial da Família em sua ausência 475
suborno oferecido a Maupin 422
substituição de Hollopeter por Hughes 373, 374
surgimento improvável como herói da contracultura 298, 299
tentativa das rés de inocentá-lo de envolvimento, resistência dos advogados 511, 512
tentativa de assassinato de Hoyt 464-466
tentativa de fuga, divórcio, solto sob liberdade condicional 197, 198
tentativa de Share para inocentar, Bugliosi destrói sua história 557-560
testemunho de Atkins diante do grande júri sobre como conheceu Manson, seu controle sobre a Família, suas ordens para os homicídios dos casos Tate e LaBianca 236, 237, 238, 239, 240, 241, 242, 243, 245, 246, 247
testemunho de Atkins, dilema de Bugliosi por ter que provar culpa de novo 560 566
testemunho de DeCarlo diante do grande júri sobre 255

testemunho de DeCarlo sobre ideias raciais 467, 468, 470
testemunho de Fromme sobre 553, 554
testemunho de Gillies apoiando 587, 588
testemunho de Good sobre 555, 556
testemunho de Hochman e pedido de entrevista 581-587
testemunho de Jakobson sobre 497
testemunho de Kasabian 423-430
testemunho de Melcher sobre, admite a Bugliosi em particular ter visitado o número 10050 da Cielo Drive 500, 501
testemunho de Schram sobre conduzir escola de assassinato no rancho Barker 372, 373
testemunho de Van Houten sobre 569, 570, 571, 572
testemunho de Walleman sobre disparo contra Crowe 463, 464
tiroteio em Hawthorne e julgamento 612, 613
veredicto do júri, reações e comentários 600, 601, 602, 603
veredicto e reação da fase de determinação de culpabilidade 543, 544, 545
vida turbulenta após soltura da mãe, enviado para o Gibault School for Boys, foge, comete primeiros crimes, enviado ao Boys Town, foge, comete primeiro assalto à mão armada aos treze anos, sentenciado à Indiana School for Boys, foge dezoito vezes, condenado pela lei Dyer, encarcerado na National Training School for Boys 191, 192, 193
vinculado aos homicídios dos casos Tate e LaBianca e a uma morte no Vale da Morte, pista ignorada 115, 116
vínculo com Esalem Institute 370
viola a lei Mann, se casa com Leona Stevens, preso no Texas, sentenciado a McNeil Island 200
Watkins fornece elo que faltava no motivo do Helter Skelter 318, 319, 320, 321
Manson, Leona Rae 199, 202
Manson, Michael 227
Manson, Rosalie Jean 195, 196
Manuel ("Chick"), sargento 99, 205, 207-211, 258, 338, 365, 368, 394
Manzella, Anthony 611
Martin, Dean 53, 339
Martin, Deana 339
Martin, Don, capitão 64
Martinez, David 82
Marvin, Lee 80
Marz, Frank, sargento 233
Matthew, irmão 618
Maupin, William, policial 422
Mauss, H. L., policial 379
McBride, William, II 411, 435, 541, 545, 570, 601
McCauley, K. J., inspetor 69, 76
McGann, Michael J., sargento 36, 40, 44, 96, 97, 99, 133, 135, 143, 152, 170-172, 180, 182, 205-208, 211-215, 220, 221, 254, 260, 268, 270, 286, 354, 357, 366, 447, 466, 471, 622
McKellar, William, sargento 220, 500
McKenzie, Thelma 411, 435, 601
McKinney, Texas 217, 218, 221, 223, 290
McLarty, Sam, sargento 233
McMurray, John P., juiz 172, 173
McNiel, Edwin, dr. 196, 199
McQueen, Steve 42, 55, 72, 80, 127, 493
Melcher, Terry 20, 52, 81, 122, 127, 140, 205, 216, 217, 218, 235, 240, 251, 294, 301, 304, 305, 306, 307, 311, 325, 334, 500, 501, 610, 641, 678
Melcher, William 641
Melton, Charles 345, 346, 387, 443
Merrick, Laurence 632, 680
Mesmer, Marie 411, 435, 601
Monfort, Michael 629, 630, 676
Montgomery, Maurice 217
Montgomery, Tom, xerife 220
Moorehouse, Dean 501
Moorehouse, Ruth Ann 156, 157, 176, 210, 211, 522, 573, 607, 677
Moor, Robert 302, 617, 618
Mossman, sargento 151, 153, 165
Muçulmanos Negros 332
Mulholland Drive 245
Murphy, Audie 223
Murray, Bill, oficial de justiça 490, 491, 528, 544, 620
Musich, Donald 456, 468, 640
Myers, rancho 176, 179, 180, 224, 225, 479, 480, 481, 483, 587

N

Nader, Saladin 388, 443, 531
Neiswender, Mary 526
Nelson, Louis, diretor penitenciário 643
Newman, Paul 55, 80
Newton, Huey 299
Nielsen, Michael, sargento 99, 129, 143, 152, 171, 205, 208, 218, 220, 223, 224, 279, 388, 389
Nielson, Blackie 192
Nietzsche, Friedrich Wilhelm 303, 318, 622
Niven, David 50
Nixon, Richard Milhous 329, 431, 432, 434, 435, 436, 502, 514, 663
Noguchi, Thomas, legista 36, 37, 48, 54, 60, 75, 235, 251, 270, 447, 448, 449, 455, 470, 538

O

Ocean Front Walk (1101) 365, 388
Older, Charles H., juiz 389, 396-400, 402, 405-408, 410-413, 420, 422-428, 432-441, 448, 450, 455, 456, 458, 460, 463, 467-469, 474, 477-481, 483, 486-491, 495, 496, 499, 500, 503, 506, 508, 509, 511, 512, 515, 518-521, 524, 526, 527, 531, 532, 538, 540, 543-545, 554, 559, 561, 563, 566, 568, 569, 571, 573, 575, 593, 599-601, 604, 639, 640, 670, 682
Orr, Ann, oficial de justiça 528
Owens, dr. 141

P

pai John 618
Palmer, George, policial da LASO 372
Palmer, Kathy 83
Panteras Negras 132, 148, 332, 346, 576
Parent, Juanita 46
Parent, Steven Earl 45, 47, 48, 59, 62-65, 80, 81, 83-85, 98, 136, 140, 241, 251, 254, 270, 343, 350, 427, 437, 451, 500, 531, 535, 538
Parent, Wilfred 46, 251, 420
Parker Center 45, 61, 88, 90, 111, 120, 128, 135, 139, 151, 219, 269
Parker, Kathlen, juíza 413
Part, Marvin 272, 290, 571
Patchett, Frank, sargento 99, 119, 129, 181, 205, 207, 208, 216-218, 255, 365, 368, 370, 388, 397, 499
Patton State Hospital 280, 397, 398, 505
Pearl, Ruby 144, 380, 627, 638, 680
Pendleton Marine Base 492, 543
Peppard, George 54, 55
Peters, Frank (pseudônimo) 198
Pettet, Joanna 81
Phillips, John 77, 78, 500
Phillips, Michelle 77, 78
Pickett, Jeffrey (pseudônimo) 77, 78, 88, 89, 95, 96, 97, 100, 103, 107
Pitman, Nancy Laura 176, 211, 256, 477, 522, 523, 554, 629, 630, 676
Plumlee, Vernon Ray (Vern) 115
Polanski, Barbara Lass 51
Polanski, Roman 23, 29, 30, 34, 35, 50-53, 58, 65, 77, 80, 81, 83, 86, 87, 89-95, 97, 221, 308-310, 501, 602, 638, 639, 680
Portola Drive (9870) 275, 354
Poston, Brooks 174, 180, 182, 312-318, 321-327, 329, 330-332, 335, 336, 338, 391, 394, 395, 443, 468, 483, 485, 503, 504, 517, 583, 595, 638
Powell, Dick, guarda-florestal 173-175
Process, The 301, 302, 320, 615, 617-620
Pugh, Joel 228, 229, 628
Pursell, James, policial rodoviário 174-178, 180
Putnam, George 207

R

Ransohoff, Martin 49, 50, 51, 90, 91
Rayner, Lanier 201
Reagan, Ronald 173, 389, 658, 659
Reeves, sra. Garnett 220
Reiner, Ira 261, 290, 291, 373, 374, 397, 407, 410, 411, 412, 413
Reinhard, Robert 134
Rice, Dennis 464, 465, 472, 522, 607, 613, 614, 677, 678
Ritchard, sargento 115, 116
Roberts, Clete 270
Roberts, Raymond, juiz 374, 375
Roberts, Steven 89
Robinson, James, delegado 220
Rodriguez, W. C., policial 67, 452
Rogers, T. L., sargento 30
Rogers, Will 338
Rommel, Erwin 174, 181
Roseland, Jean 411, 541, 597, 602, 603
Ross, Mark 117, 118, 356
Rubin, Jerry 298, 299
Russell, Amos 30, 82
Russell, Wesley 265
Ryan, Tom, promotor 277

S

Saffie, Jim 47
Sage, John 385, 386, 387
Sainte-Marie, Buffy 306
Samuels, Jo Anne (pseudônimo) 199
Samuels, Ralph (pseudônimo) 199
Sartuchi, Philip, sargento 99, 119, 171, 181, 182, 205, 218, 223, 224, 258, 279, 280, 388, 389, 443, 444, 446, 471, 474, 484
Schiller, Lawrence 262, 263, 575
Schram, Stephanie 112, 175, 206, 368, 371, 372, 373, 384, 499, 589, 596, 638, 676
Scott, coronel 191, 624
Scott, Darwin Orell 624
Sebring, Jay 24, 30, 33, 34, 36, 37, 39-43, 48, 50, 52, 54, 55, 56, 59, 61, 78, 80, 82-84, 86, 89, 90, 92, 94, 122-124, 126, 127, 136, 158, 242, 244, 270, 271, 336, 380, 381, 420, 422, 438, 451, 462, 470, 529

Sellers, Peter 80, 102
Shannon, Steve 21
Share, Catherine 175, 211, 228, 256, 345, 522, 557, 558, 559, 560, 607, 613, 614, 675, 676
Sharp, James 628
Shea, Donald Jerome (Shorty) 152, 153, 154, 158, 159, 169, 186, 211, 225, 228, 257, 258, 336, 340, 413, 446, 563, 574, 611, 614, 623, 672, 673
Sheely, Larry 412, 438
Sheppard, Sam 259, 545
Shinn, Daye 261, 357, 373, 374, 392, 407, 433, 436, 437, 455, 471, 472, 478, 480, 491, 495, 496, 499, 512, 530, 531, 535, 549, 552, 560-563, 568, 569, 573-575, 591, 592, 599, 603, 640, 681
Sinatra, Frank 55, 72, 127, 493, 494, 496, 650
Sinclair, Collie 177
Sirhan, Sirhan 120, 644
Sisto, Anlee 411
Sivick, Ruth 74, 75, 452, 458
Skrdla, Blake, dr. 290, 507, 508
Slezak, Walter 373, 412
Smith, Claudia Leigh 177
Smith, Dave 632, 643
Smith, dr. David 227
Smith, Roger 227
Spahn, George 88, 144, 145, 152, 168, 169, 179, 184, 247, 281, 346, 380, 382, 463, 638, 679, 680
Spahn, rancho cinematográfico 60, 112, 113, 129, 130, 132, 134, 135, 143, 145-149, 152, 154, 156-159, 166-169, 182, 186, 188, 190, 209, 211-213, 215, 218, 220, 222, 224, 228, 238-240, 242, 246, 250, 251, 253, 255, 257, 271, 276, 279, 285, 287, 294, 296, 299, 301, 312, 319-321, 330, 334, 336, 339, 340, 342, 345, 347, 353, 357, 364, 370-372, 380-387, 390, 391, 394, 408-410, 413, 425, 427, 430, 437, 438, 441, 442, 444-446, 449, 455, 462-464, 470, 472-476, 479, 482, 499, 505, 506, 529, 531, 539, 551, 556, 557, 561, 562, 567, 582, 591, 613, 615, 617, 622-625, 627, 628, 634, 635, 647, 673, 680
Sparks, Rich 20
Springer, Al 128-136, 139, 149, 150, 152, 155, 187, 266, 294, 337, 639
Stafford, Jean 404
Starr, Randy 381, 438
Steele, Emmett 21, 44
Steinberg, Robert 493, 496
Steuber, David, policial 485, 489
Stevens, Connie 72
Stevenson, Jo 495, 496
Stothers, Stephen, juiz 607
Stovitz, Aaron 165, 166, 170, 171, 218-222, 231, 232, 342, 396, 413, 419, 455, 456, 558, 575, 682
Straight Satans, gangue de motociclistas 113, 128, 129, 131, 134, 145, 146, 150, 358, 428
Struthers, Frank, Jr. 47, 65, 69, 76, 100, 256, 280, 452
Struthers, Suzanne 47, 100, 183, 256, 280, 336, 452
Summit Ridge Drive (1600) 52
Summit Ridge Drive (2175) 21
Sunset Boulevard 20, 62, 216, 246, 338, 679
Sutcliffe, Stuart 323
Swartz, John 155, 156, 253, 275, 276, 348, 358, 447, 463, 486
Sybil Brand, penitenciária 115, 117, 127, 136, 139, 142, 143, 151, 153, 165, 206, 208, 209, 218, 219, 222, 231, 233, 254, 260, 264, 272, 296, 337, 341, 342, 343, 345, 354, 355, 383, 384, 423, 450, 493, 534

T

Tabbe, Helen, policial 337, 450
Tarlow, Barry 45, 206
Tate, Debra 80, 82, 83
Tate, Doris 30, 31, 660
Tate, Patricia 80
Tate, Paul, coronel 30, 55, 103, 221, 309, 420, 602
Tate, Sharon Marie 24, 31, 33-35, 49-54, 65, 72, 78, 80-84, 86, 87, 89-95, 103, 106, 107, 124, 136, 137, 140, 155, 167, 170, 171, 183, 225, 232-235, 242-245, 264, 279, 288, 289, 307-310, 337, 353, 419, 420, 438, 448, 480, 497, 508, 529, 553, 562, 563, 566, 609, 660
Taylor, Elizabeth 49, 127, 493, 650
Tennant, sra. William (Sandy) 31, 81, 82
Tennant, William 31, 33, 34, 35, 77
Terminal Island, penitenciária de 197, 204
Thompson, Thomas 86
Todd, Hugh Rocky 175
Tolmas, Ed 375
Toney, J. C., policial 67
Topanga Canyon 156, 238, 281, 345, 364, 389, 557, 625
Topanga Road (964) 59
True, Harold 280, 360, 500
Tubick, Herman 411, 541, 544, 601
Tweed, Andre, dr. 576, 577

U

Ungerleider, Thomas 576

V

Vale da Morte, Califórnia 173, 312, 314, 315, 330, 331, 419, 608, 623, 677
Van Houten, Jane 550
Van Houten, Leslie Sue 119, 120, 175, 185, 211-215, 221, 230, 256, 258, 272, 279, 280, 282, 290, 291, 300, 346, 355, 379, 398, 399, 407, 411, 412, 415, 419, 422, 426, 455, 460, 505, 520, 521, 526, 533, 534, 536, 537, 541, 545, 550-552, 559, 562, 567, 569-572, 579-583, 585, 586, 592, 599, 600, 642, 668, 670, 671
Vargas, Tom 82, 83, 422
Varney, Dudley, sargento 36
Vitzelio, Walter 411, 438
Von Ahn, Diane 176

W

Walker, Roseanne 383, 500, 535
Walleman, Thomas 149, 150, 463
Walts, Mark 624
Ward, Don, delegado 176, 178, 182, 312, 313, 315
Ward, Don (oficial) 177
Warnecke, Alan 288
Warren, Nancy 623
Watkins, Paul 312, 315, 316, 318-327, 330-336, 338, 345, 369, 370, 376, 377, 387, 391, 394, 443, 468, 483, 485, 489, 503, 504, 507, 517, 557, 583, 598, 606, 609, 616, 635, 638, 652, 677, 679
Watson, Charles Denton (Tex) 123, 217-221, 223, 228, 230, 233, 240-246, 251, 277-279, 338, 346, 348-353, 358, 360, 426, 427, 468, 474, 501, 504, 556, 557, 562, 581, 583, 608-611, 666, 667
Watson, Michael, oficial 101, 270, 461
Waverly Drive (3267) 79, 281
Waverly Drive (3301) 48, 66, 70, 73, 74, 76, 206, 230, 256, 281, 327, 415
Waverly Drive (3306) 67
Waverly Drive (3308) 66
Webb, Jack 163
Weber, Rudolph 275, 352, 354, 387, 447, 608
Weiss, Bernard 101, 106, 107, 269, 270
Weiss, Steven 101, 106, 354, 461, 639
Whisenhunt, William T. (oficial) 24-31, 421, 447, 538
Whiteley, Paul, sargento 59, 60, 111-113, 152, 167, 170, 187, 490
Wildebush, Juanita 312, 334
Wild, Victor Floyd 617
Willett, James T. 629
Willett, Lauren 630
Willis, Richard C., policial 370
Wilson, Dennis 127, 216, 218, 239, 251, 288, 301, 307, 316, 340, 497, 678, 679
Wilson, Herb (pseudônimo) 77, 78, 88, 89, 95-97, 100, 103, 107
Wiman, Al 268, 366, 367, 450
Wolfer, DeWayne 85, 86, 382, 421, 500, 609
Woodstock Road (2774) 56

Y

Yorty, Samuel, prefeito 57
Younger, Evelle, promotor 232, 285, 342, 391, 393, 399, 434, 456, 575

Z

Zabriske, Steve 115, 116, 623
Zamora, Philip 411
Ziegler, Ron 432
Zimbardo, Philip 636

Helter Skelter

GALERIA DE IMAGENS

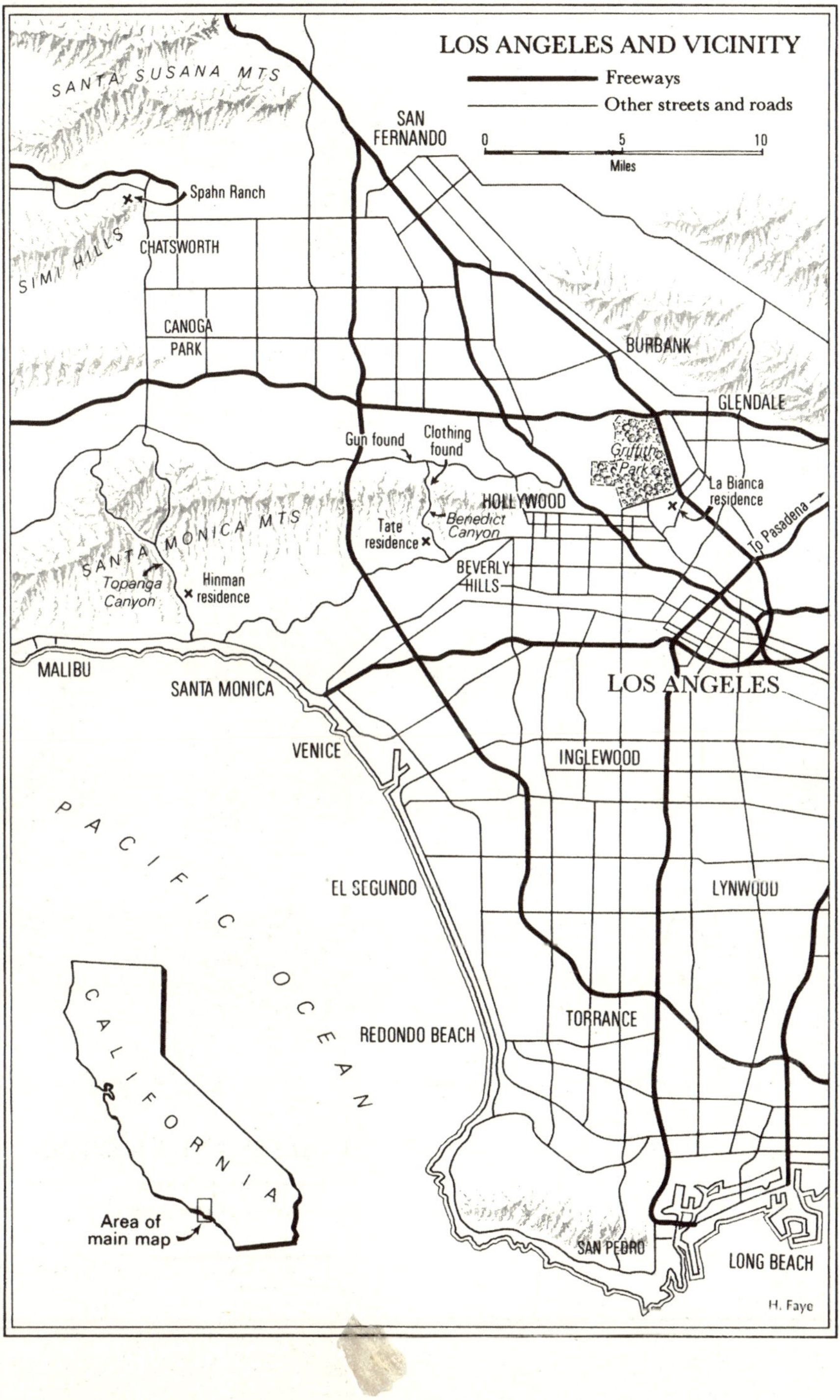
LOS ANGELES AND VICINITY
Freeways
Other streets and roads
0
5
10
Miles
SANTA SUSANA MTS
SAN FERNANDO
Spahn Ranch
SIMI HILLS
CHATSWORTH
CANOGA PARK
BURBANK
GLENDALE
Gun found
Clothing found
Griffith Park
La Bianca residence
To Pasadena
HOLLYWOOD
Benedict Canyon
Tate residence
SANTA MONICA MTS
Topanga Canyon
Hinman residence
BEVERLY HILLS
MALIBU
SANTA MONICA
LOS ANGELES
VENICE
INGLEWOOD
PACIFIC OCEAN
EL SEGUNDO
LYNWOOD
CALIFORNIA
TORRANCE
REDONDO BEACH
Area of main map
SAN PEDRO
LONG BEACH
H. Faye

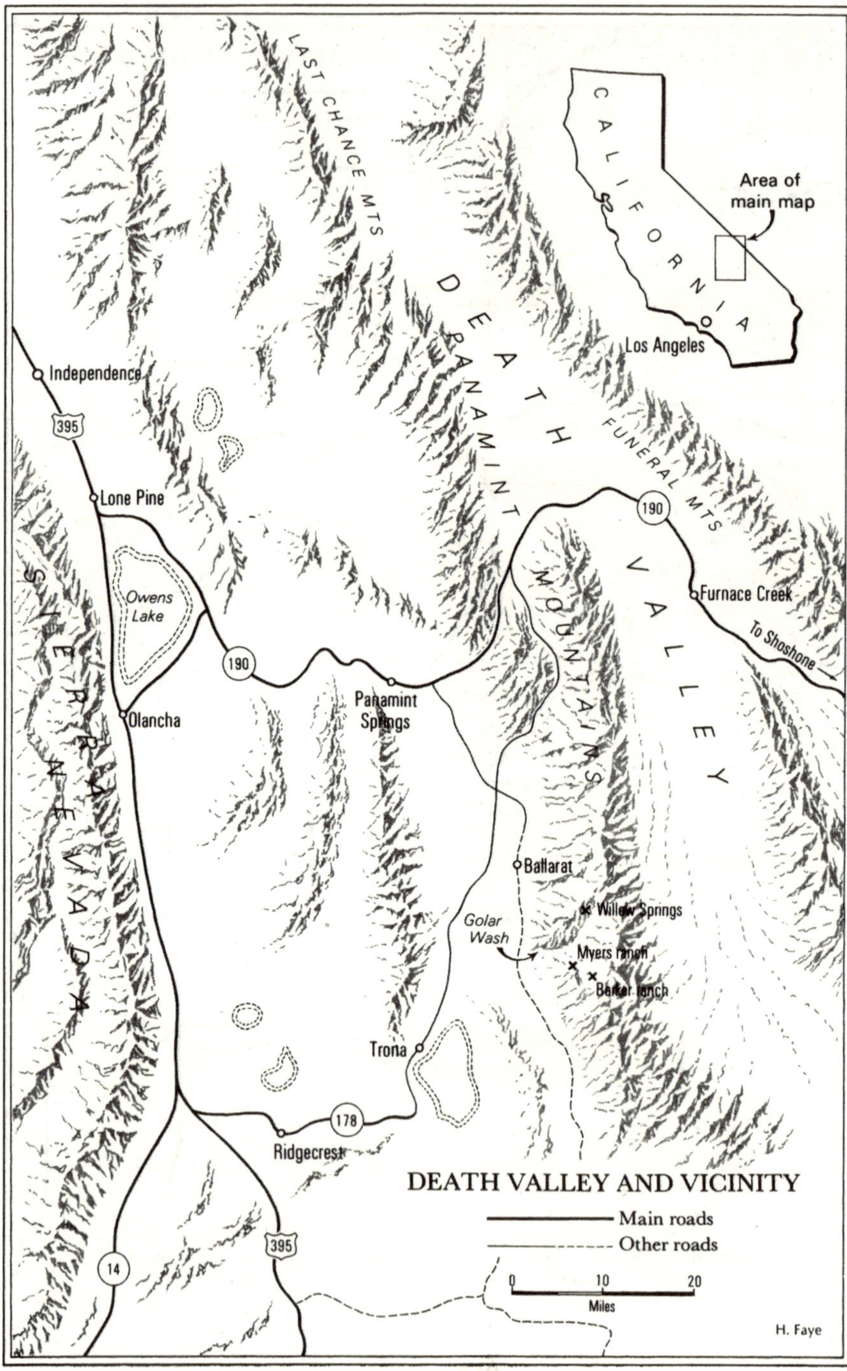

LAST CHANCE MTS
DEATH VALLEY
PANAMINT MOUNTAINS
FUNERAL MTS
SIERRA NEVADA
CALIFORNIA
Area of main map
Los Angeles
Independence
395
Lone Pine
Owens Lake
190
Olancha
Panamint Springs
Furnace Creek
To Shoshone
Ballarat
Willow Springs
Golar Wash
Myers ranch
Barker ranch
Trona
178
Ridgecrest
14
DEATH VALLEY AND VICINITY
Main roads
Other roads
0
10
20
Miles
H. Faye

1. Número 10050 da Cielo Drive, uma rua sem saída isolada bem acima da Cidade dos Anjos. Até aquela noite, Sharon Tate a chamava de sua "casa do amor". **2.** Primeiro, os fios telefônicos foram cortados. **3.** Temendo que o portão fosse eletrificado, os assassinos o evitaram. **4.** Em vez disso, eles escalaram o aterro à direita do portão. **5.** Enquanto fugiam do local, um dos assassinos deixou uma impressão digital sangrenta no botão do mecanismo de controle do portão. Após isso, um policial do LAPD apertou o mesmo botão, criando uma sobreposição que apagou a digital.

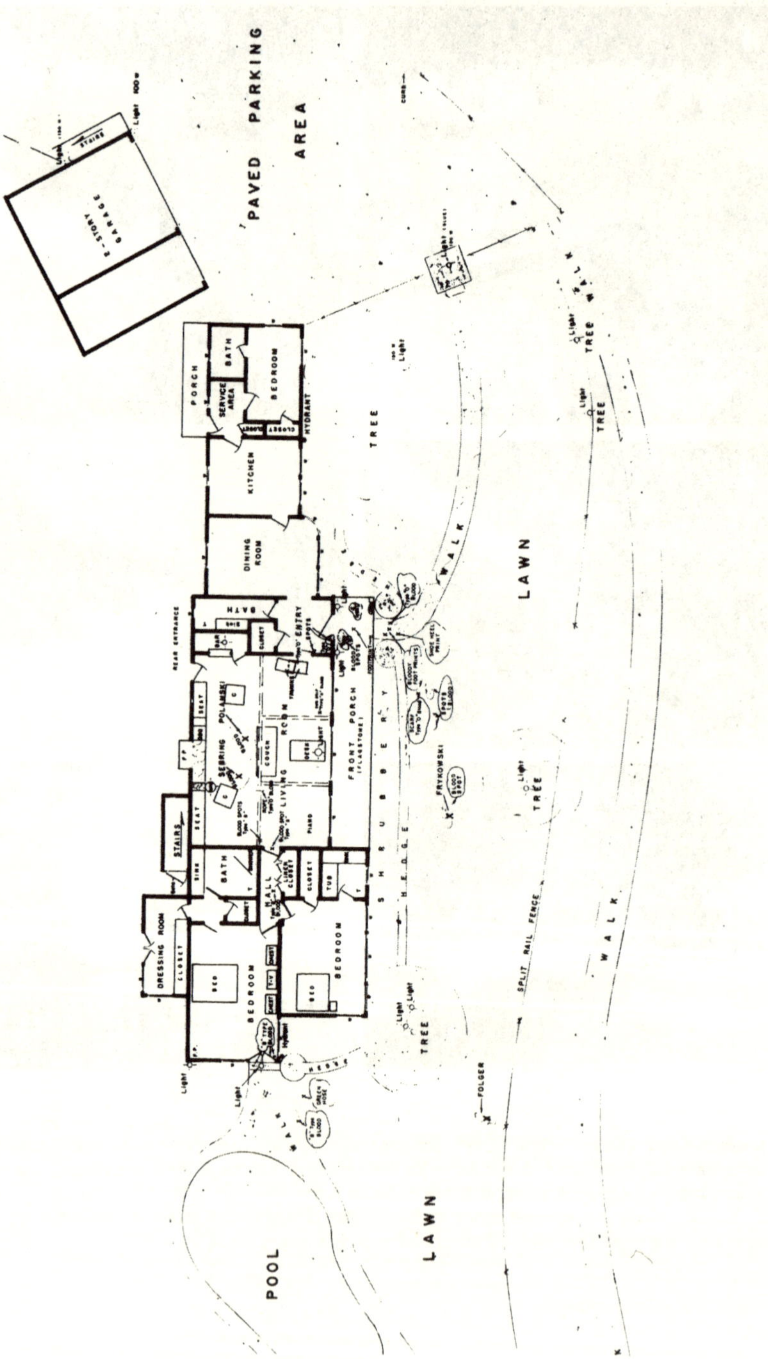

PAVED PARKING
AREA
2-STORY GARAGE
STAIRS
PORCH
SERVICE AREA
BATH
BEDROOM
CLOSET
HYDRANT
KITCHEN
DINING ROOM
BATH
REAR ENTRANCE
ENTRY
CLOSET
SEBRING
POLANSKI
LIVING ROOM
COUCH
DESK
PIANO
FRONT PORCH (FLAGSTONE)
STAIRS
SEAT
BATH
HALL
CLOSET
TUB
DRESSING ROOM
CLOSET
BED
BEDROOM
BED
BEDROOM
SHRUBBERY
HEDGE
FRYKOWSKI
BLOOD SPOT
FOLGER
TREE
TREE
TREE
TREE
TREE
WALK
WALK
WALK
WALK
LAWN
LAWN
SPLIT RAIL FENCE
POOL

1

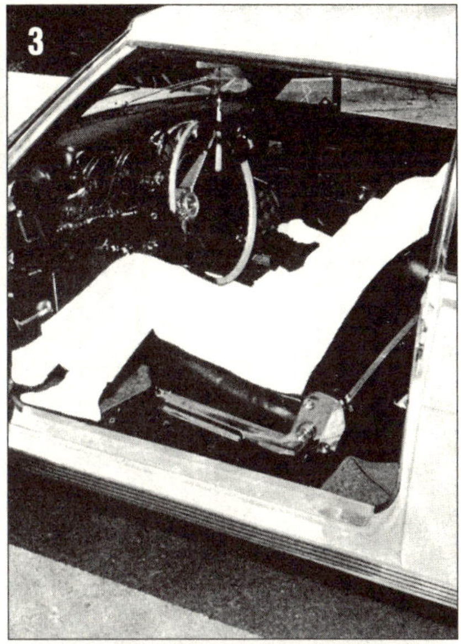

1. Diagrama em escala da residência de Tate, mostrando a localização de quatro dos cinco corpos. O carro Rambler de Parent estava à direita, mais adiante na área de estacionamento pavimentada que levava ao portão. A casa de hóspedes ficava à esquerda, a uma distância considerável além da piscina. **2.** Steven Earl Parent, de 18 anos, em sua formatura do ensino médio. Entusiasta de aparelhos de som de alta fidelidade, ele trabalhava em dois empregos para economizar o suficiente para ir para a faculdade no outono. **3.** Steven Earl Parent – vítima de assassinato. No lugar errado, na hora errada, Parent estava indo em direção ao portão quando os assassinos chegaram. Ele foi o primeiro a morrer. **4 e 5.** Ao encontrarem o corpo de Parent, os primeiros policiais avançaram pelo acesso à garagem até a residência. Encontraram a casa e o terreno assustadoramente quietos.

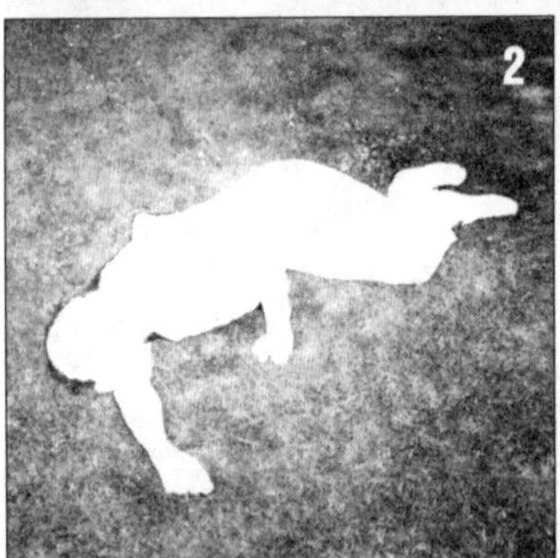

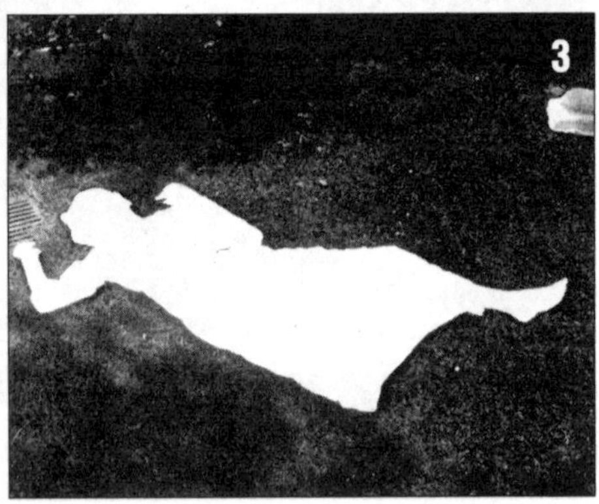

1. A herdeira do café Abigail Folger, de 25 anos, e seu amante polonês Voytek Frykowski, de 32. Eles haviam começado a se mudar da residência na Cielo Drive, mas Sharon pediu que ficassem até que seu marido, o cineasta Roman Polanski, voltasse na semana seguinte. **2.** Voytek Frykowski – vítima de assassinato. Encontrado esparramado no gramado próximo à porta da frente, Frykowski lutou com afinco por sua vida. Foi baleado duas vezes, atingido na cabeça treze vezes com um objeto contundente e esfaqueado 51 vezes. **3.** Abigail Folger – vítima de assassinato. Seu corpo também estava no gramado, a uma pequena distância do de Frykowski. Ela foi esfaqueada tantas vezes que sua camisola branca parecia ser vermelha.

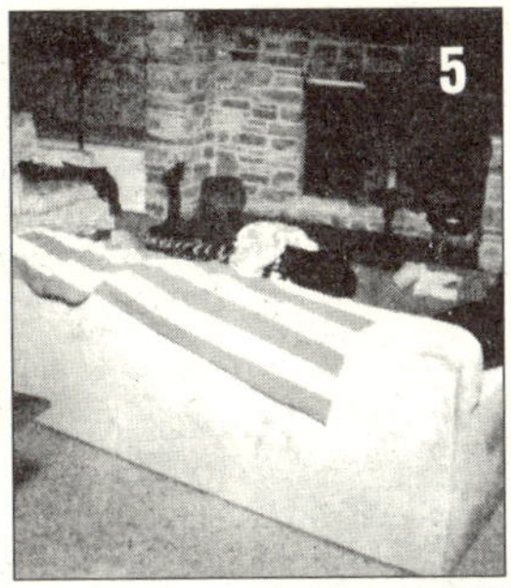

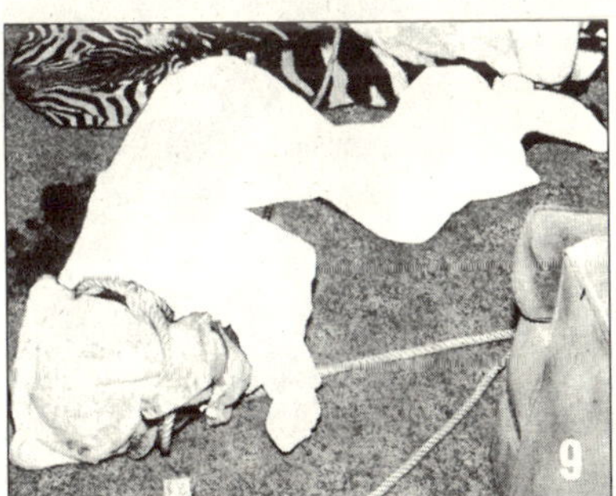

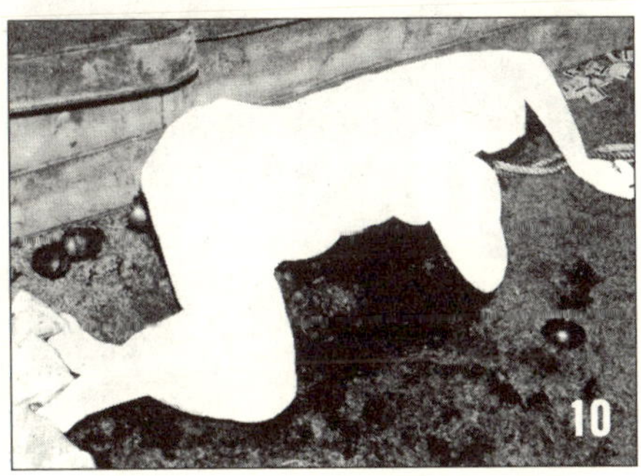

4. O caminho que levava à porta da frente da residência de Tate. As poças de sangue eram evidências silenciosas da luta furiosa que aconteceu ali. **5.** Uma bandeira dos Estados Unidos estava pendurada no encosto do sofá na sala de estar. No outro lado, diante da lareira, havia uma cena tão inacreditável que deixou horrorizados até mesmo os detetives mais experientes. **6.** Foi apenas ao se aproximarem que os policiais viram a mensagem bizarra que os assassinos haviam deixado. Inscritas na porta, com o sangue da própria Sharon Tate, estavam as letras PIG – PORCO. **7.** O renomado cabeleireiro internacional Jay Sebring, de 35 anos, fora noivo de Sharon Tate. De acordo com alguns, ele ainda estava apaixonado por ela. **8.** A linda atriz de cabelos cor de mel, Sharon Tate, de 26 anos. Embora tivesse atuado em *O Vale das Bonecas*, apenas após sua morte receberia reconhecimento. **9.** Jay Sebring – vítima de assassinato. Uma toalha ensanguentada cobria seu rosto. Uma corda, enrolada em volta de seu pescoço, levava a um outro corpo. **10.** Sharon Tate Polanski – vítima de assassinato. Grávida de oito meses, ela implorou pela vida de seu filho. "Olha, vadia, não estou nem aí para você", um dos assassinos respondeu.

1  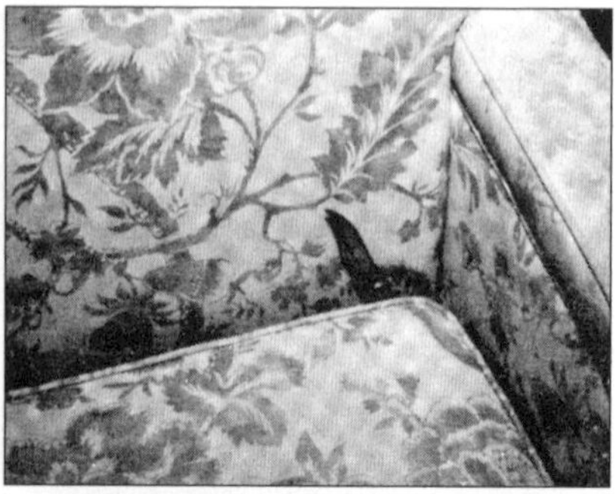 2

3   4

5   6

1. A galeria acima da sala de estar. Antes de ser esfaqueada até a morte, Sharon Tate foi enforcada em uma das vigas. A corda, deixada para trás pelos assassinos, tornou-se uma pista importante. **2.** Outras pistas incluíam: um par de óculos; três pedaços de uma empunhadura de arma quebrada; e uma faca Buck, encontrada despontando da almofada de uma poltrona na sala de estar. **3.** O quarto de Folger e Frykowski. Abigail Folger estava lendo quando os assassinos apareceram. Aparentemente pensando que eram amigos dos Polanski, ela olhou para cima e sorriu. **4.** Quarto de Sharon Tate, como estava na manhã após os homicídios. O berço, em cima do armário, nunca viria a ser usado. **5.** Perseguida por um dos assassinos, Abigail Folger tentou fugir pela porta que levava do quarto de Sharon para a piscina do lado de fora, mas foi alcançada no gramado. **6.** A casa de hóspedes na outra extremidade da propriedade. Após ouvirem os latidos de um cachorro e uma voz dizendo, "Psiu, fique quieto", a polícia a cercou, vindo a prender a única pessoa ainda viva no local, o caseiro de 19 anos, William Garretson. Embora tenha sido acusado dos cinco homicídios, ele foi liberado após passar por um teste de polígrafo. **7.** Visão aérea da residência dos LaBianca – número 3301 da Waverly Drive, no bairro Los Feliz, em Los Angeles. A casa de número 3267, anteriormente ocupada por Harold True, fica à direita. Os assassinos estacionaram onde o veículo aparece, subiram o acesso à garagem em curva na direção do número 3267 e, em seguida, atravessaram para a casa dos LaBianca.

7

1

2

3

4

1 e 2. De novo, assim como aconteceu com os cinco homicídios da noite anterior, a polícia encontrou uma quantidade bizarra de pistas: DEATH TO PIGS – MORTE AOS PORCOS – e RISE – REBELEM-SE – nas paredes da sala de estar e HEALTER SKELTER com o erro de grafia na porta da geladeira, todas inscritas com o sangue de uma das vítimas. **3.** Leno LaBianca estava sentado no sofá, lendo o jornal de domingo, quando o pesadelo mortal começou. **4.** O quarto. Ao ouvir os gritos do marido, Rosemary LaBianca começou a se debater. Suas agressoras continuaram a esfaqueá-la mesmo depois de ela já estar morta. **5.** Proprietário de uma rede de mercados, Leno LaBianca, de 44 anos, não parecia ter nada em comum com as vítimas do caso Tate e, apesar das muitas semelhanças, a polícia logo concluiu que os dois crimes não estavam vinculados. **6.** Rosemary LaBianca, de 38 anos. Alguns dias antes de sua morte, ela confidenciou a uma amiga que alguém invadira sua casa enquanto ela e Leno estavam fora. **7.** Leno LaBianca – vítima de assassinato. Além de múltiplos ferimentos à faca, uma faca e um garfo foram encontrados cravados em seu corpo, e a palavra WAR – GUERRA – havia sido entalhada em sua barriga. **8.** Rosemary LaBianca – vítima de assassinato. Brandindo facas muito parecidas com aquelas usadas na noite anterior, os assassinos a esfaquearam 41 vezes. **9.** Menos de 24 horas após a descoberta da palavra PORCO inscrita na porta da frente da residência de Tate, um dos detetives de homicídios designado ao caso foi informado do impressionante homicídio semelhante ocorrido em Malibu apenas três semanas antes. Naquela ocasião, as palavras POLITICAL PIGGY – PORQUINHO POLÍTICO – haviam sido inscritas com o sangue da vítima, o músico Gary Hinman. Mesmo depois de as palavras sangrentas MORTE AOS PORCOS terem sido encontradas na residência dos LaBianca, o detetive não acreditou que valia a pena investigar essa pista.

5

6

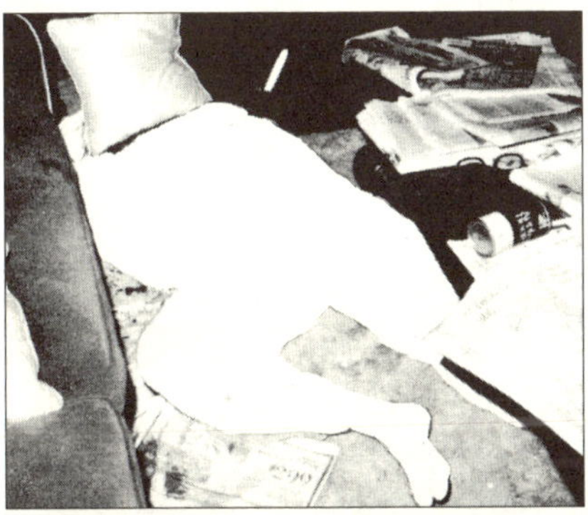

7

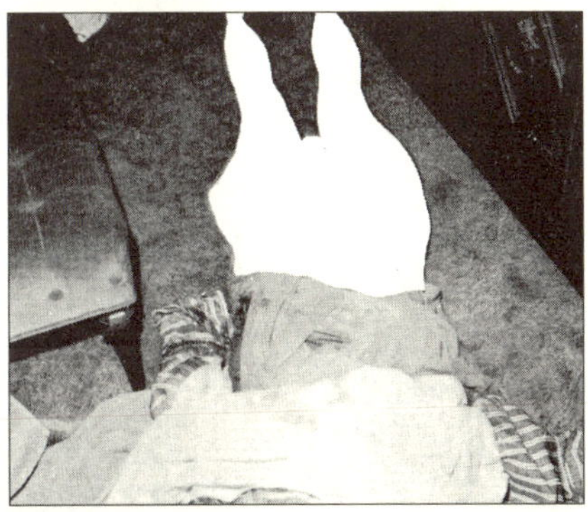

8

9

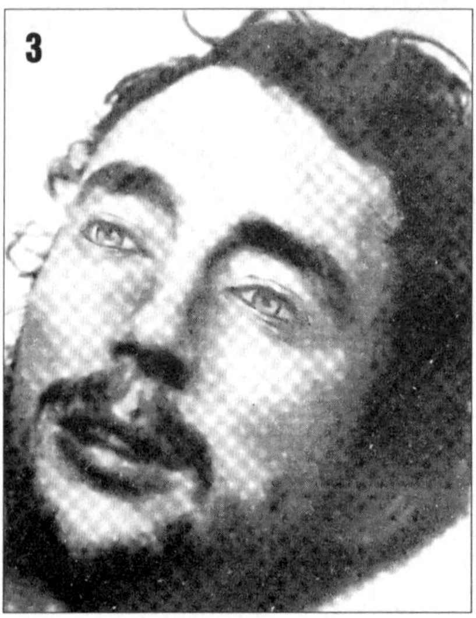

1. O professor de música Gary Hinman – vítima de assassinato. Ele cometeu o erro de fazer amizade com seus assassinos. **2.** Aspirante a ator e caubói do rancho Spahn, Donald "Shorty" Shea – vítima de assassinato. Assim como Sharon Tate, ele ansiava pelo estrelato, mas, em vez disso, encontrou a morte. **3.** John Philip Haught, também conhecido como Christopher Jesus e Zero. Vítima de assassinato ou suicídio? As pessoas presentes alegaram que ele estava brincando de roleta-russa. Só que a arma estava completamente carregada e sem nenhuma impressão digital. **4.** O advogado Ronald Hughes – vítima de assassinato. A tentativa de defender um dos assassinos do caso Tate-LaBianca lhe custou a vida. Como revelado aqui em primeira mão, o homicídio de Hughes foi "o primeiro dos assassinatos de retaliação". **5.** Charles Milles Manson, também conhecido como Jesus Cristo, Deus. Apesar de não ter sido mencionado no tribunal, Manson se gabava de ter cometido 35 homicídios.

5

FCI TERMINAL ISLAND
3845-CAL
5-2-56

1

FCI TERMINAL ISLAND
A11685 - CAL
6-29-66

2

SHERIFFS OFFICE
MENDOCINO CO CALIF
A 10822

3

SHERIFFS OFFICE
MENDOCINO CO CALIF

4

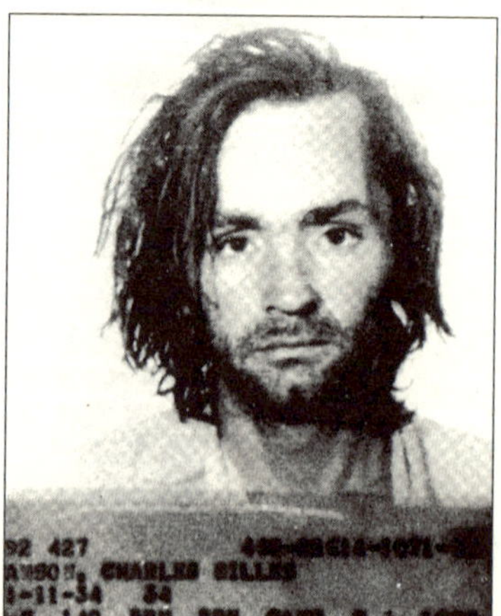
92 427
CHARLES
140

5

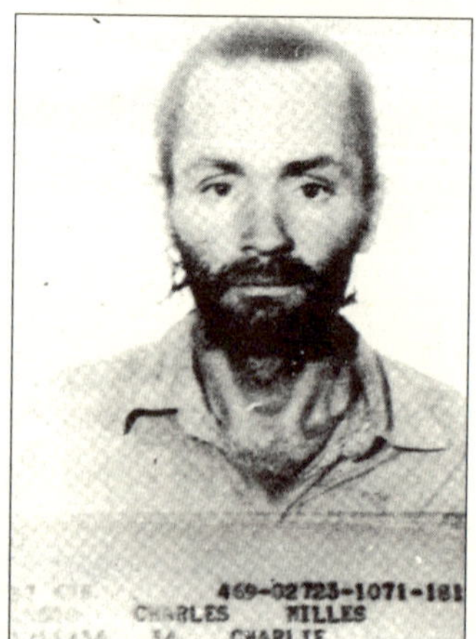
469-02723-1071-181
CHARLES MILLES
34 CHARLIE

6

7

8

1 a 6. Arrombador, ladrão de carros, falsificador, cafetão. Aos 32 anos, Manson havia passado dezessete anos – mais da metade de sua vida – na cadeia. O que aconteceu para transformar um marginal insignificante em um dos assassinos em massa mais infames de nossa época? **7.** Charles Manson na ocasião da batida no rancho Spahn, em 16 de agosto de 1969. Uma semana depois dos homicídios do caso Tate, quase todos os assassinos foram detidos, suspeitos de roubo de veículos. Todos foram liberados em um intervalo de 48 horas, ao descobrirem que o mandado estava com a data errada. **8.** Após as batidas dos dias 10 a 12 de outubro de 1969 no isolado rancho Barker, no Vale da Morte, Manson foi fichado por roubo de veículos e incêndio criminoso. Com apenas 1,57 metro de altura, ele mal se parecia com um homem que podia e que de fato mandou outras pessoas matarem por ele.

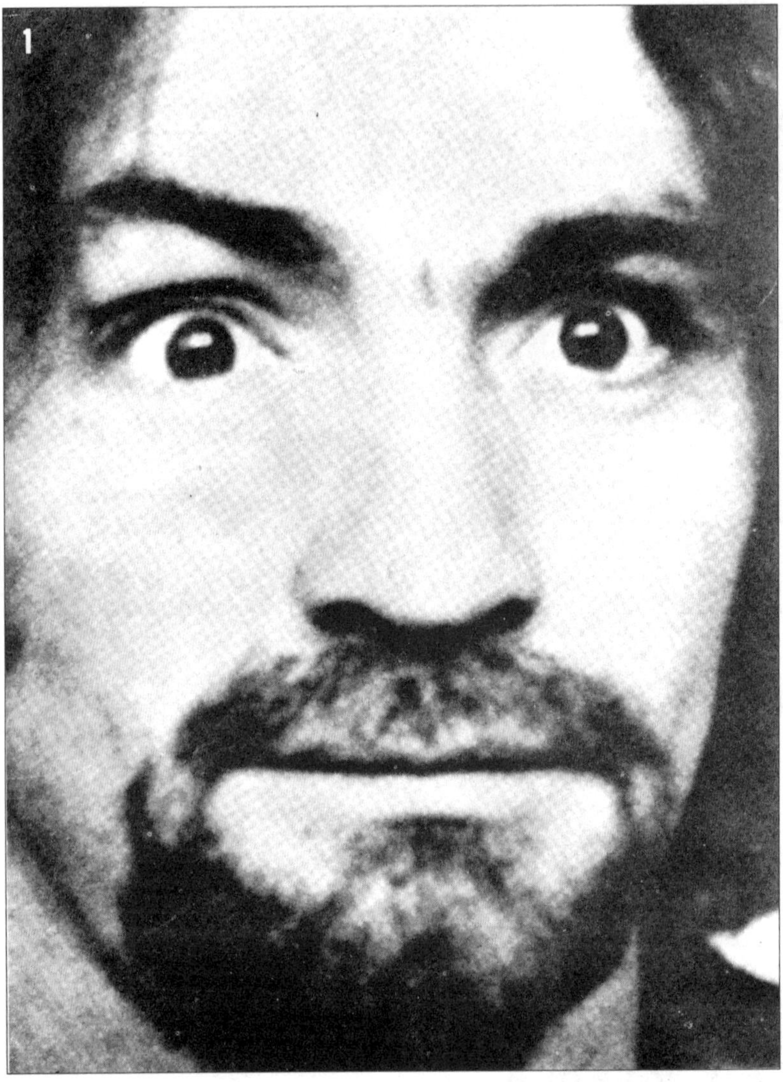

1. A fotografia mais amplamente divulgada de Charles Manson. Quando ela apareceu nas bancas de jornais de todo o mundo, os membros da Família foram ouvidos exclamando cheios de orgulho: "Charlie saiu na capa da *Life*!". *(Cortesia de Robert Hendrickson e Laurence Merrick)*

2 e 3. Charles Watson, também conhecido como Tex, de 23 anos – assassino. **4 e 5.** Susan Denise Atkins, também conhecida como Sadie Mae Glutz, de 21 anos – assassina. *(Cortesia de Robert Hendrickson e Laurence Merrick)*

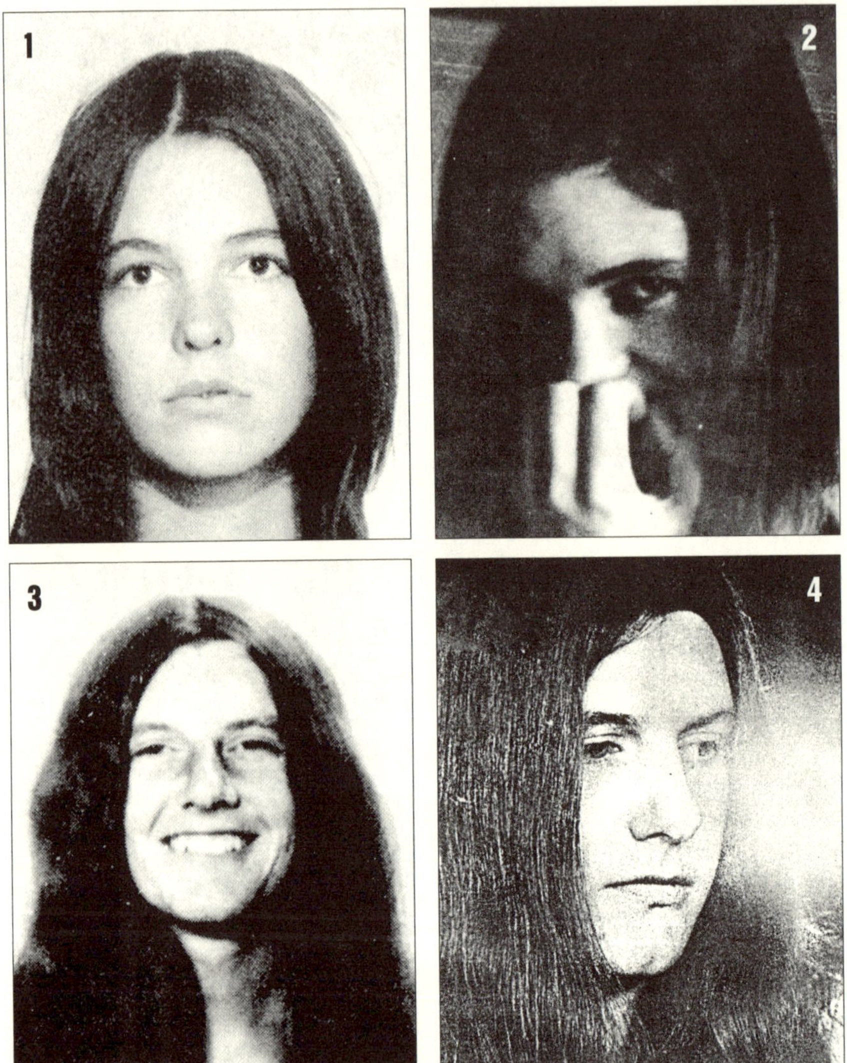

1 e 2. Leslie Van Houten, também conhecida como LuLu, de 20 anos – assassina. *(Cortesia de Robert Hendrickson e Laurence Merrick)* **3 e 4.** Patricia Krenwinkel, também conhecida como Katie, de 21 anos – assassina. *(Cortesia de Robert Hendrickson e Laurence Merrick)*

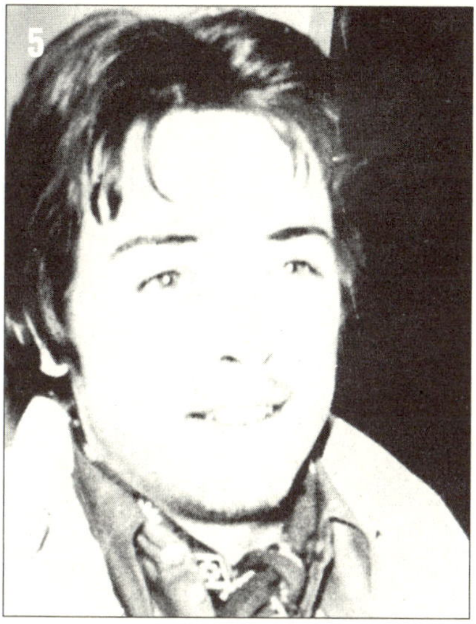

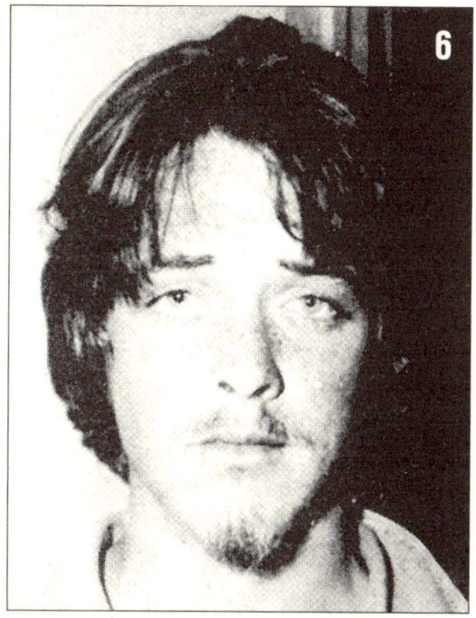

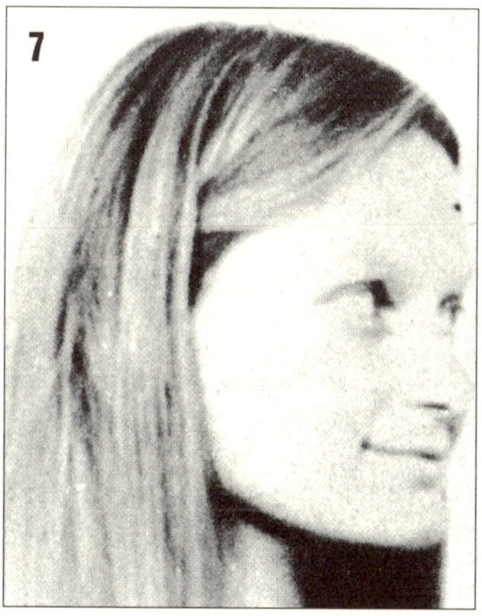

5 e 6. Robert "Bobby" Beausoleil, também conhecido como Cupid, de 22 anos – assassino. *(Cortesia de Robert Hendrickson e Laurence Merrick)* **7 e 8.** Mary Theresa Brunner, de 25 anos – assassina. *(Cortesia de Robert Hendrickson e Laurence Merrick)*

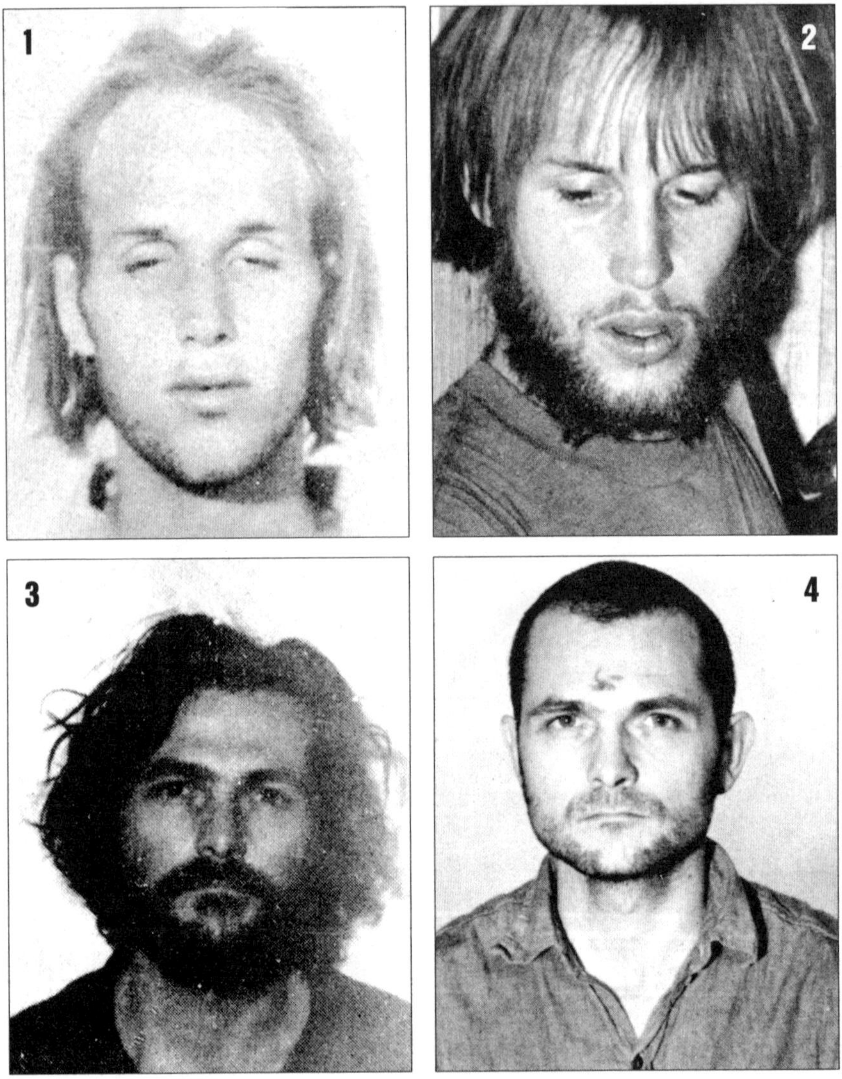

1 e 2. Steve Grogan, também conhecido como Clem, de 17 anos – assassino. *(Cortesia de Robert Hendrickson e Laurence Merrick)* **3 e 4.** Bruce McGregor Davis, de 26 anos – assassino.

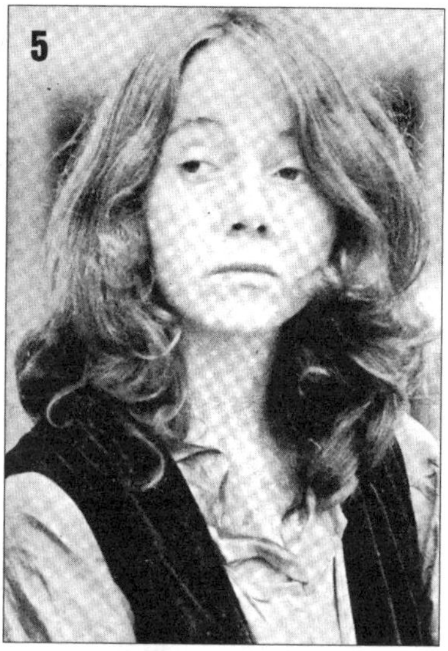

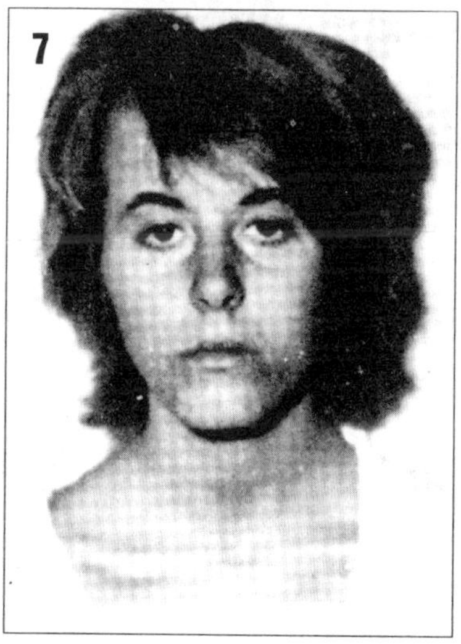

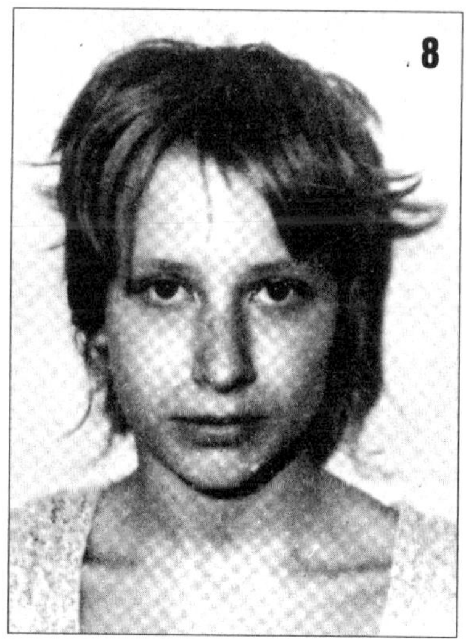

5. Lynette Fromme, também conhecida como Squeaky, de 20 anos. Agindo como líder da Família na ausência de Manson, ela foi presa por sua participação na tentativa de assassinato da testemunha da promotoria Barbara Hoyt e sentenciada a noventa dias de prisão. *(Cortesia de Robert Hendrickson e Laurence Merrick)* **6.** Sandra Good, também conhecida como Sandy, de 25 anos. Filha de um corretor de ações de San Diego e ex-aluna da San Francisco State College, ela se vangloriava de que a Família Manson havia matado o advogado de defesa Ronald Hughes. **7.** Nancy Pitman, também conhecida como Brenda McCann, de 18 anos. Declarou-se culpada em 1972 de ter sido cúmplice do assassinato de Lauren Willett, que, junto ao marido assassinado, James, talvez soubesse demais a respeito do assassinato de Hughes. Manson certa vez designara Pitman como sua principal assassina. **8.** Catherine Gillies, também conhecida como Capistrano, de 18 anos. Sua avó era proprietária do rancho Myers. O plano de Manson para adiantar sua herança foi frustrado por um pneu furado.

1

2

1. Ruth Ann Moorehouse, também conhecida como Ouisch, de 17 anos. Presa por seu envolvimento na tentativa de assassinato de uma testemunha da promotoria, ela foi liberada após pagar fiança e se comprometer a comparecer ao tribunal, mas deixou de se apresentar para sua audiência de leitura de sentença. **2.** Catherine Share, também conhecida como Gypsy, de 27 anos. Condenada com outros cinco por assalto à mão armada em um plano bizarro para sequestrar um Boeing 747 e conseguir a libertação de Manson e de outros membros da Família. *(Cortesia de Robert Hendrickson e Laurence Merrick)* **3.** Foto aérea do rancho cinematográfico Spahn. A inserção destaca as construções principais. Desse set de filmagens dilapidado, um mundo de faz de conta, os assassinos partiam em suas missões noturnas de matança, assustadoramente reais.

3

1. Com 81 anos e quase cego, o proprietário do rancho, George Spahn, dependia das garotas de Manson para agirem como seus olhos, sem saber que elas também atuavam como os ouvidos de Charlie. Spahn é retratado aqui com Gypsy, integrante da Família. *(Cortesia de Robert Hendrickson e Laurence Merrick)* **2.** Durante a batida de 16 de agosto de 1969 no rancho Spahn, os policiais da LASO prenderam 26 indivíduos. Apenas Manson se escondeu, ficando sob uma das construções. *Da esquerda para a direita*: membro da gangue de motociclistas Straight Satans, Danny DeCarlo; Charles Manson; Robert Reinhard, também dos Straight Satans; e o funcionário do rancho, Juan Flynn.

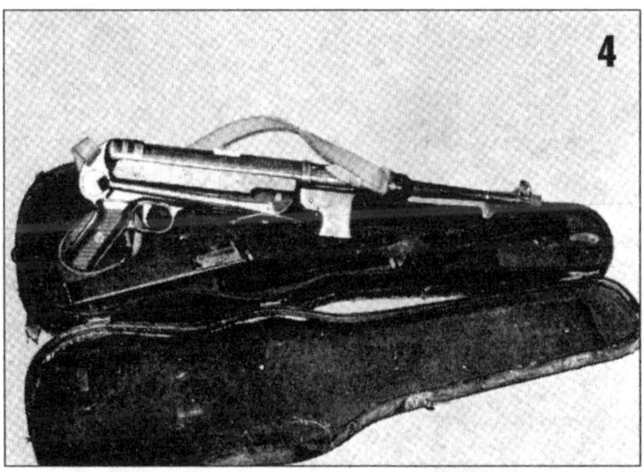

3. Tantos os integrantes da Família Manson quanto os funcionários do rancho foram reunidos durante a ampla batida, que resultou na apreensão de um enorme estoque de armas, incluindo uma submetralhadora. Entretanto, uma dúzia de facas Buck, adquiridas pouco antes dos homicídios do caso Tate, havia desaparecido misteriosamente. **4.** A submetralhadora em seu estojo de violino. **5.** O bugue de comando de Manson. Em uma bainha especial, ao lado do volante, encontra-se a espada que Manson usou para cortar o músico Gary Hinman. A arma também foi levada na noite dos homicídios dos LaBianca.

1

2

1. Para chegar ao isolado rancho Barker, onde a Família se escondeu após o assassinato de Shea, era necessário avançar por um leito seco extremamente acidentando. Somente um veículo com tração nas quatro rodas seria capaz de atravessá-lo, e apenas se alguém andasse na frente e removesse as rochas do caminho. *(Cortesia de Tom Ross)* **2.** Rancho Barker. Manson deu à sua proprietária ausente um dos discos de ouro dos Beach Boys em troca de sua permissão para que a Família ficasse lá. Apesar de estar em mau estado, o rancho era um oásis em comparação ao Vale da Morte, contando até com uma piscina. O ônibus escolar da Família, ao fundo, foi levado até lá pelo lado menos acidentado, que vinha de Las Vegas.

3

4

5

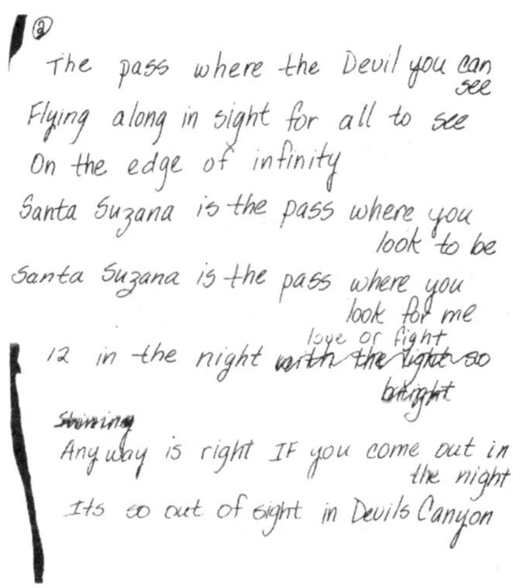

②
The pass where the Devil you can see
Flying along in sight for all to see
On the edge of infinity
Santa Suzana is the pass where you look to be
Santa Suzana is the pass where you look for me
12 in the night love or fight ~~with the light so bright~~
~~Shining~~
Any way is right IF you come out in the night
Its so out of sight in Devils Canyon

3. Vigias eram posicionados em abrigos ao redor do rancho Barker, mas a batida durante a madrugada pegou a família despreparada. Entre os detidos e levados para Independence para serem fichados estavam Gypsy *(extrema esquerda)*, Katie, Brenda, Squeaky e Sadie *(extrema direita)*. Parada ao lado do jipe está Little Patty. A polícia ainda não sabia que o bando nômade era culpado de algo mais sério do que roubo de veículos. **4.** Ao entrar no banheiro, o policial James Pursell observou cabelo despontando do armário embaixo da pia. Dentro ele, encontrou Charles Manson. O armário media apenas 90 x 45 x 45 cm. *(Cortesia de Tom Ross)* **5.** Entre os itens apreendidos na batida no rancho Barker, havia uma mochila contendo dezenas de revistas de cinema e as letras de algumas músicas de Manson. Um músico frustrado que havia fracassado em obter fama, Manson tinha como alvo aqueles que eram bem-sucedidos. Devil's Canyon fica localizado do outro lado do rancho Spahn, próximo a Santa Susana Pass. Talvez uma coincidência, talvez não, os homicídios do caso Tate aconteceram pouco depois "da meia-noite".

1

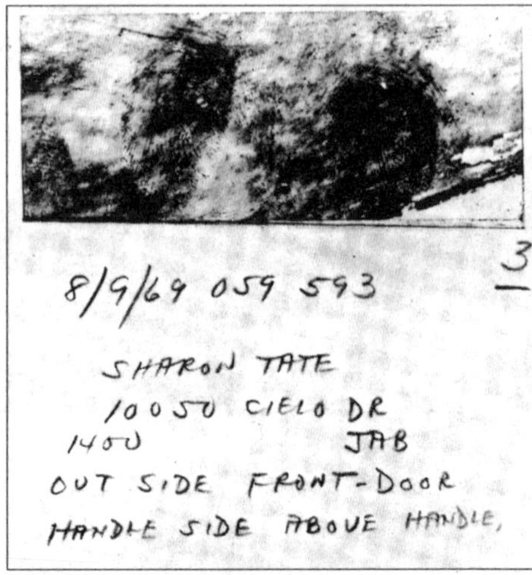

2

3

4

1 e 2. O especialista em impressões digitais do LAPD, Jerrome Boen, apontando para a impressão digital latente levantada da porta da frente da residência de Tate. À direita, o cartão de levantamento que ele preparou. **3 e 4.** Apesar de apenas doze pontos estarem destacados aqui, uma comparação entre a impressão latente *(esquerda)* e a impressão digital do dedo anelar direito de uma amostra das digitais que pertenciam a Charles "Tex" Watson *(direita)* revelou dezoito pontos de identificação. O LAPD exige apenas dez pontos para uma identificação positiva.

5

6
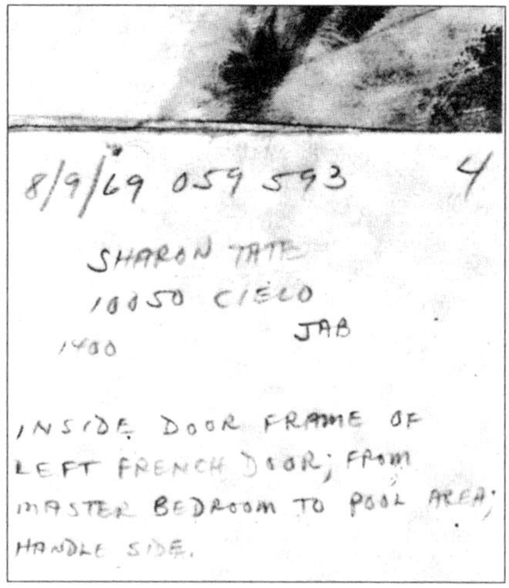

7
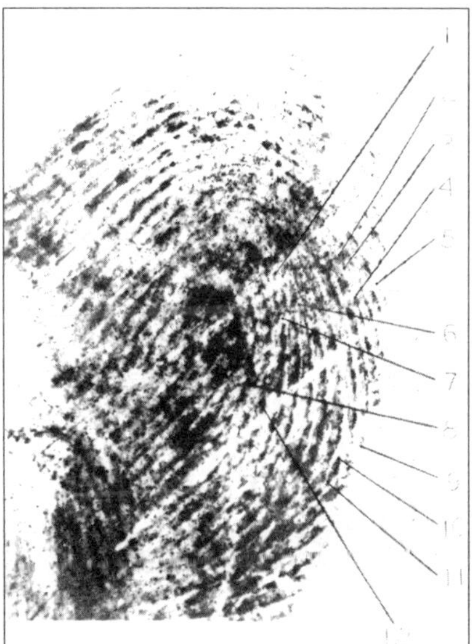

8

5 e 6. A localização e o cartão de levantamento da impressão latente encontrada na parte interna das portas francesas que levavam do quarto de Sharon Tate para o exterior da casa. **7 e 8.** A impressão latente *(esquerda)* e a impressão digital do dedo mínimo esquerdo de uma amostra que pertencia a Patricia Krenwinkel revelaram dezessete pontos de identificação, sete a mais do que o exigido para considerar uma identificação positiva.

1

2

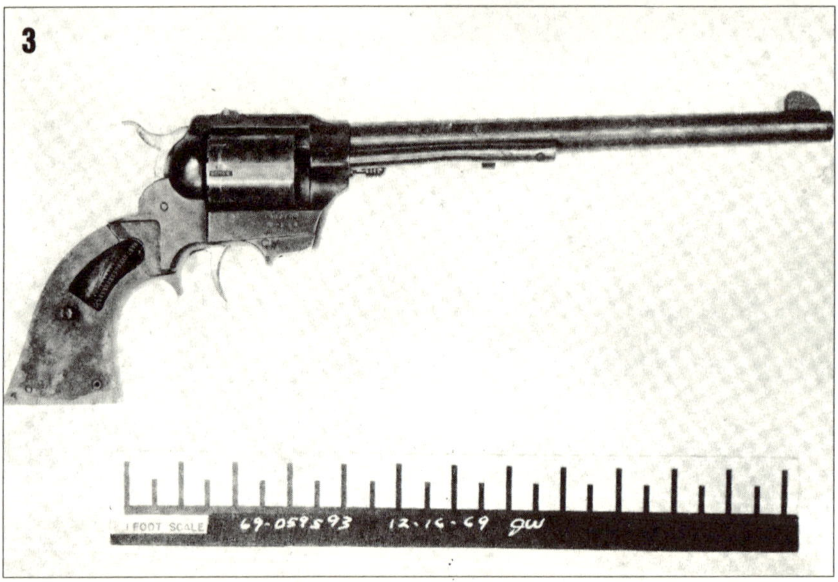

3

1 e 2. Seguindo as pistas da confissão publicada de Susan Atkins no dia 15 de dezembro de 1969, uma equipe de TV encontrou as roupas ensanguentadas que os assassinos haviam usado e descartado na noite dos homicídios do caso Tate – mais de quatro meses antes. Policiais do LAPD são retratados colocando as evidências dentro de sacos plásticos para serem analisadas no laboratório do SID. **3.** O revólver Longhorn Hi Standard calibre .22 de nove disparos usado por Charles "Tex" Watson para balear Parent, Sebring e Frykowski. A arma foi encontrada por Steven Weiss, de 10 anos, na encosta da colina atrás de sua casa, no dia 1º de setembro de 1969. Embora a Divisão de Serviços do Vale do LAPD, localizada em Van Nuys, tivesse apreendido a arma naquele mesmo dia, ela foi arquivada como "Evidência Encontrada". **4.** Entre os dias 3 e 5 de setembro de 1969, o LAPD enviou esta carta, juntamente a uma fotografia do modelo Hi Standard, para todos os departamentos de polícia dos Estados Unidos e do Canadá. Contudo, esqueceram-se de enviar uma cópia para sua própria divisão em Van Nuys. Apenas no dia 16 de dezembro, após telefonemas persistentes realizados pelo pai de Steven Weiss, que a polícia descobriu que já estava com a arma utilizada nos homicídios do caso Tate.

CITY OF LOS ANGELES

CALIFORNIA

OFFICE OF THE
CHIEF OF POLICE
THOMAS REDDIN

SAM YORTY
MAYOR

DEPARTMENT OF
POLICE
150 N. LOS ANGELES ST.
LOS ANGELES, CALIF. 90012
PHONE: 624-5211

IN REPLYING PLEASE GIVE
OUR REF. NO. 1.6

The following information and request for assistance is confidential. It is imperative for a successful conclusion of this case that the contents of this letter not be released to the news media or the general public.

During the early morning hours of August 9, 1969, a series of murders occurred in the City of Los Angeles. Pieces of a broken revolver grip were found at the scene. These have been identified as those originally used on the right side of a Hi Standard 22 long rifle "Long Horn" revolver, catalog number 9399. Revolver further described as follows: 9½" barrel, 9 shot capacity, 15" overall length, walnut grips, blue finish, weight 35 oz., price $75. Photo enclosed.

This particular revolver has only been manufactured since February, 1967. Through the cooperation of the Hi Standard Manufacturing Company of Hamden, Connecticut, we were furnished the serial numbers of all revolvers sold to California Hi Standard distributors. These serial numbers were checked through the CII and the enclosed listed weapon(s) were sold in your jurisdiction.

It is requested that you ascertain if this purchaser still has the revolver in his possession and visually check the weapon to see if the original grips are intact.

As a cover story, we suggest the following. "Your Department has some recovered property that is obviously stolen. One of the articles recovered was a revolver of the above description with the serial numbers partially obliterated. Your Department checked with the CII and ascertained that the purchaser in your jurisdiction has such a weapon. You are checking with him to obtain a lead on the obviously stolen property you have recovered."

In the event the purchaser has moved, please attempt to determine his present address.

In the event the purchaser has sold his revolver, please determine to whom he sold the weapon, their physical description and present address.

In the event the purchaser has loaned his revolver to someone, please determine to whom he loaned the weapon, their physical description and present address and the date of loan.

It is requested that you phone collect Robbery-Homicide Division, Area Code 213, MAdison 4-5211, Extension 2531, the results of your investigation. Direct your information to Lt. R. Helder and Sgts. J. Buckles and M. McGann.

R. A. Houghton

ROBERT A. HOUGHTON, Deputy Chief
Commander, Detective Bureau

Enclosures (2)

Happy
EACE
1234
567
ALL
GOOD
CHILD-
REN
(Go to Heaven?
NOTHINGNESS
HELTER
SKELTER

1

2

1. A porta com os dizeres HELTER SKELTER encontrada no rancho Spahn. Embora as palavras "HEALTER SKELTER" tivessem sido encontradas inscritas na residência dos LaBianca, sua importância passou despercebida. **2.** O promotor Vincent Bugliosi, escolhido de uma equipe de 450 advogados e designado para o caso Tate-LaBianca em novembro de 1969. Ele pessoalmente reuniu grande parte das evidências que levaram às condenações e aos veredictos de pena de morte para Charles Manson, Susan Atkins, Patricia Krenwinkel e Leslie Van Houten, após um dos julgamentos mais longos e escandalosos da história dos Estados Unidos. *(Cortesia de Curt Gunther)*

1. Ronnie Howard. Também conhecida por algo em torno de vinte outros pseudônimos, a ex-garota de programa ouvia sem conseguir acreditar enquanto sua colega de cela, Susan Atkins, se gabava de sua participação nos homicídios dos casos Tate, LaBianca e Hinman. Apesar de Atkins ter primeiro confessado para outra presidiária, Virginia Graham, foi Howard quem primeiro entrou em contato com a polícia. *(Cortesia de Robert Hendrickson e Laurence Merrick)* **2.** Linda Kasabian, principal testemunha da promotoria. Ordenada por Manson a cortar a garganta de um ator, a garotinha hippie disse a ele: "Não sou você, Charlie. Não consigo matar ninguém". *(Cortesia de Robert Hendrickson e Laurence Merrick)*

3. Juan Flynn, uma das testemunhas, sendo entrevistado pelo promotor Vincent Bugliosi durante um recesso no julgamento do caso Tate-LaBianca. Embora a Família o tenha marcado para morrer, o exuberante caubói panamenho viveu para testemunhar o que Manson havia lhe dito: "Você não sabe que sou eu quem está por trás de todos esses assassinatos?".
4. (Da esquerda para a direita) Paul Crockett, Paul Watkins e Brooks Poston. Watkins, que recrutou mulheres para a Família seguindo as instruções de Manson, foi quem, sem saber, ajudou a descobrir o motivo por trás dos assassinatos ao conectá-los em seu depoimento ao estranho conceito de Helter Skelter, uma das obsessões de Manson.

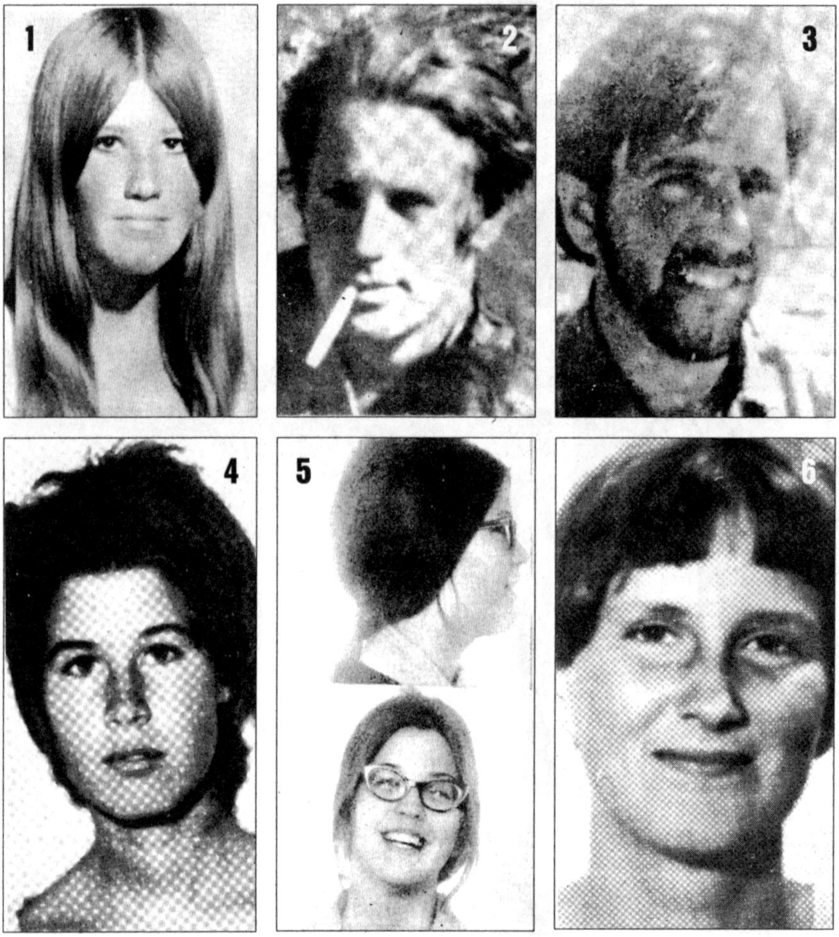

1. Kitty Lutesinger. Namorada do assassino Bobby Beausoleil, ela contou aos investigadores da LASO sobre o envolvimento de Susan Atkins no assassinato de Hinman e, sem querer, a vinculou aos homicídios do caso Tate. **2.** O motociclista Al Springer. Quando disse que Manson era o responsável pelos homicídios do caso Tate-LaBianca, os detetives mostraram-se céticos. Ele desapareceu antes que pudesse receber sua parte da recompensa de 25 mil dólares. **3.** Membro dos Straight Satans, Danny DeCarlo. Ele gostava de bebidas e garotas, mas não de assassinatos. O motociclista a princípio conectou a corda, a espada e as facas a Manson, mas, de repente, tornou-se evasivo em relação à arma. **4.** Dianne Lake, também conhecida como Snake. Com a Família desde os 13 anos, ela começou uma nova vida depois do julgamento. **5.** Barbara Hoyt. Sua cooperação quase lhe custou a vida. A tentativa da Família de eliminá-la, ao lhe dar um hambúrguer batizado com LSD, saiu pela culatra, transformando-a em uma testemunha útil. **6.** Stephanie Schram. Manson a encontrou em Big Sur e planejava usá-la como álibi para as duas noites de homicídios.

Nesta página: As faces de Charles Manson. De acordo com sua discípula Squeaky: "Ele era meio que um camaleão. Parecia mudar todas as vezes que eu o via".

Valley Times
FINAL ★★★
San Fernando Valley's Own Daily Newspaper
SIX INDICTED IN TATE CASE

PRESS
Volume 7, #5 (Issue 289) $6.00 PER YEAR
How to st
141 Places
EXCLUSIVE !
MANSON INT
First interview with Charl
MICHAEL HANNON

Blue Chips Skid, Stocks Off 12
Story in Cols. 7-8
WAR ON POVERTY: LBJ LOOKS BACK
Story Page A-6
LOS ANGELES EVENING AND SUNDAY
HERALD EXAMINER
United Press International · Associated Press · Dow Jones
WEDNESDAY, OCTOBER 20, 1971
PRICE 10 CENTS
8 STAR LATEST SPORTS
TODAY'S COMPLETE NEW YORK AND AMERICAN STOCKS
CATCH MANSON PAL IN SPECTACULAR ESCAPE
Prisoner

Dodgers Get R
Story in Sports
JURORS OUT IN SALAZAR INQUEST
Story in Cols. 6-7
HERAL
United Press Internat
MANSON L
JUDGE, HU

WEDNESDAY PREVIEW EDITION
Los Angeles Times
COMPLETE STOCKS
LATE SPORTS
TEN PARTS—PART ONE
WEDNESDAY MORNING, DECEMBER 3, 1969
150 PAGES
DAILY 10c
Hypnotic Stare
NEW TATE DETA
Girl Talks
Describes
NEWS SUMMARY
THE WORLD
THE NATION

Tate Slaying Tria
Story in Cols. 1-3
For 'Conscientious Objectors' A Victory
Story in Cols. 6-7
HERALD EXA
United Press International · Associated Press
MONDAY, JUNE 22, 1970
WORLD SPACE REC
Russ Cosmo
Near Third
Soyuz 9 May Orbit 21 Days

A Família Manson na primeira página dos jornais.

Temple
y paper
Calley May Learn Fate Today
TUESDAY
FINAL
Los Angeles Times
RACING ENTRIES
TUESDAY MORNING, MARCH 30, 1971
SIX PARTS—PART ONE
DAILY 10¢
Jurors Tell Feelings
MANSON, 3 GIRLS SENTENCED TO DIE
8 STAR
LATEST SPORTS
TODAY'S COMPLETE NEW YORK AND AMERICAN STOCKS
8 Vote in All Elections
Story in Cols. 7
LOS ANGELES EVENING AND SUNDAY
HERALD EXAMINER
SUNSET
RACE RESULTS COMPLETE STOCKS
DEATH THREAT
If Doomed to Die
TUESDAY
PREVIEW
EDITION
COMPLETE STOCKS
Los Angeles Times
LATE SPORTS
TUESDAY MORNING, AUGUST 4, 1970
FIVE PARTS—PART ONE
MANSON GUILTY, NIXON DECLARES
Rams Game Saturday
Defense Says Mistrial Will Be Asked
TUESDAY
PREVIEW
EDITION
EXTRA
Los Angeles Times
LATE SPORTS
TUESDAY MORNING, JANUARY 26, 1971
FIVE PARTS—PART ONE
DAILY 10¢
MANSON VERDICT
ALL GUILTY!
NEWS SUMMARY
THE WORLD
First-Degree Conviction on 27 Counts

1

2

1 e 2. Monstro ou mártir revolucionário? A imprensa independente ficou dividida entre Manson ser um símbolo doentio de nossos tempos ou ser Cristo de volta. Seu culto ainda sobrevive. **3.** Um raro exemplo do senso de humor de Manson. Ele fez um pedido de cartão de crédito enquanto estava sendo julgado por assassinato em massa. **4.** Outra faceta de Manson é revelada em um de seus rabiscos, feito durante o julgamento. **5.** "O Inseto." O promotor Bugliosi, assim como retratado por Susan Atkins e Leslie Van Houten durante o julgamento. As três rés desenhavam, riam ou pareciam entediadas à medida que cada testemunha prestava seu depoimento sobre a chacina brutal.

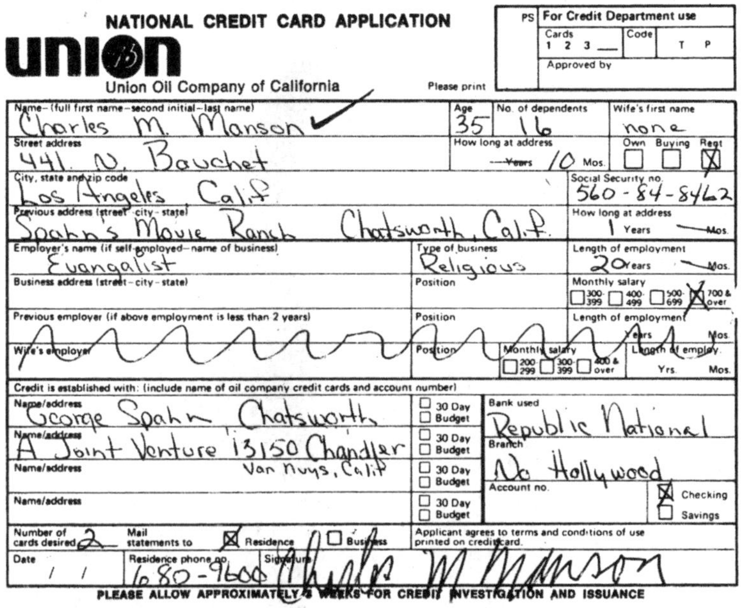

NATIONAL CREDIT CARD APPLICATION

union 76

Union Oil Company of California

Please print

PS	For Credit Department use	
	Cards 1 2 3 ___	Code T P
	Approved by	

Name—(full first name—second initial—last name)	Age	No. of dependents	Wife's first name
Charles M. Manson	35	16	none

Street address	How long at address	Own	Buying	Rent
441 N. Bouchet	~~Years~~ 10 Mos.	☐	☐	☒

City, state and zip code	Social Security no.
Los Angeles Calif	560-84-8462

Previous address (street-city-state)	How long at address
Spahn's Movie Ranch Chatsworth, Calif.	1 Years — Mos.

Employer's name (if self-employed—name of business)	Type of business	Length of employment
Evangalist	Religious	20 Years — Mos.

Business address (street-city-state)	Position	Monthly salary
		☐ 300-399 ☐ 400-499 ☐ 500-699 ☒ 700 & over

Previous employer (if above employment is less than 2 years)	Position	Length of employment
		Years Mos.

Wife's employer	Position	Monthly salary	Length of employ.
		☐ 200-299 ☐ 300-399 ☐ 400 & over	Yrs. Mos.

Credit is established with: (include name of oil company credit cards and account number)

Name/address		Bank used
George Spahn, Chatsworth	☐ 30 Day ☐ Budget	Republic National
A Joint Venture 13150 Chandler Van Nuys, Calif	☐ 30 Day ☐ Budget	Branch: No Hollywood
Name/address	☐ 30 Day ☐ Budget	Account no. ☒ Checking ☐ Savings
Name/address	☐ 30 Day ☐ Budget	

Number of cards desired	Mail statements to	Applicant agrees to terms and conditions of use printed on credit card.
2	☒ Residence ☐ Business	

Date	Residence phone no.	Signature
/ /	680-9600	Charles M Manson

PLEASE ALLOW APPROXIMATELY 3 WEEKS FOR CREDIT INVESTIGATION AND ISSUANCE

3

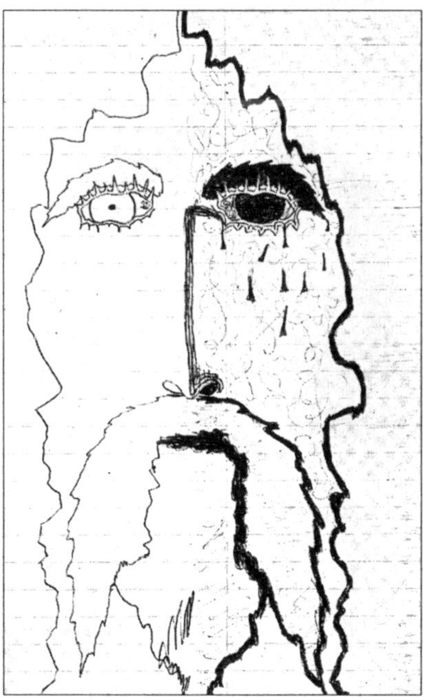

4

5

1. O advogado de Manson, Irving Kanarek. A imprensa concentrou-se em seu estilo grandioso e deixou sua eficiência passar despercebida. Lutou como se ele próprio estivesse sendo julgado. *(Cortesia de Robert Hendrickson e Laurence Merrick)*

2. Charles "Tex" Watson lutou contra a extradição durante meses, então foi julgado separadamente. Embora o juiz tivesse se referido a ele como "pobre Tex", Bugliosi também obteve uma condenação para Watson. O veredicto: pena de morte. *(Cortesia de Robert Hendrickson e Laurence Merrick)*

1. "Estamos esperando nosso pai ser libertado." Durante os julgamentos, membros da Família Manson conduziram uma vigília do lado de fora do Palácio da Justiça, na esquina da Temple com a Broadway. *Da esquerda para a direita:* Sandy, Ouisch, Cathy e Mary. *(Cortesia de Robert Hendrickson e Laurence Merrick)* **2.** "Eu me excluí de seu mundo através deste X." Quando Manson entalhou um X na testa, seus seguidores fizeram o mesmo. Mais tarde, outra vez seguindo o exemplo de Manson, eles transformaram o X em uma suástica. *Da esquerda para a direita:* Squeaky, Sandy, Ouisch e Cathy. *(Cortesia de Robert Hendrickson e Laurence Merrick)*

3. Após os veredictos de culpados, Manson, Atkins, Krenwinkel e Van Houten rasparam as cabeças, assim como as garotas na esquina, que disseram aos repórteres: "É melhor cuidarem dos seus filhos, porque o Dia do Juízo Final está chegando!". *Da esquerda para a direita, de frente para a câmera:* Crystal, Mary e Kitty. *De costas para a câmera, da esquerda para a direita:* Sandy e Squeaky. *(Cortesia de Robert Hendrickson e Laurence Merrick)* **4.** Charles Manson a caminho do corredor da morte em San Quentin. Com a abolição da pena de morte, a sentença dele foi comutada para prisão perpétua. *(Cortesia de Robert Hendrickson e Laurence Merrick)*

PRES
FINAL
Va ley Ti es
CLUSIVE !
SIX IN CT ANSO
IN TAT CASE
interview
Blue Chips Skid ocks O odgers
WAR ON P ERTY
LBJ LOOKS ACK
HERA EXAMINER
RORS OUT IN
AZAR INQUES
CATC MANS N PAL IN MANS
SPEC ACULA ESCAPE UDGE,
Prisoner
PREV EW
Times
LATE SPORTS
Slayin
DETA
Girl Talks
Describes
For
Victory
HERALD
WO SP

to Temple
military paper
see page
in jail
8 STAR
LATEST SPORTS
TODAY'S
COMPLETE NEW YORK AND AMERICAN STOCKS
AT
18 Vote in All Elections
Story in Cols. 7
ERALD EXAMINE
ay Learn
Tell Feelings
ANSON,
ENTEN
GIRLS
TO DIE
FINAL
PREVIE
COMPLETE STOCKS
Angeles Tim
SON GUI
N DECLAR
Rams Game
Saturday
TUESDAY
PREVIEW
EDITION
LATE SPORTS
NEWS
SUMMARY

VINCENT BUGLIOSI (1934–2015) foi um dos mais renomados promotores e autores de sua época, eternizando-se como o homem que levou Charles Manson e outros membros da Família Manson à justiça por uma série de assassinatos brutais que chocaram o mundo. Sua carreira como promotor de justiça ficou marcada por sua astúcia, perspicácia e tenacidade, características que o destacaram em um dos julgamentos mais mediatizados da história dos Estados Unidos. Como autor, Bugliosi conquistou o público com seu livro *Helter Skelter* (1974), que se tornou o livro de *true crime* mais vendido de todos os tempos, além de outras obras de grande impacto como *Outrage* (1996), sobre o julgamento de O.J. Simpson, e *Reclaiming History* (2007), uma análise abrangente sobre o assassinato de John F. Kennedy. Seu legado é o de um narrador cuidadoso e um defensor incansável da justiça.

CURT GENTRY (1931-2014) foi um aclamado autor e historiador norte-americano, reconhecido por suas profundas investigações e retratos detalhados de figuras e eventos que marcaram a história dos Estados Unidos. Gentry coescreveu com Vincent Bugliosi o best-seller *Helter Skelter*, no qual desempenhou um papel crucial na tradução do complexo caso Manson para o público, com sua habilidade única de transformar fatos em narrativas cativantes. Gentry também é celebrado por seu livro *J. Edgar Hoover: The Man and the Secrets* (1991), uma biografia reveladora do poderoso e controverso diretor do FBI, que rendeu a Gentry o prêmio Edgar, uma das maiores honras da literatura de mistério. Seus outros trabalhos incluem *Frame-Up: The Incredible Case of Tom Mooney and Warren Billings* (1967), uma investigação sobre um dos casos judiciais mais controversos do início do século XX. A obra de Gentry é uma combinação de rigor histórico e narrativa envolvente, que continua a influenciar estudiosos e leitores até hoje.

Para Gail e Blanche

Helter Skelter

CRIME SCENE®
DARKSIDE

DARKSIDEBOOKS.COM

"poderia ter sido algo além do que era, uma drogada". Em sua audiência de liberdade condicional em 1993, Krenwinkel, chorando e com a voz embargada, disse ao conselho: "Não importa o que faça, não posso mudar nem um minuto da minha vida. Não tem nada que eu possa fazer a não ser morrer para pagar por isso. E sei que é isso que vocês desejam, mas eu não posso tirar minha própria vida". No especial da ABC de 1994, ela relatou que todos os dias "eu acordo e sei que sou uma destruidora da coisa mais preciosa, que é a vida, e conviver com isso é o mais difícil de tudo". Contudo, ela acrescentou, "é isso que mereço — acordar todas as manhãs e saber disso". Ao responder à alegação de Manson de que ele não ordenou os homicídios, ela afirmou: "Charlie está mentindo. Não havia nada que era feito — que até mesmo era permitido ser feito — sem sua permissão expressa". Ela está muito preocupada com os jovens que escrevem para ela e "parecem acreditar que o que fizemos foi certo. Nada, nada do que fizemos foi certo. Se existe algo que eu posso dizer a essas crianças, é que ele [Manson] não é um homem a ser seguido".[13]

Todos os outros membros da Família condenados pelos homicídios relacionados a Manson, com uma exceção, também estão atrás das grades. Bruce Davis, condenado pelos assassinatos de Donald "Shorty" Shea e Gary Hinman, no momento está na California Men's Colony em San Luis Obispo, Califórnia, e Robert Beausoleil, também condenado pelo assassinato de Hinman, está no California Correctional Center em Susanville, Califórnia. Apenas Steven Grogan ("Clem Tufts" na Família), condenado pelo assassinato de Shea, já foi solto.

Grogan era, conforme relatos, o membro mais desequilibrado e desorientado (devido às drogas psicodélicas) de todos da Família Manson. Até mesmo a Família o considerava louco. No entanto, a transformação pela qual Grogan, com 18 anos na época em que participou do assassinato de Shea, passou atrás das grades foi notável. Burt Katz, que processou Grogan e hoje é um juiz aposentado do Tribunal Superior do condado de Los Angeles, disse que ficou "impressionado de um modo positivo" pela mudança em Grogan, que demonstrava abertamente estar arrependido, e acreditava que ele havia amadurecido e se transformado "em um rapaz atencioso e sensível". O sargento William Gleason, da Delegacia do Condado de Los Angeles, um dos principais investigadores

13 Após a morte de Atkins, Patricia Krenwinkel tornou-se a reclusa mais antiga do sistema penal da Califórnia. Ela teve quinze pedidos de liberdade condicional rejeitados, sendo o último realizado em 2022. [NE]

pelos dois homicídios em 1978. Ao contrário da fase de determinação de culpabilidade de seu julgamento original em 1970-71, em seus dois novos julgamentos Van Houten logo admitiu para o júri sua total participação nos homicídios do caso LaBianca. Sua defesa se embasou na capacidade mental debilitada baseada em doença mental induzida, em parte, pelo uso crônico e prolongado de drogas alucinógenas. Durante alguns meses antes de seu último julgamento, Van Houten foi libertada após amigos e parentes pagarem uma fiança de 200 mil dólares, e morou durante algum tempo com um antigo jornalista do *Christian Science Monitor* que estava escrevendo um livro sobre ela. O livro chegou ao primeiro rascunho, mas nunca foi publicado.

Van Houten teve um breve casamento com um homem chamado Bill Cywin no início da década de 1980. Embora não tenha nenhuma ligação com qualquer mal comportamento ou cumplicidade da parte dela, durante seu curto casamento, descobriu-se que Cywin tinha em sua posse um uniforme de policial penitenciária.

Por meio de cursos por correspondência, Van Houten obteve um diploma de Bacharel em Artes em Literatura Inglesa. Ela também escreveu contos, um dos quais foi incluído em uma antologia de literatura carcerária, e durante algum tempo editou o jornal da prisão. Von Houten faz parte ainda de um pequeno grupo de presidiárias que costuram colchas para as pessoas sem-teto. Ela diz que "fica ofendida pelo fato de Manson não assumir" sua responsabilidade pelos homicídios. "Eu assumo a responsabilidade pela minha parte, e parte da minha responsabilidade foi ajudar a criá-lo. Ser uma seguidora não é uma desculpa." Atualmente, Van Houten trabalha com serviços secretariais na prisão.

Já Patricia Krenwinkel obteve um diploma de Bacharel em Ciências também por meio de um curso por correspondência enquanto esteve em Frontera e concluiu um curso profissionalizante em processamento de dados. Ela nunca se casou. A mais atlética das três garotas de Manson, Krenwinkel joga no time de softbol da prisão e atualmente é uma "treinadora de campo" no programa do corpo de bombeiros formado por presidiárias, orientando aquelas abaixo dela a alcançarem os padrões de preparo físico necessários para combater incêndios. Tanto ela quanto Van Houten atuam como conselheiras em um programa no qual jovens com problemas de consumo de drogas são levados à penitenciária.

Em 1988, enquanto declarava seu profundo remorso pelos assassinatos, Krenwinkel, todavia, contou ao psiquiatra penitenciário que Abigail Folger, a pessoa que ela matou na noite dos homicídios do caso Tate,